Sommaire

4 Carte des principales curiosités
8 Carte des itinéraires de visite
12 Carte des lieux de séjour
17 Introduction au voyage
18 Physionomie du pays
23 L'histoire
28 Rome et la papauté
30 Civilisations antiques
35 L'art en Italie
42 Littérature
44 Musique
47 Cinéma
48 Gastronomie
50 L'Italie aujourd'hui
53 Villes et curiosités
325 Renseignements pratiques

Abruzzo : *Abruzzes*
Basilicata : *Basilicate*
Calabria : *Calabre*
Campania : *Campanie*
Emilia-Romagna : *Émilie-Romagne*
Friuli Venezia Giulia : *Frioul-Vénétie Julienne*
Lazio : *Latium*
Liguria : *Ligurie*
Lombardia : *Lombardie*
Marche : *Marches*
Molise : *Molise*
Piemonte : *Piémont*
Puglia : *Pouille*
Sardegna : *Sardaigne*
Sicilia : *Sicile*
Toscana : *Toscane*
Trentino Alto Adige : *Trentin-Haut-Adige*
Umbria : *Ombrie*
Valle d'Aosta : *Val d'Aoste*
Veneto : *Vénétie*

Principales curiosités

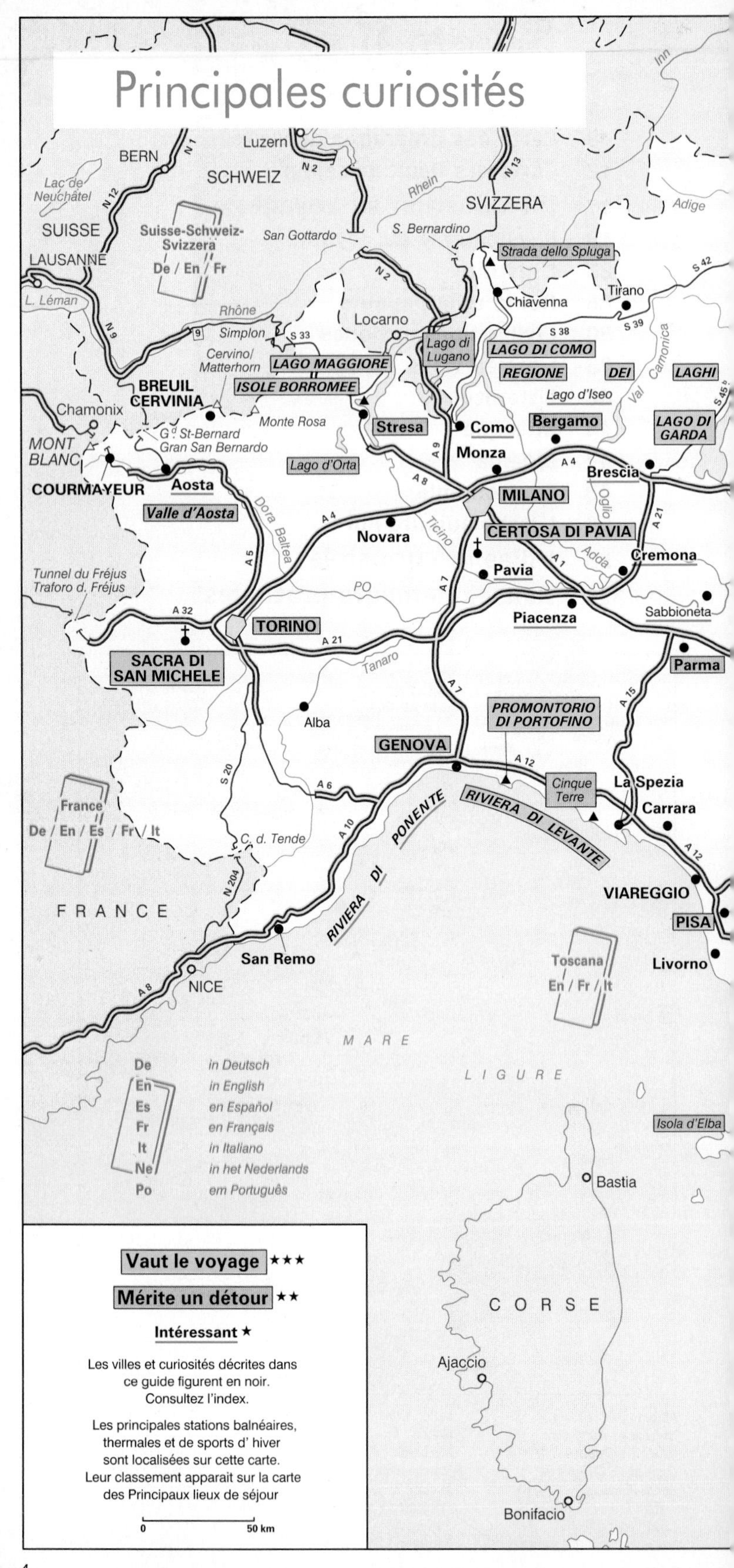

BERN
Luzern
SCHWEIZ
Lac de Neuchâtel
SUISSE
LAUSANNE
Suisse-Schweiz-Svizzera De / En / Fr
San Gottardo
S. Bernardino
SVIZZERA
Rhein
Adige
Inn
Strada dello Spluga
Tirano
Chiavenna
L. Léman
Rhône
Locarno
Simplon
Cervino/ Matterhorn
LAGO MAGGIORE
ISOLE BORROMEE
Lago di Lugano
LAGO DI COMO
REGIONE
DEI
LAGHI
Lago d'Iseo
Val Camonica
BREUIL CERVINIA
Chamonix
MONT BLANC
Monte Rosa
Gd St-Bernard Gran San Bernardo
Stresa
Como
Bergamo
LAGO DI GARDA
Monza
Lago d'Orta
COURMAYEUR
Aosta
Valle d'Aosta
Dora Baltea
MILANO
Brescia
Oglio
Novara
Ticino
CERTOSA DI PAVIA
Cremona
Adda
Pavia
Tunnel du Fréjus Traforo d. Fréjus
PO
Piacenza
Sabbioneta
TORINO
SACRA DI SAN MICHELE
Parma
Tanaro
Alba
PROMONTORIO DI PORTOFINO
GENOVA
Cinque Terre
La Spezia
Carrara
RIVIERA DI LEVANTE
RIVIERA DI PONENTE
France De / En / Es / Fr / It
C. d. Tende
VIAREGGIO
PISA
FRANCE
San Remo
Livorno
Toscana En / Fr / It
NICE
MARE
LIGURE
De in Deutsch
En in English
Es en Español
Fr en Français
It in Italiano
Ne in het Nederlands
Po em Português
Isola d'Elba
Bastia
CORSE
Ajaccio
Bonifacio
Vaut le voyage ★★★
Mérite un détour ★★
Intéressant ★
Les villes et curiosités décrites dans ce guide figurent en noir. Consultez l'index.
Les principales stations balnéaires, thermales et de sports d' hiver sont localisées sur cette carte. Leur classement apparait sur la carte des Principaux lieux de séjour
0
50 km

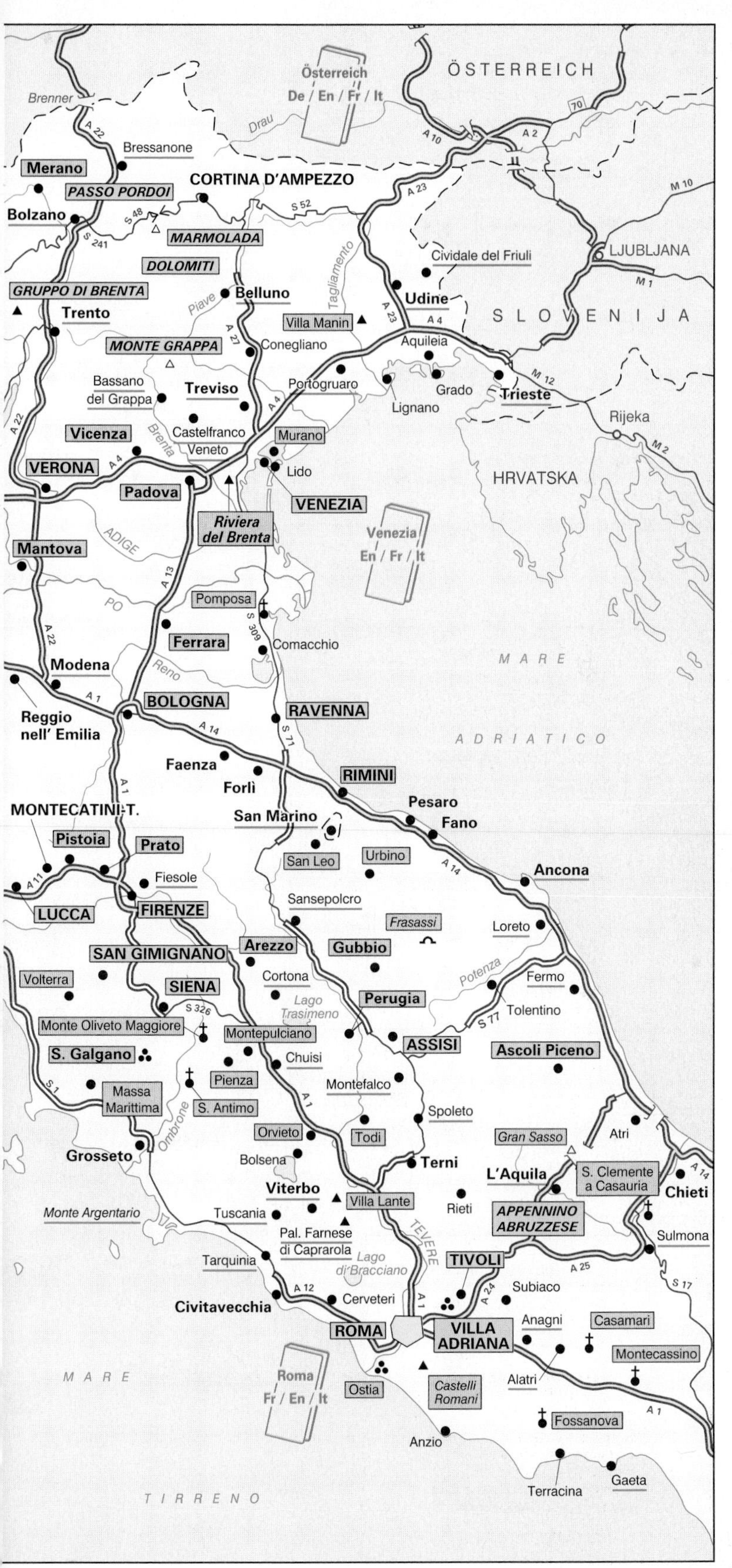
ÖSTERREICH
Österreich
De / En / Fr / It
Brenner
Drau
Bressanone
Merano
PASSO PORDOI
CORTINA D'AMPEZZO
Bolzano
MARMOLADA
DOLOMITI
Cividale del Friuli
LJUBLJANA
GRUPPO DI BRENTA
Belluno
Udine
Trento
Villa Manin
SLOVENIJA
MONTE GRAPPA
Conegliano
Aquileia
Bassano del Grappa
Treviso
Portogruaro
Grado
Trieste
Lignano
Rijeka
Vicenza
Castelfranco Veneto
Murano
VERONA
Lido
HRVATSKA
Padova
VENEZIA
Riviera del Brenta
Venezia
En / Fr / It
Mantova
Pomposa
Ferrara
Comacchio
MARE
Modena
Reggio nell' Emilia
BOLOGNA
RAVENNA
ADRIATICO
Faenza
Forlì
RIMINI
Pesaro
MONTECATINI-T.
San Marino
Fano
Pistoia
Prato
San Leo
Urbino
Fiesole
Ancona
LUCCA
FIRENZE
Sansepolcro
Frasassi
Loreto
SAN GIMIGNANO
Arezzo
Gubbio
Volterra
Cortona
Fermo
SIENA
Lago Trasimeno
Perugia
Tolentino
Monte Oliveto Maggiore
Montepulciano
ASSISI
Ascoli Piceno
S. Galgano
Chuisi
Pienza
Montefalco
Massa Marittima
S. Antimo
Spoleto
Orvieto
Todi
Gran Sasso
Atri
Grosseto
Bolsena
Terni
L'Aquila
S. Clemente a Casauria
Chieti
Viterbo
Villa Lante
Rieti
Monte Argentario
Tuscania
APPENNINO ABRUZZESE
Sulmona
Pal. Farnese di Caprarola
Tarquinia
Lago di Bracciano
TIVOLI
Subiaco
Civitavecchia
Cerveteri
Anagni
Casamari
ROMA
VILLA ADRIANA
Montecassino
MARE
Roma
Fr / En / It
Ostia
Castelli Romani
Alatri
Fossanova
Anzio
Terracina
Gaeta
TIRRENO

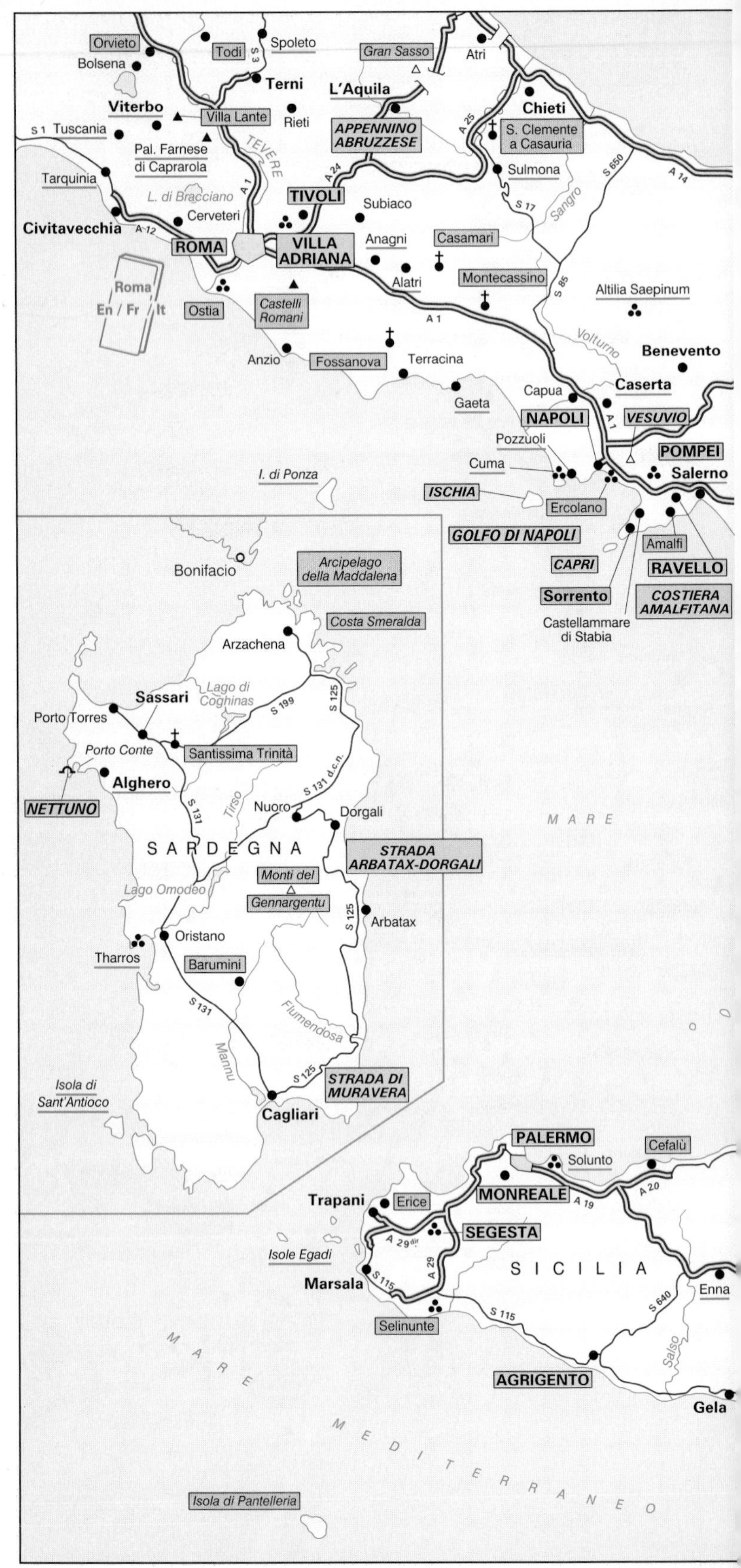
Orvieto
Bolsena
Todi
Spoleto
Terni
Gran Sasso
Atri
L'Aquila
Chieti
Viterbo
Villa Lante
Rieti
S. Clemente a Casauria
Tuscania
APPENNINO ABRUZZESE
Pal. Farnese di Caprarola
TEVERE
Tarquinia
Sulmona
L. di Bracciano
TIVOLI
Subiaco
Sangro
Cerveteri
Civitavecchia
ROMA
VILLA ADRIANA
Anagni
Casamari
Alatri
Montecassino
Roma En / Fr / It
Altilia Saepinum
Ostia
Castelli Romani
Volturno
Benevento
Anzio
Fossanova
Terracina
Capua
Caserta
Gaeta
NAPOLI
VESUVIO
Pozzuoli
POMPEI
Cuma
Salerno
I. di Ponza
ISCHIA
Ercolano
GOLFO DI NAPOLI
Amalfi
CAPRI
RAVELLO
Bonifacio
Arcipelago della Maddalena
Sorrento
COSTIERA AMALFITANA
Castellammare di Stabia
Costa Smeralda
Arzachena
Lago di Coghinas
Sassari
Porto Torres
Santissima Trinità
Porto Conte
Alghero
NETTUNO
Tirso
Nuoro
Dorgali
MARE
SARDEGNA
STRADA ARBATAX-DORGALI
Monti del Gennargentu
Lago Omodeo
Arbatax
Oristano
Tharros
Barumini
Flumendosa
Mannu
STRADA DI MURAVERA
Isola di Sant'Antioco
Cagliari
PALERMO
Solunto
Cefalù
MONREALE
Trapani
Erice
SEGESTA
Isole Egadi
SICILIA
Marsala
Enna
Selinunte
Salso
AGRIGENTO
Gela
MARE MEDITERRANEO
Isola di Pantelleria

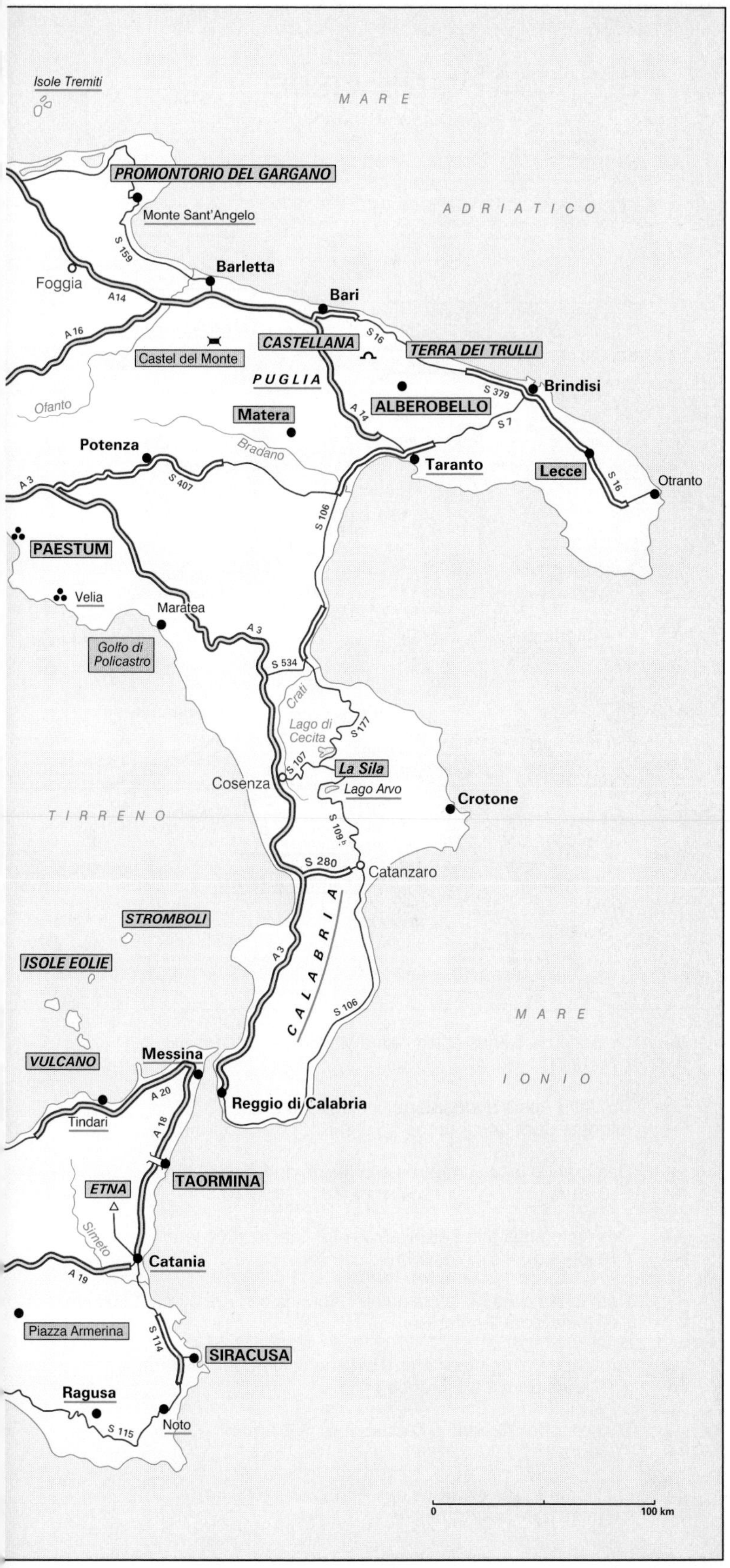

Isole Tremiti
MARE
ADRIATICO
PROMONTORIO DEL GARGANO
Monte Sant'Angelo
S 159
Foggia
Barletta
A14
Bari
A 16
S 16
CASTELLANA
TERRA DEI TRULLI
Castel del Monte
PUGLIA
Brindisi
S 379
Ofanto
ALBEROBELLO
A 14
Matera
S 7
Bradano
Potenza
Taranto
A 3
S 407
Lecce
S 16
Otranto
S 106
PAESTUM
Velia
Maratea
A 3
Golfo di Policastro
S 534
Crati
Lago di Cecita
S 177
S 107
La Sila
Cosenza
Lago Arvo
Crotone
TIRRENO
S 109b
S 280
Catanzaro
CALABRIA
STROMBOLI
ISOLE EOLIE
A 3
S 106
MARE
IONIO
VULCANO
Messina
A 20
Reggio di Calabria
Tindari
A 18
TAORMINA
ETNA
Simeto
Catania
A 19
Piazza Armerina
S 114
SIRACUSA
Ragusa
S 115
Noto
0
100 km

Itinéraires de visite

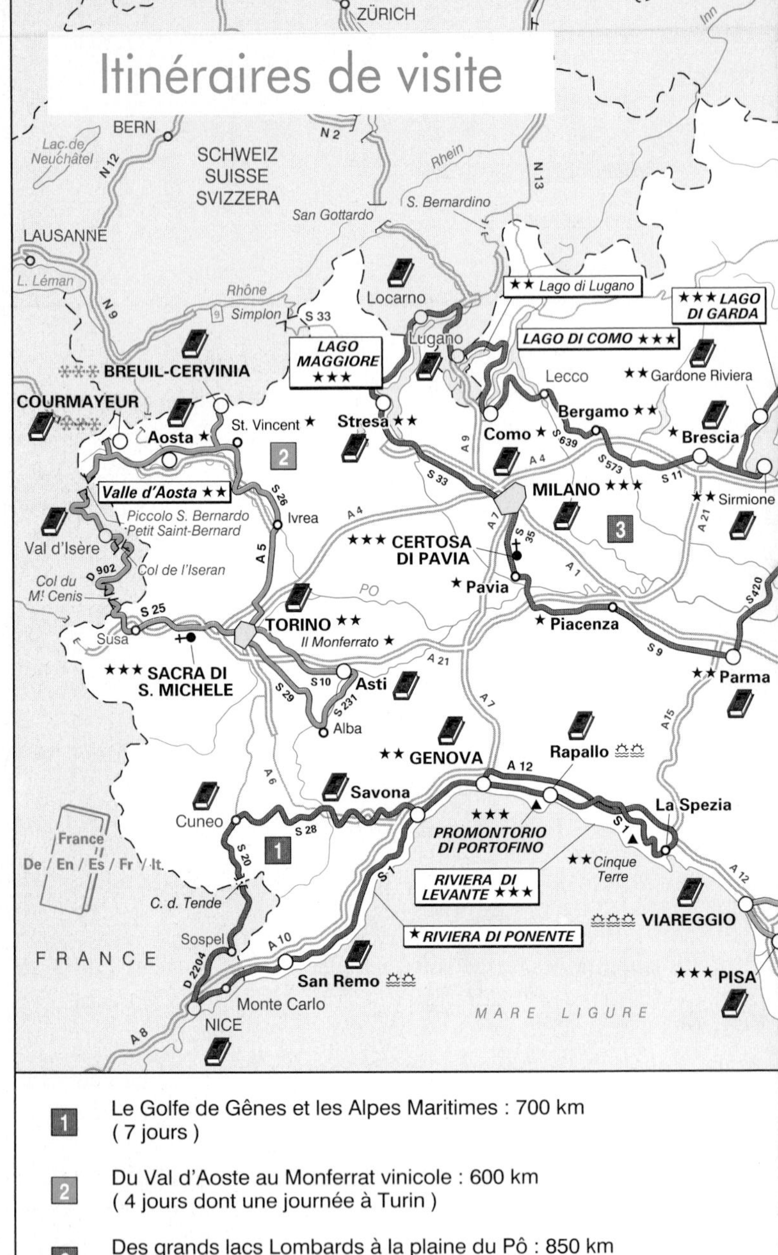

1 Le Golfe de Gênes et les Alpes Maritimes : 700 km (7 jours)

2 Du Val d'Aoste au Monferrat vinicole : 600 km (4 jours dont une journée à Turin)

3 Des grands lacs Lombards à la plaine du Pô : 850 km (10 jours)

4 Des Dolomites à la Sérénissime et à Trieste : 800 km (10 jours dont 2 à Venise)

5 Des riches cités de la plaine aux lagunes de l'Adriatique : 600 km (10 jours dont 2 à Venise)

6 Art, nature et spiritualité en Toscane et Ombrie : 750 km (15 jours dont 2 à Florence)

7 Du cœur de l'Ombrie à l'Adriatique : 850 km (8 jours)

8 De Rome et ses environs aux Abruzzes : 1000 km (8 jours dont 3 à Rome)

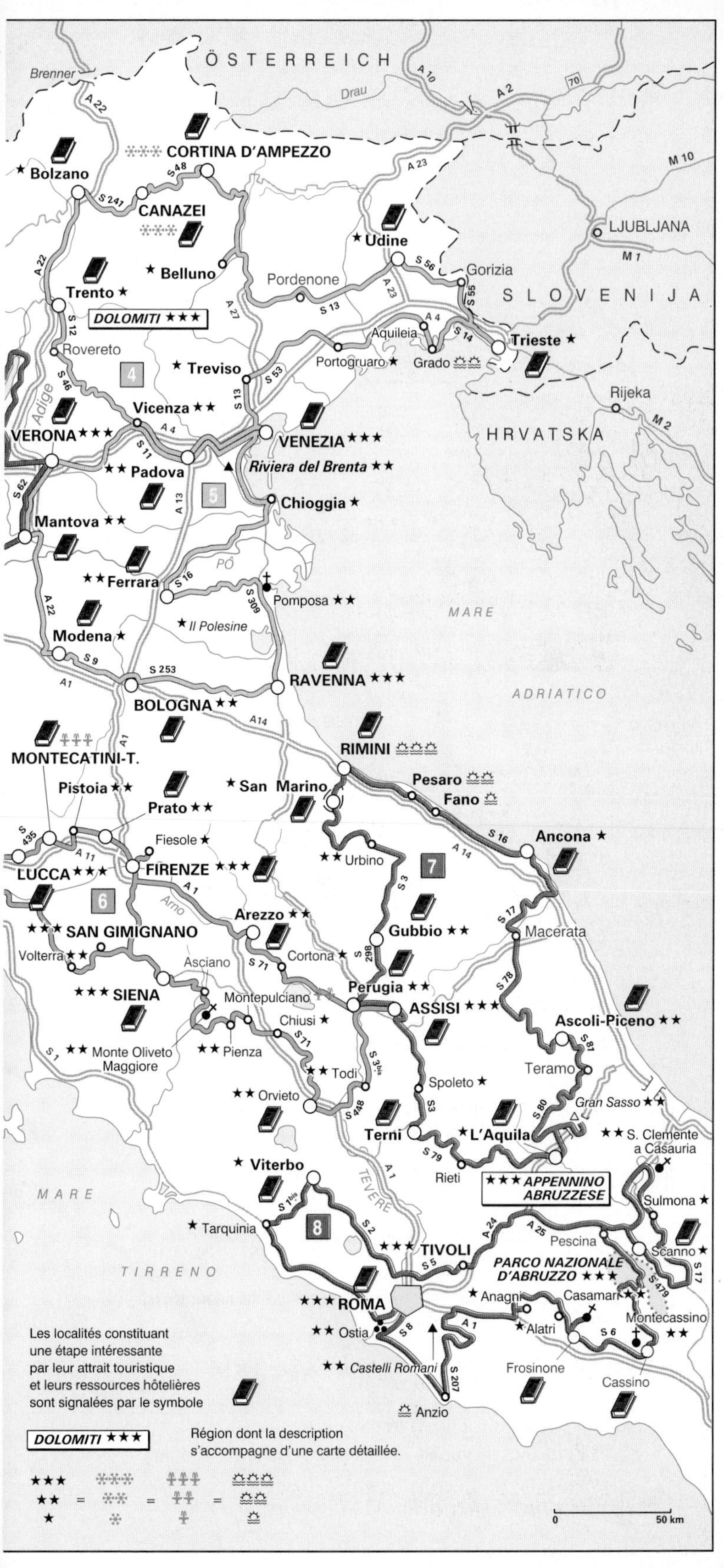
ÖSTERREICH
SLOVENIJA
HRVATSKA
MARE ADRIATICO
MARE TIRRENO
CORTINA D'AMPEZZO
Bolzano
CANAZEI
Belluno
Udine
LJUBLJANA
Gorizia
Trento
DOLOMITI ★★★
Pordenone
Rovereto
Treviso
Aquileia
Portogruaro
Grado
Trieste
Rijeka
Vicenza ★★
VERONA ★★★
VENEZIA ★★★
Padova
Riviera del Brenta ★★
Chioggia
Mantova ★★
Ferrara
Pomposa ★★
Il Polesine
Modena
RAVENNA ★★★
BOLOGNA ★★
MONTECATINI-T.
RIMINI
Pistoia ★★
San Marino
Pesaro
Fano
Prato ★★
Fiesole
Ancona
LUCCA ★★★
FIRENZE ★★★
Urbino
Arezzo ★★
SAN GIMIGNANO
Gubbio ★★
Macerata
Volterra ★★
Cortona
Asciano
SIENA
Perugia ★★
ASSISI ★★★
Montepulciano
Chiusi
Ascoli-Piceno ★★
Monte Oliveto Maggiore
Pienza
Todi
Teramo
Spoleto
Orvieto
Gran Sasso ★★
Terni
L'Aquila
S. Clemente a Casauria
Viterbo
Rieti
APPENNINO ABRUZZESE
Sulmona
Tarquinia
TIVOLI
Pescina
Scanno
PARCO NAZIONALE D'ABRUZZO ★★★
ROMA
Anagni
Casamari
Montecassino ★★
Ostia
Alatri
Castelli Romani
Frosinone
Cassino
Anzio
Brenner
Drau
Adige
Pô
Arno
Tevere
Les localités constituant une étape intéressante par leur attrait touristique et leurs ressources hôtelières sont signalées par le symbole
Région dont la description s'accompagne d'une carte détaillée.
0 50 km

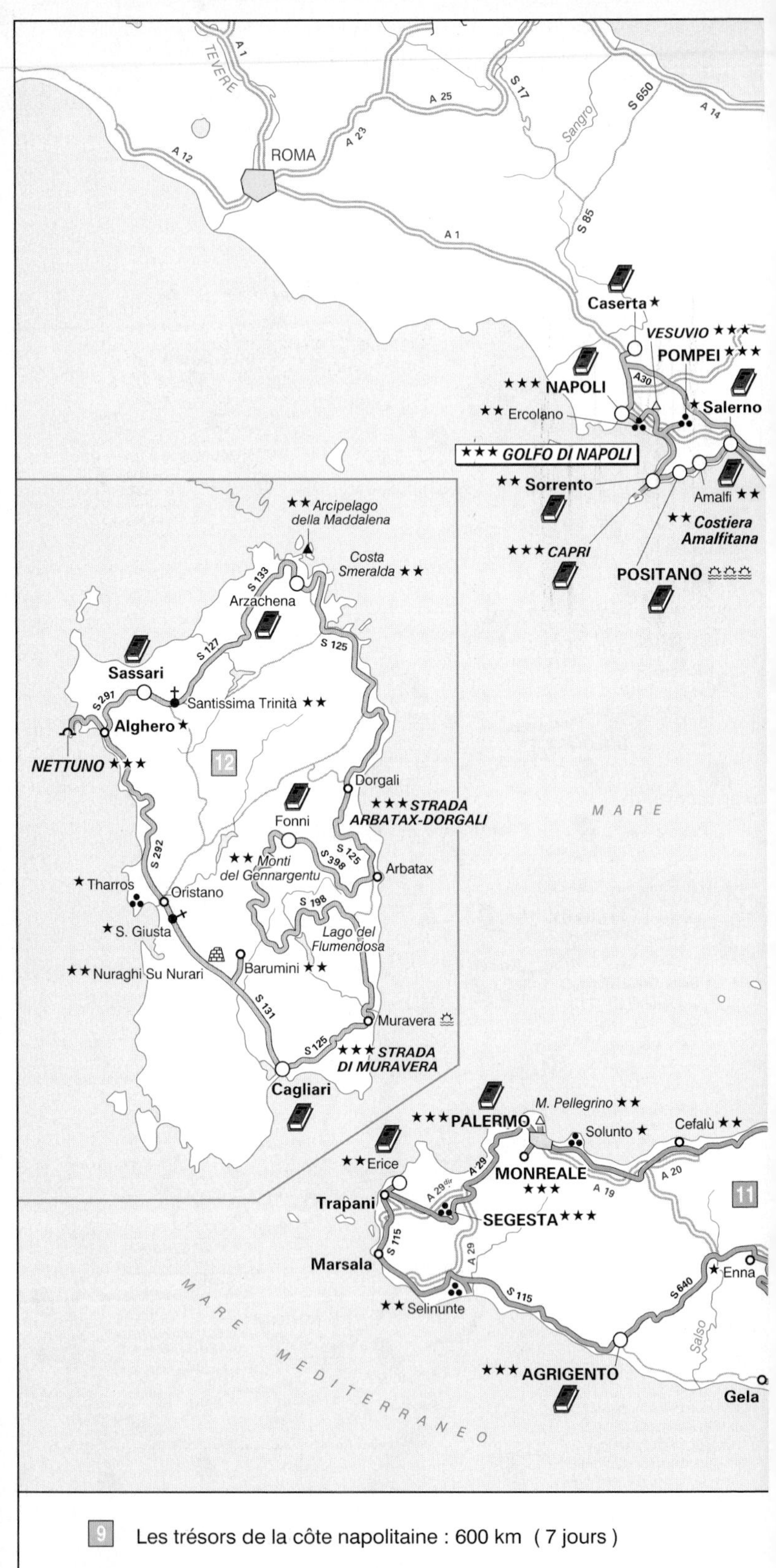

9 Les trésors de la côte napolitaine : 600 km (7 jours)

10 Terre de Pouille : 1000 km (7 jours)

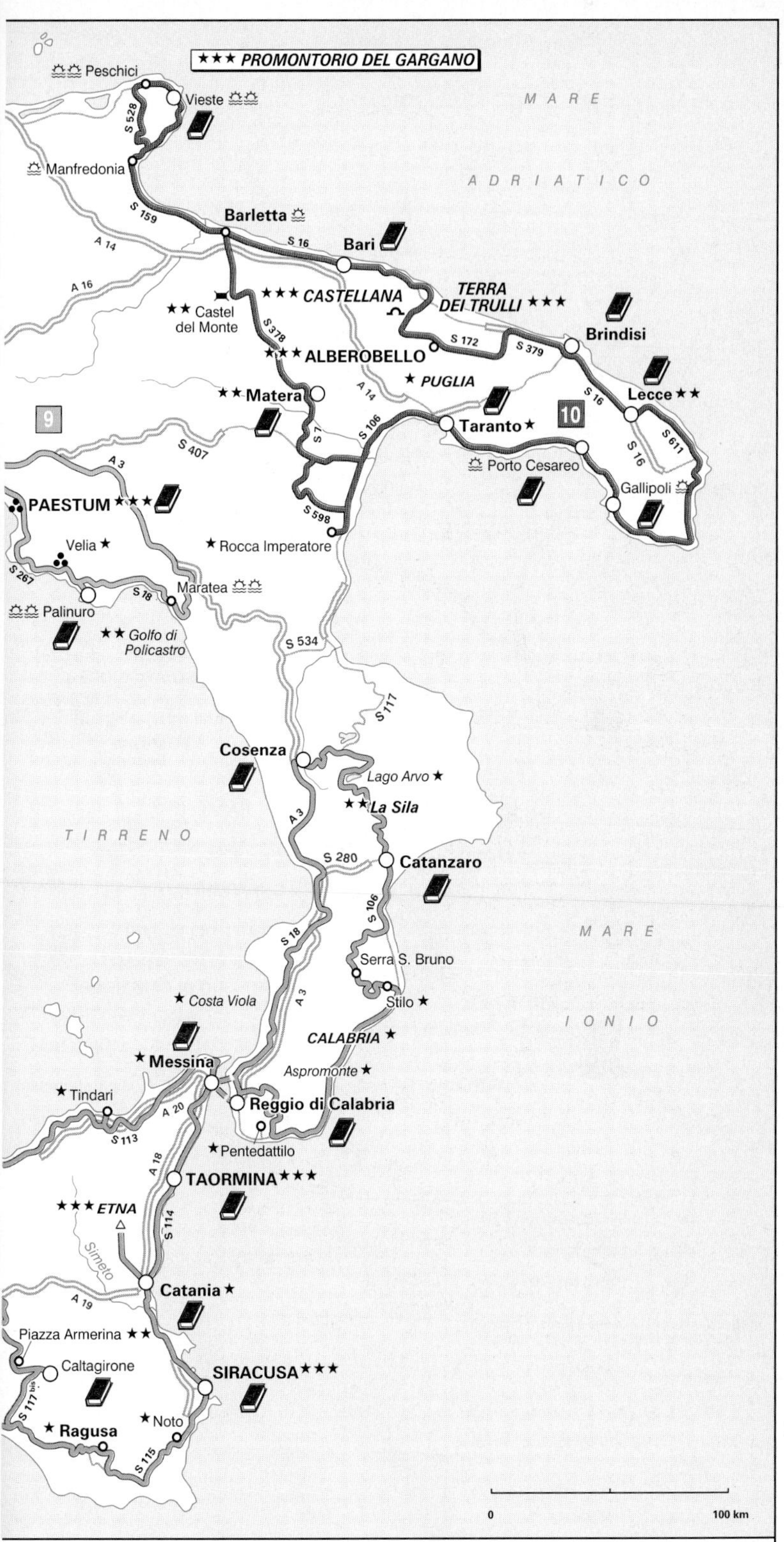

11 Sicile et Calabre : 1800 km (10 jours dont 7 en Sicile)

12 Sardaigne : 1100 km (7 jours)

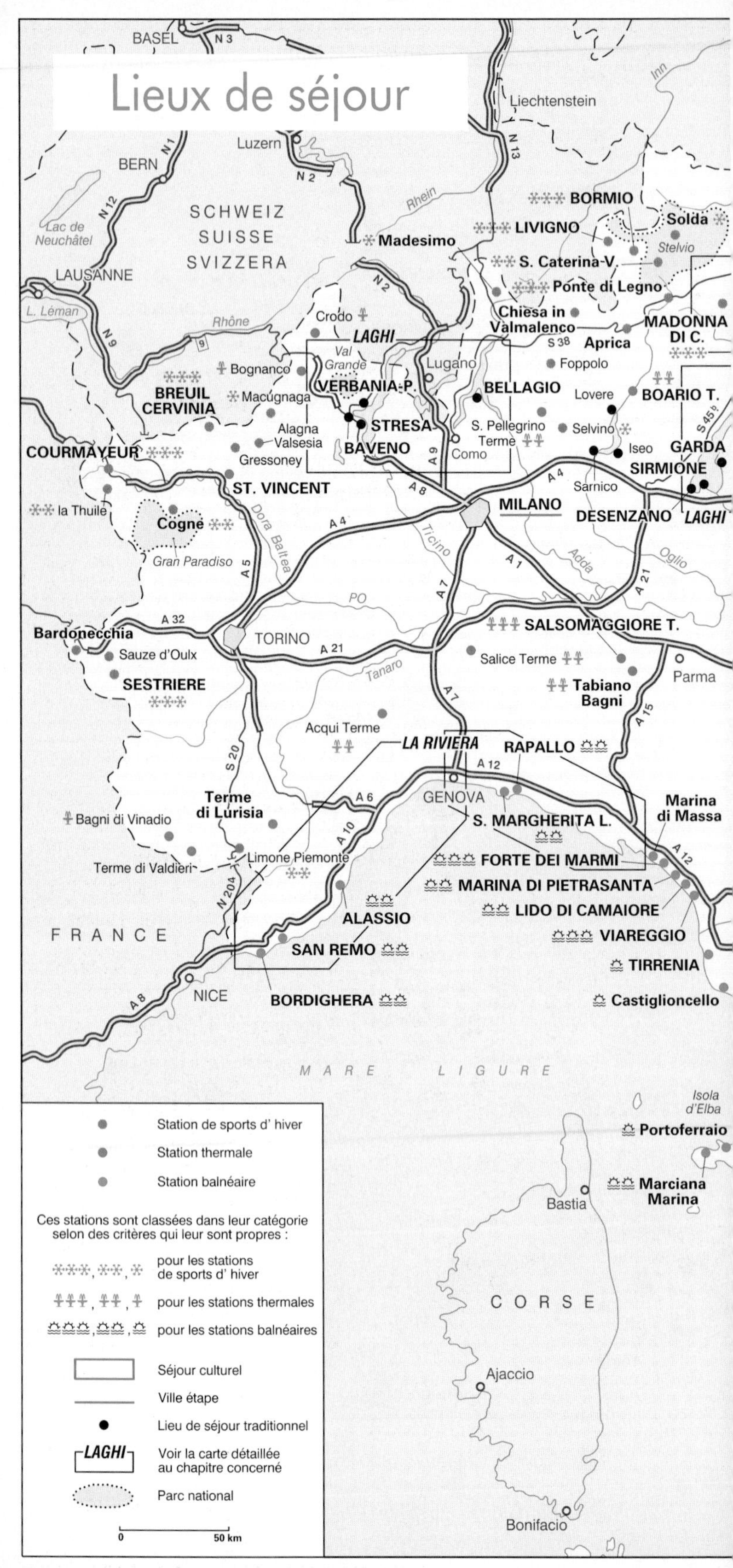
Lieux de séjour
BASEL
BERN
Luzern
Liechtenstein
SCHWEIZ
SUISSE
SVIZZERA
Lac de Neuchâtel
LAUSANNE
L. Léman
Rhône
Rhein
Inn
Madesimo
BORMIO
LIVIGNO
Solda
Stelvio
S. Caterina-V.
Ponte di Legno
Chiesa in Valmalenco
MADONNA DI C.
Aprica
Foppolo
Crodo
LAGHI
Val Grande
Lugano
Bognanco
BREUIL CERVINIA
Macúgnaga
VERBANIA-P.
BELLAGIO
Lovere
BOARIO T.
Alagna Valsesia
STRESA
BAVENO
S. Pellegrino Terme
Selvino
Iseo
GARDA
SIRMIONE
COURMAYEUR
Gressoney
Como
Sarnico
ST. VINCENT
MILANO
DESENZANO
la Thuile
Cogne
Gran Paradiso
Dora Baltea
Ticino
Adda
Oglio
PO
TORINO
Bardonecchia
Sauze d'Oulx
SESTRIERE
SALSOMAGGIORE T.
Salice Terme
Tabiano Bagni
Parma
Tanaro
Acqui Terme
LA RIVIERA
RAPALLO
GENOVA
S. MARGHERITA L.
Marina di Massa
Terme di Lurisia
Bagni di Vinadio
Terme di Valdieri
Limone Piemonte
FORTE DEI MARMI
MARINA DI PIETRASANTA
LIDO DI CAMAIORE
ALASSIO
VIAREGGIO
FRANCE
SAN REMO
TIRRENIA
NICE
BORDIGHERA
Castiglioncello
MARE LIGURE
Isola d'Elba
Portoferraio
Marciana Marina
Bastia
CORSE
Ajaccio
Bonifacio
Station de sports d' hiver
Station thermale
Station balnéaire
Ces stations sont classées dans leur catégorie selon des critères qui leur sont propres :
pour les stations de sports d' hiver
pour les stations thermales
pour les stations balnéaires
Séjour culturel
Ville étape
Lieu de séjour traditionnel
LAGHI
Voir la carte détaillée au chapitre concerné
Parc national
0
50 km

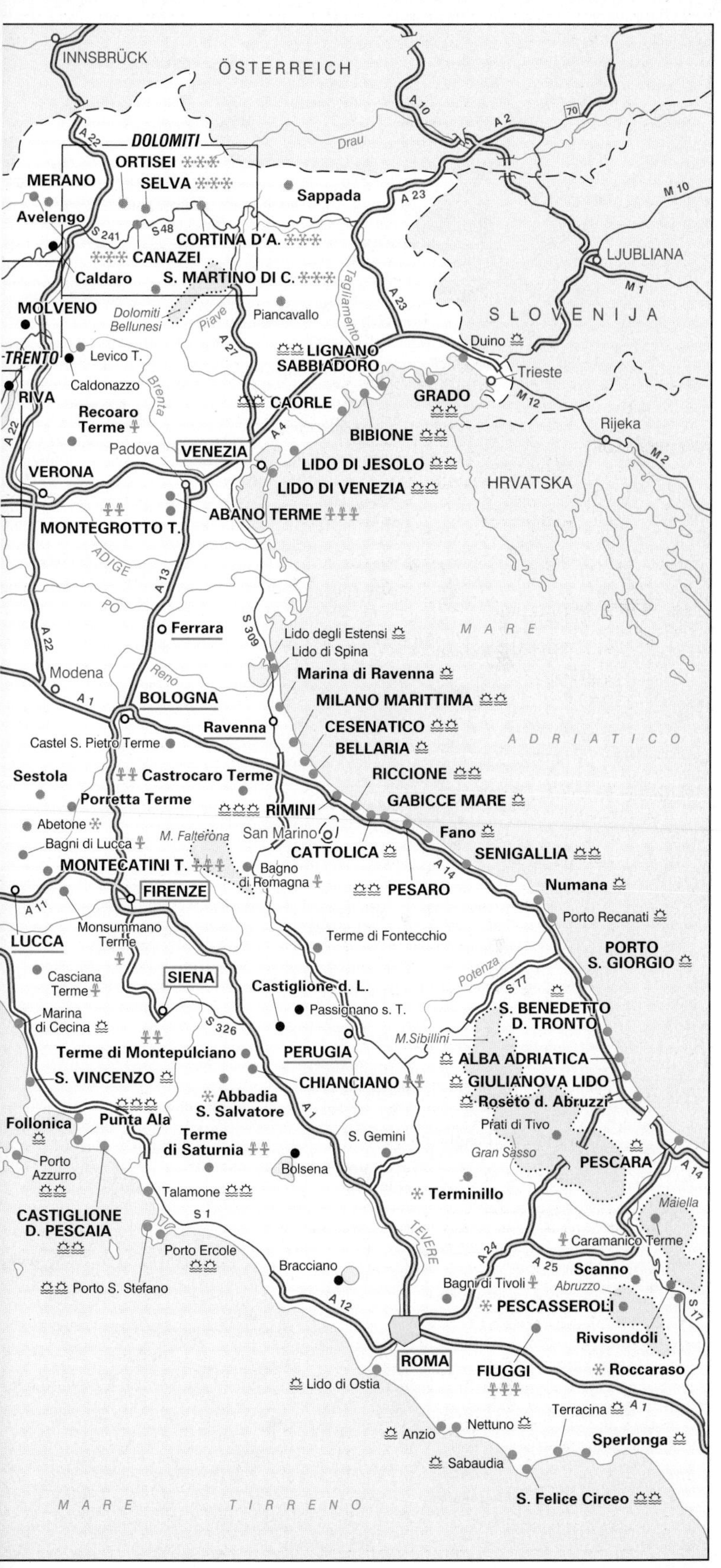

INNSBRÜCK
ÖSTERREICH
DOLOMITI
ORTISEI
SELVA
MERANO
Avelengo
CORTINA D'A.
CANAZEI
Caldaro
S. MARTINO DI C.
MOLVENO
Dolomiti Bellunesi
Sappada
Piancavallo
TRENTO
Levico T.
Caldonazzo
RIVA
Recoaro Terme
LIGNANO SABBIADORO
CAORLE
GRADO
BIBIONE
Duino
Trieste
LJUBLIANA
SLOVENIJA
Rijeka
HRVATSKA
Padova
VENEZIA
VERONA
LIDO DI JESOLO
LIDO DI VENEZIA
MONTEGROTTO T.
ABANO TERME
Ferrara
Lido degli Estensi
Lido di Spina
Marina di Ravenna
MARE
Modena
BOLOGNA
MILANO MARITTIMA
Ravenna
CESENATICO
BELLARIA
ADRIATICO
Castel S. Pietro Terme
Sestola
Castrocaro Terme
RICCIONE
Porretta Terme
RIMINI
GABICCE MARE
Abetone
M. Falterona
San Marino
Fano
Bagni di Lucca
CATTOLICA
SENIGALLIA
MONTECATINI T.
Bagno di Romagna
FIRENZE
PESARO
Numana
Porto Recanati
Monsummano Terme
LUCCA
Terme di Fontecchio
PORTO S. GIORGIO
Casciana Terme
SIENA
Castiglione d. L.
Marina di Cecina
Passignano s. T.
S. BENEDETTO D. TRONTO
M.Sibillini
Terme di Montepulciano
PERUGIA
ALBA ADRIATICA
S. VINCENZO
CHIANCIANO
GIULIANOVA LIDO
Abbadia S. Salvatore
Roseto d. Abruzzi
Follonica
Punta Ala
Terme di Saturnia
S. Gemini
Prati di Tivo
Gran Sasso
PESCARA
Porto Azzurro
Bolsena
Talamone
Terminillo
Maiella
CASTIGLIONE D. PESCAIA
Porto Ercole
Caramanico Terme
Bracciano
Scanno
Porto S. Stefano
Bagni di Tivoli
Abruzzo
PESCASSEROLI
Rivisondoli
ROMA
FIUGGI
Roccaraso
Lido di Ostia
Terracina
Nettuno
Anzio
Sperlonga
Sabaudia
S. Felice Circeo
MARE TIRRENO

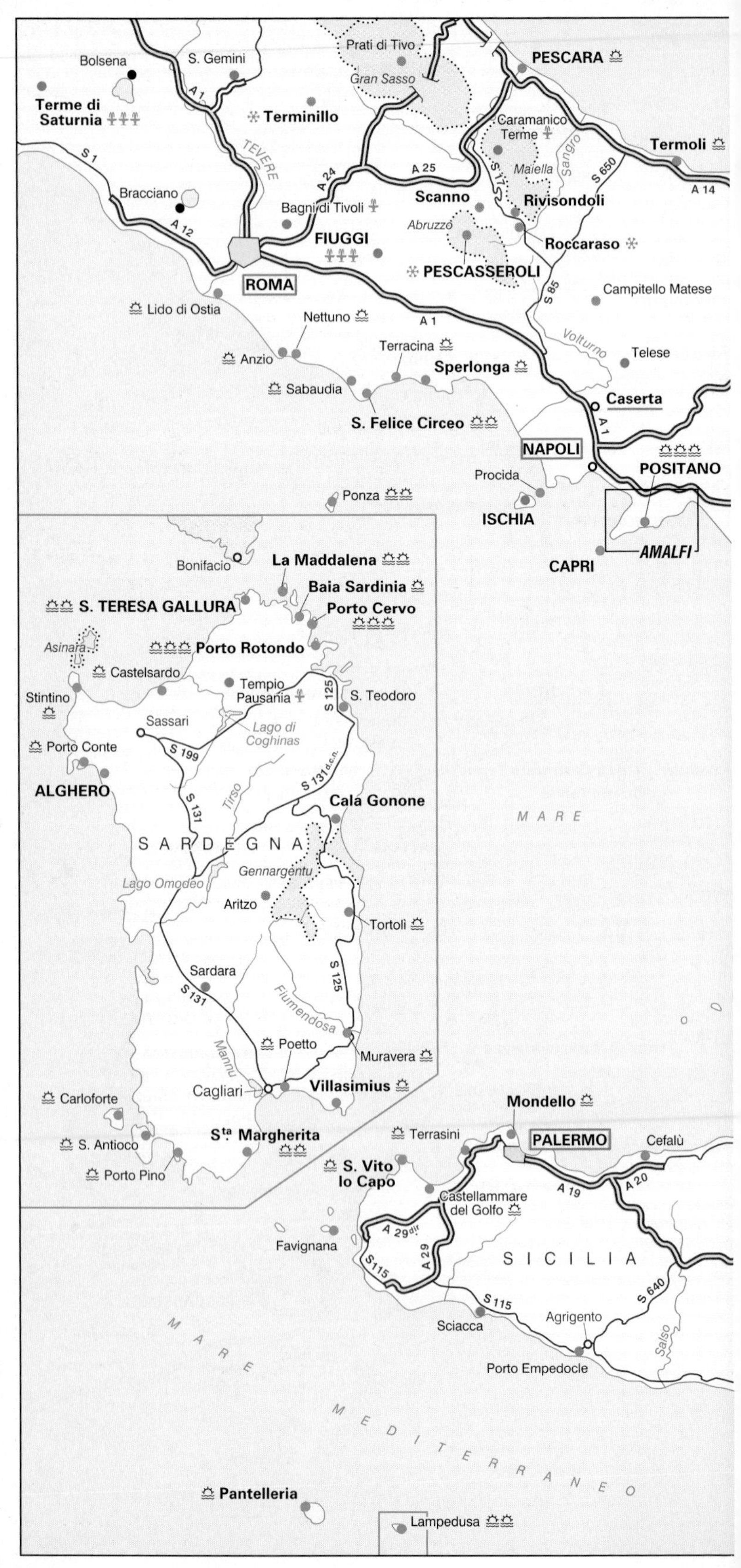
Bolsena
S. Gemini
Prati di Tivo
Gran Sasso
PESCARA
Terme di Saturnia
Terminillo
Caramanico Terme
Termoli
TEVERE
A 1
S 1
A 24
A 25
Maiella
Sangro
S 17
S 650
A 14
Bracciano
A 12
Bagni di Tivoli
Scanno
Rivisondoli
Abruzzo
FIUGGI
Roccaraso
PESCASSEROLI
ROMA
S 85
Campitello Matese
Lido di Ostia
Nettuno
A 1
Volturno
Terracina
Anzio
Telese
Sperlonga
Sabaudia
Caserta
S. Felice Circeo
NAPOLI
POSITANO
Procida
Ponza
ISCHIA
AMALFI
CAPRI
Bonifacio
La Maddalena
Baia Sardinia
S. TERESA GALLURA
Porto Cervo
Asinara
Porto Rotondo
Castelsardo
Tempio Pausania
S. Teodoro
Stintino
S 125
Sassari
Lago di Coghinas
Porto Conte
S 199
ALGHERO
S 131 d.c.n.
Cala Gonone
Tirso
S 131
MARE
SARDEGNA
Gennargentu
Lago Omodeo
Aritzo
Tortoli
Sardara
S 125
S 131
Fiumendosa
Poetto
Mannu
Muravera
Cagliari
Villasimius
Carloforte
Mondello
Terrasini
PALERMO
Cefalù
S. Antioco
St. Margherita
S. Vito lo Capo
Porto Pino
A 19
A 20
Castellammare del Golfo
A 29dir
Favignana
A 29
SICILIA
S115
S 640
S 115
Agrigento
Sciacca
Salso
Porto Empedocle
MARE MEDITERRANEO
Pantelleria
Lampedusa

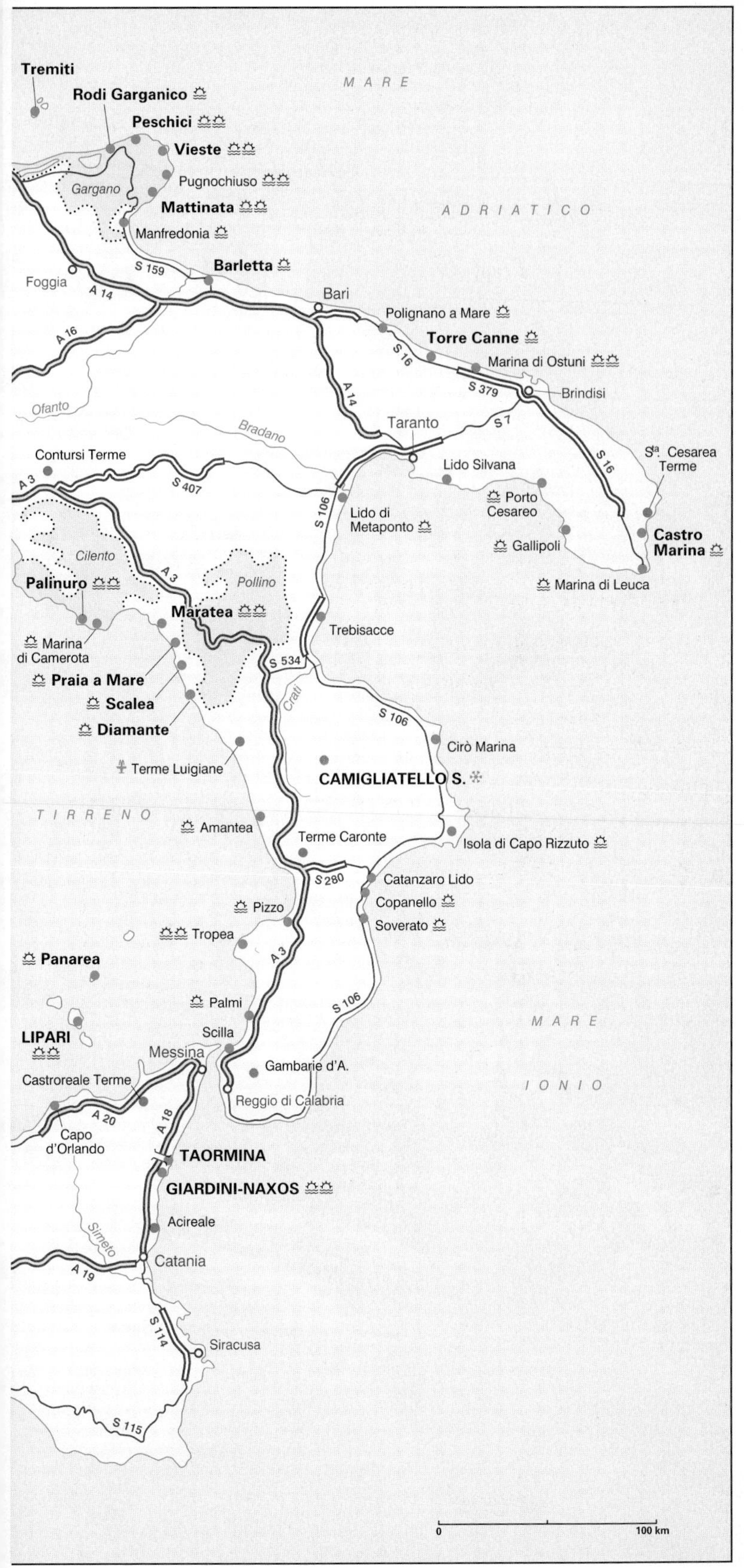
Tremiti
Rodi Garganico
Peschici
Vieste
Pugnochiuso
Gargano
Mattinata
Manfredonia
MARE
ADRIATICO
S 159
Barletta
Foggia
A 14
A 16
Bari
Polignano a Mare
Torre Canne
S 16
Marina di Ostuni
S 379
Brindisi
Ofanto
A 14
Bradano
Taranto
S 7
Contursi Terme
A 3
S 407
Lido Silvana
S 16
Sa. Cesarea Terme
Porto Cesareo
S 106
Lido di Metaponto
Castro Marina
Gallipoli
Cilento
A 3
Pollino
Palinuro
Marina di Leuca
Maratea
Trebisacce
Marina di Camerota
S 534
Praia a Mare
Scalea
Crati
S 106
Diamante
Cirò Marina
Terme Luigiane
CAMIGLIATELLO S.
TIRRENO
Amantea
Terme Caronte
Isola di Capo Rizzuto
S 280
Catanzaro Lido
Copanello
Pizzo
Soverato
Tropea
A 3
Panarea
S 106
Palmi
MARE
Scilla
LIPARI
Messina
Gambarie d'A.
Castroreale Terme
IONIO
Reggio di Calabria
A 20
A 18
Capo d'Orlando
TAORMINA
GIARDINI-NAXOS
Acireale
Simeto
Catania
A 19
S 114
Siracusa
S 115
0
100 km

Riomaggiore

Introduction au voyage

Kord/EXPLORER

Physionomie du pays

Étirée sur 1 300 km du Nord au Sud, de la latitude de Dijon à celle de Tunis, l'Italie avance comme un môle au sein de la Méditerranée, entre l'Espagne et la Grèce, sa caractéristique « botte », bénéficiant d'une extraordinaire variété de climats et de paysages. Un relief rude et contrasté, les plaines couvrant à peine le quart des 301 262 km² que représente sa superficie totale, ainsi qu'un littoral d'un exceptionnel développement (près de 7 500 km) baigné par quatre mers intérieures (Ligure, Tyrrhénienne, Ionienne et Adriatique) la caractérisent.

La gigantesque barrière des **Alpes**, jaillies lors d'un plissement survenu à l'ère tertiaire, à la fois protectrices et dispensatrices d'une formidable énergie électrique, est franchie par plusieurs cols et traversée par des tunnels reliant l'Italie à la France et à l'Europe du Nord. A leurs pieds s'étendent de nombreux lacs glaciaires enchâssés entre les monts et la vaste et fertile plaine du Pô.

Se greffant sur les Alpes non loin de Gênes et se prolongeant jusqu'en Sicile, la longue chaîne des **Apennins**, issue un peu plus tardivement que les Alpes d'un plissement tertiaire, partage la péninsule en deux contrées soumises à des influences différentes et demeurées longtemps indépendantes l'une par rapport à l'autre. Ses reliefs, essentiellement calcaires, vigoureux, présentent des altitudes plus modestes que les sommets alpins.

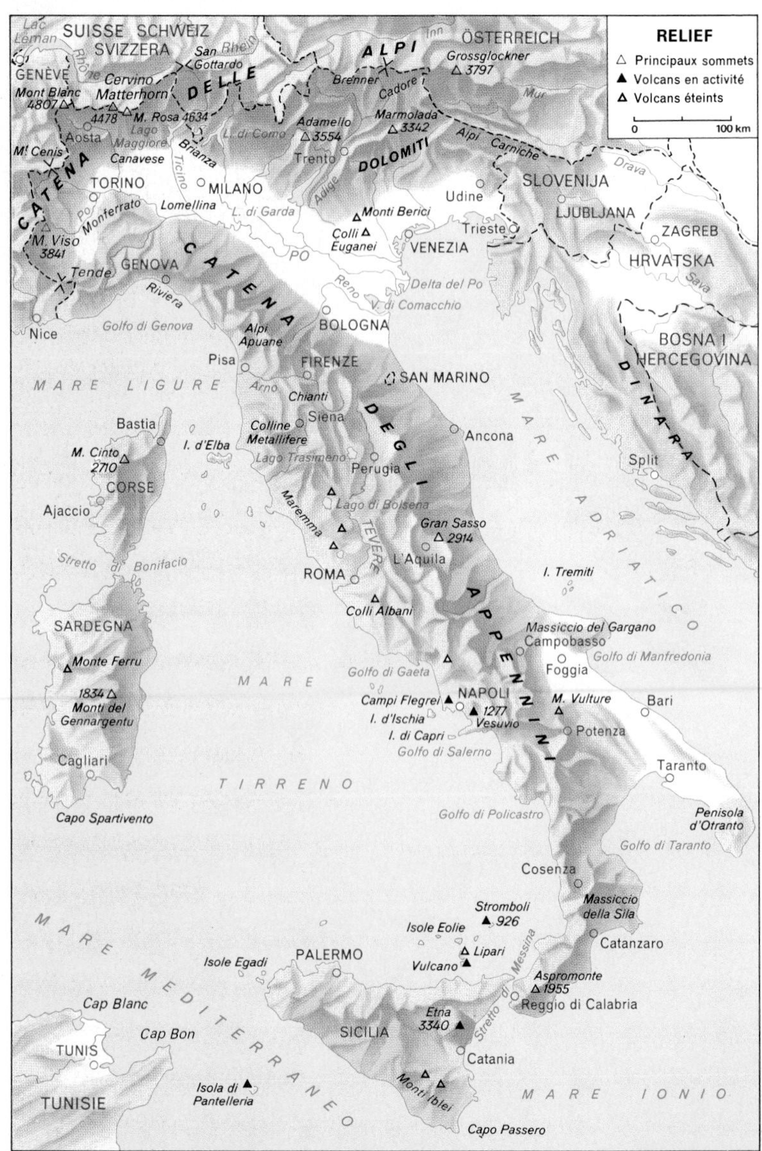

L'arc de terres qui s'étend de Naples à la Sicile est soumis depuis toujours à une violente activité souterraine : volcans, tremblements de terre modifient périodiquement le relief de cette partie extrême de l'Italie.
La végétation et l'occupation des sols par les cultures correspondent de manière approximative à la répartition géopolitique du pays en grandes régions.
En 1995, l'Italie comptait 57 280 575 habitants ; la densité moyenne de sa population était la 5e d'Europe après celles des pays du Benelux, du Royaume-Uni et de l'Allemagne Fédérale. Les villes sont nombreuses, dans le Nord et le centre surtout : la majorité de la population est en effet urbaine, 54 % de celle-ci se répartissant dans des agglomérations de plus de 20 000 habitants.

L'ITALIE RÉGION PAR RÉGION

Le Val d'Aoste – Ce vaste et profond sillon, creusé entre les plus hautes montagnes d'Europe, est arrosé par la Doire Baltée, dont les affluents forment de pittoresques vallées latérales : Valtournenche, val de Gressoney, val d'Ayas, val Grisenche...
Bien située au centre du Val, **Aoste** est la capitale de cette région qui jouit d'une large autonomie administrative depuis 1947. Ses ressources principales sont, à côté d'une activité propre aux pays de montagnes et de l'exploitation du minerai de fer (Cogne), le tourisme, favorisé par les tunnels du Mont Blanc et du Grand-Saint-Bernard.
De Pont-Saint-Martin à Courmayeur, les villes et les villages, habités par une population de montagnards et de bergers demeurés vivement attachés à leurs traditions, ont conservé leur nom français ; on y parle encore la langue française et divers patois.

B. Hennequin/VLOO

Le Val d'Aoste : Courmayeur

Le Piémont – Au pied des monts, entre les Alpes et les Apennins, le Piémont se présente d'abord comme une vaste plaine, celle du Pô, coupée de longues files de peupliers entre lesquelles alternent prairies, champs de blé et rizières. Les 3/5 de la production italienne de riz sont concentrés dans les régions de Vercelli et de Novare. Au Sud-Est de Turin, les douces collines du **Montferrat** produisent les célèbres vins d'Asti et fabriquent le Gorgonzola. De nombreuses usines hydro-électriques fournissent l'énergie nécessaire aux importantes industries textile (Biella), métallurgique, mécanique et chimique (Turin).
Capitale de la région, située sur le Pô, **Turin** est une ville dynamique, que fréquentent volontiers les passionnés de la mode et de l'automobile.

La Lombardie – Occupant la verte plaine du Pô entre le Tessin et le Mincio qui, avec l'Adda, alimentent les lacs Majeur, de Côme et de Garde, la Lombardie est la région la plus active d'Italie. Au nord, de grandes vallées lacustres donnent accès aux cols alpestres. Les mûriers de la **Brianza** permettent l'une des meilleures productions de soie en Italie. Des prairies naturelles ou artificielles favorisent une industrie laitière moderne. Dans la **Lomellina**, de vastes espaces sont dévolus à la culture du riz.
Les nombreuses villes qui parsèment la campagne furent, dès l'époque médiévale, le siège d'une intense activité bancaire et commerciale : Côme (soie), Brescia (sidérurgie, chimie et mécanique), Bergame (textiles et mécanique), Mantoue (pétrochimie, production de matières plastiques), Crémone (agriculture), Pavie (importante université) font honneur aujourd'hui encore à la réputation méritée de travailleurs efficaces dont jouissent les Lombards.

Marmounier/CEDRI

Un port de Ligurie : Portofino

Mais c'est sur **Milan**, capitale économique de toute l'Italie, qui concentre la plus forte densité de population et d'affaires. Encerclé par sa banlieue occupée par les industries textiles, pétrolières, chimiques, métallurgiques et alimentaires, le noyau urbain aux réalisations architecturales très modernes rassemble d'innombrables commerces et institutions culturelles.

La Vénétie – Elle est essentiellement formée par la vaste plaine alluviale du Pô et de ses affluents, que dominent au Nord les Préalpes vénitiennes et, plus au Nord encore, les massifs orientaux des Dolomites dans la partie dénommée **Cadore**. Région avant tout agricole, produisant blé et maïs, exploitant le mûrier, les oliviers, les arbres fruitiers, la vigne (Bardolino, Valpolicella), la Vénétie ne manque cependant pas d'industries : raffineries de pétrole, fonderies, industries chimiques sont concentrées près de Venise à Mestre-Marghera, tandis que les vallées s'enfonçant dans les Préalpes utilisent la forte production d'énergie hydro-électrique pour se consacrer à l'industrie textile.
Deux petits ensembles volcaniques mettent une note inattendue dans le paysage : les monts Berici au Sud de Vicence et les **Collines Euganéennes** près de Padoue, reliefs noirâtres dont les pentes fertiles portent vignes, vergers de pêchers et sources thermales. Dans le **delta du Pô** (Polésine) et celui de l'Adige s'étendent des régions déprimées, grandioses et désolées, sujettes aux débordements des fleuves, mais dont la bonification commence à être profitable : blé et betterave y sont cultivés industriellement.
La côte est formée de lagunes séparées de la mer par un cordon littoral (lido) percé de « porti ». **Venise**, dont le rôle commercial s'accroît, est installée sur pilotis dans l'une de ces lagunes.

Le Trentin-Haut-Adige – De langue et de culture en partie germaniques, c'est l'une des cinq régions d'Italie à bénéficier d'un statut spécial d'autonomie. Elle comprend les vallées de l'Adige, de l'Isarco, et les montagnes qui les encadrent. Le val d'Adige, au débouché du Brenner, a été de tout temps un passage facile et très emprunté. Profondément creusé, mais ouvert à un ensoleillement abondant, il est fort riche : céréales, vignes, vergers et pâtures (race de chevaux célèbre à Avelengo, près de Merano). **Bolzano** et **Trente**, où se sont développées des industries, sont les marchés du pays.
Les **Dolomites** s'étendent dans le Trentin-Haut-Adige et en Vénétie. C'est un massif calcaire très travaillé par l'érosion.

Le Frioul-Vénétie Julienne – Prolongeant la Vénétie à l'Est, cette région située à la frontière de l'Italie, de la Slovénie et de l'Autriche jouit d'une grande autonomie sur le plan administratif et culturel. Elle s'étend au pied des **Alpes Carniques**, massif couvert de forêts de résineux et de vastes alpages. Udine est l'un des centres actifs de la région. **Trieste** est le débouché naturel de l'Autriche ; autrefois très actif, son port dispose d'un statut spécial, et commerce avec l'Orient.

L'Émilie-Romagne – La plaine longeant l'Apennin a tiré son nom de la Via Emilia, voie romaine rectiligne qui la traverse de Plaisance à Rimini ; au Sud et à l'Est de Bologne, elle prend le nom de Romagne. Sa terre, objet de culture intensive, se classe au premier rang de l'Italie pour le blé et la betterave. La campagne, monotone, offre un aspect de vastes champs, coupés à intervalles réguliers de mûriers et de vignes s'enroulant autour d'énormes échalas, d'érables ou d'ormes : d'autres vignes grimpent sur les pentes des Apennins. Les villes s'échelonnent sur la Via Emilia :

la plus importante, **Bologne**, réputée pour sa très ancienne université, est un nœud de communication, un centre d'industries sidérurgiques, mécaniques, alimentaires, et un marché pour le froment et les porcs.

Des rizières occupent la région située à l'Est de Ferrare, traversée par le Pô. Au Sud de celle-ci s'étend la zone lagunaire des « **Valli di Comacchio** », aux caractéristiques paysages, où l'on pratique la pêche à l'anguille. **Ravenne**, à qui son port et sa raffinerie de pétrole ont redonné quelque activité, fut la capitale de l'Empire romain d'Occident, puis chef-lieu de la Romagne, jusqu'à ce que la fusion Émilie-Romagne ait permis à Bologne de devenir capitale de la nouvelle région.

La Ligurie – Striée de vallées étroites et profondes, perpendiculaires à la côte, la Ligurie connut, avant l'époque romaine, une civilisation maritime. Les pentes rapides des vallons intérieurs sont parsemées de bourgs veillant sur quelques bois de châtaigniers ou d'oliviers et sur des cultures en terrasses. Le littoral, rocheux, découpé, est assez peu poissonneux, mais, depuis les Ligures, a toujours connu une vie maritime intense (cabotage), favorisée par de nombreux petits ports en eau profonde. C'est l'Empire romain qui a donné son aspect actuel au paysage, composé d'oliveraies et de vignes auxquelles se sont ajoutés légumes, fruits (melons, pêches), fleurs en cultures industrielles. La **Riviera du Ponant**, à l'Ouest de Gênes, est plus ensoleillée que la **Riviera du Levant** à l'Est, cette dernière offrant une végétation plus abondante. Les villes principales sont Imperia, Savone, **Gênes** (port pétrolier, chantiers navals, sidérurgie, centrale thermo-électrique) et La Spezia (port marchand et militaire, centrale thermo-électrique, industrie des armes).

La Toscane – Le paysage toscan présente un exceptionnel attrait : au relief de petites collines basses permettant des vues étendues s'est ajouté au cours des siècles, avec une harmonie qui témoigne d'un degré insurpassable de civilisation, le décor aménagé par l'homme : oliviers, vignes et cyprès composent sous une lumière subtile et dorée une architecture naturelle où l'on retrouve le goût artistique inné chez le peuple toscan.

Pourtant, des sols variés composent cette région. L'archipel toscan, avec l'**île d'Elbe**, montueuse et riche en fer, fait face à un littoral rocheux au Sud de Livourne, plat et sablonneux dans la **Versilia** (région de Viareggio). Au Nord de l'Arno se dressent les **Alpes Apuanes** où l'on exploite le marbre (Carrare).

P. Somelet/DIAF

Campagne siennoise

Fertile et beau, le **bassin de l'Arno**, au sein duquel s'élève **Florence**, est le cœur de la Toscane : vignes et oliviers se mêlent aux champs de blé, de tabac et de maïs ; parmi les mûriers poussent poivrons, citrouilles et les célèbres haricots de Lucques. Les fermes, aux nobles architectures, occupent des positions isolées au sommet des collines. La Toscane méridionale est faite de collines douces et couvertes de vignes dans le **Chianti** au Sud de Florence, pastorales autour de Sienne, arides et désolées vers Monte Oliveto Maggiore, puissantes et mystérieuses dans les **Collines métallifères**, au Sud de Volterra.

Aux confins du Latium, la **Maremme**, d'une beauté mélancolique, était une région de marécages aujourd'hui bonifiée.

L'Ombrie – Terre de saint François, l'Ombrie est un pays d'aspect paisible, composé de collines, de vallées et de vastes bassins. Les vallées sinueuses, où les peupliers dressent leur cime sur le fond d'un ciel extrêmement lumineux, sont particulièrement typiques : c'est la « verte Ombrie » de la **vallée du Clitumne** dont les pâturages étaient déjà renommés dans l'Antiquité.

L'Ombrie possède deux lacs, le **Trasimène** et le Piediluco, et de nombreux cours d'eau dont le Tibre. Des cités médiévales qui ont succédé aux agglomérations étrusques dominent conques et vallées : l'austère Gubbio, l'altière **Pérouse**, capitale de la région, Assise la religieuse, Orvieto, Spolète, Spello. D'autres occupent le centre d'une plaine comme Foligno et Terni, le Creusot italien.

Les Marches - Jadis provinces frontières de l'empire des Francs et du domaine papal, d'où leur nom, les Marches forment, entre Saint-Marin et Ascoli Piceno, un pays très compartimenté, car les chaînons des Apennins, parallèles, tombent dans l'Adriatique en déterminant une succession de vallées profondes et étroites. La côte plate et rectiligne est jalonnée de nombreuses plages et de ports-canaux.
Les habitants des Marches jouissent d'une excellente réputation pour leur urbanité, leur piété et leur opiniâtreté au travail. A l'exception de la capitale, **Ancône**, port actif, la plupart des agglomérations anciennes sont situées dans une position dominante ; parmi elles, Urbino et Loreto occupent une place particulière.

Le Latium - Entre la mer Tyrrhénienne et les Apennins, de la Maremme toscane à Gaète, le Latium, berceau de la civilisation romaine, borde un littoral sablonneux où les ports antiques, tel Ostie à l'embouchure du Tibre, ont été comblés par les alluvions. Aujourd'hui, Civitavecchia est le seul port moderne du littoral. Au centre du Latium, **Rome**, capitale de l'Italie et du monde chrétien, reste surtout une ville résidentielle où affluent fonctionnaires, ecclésiastiques et touristes.
A l'Est et au Nord, des collines volcaniques, dont les cratères enserrent des lacs solitaires, dominent la **campagne romaine** aimée des écrivains et des peintres qui ont décrit ses étendues désolées, où surgissent des ruines antiques. Aujourd'hui, ces « latifundia », où sévissait la malaria, ont repris vie : l'assainissement des Marais Pontins, près de Latina, a été la partie la plus spectaculaire de cette entreprise. Cassino est un centre industriel important ; une puissante industrie s'est créée autour du centre atomique de Latina.
Au Sud, se trouve la caractéristique **Ciociaria** : cette région doit son nom aux chaussures qui faisaient partie du costume traditionnel, les « ciocie », formées d'une semelle épaisse et de lanières s'enroulant autour du mollet ; la population, occupée surtout par des travaux agricoles, a conservé un folklore vivace.

Les Abruzzes - Dotée d'un climat très rude, c'est la partie de l'Apennin qui revêt le plus un aspect de haute montagne, grandiose et sauvage, avec les massifs du **Gran Sasso** et de la **Maiella**. La haute vallée du Sangro est aménagée en parc naturel. Dans les bassins abrités croissent de riches cultures (vignes, amandiers, oliviers) dont les produits alimentent la ville-marché d'Avezzano située auprès d'un immense marais asséché donnant essentiellement des betteraves. Avec le développement de la zone de Chieti-Pescara, et celui, plus récent, des régions de Vasto, de Sulmona et de L'Aquila, les Abruzzes se sont industrialisés.

Le Molise - Le Molise, dont la capitale est **Campobasso**, s'étend au Sud des Abruzzes avec lesquels il présente des traits communs : relief montagneux, sombres vallées, bois sauvages où vivent encore quelques loups. La Maiella le délimite à l'Ouest. L'économie est fondée sur l'agriculture : blé, avoine, maïs, pommes de terre, vignes (raisins secs).

La Campanie - Ses terres fertiles entourent le golfe de Naples. Les cultures de chanvre, de tabac et de céréales alternent avec les oliviers et les vignes. **Naples** est le port d'une région qui tend à s'industrialiser de plus en plus (usines alimentaires, aciéries, raffineries de pétrole, industries mécaniques). Le merveilleux **golfe de Naples** qui fascinait déjà les Anciens, qui avaient placé là l'entrée des Enfers, est dominé par la silhouette caractéristique du **Vésuve** ; bien que très abîmés par les constructions, ses rivages ont conservé quelques sites enchanteurs comme la presqu'île de **Sorrente** ou l'île de **Capri**.

Pouille, Basilicate, Calabre - Ces trois régions couvrent le pied de la botte italienne. La Pouille, face à l'Adriatique, n'est pas dénuée de ressources : céréales dans la plaine entre Foggia et Manfredonia surtout, mais aussi dans celles de Bari, de Tarente, de Lecce, de Brindisi. La vigne croît un peu partout et se mêle aux oliviers (l'huile d'olive de la Pouille représente 10 % de la production mondiale) et aux amandiers sur la côte. Le **promontoire du Gargano**, formant éperon, se distingue par son relief relativement élevé. Au Sud de Bari s'étend une région qui, par ses constructions et ses mœurs, rappelle l'Orient. **Bari** est un port actif, et le centre de nombreuses relations commerciales avec le Moyen-Orient : capitale de la Pouille, elle constitue, avec Tarente et Brindisi, l'un des trois grands complexes industriels de la région.
La Basilicate, ou **Lucanie**, et la Calabre se composent de terres très diverses : la corniche rocheuse, du golfe de Policastro à Reggio ; les sévères et grandioses montagnes du massif de la **Sila**, aux vastes alpages et aux horizons infinis ; à l'extrême pointe de la péninsule, resserré entre deux mers, l'**Aspromonte**, boisé de pins, de hêtres, de châtaigniers, mais d'une âpre beauté.

Sardaigne, Sicile - *Voir p. 295 et p. 303.*

Vous trouverez, en début de ce guide, un choix d'itinéraires de visite régionaux.

Pour organiser vous-même votre voyage, consultez la carte des principales curiosités.

L'histoire

Histoire romaine

Avant J.-C.	**Des origines à l'Empire (753-27 avant J.-C.)**
753	Selon la légende, Romulus fonde Rome (née en fait de l'union de villages latins et sabins, vers le 8e s.).
7e-6e s.	Dynastie royale des Tarquins : le roi, le Sénat et les Comices se partagent le pouvoir.
509	Établissement de la république : les pouvoirs du roi sont attribués à deux consuls élus pour un an.
451-449	Loi des XII tables, premier pas vers l'égalité civile entre patriciens et plébéiens.
390	Les Gaulois envahissent l'Italie, occupent Rome, mais en sont chassés par Camille.
281-272	Guerre contre Pyrrhus, roi d'Épire, et soumission à Rome de tout le Sud de la péninsule.
264-241	Première guerre punique : Carthage cède la Sicile aux Romains.
218-201	Deuxième guerre punique. Hannibal traverse les Alpes, puis bat les Romains au lac Trasimène. Il écrase les Romains à Cannes, mais néglige de marcher sur Rome et s'installe à Capoue. En 210, Scipion porte la guerre en Espagne, puis en Afrique ; Hannibal est rappelé à Carthage. En 202, Scipion est vainqueur d'Hannibal à Zama.
146	La Macédoine et la Grèce deviennent provinces romaines. Destruction de Carthage.
133	Occupation de toute l'Espagne et fin des grandes conquêtes en Méditerranée.
133-121	Échec de la politique des Gracques, promoteurs de lois agraires en faveur du peuple.
118	Les Romains en Gaule.
112-105	Guerre contre Jugurtha, roi de Numidie (l'actuelle Algérie).
102-101	Marius, vainqueur de Jugurtha, arrête les invasions des Cimbres et des Teutons.
88-79	Sylla, le rival de Marius, triomphe de Mithridate et établit sa dictature à Rome.
70	Pompée et Crassus, nommés consuls, deviennent maîtres de Rome.
63	Conjuration de Catilina, démasquée par Cicéron, déclaré « père de la patrie ».
60	Premier triumvirat : Pompée, Crassus, César. Rivalité des trois hommes.
59	César consul.
58-51	Campagne des Gaules (52 : reddition de Vercingétorix à Alésia).
49	César franchit le Rubicon et chasse Pompée de Rome.
49-45	César triomphe de Pompée et de ses partisans en Espagne, en Grèce et en Égypte. Il écrit ses « Commentaires » sur la guerre des Gaules.
44	César se fait nommer dictateur à vie. Le 15 mars de la même année, il est assassiné par des partisans de la république, dont Brutus, son fils adoptif.
43	Deuxième triumvirat : Octave (neveu et héritier de César), Antoine, Lépide.
41-30	Lutte ouverte entre Octave et Antoine. Défaite (à Actium) et mort d'Antoine.
	Le Haut-Empire (27 avant J.-C.-284 après J.-C.)
27	Octave, seul maître de l'Empire, reçoit du Sénat le titre d'Auguste et tous les pouvoirs.
Après J.-C.	
14	Mort d'Auguste.
54-68	Règne de Néron, qui fait mourir Britannicus, sa mère Agrippine, ses femmes Octavie et Poppée, incendie Rome et organise la 1re persécution violente des chrétiens.
68	Fin de la dynastie des Julio-Claudiens : Auguste, Tibère, Caligula, Claude, Néron.
69-96	Dynastie des Flaviens : Vespasien, Titus, Domitien.

96-192 « Siècle d'Or des Antonins » : règnes heureux de Nerva, Trajan, Hadrien, Antonin le Pieux, Marc-Aurèle, Commode, qui consolident l'organisation de l'Empire.

193-275 Dynastie des Sévères : Septime-Sévère, Caracalla, Héliogabale, Alexandre-Sévère, Dèce, Valérien, Aurélien.

235-268 Anarchie militaire, période troublée : les légions font et défont les empereurs.

270-275 Aurélien rétablit l'unité de l'Empire.

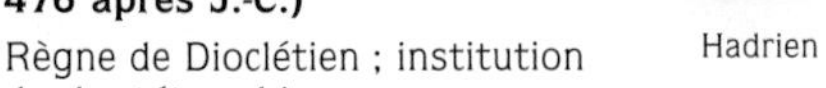

GIRAUDON

Hadrien (Musée du Louvre, Paris)

Le Bas-Empire et décadence de l'Empire romain (284-476 après J.-C.)

284-305 Règne de Dioclétien ; institution de la tétrarchie ou gouvernement à quatre ; persécution des chrétiens (303) ; ceux-ci appellent le règne de Dioclétien « l'ère des martyrs ».

306-337 Règne de Constantin, qui fait du christianisme la religion d'État, et décrète par l'édit de Milan (313) la liberté de tous les cultes. Constantinople, nouvelle capitale de l'Empire.

379-395 Règne de Théodose le Grand, empereur chrétien. A sa mort, partage de l'Empire entre ses deux fils : Arcadius (Orient) et Honorius (Occident) qui s'établit à Ravenne.

5e s. L'Empire romain est livré aux assauts répétés des Barbares : en 410, Alaric, roi des Wisigoths, s'empare de Rome ; en 455, prise et sac de Rome par les Vandales de Genséric.

476 Odoacre dépose l'empereur Romulus Augustule : fin de l'empire d'Occident.

De l'Empire romain au Saint Empire romain germanique

493 Odoacre est chassé par les Ostrogoths de Théodoric.

535-553 Reconquête de l'Italie par l'empereur romain d'Orient Justinien (527-565).

568 Invasion lombarde conduite par le roi Alboin.

752 Rome menacée par les Lombards : le pape fait appel à Pépin le Bref, roi des Francs.

774 Le fils de Pépin, Charlemagne, devient roi des Lombards.

800 Charlemagne est couronné empereur par le pape Léon III.

9e s. La dislocation de l'Empire carolingien provoque en Italie de graves troubles, l'anarchie la plus complète et la création de nombreux États rivaux.

951 Intervention en Italie du roi de Saxe Othon Ier qui devient roi des Lombards.

962 Othon Ier, sacré empereur, fonde le Saint Empire romain germanique.

La querelle du sacerdoce et de l'empire

11e s. Installation progressive des Normands en Sicile et en Italie du Sud.

1076 Querelle entre le pape Grégoire VII et l'empereur Henri IV au sujet des Investitures.

1077 Humiliation de l'empereur devant le pape à Canossa.

1155 Frédéric Barberousse sacré empereur par le pape. Reprise de la lutte entre l'Empire et la papauté : **gibelins** (partisans de l'empereur) contre **guelfes** (partisans du pape).

1167 Création de la **Ligue lombarde** (union de villes guelfes du Nord de l'Italie contre l'empereur, sous l'égide du pape).

1176 Réconciliation entre Frédéric Barberousse et le pape Alexandre III.

1216 A la mort du pape Innocent III, la papauté a atteint l'apogée de sa puissance.

1227-1250 Nouvel épisode de la lutte entre l'Empire (Frédéric II) et la papauté (Grégoire IX). Nouveau triomphe de la papauté.

Influence française et déclin de l'influence impériale

13e s. Apogée de la prospérité économique des Communes.

1252 Le **florin** de Florence, frappé en argent depuis 1182, devient une pièce d'or, très en faveur dans les échanges internationaux.

1265 Charles d'Anjou, frère de Saint Louis, est couronné roi de Sicile.

1282 **Vêpres siciliennes** : massacre des Français établis en Sicile.

1302 La dynastie d'Anjou s'établit à Naples.

1303 Attentat d'Anagni, fomenté par Philippe le Bel contre le pape Boniface VIII.

1309-1377 Établissement des papes en Avignon (de Clément V à Grégoire XI, qui revient à Rome sur la prière de sainte Catherine de Sienne).

1328 Échec de l'intervention en Italie de l'empereur Louis de Bavière. De cette époque date la lente renonciation des empereurs germaniques à leur volonté de pouvoir politico-religieux sur les territoires de l'antique Empire romain.

1337-1475 Guerre de Cent Ans.

1378-1418 Grand schisme d'Occident (antipapes à Pise et à Avignon), auquel met fin le concile de Constance (1414-1418).

1402 Dernière intervention allemande en Italie (l'empereur est battu par les milices lombardes).

1442 Alphonse V, roi d'Aragon, devient roi des « Deux-Siciles ».

1453 Constantinople, capitale de l'Orient chrétien, tombe aux mains des Turcs.

1492 Mort de Laurent le Magnifique et découverte de l'Amérique.

1494 A la demande de Ludovic le More, intervention du roi de France Charles VIII en Italie.

L'âge d'or économique et culturel (15e s. et début du 16e s.)

Alors que le Sud maintient ses structures féodales fondées sur la grande propriété, le Centre et le Nord sont transformés par le dynamisme de ses bourgeois. Le poids économique de l'Italie à cette époque s'explique non pas tant par le volume des biens de consommation produits (tissus, cuir, verre, céramique, armes...) que par le commerce et l'importante activité bancaire. Les négociants et banquiers installés à l'étranger contribuent à divulguer à travers l'Europe la civilisation italienne, qui s'épanouit alors dans toutes les grandes cours. Entretenir les artistes et posséder le plus beau palais devient un véritable terrain de rivalité pour ces souverains-mécènes que sont les Médicis à Florence, Sforza à Milan, Montefeltre à Urbin, Este à Ferrare, Gonzague à Mantoue et les papes à Rome (comme Jules II et Léon X).
Cependant, le déclin se fait jour. Le déplacement vers l'Atlantique des grands échanges commerciaux est dommageable pour les républiques maritimes, si florissantes au Moyen Âge : Gênes est rapidement ruinée, Pise est absorbée par Florence sa rivale de toujours, et Venise connaît de sérieuses difficultés en raison de l'avancée des Turcs vers l'Ouest. De plus la Péninsule, au potentiel économique pourtant toujours puissant, retombera sous tutelle étrangère faute d'avoir su unir son territoire.

Du 16e s. à l'époque napoléonienne

16e s. Lutte entre la France et l'Espagne pour la suprématie en Europe.

1515-1526 François Ier, vainqueur à Marignan, vaincu à Pavie, doit renoncer à l'héritage italien.

1527 Sac de Rome par les lansquenets de Charles Quint.

1559 Traité de Cateau-Cambrésis : domination espagnole sur le Milanais et les royaumes de Naples, de Sicile et de Sardaigne jusqu'au début du 18e s.

17e s. La Savoie devient l'État le plus puissant du Nord de l'Italie.

1713 Victor-Amédée II de Savoie obtient la Sicile dont il prend le titre de roi et qu'il échangera en 1720 contre la Sardaigne.

1796 Campagne de Bonaparte en Lombardie. Création de la République cispadane.

1797 Bataille de Rivoli. Traité de Campoformio. Création des Républiques cisalpine et ligurienne.

1798-1799 Proclamation des Républiques romaine et parthénopéenne (Naples).

1805 Napoléon Ier transforme la République italienne en royaume, ceint la couronne de fer des rois lombards et confie la vice-royauté à son beau-fils Eugène de Beauharnais.

1808 Rome occupée par les troupes françaises. Murat devient roi de Naples.

1809 Les États pontificaux rattachés à l'Empire français. Pie VII prisonnier en France (1812).

1814 Écroulement de la politique napoléonienne. Pie VII de retour à Rome.

Vers l'unité italienne (1815-1870)

1815	Congrès de Vienne. Hégémonie de l'Autriche. Les patriotes « carbonari » s'opposent à l'occupant autrichien (1815-1831) ; insurrections réprimées.
1831	Fondation du mouvement « Jeune Italie » par Mazzini. Exaltation du sentiment national contre l'Autriche : **Risorgimento**.
1834-1837	Insurrections à Gênes et dans le royaume des Deux-Siciles.
1848	1re guerre d'indépendance contre l'Autriche, sous l'impulsion du roi de Sardaigne, souverain du Piémont. Succès italiens, suivis d'une violente réaction autrichienne.
1849-1852	Avènement de Victor-Emmanuel II ; son ministre Cavour réorganise l'État piémontais.
1854	Participation du Piémont à la guerre de Crimée aux côtés de la France.
1856	Congrès de Paris. Cavour soulève la question de l'unité italienne.
1858	Entrevue de Plombières entre Cavour et Napoléon III.
1859	2e guerre d'indépendance contre l'Autriche à l'initiative du Piémont soutenu par la France, son alliée depuis Plombières. Victoires franco-piémontaises à Magenta et Solferino, armistice de Villafranca. Le Piémont reçoit la Lombardie ; la France, la Savoie et le comté de Nice.
1860	Bologne, Parme, Modène et la Toscane, puis l'Ombrie et les Marches s'unissent au Piémont. Rattachement du Sud, grâce aux « mille chemises rouges » de Garibaldi (Expédition des Mille en Sicile et à Naples).
1861	Proclamation du royaume d'Italie (capitale : Turin). Mort de Cavour.
1865-1870	Florence capitale du royaume d'Italie.
1866	Guerre de l'Autriche contre la Prusse et l'Italie. Rattachement de la Vénétie à l'Italie.
1867	Garibaldi, marchant sur Rome, est battu à Mentana.
1870	Le 20 septembre, les troupes italiennes occupent Rome qui est proclamée capitale de l'Italie en 1871. Achèvement de l'unité italienne.

L'unité italienne

Bien que Machiavel eût déjà rêvé au 16e s. d'une unité italienne, il fallut attendre la Révolution française pour que l'on commence à envisager concrètement le rassemblement sous un même régime politique des diverses régions du pays.

L'unification des provinces d'Italie nécessita quelque cinquante années et s'élabora au cours d'événements nombreux et complexes : tout d'abord les premiers élans du Risorgimento qui aboutirent aux insurrections de 1848 contre la domination autrichienne, mais se soldèrent par l'échec de Novare. Cependant, l'avènement de **Victor-Emmanuel II** et la subtile politique de son ministre **Cavour** portèrent le problème italien sur la scène européenne. Napoléon III s'associa alors aux Piémontais pour combattre l'Autriche. Après les victoires franco-piémontaises de 1859 et la désillusion du traité de Villafranca qui accordait la Savoie à la France, les régions de l'Italie centrale se révoltèrent et s'unirent au Piémont. De son côté, **Garibaldi** libérait la Sicile et l'Italie du Sud de la domination des Bourbons. Le 17 mars 1861, le Parlement votait la proclamation du royaume d'Italie : Turin en devenait la capitale et Victor-Emmanuel II le souverain. Il allait falloir un peu plus de cinq ans encore pour que la guerre d'indépendance aux côtés des Prussiens permette l'annexion de la Vénétie, et près de dix années pour que s'achève, par la prise de Rome (1870), la glorieuse entreprise de l'unification italienne.

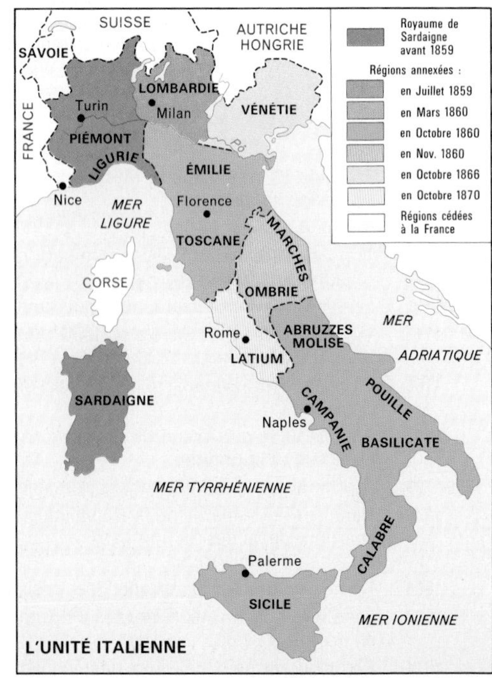

L'UNITÉ ITALIENNE

De 1870 à nos jours

1882	L'Italie, l'Allemagne et l'autriche signent la Triple Alliance.
1885	Les Italiens s'installent en Érythrée et sur la côte des Somalis.
1900	Assassinat du roi Humbert Ier par l'anarchiste Bresci. Avènement de Victor-Emmanuel III.
1903-1914	« Dictature parlementaire » de **Giolitti**, qui ne règle pas les graves problèmes de chômage et de misère, poussant à l'agitation révolutionnaire et anarchiste (grandes grèves).
1904-1906	Rapprochement de l'Italie avec la France et l'Angleterre.
1911-1912	Guerre italo-turque. Occupation de la Libye et du Dodécanèse.
1915	Entrée en guerre de l'Italie (24 mai) aux côtés des Alliés contre l'Autriche-Hongrie.
1918	Avec la victoire de la bataille de Vittorio Veneto, l'Italie conclut (4 novembre) la Première Guerre mondiale.
1919	Avec le traité de Saint-Germain-en-Laye sont annexés à l'Italie : le Trentin et le Haut-Adige, Trieste et l'Istrie. D'Annunzio, à la tête de ses *arditi* (légionnaires), s'empare de Fiume (Rijeka en Croatie) qui sera ensuite annexée à l'Italie en 1924. Les déceptions nationalistes et la crise économique persistante profitent aux partis extrémistes : fondation des « Faisceaux de combat » par Mussolini (début du fascisme).
1920-1921	Désordres sociaux (occupations d'usines, grèves) ; premières affirmations du parti fasciste de Benito Mussolini.
1922	Marche sur Rome par les fascistes : Mussolini est nommé chef du gouvernement.
1925	Après l'assassinat du député socialiste Matteotti (1924), qui avait dénoncé les méthodes fascistes, et la protestation des parlementaires de l'opposition (« Aventino »), Mussolini proclame les lois d'exception (les lois fascistissimes) : un régime dictatorial s'installe.
1929	Accords du Latran entre le gouvernement italien et la papauté.
1936	Après le succès de la guerre d'Éthiopie, occupation coloniale du pays par les Italiens et création de l'Empire. La Société des Nations condamnant Mussolini, celui-ci se rapproche de l'Allemagne nazie : création de l'axe Rome-Berlin.
1940	Entrée en guerre de l'Italie contre la France et l'Angleterre.
1943	10 juillet : les Alliés débarquent en Sicile. 25 juillet : destitution et arrestation de Mussolini. 8 septembre : armistice ; une grande partie du pays est occupée par les troupes allemandes. 12 septembre : libéré par les Allemands, Mussolini fonde dans le Nord la République Sociale italienne avec Salò comme capitale (lac de Garde).
1944-1945	Difficile reconquête de l'Italie par les Alliés. Dans le Centre-Nord, occupé par les Nazis-fascistes, la Résistance prend place. Libération (25 avril 1945) du pays et fin de la guerre : Mussolini, en fuite vers la Suisse, est arrêté et fusillé sur les rives du lac de Côme.
1946	En mai, abdication de Victor-Emmanuel III ; avènement de Humbert II. 2 juin : proclamation de la République à l'issue d'un référendum.
1947	Le traité de Paris enlève à l'Italie ses colonies ainsi que l'Istrie, la Dalmatie et le Dodécanèse, et lui impose des rectifications de frontière au profit de la France.
1948	Le 1er janvier : entrée en vigueur de la nouvelle Constitution.
1954	Trieste est définitivement rattachée à l'Italie. Fervent défenseur de l'unité européenne, aux côtés de Jean Monnet, Robert Schuman et Konrad Adenauer, le démocrate-chrétien **De Gasperi** est élu président de la Communauté Européenne du Charbon et de l'Acier (C.E.C.A.).
Mars 1957	Traité de Rome instituant la Communauté économique européenne (Marché commun) : l'Italie entre dans l'« Europe des Six ».
1966	Graves inondations en Italie : nombreux dégâts en particulier à Florence et à Venise.
1968	Mouvements de contestation du modèle social occidental.
1970-80	Les « Années de Plomb » : des actes terroristes secouent l'Italie.
1973	Échec de la tentative de « compromis historique » proposé par le Parti communiste à la Démocratie chrétienne pour créer un gouvernement de coalition.
1978	Assassinat d'Aldo Moro, ancien président du Conseil, par les *Brigades Rouges*.
1992	Opération « mains propres » dirigée contre la corruption économico-politique. Assassinat des juges anti-Mafia Giovanni Falcone et Paolo Borsellino.
1994	Début de la Deuxième République.

Rome et la papauté

Rome, capitale de la chrétienté – La cité du Vatican forme un État libre dont le pape est le souverain. S'il ne détient pas de pouvoirs sacerdotaux supérieurs à ceux des évêques, celui-ci est le chef de toute l'Église catholique, et son infaillibilité en matière de dogme a été établie par le concile du Vatican en 1870.
Le pape est élu par l'ensemble des cardinaux formant le Sacré Collège, réunis en conclave dans la chapelle Sixtine ; la majorité des 2/3 des voix plus une est nécessaire à son élection. Au fur et à mesure que le peuple chrétien grandissait, le pape dut assumer, à côté de sa fonction de chef religieux, un rôle politique croissant. Ainsi, l'histoire de la papauté est-elle aussi celle des rapports de l'Église et de l'État.

Naissance de l'Église et de la papauté – Né en Orient avec la prédication et la Passion de Jésus, le christianisme gagna l'Occident grâce à l'action évangélisatrice des apôtres et de leurs disciples. A la fin du 1er s., l'Église était formée de petites communautés dirigées par des évêques, représentants du Christ. Dès la fin du 2e s., l'évêque qui siégait à Rome, capitale de l'Empire, revendiqua la primauté dans la hiérarchie ecclésiastique. Peu à peu, le nom de pape (du bas-latin « Papa » : père) cessa d'être attribué à tous les évêques, pour être réservé à celui de Rome.

Essor de l'Église – Bien que considérée à l'origine comme peu dangereuse, la nouvelle religion fut rapidement victime, sous Néron, de toutes sortes de persécutions poursuivies par Domitien, puis par Dèce et Valérien, Dioclétien et Maximien. Néanmoins, ces exactions ne purent enrayer l'essor de l'Église du Christ qui s'affirmait comme l'unique puissance morale capable de résister à l'effondrement de l'Empire affaibli et divisé. En 313, par l'**édit de Milan**, Constantin accorde la liberté de culte aux chrétiens. Les cultes païens, en revanche, sont mal tolérés puis interdits. Devenu religion officielle en 382, le christianisme apparaît dès lors comme le plus sûr soutien du pouvoir, et, lorsque Rome chancelle sous l'assaut des Barbares, il constitue le dernier rempart de la civilisation.

Autorité du pape – L'autorité du pontife et le rayonnement de l'Église se manifestent avec de plus en plus de force au cours des siècles suivants, notamment grâce à la personnalité de **Grégoire le Grand** (590-604). Au 8e s., devant la menace des Lombards, le pape fait appel à Pépin le Bref et instaure une ère d'alliance avec la dynastie carolingienne, dont les épisodes marquants sont : en premier lieu, la **donation de Quiersy-sur-Oise** (756) par laquelle le roi des Francs s'engage à restituer, non pas à l'empereur byzantin, mais au pape Étienne II, les États occupés par les Lombards (événement qui sera à l'origine des États pontificaux et du pouvoir temporel du pape) ; en second lieu, en l'an 800, le sacre de Charlemagne comme empereur d'Occident. Au cours des désordres provoqués par la chute de l'Empire carolingien (fin du 9e s.), la papauté cède à la corruption et il faudra l'intervention énergique de **Grégoire VII** (1073-1085) pour redonner à l'Église tout son prestige. La série de décrets promulgués par ce grand pape réformateur ouvrira la fameuse **querelle des Investitures** qui opposera pendant plusieurs siècles le pape à l'empereur, de qui relevait l'investiture des ecclésiastiques.

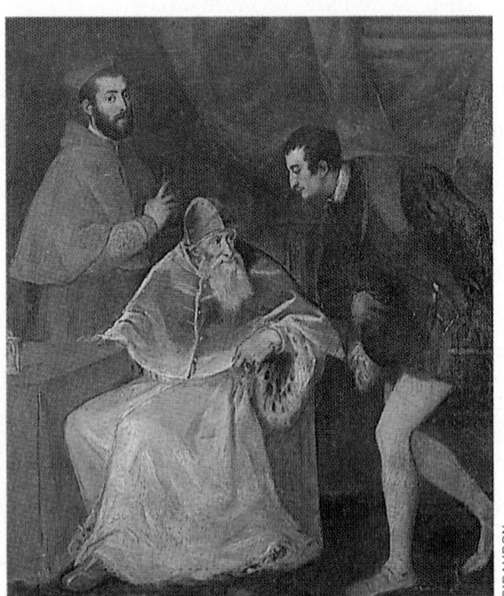

GIRAUDON

Le pape Paul III Farnèse et ses neveux, par Titien (Naples : Capodimonte)

Affaiblie par la « captivité d'Avignon » (1309-1377), la papauté de retour à Rome dut faire face à une crise plus grave encore à l'époque du **Grand Schisme d'Occident** (1378-1417), où des anti-papes, élus par le Sacré Collège majoritairement français, se succédèrent en Avignon parallèlement aux papes romains.
Au siècle suivant, à partir de 1520, le mouvement de la Réforme suscité par Luther entama de nouveau l'autorité de l'Église, qui au concile de Trente retrouva sa crédibilité. De chaque crise l'Église sort victorieuse. Elle triomphe, au 18e s., de la poussée philosophique. De même, après la chute de Napoléon, le pape réintègre Rome.

La « Question romaine » - Chef spirituel, mais souverain temporel, le pape est mêlé, au 19e s., à la question de l'unité italienne. Cette unité, réalisée par la maison de Piémont-Sardaigne, ne peut être complète que s'il renonce à tout pouvoir temporel dans la péninsule. L'occupation de Rome, en 1870, par les troupes de Victor-Emmanuel II contraint Pie IX à se considérer comme prisonnier au Vatican. La Question romaine n'est réglée qu'en 1929, sous le pontificat de Pie XI, par les **accords du Latran** entre le Saint-Siège et Mussolini. Ceux-ci reconnaissent la souveraineté du pape à l'intérieur de l'État pontifical (cité du Vatican, les quatre basiliques majeures, les catacombes, les édifices de la Curie romaine, plusieurs collèges et séminaires, et la villa de Castel Gandolfo) ; ils reconnaissent en outre à l'Église une autorité, en Italie, en matière d'enseignement et de mariage. C'est sur ces bases qu'en 1947 la Constitution de la République devait définir les rapports entre l'Église et l'État, rapports qu'un nouvel accord signé en 1984 a modifiés.

J.-P. Langeland/DIAF

Le baldaquin du Bernin
à la basilique St-Pierre de Rome

Afin de donner à nos lecteurs l'information la plus récente possible, les conditions de visite des curiosités décrites dans ce guide ont été groupées en fin de volume.

Dans la partie descriptive du guide, le signe ⓥ placé à la suite du nom des curiosités soumises à des conditions de visite les signale au visiteur.

Civilisations antiques

Depuis le second millénaire avant J.-C. et durant toute l'Antiquité, l'Italie a vu fleurir de grandes civilisations, dont la culture occidentale est aujourd'hui encore imprégnée.

Grecs, Étrusques, Romains ont été précédés par deux peuples venus du Nord : les Ligures qui occupèrent aussi le Sud de la Gaule et le littoral ibérique, et les Italiques ou Italiotes, d'où sortirent les Latins, installés en Ombrie et dans le Latium. Les premiers ont légué leur teint clair, leurs yeux bleus à quelques-uns des habitants de l'actuelle Ligurie, les seconds édifièrent des acropoles dont les soubassements cyclopéens subsistent parfois encore, comme à Alatri dans le Latium.

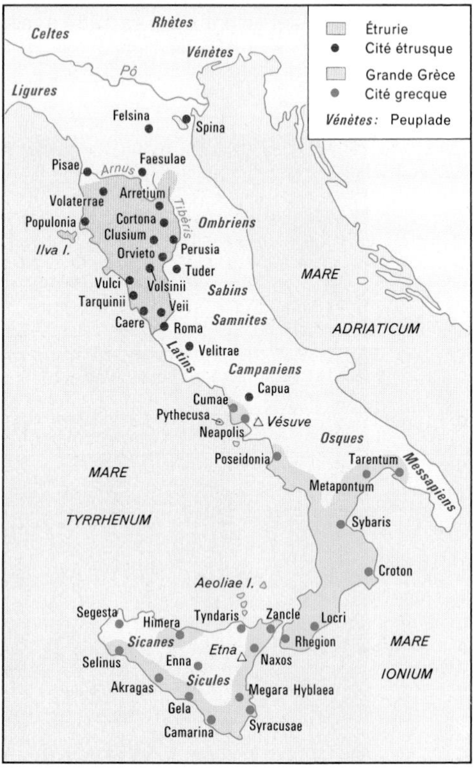

LES GRECS

Des cités et des hommes – Les rivages de Sicile et d'Italie du Sud ont exercé une sorte de fascination sur les Grecs primitifs pour qui ils représentaient les confins des terres habitées. De nombreuses scènes de la mythologie grecque s'y déroulent : les Champs Phlégréens, près de Naples, cachent l'entrée du royaume d'Hadès ; Zeus écrase les Titans, avec l'aide d'Héraklès, à l'emplacement de l'Etna où habitaient aussi les Cyclopes et où Hephaïstos avait ses forges ; Koré, la fille de Déméter, est enlevée par Hadès, sorti du fleuve Tartare près d'Enna.

Akragas : Agrigente	Felsina : Bologne	Velitrae : Velletri
Caere : Cerveteri	Poseidonia : Paestum	Veii : Véies
Clusium : Chiusi	Selinus : Selinonte	Volsinii : Bolsena
Faesulae : Fiesole	Tuder : Todi	Zancle : Messine

Dans l'Oyssée, Homère (9e s. avant J.-C.) raconte les aventures d'Ulysse (Odusseus), après la guerre de Troie, tombant de Charybde en Scylla dans le détroit de Messine, et en proie aux tentations des sirènes dans le golfe de Sorrente. Pindare (5e s. avant J.-C.) décrit ces rivages mystérieux que Virgile (1er s. avant J.-C.) évoquera aussi dans l'Énéide.

Après l'installation des Phéniciens à Carthage et la création par leurs navigateurs de quelques comptoirs, les Grecs fondèrent, dès le 8e s. avant J.-C., un grand nombre de colonies sur les côtes de Sicile et d'Italie méridionale. L'ensemble prit le nom de **Grande Grèce**. On y distinguait les colonies ioniennes, achéennes et doriennes, d'après les peuples qui les avaient développées. L'unité sociale était la « cité » (l'une d'elles, Crotone, fut gouvernée par les philosophes, les Pythagoriciens). Les 6e et 5e s. avant J.-C. marquent l'apogée de la civilisation grecque en Italie, correspondant à l'époque de Périclès à Athènes. Les cités grecques s'enrichissent par le trafic maritime au point que Syracuse peut rivaliser avec Athènes. Syracuse et Tarente sont les centres de cette civilisation raffinée.

Des philosophes, des savants, des écrivains élisent domicile en Sicile. Eschyle, qui résidait à Gela, y est tué par une tortue qu'un aigle aurait laissé tomber ; Théocrite, à Syracuse, définit les règles de la poésie bucolique ; dans cette même ville, le philosophe Platon se rend à trois reprises, et le géomètre Archimède meurt assassiné par un soldat romain.

Malheureusement, le nombre et la diversité des cités les font sombrer dans les rivalités et les dissensions. Des luttes entre tyrans de villes voisines et la difficile coexistence avec les Carthaginois sont la cause d'un déclin qui se termine par la conquête romaine à la fin du 3e s. avant J.-C.

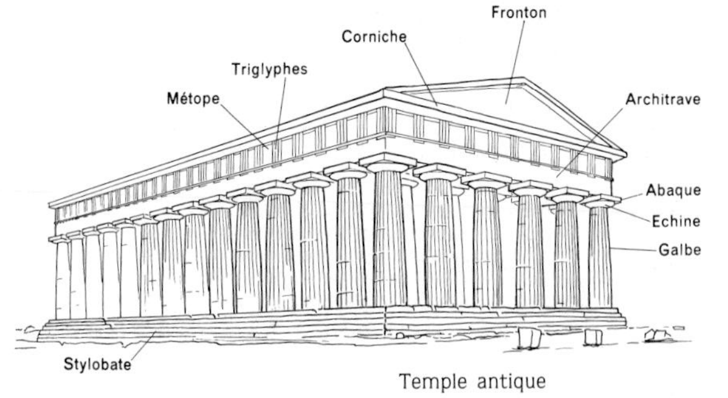

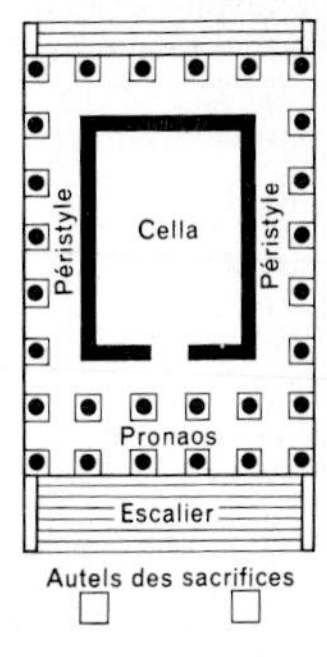

Temple antique

L'art dans la Grande Grèce - C'est aux 6e et 5e s. avant J.-C. que s'élèvent les gigantesques temples de Paestum, Sélinonte, Agrigente, exemples magnifiques de l'art dorique alliant la grandeur à la sobriété, dont l'ordonnance vigoureuse contraste avec la grâce délicate de l'ordre ionique.
A la fin du 5e s., on emploie encore le dorique pour l'admirable temple de Ségeste, alors qu'en Grèce le style ionique est à son apogée et le corinthien à ses débuts. Le déclin intervient au 4e s. à la suite de la guerre du Péloponnèse entre Sparte et Athènes, qui appauvrit le monde grec. C'est le début de la période dite **hellénistique**, marquée par l'abandon de l'architecture en faveur de la sculpture.
Les musées archéologiques de Naples, Paestum, Reggio di Calabria, Tarente, Palerme, Syracuse..., permettent de suivre l'évolution de la sculpture depuis les bas-reliefs archaïques des métopes de Paestum ou de Sélinonte, les atlantes monumentaux (télamons) d'Agrigente jusqu'aux ravissantes statuettes de la décadence, comparables aux Tanagras, modelées à Tarente au 3e s. avant J.-C. Entre ces deux extrêmes sortent, nombreux, des ateliers des sculpteurs, les Éphèbes, Apollons, Aphrodites, plus ou moins imités de Phidias, Praxitèle, Scopas ou Lysippe, mais dont l'harmonie des formes reste admirable.

Ordre dorique — Ordre ionique — Ordre corinthien

LES ÉTRUSQUES

Pendant que les Grecs imprégnaient de leur civilisation la Sicile et le Sud de la péninsule, les Étrusques créaient en Italie centrale, à partir de la fin du 8e s. avant J.-C., un puissant empire qui devait durer jusqu'au développement de la suprématie romaine (3e s. avant J.-C.). Il s'agit d'un peuple assez mal connu, dont on a cependant réussi à déchiffrer l'alphabet et certaines inscriptions funéraires, et qui pour les uns serait autochtone, tandis que d'autres, à la suite d'Hérodote, le disent être venu de Lydie en Asie Mineure.
Les Étrusques occupèrent d'abord les régions comprises entre l'Arno et le Tibre, puis essaimèrent en Campanie et dans la plaine du Pô, leur apogée se situant au 6e s. avant J.-C. L'**Étrurie** formait alors une fédération de douze cités-États nommées « lucumonies », parmi lesquelles on cite Véies, Bolsena, Tarquinia, Volterra, Pérouse, etc.
Tenant leur richesse de l'exploitation des mines de fer (île d'Elbe), de cuivre, d'argent, et du commerce en Méditerranée occidentale, les Étrusques, artisans et techniciens, eurent une civilisation empreinte d'un mélange de barbarie et de raffinement. Leurs dieux étaient les mêmes que ceux des Grecs ; croyant à la survie de l'homme dans le monde des morts et à la divination, ils généralisèrent l'étude des entrailles des animaux (haruspices) et du vol des oiseaux (auspices), que les Romains reprirent et développèrent.
Leurs villes, occupant des sites élevés, protégées par des murailles de pierres colossales, marquent un sens de l'urbanisme très développé. Près d'elles s'étendent d'immenses nécropoles, dont les chambres, ou hypogées, emplies d'objets usuels et aux parois peintes, nous renseignent sur les mœurs des Étrusques, qui sont à la base d'une partie de la civilisation latine.

L'art étrusque - De caractère primitif, bien que fortement influencé par l'Orient et surtout par la Grèce, à partir du 5e s. avant J.-C., l'art étrusque présente une personnalité très marquée, faite de réalisme et de force d'expression dans le mouvement.

Sculpture – Les témoignages architecturaux ayant disparu, elle apparaît comme ayant eu la faveur des artistes. Sa grande époque se place au 6e s. avant J.-C. où une statuaire importante formait la décoration des temples : à ce groupe appartient le splendide Apollon qui ornait le faîte du sanctuaire de Véies (conservé au musée de la Villa Giulia à Rome), où l'influence grecque est manifeste. Plus originaux sont les bustes de personnages d'un réalisme saisissant par l'intensité de l'expression et la stylisation des traits, et dont les grands yeux globuleux et le sourire énigmatique caractérisent la manière étrusque. Il en est de même des célèbres groupes de figures à demi étendues sur les sarcophages et qui étaient souvent des portraits.
Le sens du mouvement chez les artistes étrusques se manifeste dans les représentations d'animaux fantastiques, telle la fameuse Chimère d'Arezzo (musée archéologique de Florence), et dans les figurines (guerriers au combat, femmes à leur toilette, etc.).

Peinture – Des exemples ne subsistent plus que dans les chambres funéraires des nécropoles (Cerveteri, Véies, mais surtout Tarquinia) où elles étaient censées rappeler aux morts les plaisirs de la vie : banquets, jeux et spectacles, musique et danse, chasses, etc. Ces peintures, très fines, aux couleurs posées à plat, témoignent d'un sens étonnant de l'observation et constituent un excellent document sur la vie des Étrusques.

Céramique et orfèvrerie – Plutôt que des artistes, les Étrusques furent des artisans de génie. Ils confectionnèrent des céramiques en « **bucchero** », terre cuite noire lustrée réalisée selon une technique de nous mal connue. D'abord de lignes très pures, décorés de motifs en pointillé, leurs vases présentèrent des formes et une ornementation de plus en plus complexes ; au 5e s. furent modelés d'admirables vases funéraires, les « canopes » à forme animale ou humaine, portant une décoration géométrique qui rappelle les poteries incas ou aztèques. Mais, surtout, les céramiques grecques connurent une extraordinaire vogue en Étrurie où elles furent importées en masse, puis admirablement reproduites.
De somptueux bijoux paraient hommes et femmes : massifs, souvent en or, ils témoignent de l'habileté insurpassable des orfèvres étrusques, notamment dans la technique du filigrane et dans celle, typique, des granulations dont le diamètre n'excède pas quelques fractions de millimètre. L'extrême dextérité de ces artisans se manifeste également dans les miroirs gravés, les cistes (récipients cylindriques qui tenaient généralement lieu de coffrets de mariage) les brûle-parfums, les candélabres en bronze, d'une rare élégance.

LES ROMAINS

Pendant douze siècles environ, depuis la fondation de Rome au 8e s. avant J.-C. jusqu'à la fin de l'Empire d'Occident en 476 de notre ère, régna en Italie une civilisation dont l'Europe occidentale est issue. A la Rome royale (753-509 avant J.-C.) succédèrent la République (509-27), puis l'Empire (27 avant J.-C.) ; l'aigle romaine planait alors de la Grande-Bretagne au golfe Persique, de l'Afrique à la Germanie. C'est seulement à l'époque du Bas-Empire (284-476 de notre ère), déchiré par les guerres civiles et en butte aux invasions barbares, qu'intervint le déclin.

Vie politique et sociale – Au temps des rois, l'organisation politique de Rome comprend deux organes, le Sénat et les Comices, composés par les patriciens. Ceux-ci, classe privilégiée, entretiennent des « clients », oisifs, mais dévoués. Les plébéiens n'ont pas accès à la « chose publique ». En bas de l'échelle, les esclaves forment la partie la plus défavorisée de la population, mais peuvent être affranchis par leur propriétaire.
Sous la République, les pouvoirs sont attribués à deux consuls élus pour un an, aidés par des questeurs chargés des finances publiques et de la police criminelle, des censeurs surveillant les mœurs, des édiles s'occupant de la police municipale, des préteurs juristes. Le Sénat joue un rôle consultatif et donne son assentiment aux lois. Dix tribuns du peuple défendent les droits de la plèbe. Des consuls ou proconsuls, des préteurs ou propréteurs administrent les provinces conquises par les légions.
L'Empire conserve les structures administratives de la République, mais les consuls sont remplacés par un Imperator ; chef de l'armée, celui-ci nomme les sénateurs et a le droit de paix et de guerre. Avec le Bas-Empire, son pouvoir devient absolu. Hors l'État, la société est divisée en « gens », groupe de familles descendant d'un même ancêtre. La « familia » est soumise au « pater familias » qui jouit d'une autorité absolue.

La religion – Elle préside à chacun des événements de la vie publique et privée. Pour les **cultes domestiques**, un petit oratoire, le « lararium », abrite les dieux Lares et les Pénates près desquels brûle constamment un feu sacré ; on célèbre aussi les Mânes, âmes des morts. Le **culte public** a lieu dans des temples imités des temples grecs ou étrusques. Les sanctuaires consacrés à Vesta affectent toutefois un plan circulaire. Excepté Janus, les dieux principaux, au nombre de douze (si l'on omet Pluton, roi des Enfers, mais qui ne siège pas au Conseil des Dieux), sont dérivés de l'Olympe grec.

Les monuments

De grands constructeurs - L'art de la construction est poussé très loin chez les Romains. La rapidité avec laquelle s'élèvent leurs monuments est due moins au nombre d'hommes occupés sur les chantiers qu'à la spécialisation des ouvriers, aux méthodes de travail et à l'utilisation de machines élévatrices : leviers, treuils et palans, qui mettent en place les matériaux lourds. La voûte romaine est en plein cintre. A la fin de l'Empire, la brique sera utilisée, de préférence à la pierre. Les ordres architecturaux romains dérivent des ordres grecs dont ils se distinguent par quelques détails. C'est le corinthien qui connut à Rome la plus grande faveur.

Les temples - Rome adopte les dieux de toutes les mythologies. Les empereurs, élevés à partir de César au rang divin, sont l'objet d'un culte. Le temple comprend toujours un sanctuaire fermé, la « cella », qui contient l'effigie du dieu, et que précède un portique ou « pronaos ». L'édifice est entouré d'une colonnade (péristyle).

Les arcs de triomphe - A Rome, ils étaient destinés à commémorer le « triomphe » de généraux ou d'empereurs vainqueurs ; des bas-reliefs y rappelaient leurs faits d'armes. Dans les provinces, comme à Aoste, Bénévent, ou Ancône, ce sont des arcs municipaux rappelant la fondation des cités ou honorant quelque membre de la famille impériale.

Les thermes - Les thermes romains, publics et gratuits, sont un élément important de la vie sociale : on ne fait pas qu'y prendre des bains et s'exercer à la palestre, on y donne aussi rendez-vous, on y converse, lit, joue, traite ses affaires. Dans ces vastes bâtiments fastueusement décorés de marbre, mosaïques, statues et colonnes, le baigneur suit en principe un itinéraire médicalement établi : de la palestre on passe dans une salle tiède, le « **tepidarium** » qui prépare à l'étuve et au bain chaud ou « **caldarium** » ; puis, on repasse par une salle tiède avant de se plonger dans une piscine d'eau froide ou « **frigidarium** ».
Un système complexe de chauffage courant sous le dallage et le long des parois permet, à partir de chaudières souterraines (les hypocaustes), de porter l'atmosphère des pièces et l'eau des bassins aux températures souhaitées.

L'amphithéâtre - Cette création romaine est une grande construction à plusieurs étages, de forme légèrement ovale et fermée, destinée à recevoir les spectateurs des jeux du cirque. Il est surmonté d'un mur auquel peut être attaché un immense voile, le « **velum** » qui protège le public contre le soleil et les intempéries.
A l'intérieur, clôturant l'arène, un mur protège les spectateurs des premiers rangs contre les bêtes féroces lâchées sur la piste.
Trois galeries circulaires ainsi que de nombreux escaliers et couloirs permettent aux spectateurs de gagner leur place sans bousculades, et aux différentes classes sociales de ne pas se mêler.
Les spectacles, fort prisés et annoncés par des affiches peintes qui détaillent le programme, consistent essentiellement en combats variés : animaux entre eux, gladiateurs contre fauves ou gladiateurs entre eux. En principe, un duel de gladiateurs doit toujours se terminer par la mort de l'un des adversaires, mais le public peut demander sa grâce et le président des jeux lever le pouce en signe d'assentiment. Le combattant victorieux reçoit une forte somme d'argent si c'est un professionnel, ou, s'il s'agit d'un esclave ou d'un captif, il obtient l'affranchissement.
On pouvait assister également à des courses de chars attelés, à des naumachies (combats navals), des jeux gymniques, ou des combats de boxe redoutables livrés avec des gantelets de cuivre.

Les théâtres - Formant un hémicycle, ils comprenaient des gradins souvent terminés par une colonnade, l'**orchestre** réservé aux personnages illustres ou à la figuration, et **la scène**, surélevée par rapport à l'orchestre. Les acteurs évoluaient en avant d'un mur de scène richement décoré de colonnes, niches et sculptures, et revêtu de marbre et de mosaïques. La perfection de l'acoustique était obtenue grâce à un ensemble de facteurs architecturaux d'une grande subtilité. Les décors étaient tantôt fixes, tantôt mobiles et l'on pouvait, du sous-sol ou des cintres, faire fonctionner toutes sortes de machines qui n'ont rien à envier au théâtre moderne. Si le théâtre sert avant tout à la représentation des comédies et des tragédies, on s'y rend également pour assister à des concours, des tirages de loterie ou des distributions de pain et d'argent.
Jusqu'en 100 avant J.-C., tous les acteurs portent des perruques différentes de formes et de couleurs suivant la nature du personnage qu'ils interprètent ; après cette date, ils adoptent un masque en carton-pâte qui les désigne également dans un rôle déterminé. Pour paraître plus majestueux, les acteurs de tragédie portent des cothurnes, sandales pourvues d'une très haute semelle de liège.

Une ville romaine

Plan - Les villes romaines ont souvent une origine militaire : au moment de la répartition des terres placées sous leur surveillance, les légionnaires et les vétérans restés dans les camps ont été rejoints par des populations civiles. Ces villes, entourées d'une enceinte pendant les périodes troublées, étaient divisées, chaque fois que la configuration du terrain le permettait, en quatre quartiers par deux rues principales, le « decumanus » et le « cardo », se coupant à angle droit et terminées par des portes. Les autres rues, parallèles à ces deux premières, donnaient à la ville un aspect de damier.

Les rues - Les rues sont bordées de trottoirs hauts parfois de 50 cm et longées de portiques destinés à protéger les promeneurs contre la pluie ou la neige en hiver, ou les ardeurs du soleil en été. La chaussée, revêtue de grandes dalles disposées en biais, est par endroits coupée de bornes plates aussi hautes que le trottoir, entre lesquelles peuvent passer les chevaux et les roues des chars. Ces bornes permettent aux piétons de traverser la rue de plain-pied.

La maison romaine - Les fouilles d'Herculanum, Pompéi, Ostie, en particulier, ont exhumé des maisons romaines de divers types : petites maisons bourgeoises, immeubles de rapport à plusieurs étages, boutiques donnant sur la rue, et enfin grandes et luxueuses habitations patriciennes.
La nudité extérieure des murs et la rareté des fenêtres donnaient à ces dernières un aspect modeste. Mais l'intérieur, décoré de mosaïques, de statues, de peintures, de marbres, et comprenant parfois des thermes privés et un vivier, témoignait de la richesse de leur propriétaire. Un vestibule, sur lequel s'ouvrait la loge du gardien, menait à l'atrium.

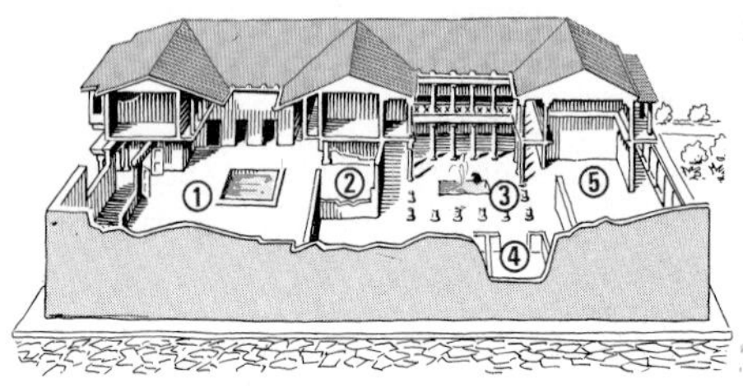

Maison romaine

L'« **atrium** » ① est une grande salle rectangulaire dont la partie centrale est à ciel ouvert. Un bassin appelé « impluvium », creusé sous la partie découverte, reçoit les eaux de pluie. Sur les côtés de l'atrium, seule partie de la maison où les étrangers soient habituellement admis, s'ouvrent des pièces (cubiculae). Le fond est occupé par le cabinet de travail et de réception, « **tablinum** » ②, du chef de famille ; là sont rangés l'argent et les livres.
L'atrium et les pièces prenant jour sur lui représentent la maison primitive telle que l'ont conservée les citoyens peu fortunés. Les hauts fonctionnaires, les colons enrichis et les commerçants aisés lui ont souvent ajouté une seconde maison, de type grec, plus raffinée, la prolongeant au-delà du tablinum. Réservée à la famille, elle se distribue autour d'un **péristyle** ③, cour entourée d'un portique, se présentant généralement sous forme de jardin avec bassins pavés de mosaïques, jets d'eau et statues. Tout autour donnent des locaux d'habitation. Les chambres, simples pièces à dormir, comportent un lit en maçonnerie appliqué contre la paroi ou un lit mobile ; il y a matelas, coussins, couvertures, mais pas de draps. La salle à manger, ou « **triclinium** » ④, prend son nom des trois plans inclinés servant de lit où les convives étendus sur des coussins prenaient leur repas, selon la coutume grecque, appuyés sur un coude. La table centrale n'était donc entourée que sur trois côtés, le quatrième restant ouvert aux esclaves chargés du service. Enfin l'ensemble était complété d'un grand salon ou « **oecus** » ⑤ parfois enrichis d'une colonnade.
Les communs comprennent : la cuisine avec tout-à-l'égout, fourneau en maçonnerie, four pour les rôtis et les pâtisseries ; les bains, qui sont une réduction des thermes ; les logements des esclaves ; les greniers, celliers, écuries, etc. Les latrines avec tout-à-l'égout occupent un coin de la cuisine ou un renfoncement quelconque.

Le forum - Grande place souvent entourée d'un portique, le forum, qui était à l'origine un marché généralement situé à l'intersection des deux rues principales, est devenu le centre de la vie publique et commerciale des villes romaines. Les hommes viennent y lire les avis officiels, écouter les orateurs politiques, se mettre au courant de la vie de l'Empire, flâner et converser. Les femmes font leurs emplettes dans les boutiques qui bordent la place. Là, se tient certains jours le marché aux esclaves.
Autour du forum sont groupés les édifices officiels : la curie ou siège de l'administration locale, les salles de vote pour les élections, la tribune aux harangues d'où les candidats rivalisent d'éloquence, la basilique « argentaria » (des changeurs), le trésor municipal, les greniers publics, la basilique judiciaire (palais de Justice), la prison, les temples.

Les tombes - Les nécropoles romaines se situent à l'extérieur de l'enceinte de l'agglomération, le long des routes. La plus célèbre d'Italie est celle de la Via Appia Antica, au Sud de Rome. Aussitôt après sa mort, le défunt est exposé sur un lit spécial entouré de candélabres et de guirlandes de fleurs, puis il est enterré ou brûlé par les siens. Le corps est accompagné d'un mobilier funéraire qui doit servir à la seconde existence : vêtements, armes, outils pour les hommes ; jouets pour les enfants ; parures et objets de toilette pour les femmes.

L'art en Italie

Pour bien comprendre l'art italien, la profusion et la variété des œuvres qu'il n'a cessé de produire, du 12e s. à la fin du 18e s., il faut tenir clairement présentes à l'esprit les conditions historiques sur lesquelles il se greffe : d'une part, il est demeuré sans conteste l'héritier des civilisations grecque, étrusque et romaine dont il reprend, à chaque époque, un certain nombre de motifs essentiels et de caractères profonds ; d'autre part, la géographie même du pays, s'étirant des Alpes à la Sicile, a favorisé la pénétration de multiples influences extérieures.
Après Byzance qui, dès la chute de l'Empire romain d'Occident, imprime son sceau pendant plusieurs siècles sur les rives septentrionales de l'Adriatique, ce sont les Ostrogoths, les Lombards, les Francs, les Arabes et les Normands qui apportent à chacune des régions conquises des solutions formelles originales.
C'est l'extraordinaire souplesse du caractère italien capable d'absorber les leçons étrangères et de les mettre à profit qui permettra à Florence, Sienne, Vérone, Ferrare ou Milan, puis Rome, Venise, Naples et Gênes, d'être l'une après l'autre le foyer d'une éclosion artistique particulière.
En dépit des particularismes régionaux, les artistes de la péninsule commencent à présenter, dès le 12e s., un certain nombre de traits communs qui iront en s'accentuant jusqu'à la Renaissance.
C'est d'abord un goût unanimement partagé pour l'harmonie et la solidité des formes, ainsi qu'un sens inné de l'espace. Idéaliste, sinon mystique, l'Italien a la passion du beau : le paysage qui l'entoure lui dicte une mesure propre où le dessin net des contours est comme résorbé par le jeu des couleurs et la présence irradiante de la lumière.
Rejetant les accents réalistes propres aux écoles du Nord, atténuant les excès purement décoratifs importés de l'Orient, l'artiste italien invente peu à peu un système de représentation qui lui permet de mettre en perspective son émotion. Ce souci d'idéalisation se manifeste particulièrement dans le culte voué à la féminité, qu'il soit d'inspiration religieuse ou profane.
En dépit de cette conception savante et maîtrisée de l'image, l'art est en Italie l'affaire de tous. En témoigne la place médiévale, cette fameuse **piazza** qui regroupe sur l'emplacement de l'antique forum romain les principaux édifices de la vie sociale : l'église et le baptistère d'abord, le palais communal ou celui du prince ensuite, auxquels s'ajoutent parfois un palais de Justice ou un hôpital ; une fontaine s'y élève souvent ; des marchés, des réunions s'y tiennent. C'est dans ce décor urbain que s'affirme avec le plus d'évidence le goût du peuple italien pour les prestiges de l'illusion, et son amour du spectacle.
Dessinée comme une scène de théâtre, embellie de toutes sortes d'ornements, la piazza est le lieu où se concluent les affaires, où se prennent les décisions politiques, où se déroulent les événements sacrés de la communauté ; de plus, l'histoire s'y lit dans le réemploi des matériaux, la reprise des motifs ornementaux et la superposition des styles. C'est là que l'artiste, de qui l'on exige qu'il soit à la fois architecte, sculpteur et peintre, accomplit son œuvre aux yeux de tous.
Cependant, ces urbanistes de génie entretiennent également des rapports privilégiés avec la nature et le paysage. Dans une campagne par essence pittoresque, ils ont élevé, dès l'époque romaine, de somptueuses **villas** entourées de jardins en terrasses que des sources et des bassins rafraîchissent, que des plantations choisies avec soin et savamment agencées ombragent.
En outre, toutes sortes de « fabriques » invitent au repos, à la méditation ou au spectacle tantôt intime, tantôt grandiose de la nature. Ainsi, de la villa d'Hadrien, proche de Rome, aux terrasses couvertes de fleurs des îles Borromées, en passant par le charme tout oriental de la villa Rufolo de Ravello, les élégantes constructions de la campagne florentine, les fantaisies maniéristes de Rome, Tivoli ou Bomarzo ornées de grottes et de statues, enfin les délicieuses résidences des rives du Brenta dessinées par Palladio, les architectes et les jardiniers italiens, indifférents à la grandeur solennelle que privilégie le classicisme français, ont créé une infinité de lieux où l'homme entretient un rapport paisible avec la nature.

BYZANCE

Lorsque au 4e s. le siège de l'Empire fut transféré de Rome à Constantinople, l'antique Byzance devint le centre d'une brillante civilisation. Alors qu'une grande partie de l'Italie était en proie aux invasions – comme celle des **Lombards** dans le Nord, qui laissèrent d'importants vestiges en particulier à Cividale del Friuli –, Ravenne fut choisie par Honorius, empereur d'Occident, comme capitale. Après la mort de Théodoric, roi ostrogoth acquis à la civilisation gréco-romaine, cette ville passa sous la domination du roi byzantin Justinien et de son épouse Théodora. Si les empereurs de Byzance ne purent se maintenir à Ravenne et en Vénétie Julienne au-delà du 8e s., ils continuèrent cependant à exercer leur domination en Sicile et dans une partie de l'Italie du Sud jusqu'au 11e s.
L'art byzantin, né de la fusion de l'art chrétien primitif et de l'art gréco-oriental, se caractérise par un sens développé du sacré.

Architecture et sculpture - Il s'agit essentiellement d'édifices religieux, bâtis en briques, sur plan basilical inspiré de la basilique romaine ou sur plan circulaire (mausolées, baptistères), et dont la sobre architecture extérieure ne laisse guère supposer l'éblouissement que procure, à l'intérieur, le revêtement des murs en mosaïque. Sur les panneaux des sarcophages, des transennes (clôtures de chœur) et des ambons (chaires), la sculpture au faible relief, en méplat, accuse un aspect nettement décoratif : figurines symboliques et stylisées, animaux affrontés, etc.

Mosaïques - C'est dans cette forme d'art somptueuse que les artistes byzantins donneront toute leur mesure. Composées de tesselles, fragments de pierres dures, émaillées, taillées irrégulièrement de façon à accrocher la lumière, elles revêtent culs-de-four, parois et coupoles, leurs ors scintillant doucement dans une pénombre mystérieuse. Des figures énigmatiques et grandioses se détachent sur un ciel bleu de nuit et sur un paysage qu'animent des arbres, des plantes et des animaux, rendus avec un sens de l'observation surprenant.
Les plus célèbres parmi ces mosaïques sont celles de Ravenne (5e et 6e s.), mais aux 11e et 12e s., le style byzantin continue à dominer à Saint-Marc de Venise, en Sicile (Cefalù, Palerme, Monreale) et même à Rome jusqu'au 13e s.

MOYEN ÂGE ROMAN ET GOTHIQUE (11e-14e s.)

Comme tous les pays d'Europe, l'Italie du Moyen Âge se couvre d'édifices religieux ; pourtant, le goût de l'équilibre propre à cette nation et l'exemple de la monumentalité romaine encore fortement présent feront que les architectes italiens ne chercheront jamais à atteindre, dans leurs cathédrales gothiques, notamment, le sublime des grandes réalisations de l'art religieux en France.

Style lombard

Style pisan

Style florentin

Style siculo-normand

Époque romane - L'architecture romane connut en Italie des apports continuels venus d'Orient, et subit, au 12e s. surtout, des influences provençales et normandes. L'école la plus vivace est celle de Lombardie dont les maîtres d'œuvre, les « **maestri comacini** », innovent un style dit « **style lombard** », qui sera diffusé dans toute l'Italie du Nord et du centre : celui-ci a donné naissance à de grandes églises voûtées, flanquées de campaniles isolés, décorées à l'extérieur de bandes et d'arcatures, et aux façades très sculptées, précédées d'un porche reposant sur des lions, comme on peut en voir à Côme, à Milan, à Pavie, à Vérone...
Le **style pisan**, né de la conjugaison d'influences essentiellement lombardes pour l'architecture et orientalisantes pour la décoration, préconise les étagements de galeries à arcatures et colonnettes dans les façades, les suites de hautes arcades aveugles sur les flancs et les absides, et une décoration de losanges ou autres petits motifs en marqueterie de marbres polychromes.
Le **style roman florentin**, qui n'eut pour ainsi dire aucun rayonnement hors de Florence, est caractérisé par des lignes pures inspirées de l'art antique et par la décoration alternée de marbres blanc et vert, pour les façades.
Dans le Latium et jusqu'à la Campanie règnent les **Cosmates** (12e et 13e s.), corporation de marbriers spécialisés dans l'assemblage de fragments de marbres multicolores (pavements, trônes épiscopaux, ambons ou chaires, chandeliers pascals) et dans l'incrustation d'émaux bleus, rouges et dorés aux colonnettes et aux frises des cloîtres.
En Italie méridionale et en Sicile, enfin, les influences lombardes, sarrasines et normandes se mêlent, les deux premières agissant surtout sur la décoration, la dernière sur le plan des édifices ; le tout aboutit au **style siculo-normand.**
La **sculpture** est étroitement liée à l'architecture religieuse et décorative.

Roman

Gothique

Renaissance

Classique

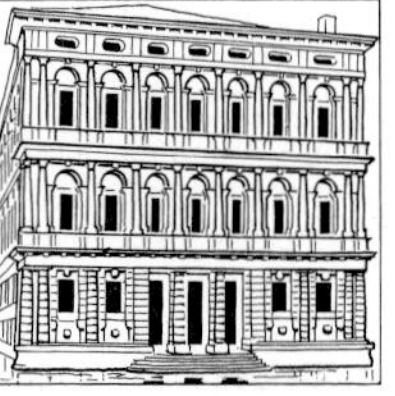
Baroque

Palais vénitiens

Époque gothique - Dans le domaine de l'**architecture**, ce sont les moines cisterciens qui introduisirent les formules gothiques en Italie au 13e s., à l'abbaye de Fossanova, franciscains et dominicains les suivirent dans cette voie à Assise et Florence. A la même époque, les architectes angevins généralisaient, dans une partie de l'Italie méridionale, les voûtes bombées et les façades à tourelles.

Cette double influence marqua l'œuvre d'**Arnolfo di Cambio**, architecte et sculpteur dont le talent s'exerça principalement à Florence et à Rome.

Au 14e s., la cathédrale de Gênes et celle de Sienne découlent encore de l'art bourguignon, tandis qu'au 15e s., San Petronio de Bologne et le Dôme de Milan, flamboyant, mettent un terme à un style qui ne fut jamais très apprécié par les Italiens.

C'est d'ailleurs plutôt dans l'architecture civile, dans les palais et les loggias de nombreuses villes alors en plein essor, que se manifeste avec le plus d'originalité la manière gothique.

A Venise, le style « gothique fleuri », qui allège les façades grâce à l'ouverture de nombreuses fenêtres ouvragées et de loggias, persistera jusqu'à la fin du 15e s. (Ca'd'Oro, Palais Giustinian, Ca'Foscari, Palais Bernardo).

Ph. Roy/EXPLORER

Sienne - La cathédrale

En **sculpture**, la dynastie des **Pisano** de Pise va donner une impulsion décisive, en recourant, soit au modèle antique (Nicola), soit à un réalisme d'une vigueur expressive extrême (Giovanni). Ces maîtres, suivis par **Tino di Camaino** de Sienne, **Andrea Orcagna** et **Arnolfo di Cambio** de Florence, inventent de nouveaux thèmes et réalisent des programmes ambitieux tels que chaires et monuments funéraires où foisonne une nouvelle humanité.

Les premiers témoignages de la **peinture** italienne apparaissent au 12e s. avec les crucifix peints. Insensiblement, le hiératisme issu de l'art byzantin s'assouplit ; le Romain **Pietro Cavallini** exécute à la fin du 13e s., dans un style ample qui rappelle l'antique, des fresques et des mosaïques, tandis que le Florentin **Cimabue** (1240-1302) fait apparaître un pathétique nouveau sur les murs de l'église supérieure d'Assise (voir aussi à Arezzo le Crucifix de l'église San Domenico).

C'est **Giotto** (1266-1337) qui recueillera les fruits de cette évolution, dans une œuvre où le mouvement, la profondeur de l'espace et l'émotion se font jour, à Assise, Padoue (chapelle des Scrovegni) et Florence.

A Sienne, **Duccio** (né vers 1260), dont l'art est encore imprégné de byzantinisme, inaugure l'école de Sienne qui ne se départ jamais d'une certaine grâce linéaire et d'un goût marqué pour la couleur décorative (à Sienne, la Maestà du Museo dell'Opera del Duomo). **Simone Martini** avec sa célèbre Annonciation (Florence, musée des Offices) et les frères **Pietro** et **Ambrogio Lorenzetti** en sont les plus délicats représentants.

A Rimini, s'ouvre une école de miniaturistes renommée.

Le Trecento (14e s.) florentin a pour chefs de file **Andrea Orcagna** (Tabernacle de Orsanmichele et polyptyque de l'autel de Santa Maria Novella à Florence) et **Andrea di Bonaiuto**, dit aussi Andrea da Firenze. Leur style, empreint de mysticisme et de réalisme, et que caractérisent des lignes élégantes, des couleurs vives et un grand raffinement décoratif, est connu sous le nom de « **gothique international** ». Plusieurs artistes des Marches, d'Ombrie, de Lombardie et du Piémont œuvreront dans le même esprit et propageront ce style, tels **Allegretto Nuzi**, **Gentile da Fabriano**, et plus tard les Véronais Stefano da Zevio et **Pisanello**, portraitiste, animalier, médailleur prestigieux *(voir aussi à la rubrique Vérone)*, ainsi que le Piémontais Giacomo Jaquerio.

LES PEINTRES ITALIENS DE LA RENAISSANCE

(13e S.) – LE TRECENTO (14e S.) – LE QUATTROCENTO (15e S.) – LE CINQUECENTO (16e S.)

ÉCOLE DE SIENNE

DUCCIO
Simone Martini
Ambrogio Lorenzetti
Pietro Lorenzetti
Lippo Memmi
Mino del Pellicciaio
Bartolo di Fredi
Andrea Vanni
Paolo di Giovanni
Taddeo di Bartolo
Domenico di Bartolo
Sassetta
Lorenzo Vecchietta
Giovanni di Paolo
Sano di Pietro
Matteo di Giovanni
Francesco di Giorgio Martini
Benvenuto di Giovanni
Baldassarre Peruzzi
Sodoma (*École de Milan*)
Beccafumi

ÉCOLE DE ROME

Pietro Cavallini
Jacopo Torriti

ÉCOLE D'OMBRIE

ASSISE

Allegretto Nuzi (*Gothique international*)
Ottaviano Nelli
Gentile da Fabriano

PÉROUSE

Giovanni Boccati
Matteo da Gualdo
Benedetto Bonfigli
Niccolò da Foligno
Fiorenzo di Lorenzo
Pinturicchio
Le Pérugin
Lo Spagna
RAPHAËL
Giovanni da Udine
Perino del Vaga
Jules Romain
Le Primatice
Giovanni Santi
Signorelli
Palmezzano
Melozzo da Forli
Piero della Francesca

ÉCOLE DE FLORENCE

Cimabue
GIOTTO
Traini
Andrea Orcagna
Bernardo Daddi
Taddeo Gaddi
Giovanni da Milano
Andrea da Firenze
Antonio Veneziano
Giottino
Agnolo Gaddi
Spinello Aretino
Masolino
MASACCIO
N. di Pietro Gerini
Lorenzo Monaco
Donatello (*Sculpteur*)
FRA ANGELICO
Neri di Bicci
Domenico Veneziano
Fra Filippo Lippi
Pesellino
Andrea del Castagno
Paolo Uccello
Antonio Pollaiolo
Baldovinetti
Benozzo Gozzoli
Piero Pollaiolo
Cosimo Rosselli
Verrocchio
BOTTICELLI
D. Ghirlandaio
Lorenzo di Credi
Filippino Lippi
Piero di Cosimo
LÉONARD DE VINCI
Fra Bartolomeo
Andrea del Sarto
Solario
Boltraffio
MICHEL-ANGE
Rosso Fiorentino
Pontormo
Bronzino

ÉCOLE DE MILAN

Sodoma
Bernardino Luini
Gaudenzio Ferrari

ÉCOLE DE FONTAINEBLEAU

LE QUATTROCENTO (15e s.)

Une curiosité passionnée pour l'Antiquité autant que pour les contrées lointaines, une société urbaine fortement organisée autour d'un prince mécène, une nouvelle conception de l'homme occupant désormais le centre de l'univers et une pléiade d'artistes, de savants, de poètes, caractérisent la première Renaissance italienne qui trouve son expression la plus haute dans la ville des Médicis, Florence.

Architecture – **Filippo Brunelleschi** (1377-1446) se révèle le grand rénovateur de l'art de bâtir : ses principes, fondés sur l'imitation de l'Antique, l'équilibre et la pureté des lignes, seront repris par ses successeurs : **Michelozzo** (1396-1472), **Leon Battista Alberti**, Antonio et Bernardo Rossellino, Giuliano et Benedetto da Maiano, de même qu'à Sienne par Francesco di Giorgio Martini et, à Urbino, Luciano Laurana.

Sculpture – **Lorenzo Ghiberti** (1378-1455), dans l'exécution des portes du baptistère de Florence, s'éloigne de la tradition gothique à laquelle se rattachait encore le Siennois **Jacopo della Quercia**. Mais la figure la plus puissante de la sculpture de ce siècle reste **Donatello** (1386-1466) qui travailla dans toute l'Italie et plus particulièrement à Florence. Son contemporain **Luca della Robbia** (1400-1482) se spécialise dans les ouvrages de terre cuite vernissée et coloriée, tandis qu'Agostino di Duccio, Desiderio da Settignano et Mino da Fiesole continuent la manière donatellienne. A la fin du siècle, **Verrochio** (1435-1488), également peintre, montre une réelle puissance dans la statue équestre du Colleoni à Venise. Hors Florence, il faut citer **Francesco Laurana**, médailleur et ciseleur de bustes féminins en marbre d'une sensibilité frémissante.

Florence – Annonciation par Donatello

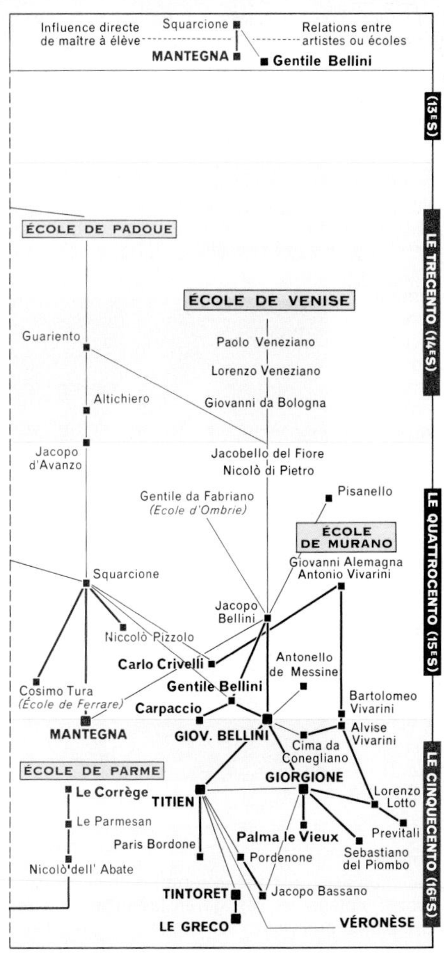

Peinture - C'est avec **Masaccio** (1401-1428) que la nouvelle peinture, s'efforçant de reproduire par la perspective l'illusion d'un espace réel, atteint, dans les fresques du Carmine de Florence, ses premiers succès. De son côté, **Paolo Uccello** (1397-1475) illustre cette nouvelle conception spatiale dans d'admirables scènes de batailles. Parallèlement, **Fra Angelico** (1387-1455), encore attaché à la tradition gothique, s'ouvre aux théories nouvelles de la Renaissance. Ses successeurs, tels **Domenico Veneziano** et Fra **Filippo Lippi** (1406-1469), élargissent sa manière tout en conservant sa délicatesse de détail ; **Benozzo Gozzoli** (1420-1497), quant à lui, l'adapte à la description de brillantes fêtes profanes.
Élève de Filippo Lippi, **Sandro Botticelli** (1444-1510) possède un dessin d'une extrême pureté qui donne à ses personnages une grâce fragile, quasi irréelle, conférant à ses scènes allégoriques une atmosphère de profond mystère. Baldovinetti le suit, tandis qu'**Andrea del Castagno** (1423-1457) met l'accent sur le modelé vigoureux et la monumentalité. **Domenico Ghirlandaio** (1449-1494) révèle pour sa part une remarquable veine narratrice. **Piero della Francesca** (vers 1415-1492) vient de Sansepolcro : son art, d'une harmonie hautaine, au dessin d'une remarquable fermeté, exprime pleinement l'équilibre auquel a atteint la Renaissance toscane (fresques *La Légende de la Croix* à Arezzo, portrait de *Frédéric de Montefeltro* à Florence, galerie des Offices) ; il influencera notamment le Romagnol Melozzo da Forlì. A la cour des Gonzague, à Mantoue, **Mantegna** réalise des scènes pleines de grandeur et de rigueur. A Ferrare, **Cosmé Tura**, au réalisme accentué hérité d'influences nordiques, impose ses inventions troublantes.
A Venise, les premiers peintres à se libérer de la manière byzantine sont les **Vivarini**. Mais c'est la famille **Bellini** qui donne à la peinture vénitienne ses caractères fondamentaux de luminisme. **Carpaccio** et **Carlo Crivelli**, peintre élégant et précieux, au dessin minutieux et aux coloris raffinés, sont davantage des chroniqueurs.

LE CINQUECENTO

Au 16e s. s'épanouit pleinement la sensibilité humaniste qui déjà avait profondément marqué le siècle précédent. Les artistes sont de plus en plus attirés par la mythologie, l'art de l'Antiquité, la découverte de l'homme. Le foyer de la Renaissance se déplace de Florence à Rome, où les papes rivalisent d'efforts pour orner palais et églises. A la fin du siècle, les modèles esthétiques de la Renaissance sont exportés dans toute l'Europe, aussi bien à Fontainebleau qu'aux Pays-Bas.

Architecture - Au palais florentin du 15e s., avec son imposant appareil de bossages et sa puissante corniche, succède une construction qui s'inspire de l'élégance antique. **Bramante** (1444-1514) invente notamment la « travée rythmique » (façade composée de baies, pilastres et niches alternés). Après avoir travaillé à Milan et à Urbino, il conçoit le premier plan central de la basilique St-Pierre de Rome.
Vignola (1507-1573), qui travaille beaucoup à Rome, et **Palladio**, essentiellement à Vicence, exaltent le classicisme antique dans d'importants traités d'architecture et construisent, en Vénétie, des églises, des palais et de luxueuses villas.

Sculpture - **Michel-Ange** (1475-1564), qui partagea l'essentiel de son activité entre Florence et Rome, domine le siècle par la force de son génie créateur, idéaliste et tourmenté, qui se manifeste dans d'admirables sculptures comme le David, le Moïse ou la série des Esclaves sculptés pour le tombeau de Jules II.

Ni l'élégant et raffiné **Benvenuto Cellini** (1500-1571) ciselant son Persée à Florence, ni le puissant **Jean Bologne** ou **Giambologna** (1529-1608), né à Douai, auteur de nombreux groupes sculptés, ne soutiennent la comparaison avec cette œuvre à la fois titanesque et émouvante.

La peinture - Le 16e s. a produit un nombre impressionnant de peintures de tout premier plan qui diffusèrent la nouvelle peinture humaniste dans plusieurs centres de l'Italie (Rome d'abord, puis Venise, Mantoue, et plus tard Parme) et aussi en France. Trois artistes exceptionnels, mais complémentaires, ouvrent le siècle. **Léonard de Vinci** (1452-1519), fascinante personnalité qui illustre à merveille la curiosité des nouveaux humanistes, invente en peinture le « sfumato », modelé vaporeux qui rend sensible la distance séparant les objets : après avoir travaillé à Florence et Milan, il se rend en France, appelé par François Ier.

Raphaël (1483-1520) n'est pas uniquement un prodigieux portraitiste et le peintre de madones au dessin d'une extrême douceur ; c'est également un décorateur d'une fabuleuse invention, notamment dans les Stanze du Vatican où il fait preuve d'une science exceptionnelle de la composition.

Michel-Ange, s'il fut avant tout sculpteur, entreprit seul la gigantesque décoration du plafond de la chapelle Sixtine où triomphent sa force pathétique et son sens du relief ; ses puissantes figures sont à l'origine du maniérisme romain.

Il faut citer encore **Andrea del Sarto** et le portraitiste **Bronzino** à Florence, le très païen **Sodoma** à Sienne, **Le Corrège** à Parme, **Bernardino Luini** à Milan, etc.

P. Tetrel/EXPLORER

Raphaël, *La Femme au Voile*
(Florence, Palais Pitti)

L'école vénitienne du 16e s. développe les caractères de coloristes. **Giorgione** porte sur le paysage. **Titien** (vers 1490-1576), élève des Bellini, reçut ensuite de la part de Giorgione une influence déterminante, avant de se lancer dans d'ambitieuses compositions mythologiques ou religieuses ; tout aussi à l'aise dans le portrait, il travailla pour nombre de princes italiens et pour plusieurs souverains d'Europe ; son art constitue le sommet de la peinture vénitienne. **Tintoret** (1518-1594) apporte violence et vertige au luminisme de ses prédécesseurs et s'en sert pour rendre plus dramatiques ses grandes compositions religieuses ; il influencera fortement son génial disciple, **Le Greco**, qui se réfugiera à Tolède. **Véronèse** (1528-1588) est avant tout un décorateur épris de luxe, qui aime à mettre en scène des assemblées nombreuses dans des architectures grandioses. **Jacopo Bassano** (1518-1592), peintre extrêmement attachant, traite des scènes nocturnes ou rustiques avec une grande liberté de touche et de composition.

LE MANIÉRISME (16e-17e s.)

Marquant l'achèvement de la Renaissance, en reprenant ses motifs dans une « manière » souvent excessive, cet art conduit au Baroque. S'il se répand largement en Europe, il est contenu en Italie par les réactions de l'Église catholique du concile de Trente qui préconise une épuration de l'art religieux : ce mouvement de la Contre-Réforme est illustré, en architecture, par l'église du Gesù à Rome, œuvre d'une austère solennité due à Vignola. L'exemple de sa nef unique, spacieuse et bien éclairée, conçue pour favoriser la prédication devient un modèle pour l'époque. De nombreuses fontaines et des parcs où le naturel se mêle à l'artificiel témoignent du goût maniériste pour la fête et le jeu.

Chez les peintres apparaît souvent une nouvelle inquiétude, une impatience qui se traduit par l'étirement des figures, la bizarrerie des attitudes et un luminisme violent : **Beccafumi**, **Pontormo** (1494-1556), **Rosso Fiorentino** (1494-1540), **Le Parmesan** ou **Parmigianino** d'une part, Giulio Romano, Niccolò dell'Abbate, les frères Zuccaro d'autre part, sont les plus illustres représentants de cette période artistique.

LE BAROQUE (17e-18e s.)

Peinture - En réaction contre le maniérisme, les **Carrache**, originaires de Bologne, avaient inventé un art fondé sur la grande tradition et l'observation de la nature ouvrant la voie à la peinture académique du 17e s. Mais la profonde révolution qui secoue plusieurs siècles d'idéalisme en Italie vient du **Caravage** (1573-1610) ; son œuvre, d'un réalisme affirmé et souvent cruel, emprunte scènes et personnages au monde populaire de Rome que dramatisent de violents contrastes de lumière. Son exemple sera largement suivi tant en Italie qu'en France par ceux qu'on appelle les « Caravagesques ». Les effets de mouvements, de perspectives renversées, de volutes, de trompe l'œil, caractérisent aussi bien l'architecture que la peinture baroques. Chez **Luca Giordano**

à Florence et à Naples, chez les **Tiepolo** à Venise, ou encore chez **Mattia Preti** et **Ribera** à Naples, et enfin à Rome surtout, le mouvement trouve son expression majeure, la peinture accompagnant souvent l'architecture et se prêtant à la décoration de somptueux plafonds (Sant'Ignazio à Rome, par Andrea Pozzo). Au cours du 18e s., avec **Pietro Longhi, Canaletto, Francesco Guardi**, se développe à Venise un art plus serein.

Architecture et sculpture – Construite à Rome en 1568, l'église du Gesù devient l'archétype de l'église baroque. Sous l'influence des **jésuites**, l'architecture et la sculpture vont prendre un aspect fastueux et théâtral, grâce aux réalisations de **Carlo Maderno**, auteur de la façade de Saint-Pierre de Rome (1614), de **Borromini**, esprit tourmenté qui réalise le plan ellipsoïdal de l'église Saint-Charles-aux-Quatre-Fontaines, et, surtout, du plus productif d'entre eux, **Le Bernin** (1598-1680) qui conçoit l'ample colonnade de la place Saint-Pierre, l'audacieux baldaquin et des tombeaux à l'intérieur de la basilique, ainsi que de nombreuses sculptures et fontaines. L'architecture baroque connaît au Piémont, grâce à Guarini et à **Juvara**, un intéressant développement. De même dans la région de la Pouille (à Lecce notamment) et en Sicile, où surgissent, sous l'influence du style plasteresque espagnol, des édifices d'une fastueuse fantaisie dans la recherche décorative.

L'ART MODERNE

L'Italie participe, à la fin du 18e s. et au début du 19e s., à la vague antiquisante qui envahit l'Europe. Le néo-classicisme italien est illustré par l'œuvre du sculpteur **Antonio Canova** (1757-1822) dont la statue de Pauline Borghese, à Rome, exprime bien la pureté linéaire et l'élégance un peu froide. Le 19e s. marque une rupture nette avec la richesse créatrice des siècles précédents. En architecture, Alessandro Antonelli (1798-1888) fut un adepte du vocabulaire néo-classique qu'il exploita pour créer, à Milan et Novare, sa ville natale, de curieux bâtiments aux lignes tendues. En peinture, une réaction à l'académisme apparaît à partir de 1855 (et pour une vingtaine d'années environ) avec les **Macchiaioli**, c'est-à-dire les « Tachistes », qui anticipent sur le mouvement impressionniste en plantant leur chevalet à l'extérieur et en optant pour la couleur, la touche simplificatrice et l'inspiration naturaliste. Les principaux protagonistes de ce mouvement sont **Giovanni Fattori**, Lega, Signorini. Plus qu'à De Nittis ou Boldini, peintres souvent mondains, c'est à Zandomenighi que profit le séjour parisien auprès des impressionnistes. A la fin du 19e s., **Segantini**, chef de l'école **divisionniste**, assure la transition avec le siècle suivant.

Le 20e s. commence de façon explosive avec la réaction décapante et antiesthétique des **futuristes** qui, sous l'influence du poète Marinetti (le théoricien du groupe), proclament haut leur foi en la machine, la vitesse et la foule. Leurs toiles tentent de traduire le dynamisme du monde moderne par des formes souvent fragmentées apparentées au langage cubiste, dont elles se différencient néanmoins profondément par leurs harmonies violentes et passionnées. Boccioni, Balla, Severini, **Carrà** (qui évoluera vers le surréalisme) et l'architecte Sant'-Elia sont les protagonistes de cette avant-garde. **Giorgio de Chirico** invente la « peinture métaphysique ». **Modigliani** enferme ses figures dans un contour à la fois souple et fiévreux, tandis que Giorgio Morandi conduit, face à de simples objets réunis sur une table, une méditation secrète autour de l'invisible.

Alinari/GIRAUDON

Boccioni, *Rixe dans la galerie* (Milan, Pinacothèque Brera)

Parmi les sculpteurs, Arturo Martini, ouvre la voie de la sobriété dramatique et du retour à un certain archaïsme que poursuivront d'une manière plus froide et anguleuse Marino Marini et au contraire plus profonde **Giacomo Manzù**. En architecture, il faut citer Pier Luigi Nervi, l'inépuisable explorateur du béton armé, et Gio Ponti, adepte du rationalisme. Enfin dans le décor intérieur, Carlo Scarpa et Gae Aulenti, mondialement connus.

Littérature

Naissance et splendeur de la littérature italienne – La langue italienne accède à une forme littéraire à l'époque et sur les lieux mêmes où la peinture, se libérant peu à peu des influences étrangères, affirme un caractère propre.
A Assise, saint François (1182-1226) écrit son *Cantique des Créatures* en dialecte ombrien (langue vulgaire), au lieu du latin traditionnel, afin que tous aient accès à la parole de Dieu.
Le 13e s. est aussi celui de l'**École sicilienne** qui, à la cour de Frédéric II de Hohenstaufen, développe une poésie d'amour inspirée par la tradition lyrique provençale. L'école poétique la plus célèbre du 13e s. fut le **Dolce Stil Novo** (Doux style nouveau). Ce terme forgé par Dante, qui y adhéra au début de son activité littéraire, indique un genre lyrique qui chante en vers musicaux un amour spiritualisé. Guinizzelli et Cavalcanti ont eux aussi été adeptes de ce style empreint de philosophie et qui fait de la femme la détentrice de toutes les vertus, sorte d'intermédiaire entre l'homme et Dieu
A Florence, puis dans les villes de son exil, **Dante Alighieri** (1265-1321) pose les bases d'une langue nationale, le toscan, et donne à ce nouvel instrument le plus puissant chef-d'œuvre de la littérature italienne : *La Divine Comédie* (commencée vers 1307), voyage allégorique de l'auteur dans l'outre-tombe (Enfer, Purgatoire et Paradis). Dans ce récit imaginaire sensé se dérouler en 1300, Dante rencontre une multitude de défunts, damnés ou élus, dont les peines, épreuves ou béatitudes sont proportionnelles à la conduite qu'ils eurent de leur vivant. Savoureuse fresque de la nature humaine, encore nourrie d'images médiévales, ce poème est également une intéressante source de détails historiques. Au 14e s., **Pétrarque** (1304-1374), précurseur de l'humanisme et le plus grand poète lyrique italien, et son ami **Boccace** (1313-1375), conteur étonnant, achèveront l'œuvre commencée par Dante en apportant à la langue italienne, le premier, dans les sonnets de son *Canzoniere*, la profondeur de l'interrogation psychologique, le second, dans les contes du *Décaméron*, la vivacité narrative et l'acuité de la description.

Humanisme et Renaissance – L'humanisme florentin, réinterprétant l'héritage antique, invente une poésie savante dans laquelle la tension des mots et des images reflète l'aspiration de l'âme à l'idéal. **Politien, Laurent de Médicis** (1449-1492) dit le Magnifique et surtout **Michel-Ange** illustrent cette tendance néo-platonicienne dans d'admirables poésies. Mais la Renaissance florentine favorise également le développement d'autres discours de natures très diverses : scientifique avec Léonard de Vinci, théorique avec Leon Battista Alberti, philosophique avec Marcile Ficin, encyclopédique avec la fascinante personnalité de Pic de la Mirandole : plus tard le peintre Giorgio Vasari devient le premier historien de l'art.
Au 16e s., poètes et écrivains portent la langue italienne à un degré de raffinement et d'élégance rarement atteint. Le plus célèbre est **Machiavel** (1469-1527), lui-même homme d'État et théoricien politique dont la pensée, déformée par simplification, a donné naissance au mot machiavélisme, synonyme de ruse et de duplicité ; son essai intitulé *Le Prince* définit avec clarté et intelligence les mécanismes qui gouvernent la société des hommes et les conséquences morales ou politiques qui en découlent.
A Ferrare, Boiardo (1441-1494) est l'auteur de *Roland Amoureux*, poème chevaleresque, fusion des cycles carolingien (épique) et breton (courtois). Dans son sillage, l'**Arioste** (1474-1533) avec son *Roland Furieux* (suite de l'œuvre inachevée de Boiardo) puis **Le Tasse** (1544-1595) et sa *Jérusalem libérée* donnent à la cour ferraraise son éclat intellectuel grâce à leurs deux grands poèmes épiques. Quant à **Baldassare Castiglione** (1478-1529) inspiré par le raffinement de la cour d'Urbino, son ouvrage *Le Parfait Courtisan*, code du goût, de l'élégance et des usages dans le monde, devient la bible de toutes les cours de l'époque.
A Venise, l'**Arétin** (1492-1556) brosse le portrait implacable de ses contemporains ; son œuvre étrangère au classicisme aristocratique se situe à l'opposé de l'idéal courtois par le contenu et par le style. Il en va de même pour **Ruzzante** (1502-1542), au goût marqué pour le réalisme exprimé en dialecte padouan.

La Contre-Réforme et le Baroque – Avec la découverte de l'Amérique en 1492, néfaste pour l'économie méditerranéenne, et la mort de Laurent le Magnifique, qui survint la même année, s'ouvre une époque critique d'inspiration mineure et de grand conformisme.
Au 16e s., **Galilée** (1564-1642), scientifique et méthodologiste de la recherche, en démontrant que les lois divines présentées sous forme d'allégorie dans la Bible s'expriment de façon non contradictoire dans le monde, fut involontairement un interlocuteur problématique pour l'Église. Cette dernière, déjà secouée par les vents du protestantisme, défendait obstinément des territoires désormais friables.
La peur d'être condamné par l'Inquisition découragea les prises de risque ambitieuses et favorisa le développement du « conceptisme », caractéristique de la poétique baroque en quête avant tout de merveilleux.

Des Lumières au Romantisme – Les débuts du 18e s. sont caractérisés par l'Arcadia, académie de lettres qui proposait un « bon goût » inspiré de la pureté de la poésie bucolique classique contre le « mauvais goût » du baroque.

C'est également l'époque du philosophe **Giambattista Vico** (1668-1744), qui élabora la théorie des flux et reflux historiques fondée sur les trois stades de l'histoire humaine (le sens, l'imagination et la raison), puis du dramaturge **Metastasio** (1698-1782).
A Venise, ce siècle est dominé par la personnalité de **Carlo Goldoni** (1707-1793), le « Molière italien », qui reprend, dans des pièces d'une veine comique alerte et subtile, les situations et les personnages de la *Commedia dell'arte*, alors très en vogue auprès de la société vénitienne.
Dès la fin du 18e s., on voit naître chez les écrivains un nouveau sentiment national qui ira en se renforçant jusqu'à l'explosion du Risorgimento. **Giuseppe Parini** (1729-1799) fut un écrivain didactique, tandis que **Vittorio Alfieri** (1749-1803) reste connu pour ses tragédies dans lesquelles les thèmes de la liberté et de l'opposition à la tyrannie sont récurrents. Tous deux précèdent **Ugo Foscolo** (1778-1827), violent et tourmenté, chez qui éclate l'orgueil patriotique *(Les Tombeaux)* ; en se risquant au genre épistolaire, Foscolo avec *Les dernières lettres de Jacopo Ortis* s'insère également dans la tradition littéraire européenne de Richardson, Rousseau, Goethe et Gray.
Mais, c'est **Giacomo Leopardi** (1798-1837) qui, dans quelques-uns de ses *Chants* les plus beaux, exprime avec une lucidité précoce et une pureté lyrique inégalée la réelle rupture qui s'ouvre alors entre la foi ancienne et l'inquiétude de l'avenir. Grand représentant du romantisme italien, il élabora le concept de « pessimisme historique », fondée sur le contraste entre la Nature, état originellement heureux, et la Raison (ou civilisation), coupable d'avoir apporté le malheur ; le stade suivant de sa pensée est celui du « pessimisme cosmique » qui, en incluant dans la condamnation la Nature elle-même, considère le malheur comme une condition intrinsèque à l'homme.
Parallèlement, le Milanais **Alessandro Manzoni** (1785-1873) contribua au développement du roman historique avec *Les Fiancés*, grandiose épopée des humbles fondée sur une conception providentielle de l'existence humaine.

Du Vérisme au Décadentisme – La providence manzonienne et l'espérance optimiste du rachat des plus démunis sont absentes des œuvres de **Giovanni Verga** (1840-1922) ; faisant la transition entre le 19e et le 20e s., ce Sicilien est, par ses romans et ses nouvelles, l'un des meilleurs représentants d'un genre nouveau, le « vérisme », inspiré du « naturalisme » français. Dans sa série romanesque intitulée *Les Vaincus*, il exprime sa vision pessimiste du monde et sa compassion à l'égard des déshérités.
La poésie lyrique de la seconde moitié du 19e s. est représentée par **Giosuè Carducci** (1835-1907), prix Nobel italien inspiré par la poésie classique ; personnalité mélancolique, il critiqua le romantisme, dont il ne retenait essentiellement que la composante sentimentale. **Gabriele D'Annunzio** (1863-1938), au style raffiné et précieux, animé d'un goût sensuel pour la langue, et **Giacomo Pascoli** (1855-1912), voix inquiète et complexe, dont la poétique contemple avec nostalgie l'âge de l'innocence et ses émerveillements *(Le Petit Enfant)*, sont caractéristiques de ce début de siècle.

Écrivains modernes et contemporains – Le début du 20e s. vit la naissance des **revues**, aux thèmes politiques, culturels, moraux et littéraires, et auxquelles collaborèrent Giuseppe Prezzolini (1882-1982) et Giovanni Papini (1881-1956). Parmi les courants littéraires de cette période, le **futurisme**, qui s'étendait aussi à d'autres formes artistiques, est des plus significatifs. Dans le *Manifeste* de 1909, il choisissait l'exaltation de la vitesse, de la guerre et de l'« insomnie fébrile ». Tommaso Marinetti (1876-1944) en a été l'animateur et le théoricien.
En harmonie avec la sensibilité européenne exprimée par Musil, Kafka, Proust et Joyce, la littérature italienne adhéra au goût de la découverte, également traversée par les études psycho-analytiques naissantes, sur l'intériorité et l'inconscient. Dans *La Conscience de Zeno*, **Italo Svevo** (1861-1928) sonde l'aliénation du personnage principal dont le passé et le présent s'entrecroisent dans un long monologue intérieur. Le dramaturge sicilien **Pirandello** (1867-1936) analyse lui aussi la tragique solitude de l'homme. Il parle d'un individu à l'identité annulée par les différents visages des personnes avec lesquels il se trouve en contact, et dont l'unique issue est la folie.
L'**hermétisme** s'inspire d'Ungaretti (1888-1970) et de Montale (1896-1981), poètes de l'angoisse intrinsèque à l'homme ; ce courant privilégie le propre de la nature humaine en équilibre instable entre le monde réel, désordonné, et celui créé par les rêves de bonheur. **Salvatore Quasimodo** (1901-1968), la voix influente des poètes hermétiques, est particulièrement apprécié pour ses traductions des auteurs latins et grecs et de Shakespeare.
Après la Seconde Guerre mondiale, le **néo-réalisme**, qui trouva un moyen d'expression idéal dans le cinéma – au langage plus popu-

Lipnitzki/VIOLLET

Alberto Moravia

laire que celui de la littérature -, se proposait de traiter de façon réaliste la vie et la misère des ouvriers, des paysans et des enfants des rues. **Cesare Pavese** (1908-1950) y adhéra ; son œuvre a pour thèmes dominants la solitude et la difficulté d'être, reflets d'un malaise intérieur irrésolu qui le conduisit au suicide. **Alberto Moravia** (1907-1990) est l'écrivain le plus significatif de l'époque contemporaine. Il enquêta sans pitié sur la réalité bourgeoise et sur ses idoles, identifiées dans le sexe et l'argent. Dans *Les Indifférents*, il parle de chute et de résignation au sein d'une famille de la moyenne bourgeoisie romaine.
L'écrivain et metteur en scène **Pier Paolo Pasolini** (1922-1975) fut une figure provocatrice et contestée. Il vécut dramatiquement le contraste entre l'idéologie marxiste et les valeurs chrétiennes et paysannes.
Italo Calvino (1923-1985), auteur de fables subtilement ironiques fut néo-réaliste à ses débuts. Le Sicilien **Leonardo Sciascia** (1921-1989), profond connaisseur des maux italiens, et particulièrement de la mafia, fut un écrivain à la prose très pure, un essayiste et un auteur de nouvelles policières, d'évocations historiques et d'enquêtes romancées. **Dino Buzzati**, enfin, a été une figure originale, poète, écrivain, illustrateur et journaliste ; son penchant pour le fantastique et l'irréalité, tout alimenté de scepticisme, peut rappeler Kafka ou Poe à certains égards.

Musique

Les débuts - A la fin du 10e s., suite à la grande vague du chant grégorien doté d'une écriture complexe, le bénédictin **Guido d'Arezzo** invente la notation musicale et en codifie la représentation à l'aide des syllabes initiales des premiers vers de l'hymne de saint Jean-Baptiste *(1)*.
Au 16e s., dans le sillage de l'exemple flamand, la polyphonie vocale, alors très en faveur, connaît son âge d'or grâce à **Giovanni Pierluigi da Palestrina** (vers 1525-1594), compositeur de musique surtout religieuse, extrêmement fécond (105 messes, dont sa fameuse *Missa Papae Marcelli*). A la même époque, **Andrea Gabrieli** (vers 1510-1586) et son neveu **Giovanni** (vers 1557-1612) furent organistes à la basilique St-Marc de Venise et excellèrent dans la musique polyphonique tant sacrée que profane. Giovanni composa même des sonates pour violon parmi les premières du genre.

La musique instrumentale à l'époque baroque et au 18e s. - Ce n'est qu'aux 17e et 18e s. que l'Italie voit naître une véritable école musicale - aussi bien dans le domaine lyrique qu'instrumental - marquée par le charme et la fraîcheur de l'inspiration ainsi que le génie de la mélodie. **Frescobaldi** (1583-1643) pour l'orgue et le clavecin, **Corelli** (1653-1713) pour le violon - dont la facture atteint la perfection grâce aux grands luthiers de Crémone - et **Domenico Scarlatti** (1685-1757) pour le clavecin font évoluer les formes anciennes ou naissantes par leurs innovations expressives et stylistiques.
Le Vénitien **Antonio Vivaldi** (1675-1741) se distingue par son inépuisable gaieté créatrice : il écrivit de nombreux concertos, fort admirés par Bach, se développant selon un schéma tripartite *allegro/adagio/allegro* et présentant parfois des passages descriptifs (ou « musique à programme »), comme par exemple les célèbres *Quatre Saisons*. Dans une veine assez proche, **Baldassare Galuppi** (1706-1785), originaire de Burano (île

Vivaldi, Le « Prêtre Roux »

(1) ***Ut** queant laxis/**Re**sonare fibris/**Mi**ra gestorum/**Fa**muli tuorum/**Sol**ve polluti/**La**bii reatum **S**ancte **J**ohannes.*

voisine de Venise), mit en musique des livrets de Goldoni et composa des sonates pour clavecin au rythme trépidant. Vivant les dernières heures glorieuses de son histoire, Venise fut généreuse à cette époque en donnant naissance également aux frères **Marcello** – **Benedetto** (1686-1739) et **Alessandro** (1684-1750), l'auteur du fameux *Concerto pour hautbois, cordes et orgue* (au magnifique adagio) – ainsi qu'à **Tomaso Albinoni** (1671-1750), dont les compositions instrumentales rappellent celles de Vivaldi.

L'Italie du 18ᵉ s. connut par ailleurs d'importantes personnalités travaillant à l'extérieur des frontières. Dans le domaine de la musique de chambre, le violoncelliste **Luigi Boccherini** (1743-1805), natif de Lucca mais établi en Espagne, fut un grand mélodiste particulièrement connu pour ses menuets. Il composa en outre une puissante *Symphonie en ré mineur*, la « Maison du diable ». **Antonio Salieri** (1750-1825), originaire de Vénétie, fut un compositeur actif et un illustre professeur : Beethoven, Schubert et Liszt furent formés par lui. Vers la fin de sa vie, il traversa une grave crise psychologique qui le conduit à s'accuser de la mort de Mozart. Cet épisode fut exploité par Milosv Forman dans son film *Amadeus* (1984). Contemporain de Salieri, le Piémontais **Giovanni Battista Viotti** (1755-1824), apporta beaucoup au répertoire du violon avec ses 29 excellents concertos pour violon. Il vécut à Paris et à Londres où il mourut ruiné par la faillite d'un commerce de vins.

Même s'il ne fut pas musicien, on ne peut passer sous silence **Lorenzo Da Ponte** (1749-1838) qui contribua par son talent poétique à de grandes œuvres musicales. Sa vie aventureuse le mena jusqu'à New York, où il mourut, mais surtout à Vienne, capitale musicale de l'époque. C'est là qu'il collabora avec Mozart, en écrivant les livrets d'opéra qui lui assurèrent la célébrité : *Les Noces de Figaro, Don Giovanni* et *Così fan tutte*.

Enfin pour clore cette période faste, l'époque romantique fut illustrée magnifiquement et curieusement (puisque le violon avait cédé la place en terme de mode au piano) par l'incomparable violoniste **Niccolo Paganini** (1782-1840). Sa vie aventureuse, sa géniale richesse d'interprétation et sa virtuosité légendaire tout autant que sa maigreur et sa haute taille contribuèrent à lui donner une réputation démoniaque. Parmi ses nombreuses œuvres, les plus connues sont ses 24 **Capricci** et ses 6 concertos, dont le final du second est la célèbre **Campanella**.

Le piano

Il naît comme une « évolution » du clavecin, grâce à **Bartolemeo Cristofori** (1655-1732) ; celui-ci substitua aux sautereaux qui pincent les cordes du clavecin, les marteaux qui frappent les cordes du piano. Toutefois, le premier Italien qui en diffusa la renommée dans toute l'Europe fut le pianiste **Muzio Clementi** (1752-1832) rival en sa matière de Mozart. Il composa une centaine d'études pour cet instrument, ainsi que le *Gradus ad Parnassum* et six Petites Sonates *(Sonatine)*, agréable trait d'union entre les sonates de Mozart et celles de Beethoven. Par sa grande richesse de sons et de timbres, le piano fut l'instrument idéal des romantiques, pour lesquels il permettait d'exprimer admirablement aussi bien les déchirements mélancoliques et les atmosphères nocturnes que les passions les plus fortes. A une époque plus récente, le Toscan **Ferrucio Busoni** (1866-1924) transcrivit de nombreuses pièces de Bach pour le piano.

L'art lyrique au pays du Bel Canto – Parallèlement aux créations instrumentales, l'opéra moderne voit le jour grâce à **Monteverdi** (1567-1643), dont le chef-d'œuvre, *Orfeo*, (1607) annonce l'usage d'un langage musical fondé sur un lien parfait entre paroles et musique. A peine né, le genre connaît un énorme succès, se démocratise et envahit toute la vie culturelle italienne.

L'opéra napolitain avec le prolifique **Alessandro Scarlatti** (1660-1725) établit, à la fin du 17ᵉ s., la distinction entre les aria, partie mettant avant tout en valeur la virtuosité de la voix aux moments clés du mélodrame, et les récitatifs nécessaires à l'évolution de l'action. Le mode léger de l'opéra bouffe, entièrement chanté et comique, fut servi au 18ᵉ s., toujours à Naples par **Pergolèse** (1710-1736), avec sa brillante *Servante maîtresse*, **Cimarosa** (1749-1801), auteur du *Mariage secret*, et **Paisiello** (1740-1816).

Au 19ᵉ s., la musique instrumentale, hormis Paganini, ne connut pas de grands compositeurs, la production ayant été accaparée par l'art lyrique propice à l'expression des passions exacerbées du Risorgimento. **Rossini** (1782-1868) opère le passage entre l'âge classique et le romantisme *(Otello, Guillaume Tell)* tout en alimentant brillamment le répertoire de l'opéra bouffe *(L'Italienne à Alger, La Pie voleuse, Le Barbier de Séville)*. **Vincenzo Bellini** (1801-1835), dont les orchestrations demeurent un peu faibles, a laissé d'admirables mélodies qui se suffisent à elles-mêmes *(La Somnambule, Norma)*. Son rival, **Gaetano Donizetti** (1797-1848), outre quelques œuvres mélodramatiques *(Lucia di Lammermoor)* où l'action sacrifie au bel canto, composa d'agréables opéras bouffes : *L'Élixir d'Amour, Don Pasquale*...

Acclamé comme le compositeur majeur de cette période troublée (pendant la domination autrichienne, « Viva VERDI » signifiait aussi « Viva **V**ittorio **E**manuele **R**e **D**'Italia »), **Giuseppe Verdi** (1813-1901) marque l'apogée du genre avec des œuvres dramatiques aux situations et sentiments passionnés totalement romantiques : *Nabuchodonosor, Rigoletto, Le Trouvère, La Traviata, Aïda...* Il est également l'auteur d'un admirable Requiem. Le mouvement vériste ensuite remporta du succès grâce à Mascagni *(Cavalleria Rusticana)*, Leoncavallo *(I Pagliacci)* et surtout **Puccini** (1858-1924) qui conclut ce siècle lyrique avec *La Tosca, Madame Butterfly, La Bohème...*

La musique au 20e s. - Par réaction, la génération suivante travailla essentiellement pour la musique orchestrale, comme **Ottorino Respighi** (1879-1937), auteur de poèmes symphoniques impressionnistes : *Les Fontaines de Rome, Les Pins de Rome* et *Les Fêtes romaines*. Parmi les compositeurs nés au 20e s., Petrassi explora toutes les formes musicales, tandis que **Dallapiccola** (1904-1975) demeure connu pour avoir été le chef de file de l'école dodécaphonique italienne (fondée sur l'utilisation de la totalité des douze tons de la gamme et non sur leur dépendance à l'intérieur d'une tonalité). Enfin **Luigi Nono** (1924-1990) est un éminent représentant de la technique sérielle en Italie ; d'une sensibilité passionnée et d'une grande créativité, il engage sa musique dans une voie politique et libératrice, composant des œuvres instrumentales, orchestrales, pour voix et pour chœur.

La Scala vers 1830

Scènes et interprètes - L'unité relativement récente du pays explique la multiplicité des salles de renom. Outre les nombreux conservatoires, qui fournissent des salles de concerts d'une très bonne acoustique, les théâtres italiens les plus connus sont la prestigieuse Scala de Milan pour laquelle Visconti réalisa de merveilleux décors, le Regio et le tout nouveau Lingotto de Turin, le Carlo Felice de Gênes, la Fenice de Venise (malheureusement détruite par un incendie en janvier 1996), le Ponchielli de Crémone, l'Opéra de Rome, le San Carlo de Naples si cher à Stendhal, et le Politeama de Palerme. L'été, l'amphithéâtre de Vérone et, à Rome, les thermes de Caracalla prêtent leur cadre à de grandioses représentations alors qu'à la fin du printemps c'est à Florence que se concentrent les grandes manifestations du Mai florentin.

Parmi les grands orchestres et les groupes de musique de chambre, il faut citer l'Orchestre de l'Académie de Ste-Cécile (Rome), le Filarmonica de la Scala, les Solisti Veneti et l'Orchestre de Padoue et de Vénétie.

Parmi les grands chefs d'orchestre, Toscanini a laissé des interprétations inoubliables pour leur flamme et leur originalité, ainsi que De Sabata ; mais aujourd'hui les grandes scènes d'Italie et du monde accueillent Claudio Abbado, Giulini, Riccardo Muti, Chailly, Scimone, Sinopoli. Sont également connus à un niveau international Accardo et Ughi en tant que violonistes, Campanella, Ciccolini, Lucchesini, Maria Tipo pour le piano, et Brunello et Filippini pour le violoncelle.

Succédant à la Malibran, Maria Callas, Renata Tebaldi, Caruso et Beniamino Gigli, de magnifiques voix continuent à servir la célébrité du pays du Bel Canto comme Teresa Berganza, Bruson, Fiorenza Cossotto, Cecilia Gasdia, Pavarotti, Raimondi, Katia Ricciarelli, Renata Scotto, Lucia Valentini Terrani.

Cinéma

Les débuts - Né à Turin au début du siècle, le cinéma italien connut très vite un essor considérable (50 sociétés de production en 1914) et un succès international. D'abord spécialisés dans le film historique, les producteurs s'orientèrent vers le film d'aventures dans les années 10, puis, dans les années 30, vers un cinéma de propagande et surtout d'évasion subventionné par l'État, qui permettait au spectateur d'échapper, le temps d'une projection, à la réalité de l'Italie fasciste.

Le néoréalisme - Dans le même temps, en 1935, sont fondés à Rome les studios de Cinecittà et un centre expérimental du cinématographe qui compte parmi ses élèves Rossellini, De Santis... Pour combler la distance qui s'est instaurée à l'écran entre la vie et son image pendant le fascisme, ces réalisateurs proposent un retour au concret, une observation attentive des réalités quotidiennes : la guerre et ses tragiques conséquences est le premier thème du **néoréalisme**. Rossellini, avec *Rome, ville ouverte* (1945) et *Allemagne année Zéro* (1948) dévoile l'oppression nazie-fasciste. De Sica, dans *Sciuscia* (1946), puis *Le Voleur de bicyclette* (1948) brosse le portrait de l'Italie d'après-guerre avec son chômage et sa misère. De Santis avec *Riz amer* (1949), *Pâques sanglantes* (1950) décrit un milieu populaire partagé entre la soumission à l'idéologie dominante et des aspirations révolutionnaires. Le néoréalisme s'éteint au début des années 50 ne répondant plus aux souhaits du public désireux d'oublier la misère de l'époque. L'influence du mouvement continuera pourtant à s'exercer sur les générations suivantes.

Des années 60 à nos jours - Les années 60 sont pour le cinéma italien une période dorée : soutenue par une puissante infrastructure industrielle, la production très importante (plus de 200 films par an) est le plus souvent de grande qualité. Trois grands auteurs caractérisent cette époque. **Fellini** (1920-1993), révélé au grand public en 1954 par *La Strada*, réalise en 1960 *La Dolce Vita* (Palme d'Or du festival de Cannes). Ses films aux images fabuleuses sont le miroir de ses songes (*Huit et demi*, 1963 ; le *Satyricon*, 1968).

Antonioni (né en 1912) est lancé en 1959 avec *L'Avventura*. Son œuvre, qui influencera considérablement le cinéma de ces années-là (*Le Désert rouge*, 1960 ; *Blow up*, 1967) dresse le constat de l'incommunicabilité entre les êtres.

En 1960, **Visconti** (1906-1976) réalise *Rocco et ses frères* et en 1963, *Le Guépard* (qui obtient la Palme d'Or à Cannes). Ses films, empreints de faste et d'esthétisme, se nourrissent d'une observation attentive de tout ce qui fuit, se dégrade ou est voué à la mort.

Mais les années 60 marquent aussi les débuts d'une nouvelle génération de cinéastes qui mettent en scène leur engagement politique et social : Pasolini, Olmi, Rosi, Bertolucci, les frères Taviani...

Le cinéma italien rayonne ainsi sur la scène internationale jusqu'au milieu des années 70 avec de grandes œuvres : *Mort à Venise* (1970) et *Ludwig* (1972) de Visconti ; *Casanova* (1976) de Fellini, *Profession : reporter* (1974) d'Antonioni ; *L'Affaire Mattei* (1971) de Rosi... Mais depuis la fin des années 70, victime de la concurrence télévisuelle et de l'effondrement du marché, il traverse une crise productive et créative à laquelle il résiste malgré tout grâce à des films d'auteurs : *La Nuit de San Lorenzo* des frères Taviani (1982), *Le Bal* (1983) et *La Famille* (1987) de Ettore Scola, *Le Dernier Empereur* de Bertolucci (1987), *Cinema Paradiso* de Tornatore (1989) ; grâce aussi à la réaction de jeunes cinéastes, réalistes à leur tour, qui mettent en scène des héros engagés dans la bataille sociale et donnent priorité à l'écriture et au récit (Nanni Moretti, Daniele Luchetti, Pupi Avati, Marco Risi...).

Cahiers du cinéma

Claudia Cardinale dans *Le Guépard* de Visconti

Enfin, on ne peut parler du cinéma italien sans évoquer le festival de Venise (fin août-début septembre) créé en 1932 : un des plus importants rendez-vous du cinéma international, qui décerne depuis 1948 le Lion d'Or.

Gastronomie

La cuisine italienne est riche et très variée. Bien que les habitudes culinaires des Italiens aient plutôt changé ces dernières années, il persiste chez beaucoup d'entre eux un goût inné pour la bonne table ; il faut préciser toutefois que le repas complet comprenant tous les plats, du hors-d'œuvre jusqu'au dessert, ne se fait plus qu'à l'occasion de grandes fêtes comme Noël ou Pâques. A l'étranger, les vins italiens sont prisés et assez bien connus, mais ce qui jouit probablement d'une plus large renommée, c'est le café.

QUELQUES SPÉCIALITÉS RÉGIONALES

Piémont, Val d'Aoste – La cuisine est faite au beurre. Plat typique du Val d'Aoste, la **fonduta** est une fondue à base de fromage, rendu onctueux en le mélangeant à chaud à du lait et des œufs et en l'assaisonnant de truffes blanches *(tartufi bianchi).* En revanche, le Piémont est connu pour sa **bagna cauda**, sauce chaude faite d'huile, de beurre, d'anchois, de truffes et beaucoup d'ail) dans laquelle on trempe des légumes comme des côtes de bettes. La région est également réputée pour la qualité de sa viande. Le Montferrat et les Langhe fournissent de bons fromages et des vins rouges délectables : **Barolo** (avec lequel on cuisine aussi le bœuf braisé), Barbaresco, **Barbera**, Grignolino, Freisa ainsi que les vins blancs d'**Asti**, dont le célèbre mousseux « Spumante », au goût de raisin prononcé.

Lombardie – Milan a donné son nom à plusieurs préparations dites « alla milanese » : le **minestrone**, potage de légumes verts, lard et riz ; le **risotto** au safran ; la **cotoletta**, côtelette de veau panée ; l'**ossobuco**, jarret de veau avec os à moelle. La **polenta**, purée de maïs constituant l'alimentation de base de la traditionnelle cuisine paysanne, est toujours largement consommée. Le fromage le plus courant est le **gorgonzola**. Le **panettone** est un gâteau brioché fourré de raisins secs et de cédrat confit. Quant au **torrone** de Crémone, il compte parmi les douceurs les plus connues de la région. Peu de vins, sinon ceux de la Valtellina et ceux qui sont produits sur la rive droite du Pô, dans la région de Pavie.

Vénétie – Parmi les plats connus, on déguste, ici aussi, la **polenta**, les **risi e bisi** (riz aux petits pois) et le **fegato alla veneziana**, foie de veau sauté aux oignons. Les crustacés, anguilles et morues (baccalà) sont excellents ; le **baccalà alla Vicentina** (de Vicence), cuit très longuement dans beaucoup d'huile et de lait, est particulièrement savoureux. De Venise, on retiendra entre autres les très curieux spaghetti à l'encre de seiche et donc noirs. La spécialité de Vérone est le **pandoro**, haut gâteau à section étoilée délicatement parfumé à la fleur d'oranger. Quant à la région de Vérone, c'est là que sont produits les meilleurs vins de Vénétie : **Valpolicella** et **Bardolino**, rosés ou rouges, bouquetés et légèrement pétillants ; **Soave**, blanc et généreux.

C. Valentin/VISA

Spaghetti à l'encre de seiche

Trentin-Haut-Adige, Frioul-Vénétie Julienne – Du Haut-Adige, on retiendra les **canederli**, sorte de gnocchi de pain et de farine servi en bouillon ou égouttés ; les pâtisseries y sont excellentes et tout particulièrement le **strüdel**. Dans le Frioul, les salaisons (**jambon de San Daniele**) et les spécialités de la mer (**scampi** – langoustines –, **grancevole** – araignées de mer) sont de très grande qualité. Parmi les vins, citons pour les blancs, le Sylvaner et le **Pinot blanc** du Trentin, le **Sauvignon** et le **Tocai** du Frioul, et parmi les rouges, les Cabernet et Merlot frioulans et le Pinot et le Marzemino du Trentin-Haut-Adige.

Ligurie – Gênes a comme spécialité majeure le **pesto**, sauce verte à base de basilic, pignons, ail, fromage de brebis et huile d'olive : on y assaisonne en particulier les typiques **trenette**, mais également les lasagne. Naturellement, les produits de la mer sont renommés, comme la **zuppa di datteri** de La Spezia, soupe de couteaux (coquillages) que les Ligures arrosent de vins blancs puissants comme le Cinque Terre et le Pigato.

Émilie et Romagne – Région gastronomique dont les charcuteries sont les plus réputées d'Italie : **salami** et **mortadelle** de Bologne, **zampone** (pied de porcs farci) de Modène, **prosciutto** (jambon) de Parme. Variées et savoureuses sont les pâtes, comme les tagliatelle « alla bolognese », c'est-à-dire assaisonné d'un ragoût à la sauce tomate, les tortellini ou capelletti, et les lasagne. Le **parmesan** *(parmigiano)* est un fromage à la fois fort et raffiné. L'Émilie produit le **Lambrusco**, vin rouge pétillant et fruité, le Sangiovese, et, parmi les blancs, l'Albano.

Toscane – La cuisine italienne y est née à la cour des Médicis. Florence offre ses spécialités « alla fiorentina » : la **bistecca** (entrecôte), très épaisse, cuite au gril et servie accompagnée d'huile, sel et poivre ; le **baccalà** (morue) à l'huile, ail et poivre ; les **fagioli all'uccelletto** (haricots aux cailles) ou les haricots « al fiasco », cuits à l'huile avec ail, oignon et bouquet garni, effectivement dans une bouteille ronde (le *fiasco*) posée sur la braise. Livourne présente ses **triglie** (rougets) et son **cacciucco** (soupe de poissons), et Sienne son **panforte**, gâteau au sucre candi, aux amandes, miel, melon et cédrat confits. Le **Chianti** est le vin italien le plus universellement connu, mais on n'omettra pas de citer parmi les rouges, le **Brunello de Montalcino** et le **Nobile de Montepulciano**, et, parmi les blancs, le **Vernaccia de San Gimignano**.

M. Rock/CEPHAS-TOP

Bouteilles de Chianti Rufina

Ombrie, Marches – Norcia peut se considérer le chef-lieu de la cuisine ombrienne tant pour son **tartufo nero** (truffe noire) que pour ses spécialités de viande porcine ; du reste, le plat régional est la **porchetta**, cochon de lait entier, cuit à la broche. Les **vincisgrassi**, timbale de lasagne, sont une spécialité des Marches. Les vins sont généralement blancs : le fameux **Orvieto** d'Ombrie, le *Verdicchio* des Marches et le délicieux *Moscato* (muscat) de Saint-Marin.

Latium – Parmi les nombreuses spécialités de la « consistante » cuisine romaine, citons les **fettucine** (pâtes en fines lanières), les **spaghetti all'amatriciana** et **alla carbonara** (assez relevés), les **gnocchi** (coquille de pomme de terre) *alla romana*, les **saltimbocca** (escalopes de veau entourées de jambon et de sauge) ; **l'abbacchio** (agneau) au four ou avec sauce aux anchois (« alla cacciatora »), les *carciofi alla Giudia* (artichauts cuits à l'huile, avec ail et persil). Le principal fromage est le **pecorino**, au lait de brebis, qu'on déguste au printemps avec des fèves crues et donc très fraîches. Les vins, blancs, ceux de Montefiascone et des **Castelli** (Frascati).

Abruzzes, Molise – Dans le chapitre des pâtes, on note les **maccheroni alla chitarra**, spaghetti de section carrée découpés en lanières à la main. Particulièrement savoureuse, la **scamorza** est un fromage frais de montagne très goûté.

Campanie – *Voir au chapitre NAPLES.*

Pouille, Basilicate, Calabre – Les huîtres *(ostriche)* de Tarente sont savoureuses, mais le plat le plus original de la Pouille est le **capretto ripieno al forno**, chevreau rôti et farci aux aromates, ainsi que les **orecchiette con le cime di rapa** (pâtes en forme de petites oreilles, assaisonnées de pousses de navet ou de raves.

Sicile – L'île est riche de fruits (citrons, oranges, mandarines, amandes) et fameuse pour ses pâtisseries et ses glaces (au jasmin notamment) ou sorbets (en particulier la granita, glace pilée parfumée de sirop de fruit). La véritable **cassata** sicilienne est un gâteau de Savoie avec fromage blanc, pépites de chocolat et fruits confits, à demi-glacé. Autres spécialités : le **cuscusu**, plat clairement hérité des arabes, composé de semoule, mais garni d'une très particulière soupe de poisson et agrémenté d'une sauce piquante.
La Sicile est aussi renommée pour ses vins de dessert : le **Malvasia** des îles Lipari, le **Passito** de Pantelleria, et bien sûr le liquoreux **Marsala**, sombre et corsé.

Sardaigne – *Voir la partie du guide consacrée à cette île.*

L'Italie aujourd'hui

Un État régionaliste – Depuis le référendum de juin 1946, qui amena la république, l'Italie est devenue, par la constitution du 1er janvier 1948, une république parlementaire ayant à sa tête un président élu pour 7 ans par le Parlement et par 65 délégués régionaux. Le Parlement, devant lequel la responsabilité engagée est celle du Président du Conseil nommé par le Président de la République, se compose de deux chambres – la Chambre des députés et le Sénat – l'une et l'autre élues au suffrage universel.
D'un type original, l'État italien occupe une place intermédiaire entre l'État unitaire et l'État fédéral, le pouvoir s'exerçant en fait par le biais de deux collectivités politiques autonomes : l'État proprement dit, et les Conseils régionaux (assemblées élues par le peuple, bénéficiant d'une certaine compétence en matière législative, administrative et financière, mais dont l'autorité ne doit toutefois pas s'écarter des lois cadres promulguées au niveau national). Selon un système prévu dès 1948, mais instauré seulement en 1970, le pays est en effet divisé en 20 régions, cinq d'entre elles (Sicile, Sardaigne, Trentin-Haut-Adige, Frioul-Vénétie Julienne, Val d'Aoste) ayant un statut spécial et bénéficiant d'une plus grande autonomie.
Ces régions regroupent au total 95 provinces, elles-mêmes divisées en communes ayant à leur tête un « sindaco ».
Le trait dominant de la vie politique et sociale italienne est donc un provincialisme accentué. Rome reste une ville résidentielle et de fonctionnaires, tandis que Milan revendique le rôle de capitale économique, Florence, Bologne et Padoue, celui de métropoles intellectuelles ; Turin, Gênes, Naples et Palerme, anciennes capitales d'États indépendants, sont devenues des centres industriels importants ; Venise garde, intacte, sa captivante personnalité.

Économie – Loin d'être un pays replié sur son passé, l'Italie a su remarquablement adapter son économie, naguère essentiellement agricole, aux exigences du développement industriel, au point d'en faire aujourd'hui l'une des plus actives d'Europe et de la placer au 6e rang dans le monde.
En plus des cultures traditionnelles et de l'élevage, l'Italie s'est spécialisée dans la culture du **riz** (plaine du Pô) et la production de la **soie** (Lombardie, Vénétie). Dans le domaine industriel, ne possédant guère de ressources naturelles (telles que charbon, fer...), elle s'est orientée vers la fabrication secondaire où la main-d'œuvre compte davantage que la matière première : réputée pour sa production de **véhicules à moteur**, la péninsule italienne est également bien placée dans celle des petites machines (à coudre, à écrire, et appareils ménagers). L'une des activités les plus originales de l'Italie est naturellement la fabrication en masse des **pâtes alimentaires** qui constituent le plat national, mais sont aussi largement exportées.
Toutefois, une partie du pays occupe dans l'économie de celui-ci une place à part : c'est le fameux **Mezzogiorno** s'étendant approximativement au-delà d'une ligne reliant le golfe de Gaète à la limite septentrionale des Abruzzes, et dont le retard économique n'a cessé de s'accentuer après l'unification. Malgré une mise en valeur gigantesque, tout d'abord agricole (morcellement des grands domaines, bonification, reboisement), puis industrielle (création de complexes énormes mais souvent mal intégrés, construction de barrages...) que finance une Caisse créée à cet effet en 1950, l'extrême Sud de l'Italie se distingue toujours par le taux exceptionnellement bas de sa population active.

La presse – Elle est très décentralisée, tout au moins en ce qui concerne les quotidiens, presque toutes les grandes villes ayant le leur. Toutefois, la *Repubblica* de Rome, le *Corriere della Sera* de Milan et la *Stampa* de Turin sont diffusés dans tout le pays, ainsi que le plus important quotidien économique *Il Sole 24 ore* de Milan.
La passion des Italiens pour le sport permet, en outre, à plusieurs quotidiens sportifs de paraître conjointement dont *La Gazzetta dello Sport* de Milan et *Tuttosport* de Turin, auxquels s'ajoute l'hebdomadaire *Guerin Sportivo*.

La mode – La fantaisie et l'exubérance italiennes s'accompagnent d'une élégance recherchée aussi bien pour les femmes que pour les hommes. Bien que de grands défilés annuels aient lieu à Rome et à Florence, le centre de la mode est sans conteste Milan, où chaque année la meilleure collection de prêt-à-porter féminin reçoit « l'Occhio d'Oro ». La majorité des grands stylistes y sont installés : Armani, Versace, Gianfranco Ferré, Nicola Trussardi, Mila Schön, Laura Biagiotti, Romeo Gigli..., et à l'avant-garde Krizia et Moschino. Valentino et les sœurs Fendi ont toutefois leur siège à Rome.
Les métiers et produits attachés à la mode appartiennent à un des secteurs les plus florissants de l'industrie italienne. La confection se concentre principalement en Lombardie, Vénétie (Benetton et Stefanel), Toscane et Émilie-Romagne, la production de soies à Côme, de laines à Prato et Biella, la peausserie à Florence (où est installé Gucci) et Vicence, connue également pour sa joaillerie.

La vie quotidienne - Sur les marchés aux étalages colorés, on trouve en abondance les produits de la campagne. Les magasins, qui respectent le moment sacro-saint de la sieste (hormis dans les grandes villes), restent ouverts tard dans la soirée surtout dans les stations balnéaires et le Sud du pays ; ils offrent leurs articles de mode souvent d'un goût raffiné et de facture particulièrement soignée (chaussures, maroquinerie, vêtements), ainsi que les produits de l'artisanat régional (céramique, art du verre, travail du cuir ou du bois, orfèvrerie, articles brodés, tissus).
Les Italiens aiment à se rassembler le soir sur les places ou aux terrasses des cafés pour d'interminables discussions portant sur la politique ou le sport. Femmes, enfants et jeunes gens, à cette même heure, accomplissent une rituelle « passeggiata » en bavardant ou en savourant un « gelato ».
Les fêtes traditionnelles, nombreuses, se déroulent au milieu d'une foule enthousiaste et réunissent un grand nombre de participants qui arborent, pour l'occasion, de merveilleux costumes.

B. Morandi/DIAF

Naples - Galleria Umberto I

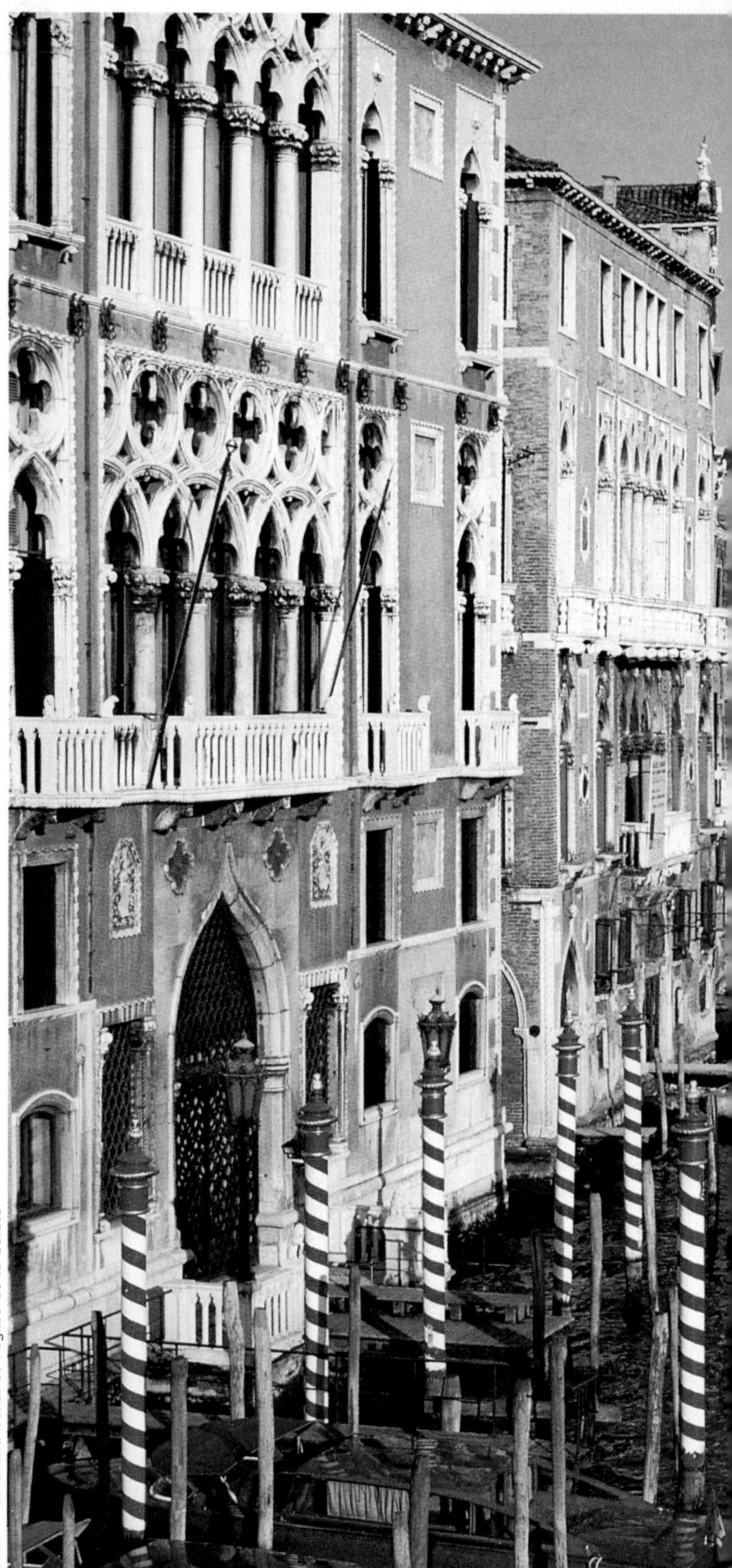

Venise – Le Grand Canal et l'église de la Salute

Villes et curiosités

Anne Gaël

Appennino ABRUZZESE***

Massif des ABRUZZES

Carte Michelin n° 988 plis 26, 27 ou 430 plis 27, 28, 38, 39

Massif le plus élevé des Apennins, la région des Abruzzes a conservé, en raison de son isolement géographique et de la rudesse de son climat, la beauté de ses paysages et la vivacité de ses traditions. Bornée au Nord par la formidable barrière calcaire du Gran Sasso, elle s'étend de L'Aquila à Sulmona, et, de là, jusqu'à Alfedena et au Parc national des Abruzzes, offrant une grande diversité de paysages où alternent les gorges, les ravins en à-pic, les lacs, les forêts, les hauts plateaux désertiques et les pâturages. Situé non loin de Rome et relié à elle par une autoroute, le massif s'est équipé ces dernières années d'installations de sports d'hiver, et de nombreuses stations accueillent désormais les skieurs en provenance de la capitale.

Visite - La carte ci-contre situe, outre les localités et sites décrits, d'autres lieux particulièrement pittoresques (indiqués dans le plus petit caractère noir).

** GRAN SASSO

De l'Aquila à Castelli *159 km - compter 1/2 journée*

C'est le plus haut massif des Abruzzes dont le principal sommet, le **Corno Grande**, culmine à 2 912 m. S'abaissant doucement au Nord en longues échines ravinées, abruptement au Sud sur d'immenses plateaux glaciaires bordés de profondes vallées, il offre le contraste frappant d'un versant magnifiquement verdi de bois et de prairies et d'un autre d'une désolation grandiose.

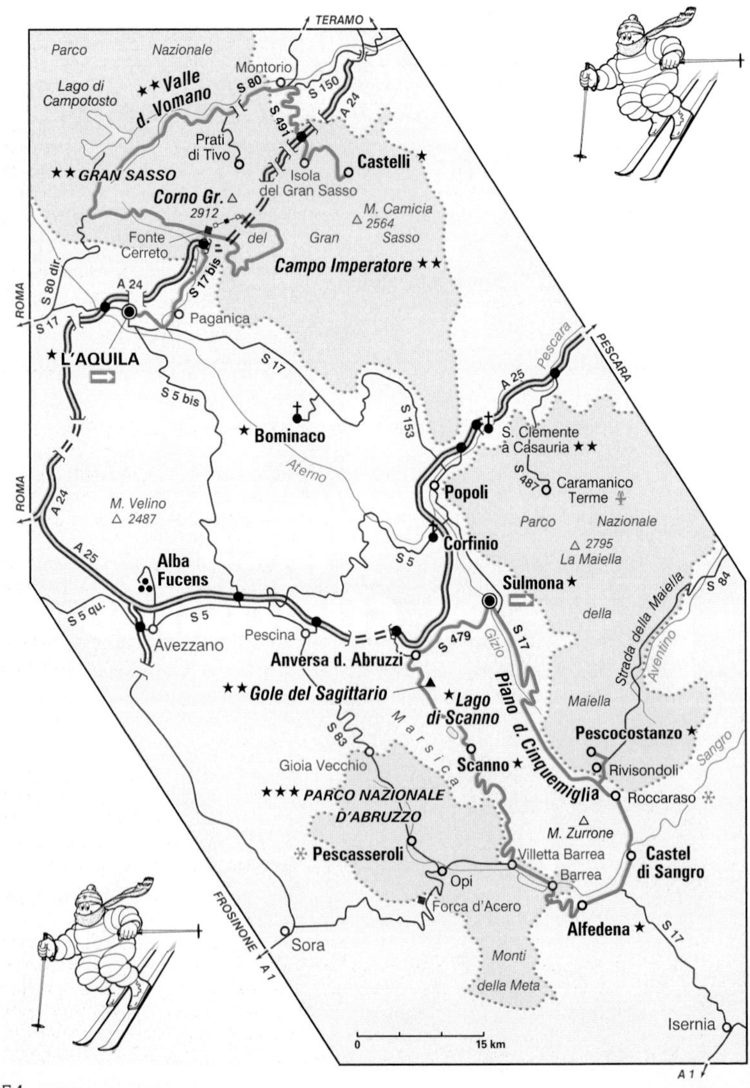

★ **L'Aquila** - *Voir à ce nom.*

Après Paganica, la route suit des gorges et s'élève jusqu'à Fonte Cerreto.

★★ **Campo Imperatore** ⓥ - *Accès de Fonte Cerreto, par la route.* Celle-ci traverse un grandiose paysage de montagnes où errent de grands troupeaux de chevaux ou de moutons. C'est de Campo Imperatore que Mussolini s'évada le 12 septembre 1943, grâce à un coup de main audacieux d'aviateurs allemands qui se posèrent près de l'hôtel où le Duce était interné.

Revenir à Fonte Cerreto.

La route épouse ensuite les contreforts du Gran Sasso, le long de la verdoyante **vallée du Vomano**★★, puis s'encaisse dans de magnifiques gorges où se découvrent d'extraordinaires bancs rocheux stratifiés (5 km après Tintorale).

A la sortie de Montorio, prendre à droite la S 491, route d'Isola del Gran Sasso.

★ **Castelli** - Bâti sur un promontoire boisé au pied du mont Camicia, Castelli est connu depuis le 13ᵉ s. pour ses faïences richement ornées et colorées.

LES GRANDS PLATEAUX

Circuit au départ de Sulmona *138 km - compter une journée*

Entre Sulmona et Castel di Sangro s'étendent, à plus de 1 000 m d'altitude, les Grands Plateaux parcourus par les vaches que gardent des bergers habiles à fabriquer la fameuse « scamorza », fromage blanc en forme d'œuf vendu principalement à **Rivisondoli.**

★ **Sulmona** - *Voir à ce nom.*

La route, après des passages en balcon, en tunnels et sur viaducs, débouche sur le plus important des Grands Plateaux, le **Plan des** (Piano dei) **Cinquemiglia**, ainsi nommé parce qu'il est long de cinq milles romains (8 km).

En vue du vieux village de Rivisondoli, prendre à gauche la route S 84.

★ **Pescocostanzo** - Jolie bourgade aux rues dallées ou pavées, et aux maisons anciennes, où l'artisanat est resté florissant (fer forgé, cuivre, bois, dentelle, orfèvrerie). La collégiale **Santa Maria del Colle**, sur un plan Renaissance, présente quelques survivances romanes et des ajouts baroques (buffet d'orgue, plafond et grille de la nef gauche).

Castel di Sangro - La ville domine un bassin encadré de montagnes. La cathédrale, de plan en croix grecque, est entourée de portiques Renaissance.

★ **Alfedena** - Cette petite ville groupe ses maisons autour d'un château en ruine. Au Nord, des sentiers mènent à l'antique Alfedena dont subsistent des murs mégalithiques et une nécropole.

★ **Scanno** - Au cœur d'un site de montagne, dominant le joli **lac** (lago) **de Scanno**★ formé par l'éboulement qui barra le cours du fleuve Sagittario, cette station de villégiature a su préserver les témoignages de son passé, notamment ses rues étroites et escarpées, bordées de maisons et d'églises, où l'on voit passer des femmes encore vêtues du costume local de couleur noire. Dans la rue principale, curieuse fontaine du 14ᵉ s. décorée en style byzantin.
Entre le lac de Scanno et Anversa degli Abruzzi, les **gorges** (gole) **du Sagittario**★★ offrent, sur 10 km, une profondeur impressionnante et de multiples sinuosités.

Anversa degli Abruzzi - Le portail de l'église, daté de 1540, présente un tympan sculpté (Mise au tombeau) et des sculptures de masques et de personnages bibliques.

★★★ PARCO NAZIONALE D'ABRUZZO

Au cœur du massif, une réserve naturelle a été créée en 1923, dans le but de sauvegarder la faune, la flore et les sites de la région. S'étendant sur environ 40 000 ha, dont les 2/3 sont recouverts de forêts (hêtres, érables), le parc national des Abruzzes accueille l'aigle royal, le loup des Apennins, l'ours marsicain, le chamois des Abruzzes, le chat sauvage, chevreuils et cerfs.

Accès et visite ⓥ - En voiture, les principaux accès sont Gioia Vecchio au Nord, Villetta Barrea et Barrea à l'Est, Forca d'Acero à l'Ouest.
De cette immense réserve naturelle, réglementée par quatre zones de protection, selon l'importance des sites à conserver et le genre d'activité ayant licence de s'y exercer, le visiteur peut sillonner une grande partie, grâce à quelques routes carrossables et à de nombreux sentiers bien tracés. Des refuges, des aires de camping ou de pique-nique, des « centres de visite » ont également été aménagés. L'observation des animaux sauvages et la découverte botanique ne

sont guère concevables qu'à pied (ou à cheval dans certains endroits), en empruntant des sentiers balisés et de préférence sous la conduite de guides agréés.

✻ **Pescasseroli** – Centre principal de la vallée du Sangro et siège du parc national, Pescasseroli est situé dans une cuvette aux bords recouverts de hêtraies et de pinèdes. Le bourg vit du travail du bois, et du tourisme. Ville natale de Benedetto Croce, philosophe et homme politique (1866-1952).

AUTRES CURIOSITÉS

★ **Bominaco** – A quelque 500 m au-dessus du hameau de Bominaco se dressent deux églises romanes, ultimes témoignages d'un **monastère** bénédictin détruit au 15e s.
L'**église San Pellegrino** ⓥ est un oratoire datant du 13e s. dont l'intérieur présente des **fresques**★ du 13e s. également, de facture maladroite mais au dessin minutieux, évoquant la vie du Christ et représentant un Saint Christophe géant. Une des églises romanes les plus caractéristiques de la région, **Santa Maria**★, des 11e et 12e s., possède un élégant chevet, une façade ornée d'une grande baie entourée de quatre lions en pierre faisant saillie. A l'intérieur, clair et dépouillé, on peut admirer un bel **ambon**★ cubique du 12e s. reposant sur quatre colonnes aux chapiteaux palmés et richement décoré de rinceaux et de fleurons en relief.

Corfinio – Au-delà du bourg s'élève la **basilique de San Pelino** ⓥ ou « **Basilica Valvense** », de style roman, sur le flanc droit de laquelle se détache la chapelle St-Alexandre (12e s.). Admirer l'**abside**★ et, à l'intérieur, la chaire du 12e s.

Popoli – Petite ville commerçante dont le centre, la Piazza Grande, s'orne de l'église San Francesco, à façade gothique avec couronnement baroque. A côté de la place, la **Taverna ducale**★ est un élégant édifice gothique orné de blasons et de bas-reliefs, qui servait d'entrepôt aux dîmes du prince.

Alba Fucens ⓥ – Ruines d'une colonie romaine fondée en 303 avant J.-C. Parmi les fondations, d'origine cyclopéenne, on remarque les restes de la basilique, du forum, des thermes, du marché couvert, ainsi que les rues dallées, puits et latrines.

Avec ce guide,
utilisez les cartes au 1/400 000 indiquées sur le schéma au dos du volume.

ALATRI★

Latium – 25 079 habitants

Carte Michelin n° 988 pli 26 ou 430 Q 22

Bâtie au 6e s. avant J.-C., cette importante cité a conservé une partie de son enceinte de murs cyclopéens (4e s. avant J.-C.). L'**acropole**★, de plan trapézoïdal, à laquelle on accède à pied par la grandiose porte de Civita, est l'une des mieux conservées d'Italie. On y jouit d'une très belle **vue**★★ sur Alatri et le val de Frosinone.
Dans cette ville aux escaliers en raidillons et aux ruelles ornées de maisons gothiques s'élève, outre le **palais Gottifredo** du 13e s. *(largo Luigi di Persiis)*, l'**église Santa Maria Maggiore**★, de transition roman-gothique, dont la façade s'ouvre par trois porches ; à l'intérieur, on découvre d'intéressants **bois sculptés**★ du 12e au 15e s. Sur la route de contournement, l'**église San Silvestro**, du 13e s., construite en pierres sèches, abrite des fresques du 13e au 16e s.

ALBA

Piémont – 29 354 habitants

Carte Michelin n° 988 pli 12 ou 428 H 6

C'est l'antique cité romaine d'Alba Pompeia qui donna à Rome l'empereur Pertinax (126) ; aujourd'hui, relais gastronomique réputé pour ses « **tartufi bianchi** », truffes blanches (foire en automne) et ses vins (Barolo, Barbaresco, Barbera). La ville s'orne de plusieurs **tours seigneuriales**, d'églises et de maisons médiévales. A l'intérieur de la cathédrale – **Duomo San Lorenzo** – de style gothique, on remarque des stalles de marqueterie datant de la Renaissance, sculptées avec une grande virtuosité.
Au Sud d'Alba s'étendent les **Langhe**, région de collines calcaires couvertes de marnes et plantées de vignobles. En empruntant la route d'Alba à Ceva, on suit les crêtes de ces collines offrant une belle **vue**★ sur les deux versants, et on traverse de nombreux petits villages jouissant d'une situation panoramique.

ALTILIA SAEPINUM★

Molise

Carte Michelin n° 988 pli 27 ou 430 R 25 – 25 km au Sud de Campobasso

Les ruines de la cité romaine de Saepinum occupent une douzaine d'hectares de plaines fertiles au pied du Matese, non loin des maisons de l'actuel village d'Altilia, bâties avec des matériaux prélevés sur les édifices antiques. Bourgade samnite occupée par les Romains qui en firent un municipe et la fortifièrent au 1er s., Saepinum connut son apogée vers la fin du 5e s. Elle fut détruite au 9e s. par les Sarrasins.

VISITE *1 h 1/2 (accès par le Sud-Ouest)* ⓥ

Porta di Terravecchia – Cette porte ruinée commandait l'extrémité Sud du Cardo (l'une des deux voies les plus importantes de la cité), orienté Nord-Sud.

★ **Basilique, forum, temple** – Ils se trouvaient au carrefour formé par le Cardo et le Decumanus, voie principale traversant la ville d'Est en Ouest et qui a conservé ses pavés. A gauche subsistent les vingt colonnes ioniques du péristyle de la **basilique**. A droite s'étend le forum, vaste place dallée rectangulaire que bordent, le long du Decumanus *(dans lequel on tourne à droite)* : les ruines de la curie ; celles d'un temple dédié à Jupiter, Junon et Minerve ; l'exèdre de la « maison du pressoir » dont les quatre silos à huile, en brique, sont encore visibles. Suivent les restes d'une fontaine sculptée d'un hippogriffe et ceux d'une maison samnite à impluvium.

Porta di Benevento – A l'extrémité Est du Decumanus s'ouvre son arche ornée, côté campagne, d'une tête casquée. Un **musée** ⓥ attenant retrace l'historique des fouilles et conserve (à l'étage) des sculptures, stèles et fragments de mosaïques.

Mausoleo di Ennius Marsus Volmarso – Ce beau mausolée semi-circulaire crénelé, s'élevant au-delà de la porte Benevento, repose sur un socle carré, gardé par deux lions de pierre très abîmés.

Revenir au carrefour principal et continuer à suivre le Decumanus.

On passe au sein du quartier d'habitation ; à droite, restes de boutiques.

★ **Porta di Boiano** – Dédiée au futur empereur Tibère et à son frère Drusus, elle s'ouvre par une arche en plein cintre entre deux tours rondes. De son sommet, on domine la partie occidentale de l'enceinte et les ruines du centre de la ville.

Enceinte fortifiée – Rectangulaire, d'un périmètre total de 1 250 m, en bel appareil de pierres en losanges, elle est jalonnée de vingt-cinq tours rondes arasées, et percée de quatre portes elles aussi fortifiées ; la partie occidentale est la mieux conservée.

Mausoleo di Numisius Ligus – *A l'extérieur de l'enceinte, en prenant à droite, en direction du Nord.* Tombeau quadrangulaire, couronné de quatre acrotères, d'une élégante simplicité.

★ **Teatro** – Petit hémicycle adossé au côté intérieur du mur d'enceinte et qui a conservé son entrée monumentale en pierre blanche.

Museo ⓥ – *A l'avant du théâtre.* Au rez-de-chaussée, intéressantes sculptures décorant des sarcophages et des cippes funéraires. A l'étage, photos et documents concernant les fouilles.

De l'autre extrémité du théâtre, on gagne le Cardo que l'on prend à gauche.

Porta Tammaro – Simple arche donnant accès au village de Sepino.

AMALFI★★

Campanie – 5 594 habitants

Carte Michelin n° 988 pli 27 ou 431 F 25

Amalfi, qui a donné son nom à l'admirable Côte Amalfitaine *(voir ci-dessous)*, est une petite ville d'allure espagnole dont les hautes maisons blanches sont juchées sur les pentes d'un vallon qui fait face à une mer très bleue, composant un **site**★★★ merveilleux, jouissant d'un climat très agréable, vivement apprécié des vacanciers.

La république maritime d'Amalfi – C'est la plus ancienne d'Italie : fondée en 840 et placée dès la fin du 9e s. sous l'autorité d'un doge, elle atteignit son apogée au 11e s., époque à laquelle la navigation en Méditerranée était réglée par les Tables Amalfitaines (Tavole Amalfitane), le plus ancien code maritime du monde. Entretenant un commerce régulier avec les ports de l'Orient, plus particulièrement avec Constantinople, Amalfi possédait un arsenal où étaient construites des galères comptant jusqu'à 120 rameurs, les plus grandes de l'époque ; la flotte amalfitaine prit une part importante au transport des croisés.

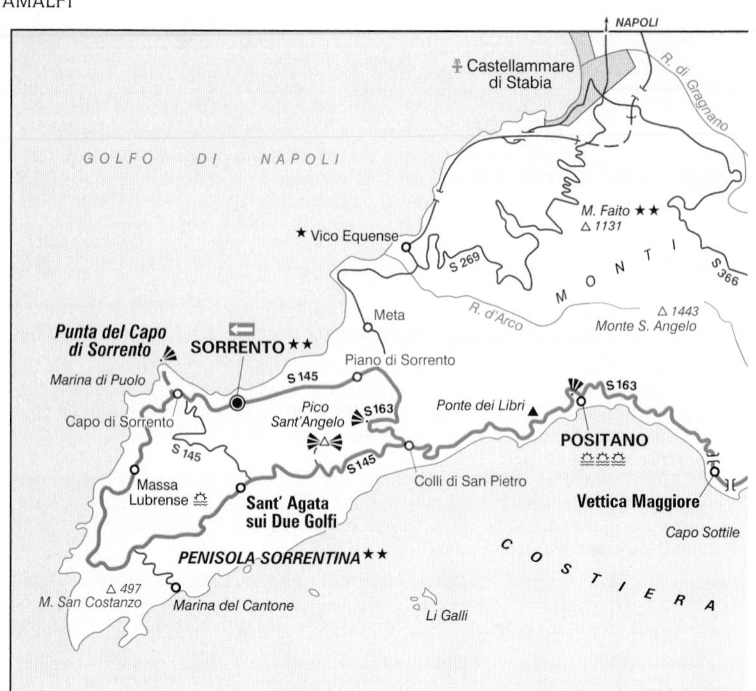

CURIOSITÉS

★ **Duomo di Sant'Andrea** - Fondée au 9ᵉ s., agrandie aux 10ᵉ et 13ᵉ s. puis maintes fois transformée, cette cathédrale témoigne du goût des cités maritimes pour la splendeur orientale. Elle abrite des reliques de l'apôtre saint André, transférées de Constantinople à Amalfi en 1206. La façade, refaite au 19ᵉ s. sur le modèle de l'ancienne, s'élève au sommet d'un imposant escalier et frappe par son appareil de pierres polychromes formant des motifs géométriques variés. A gauche, le campanile est tout ce qui reste de la construction d'origine. Un vaste atrium précède l'église dans laquelle on pénètre par une belle **porte★** de bronze (11ᵉ s.), provenant de Constantinople. A l'intérieur, de style baroque, on peut admirer deux colonnes antiques, deux candélabres et deux ambons du 12ᵉ s.

Par l'atrium, on pénètre dans le **cloître du Paradis★★** (chiostro del Paradiso) ⓥ, bâti en 1268, où se mêlent l'austérité romane et la fantaisie arabe, et dont les galeries abritent quelques beaux sarcophages.

★ **Rues Genova et Capuano** - Partant de la piazza del Duomo, elles constituent le centre animé et commerçant de la ville. La variété des façades, les balcons et niches fleuris en font un lieu pittoresque. De part et d'autre, des ruelles, escaliers, passages sous voûtes aboutissent à des placettes ornées de fontaines.

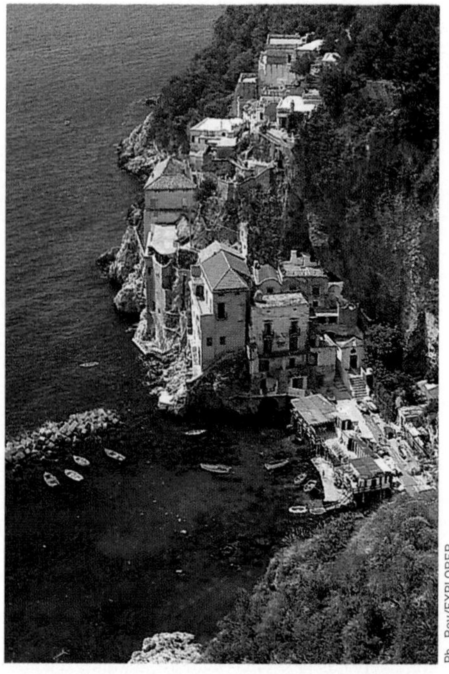
Ph. Roy/EXPLORER

La Côte Amalfitaine

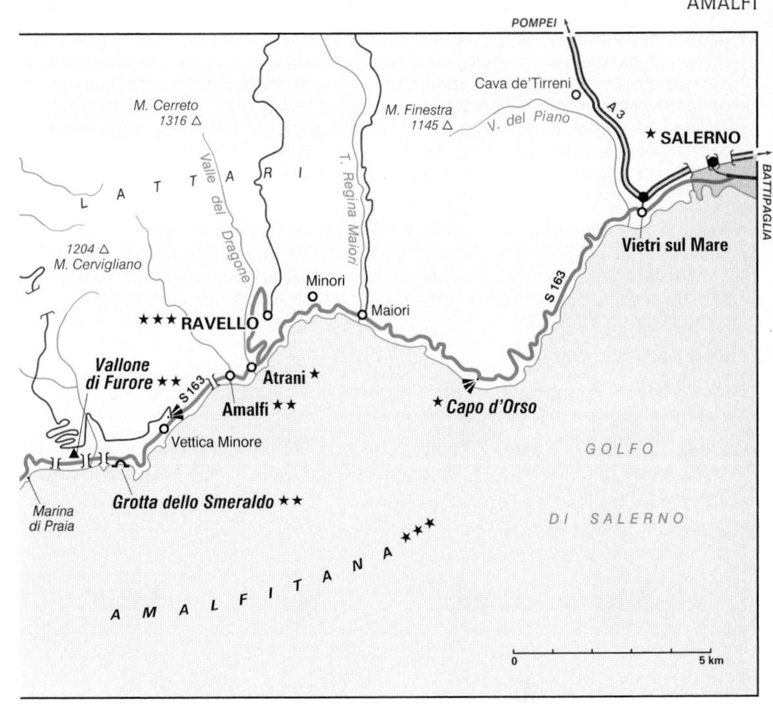

Piazza Flavio Gioia - Elle porte le nom de l'Amalfitain à qui on attribue le perfectionnement de la boussole ; à gauche de la porte de la Marine, l'**arsenal** où étaient autrefois installés les chantiers navals.

★★★ COSTIERA AMALFITANA *79 km - compter une journée*

Entre Sorrente et Salerne, la route suit en corniche les accidents de la plus belle côte d'Italie : la **Côte Amalfitaine**. Sur un parcours de 30 km environ, le voyageur découvre des paysages magnifiques où se succèdent des rochers à l'aspect fantastique plongeant à pic dans la mer, des gorges profondes franchies par des ponts vertigineux, des tours sarrasines perchées sur des pitons : ce relief accidenté et sauvage est dû à l'érosion de la chaîne calcaire des monts Lattari dont la Côte Amalfitaine constitue l'extrême rebord. Mais, à cette âpreté s'opposent la douceur des villages de pêcheurs et la luxuriance d'une végétation où alternent orangers, citronniers, oliviers, amandiers, vignes et toutes les fleurs de la Méditerranée.
Dans cette région que fréquentent volontiers les étrangers et les artistes, la gastronomie joue un rôle important : la table est constituée avant tout de poissons fins, de crustacés et de coquillages ; on y déguste également la « mozzarella » que l'on accompagne des vins rouges de Gragnano ou des vins blancs de Ravello, Positano, etc.

Visite - La carte ci-après situe, outre les localités et sites décrits, d'autres lieux particulièrement pittoresques (indiqués dans le plus petit caractère noir).

★★ **Sorrento et sa presqu'île** - *Voir à ce nom.*

☼☼☼ **Positano** - Ancienne bourgade de marins, Positano est aujourd'hui l'une des stations les plus fréquentées de la Côte Amalfitaine. Ses petites maisons cubiques et blanches d'allure mauresque se perdent au creux de verdoyants jardins qui descendent en terrasses vers la mer.

Vettica Maggiore - Ses maisons sont dispersées sur les pentes. On a, de l'esplanade, une belle **vue**★★ sur la côte et la mer.

★★ **Vallone di Furore** - Entre deux tunnels, la « gorge de la Fureur » est la plus impressionnante coupure de la côte, par la sombre profondeur de ses parois rocheuses resserrées et escarpées, par le mugissement d'une mer sauvage qui, les jours de gros temps, déferle avec force. Une bourgade de pêcheurs s'est pourtant installée là, à l'endroit où débouche le lit d'un torrent. Les maisonnettes accrochées aux pentes et les barques de couleurs vives tirées sur la grève surprennent un peu dans ce paysage farouche. Pour découvrir les divers aspects du site, on peut suivre le sentier qui longe un des côtés de la gorge.

★★ **Grotta dello Smeraldo** ⊙ – Cette grotte marine, située au fond d'une crique rocheuse battue par la mer, se visite en bateau. L'eau, d'une transparence exceptionnelle, est éclairée indirectement, par réflexion des rayons qui lui donnent cette admirable couleur émeraude.
Le fond de la grotte qui paraît tout proche malgré 10 mètres de profondeur n'a pas toujours été recouvert par la mer, ainsi qu'en témoignent les stalagmites surgissant curieusement de l'eau ; son immersion est la conséquence du bradisisme auquel est soumis la région.

★ **Atrani** – Au débouché de la vallée du Dragon, Atrani est un agréable village de pêcheurs qui possède deux églises anciennes : Santa Maria Maddalena et San Salvatore ; cette dernière, fondée au 10e s., conserve une porte de bronze qui semble inspirée par celle de la cathédrale d'Amalfi. Une route admirable, en lacet, conduit jusqu'à Ravello.

★★★ **Ravello** – *Voir à ce nom.*

★ **Cap d'Orso** – Composé de roches bizarrement découpées, il offre un point de vue intéressant sur la baie de Maiori.

Vietri sul Mare – Étagée à l'extrémité de la Côte Amalfitaine sur laquelle elle offre de magnifiques **vues**★★, Vietri est renommée pour son artisanat traditionnel de la céramique.

★ **Salerno** – *Voir à ce nom.*

ANAGNI★

Latium – 19 313 habitants

Carte Michelin n° 988 pli 26 ou 430 Q 21 – 65 km au Sud-Est de Rome

Située sur un éperon dominant la vallée du Sacco, Anagni est une petite ville d'aspect médiéval. Plusieurs papes y naquirent, dont Boniface VIII qui excommunia Philippe le Bel et que Dante place aux Enfers en raison de ses abus de pouvoir.

Le principal édifice de la ville est la **cathédrale**★★ (Cattedrale) qui occupe l'emplacement de l'ancienne acropole. Construite au cours des 11e et 12e s. en style roman, elle fut remaniée au 13e s. avec des ajouts gothiques. Et en faisant le tour, on remarquera les trois absides romanes à bandes et arcatures lombardes, la statue de Boniface VIII (14e s.) au-dessus de la loggia du flanc gauche et le puissant campanile roman détaché de la construction. L'intérieur se compose de trois nefs dont le **pavement**★ (13e s.) est l'œuvre des Cosmates *(voir p. 36)*. Le maître-autel est surmonté d'un ciborium **(baldaquin) roman** ; le **trône épiscopal**, ainsi que le **chandelier pascal** à colonne torse, décoré d'incrustations polychromes, reposant sur deux sphinx et surmonté d'un enfant supportant une coupe, ont été exécutés par Pietro Vassaletto dans le style des Cosmates. La **crypte**★★★ ⊙, au pavement cosmate également, est ornée de magnifiques **fresques** (13e s.) évoquant des scènes de l'Ancien Testament, la vie des saints et montrant quelques personnages scientifiques, comme Galien et Hippocrate. Le **trésor** conserve de beaux objets de culte dont la chape de Boniface VIII.
Le **quartier médiéval**★, presque entièrement composé d'édifices du 13e s., est particulièrement évocateur. On y trouve notamment le **palais de Boniface VIII** dont la façade est caractérisée par deux galeries superposées et ajourées, l'une d'immenses baies en plein cintre, l'autre de jolies fenêtres géminées à colonnettes ; à l'un des angles de la piazza Cavour, le **palais communal** (Palazzo Comunale), des 12e s.-13e s., repose sur une énorme **voûte**★ et présente une façade postérieure de style cistercien.

ANCONA★

ANCÔNE – Marches – 101 185 habitants

Carte n° 988 pli 16 ou 430 L 22 – Plans dans le guide Rouge Michelin Italia

Principale ville des Marches, Ancône est bâtie sur un promontoire en forme de coude (en grec « ankon ») qui lui a donné son nom. Fondée au 4e s. avant J.-C., république maritime autonome au Moyen Âge, c'est aujourd'hui un port commercial actif d'où l'on embarque pour Split, Dubrovnik, Zadar ou la Grèce. Ancône est aussi spécialisée dans l'industrie des accordéons, guitares et orgues électroniques.

CURIOSITÉS

★ **Duomo (San Ciriaco)** – Placé sous le vocable de saint Cyriaque, martyr au 4e s. et patron de la cité, il a été édifié en style roman alliant des éléments architecturaux byzantins (plan en croix grecque) et lombards (bandes et arcatures des murs extérieurs). La façade est précédée d'un majestueux **porche** gothique en pierre rose reposant sur des lions. L'intérieur est scandé par des colonnes monolithes de marbre à **chapiteaux** romano-byzantins. En passant sous la coupole, remarquer l'habileté du passage du carré au tambour supportant la calotte. Dans le chœur, tombeau de l'ermite G. Giannelli (1509) dû au sculpteur dalmate Giovanni da Traù.

★ **Loggia dei Mercanti** – Édifiée au 15e s., cette loge des Marchands présente une belle façade de style gothique vénitien, œuvre de Giorgio Orsini.

★ **Chiesa di Santa Maria della Piazza** ⓥ – Cette petite église romane du 10e s. à la charmante façade (1210), ornée de sculptures populaires, s'élève sur les restes de deux **sanctuaires primitifs** des 5e et 6e s., conservant des pavements à mosaïques.

Museo Nazionale delle Marche ⓥ – *A l'extrémité Sud de la piazza del Senato.* Aménagé dans le palais Ferretti, il abrite d'intéressantes collections préhistoriques et archéologiques. Exceptionnel ensemble de grands **bronzes romains de Cartoceto.**

Galleria comunale Francesco Podesti ⓥ – *Via Ciriaco Pizzecolli.* Œuvres de C. Crivelli, Titien, L. Lotto, C. Maratta, Le Guerchin. Galerie d'art moderne (toiles de Bartolini, Campigli, Cassinari, Tamburini).

Chiesa di San Francesco delle Scale – *Via Ciriaco Pizzecolli, non loin de la pinacothèque.* Cette église construite au 15e s. possède un splendide portail gothique vénitien, chef-d'œuvre de Giorgio Orsini.

Arco di Traiano – Cet arc de triomphe se dresse à l'extrémité septentrionale du lungomare Vanvitelli, en l'honneur de Trajan qui fit aménager le port en l'an 115.

ENVIRONS

★ **Portonovo** – *12 km au Sud-Est.* Site pittoresque formé par le rivage rocheux du massif du **Conero**. Un chemin privé conduit à travers bois à la charmante **église Santa Maria**★ ⓥ bâtie au 11e s. sur plan presque carré inspiré des églises normandes.

Jesi – *32 km au Sud-Ouest.* Petite ville d'aspect médiéval dont la **pinacothèque**★ ⓥ est remarquable par son important ensemble d'œuvres de Lorenzo Lotto, peintre vénitien de la première moitié du 16e s., qui assimila la leçon de l'art allemand. Voir également le **palais de la Seigneurie**★ (Palazzo della Signoria), élégant édifice Renaissance construit par Francesco di Giorgio Martini, élève de Brunelleschi.

ANZIO

Latium – 33 787 habitants

Carte Michelin n° 988 pli 26 ou 430 R 19

Adossée à un promontoire et face à la mer, Anzio forme avec **Nettuno** une agréable station balnéaire dotée d'un port de plaisance.
C'est l'antique Antium, cité volsque où se réfugia Coriolan après avoir renoncé à entreprendre une lutte fratricide contre Rome. C'est également la patrie de Néron qui y possédait une villa où furent trouvés l'Apollon du Belvédère, la Fanciulla (jeune fille) d'Anzio et le Gladiateur Borghese, aujourd'hui respectivement au Vatican, au Musée national romain à Rome et au Louvre.
Anzio a enfin donné son nom au débarquement effectué par les Anglais et les Américains le 22 janvier 1944, qui permit, au prix de longs combats, la reconquête de Rome le 4 juin suivant. Plusieurs cimetières, monuments et musées commémorent le sacrifice des soldats tombés au cours de cette opération militaire.

ENVIRONS

★ **Ile de Ponza** – *Accès : voir le guide Rouge Michelin Italia.*
Au large du golfe de Gaète, cette île d'origine volcanique présente une échine verdoyante et des falaises blanches ou gris-bleuté, bordées d'étroites plages, ou plongeant à pic dans la mer. Au Sud-Est de l'île, le village de **Ponza**☼☼ aligne en amphithéâtre ses maisons cubiques gaiement colorées autour d'un petit port fréquenté par les bateaux de pêche, de cabotage, de plaisance, et par ceux qui assurent la liaison avec le continent. L'île est particulièrement appréciée des amateurs de pêche sous-marine.

AOSTA★

AOSTE – Val d'Aoste – 36 184 habitants

Carte n° 988 pli 2, 219 pli 2 ou 428 E 3/4 – Plans dans le guide Rouge Italia

Située au centre du val qui porte son nom, Aoste, capitale de la région, conserve son plan d'ancien « castrum » romain et quelques monuments de cette époque. Actif foyer religieux au Moyen Âge, Aoste a donné naissance à saint Anselme, archevêque de Canterbury, mort en 1109. C'est aujourd'hui un actif centre industriel et, depuis la percée du tunnel du Mont Blanc en 1965, un noyau touristique d'importance, au carrefour de la route menant au col du Grand St-Bernard et en Suisse.

★ **Monuments romains** – Groupés au centre de la ville, ce sont principalement la **porte Pretoria** et le majestueux **arc d'Auguste**, tous deux datant du 1er s. avant J.-C., le **pont romain**, le **théâtre** et les ruines de l'**amphithéâtre**.

Collegiata di Sant'Orso ⌚ – Construite sur plusieurs étages, cette collégiale abrite de très belles **stalles** de bois sculpté (15e s.) et un jubé baroque. A côté de la **crypte** datant du 11e s., une porte donne accès à un charmant petit **cloître**★ roman dont les **chapiteaux**★★ historiés illustrent des scènes bibliques et profanes.
Le **prieuré** (priorato) **Sant'Orso** est un bâtiment de style Renaissance aux **fenêtres**★ élégantes.

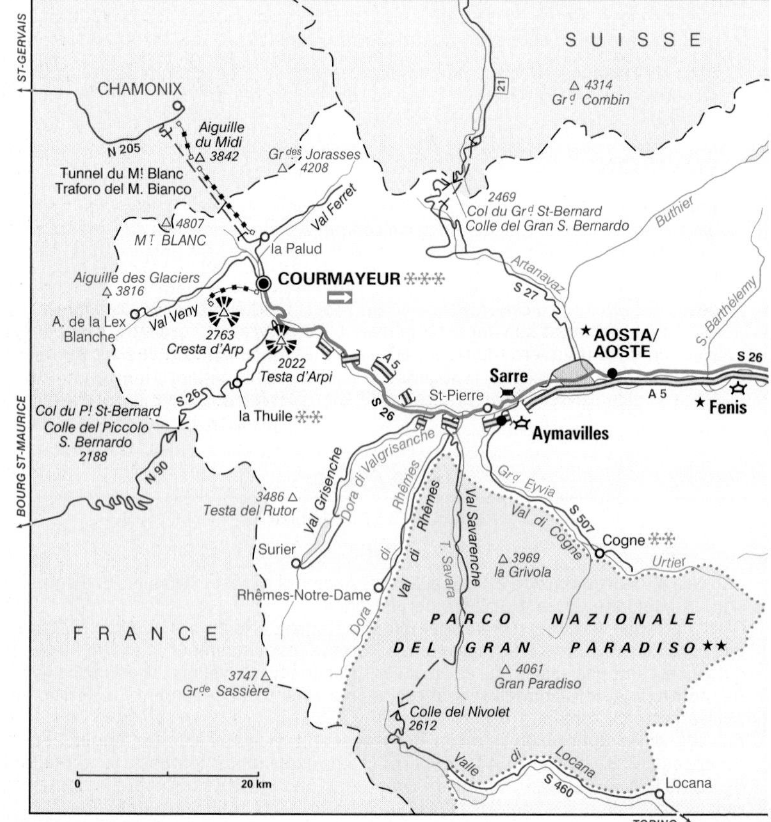

Cattedrale - Construite au 12e s. et maintes fois remaniée, elle présente une façade néo-classique (1848). Dans le chœur, pavement à mosaïque du 12e s., stalles gothiques du 15e s. et tombeau de Thomas II de Savoie (14e s.). Riche **trésor** ⓥ. Cloître du 15e s.

★★ VALLE D'AOSTA

La vallée centrale de la Doire Baltée (Dora Baltea), ses vallées adjacentes et secondaires forment la région du Val d'Aoste, située au cœur des hauts sommets des Alpes françaises et suisses : Mont Blanc, Cervin (Cervino), Mont Rose (Monte Rosa), Grand Combin, Dent d'Hérens, Grand Paradis (Gran Paradiso), Grande Sassière, etc. Cette situation privilégiée offre de nombreux et grandioses **point de vue★★★**.

En outre, la nature préservée des vallées retirées, les nombreux châteaux de la vallée centrale, les vals jalonnés de villages aux toits de lauzes et balcons de bois, le mode de vie encore traditionnel et les innombrables possibilités d'excursions en téléphérique, à pied et en voiture, les routes splendides aboutissant au pied des glaciers éblouissants font du Val d'Aoste un pays captivant, accessible grâce au tunnel du Mont Blanc et aux cols du Grand et du Petit St-Bernard.

Le montagnard valdôtain, religieux, attaché à ses coutumes et soucieux de ses libertés (le Val d'Aoste est depuis 1948 une région autonome sur le plan administratif) parle encore le provençal. Habitant de typiques maisons couvertes de dalles de pierre plates appelées lauzes, il vit principalement de l'élevage et fabrique un fromage nommé fontina, avec lequel on fait la fondue. Durant les soirées d'hiver, il sculpte le bois.

Visite - La carte ci-dessous situe, outre les localités et sites décrits, d'autres lieux particulièrement pittoresques (indiqués dans le plus petit caractère noir).

★★ **Parco nazionale del Gran Paradiso** ⓥ - Ce parc englobe, sur près de 70 000 ha, l'ancienne réserve royale de chasse. On peut y accéder par le Val de Rhêmes, le Val Savarenche, le Val de Cogne, ou encore par Locana et la route du col du Nivolet. Refuge de très nombreux animaux sauvages, dont les derniers bouquetins d'Europe, et réserve des espèces les plus rares de la flore alpine.

DE COURMAYEUR A IVREA *162 km - compter une journée*

✲✲✲ **Courmayeur** - *Plans dans le guide Rouge Michelin Italia.* De cette station connue des alpinistes et des skieurs, on peut effectuer diverses excursions. Par téléphérique : traversée du massif du Mont-Blanc *(à partir de la Palud, voir le guide Vert Michelin Alpes)* ; la Cresta d'Arp. En voiture : le Val Veny ; le Val Ferret ; la Testa d'Arpi ; la route du Petit St-Bernard, l'un des principaux passages des Alpes déjà utilisé dans l'Antiquité par les Romains. L'itinéraire suit la vallée de la Doire Baltée (Dora Baltea). A la sortie de Saint-Pierre, après avoir laissé à droite la route du val de Cogne, apparaissent à gauche le **château de Sarre** qui fut résidence d'été des comtes de Savoie ; puis, à droite, la **forteresse d'Aymavilles** (14e s.) cantonnée de grosses tours rondes crénelées.

★ **Aosta** - *Voir à ce nom.*

★ **Castello di Fénis** ⓥ - Cette imposante forteresse renferme des meubles de bois sculpté typiques de la production valdôtaine. La cour intérieure est remarquable par ses fresques illustrant la Légende Dorée.

✲✲✲ **Breuil-Cervinia** - Station de sports d'hiver admirablement située à 2 050 m d'altitude. Excursion en téléphérique ⓥ au Plateau Rosa (Plan Rosa), à près de 3 500 m d'altitude.

★ **St-Vincent** - Son Casino de la Vallée, au cœur d'un beau parc, est très fréquenté. Le long de la route s'égrènent les châteaux de Montjovet puis de **Verrès** (14e s.) qui, curieusement, n'a ni tours d'angle ni donjon.

★ **Castello d'Issogne** ⓥ - Construit à la fin du 15e s. par Georges de Challant, ce château est remarquable par sa cour ornée d'une fontaine surmontée d'un grenadier en fer forgé, sa galerie à arcades décorée de scènes paysannes (fresques du 15e s.) et son mobilier valdôtain.

★ **Fortezza di Bard** - Démantelée en 1800 par Napoléon, reconstruite au 19e s., cette forteresse commande la haute vallée de la Doire Baltée.

Pont-St-Martin - Cette petite ville doit son nom au pont romain protégé par une chapelle dédiée à saint Jean Népomucène.

Ivrea - Au débouché de la vallée d'Aoste, cette cité industrielle est située à l'Ouest de la plus grande muraille morainique d'Europe, la « serra d'Ivrea ».

AQUILEIA

Frioul - Vénétie Julienne - 3 378 habitants

Carte Michelin n° 988 pli 6 ou 429 E 22

Cette ancienne colonie romaine doit son nom à l'aigle (aquila) qui traversa le ciel au moment de sa fondation (181 avant J.-C.). Marché florissant sous l'Empire et quartier général d'Auguste lors de sa lutte contre les Germains, Aquileia devint par la suite le siège d'un patriarcat ecclésiastique (554-1751) parmi les plus importants d'Italie.

★★ **Basilica** - Construite au 11e s. sur les ruines d'un édifice du 4e s., cette église romane, précédée d'un porche et dotée d'un campanile isolé, a été remaniée au 14e s. L'intérieur à trois nefs, en forme de croix latine, est décoré d'un splendide **pavement**★★ en mosaïques (4e s.) qui compte parmi les plus grands et les plus riches de la Chrétienté occidentale : de nombreuses scènes religieuses y sont représentées. La charpente et les arcades sont du 14e s., les chapiteaux romans, la décoration du transept Renaissance.

La **Crypta degli affreschi** ⓥ, crypte carolingienne du 9e s., est ornée de **fresques**★★ romanes. De la nef gauche, on accède à la **Cripta degli Scavi** ⓥ où sont rassemblés des objets de fouilles, notamment de splendides **pavements**★★ en mosaïques du 4e s.

★ **Ruines romaines** ⓥ - Aux abords de la basilique, des fouilles ont mis en valeur les restes de l'Aquileia romaine : la Via Sacra (derrière la basilique) qui mène au port fluvial, des maisons et le forum (Foro).

Les **musées archéologique et paléochrétien** ⓥ constituent une importante réunion d'objets provenant des fouilles d'Aquileia : remarquer notamment, dans le musée archéologique, une belle série de portraits dont ceux de Tibère et d'Auguste jeune.

AREZZO★★

Toscane - 91 578 habitants

Carte Michelin n° 988 pli 15 ou 430 L 17

D'abord l'un des centres les plus actifs de la civilisation étrusque, puis riche cité romaine, commune libre dès la fin du 11e s. mais annexée en 1384 par Florence à la suite d'une longue lutte, Arezzo a conservé de nombreux témoignages de son passé historique et a donné naissance à plusieurs hommes illustres parmi lesquels on compte le bénédictin Guido d'Arezzo (vers 997 - vers 1050), inventeur du système de notation musicale, Pétrarque (1304-1374), L'Arétin (1492-1556), Giorgio Vasari, et probablement Mécène (vers 70 - 8 avant J.-C.), le légendaire protecteur des artistes.

CURIOSITÉS

Chiesa di San Francesco (**ABY**) - Vaste église à une seule nef, destinée à la prédication franciscaine, élevée dans le style gothique du 14e s., puis transformée aux 17e et 18e s. Les moines franciscains, gardiens des Lieux Saints, vénéraient particulièrement la Sainte Croix et demandèrent à Piero della Francesca de décorer le chœur de leur église.

★★★ **Fresques de Piero della Francesca** - Véritable jalon de l'histoire de l'art, ce cycle de fresques exécuté entre 1452 et 1466 sur les parois de l'abside est le chef-d'œuvre de Piero della Francesca. Il illustre l'histoire de la Vraie Croix : Mort et ensevelissement d'Adam, Salomon et la reine de Saba, le Songe de Constantin, la Victoire de Constantin sur Maxence, l'Invention de la Croix, la Victoire d'Heraclius sur Chosroès, l'Annonce de la mort du Christ à Marie... Formé à l'école de Florence, l'artiste, qui écrira deux traités de perspective et de géométrie à la fin de sa vie, pousse ici à son paroxysme ses recherches sur la traduction bidimensionnelle de l'espace et des volumes ; dépourvus de tout pathétisme, les gestes et les regards de cette solide humanité sont comme pétrifiés par la rigueur du rendu. Pourtant ces compositions évitent la froideur : inondées par une lumière fraîche et pénétrante apprise auprès de Domenico Veneziano, elles respirent et dégagent une parfaite sérénité, un calme intemporel propres au génie de la Renaissance.

★ **Chiesa di Santa Maria della Pieve** (**BY B**) – Cette belle église romane (12ᵉ s.) est flanquée d'un puissant campanile. Sa **façade★★**, de style pisan, est animée par trois étages de colonnettes ornées de motifs variés et dont l'écartement diminue avec la hauteur. A l'autel, polyptyque de Pietro Lorenzetti (14ᵉ s.).

★ **Piazza Grande** (**BY**) – Derrière S. Maria della Pieve s'ouvre la Piazza Grande, entourée de maisons médiévales, de palais Renaissance et des « Logge » dues à Vasari (16ᵉ s.), où se déroule, en costumes historiques, la **Joute du Sarrasin**, attaque d'un mannequin par des cavaliers *(voir le chapitre Principales manifestations, en fin de volume).*

Duomo (**BY**) – Vaste édifice élevé dès le 13ᵉ s. au sommet de la ville. L'intérieur est riche en **œuvres d'art★** : vitraux du Berrichon Marcillat, fresque de Piero della Francesca représentant la Madeleine, tombeau (arca) de saint Donat (13ᵉ s.).

Chiesa di San Domenico (**BY**) – Du 13ᵉ s., elle abrite des fresques de l'école de Duccio et un admirable **crucifix★★** peint (vers 1260) attribué à Cimabue.

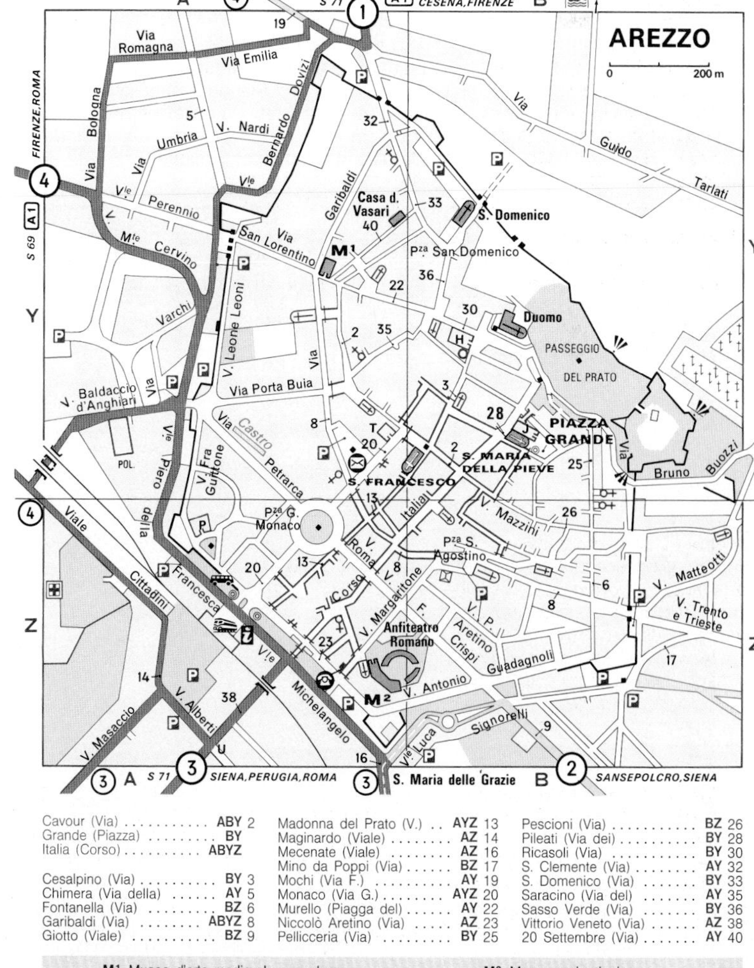

Casa del Vasari (**AY**) ⓥ – Fastueusement décorée par son propriétaire, le peintre-sculpteur-architecte et premier historien de l'art italien, **Giorgio Vasari** (1511-1574), cette maison abrite également quelques œuvres de maniéristes toscans.

★ **Museo d'arte medievale e moderna** (**AY M**[1]) ⓥ – Installé dans le palais Renaissance Bruni-Ciocchi, il abrite des sculptures, des meubles, de l'orfèvrerie et de nombreuses peintures du Moyen Âge au 19e s. ; belle collection de **majoliques**★★ d'Ombrie, armes et numismatique.

Museo archeologico (**AZ M**[2]) ⓥ – En bordure de l'**amphithéâtre romain** (**ABZ**), des 1er et 2e s. Remarquable collection de statuettes étrusques et romaines en bronze du 6e s. avant J.-C. au 3e s. de notre ère ; vases grecs (cratère d'Euphronios), vases arétins rouges, céramiques d'époques hellénistique et romaine.

Chiesa di Santa Maria delle Grazie – *1 km par le viale Mecenate* (**AZ**) *en direction du Sud.* L'église est précédée d'un gracieux **portique**★, dû au Florentin Benedetto da Maiano (15e s.).
A l'intérieur, **retable**★ en marbre d'Andrea della Robbia.

Promontorio dell'ARGENTARIO★

Promontoire de l'ARGENTARIO – Toscane

Carte Michelin nº 988 plis 24, 25 ou 430 O 15

Le promontoire de l'Argentario, ou presqu'île d'Orbetello, aujourd'hui relié au continent par des cordons littoraux formés par une accumulation de sable (les « tomboli »), est constitué par le petit massif calcaire du mont Argentario, culminant à 635 m. Trois chaussées y donnent accès et une route épouse à peu près son contour, permettant de découvrir de pittoresques aspects. Ce promontoire devrait son nom à l'aspect luisant et argenté de ses rochers ou à l'activité de banquiers *(argentarii)* pratiquée autrefois par les propriétaires des lieux.

Orbetello – Installée sur la chaussée médiane de la lagune, la ville a gardé ses **fortifications**, témoignage de la domination des Siennois puis des Espagnols (16e-17e s.) qui en firent la capitale d'un petit État. Sa **cathédrale**, fut construite à la fin du 14e s. à l'emplacement d'un édifice plus ancien, puis agrandie par les Espagnols au 17e s. ; la façade date de l'époque gothique.

Porto Ercole

Porto Santo Stefano - Bourg principal de la presqu'île et point de départ pour l'île du Giglio, il étage ses maisons à flanc de colline, de part et d'autre d'un fort aragonais du 17e s., d'où l'on bénéficie d'une belle **vue★** sur le port et le golfe de Talamone.

Porto Ercole - Cette station balnéaire possède un minuscule quartier ancien auquel donne accès une porte médiévale avec hourd et mâchicoulis, reliée à la forteresse qui surmonte la ville par deux murs parallèles crénelés. De la piazza Santa Barbara, bordée par les arcades de l'ex-palais du gouverneur (16e s.), vue sur le port, la baie et les deux anciens forts espagnols juchés sur le mont Filippo.

Ansedonia - A la racine de la presqu'île d'Orbetello, les ruines de la **cité antique de Cosa★** couronnent une éminence, en vue de la lagune, de l'ancienne île d'Orbetello et du mont Argentario. Ceinte de murailles de blocs colossaux, cette ancienne colonie romaine dura du 3e s. avant J.-C. au 4e s. de notre ère. Près du rivage s'élève une tour où Giacomo Puccini composa une partie de son opéra *La Tosca*.

ASCOLI PICENO★★

Marches - 53 505 habitants

Carte Michelin n° 988 pli 16 ou 430 N 22
Plan dans le guide Rouge Michelin Italia

Située dans une étroite vallée au confluent du Tronto et du Castellano, Ascoli Piceno est une ville à la fois austère et agréable, ceinte de remparts et possédant un noyau urbain médiéval riche en églises, palais, demeures et rues pittoresques.

★★ **Piazza del Popolo** - Allongée et harmonieuse, pavée de larges dalles, la place du Peuple est entourée de monuments gothiques et Renaissance. Lieu de rencontre de la population, elle sert de cadre aux principales fêtes de la cité. Tout autour s'élèvent plusieurs monuments : le **palais des Capitaines du peuple★** (Palazzo dei Capitani del Popolo), austère construction du 13e s. dont l'important portail Renaissance (surmonté par la statue du pape Paul III) a été ajouté en 1549 par Cola dell'Amatrice.
Au fond de la place, l'**église St-François★** (San Francesco), commencée en 1262 et consacrée en 1371, présente certains éléments d'influence lombarde ; au flanc droit de l'église est accolée la **Loge des Marchands★** (Loggia dei Mercanti), élégante construction du 16e s. qui rappelle les exemples toscans (chapiteaux).

★ **Centro storico** - Le vieux quartier du centre historique s'étend entre le fleuve Tronto et le **corso Mazzini★**, bordé de maisons anciennes, dont au n° 224 le palais Malaspina du 16e s.
A l'entrée de la **via delle Torri** s'élève la façade Renaissance de **Sant'Agostino** qui conserve une fresque de Cola dell'Amatrice représentant le Christ portant sa croix.
En suivant la via delle Torri on aboutit à **San Pietro Martire**, du 14e s., et, au-delà, à l'église romane **Santi Vincenzo ed Anastasio★** ornée d'une curieuse façade du 14e s. à compartiments.
Le long de la via Soderini remarquer la **tour Ercolani**, la plus haute des nombreuses tours féodales de la ville, et le **palazzo Longobardo** (12e s.), de style roman-lombard.
Précédé d'une porte médiévale, un pont romain à une seule arche, le **ponte di Solestà★**, surplombe le fleuve Tronto de plus de 25 m : à son extrémité s'offre une belle vue sur les vieux quartiers.

Duomo - Élevé au 12e s. Sa façade grandiose est due à Cola dell'Amatrice. A l'intérieur, magnifique **polyptyque★** de **Carlo Crivelli** (1473) : le peintre vénitien, au réalisme minutieux, s'installa à Ascoli Piceno dès 1470, et son exemple favorisa l'essor artistique de la région.
A gauche de la cathédrale, le **baptistère★** octogonal sur base carrée est l'un des plus beaux d'Italie. Non loin de là, via Buonaparte, le **palais Buonaparte** est un bel exemple d'architecture Renaissance du 16e s.

Pinacoteca - Installée dans le palais communal sur la piazza Arringo. Peintures de l'école de Crivelli ; œuvres de C. Maratta, Titien, Van Dyck, Bellotto, Guardi, J. Callot. Chape du pape Nicolas IV, admirable travail anglais du 13e s.

Gourmets...

Le chapitre « Gastronomie » en introduction de ce guide ainsi que celui consacré à la « Restauration » dans les Renseignements Pratiques en fin de volume vous documentent sur les spécialités et particularités gastronomiques les plus appréciées en Italie.

Et chaque année, le guide Rouge Michelin Italia vous propose un choix de bonnes tables.

ASSISI★★★

ASSISE – Ombrie – 24 567 habitants

Carte Michelin n° 988 pli 16 ou 430 M 19 – Plan p. 50-51

La ville d'Assise, gracieusement étalée sur les pentes du mont Subasio et encore entourée de ses remparts, n'a guère changé depuis le Moyen Âge. Elle reste imprégnée du souvenir de **saint François**, comme en témoignent les nombreux récits de sa vie et de ses miracles. Sous l'influence de l'ordre religieux qu'il avait fondé, la cité a vu s'épanouir un art nouveau qui marque un tournant dans l'histoire esthétique de l'Italie.

Schneiders/ARTEPHOT

Saint François parlant aux oiseaux, par le Maître de Saint François (13e s.) (Basilique inférieure)

Né en 1182, François, jeune homme riche et brillant rêvant d'une carrière militaire, se convertit en 1201 à la suite d'une fièvre grave.

Il eut plusieurs apparitions de la Vierge et du Christ, notamment à La Verna où il reçut les stigmates. Pourtant, ce mystique possédait également une sensibilité tendre et populaire, tournée vers la nature, dont il célébra la simplicité dans des textes écrits en langue ombrienne *(voir l'introduction du guide, chapitre « Littérature »)* ; en outre, il encouragea une très jeune fille d'une rare beauté, Claire, à fonder l'ordre des clarisses. Lui-même mourut en 1226 après avoir établi, dès 1210, l'ordre des frères mendiants appelés franciscains.

La leçon spirituelle du fils du drapier d'Assise, faite de renoncement, d'acceptation humble et de joie mystique, a déterminé une nouvelle vision artistique qui s'exprime dans la pureté et l'élégance de l'art gothique. Tout d'abord austères et nues, destinées à la prédication populaire, les églises s'enrichirent au cours du 13e s. d'un nouveau faste traduisant, grâce aux récits légendés de saint Bonaventure, l'amour tendre et intime de saint François pour la nature et ses créatures. Dès la fin du 14e s., Assise réunit les maîtres de Rome et de Florence qui, sur le chantier de la basilique San Francesco, infléchirent définitivement la rigueur byzantine vers un art plus dramatique et empreint d'une émotion spirituelle dont Cimabue d'abord, puis Giotto, furent les interprètes les plus puissants.

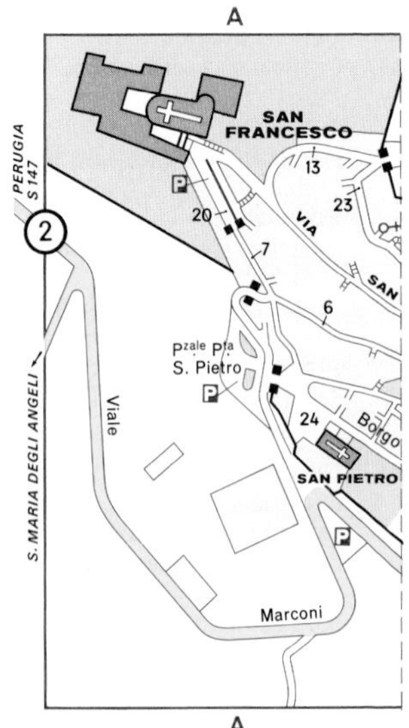

★★★ BASILICA DI SAN FRANCESCO

(**A**) *visite : 1 h 1/2*

L'ensemble, consacré en 1253, se présente comme une superposition de deux édifices, reposant sur d'immenses arcades. Son plan, imaginé aussitôt après la mort du saint, est l'œuvre du frère Élie qui orienta l'ordre franciscain vers le faste et la décoration.

Basilica inferiore – L'intérieur, sombre et trapu, à nef unique précédée d'un narthex allongé, est composé de quatre travées sur plan carré que recouvrent entièrement des **fresques**★★★ des 13e et 14e s.

De la nef, on accède à la première chapelle gauche qui présente des **peintures**★★ de Simone Martini (vers 1284-1344) évoquant la vie de saint Martin, fresques remarquables par la finesse du dessin, l'harmonie de la

composition et le jeu varié des couleurs. Plus loin, au-dessus de la chaire, *Couronnement de la Vierge*, fresque due à Maso, élève de Giotto (14e s.). La **voûte**★★ du chœur est ornée de scènes symbolisant le Triomphe de saint François et les Vertus qu'il pratiqua, œuvres d'un disciple de Giotto. Le transept gauche est décoré de **fresques**★★ représentant, à la voûte, l'histoire de la Passion : riches d'invention narrative et de détails, elles sont attribuées à l'école de Pietro Lorenzetti ; aux parois, les fresques, dues au maître lui-même, frappent par leur expression dramatique ***(Descente de Croix)***. Dans le transept droit on admire une ***Madone avec quatre anges et saint François***★★, majestueuse composition de Cimabue. Du transept gauche, on accède au grand cloître de style Renaissance et au **trésor**★★ (Tesoro) ⓥ abritant de nombreux objets de culte et la **collection Perkins** (peintures du 14e au 16e s.). Au bas de l'escalier, sous le centre de la croisée du transept se trouve le **tombeau de saint François.**

Basilica superiore - Faisant contraste avec les volumes trapus de l'église inférieure, le vaisseau élancé de cette haute nef unique offre le spectacle d'une structure gothique accomplie, baignée de lumière grâce aux fenêtres élevées qui trouent les parois. L'abside et le transept sont décorés de fresques (malheureusement abîmées) par Cimabue et son école. Dans le transept gauche on admire une ***Crucifixion***★★★ du maître, d'une grande intensité tragique.
De 1296 à 1304, **Giotto** et ses aides ont représenté sur les parois de la nef un cycle de 28 **fresques**★★★ évoquant la vie de saint François. Par la définition claire et aérée de chaque scène et le souci toujours plus affirmé de réalisme, ces peintures ouvrent une nouvelle voie au langage figuratif de l'art italien que la Renaissance va porter, deux siècles plus tard, à son sommet.
Sortant de l'église, sur l'esplanade, on peut admirer l'harmonieuse façade percée d'un portail et d'une belle rosace de dessin cosmatesque.

AUTRES CURIOSITÉS

★★ **Rocca Maggiore** (**B**) ⓥ - Bel exemple d'architecture militaire du 14e s. Du sommet du donjon, on jouit d'une **vue**★★★ splendide sur la ville et sa campagne.

★★ **Chiesa di Santa Chiara** (**BC**) - Précédée d'une terrasse d'où s'offre une jolie vue sur la campagne ombrienne, cette église construite de 1257 à 1265 reprend la structure gothique de l'église supérieure de San Francesco.

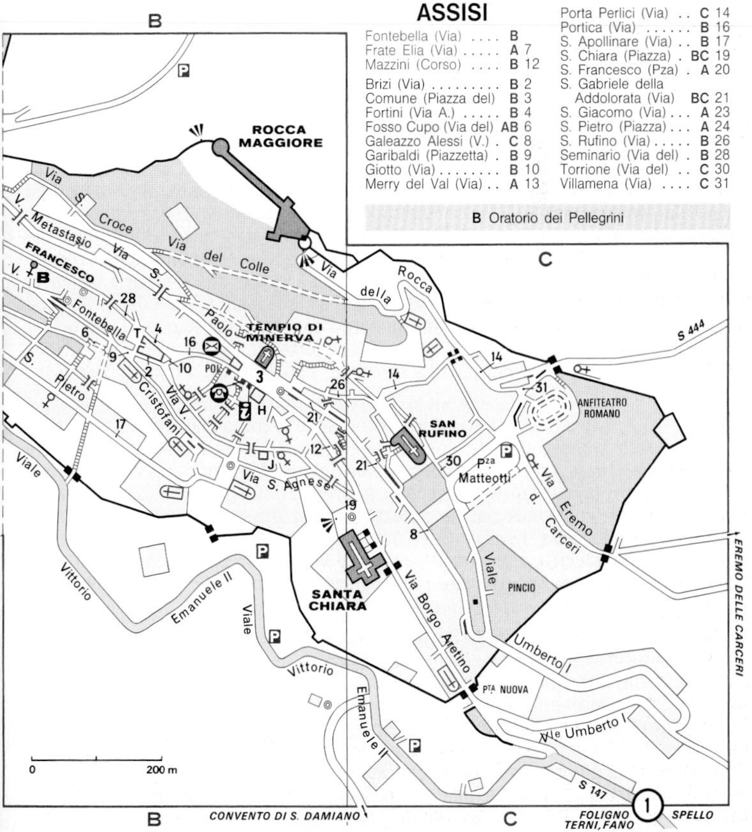

L'intérieur conserve de nombreuses œuvres d'art, notamment des fresques du 14e s. d'inspiration giottesque, représentant la vie et l'histoire de sainte Claire.

Dans la petite église St-Georges contiguë (côté droit de la nef) on peut voir le crucifix byzantin provenant du couvent de Saint-Damien qui, selon la légende, parla à saint François et provoqua sa conversion et, dans la crypte, le tombeau de sainte Claire.

★ **Duomo (San Rufino) (C)** - Il date du 12e s. Sa **façade**★★ romane est l'une des plus belles d'Ombrie, harmonieusement rythmée par ses ouvertures et ses ornements. L'intérieur, sur plan basilical, a été refait en 1571. A droite en entrant se trouvent les fonts baptismaux où furent baptisés saint François, sainte Claire et l'empereur Frédéric II.

★ **Piazza del Comune (B 3)** - Ornée d'une jolie fontaine, la place occupe l'emplacement de l'ancien forum : le **temple de Minerve**★ (**B**), transformé en église, présentant un portique constitué de six colonnes corinthiennes, est l'un des mieux conservés d'Italie.

★ **Via San Francesco (AB)** - Pittoresque rue bordée de maisons médiévales et Renaissance. Au n° 13 A, l'**oratoire des Pèlerins** (Oratorio dei Pellegrini, **B B**) contient des fresques du 15e s., notamment de Matteo da Gualdo.

★ **Chiesa di San Pietro (A)** - Église romane érigée par les bénédictins entre 1029 et 1268.

ENVIRONS

★★ **Eremo delle Carceri** - *4 km à l'Est.* Cet ermitage est situé au cœur d'une forêt de chênes verts plus que millénaire ; un de ces arbres aurait vu s'envoler, après avoir été béni par saint François, une multitude d'oiseaux symbolisant la diffusion des franciscains dans le monde. L'ermitage fut fondé par saint Bernardin de Sienne (1380-1444) dans ce lieu suggestif où François et ses disciples aimaient se retirer comme en prison (« carcere » en italien) pour, selon un de ses biographes, chasser « de l'âme le plus petit grain de poussière, que le contact avec les hommes y aurait laissé ». Par des passages étroits qui soulignent la structure du couvent (construit en suivant les contours de la roche), on arrive à la grotte de saint François et à l'ancien réfectoire dont les tables datent du 15e s.

★ **Convento di San Damiano** - *2 km au Sud par la Porta Nuova.* Isolé, au milieu des cyprès et des oliviers, le couvent et la petite église attenante sont intimement liés à l'histoire de saint François qui y reçut sa vocation et y composa le *Cantique des Créatures*, et celle de sainte Claire, qui y mourut en 1253. L'intérieur, humble et austère, constitue un émouvant exemple de couvent franciscain au 13e s.

★ **Basilica di Santa Maria degli Angeli** - *5 km au Sud-Ouest, dans la plaine.* La basilique fut construite au 16e s. autour de la chapelle de la **Portioncule** (Porziuncola), dont le nom dérive du terrain *(petite portion)* où elle fut édifiée avant l'an Mille. Dans la Portioncule, où François consacra Claire « épouse du Christ », se trouve une **fresque**★ (1393) représentant des épisodes de l'histoire des Franciscains *(au-dessus de l'autel)*. Dans la chapelle voisine, dite du Transit, François mourut le 3 octobre 1226. Dans la crypte de Ste-Marie-Majeure, **polyptyque**★ en terre cuite vernissée d'Andrea della Robbia (vers 1490). Près de l'église se trouvent le rosier qui aurait perdu ses épines le jour où le saint s'y jeta pour échapper à la tentation ainsi que la grotte où il priait. Dans le corridor qui mène au rosier, on remarque une statue du saint portant un nid où se posent de vraies colombes.

★ **Spello** - *12 km au Sud-Est.* Petite ville pittoresque et tranquille, dont les bastions et les portes témoignent de son passé romain. L'église Ste-Marie-Majeure conserve des **fresques**★★ *(chapelle à gauche)* de Pinturicchio, représentant l'Annonciation, la naissance de Jésus et la prédication au temple *(parois)*, ainsi que les sibylles *(voûte)*. De part et d'autre du maître-autel, fresques du Pérugin. Non loin de là, dans l'église Sant'Andrea, remontant à 1025, tableau de Pinturicchio et crucifix attribué à Giotto. Le village est également connu pour sa Fête des fleurs (« Le infiorate »), organisée le jour du Corpus Domini *(voir chapitre Manifestations touristiques en fin de volume).*

Foligno - *18 km au Sud-Est.* Sur la piazza della Repubblica s'élèvent le **palais Trinci** bâti au 14e s. par les seigneurs de la ville, ainsi que le **Duomo** d'origine romane, orné d'un magnifique portail à décor géométrique de style lombard. Foligno est notamment connue pour son jeu, la **Giostra della Quintana**, qui consiste en un tournoi au cours duquel des cavaliers en costumes du 17e s. et représentant les dix quartiers de la ville tentent d'enfiler sur leur lance un anneau tenu par la main tendue d'une statue de bois sculptée au 17e s., la « Quintana ». La veille au soir, un cortège de plus de mille personnages également en costumes du 17e s. parcourt la ville. *Voir le chapitre Principales manifestations, en fin de volume.*

ATRI

Abruzzes – 11 390 habitants

Carte Michelin n° 988 pli 27 ou 430 O 23

Atri bénéficie d'une belle position en vue de la mer et se trouve bordée à l'Ouest, en direction de Teramo, d'un étrange et fascinant **paysage**★★, appelé les « **Bolge** » d'Atri, petites collines au sommet aplati recouvert de végétation, couronnant des flancs abrupts et ravinés ; ces « Bolge » ou « Scrimoni » (striures) résultent de l'érosion par ruissellement d'un plateau formé à l'ère tertiaire.

★ **Cattedrale** – Élevé aux 13e et 14e s., sur les restes d'une construction romaine, cet édifice est un bel exemple de transition roman-gothique. Un portail roman, surmonté d'une rosace, orne la façade sobrement compartimentée. Le campanile, commencé sur plan carré, s'orne d'un élégant couronnement polygonal. A l'intérieur, rythmé par de grandes arcades gothiques, on admire, dans l'abside, les **fresques**★ du peintre abruzzien Andrea Delitio (1450-1473), illustrant, avec un remarquable réalisme dans les expressions et les détails, la vie de la Vierge et celle de Jésus.

BARI

Pouille – 342 710 habitants

Carte Michelin n° 988 pli 29 ou 431 D 32 – Plan p. 72
Plan d'ensemble dans le guide Rouge Michelin Italia

Chef-lieu de la Pouille, centre agricole et industriel, Bari doit toutefois sa principale activité à son port qui assure la liaison avec la Croatie et la Grèce. La Foire du Levant (Fiera del Levante), qui a lieu en septembre, est une importante manifestation créée en 1930 afin de favoriser les échanges commerciaux avec les autres pays de la Méditerranée. Bari se compose d'une vieille ville serrée sur son promontoire et d'une ville moderne aux larges avenues en damier ouvertes au 19e s.

Selon la légende, elle fut bâtie par les Illiriens, puis colonisée par les Grecs. Du 9e au 11e s., Bari fut le centre de la domination byzantine dans le Sud italien. Très prospère au Moyen Âge en raison, notamment, du pèlerinage de Saint-Nicolas de Bari et de l'embarquement des croisés vers l'Orient, elle déclina avec les Sforza de Milan et la domination espagnole au 16e s.

★ CITTÀ VECCHIA (LA VIEILLE VILLE) (CDY) *visite : 1 h 1/2*

★★ **Basilica di San Nicola** (**DY**) – Situé au cœur de la vieille ville, cet édifice commencé en 1087 fut consacré en 1197 à saint Nicolas, évêque de Myra en Asie Mineure. Ses reliques furent ramenées par des marins de Bari dans leur ville natale qui décida de lui élever un sanctuaire.

L'église est l'un des exemples les plus remarquables de l'art roman et a servi de prototype à toute l'architecture religieuse de la région. La façade, sobre et puissante, flanquée de deux tours, n'est égayée que par quelques baies géminées et un portail sculpté dont les colonnes s'appuient sur des taureaux.

Sur le flanc gauche s'ouvre le riche portail des Lions (12e s.). L'intérieur est à trois nefs, avec triforium et beau plafond à caissons ajouté au 17e s. Un important ciborium (baldaquin) du 12e s. surmonte le maître-autel, derrière lequel se trouve un **trône épiscopal**★ en marbre blanc du 11e s. Dans l'abside gauche, peinture du Vénitien Bartolomeo Vivarini. Dans la crypte, tombeau de saint Nicolas.

★ **Cattedrale** (**DY B**) – De style roman (11e-12e s.) avec adjonctions postérieures, elle a été remaniée par la suite. L'intérieur, à trois nefs terminées par trois absides en cul-de-four, est animé par un faux triforium surmontant les arcades et abrite de nombreuses œuvres d'art dont une chaire rassemblant des fragments des 11e et 12e s., et un baldaquin reconstitué avec des éléments du 13e s.

Dans la sacristie, précieux rouleau de parchemin du 11e s., d'origine byzantine, dans une écriture particulière à l'Italie du Sud médiévale dite écriture « bénéventine » ; les images sont inversées par rapport au texte pour être vues des fidèles lorsqu'on déroulait le parchemin pour les chanteurs.

★ **Castello** (**CY**) ⏲ – Élevé en 1233 par Frédéric II de Hohenstaufen sur des édifices byzantins et normands préexistants, ce château conserve de l'époque souabe une grande cour trapézoïdale et deux des tours d'origine, mais a été renforcé au 16e s.

AUTRES CURIOSITÉS

Pinacoteca ⏲ – *Lungomare Nazario Sauro* (**DY**), *au-delà de la piazza A. Diaz.* Aménagée au 4e étage du Palazzo della Provincia *(ascenseur)*, elle abrite des œuvres d'art byzantin (sculptures et peintures), un **Christ**★ en bois peint (12-13e s.), une peinture de Giovanni Bellini *(Le Martyre de saint Pierre)*, des toiles de l'école napolitaine (17e-18e s.).

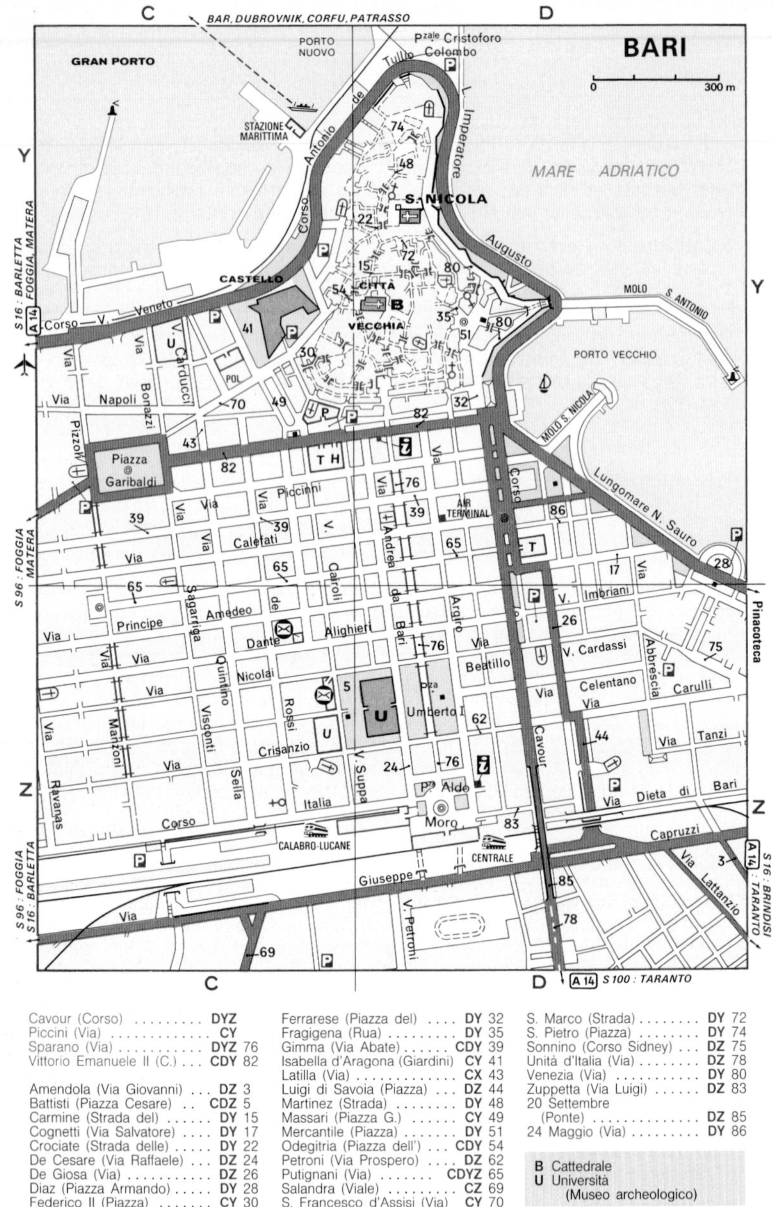

Museo archeologico (**DZ U**) – *Au 1er étage de l'université.* Collections gréco-romaines, résultant des fouilles effectuées dans l'ensemble de la Pouille. Intéressante collection de vases antiques et exposition de pièces découvertes dans la cité grecque de Canosa di Puglia *(description à la rubrique La Pouille).*

EXCURSIONS

La route qui conduit de Bari à Barletta traverse quelques jolies petites villes côtières que les menaces venues de la mer, depuis les raids des Sarrasins durant le haut Moyen Âge jusqu'aux incursions des Turcs à la fin du 15e s., amenèrent à se fortifier : **Giovinazzo**, dont le port de pêche est dominé par une petite cathédrale du 12e s. ; **Molfetta**, que couronnent les tours carrées de sa cathédrale de style roman apulien en calcaire blanc ; **Bisceglie**, pittoresque port de pêche possédant une cathédrale, terminée au 13e s., dont la façade s'orne d'un beau portail central posé sur deux lions.

Les villes, sites et curiosités décrits dans ce guide sont indiqués en caractères noirs *sur les schémas.*

BARLETTA

Pouille – 89 578 habitants

Carte Michelin n° 988 plis 28, 29 ou 431 D 30
Plan dans le guide Rouge Michelin Italia

Aux 12e et 13e s. Barletta fut une ville importante, base de départ des croisés se rendant en Orient, que de nombreux ordres militaires ou hospitaliers avaient choisie comme siège de leur institution.

Aujourd'hui centre commercial et agricole, la ville conserve quelques édifices médiévaux religieux ou civils comme : le **Duomo**, des 12-14e s., en style apulien, avec traces d'influence bourguignonne dans le chœur notamment ; la **basilique San Sepolcro** ⓥ (à la jonction du corso Vittorio Emanuele et du corso Garibaldi), des 12e-14e s., qui abrite un beau **reliquaire★** de la Sainte Croix dont le socle est couvert d'émaux de Limoges ; le **Castello★**, imposante construction édifiée par Frédéric II et renforcée par Charles d'Anjou.

Le **Museo Civico★** ⓥ rassemble une collection de céramiques apuliennes, mais surtout un bel ensemble de peintures de Giuseppe de Nittis, né à Barletta (1846-1884), portraitiste de l'élégance parisienne et paysagiste influencé par les Macchiaioli.

Le **Colosso★★** (ou statue d'Héraclès) est une gigantesque statue mesurant plus de 4,5 m de haut et représentant un empereur byzantin mal identifié (peut-être Valentinien). Cet ouvrage, vraisemblablement du 4e s., offre un intérêt exceptionnel car il témoigne du passage de l'art romain décadent à l'art chrétien primitif : la rigidité du personnage y est atténuée par la forte intériorité de l'expression.

BASSANO DEL GRAPPA★

Vénétie – 38 810 habitants

Carte Michelin n° 988 pli 5 ou 429 E 17

Bassano, réputée pour ses céramiques et son eau-de-vie (la « grappa »), est bâtie sur la Brenta dans un site charmant. La ville, formée de rues étroites aux maisons peintes et de places bordées d'arcades, a son centre piazza Garibaldi dominée par la tour carrée d'Ezzelino (13e s.) et où s'élève l'**église San Francesco**, des 12e-14e s., précédée d'un élégant porche datant de 1306 ; à l'intérieur, Christ de Guariento (14e s.).

Ponte Coperto – Construit au 13e s., mais plusieurs fois démoli, ce **pont couvert** est très populaire en Italie.

★ **Museo civico** ⓥ – Installé dans le couvent contigu à l'église St-François, il abrite au 1er étage la **pinacothèque** qui conserve des œuvres de la famille Da Ponte, peintres natifs de Bassano, dont Jacopo, dit **Jacopo Bassano**, est au 16e s. le membre le plus éminent. On peut admirer plusieurs chefs-d'œuvre de cet artiste, favori de Louis XIV et inventeur d'un réalisme pittoresque soumis à des forces lumineuses violentes et contrastées, en particulier un ***Saint Valentin baptisant sainte Lucile***. D'autres peintres vénitiens sont représentés : Guariento, Vivarini, Giambono (14e et 15e s.), Longhi, Tiepolo, Marco Ricci (18e s.). Voir également deux belles toiles du Génois A. Magnasco (18e s.) et la salle consacrée aux sculptures de Canova.

ENVIRONS

★★★ **Monte Grappa** (alt. 1 775 m) – *32 km au Nord.* Après avoir traversé des forêts de conifères et d'austères pâturages, la route mène au sommet d'où l'on découvre un magnifique **panorama** sur les Dolomites et par beau temps sur la Vénétie jusqu'à Venise et Trieste.

Des ossuaires rappellent le souvenir des combats de la Première Guerre mondiale.

★ **Asolo** – *14 km à l'Est.* Dominée par son château fort, cette petite ville pittoresque, aux rues bordées de palais décorés de fresques, garde le souvenir du poète Robert Browning et de la Duse – célèbre interprète des rôles de D'Annunzio – qui repose dans le cimetière de Sant'Anna.

Marostica – *7 km à l'Ouest.* Petite cité au charme médiéval dont la place centrale, **piazza Castello★** sert d'échiquier géant lors de la **Partita a Scacchi**, originale partie d'échecs en costumes.

Cittadella – *13 km au Sud.* Ville forte construite en 1220 par les Padouans pour répondre à Castelfranco, élevée par les Trévisans. Belle **enceinte★** de briques.

Possagno – *18 km au Nord-Est.* C'est la patrie du sculpteur **Antonio Canova.** On visite sa **maison natale** et, à côté, la **gypsothèque** (Gipsoteca Canoviana) ⓥ. Sur une éminence, se trouve le **Temple** ⓥ construit sur les plans du maître ; il abrite son tombeau et sa dernière sculpture, la ***Déposition★***.

BELLUNO★

Vénétie – 35 541 habitants

Carte Michelin n° 988 pli 5 ou 429 D 18

Plan dans le guide Rouge Michelin Italia

Cette agréable cité est située sur une avancée dominant le confluent du Piave et de l'Ardo, dans un beau cadre de hautes montagnes ; au Nord s'étendent les Dolomites, au Sud les préalpes de Belluno, commune libre au Moyen Âge, elle se place dès 1404 sous la protection de la république de Venise.

LA VILLE

Pour jouir de ses beautés, emprunter la via Rialto, par la porte Dojona (13e s., transformée au 16e s.), parcourir la **piazza del Mercato★** bordée de maisons Renaissance à arcades et ornée d'une fontaine datant de 1409, suivre la via Mezzaterra, la via S. Croce jusqu'à la porte Rugo. La via del Piave offre une ample **vue★** sur la vallée du Piave et les montagnes environnantes.

La **piazza del Duomo★** est entourée du **palais des Recteurs★** (palazzo dei Rettori), de style vénitien (fin 15e s.), du **palais des Évêques** (palazzo dei Vescovi) et de la cathédrale (Duomo), datant du 16e s. mais flanquée d'un campanile baroque dessiné par Juvara ; elle renferme quelques beaux tableaux de l'école vénitienne, dont une toile de Jacopo Bassano et, dans la crypte, un **polyptyque★** du 15e s. de l'école de Rimini.

Le palais des Juristes abrite le **Museo Civico** ⌚, composé d'une pinacothèque (peintres locaux et vénitiens), d'une riche collection numismatique et de documents évoquant le Risorgimento.

ENVIRONS

Feltre – *31 km au Sud-Ouest.* Groupée autour de son château, la ville a conservé une partie de ses remparts et, **via Mezzaterra★**, des maisons anciennes ornées de fresques. La **piazza Maggiore★** frappe par l'ordonnance scénographique de ses bâtiments et des nombreuses arcades, escaliers, balustrades qui l'animent. Le **Museo civico** *(23 via L. Luzzo, près de la porte Oria)* ⌚ rassemble des tableaux de L. Luzzo, originaire de Feltre, de P. Marescalchi, G. Bellini, Cima da Conegliano, M. Ricci et Jan Metsys ; en outre, le musée possède une section historique rassemblant des documents sur l'histoire de la ville, et une section archéologique.

BENEVENTO

BÉNÉVENT – Campanie – 62 534 habitants

Carte Michelin n° 988 pli 27, 430 S 26 ou 431 D 26

Antique capitale des Samnites, qui freinèrent longtemps l'expansion des Romains (en 321 avant J.-C., ceux-ci furent condamnés à passer sous le joug des Fourches Caudines), occupée par les Romains après leur victoire sur Pyrrhus (275 avant J.-C.), en pleine gloire sous Trajan qui en fit le point de départ de la via Traiana vers Brindisi, siège d'un duché lombard à partir de 571, puis importante principauté, Bénévent fut aussi le théâtre d'une fameuse bataille (1266) à l'issue de laquelle Charles d'Anjou, appelé par le pape Urbain IV, s'empara du titre de roi de Sicile au détriment du roi Manfred.

★★ **Arco di Traiano** – *A l'extrémité de la via Traiana s'embranchant sur le corso Garibaldi.* Érigé en 114, c'est l'arc de triomphe le mieux conservé d'Italie ; il porte des sculptures à la gloire de l'empereur Trajan, d'une haute valeur artistique.

★ **Museo del Sannio** ⌚ – Installé derrière l'**église Santa-Sofia** *(piazza Matteotti)*, édifice du 8e s. reconstruit au 17e s. sur plan polygonal. Dans les dépendances d'un **cloître★** aux admirables colonnades soutenant des arcades de style mauresque, le **musée du Samnium** présente d'importantes collections archéologiques et un bel ensemble de peintures de l'école napolitaine.

Teatro romano – *Près de la via Port'Arsa.* Construit au 2e s. par Hadrien, c'est l'un des plus vastes théâtres romains qui aient été conservés.

Pour organiser vous-même vos itinéraires :

Consultez tout d'abord la carte des itinéraires de visite. Elle indique les parcours décrits, les régions touristiques, les principales villes et curiosités.

Reportez-vous ensuite aux descriptions, dans la partie « Villes et Curiosités ». Au départ des principaux centres, des buts de promenades sont proposés sous le titre « Environs ».

BERGAMO★★

BERGAME – Lombardie – 114 887 habitants

Carte Michelin n° 988 pli 3 ou 428 E 10/11 – Plan p. 76-77

Située en bordure de la plaine lombarde, au débouché des vallées Brembana et Seriana, Bergame est l'une des principales villes de Lombardie, cité d'art en même temps qu'actif centre commercial et industriel. Elle se compose d'une **ville basse** moderne, accueillante, aérée, et d'une **ville haute** ancienne, silencieuse, très pittoresque, riche en monuments évocateurs du passé ainsi qu'en pâtisseries anciennes dont les vitrines présentent les typiques petits gâteaux jaunes « polenta e osei ».

De la cité romaine à la domination vénitienne – Aux environs de 1200 avant J.-C., une tribu de Ligures s'installe à l'emplacement de l'actuelle ville haute. Vers 550, les Gaulois s'emparent du village, auquel ils donnent le nom de Berghem. Nommée Bergomum par les Romains qui s'en rendent maîtres en 196 avant J.-C., détruite par les Barbares, elle connaît une période de tranquillité au 6e s. avec les Lombards, et plus particulièrement sous le gouvernement de la reine Théodolinde. Commune libre du 11e au 13e s., elle entre dans la Ligue lombarde en lutte contre Frédéric Barberousse. Guelfes (partisans du pape) et gibelins (partisans de l'empereur) s'affrontent, déchirant la ville. Sous la domination de **Bartolomeo Colleoni** (1400-1475), elle tombe tour à tour aux mains des Visconti de Milan et de la république de Venise à qui le célèbre condottiere loue successivement ses services et qui finit par la rendre définitivement à la Sérénissime. Bergame passe sous gouvernement autrichien en 1814, puis, en 1859, est libérée par Garibaldi.

Bergame et ses peintres – Outre une pléiade d'artistes natifs de la région de Bergame, comme Previtali, Moroni, Cariani, Baschenis, Fra Galgario..., divers peintres œuvrèrent dans la ville, notamment Lorenzo Lotto, Giovanni da Campione et Amadeo.

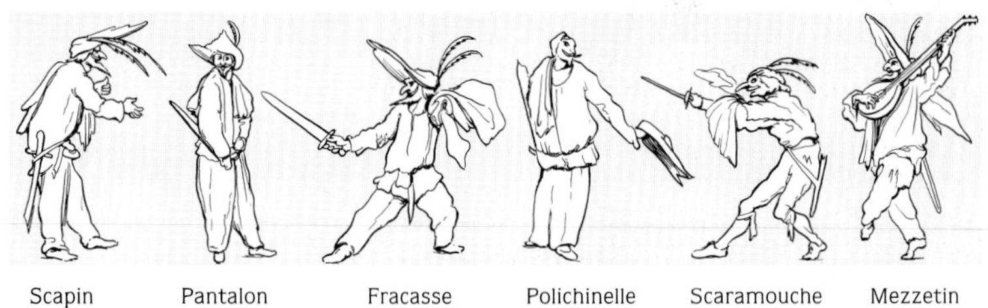

Scapin — Pantalon — Fracasse — Polichinelle — Scaramouche — Mezzetin

Masques et Bergamasque – C'est à Bergame qu'est née au 16e s. la **Commedia dell'arte.** Il s'agit d'une improvisation ou « imbroglio » sur un thème réglé d'avance et appelé « scenario », de traits de moquerie bouffonne ou « lazzi », proférés par des personnages masqués incarnant des types populaires : le valet (Arlequin), paysan du val Brembana obtus mais rusé ; le fanfaron (Polichinelle), la soubrette (Colombine), l'amoureux (Pierrot), le fourbe (Scapin), le reître (Fracasse ou Scaramouche), le bouffe (Pantalon), le musicien (Mezzetin). Cette forme de théâtre, dont les aspects caricaturaux peuvent devenir triviaux, exerça une notable influence en France aux 17e et 18e s.

Bergame est aussi la patrie du compositeur lyrique Donizetti (1797-1848). La musique populaire y est également vivante, notamment avec la Bergamasque, danse rapide et enjouée qu'accompagnent les « pifferi », sorte de fifres en roseau.

★★★ CITTÀ ALTA (VILLE HAUTE) (ABY) – *visite : 3 h*

On y accède en voiture *(garer en dehors des remparts, la ville haute étant interdite à la circulation)* ou par un funiculaire *(gare située viale Vittorio Emanuele II)* qui aboutit à la pittoresque **piazza del Mercato delle Scarpe** (place du Marché aux chaussures) (**BY 38**).

Protégée par son enceinte vénitienne du 16e s., dominée par un château fort, la ville haute, aux ruelles tortueuses bordées de vieilles demeures, rassemble les plus beaux monuments de Bergame.

★★ **Piazza del Duomo** (**AY**) – Sur cette séduisante place communiquant avec la piazza Vecchia par les arcades du palais de la Ragione s'élèvent d'admirables monuments.

★★ **Cappella Colleoni** ⓥ – L'architecte de la chartreuse de Pavie, **Amadeo**, éleva de 1470 à 1476 ce joyau de la Renaissance lombarde destiné à servir de mausolée à Bartolomeo Colleoni. Construite sur ordre du condottiere à l'emplacement de la sacristie de Sainte-Marie-Majeure, la chapelle funéraire s'ouvre et s'encastre sur le côté de la basilique. Son corps principal, surmonté d'une coupole, s'appuie

BERGAMO

Camozzi (Via) . . . . BCZ
Colleoni (Via B.) . . . . AY
Giovanni XXIII (Viale) . . . . BZ 24
Gombito (Via) . . . . AY 27
S. Alessandro (Via) . . . . . . AZ
Tasso (Via T.) . . . . BCZ
20 Settembre (Via) . . . . . . BZ

Belotti (Largo Bortolo) . . . . BZ 3
Borgo Palazzo (Via) . . . . . . CZ 6
Botta (Via Carlo) . . . . BZ 7
Cesare (Viale Giulio) . . . . . CY 13
Conca d'Oro (Galleria) . . . AY 16
Dante (Piazza) . . . . BZ 17
Donizetti (Via G.) . . . . AY 19
Fantoni (Via A.) . . . . CZ 23
Lazzaretto (Via) . . . . CY 28
Libertà (Piazza della) . . . . BZ 30

Lupi (Via Brigata) . . . . BZ 32
Mercato delle Scarpe (Piazza) . . . . BY 38
Monte Ortigara (Via) . . . . BY 42
Mura di S. Agostino (Viale delle) . . . . BY 45
Mura di S. Grata . . . . AY 47
Muraine (Viale) . . . . CY 49
Orelli (Via) . . . . AZ 53
Partigiani (Via dei) . . . . BZ 56

« Città Alta » : circulation réglementée

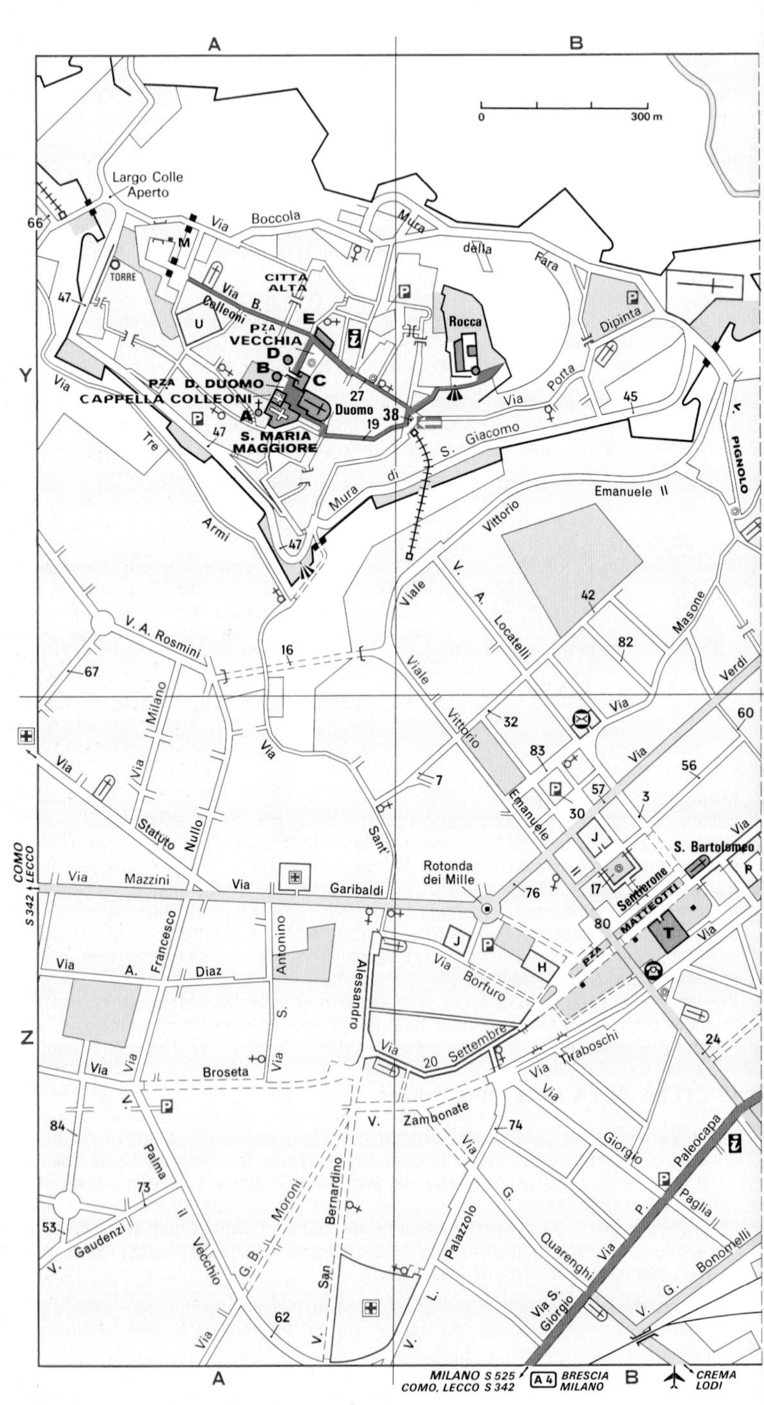

A Tempietto di Santa Croce
B Battistero
C Palazzo della Ragione
D Torre
E Palazzo Scamozziano
T Teatro Donizetti

Petrarca (Via) .... BZ 57
Pradello (Via) .... BZ 60
Previtali (Via Andrea) .... AZ 62
S. Vigilio (Via) .... AY 66
S. Lucia (Via) .... AY 67
Sauro (Via N.) .... CY 69
Scuri (Via E.) .... AZ 73
Spaventa (Via S.) .... BZ 74
Tasca (Via) .... AZ 76
Vittorio Veneto (Piazza) ... BZ 80
Zambianchi (Via E.) ..... BY 82
Zelasco (Via G. e R.) .... BZ 83
Zendrini (Via B.) .... AZ 84

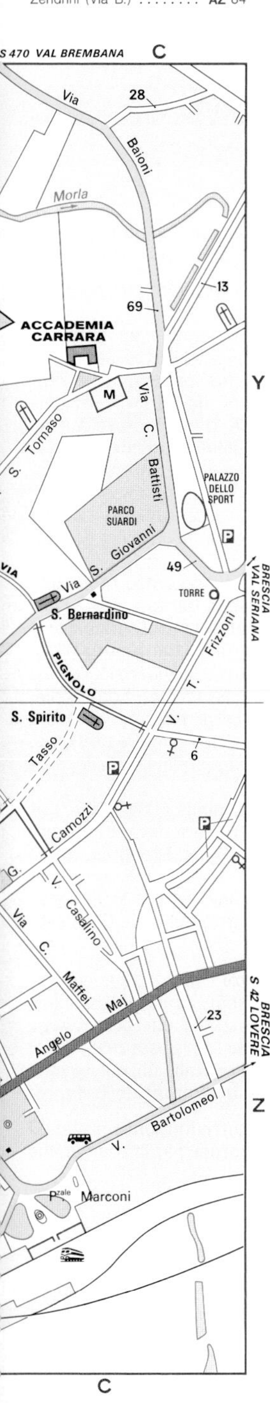

Les plans de villes sont toujours orientés le Nord en haut.

contre le porche Nord de l'église habituellement utilisé pour servir de pendant à l'édicule, également coiffé d'une coupole, qui intérieurement abrite l'autel du mausolée. L'élégante **façade** revêtue de précieux marbres polychromes présente une décoration pleine d'allégresse, enrichie de fines sculptures : « putti », colonnettes cannelées et torsadées, pilastres sculptés, vases et candélabres, médaillons, bas-reliefs où se mêlent, dans un goût propre à cette époque, éléments sacrés et profanes (allégories, épisodes de l'Ancien Testament, représentation de personnages illustres de l'Antiquité, scènes de la légende d'Hercule auquel le condottiere aimait à s'identifier).

L'intérieur, somptueux, est décoré de sculptures en méplat d'une extraordinaire délicatesse, de fresques allégoriques de Tiepolo, et de **stalles** Renaissance en marqueterie. Le **monument du Colleoni**, œuvre d'Amadeo, est surmonté de la statue équestre du condottiere, en bois doré ; délicatement ciselés, les bas-reliefs des sarcophages portent des scènes du Nouveau Testament séparées par des niches qu'occupent des statuettes représentant les Vertus ; entre les deux sarcophages figurent les portraits des enfants du condottiere ; sa fille préférée, Medea, morte à l'âge de quinze ans, repose auprès de lui dans un tombeau *(à gauche)*, merveille de pureté délicate, également dû à Amadeo.

★ **Basilica di Santa Maria Maggiore** ⓥ – L'édifice remonte au 12e s., mais Giovanni da Campione lui a ajouté, au 14e s., les deux beaux **porches** Nord et Sud à loggias et reposant sur des lions, dans le style roman lombard.

L'intérieur, remanié dans le style baroque (fin 16e - début 17e s.), offre une riche décoration de stucs et d'ors. Les murs du bas-côté gauche, du chœur et du bas-côté droit sont revêtus de neuf splendides **tapisseries★★** florentines (1580-1586), d'un très beau dessin, exécutées d'après des cartons d'Alessandro Allori et contant la vie de la Vierge. Sur le mur du fond de la nef, la somptueuse tapisserie flamande représentant la **Crucifixion★★** fut tissée à Anvers (1696-1698) sur des cartons de L. Van Schoor. Cette partie de l'église abrite également la tombe de Donizetti (1797-1848). Noter, dans le bas-côté gauche, un étonnant confessionnal baroque du 18e s. D'intéressantes fresques du 14e s. ornent le transept. Quatre superbes **panneaux de marqueterie★★** illustrant l'Ancien Testament sont enfermés dans la balustrade du chœur : ils furent exécutés au début du 16e s. d'après des dessins de Lorenzo Lotto.

Sortir de l'église piazza di Santa Maria Maggiore pour admirer le portail Sud (14e s.), ainsi que le charmant **Tempietto Santa Croce (A)**, de plan quadrilobé, bâti vers l'an 1000 en style roman primitif. Regagner la piazza del Duomo en contournant la basilique par le **chevet★**, dont les absidioles sont ornées de gracieuses arcades.

★ **Battistero (B)** – Couronné de statues, ce charmant édifice octogonal que souligne une galerie en marbre rouge de Vérone ornée de graciles colonnettes et de statues (14e s.) représentant les Vertus est une reconstruction de l'œuvre de Giovanni da Campione (1340). Élevé au fond de la nef de Santa Maria Maggiore, mais jugé trop encombrant, il fut démoli en 1660 et rebâti en 1898 à son actuel emplacement.

Duomo – Il possède un riche intérieur du 18e s. Très belles stalles baroques sculptées par les Sanzi.

★ **Piazza Vecchia (AY)** – C'est le centre historique de la ville. Le **palais de la Ragione (C)**, le plus ancien palais communal d'Italie, remonte à 1199, mais a été

reconstruit au 16e s. : arcades et harmonieuses baies trilobées, balcon central surmonté du Lion de saint Marc (symbole de la domination vénitienne). Un escalier couvert (14e s.) donne accès au majestueux **beffroi (D)** ⓥ du 12e s. avec son horloge du 15e s.
En face, le **palais Scamozziano (E)** est de style palladien. La fontaine ornant le centre de la place fut offerte en 1780 à la ville par le doge de Venise, Alvise Contarini.

Via Bartolomeo Colleoni (AY) ⓥ – Cette rue est bordée d'anciennes demeures dont celle, aux nos 9 et 11, de B. Colleoni (fresques à la gloire du condottiere).

Rocca (BY) – Construite au 14e s., remaniée par les Vénitiens, elle offre d'intéressantes **vues★** sur les villes haute et basse.

★ CITTÀ BASSA (VILLE BASSE) *visite : 1 h 1/2*

De pittoresques ruelles entourent l'Académie Carrare, tandis qu'une zone moderne et commerçante s'étend autour de la piazza Matteotti.

★★ **Accademia Carrara (CY)** ⓥ – Installée dans un palais néo-classique, elle renferme des peintures du 15e au 18e s., italiennes et étrangères.
Après les œuvres du début du 15e s. qui se rattachent encore au gothique international, on s'attardera devant deux célèbres portraits : **Julien de Médicis**, au profil accusé, par Botticelli, et **Lionel d'Este**, élégant et raffiné, par Pisanello. Leur succèdent des œuvres de l'école vénitienne : des Vivarini, de Carlo Crivelli, de Giovanni Bellini (douces Madones à l'expression songeuse, d'une facture voisine de celles de son beau-frère Mantegna), de Gentile Bellini (portraits fins et incisifs), de Carpaccio *(Portrait du doge Leonardo Loredan)* et de Lorenzo Lotto. Suivent des œuvres de la fin du 15e s. et du début du 16e s., de Cosmé Tura, maître de l'école de Ferrare (*Vierge à l'Enfant*, au réalisme accentué et au modelé anguleux influencés par l'art flamand), du Lombard Bergognone (lumière douce), du Bergamasque Previtali.
Pour le 16e s., on admirera les tableaux du Vénitien Lorenzo Lotto (dont une splendide ***Sainte Famille avec sainte Catherine***), du Bergamasque Cariani, également bon portraitiste, des maîtres vénitiens Titien et Tintoret. Raphaël influencera, par ses coloris et la délicatesse de son dessin, Garofalo (Benvenuto Tisi), surnommé le Raphaël de Ferrare, tandis que le Piémontais Gaudenzio Ferrari et Bernardino Luini, le principal représentant de la Renaissance en Lombardie, s'inspirent de l'art de Léonard de Vinci. La section des **portraits** (16e s.) est remarquablement illustrée : par l'école de Ferrare, spécialisée dans ce domaine, et par le Bergamasque Moroni (1523-1578). Parmi les étrangers, Clouet *(Portrait de Louis de Clèves)* et Dürer figurent en bonne place.
De l'école de Bergame des 17e et 18e s., œuvres de Baschenis (1617-1677) et excellents portraits de Fra Galgario (1655-1743). On s'arrêtera devant l'ensemble flamand-hollandais du 17e s. (œuvres de Rubens, Van Dyck, Brueghel...) que domine la délicieuse marine de Van Goyen.
La visite s'achève sur un aperçu de la peinture vénitienne du 18e s. : scènes d'intérieur de Pietro Longhi, « vues » de Carlevarijs, Bernardo Bellotto, Canaletto et de Francesco Guardi.

★ **Vieux quartier** – Il s'étend autour de la longue **via Pignolo★ (BCYZ)**, sinueuse et bordée de palais anciens, des 16e et 18e s. principalement, et d'églises riches en œuvres d'art : **San Bernardino (CY)** conserve dans son chœur une belle *Vierge entre des saints*, peinte en 1521 par L. Lotto ; **Santo Spirito (CZ)** possède un *Saint Jean-Baptiste* entouré de saints et un polyptyque de Previtali, un polyptyque représentant la Vierge par Bergognone, et une *Vierge à l'Enfant* de L. Lotto.

★ **Piazza Matteotti (BZ)** – Au centre de la ville moderne, cette immense place, où s'élèvent l'**église S. Bartolomeo** et le **théâtre Donizetti (T)**, est bordée par la promenade **Sentierone**.

ENVIRONS

★ **Museo del Presepio** ⓥ – *A Brembo di Dalmine, 8 km au Sud-Ouest de Bergame.* Inestimable collection d'environ 800 crèches, aux matériaux les plus divers, de toutes provenances et de toutes tailles : de celle contenue dans une noisette à l'énorme crèche napolitaine du 18e s. caractérisée par ses scènes de rues variées. Remarquer aussi la crèche électronique qui présente en 1/4 h un diorama sur les scènes bibliques survenues autour de la nuit de Noël.

★ **Val Brembana** – *25 km au Nord.* Quitter Bergame par la route S 470 qui longe une vallée industrialisée, jalonnée de curieuses strates calcaires bicolores. L'importante station thermale de **San Pellegrino Terme** ⚕⚕ est bâtie dans un beau cadre de montagnes.

BOLOGNA★★

BOLOGNE – Émilie-Romagne – 403 397 habitants

Carte Michelin nº 988 plis 14, 15 ou 429, 430 I 15/16

Plans d'ensemble dans le guide Rouge Michelin Italia

Située à l'extrême Sud de la plaine du Pô, au pied des premières pentes de l'Apennin, la capitale de l'Émilie-Romagne est une ville aux multiples visages : ses nombreuses tours médiévales, ses églises, ses longues rues à arcades flanquées de somptueux palais érigés entre le 14e et le 17e s. rappellent l'importance politique et culturelle de cette cité indépendante. Célèbre pour son université, l'une des plus anciennes d'Europe, qui comptait déjà quelque 10 000 étudiants au 13e s., elle donna le jour à de nombreux savants, parmi lesquels Guglielmo Marconi (1874-1937).

Considérée comme le sanctuaire de la gastronomie italienne, Bologne est aussi un centre industriel et commercial actif, bien desservi par le réseau ferroviaire et autoroutier : de nombreuses foires, salons et expositions internationales s'y déroulent tout au long de l'année.

UN PEU D'ART ET D'HISTOIRE

L'Étrusque Felsina fut conquise au 4e s. avant J.-C. par les Gaulois boïens qui furent à leur tour chassés par les Romains dès 190 avant J.-C. La Bononia romaine tomba ensuite aux mains des Barbares et ne se releva vraiment qu'au 12e s. Conduite par un gouvernement communal indépendant, la cité se développa rapidement au cours du 13e s. et se dota alors de remparts et de tours, s'enrichit de palais et d'églises et se fit universellement connaître par le renom de son université d'où l'on enseignait le droit romain. Dans la lutte qui opposait les gibelins, partisans de l'empereur, et les guelfes, souhaitant l'autonomie communale, ce furent ces derniers qui finalement l'emportèrent

BOLOGNA

Bassi (Via Ugo) .... DT
Indipendenza (Via dell') .... ET
Marconi (Via G.) .... DT
Rizzoli (Via) .... ET 79
Archiginnasio (Via dell') .... EU 4
Carbonesi (Via) .... DU 17
Manzoni (Via) .... DT 46
Porta Nuova (Via) .... DT 73
Roosevelt (Pza F.D.) .... DT 80
Val d'Aposa (Via) .... DU 85
4 Novembre (Via) .... DT 99

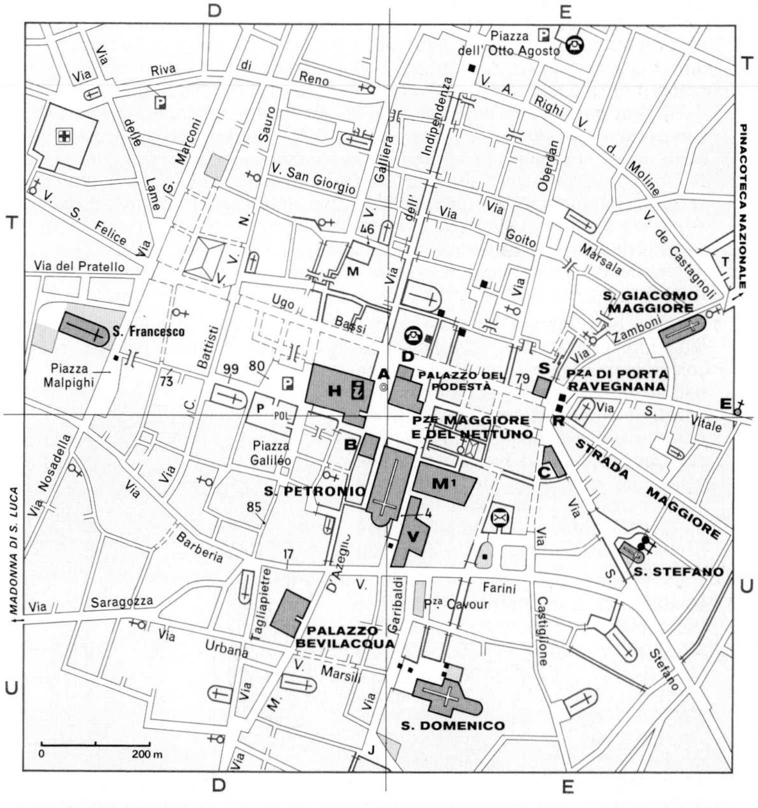

A Fontana del Nettuno
B Palazzo dei Notari
C Loggia della Mercanzia
D Palazzo di re Enzo
E Chiesa dei Santi Vitale e Agricola
H Palazzo Comunale
M¹ Museo Civico Archeologico
R Torri pendenti
S Casa dei Drappieri
V Palazzo dell'Archiginnasio

et vainquirent à Fossalta en 1249 l'armée de l'empereur Frédéric II, retenant prisonnier son fils Enzo qui mourut en captivité à Bologne 23 ans plus tard.
Au 15e s., à l'issue de luttes violentes entre familles rivales, la ville tomba aux mains des **Bentivoglio** dont l'un des membres, Jean II Bentivoglio, ouvrit Bologne à la Renaissance toscane. Les Bentivoglio furent à leur tour détrônés en 1506 par le pape **Jules II** ; dès lors, la cité releva de la papauté jusqu'à l'arrivée de Bonaparte. Après quelques mouvements de rébellion, sévèrement réprimés par les Autrichiens, la cité fut réunie au Piémont en 1860.
Bologne a vu naître les papes Grégoire XIII, auteur du calendrier grégorien (1582), Grégoire XV (17e s.) et Benoît XIV (18e s.).
En 1530, à la suite de sa victoire de Pavie sur François Ier et du sac de Rome, Charles Quint obligea le pape Clément VII à le couronner dans la basilique San Petronio de Bologne.

L'École de Bologne en peinture – On désigne sous ce nom la réaction esthétique, représentée par la famille de peintres bolonais les **Carrache**, contre les excès du maniérisme toscan. Elle s'attacha à une clarification de la composition et à une plus grande vraisemblance des thèmes. De nombreux artistes, notamment les Bolonais L'Albane, Le Guerchin, Le Dominiquin et Guido Reni, se rallièrent alors à ce que l'on nommait l'Académie des « Incamminati » dont l'enseignement était fondé sur l'étude directe de la nature. L'exemple d'Annibale Carrache, le décorateur du palais Farnèse à Rome et le plus brillant des trois cousins, eut une influence décisive sur l'art nouveau : par la clarté de ses tons et la vitalité de son programme décoratif, il annonce en effet la venue du baroque.

★★★ LE CENTRE MONUMENTAL *visite : 1 journée*

Les deux places contiguës, **piazza Maggiore** et **piazza del Nettuno★★★**, forment, avec la **piazza di Porta Ravegnana★★**, le cœur de Bologne, composant un ensemble d'une grande harmonie.

★★ **Fontana del Nettuno** (**DT A**) – Due au sculpteur flamand Jean Bologne : avec son Neptune de bronze, surnommé le Géant, tout en muscles, et ses sirènes pressant leurs seins pour en faire jaillir l'eau, cette fontaine est une œuvre puissante et un peu rude, à l'image de la ville.

★ **Palazzo Comunale** (**DT H**) ⓥ – Sa façade est composée de bâtiments de différentes époques : 13e s. à gauche, 15e s. à droite ; au centre, le grand portail du 16e s., dont la partie inférieure est due à Galeazzo Alessi, est surmonté d'une statue du pape Grégoire XIII ; à gauche du portail, en haut, charmante *Vierge à l'Enfant* par Niccolò dell'Arca (1478). Au fond de la cour, sous la galerie à gauche, une superbe rampe à degrés (autrefois utilisée par les chevaux) donne accès aux riches salons du 1er étage et se poursuit jusqu'au 2e étage où s'ouvrent (au fond de la vaste salle Farnèse couverte de fresques du 17e s.) les somptueuses salles abritant les **collezioni comunali d'arte** ⓥ (sculptures, bel ensemble de **peintures★** de l'école émilienne) ainsi que le **Museo Morandi** ⓥ : riche collection d'œuvres de ce peintre et graveur bolonais (1890-1964).
A gauche du palais communal s'élève le sévère **palazzo dei Notari** (palais des Notaires) (**DU B**), des 14e-15e s.

★ **Palazzo del Podestà** (**ET**) ⓥ – Sa façade Renaissance donnant sur la piazza Maggiore présente un rez-de-chaussée à arcades séparées par des colonnes corinthiennes et surmontées d'une balustrade ; l'étage comporte des pilastres et un attique percé d'oculi. Contigu au palais du Podestat, le **palais du roi Enzo** (**ET D**), du 13e s., possède une belle cour intérieure, un magnifique escalier menant à une galerie, à gauche de laquelle s'ouvre une cour dominée par la tour de l'Arengo, et le Salon du Podestat.

★★ **Basilica di San Petronio** (**DEU**) – Commencée en 1390 sur un plan d'Antonio di Vincenzo (1340-1402), la construction de l'édifice fut interminable et les voûtes ne furent posées qu'au 17e s. La façade, dont la partie supérieure n'a pas reçu son revêtement en marbre, est surtout remarquable par son **portail★★** central, ouvrage majeur du sculpteur siennois Jacopo della Quercia (1425-1438) qui a orné linteau, ébrasements et piédroits de scènes robustes et expressives.

Bologne – Portail central de la basilique S. Petronio

L'intérieur, l'un des plus vastes connus, contient de nombreuses **œuvres d'art★** : fresques de Giovanni da Modena (15e s.), dans les 1re et surtout 4e chapelles de gauche ; *Saint Sébastien* (école ferraraise, fin 15e s.), dans la 5e chapelle gauche ; *Madone* (1492) de Lorenzo Costa dans la 7e chapelle et tombeau d'Elisa Baciocchi, sœur de Napoléon ; au maître-autel, baldaquin de Vignola (16e s.). L'orgue, à droite dans le chœur, est l'un des plus anciens d'Italie (15e s.).

★★ **Museo civico archeologico** (**EU M1**) ⓥ – L'atrium et la cour intérieure abritent une collection lapidaire, et l'aile contiguë la gypsotèque. Au 1er étage sont exposés les riches mobiliers funéraires (7e s. avant J.-C.), des tombes de la nécropole de Verucchio (près de Rimini), grand centre de la culture villanovienne en Émilie. Également issu de cette civilisation, l'**askos Benacci**, probable récipient à onguents et parfums. Le musée comprend également des sections préhistorique, égyptienne, gréco-romaine (belle copie romaine de la **tête de l'Athéna Lemnia** de Phidias) et étrusco-italique.
Près du musée se trouve le **palais de l'Archiginnasio** (**EU V**) ⓥ, du 16e s., qui abrite une importante bibliothèque (10 000 manuscrits) et le **Teatro Anatomico**, salle d'anatomie bâtie aux 17e-18e s.

★★ **Torri pendenti** (**Tours penchées**) (**ET R**) – Sur la pittoresque piazza di Porta Ravegnana, s'élèvent deux hautes tours nobles, vestiges des luttes qui opposaient au Moyen Âge les familles ennemies guelfes et gibelines ; la plus élevée, la **tour des Asinelli** ⓥ, datant de 1109, atteint presque 100 m : 486 marches conduisent à son sommet d'où l'on jouit d'un admirable **panorama★★** sur la ville ; la seconde, dite **Garisenda**, a 50 m et une inclinaison de plus de 3 m. Au no 1, **casa dei Drappieri** (maison des Drapiers, **ET S**) de style Renaissance.
Sur la place contiguë, la **Mercanzia★** (**EU C**) ou loge des Marchands (14e s.) est ornée de nombreux écussons des corporations, et de statues.

★ **Basilica di Santo Stefano** (**EU**) – Ensemble de quatre églises construites à l'imitation du Saint Sépulcre de Jérusalem, qui donnent sur une place bordée de palais Renaissance : l'**église du Crucifix**, du 11e s., remaniée ; l'**église du St-Sépulcre**, du 12e s., de forme polygonale et renfermant le tombeau de saint Pétrone, patron de Bologne : elle donne accès à la charmante cour de Pilate et à un cloître roman transformé en **musée** ⓥ (peintures, statues, objets de culte) ; au fond de la cour, l'**église de la Trinité** (13e s.), qui abrite une *Adoration des Mages*, curieux groupe sculpté du 14e s. en bois polychrome ; enfin, l'**église Santi Vitale e Agricola** (**ET E**) (8e-11e s.), aux lignes sobres et robustes.

AUTRES CURIOSITÉS

★★ **Pinacoteca nazionale** ⓥ – *Accès par la via Zamboni* (**ET**). L'école bolonaise y est bien illustrée. Les caractéristiques des œuvres présentées sont : pour le 14e s., les fonds dorés, les couleurs vives, la préciosité gothique, les survivances byzantines ; pour la Renaissance, le maniérisme, l'idéalisme et la science de la composition ; pour l'époque baroque, chez les Carrache, le réalisme, la vigueur et la couleur, et, chez leurs élèves, l'académisme.
Les premières salles sont réservées aux primitifs bolonais (14e-15e s.) : Vitale da Bologna (belles fresques), Simone dei Crocifissi, Giovanni da Modena. Noter aussi le polyptyque de la *Vierge à l'Enfant sur un trône*, seule œuvre bolonaise de Giotto conservée.
Les salles suivantes sont consacrées aux débuts de la Renaissance : à l'école de Venise (les Vivarini, Cima da Conegliano) et à celle de Ferrare, au réalisme accentué (Ercole dei Roberti, Francesco Cossa, Lorenzo Costa), mais aussi à des artistes bolonais comme Francia (Adoration de l'Enfant).
On remarque la célèbre *Extase de sainte Cécile* par Raphaël, d'une beauté toute classique.
Vient enfin l'école bolonaise du 17e s. représentée par les Carrache, Guido Reni, L'Albane, Le Dominiquin et leurs élèves, ainsi que par Le Guerchin avec son chef-d'œuvre, *Saint Guillaume d'Aquitaine*, au savant éclairage.

★ **Chiesa di San Giacomo Maggiore** (**ET**) – Fondée en 1267, elle est ornée d'un beau portique Renaissance (1481) sur son flanc gauche. A l'intérieur, la **chapelle Bentivoglio★** abrite un retable de Francia (l'une de ses meilleures œuvres, fin 15e s.) et des fresques dues en partie à Lorenzo Costa. En face de la chapelle, dans le déambulatoire, **tombeau★** du juriste A. Bentivoglio de Jacopo della Quercia. Dans l'oratoire Sainte-Cécile, remarquables **fresques★** ⓥ (1506) par Francia et L. Costa.

★ **Strada Maggiore** (**EU**) – Élégante rue bordée de palais gothiques et classiques. Au no 44, dans un palais datant de 1658, on visite le **Museo d'Arte industriale** ⓥ et la **Galleria Davia Bargellini** ⓥ ; meubles bolonais (16e-18e s.), théâtre de marionnettes (18e s.), collection de serrures et de poignées de porte ; peintures, parmi lesquelles une série de Vierge à l'Enfant par les Vivarini, Garofalo, Francia, Vitale da Bologna.

★ **Chiesa di San Domenico** (**EU**) – L'église, commencée au début du 13ᵉ s. et remaniée au 18ᵉ s., abrite le célèbre et magnifique **tombeau**★★ (arca) du saint : œuvre de Nicola Pisano (1267), complétée pour le couronnement (1468-1473) par Niccolò da Bari à qui fut ensuite donné le surnom de Niccolò dell'Arca, et par Michel-Ange (deux saints et un ange, exécutés en 1494). La chapelle à droite du chœur contient un beau tableau de Filippino Lippi : le ***Mariage mystique de sainte Catherine***★ (1501).

★ **Palazzo Bevilacqua** (**DU**) – Beau palais Renaissance à bossages, de style florentin.

Chiesa di San Francesco (**DT**) – Le maître-autel porte un beau **retable**★ de marbre (1392), œuvre gothique du sculpteur vénitien Paolo delle Masegne.

ENVIRONS

Madonna di San Luca – *5 km au Sud-Ouest. Quitter le centre de la ville par la via Saragozza* (**DU**). L'église, du 18ᵉ s., est reliée à la ville par un **portique**★ de 4 km et 666 arcades. Dans le chœur, on peut voir la *Madone de Saint-Luc*, peinture du 12ᵉ s. exécutée dans la manière byzantine. Belle **vue**★sur Bologne et les Apennins.

BOLSENA

Latium – 4 057 habitants

Carte Michelin n° 988 pli 25 ou 430 O 17

Face au lac d'origine volcanique le plus grand d'Italie, dont le niveau se trouve sans cesse modifié par des secousses telluriques, l'ancienne Volsinies étrusque accueille sur sa plage et le long de ses rives ombragées baignées d'une lumière transparente de nombreux visiteurs. La ville ancienne serre sur une petite hauteur ses maisons de couleur sombre ; on en a une jolie vue, de la route S2 reliant Viterbe à Sienne.

Le miracle de Bolsena – Il est à l'origine de la fête du Corpus Domini (Fête-Dieu). Un prêtre venant de Bohême avait des doutes sur la transsubstantiation (c'est-à-dire le changement du pain et du vin, au moment de l'eucharistie, en corps et sang du Christ). Alors qu'il célébrait la messe à Sainte-Christine, l'hostie se mit à saigner, signe miraculeux du mystère de l'incarnation du Christ.

★ **Chiesa di Santa Cristina** ⓥ – Originaire des environs de Bolsena, sainte Christine vécut au 3ᵉ s. et fut victime des persécutions ordonnées par Dioclétien. L'édifice date du 11ᵉ s., mais sa façade, que rythment des pilastres sculptés avec grâce, est Renaissance. L'intérieur repose sur des colonnes romaines. De la nef gauche, on pénètre dans la **chapelle du Miracle** où l'on révère le pavement teinté du sang de l'hostie, puis dans la **grotte** où se trouvent l'autel du miracle et une statue gisante de sainte Christine attribuée aux Della Robbia.

BOLZANO/BOZEN★

Trentin-Haut-Adige – 98 059 habitants

Carte Michelin n° 988 pli 4, 218 pli 20 ou 429 C 15/16 – Schéma à DOLOMITI
Plan dans le guide Rouge Michelin Italia

Capitale du Haut-Adige, située sur la route du Brenner au confluent de l'Isarco et de l'Adige, au creux d'une conque aux pentes recouvertes de vignobles et de vergers, Bolzano conserve dans son architecture urbaine la trace de l'influence exercée par le Tyrol et l'Autriche, du 16ᵉ s. jusqu'en 1918. Aujourd'hui ville industrielle, commerçante et touristique grâce à la proximité des Dolomites, elle a son centre entre la **piazza Walther** et la caractéristique **via dei Portici**★ bordées de belles maisons.

★ **Duomo** – En grès rosé, coiffé de tuiles vernissées polychromes, il est le fruit de diverses phases de construction datant de l'époque paléochrétienne (5ᵉ-6ᵉ s.), carolingienne (8ᵉ-9ᵉ s.), romane (fin 12ᵉ s.) et gothique (13ᵉ s.). Le campanile (1501-1519), de 62 m de haut, s'ajoure de baies de style gothique tardif. Sur le flanc Nord, le « petit portail du vin » (porticina del vino), au décor lié à la vigne et aux vendanges, témoigne du privilège de cette église sur l'exclusivité du droit de vente du vin, qui s'effectuait devant cette porte. A l'intérieur, vestiges de fresques des 14ᵉ et 15ᵉ s. et belle **chaire sculptée**★ gothique en grès (1514).

Chiesa dei Domenicani ⓥ – *Piazza Domenicani.* Construite au début du 14ᵉ s. en style gothique, elle subit ensuite des transformations et même des dommages après la sécularisation de 1785. Immédiatement à droite après le jubé, la **chapelle San Giovanni** est entièrement ornée de fresques d'école giottesque rappelant la chapelle des Scrovegni de Padoue et illustrant les histoires de Marie, saint Jean-Baptiste, saint Nicolas et saint Jean l'Évangéliste. Un 2e cycle de fresques, œuvre de Friedrich Pacher (15e s.), est visible dans le **cloître**, à droite de l'église.

Chiesa dei Francescani ⓥ - *1, via Francescani.* Incendiée en 1291, l'église fut reconstruite au 14e s. et les voûtes d'ogives ajoutées au 15e s. On peut admirer l'**autel de la Nativité**★, retable en bois sculpté de Hans Klocker (16e s.). Charmant petit cloître aux élégantes voûtes compartimentées ornées de fresques d'école giottesque.

Antica parrochiale di Gries - *Accès par le corso Libertà, après l'église Sant'Agostino.* Église gothique du 15e s. abritant un *Crucifix* de bois roman (face à l'entrée) et un autel au **retable**★ sculpté par le tyrolien Michael Pacher (vers 1430-1498), à droite du maître-autel.

Riviera del BRENTA★★

Riviera du BRENTA - Vénétie

Carte Michelin n° 988 pli 5 ou 429 pli 15 - 35 km à l'Est de Padoue

Entre Strà et Fusina, le long du canal du Brenta, se succèdent un certain nombre de **villas**★, érigées dans le style classique et harmonieux de Palladio, où les patriciens vénitiens aimaient à se retirer l'été, y donnant de somptueuses fêtes nocturnes agrémentées de musiques de Vivaldi, Pergolèse ou Cimarosa.
La **visite** ⓥ peut être effectuée en bateau au départ de Venise ou de Padoue, ou par la route qui longe le Brenta et traverse les localités de Strà, Dolo, Mira, Malcontenta.

Somville/VLOO

Strà - La Villa Nazionale et ses jardins

Strà - **Villa Nazionale**★ ⓥ dotée d'un majestueux jardin à perspective et bassin. Le palais (18e s.) possède de vastes **appartements**★ décorés de peintures dont l'***Apothéose de la famille Pisani***★★, chef-d'œuvre de Giambattista Tiepolo.

Mira - On y voit le **Palazzo Foscarini** et **Villa Widmann-Foscari-Rezzonico** ⓥ, du 18e s., dont la **salle de bal**★ est entièrement décorée de fresques.

Malcontenta - **Villa Foscari**★ ⓥ, élevée en 1574 par Palladio. Appartements décorés de fresques par B. Franco et G.B. Zelotti. Son nom lui vient de la femme d'un des membres de cette famille qui fut fort « mécontente » d'y être reléguée.

BRESCIA★

Lombardie – 194 037 habitants

Carte Michelin n° 988 pli 4, 428 pli 17 ou 428 et 429 F 12

Au pied des Préalpes lombardes, la ville de Brescia, siège d'une importante activité industrielle, est bâtie sur le plan régulier de l'ancien « castrum » romain de Brixia. Dominée au Nord par la masse d'un château (Castello) médiéval, elle s'enorgueillit de nombreux monuments romains, romans, Renaissance ou baroques, groupés dans le centre urbain qui est aussi l'endroit le plus animé de la ville.

UN PEU D'HISTOIRE

Le temple Capitolin et les vestiges de l'ancien forum témoignent du temps de splendeur que connut la romaine Brixia sous l'Empire. Au 8e s. Brescia devint un duché lombard, et aux 12e et 13e s. une commune libre, membre de la Ligue lombarde, particulièrement prospère et active grâce à ses manufactures d'armes qui fournirent l'Europe entière jusqu'au 18e s. De 1426 à 1797, Brescia fut soumise à la domination de la république de Venise et se dota alors de nombreux édifices civils et religieux ; d'excellents peintres créèrent l'école de Brescia dont les protagonistes furent, au 15e s. Vincenzo Foppa, au 16e s. Romanino et Moretto, Savoldo et Civerchio.

CURIOSITÉS

★ **Piazza della Loggia** (**BY 9**) – La **Loggia** (**H**), aujourd'hui palais municipal, a été construite entre la fin du 15e s. et le début du 16e s. ; Sansovino et Palladio contribuèrent à l'édification de l'étage supérieur. En face s'élève la **Tour de L'Horloge** surmontée de deux jaquemarts qui sonnent les heures. Au Sud de la place, **palais du Monte di pietà vecchio** (1484) et du **Monte di pietà nuovo** (1497), autrefois mont-de-piété (**B**). Au nord de la place, s'étend un pittoresque quartier populaire aux nombreuses voûtes et maisons anciennes.

Piazza Paolo VI (**BY 16**) – Le **Duomo Nuovo** (17e s.) y écrase de sa masse de marbre blanc le **Duomo Vecchio**★, édifice roman de la fin du 11e s., bâti sur un sanctuaire plus ancien et nommé aussi la Rotonda en raison de sa forme. A l'intérieur, magnifique sarcophage en marbre rose surmonté d'un gisant d'évêque et, dans le chœur, toiles des peintres de Brescia Moretto et Romanino. L'orgue est un Antegnati de 1536. A gauche du Duomo Nuovo, le **Broletto** (**P**) est un édifice austère, de style roman, surmonté d'une solide tour carrée et présentant, en façade, un balcon des Proclamations.

★ **Pinacoteca Tosio Martinengo** (**CZ**) ⓥ – On y voit surtout des œuvres représentatives de l'**école de Brescia**, caractérisée par la richesse des tonalités et l'équilibre solide de la composition : Moretto, peintre de scènes religieuses et de portraits, et Romanino, auteur de fastueuses scènes religieuses à la vénitienne, sont présents avec de nombreux tableaux, ainsi que V. Foppa et Savoldo. Mais on peut également admirer des œuvres de Clouet, Raphaël, le Maître d'Utrecht, L. Lotto, et Tintoret.

★ **Via dei Musei** (**CY**) – Cette rue pittoresque offre à l'amateur d'archéologie deux musées intéressants. Le **Museo romano**★ ⓥ, installé dans les ruines du **temple Capitolin**★ (73 après J.-C.), contient une belle **Victoire ailée** et six **bustes** romains en bronze.

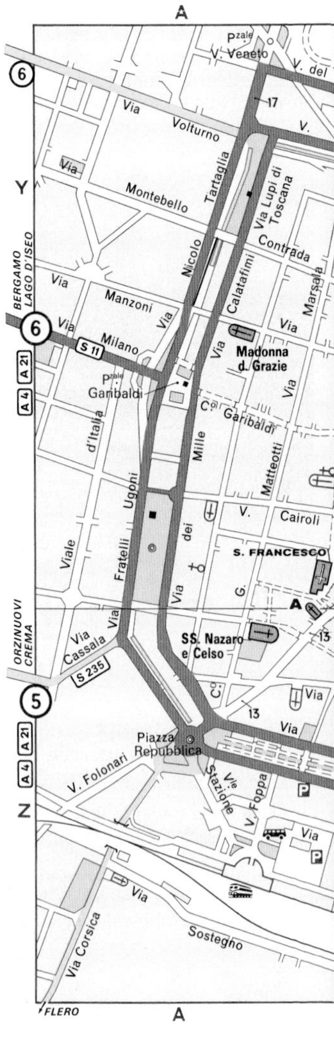

Palestro (Corso) . . . . BY
Zanardelli (Corso) . . . . BZ 21
10 Giornate (Via delle) . . . . BY 22

Castellini (Via N.) . . . . CZ 3
Fratelli Porcellaga (Via) . . . . BY 7
Loggia (Piazza della) . . . . BY 9

Une fois dépassés les vestiges du forum, on atteint le complexe **San Salvatore et Santa Giulia★**, monastère fondé en 753 par Ansa, épouse du dernier roi des Lombards Didier (Desiderio). Selon la tradition, la fille de Didier, Ermengarda, mariée à Charlemagne qui la répudia ensuite, y mourut. La basilique San Salvatore, du 9e s., conserve sa décoration d'origine de fresques et de stucs ; l'église Santa Giulia, ornée à la coupole d'une fresque de Dieu le Père bénissant sur fond de ciel étoilé, abrite la **croix de Didier★★** (8e-9e s.), richement parée de pierres dures, de camées et de verres colorés, et portant le portrait supposé de Galla Placidia *(voir à Ravenne)* et de ses fils (3e-4e s.).

Castello (**CY**) - Édifié en 1343 par les Visconti sur les vestiges d'un temple romain, ce château a été renforcé de bastions au 16e s. et porte, à l'entrée, le Lion de saint Marc. Il abrite le **Musée des armes Luigi Marzoli**, intéressante collection d'armes et d'armures du 14e au 18e s. A l'intérieur du musée, on peut voir les vestiges romains.

Églises - Brescia s'enorgueillit en outre de plusieurs églises romanes, Renaissance ou baroques qui contiennent presque toutes des œuvres intéressantes, notamment des peintures de l'école locale. **San Francesco★** (**AY**), du 13e s., conserve ***Trois saints*** par Moretto, une *Pietà* de l'école de Giotto (14e s.) et une *Vierge à l'Enfant*, retable d'autel de Romanino. **Santa Maria dei Miracoli** (**AYZ A**), datant des

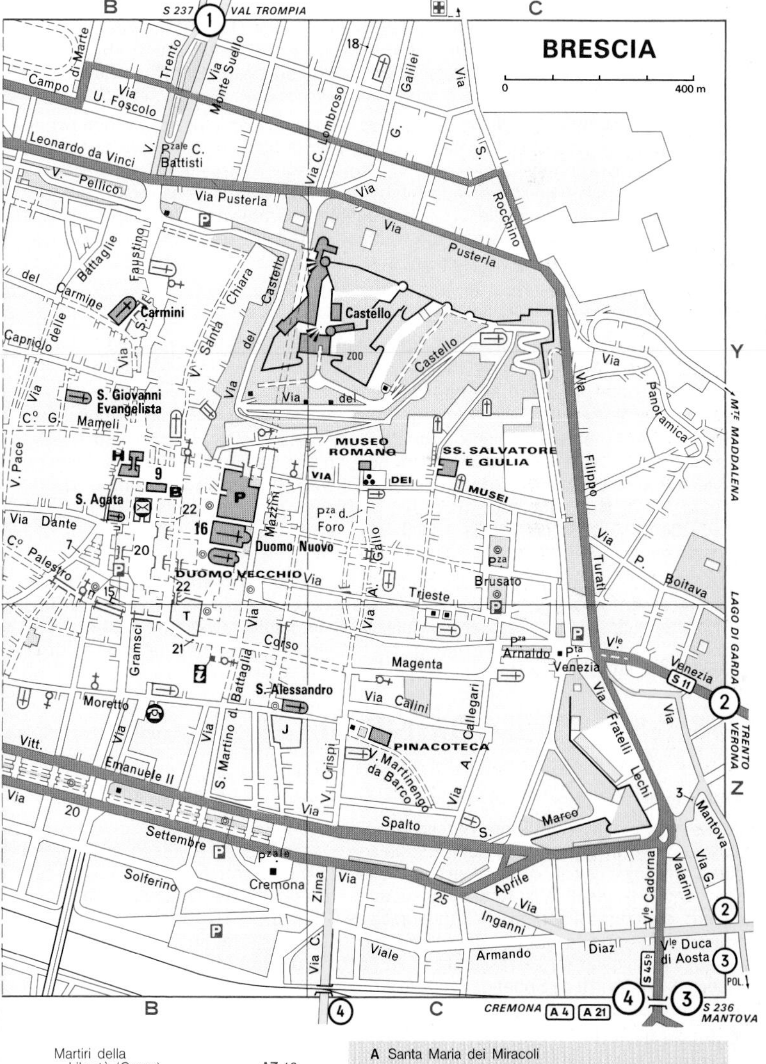

Martiri della Libertà (Corso) . . . . AZ 13
Mercato (Piazza del) . . . . BY 15
Paolo VI (Piazza) . . . . BY 16
Pastrengo (Via) . . . . AY 17
S. Crocifissa di Rosa (Via) . . . . CY 18
Vittoria (Piazza) . . . . BY 20

A Santa Maria dei Miracoli
B Palazzo del Monte di Pietà Vecchio e del Monte di Pietà Nuovo
H Loggia
P Broletto

15e et 16e s., offre une belle **façade★** de marbre. **San Nazaro-San Celso (AZ)** possède un chef-d'œuvre de Moretto, le ***Couronnement de la Vierge★***, et un polyptyque de Titien ; **Sant'Alessandro (BZ)** recèle une ***Annonciation★*** (15e s.) de Jacopo Bellini et une ***Déposition de Croix★*** par Civerchio. **Sant'Agata (BY)**, au riche **intérieur★**, renferme un polyptyque de la ***Vierge de Miséricorde★*** de l'école de Brescia (16e s.) et la ***Vierge au Corail★***, ravissante fresque du 16e s.
Citons encore **San Giovanni Evangelista (BY)** pour ses tableaux de Moretto et Romanino, l'église de la **Madonna delle Grazie (AY)** pour son intérieur baroque, et la **Madonna del Carmine (BY)** à la silhouette orientale.

BRESSANONE/BRIXEN★

Trentin – Haut-Adige – 17 010 habitants

Carte Michelin n° 988 plis 4, 5 ou 429 B 16 – Schéma à DOLOMITI
Plan dans le guide Rouge Michelin Italia

Au confluent de la Rienza et de l'Isarco, Bressanone est une gracieuse petite ville typiquement tyrolienne qui jouit d'un climat sec et vivifiant et d'un exceptionnel ensoleillement. Nombreux sont les témoignages de son riche passé : conquise par les Romains en 15 avant J.-C., siège d'un prince-évêque de 1027 à 1803, domaine bavarois de 1806 à 1813, puis autrichien jusqu'en 1919 quand elle devint une ville italienne.

Duomo – Sa façade néo-classique de Jakob Pirchstaller (1783), flanquée de deux clochers, dissimule un intérieur baroque orné de marbres, stucs, dorures et fresques de Paul Troger. A droite du Duomo, un beau **cloître★** roman voûté d'arêtes au 14e s., présentant d'intéressantes fresques des 14e et 15e s.

Palazzo vescovile – *Entrée via Vescovado.* Construit par le prince-évêque Bruno de Kirchberg après 1250, le palais subit de nombreuses transformations par la suite, mais conserve un belle **cour★** à trois étages d'arcades. Résidence des princes-évêques et siège de leur administration, il abrite le vaste **musée diocésain★** ⓥ où sont exposés, en particulier, un remarquable ensemble de **sculptures★★** sur bois polychromes (art tyrolien roman et gothique), des **retables sculptés★** en ronde-bosse de la Renaissance, le **trésor★** de la cathédrale et des **crèches★** datant du 18e au 20e s.

ENVIRONS

★★★ **Plose** (alt. 2 446 m) – *Au Sud-Est.* Le téléphérique de Valcroce, puis la télécabine de Plose ⓥ permettent de découvrir un **panorama★★★** sur les Dolomites au Sud et, au Nord, sur les sommets autrichiens.

★★ **Abbazia di Novacella** ⓥ – *3 km au Nord.* Fondée en 1142, cette abbaye est régie par des moines réguliers augustiniens. Dans la cour, le **puits des merveilles** est orné des « huit » merveilles du monde, chiffre incluant l'abbaye. L'**église** de style baroque bavarois surprend par la richesse de son décor. Dans le **cloître**, roman à l'origine, quelques fresques gothiques ont été remises au jour. La magnifique salle rococo de la **bibliothèque** conserve 76 000 volumes dont des incunables et des manuscrits enluminés.

✲✲ **Brunico** – *27 km au Nord-Est.* Ce principal centre du Val Pusteria abrite à **Teodone** un intéressant **musée ethnographique★** ⓥ présentant sur trois hectares des édifices ruraux de divers types : résidence nobilière, fenil, habitat rustique, grenier, four, moulin..., qui illustrent efficacement les activités et la vie des paysans et de la noblesse rurale d'autrefois.

BRINDISI

Pouille – 92 531 habitants

Carte Michelin n° 988 pli 30 ou 431 F 35 – Plans dans le guide Rouge Michelin Italia

Important port militaire et commercial situé dans le talon de la botte : des services maritimes assurent quotidiennement la liaison avec la Grèce. La ville joue d'ailleurs depuis l'Antiquité ce rôle d'ouverture sur le bassin méditerranéen. C'est Trajan qui, substituant à la vieille Via Appia une nouvelle route, la Via Traiana, à partir de Bénévent, contribua à accroître l'importance de Brindisi dès 109 après J.-C. Après la conquête normande, la ville devint, au même titre que Barletta, un point d'embarquement pour les croisés de Terre Sainte et vit partir la 6e croisade (1228) conduite par l'empereur Frédéric II de Souabe. Avec Tarente et Bari, elle constitue un des sommets du fameux « triangle » de mise en valeur industrielle du Mezzogiorno.

★ **Colonna Romana** – Dressée près du port, cette haute colonne de marbre, se terminant par un chapiteau à figures, marquait le terme de la Via Appia-Traiana.

Museo archeologico F. Ribezzo ⓥ – *Piazza Duomo.* Il regroupe de nombreux objets de fouilles, notamment une précieuse collection de vases apuliens et messapiens.

CALABRIA★

La CALABRE

Carte Michelin n° 988 plis 38, 39, 40 ou 431 plis 22, 23, 26, 27, 31, 34, 35, 38, 39, 42, 43

La Calabre couvre l'extrême pointe Sud-Ouest de la péninsule italienne, du golfe de Policastro à Reggio di Calabria. Le prolongement de l'autoroute du Sud jusqu'à la capitale de la région a facilité l'accès à ce pays, qu'un relief accidenté et de rares voies de communication rendaient jusqu'ici malaisé à visiter. Cette situation particulière a longtemps tenu la région à l'écart, mais on aurait tort de croire, comme le faisait un voyageur français du début du 19e s., que « l'Europe finit à Naples ». On pourrait même prétendre l'inverse si l'on se rappelle que les premières colonies, fondées au 8e s. avant J.-C., par les Grecs, le furent précisément sur le littoral ionien de l'actuelle Calabre. S'il n'est pas possible de se rendre compte sur place, comme en Sicile (à Ségeste, Agrigente ou Sélinonte) de l'existence de la Grande Grèce sur la péninsule, les musées de Reggio, Tarente ou Naples témoignent de cette influence qui dura longtemps : ce n'est en effet qu'au 3e s. avant J.-C. que Rome entreprit la conquête de l'Italie du Sud, sans pouvoir toutefois assurer une domination totale et pacifique avant que Sylla ne prenne en main l'administration de ces provinces (1er s. avant J.-C.). Après la fin de l'Empire, la Calabre passa, comme les régions voisines, sous la domination des Lombards, des Sarrasins, des Byzantins, avant d'être réunie au royaume normand des Deux-Siciles avec lequel elle a été rattachée à l'Italie en 1860.

Les massifs montagneux qui occupent le centre de la presqu'île laissent peu de place aux plaines maritimes ; c'est pourquoi on observe des variations extrêmes de température selon les saisons, et, suivant les régions, une végétation très différente : sévères montagnes et vastes alpages dans le massif de la Sila, grandes forêts de châtaigniers sur l'Aspromonte, vallées pierreuses et escarpées le long du littoral, et plaines fruitières en bordure du golfe de Tarente. Grâce à la réforme agraire entreprise ces dernières années, la Calabre a quelque peu endigué sa très forte émigration de populations et s'est arrachée à un isolement que sa situation géographique, climatique et politique avait provoqué.

★★ **Massiccio della Sila** – Au Nord de Catanzaro, à quelques kilomètres de la mer, le haut plateau granitique de la Sila porte la plus grande forêt (en latin silva) d'Italie, où les vastes étendues de pins, de sapins, de hêtres et de chênes verts alternent avec des pâturages, et des lacs déserts et tranquilles ; mise en valeur par une récente réforme agricole, cette région, autrefois inaccessible, est devenue un lieu de villégiature, en hiver comme en été. A l'Est de la Sila, **San Giovanni in Fiore**, la capitale, est bâtie autour d'une abbaye créée par Joachim de Flore, lequel fonda un ordre religieux encore plus strict que celui des cisterciens, dans le but de relever et de purifier l'Église. La Badia Fiorense a conservé un remarquable portail ogival et, dans l'abside, quelques fenêtres cisterciennes. Au bord de l'immense **lac Arvo**★, aux rives découpées et boisées, s'est développé le petit centre touristique de Lorica (station de ski).

★ **Aspromonte** – L'extrême pointe de la Calabre est formée par le massif de l'Aspromonte, culminant à près de 2 000 m. Le versant tyrrhénien plonge rapidement dans la mer, en formant de larges terrasses ; du côté de la mer Ionienne, en revanche, la pente est plus douce. Richement couvert de châtaigniers, chênes, pins et hêtres, l'Aspromonte est un réservoir d'eau d'où rayonnent de profondes vallées creusées par les « fiumare », ces larges lits de torrents, à sec l'été, mais qui peuvent se remplir de courants très violents et causer d'importants dégâts. La route S 183, de la S 112 à Melito di Porto Salvo, permet d'admirer la variété et la beauté des paysages, et de jouir de nombreux et étonnants **panoramas**★★★.

★ **Costa Viola** – C'est la couleur foncée des hauts versants rocheux qui a valu ce surnom de côte violette *(viola)* à cette ultime section du littoral tyrrhénien, de Gioia Tauro à Villa San Giovanni.

Gioia Tauro – Localité balnéaire dont l'arrière-pays est couvert d'oliveraies aux arbres centenaires.

Palmi – Perchée au-dessus de la mer, cette petite ville dispose d'une belle plage de sable et d'un petit port de pêche. En outre, elle possède un intéressant **Museo comunale** ⓥ *(Casa della Cultura, via San Giorgio)* dont la **section ethnographique**★ évoque la vie traditionnelle en Calabre (costumes, artisanat, céramiques, etc.).

★ **Bagnara Calabra** – Occupant une situation pittoresque face à la mer, Bagnara est le centre de la pêche à l'espadon.

★ **Scilla** – Cette petite ville de pêcheurs est construite au pied d'un rocher, monstre féminin qui dévorait les vaisseaux que Charybde, près de Taormine sur la côte sicilienne, n'avait pas engloutis ; d'où l'expression « tomber de Charybde en Scylla ».

Villa San Giovanni – Départ des « traghetti » porteurs de voitures, pour la Sicile.

★ **Rocca Imperiale** – *25 km au Nord de Trebisacce.* Village pittoresque qui monte à l'assaut de la colline au sommet de laquelle se dresse un puissant château érigé par Frédéric II de Souabe.

☆☆ **Tropea** – Au sommet d'une falaise, cette petite ville, qui connut son heure de splendeur sous les Angevins et les Aragonais, possède une belle **cathédrale★** (Cattedrale) de caractère normand, avec trois absides incrustées de pierres polychromes.

Altomonte – *30 km au Sud de Castrovillari.* Au-dessus du gros bourg d'Altomonte se dresse une imposante cathédrale angevine, construite au 14e s. et dédiée à **Santa Maria della Consolazione.** Sa façade est ornée d'un portail et d'une élégante rosace. L'intérieur, à nef unique et chevet plat, abrite le beau **tombeau★** de Filippo Sangineto. A côté de l'église, le petit **museo civico** ⓥ contient un ***Saint Ladislas★*** attribué à Simone Martini, ainsi que d'autres œuvres précieuses.

Catanzaro – *Plan dans le guide Rouge Michelin Italia.* Comme beaucoup d'autres villes de la Calabre, Catanzaro est perchée sur une colline à une certaine distance de la mer, à l'abri des invasions et de la malaria. Fondée au 9e s. par les Byzantins, la ville prospéra à la fin du 15e s., grâce à une université et à une industrie de la soie réputées dans l'Europe entière. Après avoir glorieusement résisté aux assauts français du maréchal de Lautrec en 1528, la ville perdit de son éclat au 17e s., à cause de la peste, et aux 18e et 19e s. en raison des nombreux tremblements de terre qui la secouèrent. Néanmoins, la ville moderne, traversée par le corso Mazzini, n'est pas dénuée d'un certain charme.
La **villa Trieste★**, jardin public ombragé, offre l'agrément de sa situation en balcon, et l'**église San Domenico**, dite aussi **église du Rosaire**, recèle le très beau retable de la ***Madone du Rosaire★***, probablement l'œuvre d'un peintre de l'école napolitaine du 17e s. : sur le panneau central, la Vierge et l'Enfant offrent le rosaire à saint Dominique.

Cosenza – *Plan dans le guide Rouge Michelin Italia.* La cité moderne, d'allure américaine, est surplombée par la vieille ville dont les rues et les palais rappellent la prospérité que connurent les époques angevine et aragonaise : Cosenza était alors considérée comme la capitale artistique et religieuse de la Calabre. Le **Duomo**, des 12e-13e s., rendu à sa forme première par une restauration récente, abrite le **mausolée★** du cœur d'Isabelle d'Aragon, morte à l'entrée de Cosenza en 1271 alors qu'elle revenait de Tunis avec la dépouille de son beau-père, le roi Saint Louis. Son corps, ramené en France, reçut une sépulture digne d'elle à la basilique St-Denis.

Crotone – *Voir à ce nom.*

Gerace – *Au Nord-Ouest de Locri, sur la route S 111.* Jadis refuse des habitants de Locri contre les invasions sarrasines, Gerace a été abandonnée pour le rivage aujourd'hui assaini. La **cathédrale** (Cattedrale), l'une des plus vastes de la Calabre, remonte au Normand Robert Guiscard (11e s.) ; bien que plusieurs fois remaniée, elle a conservé son plan basilical à trois nefs séparées par de belles colonnes antiques. Non loin de là se dresse l'**église San Francesco**, possédant un joli portail et renfermant un **maître-autel★** du 17e s. en marbre polychrome.

Locri – *Côte Est de l'Aspromonte.* Aujourd'hui modeste station balnéaire, Locri fut fondée par les Grecs au 7e s. avant J.-C. La ville, régie par des lois sévères édictées par Zaleucos, fut la rivale de Crotone qu'elle vainquît lors de la bataille de Sagra, et tint tête aux tentatives d'annexion des tyrans syracusains. Après avoir pris le parti d'Hannibal, comme les autres villes de la côte Ionienne, pendant la 2e guerre punique, elle perdit son importance et fut détruite par les Sarrasins au 9e s. de notre ère. La plupart des antiquités de Locri sont au musée de Reggio di Calabria. Néanmoins, une zone archéologique intéressante s'étend au Sud de la ville.

Paola – Saint François de Paule y naquit vers 1416 ; le **santuario** ⓥ, visité par de nombreux pèlerins, s'élève à 2 km au-dessus de la ville. Vaste ensemble de bâtiments, la basilique, à la belle façade baroque, abrite les reliques du saint. Cloître et ermitage creusé en grottes où sont réunis de nombreux et impressionnants ex-voto.

★ **Pentedattilo** – *10 km au Nord-Ouest de Melito di Porto Salvo.* Situé dans une vallée austère et brûlée, ce petit village groupe ses maisons au pied d'un rocher gigantesque, miné par l'érosion, évoquant une main aux doigts dressés vers le ciel (pentedattilo signifie « cinq doigts » en grec).

Reggio di Calabria – *Voir à ce nom.*

Rossano – *96 km au Nord-Ouest de Crotone.* Cette ville, étagée sur les pentes d'une colline couverte d'oliviers, fut au Moyen Âge la capitale du monachisme grec en Occident, où les moines basiliens chassés ou persécutés vinrent se réfugier, occupant des grottes que l'on visite encore. Rossano a conservé de cette

période une parfaite petite église byzantine, **San Marco**, au chevet plat sur lequel font saillie trois absides semi-cylindriques, percées de jolies baies. A droite de la cathédrale, le **Museo diocesano** ⓥ, ancien archevêché, abrite le précieux ***Codex Purpureus***★, évangéliaire du 6e s. aux pages de couleurs vives.
A 20 km à l'Ouest de la ville, la route mène à une petite église, **Santa Maria del Patire**, unique vestige d'un grand couvent basilien, présentant trois belles absides ornées d'arcs aveugles et, à l'intérieur, quelques mosaïques figurant divers animaux.

Serra San Bruno - Entre la Sila et l'Aspromonte, dans les montagnes calabraises des Serre, Serra San Bruno est un petit bourg qui s'est développé, au milieu de **forêts**★ de hêtres et de conifères, autour d'un **ermitage** fondé par saint Bruno. Une chartreuse du 12e s. *(1 km du bourg)* et la grotte *(4 km au Sud-Ouest de la chartreuse)* où l'ermite se retirait évoquent le souvenir de saint Bruno qui mourut en 1101.

Sibari - *15 km au Sud de Trebisacce.* Fondée au 8e s. avant J.-C., au cœur d'une plaine d'une fertilité extraordinaire qui fut la principale source de l'exceptionnelle richesse de l'antique **Sybaris**, la ville fut rasée en 510 avant J.-C. par la cité voisine de Crotone. On visite un petit **Museo archeologico** ⓥ et une **zone de fouilles** (Scavi) ⓥ au Sud de la ville.

Stilo - *15 km à l'Ouest de Monasterace Marina.* Sur le versant rocailleux d'une vallée profonde, la ville, bastion des moines basiliens, est célèbre par son église byzantine, la **Cattolica**★ ⓥ. De dimensions réduites mais de proportions parfaites, en forme de croix grecque dans le plus pur style byzantin, l'édifice est surmonté de cinq petites coupoles. A l'intérieur, quatre colonnes antiques supportent les arcades et les voûtes.

Stilo - La Cattolica

Val CAMONICA

Lombardie

Carte Michelin n° 988 pli 4, 428 plis 7, 17 ou 429 pli 12

Cette vallée conduit de Lovere à Edolo ; industrialisée dans sa partie basse, elle devient plus pittoresque à mesure qu'on la remonte : de nombreux châteaux en ruine jalonnent alors ses versants.
Sur un territoire de près de 60 km de long, on trouve de très nombreuses gravures rupestres datant de la préhistoire au début de la romanisation.

★★ **Les gravures rupestres** - Les rochers du val Camonica, polis par le glissement des glaciers alpins (disparus il y a 10 000 ans), offrent un support lisse, favorable à une expression figurée. Les gravures, réalisées en piquetant la pierre ou en la griffant à plusieurs reprises, ont livré divers témoignages sur la vie quotidienne des peuplades dites camuniennes qui occupaient le site : uniquement chasseurs au paléolithique (environ 8000 à 5000 avant J.-C.), ces hommes s'initièrent à l'agriculture, durant le néolithique, puis à la métallurgie à l'âge du Bronze (à partir de - 1800) et l'âge du Fer (de - 900 au début de notre ère). On trouve principalement quatre types de représentation : cervidés (scènes de chasse) ; attelages de bovidés et araires ; armes (poignards, haches) et guerriers ; représentations religieuses : orants, symboles, idoles... Les gravures sont facilement visibles dans le **Parco nazionale delle Incisioni Rupestri** ⓥ *(visite 2 h - accès à partir de Capo di Ponte)* et dans la **Riserva naturale regionale di Ceto, Cimbergo e Paspardo** ⓥ ; s'adresser au **musée** ⓥ de Nadro à Ceto (consacré au sujet) pour accéder à la Réserve.

Breno - Le centre principal du val est dominé par un château du 10e s. et possède deux églises intéressantes : Sant'Antonio (14e-15e s.) et San Salvatore.

Palazzo Farnese di CAPRAROLA★

Palais Farnèse de CAPRAROLA – Latium

Carte Michelin n° 988 pli 25 ou 430 P 18 – 19 km au Sud-Est de Viterbe

Bâtie entre 1559 et 1575 pour le cardinal Alexandre Farnèse, sur un dessin de Vignola, cette curieuse villa est un exemple caractéristique de la culture maniériste de la fin du 16e s.

Le palais ⓥ – A cinq étages et sur plan pentagonal, il s'ordonne autour d'une cour ronde. A l'intérieur, à gauche du salon d'entrée, un **escalier hélicoïdal**★★, dessiné par Vignola, est soutenu par trente colonnes doubles et décoré de grotesques et de paysages peints par Antonio Tempesta. Les peintures qui ornent plusieurs salles de ce palais, dues à Taddeo (1529-1566) et Federico Zuccari (vers 1540-1609) ainsi qu'à Bertoja (1544-1574), constituent l'une des ultimes manifestations de ce maniérisme raffiné et sophistiqué caractéristique de la fin de la Renaissance italienne.

Le parc – D'une superficie de 18 ha, il est composé de terrasses et de fontaines, et embelli par une charmante **palazzina** dessinée par Vignola.

Isola di CAPRI★★★

Île de CAPRI – Campanie – 7 074 habitants

Carte Michelin n° 988 pli 27 ou 431 F 24 – Schéma page suivante

Accès : voir le guide Rouge Michelin Italia

Par sa situation proche de la côte de la presqu'île de Sorrente *(voir schéma à la rubrique Golfo di NAPOLI)*, par la beauté de son relief accidenté, par la douceur de son climat et la variété de sa végétation luxuriante, l'île de Capri a toujours séduit.

Deux empereurs romains y séjournèrent : Auguste, d'abord, qui l'échangea contre Ischia, puis Tibère qui y passa les dix dernières années de sa vie. Depuis le 19e s. de nombreuses célébrités des arts, peintres, écrivains, musiciens, acteurs, aiment à s'y retrouver en toutes saisons. Capri est aujourd'hui un haut lieu du tourisme international.

★ MARINA GRANDE

C'est le port où l'on débarque, au Nord de l'île. Ses maisons blanches ou colorées se détachent sur de hautes falaises qui leur font un cadre grandiose.

Un funiculaire mène à Capri (piazza Umberto 1°). Un bus dessert Anacapri, avec arrêt à Capri (via Roma).

PROMENADES EN BATEAU

★★ **Grotta Azzurra** ⓥ – *Au départ de Marina Grande. Accès également possible par route (8 km au départ de Capri).* C'est la plus fameuse des nombreuses grottes qui s'ouvrent sur la côte très escarpée de l'île. La lumière, pénétrant par réfraction, donne à l'eau un admirable coloris bleu azuré.

Grandadam/EXPLORER

Île de Capri – Les Faraglioni

★★★ **Tour de l'île** ⓥ – *Au départ de Marina Grande.* Ce périple permet de découvrir une côte accidentée le long de laquelle se succèdent les grottes, les écueils aux formes fantastiques, de petites criques paisibles ou de hautes falaises tombant à pic dans la mer. L'île n'est pas grande, pourtant : à peine 6 km de long et 3 km de large. Le climat, particulièrement tempéré, favorise le développement d'une flore très variée, faite de pins, de lentisques, genévriers, arbousiers, asphodèles, myrtes et acanthes.

Effectuant le tour de l'île dans le sens des aiguilles d'une montre, le bateau rencontre d'abord la **Grotta del Bove Marino** (du Bœuf marin), ainsi nommée en raison du mugissement de la mer par gros temps ; on contourne ensuite la pointe du Cap, dominée par le **monte Tiberio**. Ayant laissé derrière soi l'impressionnant Saut de Tibère *(ci-après)*, on approche de la Punta di Tragara au Sud, où surgissent les célèbres **Faraglioni**, îlots aux formes hérissées et fantastiques, sculptées par les flots. La **Grotta dell'Arsenale** était un nymphée au temps de Tibère. On passe devant le petit port de Marina Piccola avant d'atteindre la côte Ouest, plus basse. Le bateau termine son trajet par la côte Nord où s'ouvre la Grotte Bleue.

★★★ CAPRI

La ville ressemble à un décor d'opérette : petite places et maisonnettes blanches, avec, en coulisses, des ruelles rustiques évoquant le style mauresque. A cet attrait s'ajoute, au hasard des promenades, celui qu'offre la juxtaposition de lieux fréquentés par une foule animée et de sites sauvages et solitaires, propices à la rêverie.

Camerelle (Via)	BZ	
Croce (Via)	BZ	
Fuorlovado (Via)	BZ	9
Le Botteghe (Via)	BZ	10
Umberto I (Pza)	BZ	
Vittorio Emanuele (Via)	BZ	23
Certosa (Via)	BZ	6
Fenicia (Scala)	BY	8
Madre Serafina (Via)	BZ	12
S. Francesco (Via)	BZ	14
Serena (Via)	BZ	16
Sopramonte (Via)	BZ	17
Tiberio (Via)	BZ	18
Tragara (Via)	BZ	21

B Giardini d'Augusto

★ **Piazza Umberto I** – C'est le centre, minuscule lui aussi, de la ville où, à l'heure de l'apéritif, se rassemble le Tout-Capri. Tout autour, des ruelles animées, comme l'étroite **via Le Botteghe★** (**10**), abritent des boutiques de souvenirs ou d'articles de luxe.

★★ **Belvedere Cannone** – On y accède par la **via Madre Serafina★** (**12**), presque entièrement sous voûtes. Il permet de découvrir un aspect plus silencieux et plus secret de Capri.

★★ **Belvedere di Tragara** – *Accès par la via Camerelle et la via Tragara.* La vue est magnifique sur les Faraglioni.

★★ **Villa Jovis** ⓥ – C'est l'ancienne résidence de l'empereur Tibère ; les fouilles ont permis de retrouver les logements des serviteurs, des citernes alimentant les bains, les appartements impériaux disposant d'une loggia donnant sur la mer. De l'esplanade où a été édifiée une église, **panorama★★** sur l'île entière.

En descendant par le grand escalier en arrière de l'église, on peut voir le **saut de Tibère★** où l'empereur avait coutume, dit-on, de précipiter ses victimes.

★ **Arco Naturale** – Rocher creusé d'une arche gigantesque et suspendu au-dessus de la mer. Dans la **Grotta di Matromania**, située en contrebas, les Romains vénéraient Cybèle.

Certosa di San Giacomo ⓥ et **Giardini d'Augusto** (**B**). – Du 14e s., la chartreuse possède deux cloîtres dont le plus petit abrite des statues romaines retrouvées dans un nymphée de la Grotte Bleue. Les Jardins d'Auguste procurent une belle **vue★★** sur la pointe de Tragara et les Faraglioni ; en contrebas, la **via Krupp★**, accrochée à la paroi rocheuse, conduit à Marina Piccola.

★ **Marina Piccola** – Au pied de la paroi abrupte du mont Solaro, Marina Piccola possède de jolies petites plages et sert d'abri aux barques de pêche.

★★★ ANACAPRI

Plan dans le guide Rouge Michelin Italia.

Par la via Roma et une très belle route de corniche, on accède à ce joli bourg dont les ruelles fraîches et ombreuses, moins envahies que celles de Capri, se glissent entre les jardins et les maisons, petits cubes à terrasse, d'aspect oriental.

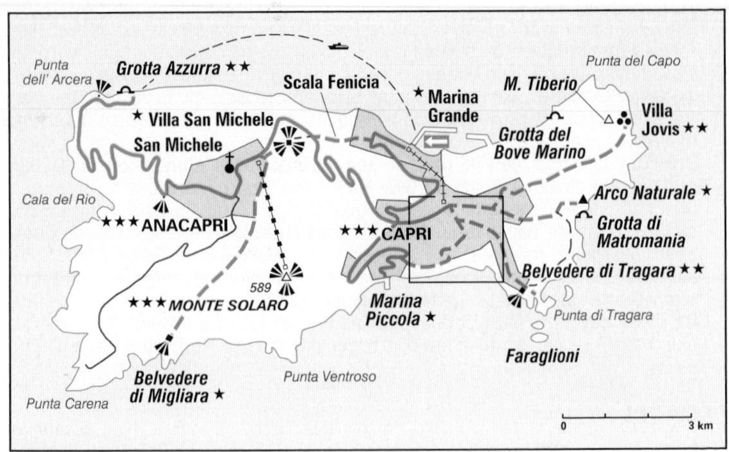

★ **Villa San Michele** ⓥ – *Accès à partir de la piazza della Vittoria.*
Construite à la fin du siècle dernier par le médecin et écrivain suédois Axel Munthe (mort en 1949), qui y vécut jusqu'en 1910 et en a décrit l'ambiance dans le fameux Livre de San Michele, cette villa est garnie de meubles du 17e et 18e s., de copies d'œuvres antiques et de quelques sculptures romaines originales. Son beau jardin se termine par une pergola dominant vertigineusement la mer et d'où le **panorama**★★★ est splendide, sur Capri, Marina Grande, le mont Tibère et les Faraglioni.
Au-dessous de la villa aboutit la **Scala Fenicia**, sentier en escalier qui compte près de 800 marches et qui fut longtemps la seule voie reliant Anacapri au port. Sur ces marches, Axel Munthe rencontra la vieille Maria « Porta Lettere », qui avait charge de distribuer le courrier, mais ne savait pas lire, et dont il a fait l'une des figures de son roman.

Chiesa di San Michele – Beau **pavement**★ de majolique (1761) représentant le Paradis terrestre d'après un dessin de Solimena.

★★★ **Monte Solaro** ⓥ – Un télésiège, au départ d'Anacapri, survole agréablement les jardins à la riche végétation et mène au sommet d'où l'on bénéficie d'un inoubliable **panorama**★★★ sur l'île de Capri, le golfe de Naples et, au-delà, jusqu'à l'île de Ponza, les Apennins et les monts du Sud de la Calabre.

★ **Belvedere di Migliara** – *1 h à pied AR. Passer sous le télésiège pour prendre la via Caposcuro.* **Vue**★ remarquable sur le phare de la Punta Carena et sur des falaises vertigineuses.

CAPUA

CAPOUE – Campanie – 18 844 habitants

Carte Michelin n° 988 pli 27 ou 431 D 24

38 km au Nord de Naples

A 5 km de la célèbre Capoue romaine, où Hannibal s'amollit dans des délices qui lui furent funestes, cette petite ville triangulaire, encerclée de murailles, conserve un certain cachet grâce à ses ruelles étroites, ses arcs, ses vieux palais et ses églises, pour la construction desquels de nombreux vestiges romains ont été réemployés.

Duomo – Élevé au 9e s., mais plusieurs fois détruit et reconstruit, cet édifice possède un campanile lombard dont la base englobe des fragments antiques. Dans l'atrium, colonnes aux beaux **chapiteaux corinthiens** (3e s.).
A l'intérieur, de forme basilicale, nombreuses œuvres d'art.

★ **Museo campano** ⓥ – *A l'angle de la via Duomo et de la via Roma.* Dans ce musée de la Campanie, la section archéologique réunit une étonnante série de **déesses-mères** datant du 7e au 1er s. avant J.-C. et une charmante **mosaïque**. La section médiévale abrite de belles **sculptures**, reste de l'imposante porte de ville construite par Frédéric II de Souabe vers 1239 pour marquer l'entrée de son royaume.
La **piazza dei Giudici** constitue un bel ensemble urbain avec l'église baroque de Sant'Eligio, un arc gothique surmonté d'une loggia et l'hôtel de ville (16e s.).

CARRARA

CARRARE - Toscane - 67 092 habitants

Carte Michelin n° 988 pli 14 ou 430 J 12

A la lisière du massif calcaire des Alpes Apuanes, tourmentées et spectaculaires, Carrare est située dans un riant bassin. Sa renommée lui vient de l'exploitation, entreprise dès l'Antiquité, de ses **marbres** blancs d'une pureté et d'un grain que seuls égalent ceux de Paros, en Grèce. Michel-Ange venait y choisir les blocs dans lesquels il sculptait ses chefs-d'œuvre.

Duomo - Cette construction romano-gothique présente une façade de style pisan, ornée d'une belle rosace en marbre finement ouvragée, et un élégant campanile du 13e s. A l'intérieur, intéressantes statues du 14e s.

Cave di marmo ⓥ - Le paysage farouche et le travail gigantesque effectué par les hommes autour de ces carrières de marbre offrent un extraordinaire spectacle. Des **carrières de Fantiscritti**★★ *(5 km au Nord-Est)*, farouches et impressionnantes, et de celles de **Colonnata**★ *(8,5 km à l'Est)*, dans un décor verdoyant, les blocs sont acheminés vers la plaine. **Marina di Carrara** *(7 km au Sud-Ouest)* est le port d'exportation des marbres qui s'y entassent dans d'énormes dépôts.

LARA PESSINA

Carrière de marbre

★ **Sarzana** - *16 km au Nord-Ouest (Ligurie)*. Autrefois base avancée de Gênes et rivale de Pise, cette ville active conserve de nombreux témoignages de son importance passée.

La **cathédrale** abrite un **retable**★ en marbre (1432), finement sculpté par Riccomani ; à droite du chœur, une chapelle recèle une ampoule qui aurait contenu le sang du Christ ; dans la chapelle à gauche du chœur, on admire un **crucifix**★, chef-d'œuvre de la peinture romane, par Guglielmo de Lucques (1138).

La **forteresse de Sarzanello**★ ⓥ, élevée en 1322 par le condottiere lucquois Castruccio Castracani, se trouve sur une hauteur au Nord-Est de la ville : curieux exemple d'architecture militaire, avec ses profonds fossés et ses courtines massives, cantonnées de tours rondes. Du donjon, magnifique **panorama**★★ sur la ville et les premiers contreforts des Apennins.

Abbazia di CASAMARI★★

Abbaye de CASAMARI – Latium

Carte Michelin n° 988 pli 26 ou 430 Q 22

Bâtie dans un lieu solitaire, selon la règle bénédictine, l'abbaye de **Casamari** ⓥ fut consacrée en 1217 par le pape Honorius III. Les moines cisterciens qui poursuivirent la construction reprirent le modèle établi à Fossanova et les principes d'austérité préconisés par saint Bernard, enjoignant à la communauté de se suffire à elle-même. D'inspiration bourguignonne, l'église est un bel exemple des premières manifestations du gothique en Italie. La façade, d'une grande simplicité, est précédée d'un porche d'entrée. Le portail central, en plein cintre, possède un **tympan** richement ouvragé. La présence de petites roses, à la façade et au chevet, apporte une note de fantaisie à l'architecture extérieure de l'édifice.
L'intérieur est à trois nefs, séparées par d'imposants piliers cruciformes avec colonnes engagées qui supportent des voûtes d'ogives très hautes. Le plan est en croix latine présentant un chœur peu profond et un chevet plat, quelque peu troublés par un baldaquin plus tardif. A droite de l'église se trouve le **cloître** aux colonnes jumelées, avec son puits et son jardin fleuri. Sur le côté Est s'ouvre, à son emplacement traditionnel, une remarquable salle capitulaire dont les voûtes ogivales ornées de fines nervures reposent sur quatre piliers fasciculés.

CASERTA★

Campanie – 68 869 habitants

Carte Michelin n° 988 pli 27 ou 431 D 25

Au cœur d'une plaine fertile, Caserta est le Versailles du royaume de Naples.

★★ **La Reggia** ⓥ – C'est Charles III de Bourbon qui, en 1752, ordonna à l'architecte Vanvitelli la construction de ce palais aux dimensions exceptionnelles. Cet édifice, l'un des plus grandioses d'Italie, est bâti sur un plan rectangulaire (249 × 190 m) élevé sur cinq étages. Ses façades avec avant-corps à colonnes sont d'une grandeur un peu monotone, en dépit des quelque 250 fenêtres qui les percent. Les bâtiments s'ordonnent autour de quatre cours de belles proportions. Un magnifique vestibule permet d'accéder à celles-ci et au somptueux **escalier d'honneur**★. Les appartements, richement décorés, renferment un mobilier Empire.

★ **Le parc** ⓥ – Le parc et ses jardins sont également dus à Luigi Vanvitelli et à son fils : s'y déploient, jusqu'à la grande **cascade**★★ *(78 m de haut)*, une série de fontaines et de bassins ornés de statues, dont Diane et Actéon par Vanvitelli. A droite de la cascade, pittoresque **jardin anglais**★★ créé par Marie-Caroline d'Autriche.

★ **Caserta Vecchia** – *10 km au Nord.* Cette petite ville, dominée par les vestiges de son château du 9e s., offre le charme désuet de ses ruelles à demi abandonnées, courant entre de vieux murs de tuf brun.

CASTELFRANCO VENETO★

Vénétie – 29 496 habitants

Carte Michelin n° 988 pli 5 ou 429 E 17

L'agréable citadelle de Castelfranco, entourée de douves et animée de quelques jolies maisons à arcades, s'enorgueillit d'avoir donné le jour au peintre **Giorgione** et de posséder dans son **Duomo** l'une des rares œuvres qui lui soit quasi unanimement attribuée par la critique : ***Vierge à l'Enfant entre saint François et saint Libéral***★★. Né vers 1477, Giorgione mourut à 32 ans, sans doute de la peste, laissant une vingtaine de chefs-d'œuvre qui exercèrent une influence déterminante non seulement sur la peinture vénitienne (Titien tout d'abord, qui fut son élève et acheva sans doute quelques-unes de ses compositions, Giovanni Bellini dans ses dernières œuvres, Sebastiano del Piombo, Palma le Vieux, Savoldo, Dosso Dossi, etc.), mais également, par l'usage si particulier de la lumière, sur tout le cours de la peinture européenne. Giorgione accomplit, au cours de sa brève carrière, une synthèse admirable de la figure et de la nature : celles-ci, grâce à un dessin d'une extrême souplesse et à une maîtrise souveraine des couleurs, paraissent se fondre comme si la réalité extérieure du paysage devenu thème central du tableau émanait de la méditation intérieure et paisible des personnages. Dans la toile du Duomo, remontant à la première période du peintre, cette aspiration à la fusion est déjà sensible dans la répartition des personnages sur deux plans fortement opposés : les saints Libéral et François dans l'ombre de la salle carrelée et la Vierge, placée sur un trône élevé, se détachant sur un fond de paysage.
Visiter également la **maison natale du peintre** (Casa natale di Giorgione) ⓥ, aménagée en musée *(piazza del Duomo)*.

CASTELLAMMARE DI STABIA♆

Campanie – 68 332 habitants

Carte Michelin n° 988 pli 27 ou 431 E 25 – Schéma à Golfo di NAPOLI

C'est l'antique ville d'eau romaine de Stabiae.
Après avoir été osque, étrusque et samnite, **Stabies** passa sous domination romaine au 4e s. avant J.-C. mais, s'étant révoltée contre la capitale, elle fut anéantie par Sylla au 1er s. avant J.-C. Elle fut reconstruite en petites agglomérations, auxquelles s'ajoutèrent bientôt de luxueuses villas édifiées sur les hauteurs et où séjournaient les riches patriciens, avant de disparaître sous les cendres de l'éruption du Vésuve en 79. Le naturaliste Pline l'Ancien, venu observer le phénomène par bateau, périt asphyxié par les gaz.
Au 18e s., les Bourbons entreprirent les fouilles, remirent en état le port et fondèrent des chantiers navals encore actifs aujourd'hui.

★ **Antiquarium** ⓥ – *2, via Marco Mario.* Matériel mis au jour par les fouilles de l'antique Stabiae, dont surtout une magnifique série de **peintures murales** provenant des villas voisines, et de très beaux **bas-reliefs** en stuc.

Villas romaines – *2 km à l'Est, par la route de Gragnano.* La **villa di Arianna** ⓥ était une riche demeure admirablement située face au golfe de Naples et au Vésuve. La **villa di San Marco** ⓥ, construite sur deux niveaux dans une architecture raffinée et agrémentée de jardins et piscines, devait également être une somptueuse villa de campagne.

CASTELLI ROMANI★★

Latium

Carte Michelin n° 988 pli 26 ou 430 pli 36

La région des Castelli Romani s'étend au Sud-Est de Rome sur les flancs des monts Albains (Colli Albani), d'origine volcanique. Cette série de places fortes fut édifiée au cours du Moyen Âge par les familles nobles qui fuyaient l'insécurité et le désordre de l'ancienne capitale. Chacun de ces bourgs occupe une position protégée sur le pourtour d'un immense cratère, lui-même criblé de cratères secondaires qui forment, entre autres, les lacs d'Albano et de Nemi. Des pâturages et des châtaigneraies occupent les sommets, tandis qu'en bas poussent les oliviers et la vigne produisant un excellent vin.
Les Romains aiment beaucoup s'y rendre dès que la saison est chaude : ils trouvent là, tranquillité et fraîcheur, une lumière exceptionnelle, des lieux de promenades et des auberges de campagne aux tonnelles ombragées.

CIRCUIT AU DÉPART DE ROME *122 km – compter une journée*

Sortir de Rome par la Via Appia, en direction de **Castel Gandolfo★**. Cette petite cité est la résidence d'été du souverain pontife ; on pense que Castel Gandolfo occupe l'emplacement de l'antique Albe-la-Longue, puissante rivale de Rome qui opposa les trois Curiaces aux trois fils de Rome, les Horaces, dans le fameux combat évoqué par Tite-Live.

Albano Laziale, élevée sur le terrain de l'antique villa de Domitien, possède une jolie église **(Santa Maria della Rotonda★)**, une **Villa Comunale★** et (près du Borgo Garibaldi) la prétendue tombe des Horaces et des Curiaces.

Ariccia présente une belle place dessinée par Le Bernin, un palais ayant appartenu aux Chigi et une église placée sous le vocable de l'Assomption. **Velletri** est une agglomération prospère, au Sud des monts Albains, située au cœur des vignobles.

A partir de Velletri, revenir en arrière par la Via dei Laghi.

Cette belle route qui serpente à travers les bois de châtaigniers et de chênes permet de rejoindre **Nemi**, petit village dans un **site★★** charmant sur les pentes du lac de même nom. Elle monte ensuite en direction du **monte Cavo** (alt. 949 m) où s'élevait autrefois un temple de Jupiter, transformé depuis en couvent et aujourd'hui en hôtel : de l'esplanade, belle **vue★** sur la région des Castelli et jusqu'à Rome.
Après **Rocca di Papa**, pittoresquement située face aux lacs, la route traverse **Grottaferrata**, qui a conservé une **abbaye★** fondée au 11e s. par des moines grecs. Une fois passé **Tusculo**, fief des comtes de Tusculum qui dominèrent la région des Castelli, on parvient à **Frascati★**, agréablement disposée sur les flancs d'une colline en direction de Rome : célèbre pour ses vins, la petite cité s'orne de quelques belles villas des 16e et 17e s., notamment la **Villa Aldobrandini★** ⓥ dont le parc est aménagé en terrasses aux arbres bien taillés.
Au retour, on passe, avant d'entrer dans Rome, devant les studios de **Cinecittà**, le Hollywood italien.

CERVETERI

Latium – 20 614 habitants

Carte Michelin n° 988 pli 25 ou 430 Q 18

L'antique Cerveteri, Caere, était un centre étrusque puissant, bâti sur une hauteur à l'Est de l'agglomération actuelle. Son apogée se situe aux 7e et 6e s. avant J.-C., époque à laquelle la cité connaît une vie culturelle et religieuse intense. Mais au 4e s. commence son déclin. Ce n'est qu'au début de notre siècle que des fouilles sont entreprises, les objets trouvés allant enrichir le musée étrusque de la Villa Giulia à Rome, principalement.

★★ **Necropoli della Banditaccia** ⓥ – Témoignage important de la croyance des Étrusques en la survie de l'âme, cette admirable nécropole s'étend à 2 km au Nord de la ville.

Elle se présente comme une cité, avec une voie principale ouvrant sur de nombreuses tombes en forme de tumulus, dressées au cœur d'une végétation dont l'ordonnance et les couleurs dégagent une grande sérénité ; les tombes à tumulus, qui créent l'étrangeté de ce lieu, datent généralement du 7e s. avant J.-C. : un tertre conique et herbu repose sur un socle de pierre parfois cerné de moulures, au-dessous duquel se trouvent les chambres funéraires.

D'autres tombes consistent en chambres souterraines, accessibles par une porte simplement ornée. Les chambres sont desservies par un vestibule et renferment souvent deux lits funéraires disposés côte à côte et marqués d'une petite colonne s'il s'agit d'un homme (soutien de la famille), d'un petit toit si le défunt était une femme (protection du foyer).

Parmi les tombes sans tumulus, visiter la **tombe des Reliefs**★★ (tomba dei Rilievi), décorée de peintures et de stucs évoquant de multiples aspects de la vie quotidienne.

CHIAVENNA

Lombardie – 7 362 habitants

Carte Michelin n° 988 pli 3, 218 pli 14 ou 428 D 10

Au cœur d'une région de vallées sauvages, Chiavenna est la clef (chiave) des cols du Splügen et de la Maloja, entre l'Italie et la Suisse.

La **collégiale San Lorenzo**, d'origine romane, reconstruite au 16e s. après un incendie, abrite deux toiles respectivement de Pietro Ligari (1738) *(2e chapelle à droite)*, et de Giuseppe Nuvoloni (1657) *(1re chapelle à gauche)*. Le **baptistère** ⓥ renferme une **cuve baptismale**★ romane (1156) ornée d'intéressants bas-reliefs (scène de baptême rassemblant des personnages très différents : un enfant, des ecclésiastiques, un noble, un militaire, un artisan). Le **trésor** ⓥ recèle une belle reliure d'évangéliaire du 12e s.

A proximité, au-dessus du palais Balbini (15e s.), le rocher **Paradiso**, autrefois fortifié, est aménagé en jardin (**giardino botanico e archeologico** ⓥ), offrant quelques vues sur la ville.

A voir également les curieuses fresques qui ornent l'extérieur du Palais Pretorio et les portails de la via Dolzino dont les inscriptions remontent à l'époque de la Réforme.

Enfin, Chiavenna est connue pour ses « **crotti** », établissements installés dans des cavités naturelles où l'on sert des spécialités locales (propres à la Valtellina) tels que les pizzoccheri (pâtes de sarrasin au fromage fondu), la bresaola (viande séchée) et le bitto (fromage).

★★ **Route du col du Splügen (Passo dello Spluga)** – *De Chiavenna au col, 30 km.* C'est l'une des routes les plus spectaculaires des Alpes, notamment dans sa **section Campodolcino-Pianazzo**★★★, grimpant en lacet au flanc d'une paroi abrupte.

CHIETI

Abruzzes – 55 940 habitants

Carte Michelin n° 988 pli 27 ou 430 O 24 – Plan dans le guide Rouge Michelin Italia

Bâtie au sommet d'une colline d'oliviers, Chieti propose au touriste des panoramas variés. Le corso Marrucino est l'artère la plus animée de la ville.

Museo archeologico degli Abruzzi ⓥ – Installé dans un des bâtiments de la **Villa Comunale**, au cœur de beaux **jardins**★, il rassemble de nombreuses œuvres de production régionale, sculptées, du 6e s. avant J.-C. au 4e s. de notre ère. Remarquer notamment un Hercule de marbre provenant d'Alba Fucens, un portrait de Sylla, un Hercule en bronze et, surtout, le fameux **Guerrier de Capestrano★**, étrange statue en pierre calcaire du 6e s. avant J.-C., précieux témoignage de la civilisation picéenne qui s'était développée dans le centre de la péninsule avant la domination romaine.

Vestiges romains – Trois **temples** (Templi Romani), contigus et minuscules, ont été retrouvés en 1935 près du corso Marrucino (derrière la Poste). Plus à l'Est se trouvent quelques réservoirs d'eau destinés à alimenter les thermes qui sont assez bien conservés.

CHIUSI★

Toscane – 9 089 habitants

Carte Michelin n° 988 pli 15 ou 430 M 17

Située sur une haute colline couverte d'oliviers, Chiusi, aujourd'hui calme et accueillante, fut l'une des plus puissantes des douze cités souveraines d'Étrurie.

★ **Museo etrusco** ⓥ – *Via Porsenna.* Il réunit de nombreux objets provenant des nécropoles voisines : sarcophages, cippes et urnes funéraires, de pierre et d'albâtre, sculptures, canopes à têtes humaines, ex-voto d'argile ainsi que toutes sortes d'ustensiles, de vases, de lampes et de bijoux où s'expriment la fantaisie et le goût réaliste du peuple étrusque.
On peut se rendre en voiture, accompagné d'un gardien du musée, à quelques-uns des **tombeaux étrusques** qui subsistent à 3 km de la ville.

Cattedrale di San Secondiano – Reconstruite au 12e s. sur les ruines d'une basilique paléochrétienne du 6e s. Ses trois nefs sont séparées par 18 colonnes antiques provenant de divers édifices romains.

Museo della cattedrale ⓥ – Vestiges étrusco-romains et paléochrétiens découverts sous la cathédrale et à ses abords. Belle collection de livres religieux enluminés des 15e et 16e s. provenant de l'abbaye de Monte Oliveto Maggiore. Pièces d'orfèvrerie, reliquaires, ornements sacrés...

CINQUE TERRE★★

Ligurie

Carte Michelin n° 988 pli 13 ou 428 J 11 – Schéma à la RIVIERA

Au Nord-Ouest du golfe de La Spezia, les Cinque Terre restent aujourd'hui encore d'un accès difficile : c'est sans doute pourquoi cette côte escarpée, plantée de vignobles et qui abrite quelques villages de pêcheurs, a gardé presque intactes ses traditions et son paysage farouche et surprenant.

★★ **Vernazza** – C'est le village le plus attrayant des Cinque Terre, avec ses hautes maisons colorées et son église, agglutinées autour d'une anse bien protégée contre les assauts de la mer.

Aerfoto/ARTEPHOT

Les Cinque Terre – Manarola

★ **Manarola** - Bourg de pêcheurs, entouré de vignobles en terrasses, et possédant une petite église du 14e s. De la gare, une splendide **promenade**★★ *(1/4 h à pied)* offre de beaux points de vue sur la côte et les autres villages.

★ **Riomaggiore** - *Accès par une bretelle sur la route La Spezia-Manarola.* Les vieilles maisons de ce bourg médiéval s'entassent dans l'étroit vallon d'un torrent. Le minuscule port de pêche est blotti dans une crique aux étranges rochers noirs stratifiés, typiques de la région.

CIVIDALE DEL FRIULI★

Frioul - Vénétie Julienne - 11 187 habitants

Carte Michelin n° 988 pli 6 ou 429 D 22 - 17 km au Nord-Est d'Udine

C'est l'ancien Forum Julii, qui a donné son nom au Frioul, situé en surplomb de la rivière Natisone. Les Lombards, originaires de Scandinavie, s'y installèrent au 6e s. et y fondèrent le premier de leurs nombreux duchés d'Italie du Nord. La ville devint plus tard la résidence des patriarches d'Aquileia ; dès le 15e s., elle fut soumise à la république de Venise. Atteinte par le séisme de 1976, Cividale a été reconstruite.

Duomo - Reconstruit au 16e s. en style Renaissance par Piero Lombardo (1435-1515), il conserve une façade partiellement gothique, et son intérieur reprend des éléments gothiques préexistants. Le maitre-autel porte un retable en argent doré vénéto-byzantin du 12e s. Le petit **Museo Cristiano** ⓥ d'art lombard (dans la nef droite) contient, parmi d'autres objets précieux, le baptistère du patriarche Callisto, octogonal, reconstitué au 8e s. avec des éléments byzantins, et l'« autel » (8e s.) du duc Ratchis, en marbre et aux parois sculptées de scènes de la vie du Christ.

★★ **Museo archeologico nazionale** ⓥ - *A gauche de la cathédrale.* Installé dans un beau palais de la fin du 16e s. qui aurait été projeté par Palladio, il présente au 2e étage les nombreuses découvertes faites dans les nécropoles lombardes de Cividale et des alentours : parures féminines et masculines (dont des pièces d'orfèvrerie), armes et objets usuels offrant un bon aperçu de la culture et de l'art lombards du 6e s. à l'époque carolingienne ; remarquer le sarcophage romain réutilisé et le mobilier funéraire de la tombe du duc Gisulfo (7e s.). Au rez-de-chaussée, collection lapidaire d'époques surtout romaine et lombarde.

★★ **Tempietto** ⓥ - *Près de la piazza San Biagio.* Cet élégant petit temple lombard du 8e s., formé d'une salle carrée en croisées d'ogives, s'orne d'une admirable **décoration** lombarde : fresques et stucs stylisés font de cet oratoire un exemple architectural unique en son genre.

CIVITAVECCHIA

Latium - 51 274 habitants

Carte Michelin n° 988 pli 25 ou 430 P 17

Civitavecchia, l'antique Centumcellae, devenue dès le règne de Trajan le principal port de Rome, assure aujourd'hui la liaison avec la Sardaigne. Le port est défendu par le fort Michel-Ange, solide construction Renaissance commencée par Bramante, continuée par Sangallo le Jeune et Le Bernin, achevée enfin par Michel-Ange en 1557. Nommé consul à Civitavecchia en 1831, Stendhal mit à profit ses moments de liberté pour y composer de nombreuses œuvres, notamment *La Chartreuse de Parme.*

Museo nazionale archeologico ⓥ - *2 A, largo Plebiscito.* Il réunit des collections étrusques et romaines provenant des fouilles de la région ; remarquer une étonnante série d'ancres romaines.

Terme di Traiano (ou **Terme Taurine**) ⓥ - *3 km au Nord-Est.* Ces thermes sont composés de deux ensembles dont le premier *(à l'Ouest)* remonte à la période républicaine, et le second, mieux conservé, est dû au successeur de Trajan, Hadrien.

Participez à notre effort permanent de mise à jour.

Adressez-nous vos remarques et vos suggestions :

Cartes et Guides Michelin
46, avenue de Breteuil
75324 PARIS CEDEX 07

COMACCHIO

Émilie-Romagne – 21 159 habitants

Carte Michelin n° 988 pli 15 ou 429 H 18

Bâtie sur le sable et l'eau, vivant depuis toujours de la pêche des anguilles, Comacchio rappelle Chioggia. Ses maisons colorées, ses canaux franchis par de curieux ponts, parfois triples, ses barques de pêche font son charme.

★ **Le Polésine** – Les étendues qui entourent Comacchio sont formées par l'ancien delta du Pô, autrefois pauvre et malsain et transformé en région agricole. La route Chioggia-Ravenne (90 km) qui la traverse offre à perte de vue un paysage plat, désert, ponctué de temps à autre par une grande ferme isolée. Des futaies de peupliers et de pins parasols colorent, à partir du printemps, la monotonie de ce pays où l'on pratique, dans les nombreux canaux qui le sillonnent, la pêche à l'anguille. A **Mesola** *(28 km au Nord de Comacchio)* s'élève un robuste château de brique, bâti en 1583 par les Este. Dans la partie méridionale du delta, les « **Valli di Comacchio** » forment une zone lagunaire, la plus importante d'Italie, d'une mélancolique beauté.

COMO★

CÔME – Lombardie – 90 799 habitants

Carte Michelin n° 988 pli 3, 219 plis 8, 9 ou 428 E 9 – Schéma p. 107

Plan dans le guide Rouge Michelin Italia

Cité florissante sous les Romains, Côme connut son apogée au 11e s. Détruite par les Milanais en 1127, reconstruite par l'empereur Frédéric Barberousse, elle fut reprise par Milan en 1355, dont elle suivit dès lors le destin.

Connus dès le 7e s., les « **maestri comacini** » étaient des maçons-architectes-sculpteurs qui diffusèrent le style lombard non seulement en Italie mais dans toute l'Europe. L'appellation « comacini » désigne suivant les interprétations des « maçons associés » (les co-macini), des artistes travaillant « cum machinis » (avec des machines), ou simplement leur origine géographique.

★★ **Duomo** – Commencé à la fin du 14e s., complété sous la Renaissance et couronné au 18e s. par l'élégante coupole due au Turinois Juvara, il possède une remarquable **façade**★★ richement décorée dès 1484 par les **frères Rodari**, auteurs également de la virtuose décoration du **portail Nord** (dit « della Rana », en raison de la grenouille, « rana », qui apparaît sur l'un des pilastres) et du **portail Sud**. L'**intérieur**★, solennel, présente une architecture gothique et une décoration plutôt Renaissance. Outre les bannières tendues entre les piliers et les magnifiques **tapisseries**★ des 16e et 17e s., il abrite dans le bas-côté droit des toiles de B. Luini (***Adoration des Mages, Vierge à l'Enfant entourée de saints***★) et G. Ferrari (***Fuite en Égypte***), ainsi qu'une pathétique ***Descente de Croix***★, sculptée par Tommaso Rodari (1489), dans le bas-côté gauche. Remarquable orgue en 5 corps.

Accolé à la façade, le **Broletto**★★, ancien palais communal du 13e s., est constitué d'un rez-de-chaussée à arcades et d'un étage orné de belles fenêtres à triples baies.

★ **San Fedele** – Au cœur d'un quartier pittoresque, l'église San Fedele (12e s.), de style roman lombard, est ornée d'un curieux portail d'abside agrémenté de belles sculptures en méplat. L'intérieur, à trois nefs, conserve un splendide **chœur**★ roman polygonal, flanqué d'absidioles et souligné par une double rangée d'arcades.

★ **Basilica di Sant'Abbondio** – Chef-d'œuvre de l'architecture romane lombarde, cette église, consacrée en 1093, présente une noble et sobre **façade**★ précédée d'un beau portail. L'intérieur est à cinq nefs, séparées par de hautes et élégantes colonnes. Remarquable ensemble de **fresques**★ du 14e s. évoquant la vie du Christ.

Villa Olmo ⓥ – *3 km au Nord, par la route S 35, puis à droite la S 340.* Imposant édifice néo-classique de la fin du 18e s. Petit théâtre, et jardins d'où l'on a une belle **vue**★ sur Côme et le lac.

CONEGLIANO

Vénétie – 35 580 habitants

Carte Michelin n° 988 pli 5 ou 429 E 18 – 28 km au Nord de Trévise

Au cœur de collines plantées de vergers et de vignobles produisant un excellent vin blanc, cette petite ville est la patrie du peintre **Cima da Conegliano** (1459-1518), admirateur de Giovanni Bellini, coloriste séduisant qui place ses personnages sur fond de paysages idéalisés par une lumière cristalline. Le **Duomo** ⓥ possède une belle ***Conversation sacrée***★ de ce peintre. Voir également le **castello** ⓥ qui abrite deux petits **musées**, et d'où l'on découvre un beau **panorama**★ sur le site de la ville. La **Scuola dei Battuti** (des Flagellés), voisine du Duomo, est ornée de **fresques**★ lombardes et vénitiennes des 15e et 16e s.

CORTINA D'AMPEZZO***

Vénétie – 7 104 habitants

Carte Michelin n° 988 pli 5 ou 429 C 18 – Schéma à DOLOMITI
Plan dans le guide Rouge Michelin Italia

Admirablement située à 1 210 m d'altitude dans la combe d'Ampezzo, au cœur du massif des Dolomites dont elle est la capitale, Cortina est une élégante station d'hiver et d'été, remarquablement équipée. Plusieurs excursions au départ de la localité permettent d'apprécier le somptueux **décor montagneux***** qui l'entoure.

*** **Tondi di Faloria** ⓥ – Du sommet, on jouit d'un panorama grandiose. Magnifiques champs de ski.

*** **Tofana di Mezzo** ⓥ – Le téléphérique porte à 3 244 m, d'où se dévoile un panorama superbe sur les montagnes environnantes.

** **Belvedere Pocol** ⓥ – *S'y rendre au coucher du soleil, de préférence.* Il permet de découvrir une très belle vue sur la vallée de Cortina.

CORTONA**

Toscane – 22 591 habitants

Carte Michelin n° 988 pli 15 ou 430 M 17
Plan dans le guide Rouge Michelin Italia

Entourée d'une ceinture de remparts médiévaux, Cortona est une petite ville d'aspect tranquille accrochée aux pentes d'une colline plantée d'oliviers, d'où la vue s'étend jusqu'au lac Trasimène.
Dès le 14e s., Cortona devient un centre actif qui attire de nombreux artistes et, parmi eux, Fra Angelico. Plus tard, en 1450, la ville voit naître **Luca Signorelli** (mort accidentellement en 1523), dont la vision dramatique et le sens affirmé du modelé annoncent l'art de Michel-Ange. Originaires de Cortona également, l'architecte Domenico Bernabei, dit Boccador, qui éleva l'hôtel de ville de Paris à la demande de François Ier et, surtout, **Pietro da Cortona** (1596-1669), peintre et architecte à l'imagination féconde, l'un des maîtres du baroque romain. Dernier artiste célèbre, le peintre **Severini** (1883-1966) attacha son nom au mouvement futuriste.

CURIOSITÉS

En bordure des remparts, la **piazza del Duomo** offre une belle vue sur la vallée. Le **Duomo**, roman, remanié à la Renaissance, abrite quelques œuvres d'art.

** **Museo diocesano** ⓥ – *Face au Duomo.* Remarquable collection de peintures où l'on peut admirer une belle ***Annonciation*** du Beato Angelico, ainsi qu'une de ses *Madone entourée de saints.* L'école siennoise est représentée par des œuvres de Duccio, Pietro Lorenzetti, Sassetta. Le musée réunit aussi un ensemble choisi de peintures de **Signorelli** et une remarquable ***Extase de sainte Marguerite*** par le Bolonais G.M. Crespi (1665-1747). Voir également un beau sarcophage romain du 2e s. *(Combat des Centaures et des Lapithes).*

* **Palazzo Pretorio** – Le palais des Préteurs fut édifié au 13e s. et remanié par la suite. Sa façade latérale, datant de l'origine, est ornée de blasons tandis que celle située piazza Signorelli, précédée d'un grand escalier, date du 17e s. Il abrite le **Museo dell'Accademia etrusca*** ⓥ qui réunit des objets étrusques, mais aussi romains, égyptiens, du Moyen Âge et de la Renaissance. Parmi les objets étrusques, il faut signaler une curieuse **lampe à huile**** en bronze (5e s. avant J.-C.) ornée de seize becs anthropomorphes. Œuvres et souvenirs de Severini, cédés par l'artiste à sa ville.

Santuario di Santa Margherita – Il renferme le beau **tombeau*** gothique (1362) de la Sainte. A droite du sanctuaire aboutit la via Santa Margherita, que Severini a orné de mosaïques représentant les stations du **chemin de croix**.

Chiesa di San Domenico – *Largo Beato Angelico.* Elle recèle, dans l'abside droite une ***Madone avec des anges et des saints*** de Luca Signorelli, à l'autel un polyptyque de Lorenzo di Noccolò, et une fresque de Fra Angelico.

* **Chiesa di Santa Maria del Calcinaio** – *3 km en direction de l'Ouest.* Construite entre 1485 et 1513 par Francesco di Giorgio Martini, dans un style qui rappelle fortement celui de Brunelleschi, cette église est admirable par l'élégance et l'harmonie de son dessin, l'équilibre de ses proportions. Une coupole surmonte l'intérieur, lumineux et élancé, sur plan en croix latine. A l'oculus de la façade, remarquable **vitrail** (1516) du Berrichon **Guillaume de Marcillat** (1467-1529).
Non loin de l'église, vers l'Ouest *(sur la route d'Arezzo)*, mausolée étrusque de forme circulaire (4e s.), dit « tombe de Pythagore ».

CREMONA★

CRÉMONE – Lombardie – 73 991 habitants

Carte Michelin n° 988 plis 13, 14 ou 428, 429 G 11/12

La ville actuelle, important centre agricole situé au cœur d'une région fertile, regroupe son activité commerciale et son animation autour de la piazza Roma. D'abord cité gauloise, puis latine, la ville fut au Moyen Âge une commune libre, constamment ravagée pourtant par les luttes intestines entre les guelfes et les gibelins. En 1334, elle fut conquise par les Visconti. Réunie au duché de Milan au 15e s., Crémone connut à nouveau sous la Renaissance une brillante activité artistique. Aux 18e et 19e s., les Français et les Autrichiens se la disputèrent jusqu'à la période du Risorgimento auquel les Crémonais participèrent activement.
Le renom de Crémone lui vient avant tout de ses luthiers qui, dès la fin du 16e s., perfectionnèrent violons et violoncelles. L'École internationale de Lutherie *(ne se visite pas)* perpétue aujourd'hui la tradition. Crémone donna également le jour à Claudio **Monteverdi** (1567-1643), inventeur, avec l'*Orfeo* et *Le Couronnement de Poppée*, de l'opéra moderne.

La ville du violon

Crémone est la patrie des plus grands luthiers de tous les temps dont les instruments sont encore aujourd'hui recherchés par les violonistes de renom. Le premier luthier crémonais réputé fut **Andrea Amati**, à qui le roi de France Charles IX commandait déjà des instruments au 16e s. ; son œuvre fut poursuivie par ses fils et son neveu Niccolo, maître d'Andrea Guarneri et du très célèbre **Antonio Stradivarius** (vers 1644-1737), qui créa plus de 1 000 instruments.
Andrea Guarneri est le chef de file d'une autre dynastie renommée dont le fleuron reste Giuseppe Guarneri (1698-1744) dit del Gesù en raison du trigramme IHS *(Jésus sauveur des hommes)* que portent ses violons.
Le mélomane averti distinguera facilement le timbre d'un stradivarius, d'une pureté cristalline, de celui d'un Guarneri del Gesù, puissant et profond.

★★ PIAZZA DEL COMUNE (**BZ 7**) *visite : 1 h*

Les monuments qui la bordent en font une des plus belles places d'Italie.

★★★ **Torrazzo** ⌚ – Relié à la façade de la cathédrale par une galerie Renaissance, le Torrazzo est un admirable campanile élevé à la fin du 13e s. Son corps massif est allégé par un élégant couronnement octogonal ajouté au 14e s. De son sommet (112 m), belle **vue**★ sur la ville.
Son horloge astronomique, remontant à 1471, subit divers remaniements, dont le dernier dans les années 70. Il se distingue tout particulièrement par ses représentations d'étoiles et de constellations du zodiaque.

★★ **Duomo** – Ce magnifique édifice lombard, commencé en style roman et achevé en gothique (de 1107 à 1332), possède une riche façade de marbre blanc, précédée d'un porche ; de nombreux éléments ajoutés en forment l'ornementation, notamment une frise de l'école d'Antelami, une grande rose du 13e s. et, au portail central, quatre statues-colonnes qui rappellent celles de Chartres.
L'**intérieur**, de vastes proportions, abrite des **fresques**★ dues à l'école de Crémone (B. Boccaccino, les Campi, les Bembo et Romanino da Brescia, Pordenone et Gatti). Noter également les belles **tapisseries**★ bruxelloises du 17e s. et, à l'entrée du chœur, un élégant **haut-relief**★★ d'Amadeo, l'architecte-sculpteur de la chartreuse de Pavie.

★ **Battistero** (**L**) – Cette belle construction octogonale, ornée d'un porche lombard et d'une galerie à colonnes, a été modifiée à la Renaissance.

Palazzo Comunale (**H**) ⌚ – Bâti au 13e s., puis remanié, il abrite cinq célèbres **violons** des luthiers crémonais (Stradivarius, les Guarnieri, les Amati). A gauche de ce palais, la jolie **Loggia dei Militi** (**K**) remonte au 13e s.

AUTRES CURIOSITÉS

★ **Museo civico** (**ABY**) ⌚ – Installé dans un palais du 16e s., il comprend plusieurs sections : **pinacothèque** (œuvres de l'école crémonaise), arts mineurs (**ivoires français**), **trésor de la cathédrale**, et **musée Stradivarius** (modèles, formes de bois et outils du grand luthier Stradivarius, ainsi que des instruments à corde du 17e au 20e s.).

CREMONA

Campi (Corso) .... BZ 5
Cavour (Piazza) .... BZ 6
Garibaldi (Corso) .... AYZ
Matteotti (Corso) .... BYZ

Boccaccino (Via) .... BZ 3
Cadorna (Piazza L.) .... AZ 4
Comune (Piazza del) .... BZ 7
Geromini (Via Felice) .... BY 9
Ghinaglia (Via F.) .... AY 12
Ghisleri (Via A.) .... BY 13
Libertà (Piazza della) ..... BY 14
Mantova (Via) .... BY 17
Manzoni (Via) .... BY 18
Marconi (Piazza) .... BZ 19
Marmolada (Via) .... BZ 22
Mazzini (Corso) .... BZ 23
Melone (Via Altobello) .... BZ 24
Mercatello (Via) .... BZ 25
Monteverdi (Via Claudio) .. BZ 27
Novati (Via) .... BZ 28
Risorgimento (Piazza) .... AY 29
S. Maria in Betlem (Via) .. BZ 32
S. Rocco (Via) .... BZ 33
Spalato (Via) .... AY 35
Stradivari (Via) .... BZ 37
Tofane (Via) .... BZ 39
Ugolani Dati (Via) .... BY 40
Vacchelli (Corso) .... BZ 42
Verdi (Via) .... BZ 43
Vittorio Emanuele II (Corso) AZ 45
4 Novembre (Piazza) .... BZ 46
20 Settembre (Corso) ... BZ 48

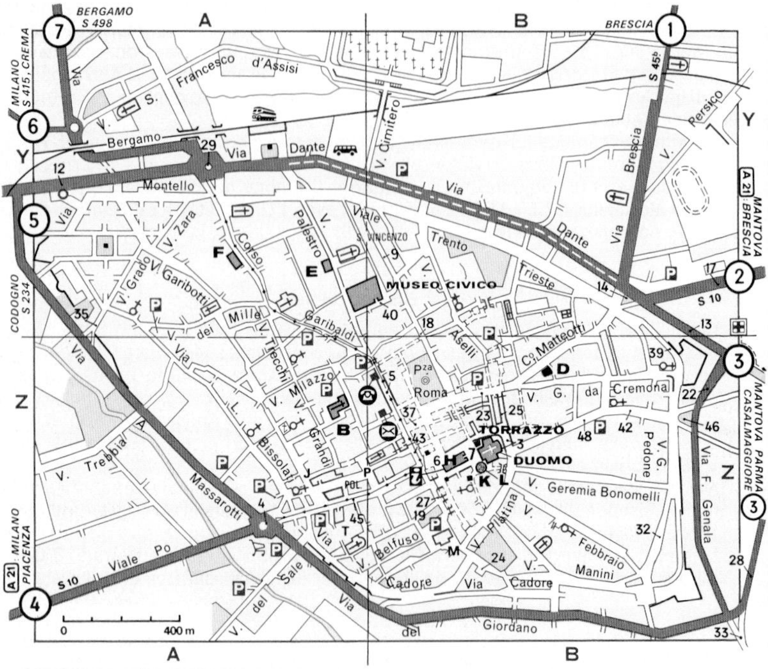

B Sant'Agostino
D Palazzo Fodri
E Palazzo Stanga
F Palazzo Raimondi
H Palazzo del Comune
K Loggia dei Militi
L Battistero

Monuments Renaissance – La ville est embellie par de nombreux palais Renaissance dont le **palazzo Fodri★** (**BZ D**), le **palazzo Stanga** (**AY E**), le **palazzo Raimondi** (**AY F**) ainsi que de quelques églises comme **Sant'Agostino** (**AZ B**), riche de plusieurs œuvres d'art : **portraits★** de Francesco Sforza et de son épouse par Bonifacio Bembo, **retable★** du Pérugin.
Hors les murs, sur la route de Casalmaggiore, s'élève l'**église San Sigismondo** *(2 km, sortir par③ du plan)* : elle mérite une visite pour son **intérieur★** qui apparaît comme un véritable salon décoré de fresques par l'école crémonaise du 16ᵉ s. (Campi, Gatti, Boccaccino).

CROTONE

Calabre – 58 999 habitants

Carte Michelin nº 988 pli 40 ou 431 J 33

Colonie achéenne de la Grande Grèce fondée en 710 avant J.-C., Crotone a été célébrée dans l'Antiquité pour sa richesse, la beauté de ses femmes et les prouesses de ses athlètes, tel Milon de Crotone, chanté par Virgile.
Vers 532 avant J.-C., Pythagore y fonda plusieurs communautés religieuses adonnées aux mathématiques et qui, devenues plus tard trop puissantes, furent chassées vers Métaponte.
Rivale de Locri, qui la vainquit au milieu du 6ᵉ s. avant J.-C., Crotone réussit à éliminer Sybaris, son autre concurrente. Ayant accueilli Hannibal lors de la 2ᵉ guerre punique, elle fut annexée peu après par Rome.
C'est aujourd'hui un port maritime florissant, doté de nombreuses industries, et une station balnéaire fréquentée.

Museo archeologico ⓥ – *Via Risorgimento.* Ses collections sont consacrées à l'archéologie de la région, principalement aux colonies de la Grande Grèce : céramiques, terres cuites, monnaies, sculptures.

EXCURSIONS

Cap Colonna – *11 km au Sud.* A l'extrémité de ce promontoire s'élève une colonne dorique, unique vestige d'un énorme temple dédié à Héra Lacinia (6e ou 5e s. avant J.-C.) qui eut un rayonnement considérable dans tout le Sud de la Péninsule (vestiges au musée archéologique).

★ **Santa Severina** – *27 km au Nord-Ouest.* La cathédrale, du 13e s., conserve un remarquable **baptistère★** du 8e s., d'inspiration byzantine, sur plan circulaire, et dont la coupole s'appuie sur huit colonnes d'origine antique. Voir également le château normand.

CUMA★

CUMES – Campanie

Carte Michelin n° 988 pli 27 ou 431 E 24

7 km au Nord de Pouzzoles – Schéma à Golfo di NAPOLI

Cumes, l'une des premières colonies grecques en Italie, fondée au 8e s. avant J.-C., ne tarda pas à dominer la région phlégréenne, y compris Naples, et marqua toute la contrée de son empreinte hellénique. Sa splendeur atteignit son faîte sous le tyran Aristodème. Néanmoins, les Romains la soumirent en 334 et, depuis lors, elle ne cessa de décliner jusqu'en 915 de notre ère, date à laquelle elle fut pillée par les Sarrasins. Les vestiges de la cité occupent, non loin de la mer, un site d'une sereine solennité. On visite les ruines de la ville haute – l'acropole – où s'élevaient la plupart des temples ; mais, là où s'étendait la partie basse de Cumæ, les restes d'un amphithéâtre, d'un temple Capitolin, de thermes, ont été retrouvés.

★★ **Acropoli** ⏲ – Établie sur une colline de lave et de tuf d'origine volcanique, dans un paysage solitaire, l'acropole est précédée par une allée de lauriers. Après une voûte s'ouvre à gauche l'**antre de la Sibylle★**, un des lieux les plus vénérés du monde antique, où la prophétesse, qu'Énée vint consulter, rendait ses oracles. La galerie, creusée par les Grecs vers le 6e ou le 5e s. avant J.-C., se termine par une salle rectangulaire à trois niches.

Ayant rejoint par un escalier la Voie Sacrée, on accède à un belvédère offrant une belle **vue★** sur la mer et où sont rassemblés quelques objets de fouilles, puis aux vestiges du **temple d'Apollon**, transformé plus tard en église chrétienne. Le **temple de Jupiter**, qui s'élevait plus loin, subit le même sort : on reconnaît même, vers le centre, la grande vasque des fonts baptismaux et, à proximité du sanctuaire, quelques tombes chrétiennes.

★ **Arco Felice** – En prenant la petite route en direction de Naples, on peut admirer cet arc élevé au-dessus de l'antique Via Domitiana ; vestiges de l'ancienne chaussée romaine.

La Sibylle de Cumes

Vierges prêtresses, vouées au culte d'Apollon, les sibylles étaient considérées pendant l'Antiquité comme des créatures semi-divines, presque immortelles, et réputées devineresses. Selon la croyance, Apollon les aidait à entrer en transe, état dans lequel elles pouvaient prophétiser. Leurs prédications sur l'avenir se faisaient toutefois en termes obscurs, donnant lieu à diverses interprétations, d'où l'appellation de sibyllin pour désigner quelque chose dont le sens est énigmatique ou caché.

Une des sibylles les plus connues est celle de Cumes (haut lieu de rayonnement de la civilisation grecque en Italie). On rapporte qu'elle vendit au roi étrusque de Rome Tarquin l'Ancien ou Tarquin le Superbe (6e s. av. J.-C.), *les Livres Sibyllins*, recueil de prophéties utilisées ensuite par les souverains en cas de nécessité pour répondre aux questions et exigences les plus variées de leurs sujets. Une des représentations les plus connues de la sibylle de Cumes est celle qu'en fit Michel-Ange à la voûte de la chapelle Sixtine à Rome.

DOLOMITI★★★

Les DOLOMITES

Carte Michelin n° 988 plis 4, 5 ou 429 plis 3, 4, 5

Ce massif calcaire, déchiqueté et grandiose, recherché des alpinistes et des skieurs, s'anime de teintes changeantes, jaunes ou rosées, violentes ou douces, suivant l'éclairage. Il s'étend principalement sur la région du Haut-Adige, de tradition autrichienne et de langue allemande, appelée aussi Tyrol du Sud.
De très bonnes routes, des sentiers bien tracés, d'immenses panoramas, un excellent équipement hôtelier s'offrent au voyageur.

UN PEU DE GÉOGRAPHIE

Les Dolomites sont approximativement délimitées par l'Adige et son affluent l'Isarco à l'Ouest, le massif de Brenta au Sud-Ouest, la vallée du Piave à l'Est, la Rienza (Val Pusteria) au Nord. Le massif est formé, en majeure partie, de roches calcaires appelées « dolomies », du nom du géologue français Gratet de Dolomieu qui, le premier, en étudia la composition à la fin du 18e s. Quelques noyaux de terrains volcaniques apparaissent au centre et à l'Ouest, des schistes au Sud-Ouest (Cima d'Asta). La nature du sol et la vigueur de l'érosion ont déterminé les paysages : rochers à pic, découpés, affectant la forme de tours, de clochers ou de dômes et, à leur pied, des versants adoucis couverts d'alpages, de conifères et de cultures. L'escarpement des pentes en altitude a empêché la formation de glaciers.

Les massifs - Au Sud-Est se dressent le Pelmo (3 168 m) et le Civetta (3 220 m) tandis qu'au Sud, près de la Cima della Vezzana, les « Pale di San Martino », striées de fissures, se divisent en trois chaînes séparées par un haut plateau. Les massifs du Latemar (2 842 m) et du Catinaccio (2 981 m), où se dressent les fameuses « Tours du Vaiolet », encadrent le col (Passo) de Costalunga. Au Nord de ce dernier se trouvent le Sasso Lungo et le colossal massif (Gruppo) de Sella : une route en fait le tour. A l'Est, les Dolomites de Cortina ont pour sommets principaux les Tofane, le Sorapiss et le Cristallo. Enfin, au centre, le massif (Gruppo) de la **Marmolada** (alt. 3 342 m) constitue le point culminant des Dolomites.
Le **Cadore** prolonge les Dolomites à l'Est et au Sud-Est de Cortina ; son axe est la vallée de la Piave, sa capitale Pieve di Cadore. Les plus hauts sommets de ce massif sont l'Antelao (3 263 m) et les « Tre Cime di Lavaredo ».

Faune et flore - La faune est celle des Alpes : aigle royal, chamois, chevreuil, épervier, coq de bruyère dans les forêts. Au printemps, les prairies sont couvertes de fleurs : edelweiss, gentianes bleu foncé, crocus blancs ou mauves, campanules bleues, anémones aux six pétales, saxifrages blanches étoilées ou fleurs des rochers à cinq pétales, soldanelles mauves et frangées, lys martagon... Dans les vallées, peuplées de maisons à balcons de bois et galeries couvertes, poussent cultures maraîchères et vignobles.

Visite - Le schéma des pages suivantes situe, outre les localités et sites décrits, d'autres lieux particulièrement pittoresques (indiqués dans le plus petit caractère noir).

Aerfoto/ARTEPHOT

Dolomites - Les Tre Cime di Lavaredo

★★★ ROUTE DES DOLOMITES

De Bolzano à Cortina *210 km - compter 2 jours*

C'est le principal itinéraire de visite des Dolomites. Merveille de technique routière, cette route admirable, universellement connue, relie Bolzano à Cortina d'Ampezzo en suivant la dépression centrale du massif, à travers des paysages majestueux et variés. Déjà empruntée à l'époque de la Renaissance par les marchands se rendant de Venise en Allemagne, elle commença à être aménagée en 1895. Utilisée pour des besoins militaires en 1915-1918, elle fut améliorée après la Seconde Guerre mondiale.

★ **Bolzano** - *Voir à ce nom.*

★ **Gorge du Val d'Ega** - Étroit défilé de grès rose défendu par le **château de Cornedo**.

★ **Nova Levante** - Dominé par le Catinaccio, ce village riant avec son clocher à bulbe et ses maisons coquettes éparpillées au bord d'un torrent est une petite station de villégiature fréquentée.

★ **Lago di Carezza** - Ce lac minuscule est enchâssé dans la mer sombre des bois de conifères et dominé, à l'arrière-plan, par les cimes découpées en fines aiguilles des massifs du Latemar et du Catinaccio.

★ **Passo di Costalunga** - Appelé aussi Passo di Carezza ; **vue**★ vers le Catinaccio d'un côté, le Latemar de l'autre. Sur les versants du col, les terrains peu stables sont soutenus par des fascines.

✳✳ **Vigo di Fassa** - Très bien située dans le val de Fassa, cette localité est un centre d'alpinisme et d'excursions dans le massif du Catinaccio (*téléphérique*🕓).

✳✳✳ **Canazei** - Au cœur du massif, encadrée par le Catinaccio, les tours du Vaiolet, le massif de Sella et la Marmolada, Canazei est le point de départ des excursions et des difficiles escalades dans les chaînes de la Marmolada.
L'église au toit en bardeaux et au clocher à bulbe offre une façade peinte d'un Saint Christophe.

A Canazei, prendre à droite la route S 641.

Elle offre de très belles **vues**★★ sur la Marmolada et son glacier. Au débouché d'un long tunnel, surgit le **lac de Fedaia**★ que domine la masse de la Marmolada.

★★★ **Marmolada** - Ce massif, le plus élevé des Dolomites, possède un glacier et une piste de ski très rapide.
De Malga Ciapela, un **téléphérique**🕓 permet d'atteindre 3 265 m, d'où l'on bénéficie d'un des plus beaux **panoramas**★★★ sur les montagnes de Cortina (Tofane, Cristallo), les pains de sucre du Sasso Lungo, l'énorme masse tabulaire de Sella, et, tout à fait à l'arrière-plan, les sommets des Alpes autrichiennes jusqu'au Grossglockner.

Revenir à Canazei puis, à 5,5 km, prendre à gauche.

La route conduit dans le **Val Gardena**★★★, une des plus célèbres vallées des Dolomites pour la beauté de ses paysages, ses aménagements pour les sports d'hiver et, en été, ses possibilités d'excursions. Le val, sinueux, s'élargit et se rétrécit tour à tour. Ses pentes sont couvertes de forêts, de cascades, et de maisons montagnardes caractéristiques. On y parle encore le langage ladin (dialecte romanche d'origine latine), et ses habitants n'ont pas renoncé à leurs usages et à leurs costumes ancestraux. Ce sont d'habiles artisans du bois.

★★★ **Passo di Sella** - Ce col fait communiquer le val de Fassa avec le val Gardena et offre un superbe **panorama**★★★, l'un des plus étendus et des plus caractéristiques des Dolomites, embrassant le massif de Sella, le Sasso Lungo et la Marmolada.

✳✳✳ **Selva di Val Gardena** - Station de villégiature au pied de l'impressionnante masse verticale du massif de Sella. L'artisanat y est très vivant : objets en bois, étains, émaux. Dans l'**église**, beau **retable**★ gothique flamboyant.

✳✳✳ **Ortisei** - Au centre du val, le village s'étire au milieu des sapins. Un **téléphérique**🕓 conduit à l'**Alpe di Siusi**✳ dont la **position**★★ domine magnifiquement la vallée de l'Isarco et le val Gardena, station de sports d'hiver et centre d'excursions l'été.

Revenir à la route des Dolomites.

★★★ **Passo Pordoi** - A 2 239 m d'altitude, ce col, le plus haut de la route des Dolomites, occupe un site impressionnant entre d'énormes blocs de rochers à parois verticales et des sommets tronqués.

Passo di Falzarego - Sauvage et désolé, ce col offre, au Sud, une vue sur la Marmolada et son glacier.

✳✳✳ **Cortina d'Ampezzo et excursions** - *Voir à ce nom.*

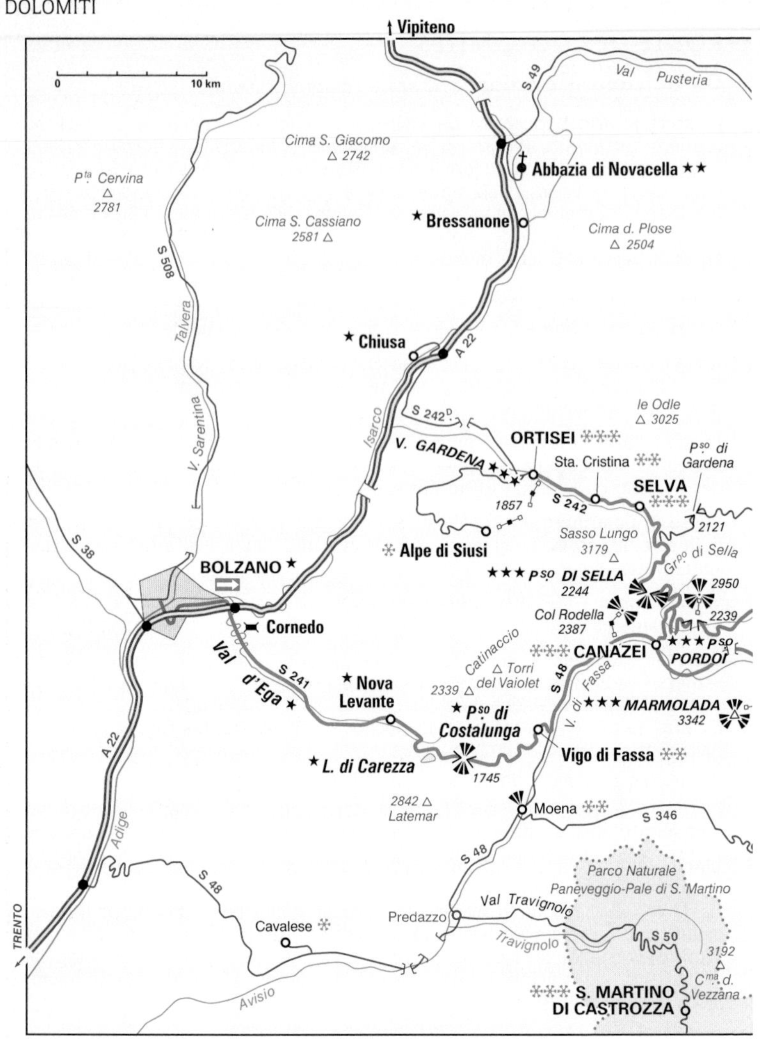

Correspondances entre les

Adige/Etsch
Alpe di Siusi/Seiseralm
Badia/Abtei
Badia (Val)/Gadertal
Bolzano/Bozen
Braies (Lago di)/Pragser Wildsee
Bressanone/Brixen
Brunico/Bruneck
Campo Fiscalino/Fischleinboden
Carezza (Lago di)/Karersee
Catinaccio/Rosengarten
Cervina (Punta)/Hirzerspitze
Chiusa/Klausen
Cornedo/Karneid
Corvara in Badia/Kurfar
Costalunga (Passo di)/Karerpass
Croda Rossa/Hohe Geisel
Dobbiaco/Toblach
Ega (Val d')/Eggental
Gadera/Gaderbach
Gardena (Passo)/Grödnerjoch

AUTRES SITES ET LOCALITÉS

★★★ **Lago di Braies** – A 1 495 m d'altitude, ce lac est entouré de sévères montagnes. Ses rives capricieuses enserrent une eau vert émeraude, d'une limpidité de cristal.

★★ **Lago di Misurina** – Lac fréquenté, près de Cortina, au milieu des pentes couvertes de prés-bois, et dominé au Nord par les « Tre Cime di Lavaredo ». Une route privée et à péage ⏲ conduit à travers les mélèzes à un **paysage**★★★ dantesque de rocs tourmentés.

★★ **Valle di Sesto** – Riant vallon peuplé de nombreux villages de style tyrolien, dont **Sesto**★ est le principal centre. Au Sud de ce village la route du val Fiscalino, tortueuse, s'achève à **Campo Fiscalino**★★, dans un cirque grandiose de montagnes déchiquetées. Le val di Sesto rejoint le val Pusteria à **San Candido**★, près de la

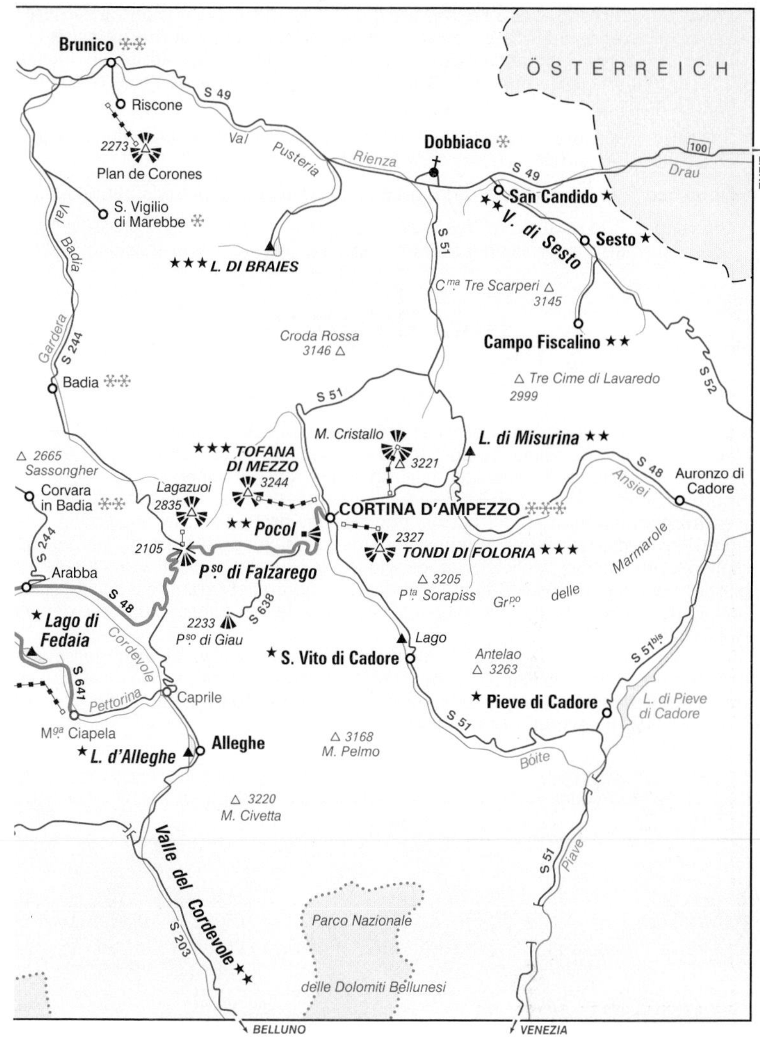

toponymies italiennes et allemandes :

Gardena (Val)/Grödnertal
Isarco/Eisack
Lavaredo (Tre Cime di)/Drei Zinnen
Nova Levante/Welschnofen
Odle (le)/Geislerspitze
Ortisei/St-Ulrich
Plan de Corones/Kronplatz
Plose (Cima d.)/Plose Bühel
Rienza/Rienz
Riscone/Reischach
San Candido/Innichen
San Cassiano (Cima)/Kassianspitze
San Giacomo (Cima)/Jakobspitze
Sta-Cristina/St-Christina
Sarentina (Valle)/Sarntal
Sasso Lungo/Langkofel
Sella (Passo)/Sellajoch
Selva in Val Gardena/Wolkenstein in Gardena
Sesto (Val di)/Sextental
Talvera/Talfer
Tre Scarperi (Cima)/Dreischusterspitze
Vipiteno/Sterzing

frontière autrichienne, riche de trois églises intéressantes : une de style montagnard aux toits en bardeaux et au clocher à bulbe, une autre de style baroque autrichien, une autre romane.

★★ **Valle del Cordevole** – La route qui, de Caprile, rejoint Belluno, est extrêmement pittoresque avec ses villages suspendus et ses gorges impressionnantes. **Alleghe** est un bon centre d'excursions situé au bord d'un **lac★** vert pâle.

✲✲✲ **San Martino di Castrozza** – Dans un site superbe, San Martino, point de départ de nombreuses excursions, offre l'attrait d'un folklore resté vivace (costumes).

★ **Bressanone** – *Voir à ce nom.*

★ **Chiusa** – Charmante petite ville d'aspect tyrolien.

★ **Pieve di Cadore** – Située à l'extrémité d'un lac artificiel. C'est la patrie de **Titien** : l'église conserve une de ses œuvres, et sa maison natale abrite un **musée** ⊙. Le palazzo della Magnifica Comunità Cadorina, du 16e s., abrite un musée d'histoire locale et un musée de la lunette qui rappelle le passé de cette activité traditionnelle de Cadore.

★ **San Vito di Cadore** – Au pied de l'Antelao, ce joli village possède deux petites églises à toits pentus recouverts de bardeaux.

Dobbiaco – Au centre du village, grande église baroque de style autrichien.

Vipiteno – *30 km au Nord-Ouest de Bressanone.* Sa pittoresque **Grand-Rue★** est bordée de maisons tyroliennes (15e et 16e s.) à arcades, oriels et enseignes de fer.

Isola d'ELBA★★

Île d'ELBE – Toscane – 29 411 habitants

Carte Michelin n° 988 pli 24 ou 430 N 12/13

Avec ses plages, ses sites solitaires et silencieux, son climat sec et doux, Elbe est davantage un lieu de séjour qu'un but d'excursions. Faisant autrefois partie d'un continent disparu, la Tyrrhénide, l'île principale de l'archipel toscan présente, comme la Corse, la Sardaigne, les Baléares et les massifs des Maures et de l'Esterel, un profil découpé abritant de petites criques, des grottes ou des plages, et une végétation méditerranéenne composée de palmiers, d'eucalyptus, de cèdres, de magnolias et surtout d'oliviers et de vignes produisant des vins parfumés et puissants comme le Moscato blanc et l'Aleatico. Son relief, granitique, culmine au mont Capanne et l'Est de l'île, riche en fer, possède des mines exploitées depuis les Étrusques.
L'île d'Elbe est en outre liée au souvenir de Napoléon qui y fut exilé après son abdication de Fontainebleau. Du 3 mai 1814 au 26 février de l'année suivante, en effet, l'empereur déchu régna en souverain sur l'île, entouré d'une petite cour et d'une garnison d'environ 1 000 soldats.

PRIMA/DOUBLE'S

Golfo Stella

Au départ de Portoferraio, suivre les itinéraires indiqués sur le schéma : le **circuit de l'Ouest** *(66 km, environ 4 h)* et le **circuit de l'Est** *(68 km, environ 3 h).*

Portoferraio – Au fond d'une baie admirable, la capitale de l'île conserve des restes de murailles et deux forteresses. Dans la partie haute de la ville, on visite le petit **musée Napoléonien des Moulins** (Museo Napoleonico dei Mulini) ⊙, simple maison avec terrasses et jardins qu'occupa Napoléon, et qui conserve la bibliothèque ainsi que quelques souvenirs personnels du grand homme.

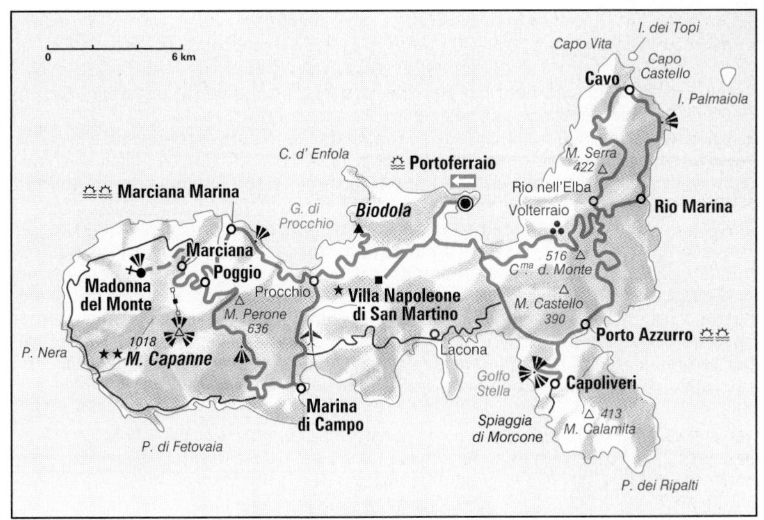

Après **Biodola**, qui offre une vaste plage de sable, la route gagne **Marciana Marina**, port protégé par deux jetées dont l'une supporte une tour ronde ruinée, puis escalade les pentes boisées du mont Capanne.

★★ **Monte Capanne** ⓥ – Alt. 1 018 m. *Accès par télécabine au départ de Marciana.* Du sommet, proche de la gare d'arrivée, splendide **panorama**★★ sur toute l'île, la côte toscane à l'Est, la côte orientale de la Corse à l'Ouest.

Marciana – Joli bourg bien situé offrant une belle **vue**★ sur **Poggio**, village perché sur un éperon, Marciana Marina et le golfe de Procchio. Petit **musée archéologique** ⓥ (objets préhistoriques, poteries grecques, etc.).

Madonna del Monte – A partir de la route du château surplombant Marciana, un chemin rocheux mène à ce sanctuaire érigé sur le versant Nord du mont Giove. Près de la chapelle du 16e s., on voit une curieuse fontaine en hémicycle datée de 1698 et l'« ermitage » où Napoléon habita quelques jours durant l'été 1814 avec Marie Walewska.

Marina di Campo – En bordure d'une plaine plantée d'oliviers et de vignobles et au fond d'un golfe pittoresque, Marina di Campo est un petit port de pêche que prolonge une belle plage fréquentée.

★ **Villa Napoleone di San Martino** ⓥ – Dans un cadre de collines plantées de chênes verts et de vignes, cette modeste maison qui fut la résidence d'été de l'empereur possède une belle vue sur la baie de Portoferraio. En contrebas, palais de style néo-classique, malencontreuse construction du prince Demidoff, gendre du roi Jérôme.

Capoliveri – Non loin de ce bourg, **panorama**★★ dit des « Trois Mers » permettant d'admirer le golfe de Portoferraio, celui de Porto Azzurro et le golfo Stella.

Porto Azzurro – Joli port dominé par la forteresse de Portolongone (17e s.), aujourd'hui pénitencier.

Rio Marina – Agréable village et port minier que protège une tour à merlons.

Après **Cavo**, petit fort abrité par le cap Castello, on rentre à Portoferraio par une **route**★★ élevée *(en mauvais état)* procurant des vues remarquables sur les ruines de Volterraio, la baie de Portoferraio et la mer.

ERCOLANO★★

HERCULANUM – Campanie – 61 111 habitants

Carte Michelin n° 988 pli 27 ou 431 E 25 – Schéma p. 185

Fondée, d'après la tradition, par Hercule, cette ville romaine fut ensevelie, comme Pompéi, lors de l'éruption du Vésuve en 79 après J.-C.

Elle n'était pas aussi riche et animée que sa voisine. Son port se consacrait à la pêche, les artisans y étaient nombreux et les patriciens riches et cultivés l'avaient choisie comme lieu de villégiature en raison de la beauté de son site au sein du golfe de Naples.

Divisée en cinq quartiers réglementés par trois artères principales (decumani), Herculanum présente des types d'habitations très variés, que le torrent de boue qui déferla sur la ville enroba en emplissant le moindre recoin ; ainsi, le caractère particulièrement émouvant que revêt la visite d'Herculanum est-il dû en grande partie à ces morceaux de bois qui, brûlés à Pompéi, ont été conservés ici comme dans une carapace protectrice : charpentes, poutres, escaliers, portes ou cloisons qui témoignent de la soudaineté du cataclysme. La population, quant à elle, fut rattrapée par le flot de boue alors qu'elle tentait de fuir hors de la cité.

SCAVI ⌚ *visite : 2 h*

La route *(qu'on parcourt à pied)* menant aux fouilles permet d'admirer les riches villas qui donnaient sur la mer.

Casa dell'Albergo – Cette vaste maison patricienne était sur le point d'être transformée en maison de location, d'où son nom de **maison de l'Auberge.** Ce fut l'une des plus dévastées par l'éruption.

★★ **Casa dell'Atrio a mosaico** – Le pavement de son atrium est constitué par une mosaïque en damier. A droite, jardin entouré d'un péristyle ; à gauche, les chambres à coucher. Au fond, agréable triclinium (salle à manger). La terrasse, flanquée de deux petites chambres de repos, offrait une vue agréable sur la mer.

★★ **Casa a Graticcio** – Un treillage de bois (le *Gratticio*) formait la trame des murs, exemple unique de ce mode de construction qui nous soit parvenu de l'Antiquité.

Casa : *Maison*
Foro : *Forum*
Porta : *Porte*
Teatro : *Théâtre*
Terme : *Thermes*
Palestra : *Palestre*

★ **Casa del Tramezzo carbonizzato** – Avec sa façade remarquablement conservée, c'est un bel exemple de demeure aristocratique capable d'accueillir plusieurs familles. Une clôture *(tramezzo)* de bois, dont il ne reste que les parties latérales, séparait l'atrium du tablinium (salle de séjour).

Juste à côté, la boutique du teinturier (**A**) conserve une inté-ressante presse en bois.

★★ **Casa sannitica** – Cette maison construite sur un plan sobre, typique des habitations samnites, possède un superbe **atrium** autour duquel court une galerie à colonnes ioniques. Les chambres sont décorées de fresques.

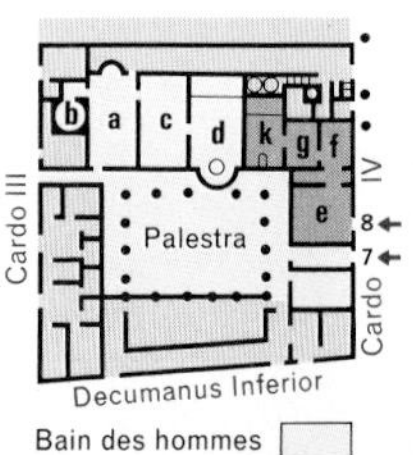

★★★ **Terme** – Datant de l'époque d'Auguste, les thermes sont modestes mais très bien conservés. Leur plan, d'une logique distributive remarquable, permet de visiter le **bain des Hommes** avec la palestre, les vestiaires (**a**), le frigidarium (**b**), dont la voûte est ornée de fresques, le tepidarium (**c**) et le caldarium (**d**). Dans le **bain des Femmes**, on voit successivement la salle d'attente (**e**), l'apodyterium (**f**) avec un pavement à mosaïque représentant Triton, le tepidarium (**g**) sur le sol duquel une mosaïque évoque un labyrinthe, et le caldarium (**k**).

★ **Casa del Mobilio carbonizzato** (**B**) – De dimensions modestes, la maison du Mobilier carbonisée est néanmoins d'assez belle allure. Dans une pièce subsiste un lit à montants de bois.

★★ **Casa del Mosaico di Nettuno e Anfitrite** – Maison complétée par une **boutique**★ et son comptoir donnant sur la rue. Le nymphée est orné d'une mosaïque représentant Neptune et Amphitrite.

★ **Casa del Bel Cortile** (**C**) – Une cour à escalier et balcon de pierre tient lieu d'atrium (au beau *cortile* qui désigne ce lieu), faisant de cette maison l'une des demeures les plus originales d'Herculanum.

★ **Casa del Bicentenario** (**D**) – Dégagée en 1938, soit deux cents ans après le début officiel des fouilles, elle est décorée de fresques et d'une croix qui reste l'un des plus anciens témoignages du culte chrétien dans l'Empire romain.

★★ **Pistrinum** – Cette boulangerie appartenait à un certain Sextus Patulus Felix, comme en témoigne une inscription : dans la boutique et l'arrière-boutique, on peut voir des moulins et un grand four.

★★ **Casa dei Cervi** – Cette riche maison patricienne, sans doute la plus belle parmi celles qui donnaient sur le golfe, était abondamment décorée de fresques et d'œuvres d'art, notamment un groupe sculpté représentant des cerfs *(cervi)* assaillis par des chiens.

★ **Terme Suburbane** (**E**) – Les Petits Thermes conservent une élégante décoration.

★ **Teatro** – *Corso Resina.* Il pouvait contenir 2 000 spectateurs.

FAENZA

Émilie-Romagne – 54 124 habitants

Carte Michelin n° 988 pli 15 ou 429, 430 J 17

Plan dans le guide Rouge Michelin Italia

Faenza a donné son nom à la céramique vernissée ou émaillée dont elle s'est fait une spécialité dès le 15e s. : la **faïence.** Également nommées majoliques parce qu'à la Renaissance les potiers italiens s'inspiraient des pièces importées de l'île de Majorque, les céramiques de Faenza sont réputées pour la finesse de leur pâte, leur émail remarquable, l'éclat de leurs couleurs et la variété de leurs décorations.

Chaque été, une exposition de la production actuelle dans les galeries de la piazza del Popolo et un concours international de la céramique d'art témoignent de cette vocation que perpétuent aujourd'hui encore à Faenza près d'une centaine d'artistes et d'artisans.

★★ **Museo internazionale delle Ceramiche** ⓥ – Ses collections permettent d'étudier l'évolution de la céramique dans le monde. Le premier étage renferme un très bel ensemble de majoliques italiennes de la Renaissance, des exemplaires de la production locale, des pièces d'art populaire et une collection d'Extrême-Orient. Au rez-de-chaussée est présentée la céramique contemporaine d'Italie et un remarquable ensemble de pièces françaises dues à Matisse, Picasso, Chagall, Léger, Lurçat et l'école de Vallauris.

Museo Internazionale delle Ceramiche, Faenza

Plat en céramique de Faenza (Fin 15e s.)
(Musée International de la Céramique, Faenza)

★ **Pinacoteca comunale** ⊙ – Importante collection : œuvres de Giovanni da Rimini, Palmezzano, Dosso Dossi, Rosselino, et quelques tableaux d'écoles étrangères (portraits de Pourbus).

Cattedrale – Élevée au 15e s. par l'architecte florentin Giuliano da Maiano. Sa façade est restée inachevée. A l'intérieur, tombeau de l'évêque saint Savin par Benedetto da Maiano (1471). Sur la piazza della Libertà, charmante fontaine baroque du 17e s.

Piazza del Popolo – Bordée par le palais du Podestat (12e s.) et le palais municipal (13e-15e s.), elle frappe par sa forme allongée et ses arcades surmontées de galeries.

FANO

Marches – 53 867 habitants

Carte Michelin n° 988 pli 16 ou 430 K 21

Plan dans le guide Rouge Michelin Italia

Aujourd'hui ville et station balnéaire appréciées, Fano fut du 13e s. au 15e s. un fief des Malatesta de Rimini. Montaigne y passa en avril 1581.

★ **Corte Malatestiana** – Cet ensemble Renaissance (15e s.), composé d'une cour-jardin et d'un palais, forme un décor de théâtre idéal. Le palais abrite le **musée municipal** (Museo Civico) ⊙ comprenant une section d'archéologie, de numismatique, de sculptures et de peintures du 14e au 18e s., dont une toile connue du Guerchin, l'***Ange gardien*** (1641).

Chiesa di Santa Maria Nuova – 16e-18e s. Elle abrite des **œuvres**★ du Pérugin, remarquables par la finesse du dessin et la douceur des coloris : au 3e autel de droite, Vierge à l'Enfant (1497) ; au 2e autel de gauche, Annonciation (1498).

Fontana della Fortuna – Sur la piazza 20 Settembre s'élève la fontaine de la Fortune (16e s.). La déesse protectrice est représentée juchée sur un globe, prenant un vent changeant dans son manteau.

Arco d'Augusto – *A l'extrémité de la rue du même nom.* Du 1er s. après J.-C., il est formé d'une porte charretière et de deux passages pour piétons ; on en trouve l'état primitif reproduit dans un bas-relief de la façade de l'église San Michele, contiguë. A gauche de l'arc, restes de l'enceinte romaine.

FERMO★

Marches – 35 093 habitants

Carte Michelin n° 988 pli 16 ou 430 M 23

Centre culturel et artistique des Marches, Fermo occupe un **site**★ privilégié, sur les pentes d'une colline qui domine la campagne et la mer.

★ **Piazza del Duomo** – De cette esplanade, close par la cathédrale, **vues**★★ superbes sur la région d'Ascoli, les Apennins, la mer et la presqu'île de Conero.

Duomo – De style roman-gothique (1227), il possède une majestueuse **façade**★ en pierre blanche d'Istrie ; un portail finement sculpté montre le Christ et les Apôtres au linteau et, dans les piédroits, diverses scènes ou personnages symboliques. A l'intérieur (18e s.), il faut signaler le sarcophage (14e s.) de Giovanni Visconti, seigneur de la ville, le pavement en mosaïque (5e s.) en avant du chœur, une vierge byzantine des 13e ou 14e s. et, dans la crypte, un sarcophage sculpté du 4e s.

Piazza del Popolo – Cette place, située au centre de la ville, est entourée de galeries et d'élégants portiques. De nombreux palais, dont le Palazzo Comunale (15e s.) et le Palazzo degli Studi (16e s.), y ont leur façade : entre ces deux édifices s'étend le corso Cefalonia, rue pittoresque bordée de tours nobles, palais et églises anciennes.

ENVIRONS

Montefiore dell'Aso – *20 km au Sud.* Cette petite ville recèle dans son église un chef-d'œuvre du peintre Carlo Crivelli d'origine vénitienne qui se réfugia dans les Marches après avoir été condamné à Venise en 1457 : il s'agit d'un **polyptyque**★★, hélas incomplet, tout ciselé et rehaussé d'or, qui représente six saints ; le meilleur panneau est sans conteste celui qui montre la pêcheresse Madeleine portant de somptueux vêtements brochés d'or et de soie, et tenant le vase d'aromates.

FERRARA★★

FERRARE – Émilie-Romagne – 143 736 habitants

Carte Michelin n° 988 pli 15 ou 429 H 16

Au cœur d'une plaine fertile non loin du Pô, Ferrare a gardé de la Renaissance, pendant laquelle la cour des Este rivalisa de faste et de culture avec Milan, Venise ou Mantoue, un plan urbain pratiquement inchangé. Ses rues rectilignes bordées de maisons en briques rouges, ses palais sévères et ses grandes places vides qui ont inspiré le peintre De Chirico, dégagent une atmosphère particulière, de secrète mélancolie.

Une dynastie de mécènes – D'abord commune indépendante, Ferrare appartint de 1208 à 1598 à la **Maison d'Este** qui, en dépit de plusieurs drames familiaux sanglants, sut embellir la ville de nombreux édifices et accueillir peintres et écrivains. **Niccolò III** (1393-1441) supprima sa femme et son amant mais éduqua deux fils, **Lionello** et **Borso**, qui furent des administrateurs bienfaisants et des mécènes éclairés. **Ercole Ier**, responsable de l'assassinat de son neveu, encouragea les artistes, de même que ses filles Béatrice et Isabelle. **Alfonso Ier** fut le troisième mari de Lucrèce Borgia, enfin Ercole II épousa Renée de France qui protégea Marot et les calvinistes.
Les deux plus grands écrivains de la seconde Renaissance italienne, L'**Arioste** et **Le Tasse**, bénéficièrent de la protection des Este. Le premier (1474-1533) fut toute sa vie au service de ces princes, notamment du duc Alfonso Ier, profitant de son rare temps libre pour écrire son chef-d'œuvre, le ***Roland furieux*** **:** prenant prétexe des récits de chevalerie et des amours de Roland et d'Angélique, le poète y donne libre cours à une imagination enjouée qui entremêle, dans une langue admirablement ciselée et pleine de mouvement, les descriptions de combats et de paysages, l'évocation de monstres merveilleux et les situations sentimentales qui affectent ses héros. Le Tasse (1544-1595), né à Sorrente, fit plusieurs séjours à Ferrare ; au cours du premier, il rédigea ***La Jérusalem délivrée*** qui relate la prise de Jérusalem par les chrétiens et les amours de Renaud et Armide : long poème où s'exprime avec un lyrisme nouveau et une grande musicalité la personnalité enthousiaste, violente et ténébreuse du Tasse, dont les dernières années furent assombries par des crises de folie qui lui valurent d'être enfermé.

L'école ferraraise de peinture – Dominée par la puissante personnalité de **Cosmé Tura** (vers 1430-1495), elle se caractérise par un réalisme minutieux emprunté aux écoles du Nord, mais mis au service d'un expressionnisme âpre, issu de Mantegna : une violente tension habite les figures qui paraissent sculptées dans la matière minérale. **Francesco Cossa** (1435-1477), **Ercole de' Roberti** (1450-1496), **Lorenzo Costa** (vers 1460-1530) en sont les principaux représentants. Au 16e s., **Dosso Dossi** et **Garofalo** infléchissent cette dureté graphique grâce à un lyrisme des couleurs s'apparentant aux exemples vénitiens ou romains.

CURIOSITÉS

★★ **Duomo** (**BYZ**) – De style roman-gothique lombard (12e s.), sa **façade**★★ triple, revêtue de marbre, est remarquable par ses sculptures et par la disposition et la variété des ouvertures. Sur le flanc droit s'étend le portique de la loge des Marchands, du 15e s. L'intérieur, refait au 18e s., contient quelques œuvres d'art dont un retable du Guerchin dans le transept droit et, surtout, au-dessus du narthex, un **musée**★ ⓥ qui conserve les **panneaux**★★ de l'ancien orgue du duomo, peints par **Cosmé Tura** représentant *Saint Georges combattant le dragon* et l'*Annonciation*, les **sculptures**★ (12e s.) provenant du portail des Mois de l'ancienne cathédrale et deux statues de Jacopo della Quercia.
Face à la cathédrale, le **palazzo del Municipio** (Mairie, **BY H**) du 13e s. fut l'ancienne résidence des ducs.

★ **Castello Estense** (**BY B**) ⓥ – Cette puissante bâtisse, protégée par quatre châtelets à ponts-levis et par des douves, fut la résidence des Este et le témoin de leurs luttes sanglantes.
A l'étage noble, où se trouve l'orangerie, on visite les salles, ornées de fresques dues entre autres aux Filippi.

★ **Palazzo Schifanoia** (**BZ E**) ⓥ – Cet édifice des 14e-15e s., où les Este aimaient à venir se délasser, renferme aujourd'hui le **musée municipal** (Museo Civico) : à côté de quelques objets archéologiques et Renaissance intéressants, on y admire surtout les splendides **fresques**★★ du salon des Mois. Cycle complexe à la gloire de Borso d'Este, cette série de douze « mois », dont il ne reste malheureusement qu'une partie, met en relation savante trois registres – le quotidien, l'astrologie et la mythologie –, et témoigne du haut niveau de culture atteint par la Renaissance ferraraise. Confiées à plusieurs artistes – dont Francesco Cossa et de' Roberti – sous la direction de Cosmé Tura, ces scènes sont d'une extraordinaire délicatesse dans le détail et d'une merveilleuse vivacité dans le dessin et la couleur.
Tout près du palais, la basilique **Santa Maria in Vado** (**BZ**), des 15e-16e s., recèle un vaste intérieur couvert de fresques et de peintures.

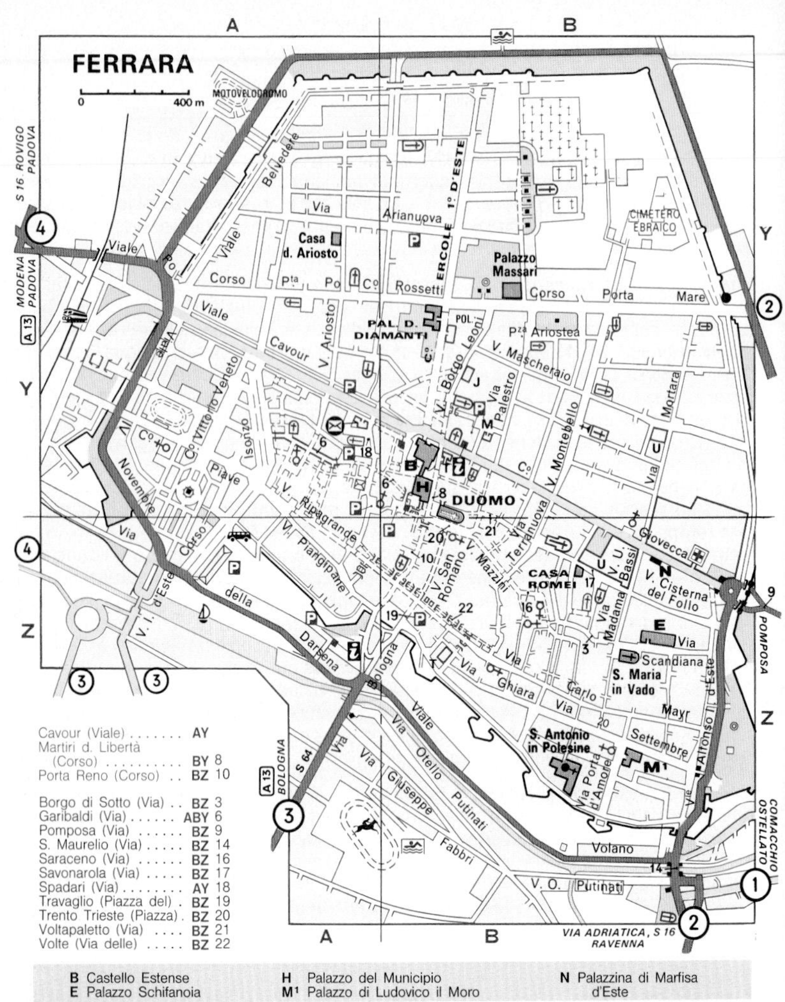

Faire quelques pas dans la Via Borgo di Sotto. La première ruelle à droite mène à la via Pergolato et à l'église du Corpus Domini qui abrite les tombes de la famille d'Este.

Palazzo Massari (BY) – Ce beau palais de la fin du 16e s. abrite le **museo Boldini**Ⓥ qui rassemble des huiles, des pastels et des dessins illustrant l'évolution de l'activité du peintre (1842-1931) durant ses périodes ferraraise, florentine et parisienne. Quelques œuvres d'autres artistes ferrarais, dont Previati.

★ **Palazzo dei Diamanti** (BY)Ⓥ – Ainsi nommé en raison des quelque 12 500 blocs de marbre qui revêtent la façade, taillés à facettes comme des diamants, ce somptueux édifice (15e-16e s.) abrite la **Pinacoteca Nazionale**★ : œuvres retraçant l'évolution de la peinture émilienne du 14e au 18e s. dont certaines de Costa, Cosmé Tura, Dosso Dossi, Garofalo. Voir aussi les splendides **fresques**★★ (13e-14e s.) provenant d'églises ferraraises et les magnifiques plafonds de bois.

★ **Corso Ercole I d'Este** (BY) – Artère principale du quartier Nord de la ville, bordée de beaux palais Renaissance.

★ **Palazzo di Ludovico il Moro** (BZ M¹)Ⓥ – Dans ce beau palais élevé à la fin du 15e s. pour l'époux de Béatrice d'Este, a été installé un **musée archéologique** : importante **collection de vases attiques**★ (5e-4e s. avant J.-C.).

★ **Casa Romei** (BZ)Ⓥ – Belle maison du 15e s. avec cours à portiques et loggias.

★ **Palazzina di Marfisa d'Este** (BZ N)Ⓥ – C'est une ravissante résidence d'un seul étage (1559), entourée d'un jardin ombragé où Marfisa d'Este recevait ses amis, et notamment le poète Le Tasse.

Sant'Antonio in Polesine (BZ)Ⓥ – Bel ensemble architectural formé d'un couvent et d'une église dont trois chapelles sont ornées de fresques (14e-15e s.) des écoles du Nord de l'Italie.

Casa dell'Ariosto (AY)Ⓥ – Agrémentée d'un jardin où le poète cultivait roses et jasmins, la maison de L'Arioste abrite aujourd'hui un centre culturel.

FIESOLE★

Toscane – 15 077 habitants

Carte Michelin n° 988 plis 14, 15 ou 430 K 15 – 8 km au Nord de Florence
Plan dans le guide Rouge Michelin Italia

La route qui, de Florence, grimpe en lacet au sommet de la colline de Fiesole aux pentes recouvertes de champs d'oliviers, de somptueux jardins et de longues files de cyprès, offre un **paysage★★★** incomparable, entrevu dans maints tableaux des maîtres de la Renaissance italienne. Fondée au 7e ou 6e s. avant J.-C. par les Étrusques, qui avaient choisi sa position élevée pour des raisons de stratégie et de salubrité, Fiesole fut le centre le plus important de l'Étrurie septentrionale. Longtemps, elle domina sa rivale, la future Florence, qui finit par la conquérir au 12e s.

Face au Duomo, la via S. Francesco, qui monte au couvent, offre une belle **vue★★** sur Florence (depuis une terrasse à mi-pente).

★ **Convento di San Francesco** ⓥ – Cet humble couvent franciscain au minuscule cloître est admirablement situé au sommet de la colline. Il abrite un musée missionnaire.

★ **Duomo** – Fondé au 11e s., agrandi aux 13e et 14e s., la cathédrale a été restaurée à la fin du 19e s. **L'intérieur★**, très dépouillé, est de plan basilical avec chœur surélevé, et possède des colonnes supportant des chapiteaux pour la plupart antiques. Il abrite en outre deux jolies **œuvres★** sculptées par Mino da Fiesole.

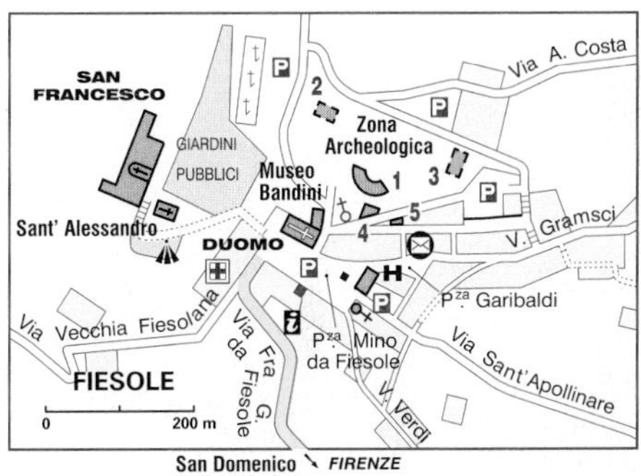

Zona archeologica ⓥ – Située dans un **cadre★** enchanteur, la zone archéologique rassemble un **théâtre romain★** (1) (vers 80 avant J.-C.), où l'on donne encore des représentations, un petit **temple étrusque** (2) et les vestiges de **thermes** (3) bâtis par les Romains au 1er s. de notre ère. Le **musée★** (4) présente une intéressante collection d'objets provenant de fouilles, allant de l'époque étrusque à l'époque médiévale.

Antiquarium Costantini (5) ⓥ – *Entrée à proximité de la zone archéologique.* Belle collection de vases grecs et étrusques. Au sous-sol, résultats des fouilles réalisées à l'emplacement même du musée (peintures murales d'époque romaine).

Museo Bandini ⓥ – *Face à l'entrée de la zone archéologique.* Il regroupe des peintures toscanes des 14e et 15e s. Au 1er étage : remarquer les ***Triomphes*** de Pétrarque.

San Domenico di Fiesole – *2,5 km au Sud-Ouest (voir le plan d'agglomération de Florence dans le guide Rouge Michelin Italia).* C'est dans cette église, bâtie au 15e s. puis transformée au 17e s., que Fra Angelico prononça ses vœux : une ***Vierge avec l'Enfant et des saints★***, par ce maître, orne la 1re chapelle à gauche. ***Baptême du Christ*** de Lorenzo di Credi dans la 2e chapelle à droite.

Badia Fiesolana – *3 km au Sud-Ouest (voir le plan d'agglomération de Florence dans le guide Rouge Michelin Italia).* Cet ancien couvent bénédictin fut en partie rebâti au 15e s. grâce à la prodigalité de Côme l'Ancien qui y fit de fréquents séjours. La **façade★** de l'église romane primitive, à motifs géométriques de marbre vert et blanc, a été incorporée à la nouvelle façade, que la mort de Côme laissa inachevée. L'intérieur et le cloître sont très représentatifs du style inauguré par Brunelleschi.

La Toscane est une région si riche et si fascinante qu'elle mérite mieux qu'une visite rapide. Organisez un voyage uniquement dans cette région grâce à l'aide du guide Vert Michelin Florence et la Toscane.

FIRENZE★★★

FLORENCE – Toscane – 402 211 habitants

Carte Michelin n° 988 plis 14, 15 ou 430 K 15

Plan p. 126-127

Plan d'ensemble dans le guide Rouge Michelin Italia

Florence est sans doute la ville où le génie italien se manifeste avec le plus d'éclat et la plus grande pureté. Pendant plus de trois siècles, du 13e au 16e s., elle sera le berceau, d'une exceptionnelle prodigalité, de toutes sortes d'esprits créateurs qui façonneront non seulement le visage de l'Italie d'alors, mais également celui de la civilisation moderne de l'Europe entière. Les caractéristiques majeures de ce mouvement, auquel on donnera plus tard le nom de Renaissance, sont d'une part une ouverture au monde, un dynamisme spéculatif qui obligent les inventeurs à fonder leurs nouvelles recherches sur la réinterprétation du passé ou l'élargissement des frontières habituelles ; d'autre part, un souci d'universalité qui les entraîne à multiplier leurs champs d'intérêt.

S. Chirol

Florence - Vue générale

Dante n'est pas seulement un immense poète, mais également un grammairien doublé d'un historien qui réfléchit sur les origines et les pouvoirs de sa langue ; c'est aussi un polémiste actif au cœur de la cité. **Giotto** est peintre, mais aussi architecte. Le prince qui incarne la splendeur de Florence, **Laurent le Magnifique**, fut à la fois un fin diplomate et un politique réaliste, un ami des arts et des artistes, mécène et poète lui-même qui participa étroitement à l'Académie de Carreggi, où philosophes (comme Marsile Ficin, Pic de la Mirandole) et écrivains (comme Politien et d'autres encore) jetaient les bases d'un nouvel humanisme. Cette recherche d'un équilibre entre la nature et l'ordre trouve sa plus belle illustration en **Michel-Ange**, peintre, architecte, sculpteur, poète et penseur, dont l'œuvre traduit une inquiétude proprement florentine. Florence est située au cœur d'une **campagne★★★** admirable, baignée d'une lumière diaphane et ambrée, empreinte de sérénité et d'équilibre : les collines basses qui l'entourent sont ornées de rangées d'oliviers, de vignes et de cyprès qui paraissent avoir été consciemment dessinées, disposées pour le plaisir de l'œil selon une harmonie voulue par l'homme. Les architectes et les peintres florentins ont tenté de traduire dans leurs œuvres cet équilibre de la nature : que ce soit le campanile de la Badia par Arnolfo di Cambio ou celui de la cathédrale par Giotto, la façade de Santa Maria Novella par Alberti ou la coupole de Santa Maria del Fiore dessinée par Brunelleschi, tous ces ouvrages semblent répondre, par la pureté et l'élégance de leurs lignes, à la beauté du paysage et à la palpitation de la lumière.

La recherche de la perspective conduite par les peintres florentins au cours du Quattrocento (15e s.) répond, d'une part, à cette fascination exercée par le paysage, et de l'autre au souci intense de reproduire fidèlement les formes perçues par l'œil. Cette réunion d'esprits si divers, aux intérêts multiples, désireux d'étendre indéfiniment le champ de leurs connaissances au cœur d'une cité florissante grâce à l'activité de ses artisans et de ses marchands et à la gestion efficace de ses princes mécènes, fait de Florence le principal foyer de l'activité intellectuelle et artistique qui, pendant plusieurs siècles, va influencer de nombreuses inventions humaines.

UN PEU D'HISTOIRE

Fondée par César au 1er s. avant J.-C., cette colonie, qui prit le nom de Florentia, occupait la rive droite de l'Arno à la hauteur de l'actuel Ponte Vecchio.

L'essor de la ville au Moyen-Âge – Ce n'est pourtant qu'au début du 11e s. que la ville acquit une autorité en Toscane, quand le comte Ugo, marquis de Toscane, y établit sa résidence et que, vers la fin de ce même siècle, la comtesse Mathilde y affirma son indépendance. Au cours du 12e s. Florence prospéra sous l'influence de la nouvelle classe des marchands et s'enrichit de quelques édifices comme le baptistère et San Miniato. Les métiers s'organisèrent en puissantes corporations, les « Arti », sur qui s'appuya le pouvoir législatif lorsque la ville s'érigea en commune libre ; au 13e s. les arts de la laine et de la soie employaient le tiers de la population et, par l'exportation de leurs produits dans toute l'Europe et au-delà, contribuèrent à l'essor extraordinaire de la cité. Ces artisans furent aidés dans leur effort par les banquiers florentins qui, succédant aux prêteurs lombards et juifs, acquirent rapidement une grande renommée en créant les premières lettres de change et le célèbre « florin », frappé aux armes de Florence, dont la valeur dura jusqu'à ce que le supplante le ducat vénitien, à la fin du 15e s. Les principaux banquiers furent les Bardi-Peruzzi qui avancèrent d'énormes sommes à l'Angleterre au début de la guerre de Cent Ans ; les Pitti, les Strozzi, les Pazzi et, bien sûr, les Médicis, occupèrent bientôt avec eux les premières places.

Sous la bannière des Guelfes – En dépit de ces richesses, Florence n'échappa pas aux luttes intestines entre les gibelins, partisans de l'empereur, et les guelfes soutenant le pape. Les guelfes, tout d'abord vainqueurs, chassèrent les gibelins. Ces derniers, associés à d'autres cités ennemies de Florence dont Sienne, reprirent le pouvoir suite à la bataille de Montaperti en 1260. S'étant ressaisis, les guelfes revinrent à Florence en 1266 et modifièrent sensiblement l'aspect de la cité en abattant les maisons-tours construites par les nobles gibelins. Ayant instauré une république, ils créèrent le gouvernement de la Signoria où siégèrent des Prieurs, jusqu'à ce qu'une nouvelle dissension divise guelfes noirs et guelfes blancs, ces derniers s'opposant à la papauté : cette tragédie valut à Dante, du parti des Blancs, un exil définitif dès 1302. La peste de 1348, qui emporta la moitié des Florentins, mit fin à ces oppositions.

Le 15e s. ou la gloire de Florence – Parmi les nombreuses familles riches de la ville, celle des **Médicis** donna à Florence plusieurs de ses maîtres qui exercèrent leur pouvoir à la fois sur la finance et sur les arts. Le fondateur de cette « dynastie », Giovanni de' Bicci, était à la tête d'une banque prospère lorsqu'il légua en 1429 son patrimoine à son fils, **Côme l'Ancien**, qui sut faire de l'héritage familial l'entreprise la plus florissante de la cité. Il exerça discrètement, par personnes interposées, un pouvoir personnel, mêlant habilement ses propres intérêts à ceux de la communauté, assurant à Florence une sorte d'hégémonie pacifique. Mais son mérite principal est d'avoir su s'entourer d'intellectuels et d'artistes auxquels il confiait de nombreux mandats : passionné de construction, ce « père de la patrie » fit édifier de nombreux monuments à l'intérieur de la ville. Son fils, Pierre le Goutteux, ne lui survécut que cinq ans et laissa le pouvoir à **Laurent le Magnifique** (1449-1492) qui, après avoir échappé à la conjuration des Pazzi régna comme un prince, bien que toujours officieusement. Il se distingua par une politique habile, conservant à Florence ses prérogatives parmi les villes d'Italie, mais conduisit à la ruine l'empire financier des Médicis. Doué d'une grande sensibilité, épris d'humanisme, amoureux des lettres et des arts, il s'entoura d'une cour de poètes et de philosophes et contribua de la sorte à faire de Florence la capitale incontestée de la première Renaissance.

Les péripéties de l'histoire – A sa mort, ressentie dans toute l'Europe, le dominicain **Savonarole**, profitant d'une période de troubles, provoque la chute des Médicis. Ascète et fanatique, ce moine devenu prieur de Saint-Marc inverse le goût des Florentins en stigmatisant le plaisir des sens et la passion esthétique, au point que ceux-ci brûlent, sur la piazza della Signoria en 1497, tableaux, instruments de musique, livres de poésie, etc. Ce censeur sera à son tour soumis au supplice du feu, l'année suivante, au même endroit.

Revenus au pouvoir officiel grâce à Charles Quint, les Médicis régneront jusqu'au milieu du 18e s. **Côme Ier** (1519-1574) redonne à Florence l'éclat qu'elle avait perdu, soumet Sienne et devient le premier grand-duc de Toscane ; il perpétue également la tradition du mécénat en protégeant de nombreux artistes. François Ier (1541-1587), dont la fille Marie sera reine de France, épouse en secondes noces la belle Vénitienne Bianca Cappello. Enfin, le dernier Médicis d'envergure, Ferdinand Ier (1549-1609), épouse une princesse française, Christine de Lorraine.

Après les Médicis, le grand-duché passa à la Maison de Lorraine, puis à Napoléon jusqu'en 1814, et revint aux Lorraine jusqu'en 1859. Incorporée au royaume d'Italie, Florence en assuma le rôle de capitale de 1865 à 1870.

FLORENCE, CAPITALE DES ARTS

La formation relativement tardive de la ville comme entité culturelle (11e s.) et son passé romain sans réels vestiges ont sans doute facilité l'apparition d'un langage artistique indépendant qui se développa avec force pendant plusieurs siècles. L'un de ses caractères principaux fut ce souci de clarté et d'harmonie qui guida autant les écrivains que les architectes, les peintres et les sculpteurs.

Dante Alighieri (1265-1321) a jeté les bases de la langue italienne dans plusieurs ouvrages traitant de l'éloquence et en a fait un magistral premier usage dans le récit de la *Vita Nova*, relatant sa rencontre avec une jeune fille, Béatrice Portinari, qui sera l'inspiratrice de ***La Divine Comédie***. Avec le lyrisme de Pétrarque et l'ironie des contes de Boccace, Dante a façonné dès le 14e s. un outil linguistique d'une exceptionnelle mobilité.

Machiavel (1469-1527) a transcrit dans une prose noble et vigoureuse ses expériences d'homme d'État ; dans son ouvrage majeur, ***Le Prince*** (1513), il s'adresse à Laurent II de Médicis, petit-fils du Magnifique, et lui conseille d'exercer une politique efficace sans se préoccuper de morale quant aux moyens pour y parvenir. **Francesco Guicciardini** (1483-1540) écrivit une importante histoire de Florence et de l'Italie, et **Giorgio Vasari** (1511-1574) fut plus tard, avec ses *Vies des plus excellents peintres*, le premier véritable historien de l'art, organisant la peinture en écoles locales et lui donnant son origine au 13e s., dans l'œuvre de Cimabue, que Dante avait déjà loué dans *La Divine Comédie*.

C'est en effet à partir de **Cimabue** (1240-1302) que se développe l'école florentine de peinture, s'écartant de plus en plus de la manière byzantine aux sinuosités décoratives, pour atteindre avec **Giotto** (1266-1337) un réalisme sans fioritures où seuls comptent désormais le mouvement et l'expression. Plus tard, **Masaccio** (1401-1428) accentuera cette recherche en étudiant la profondeur de l'espace et le modelé. La représentation du monde grâce au principe de la perspective préoccupera dès lors tous les peintres florentins, ainsi que les sculpteurs, architectes et théoriciens qui contribueront à perfectionner sans relâche la définition de l'espace. Le Quattrocento voit fleurir une pléiade d'artistes dont certains, comme **Paolo Uccello** (1397-1475), **Andrea del Castagno** (1423-1457), **Piero della Francesca**, originaire des Marches, paraissent obsédés par le jeu des raccourcis et le réseau des lignes, alors que d'autres, comme **Fra Angelico** (1387-1455), plus tard **Filippo Lippi** (1406-1469) et **Benozzo Gozzoli** (1420-1497), héritiers du gothique international, cèdent plus volontiers aux plaisirs de l'arabesque et à la séduction des couleurs vives. Ces tendances opposées sont réconciliées en un harmonieux équilibre dans l'œuvre du peintre en qui Florence aime à se reconnaître, **Sandro Botticelli** (1444-1510) : empruntant ses thèmes à l'Antiquité, comme l'humanisme en vogue à la cour de Laurent le préconisait, il invente des fables dans lesquelles des figures énigmatiques, aux formes souples et serpentines, paraissent soumises à une vibration qui anime l'espace tout entier ; une certaine mélancolie freine pourtant l'élan du mouvement, atténue l'éclat des couleurs. Autour de Botticelli, les frères **Pollaiolo, Ghirlandaio** (1449-1494), **Filippino Lippi** (1457-1504) assurent à la peinture florentine sa variété et sa continuité. Au 16e s., la seconde Renaissance, dont Rome et les villes du Nord seront les centres, se prépare à Florence : **Léonard de Vinci, Michel-Ange** et **Raphaël** y font leurs premières armes, créant des œuvres dont s'inspireront les jeunes peintres maniéristes comme le **Pontormo, Rosso Fiorentino, Andrea del Sarto** (1486-1530) ou le curieux portraitiste des Médicis, **Bronzino** (1503-1572).

Cependant, l'affirmation d'une école florentine de peinture est indissociable de l'effort mené conjointement par les architectes qui créent un style, inspiré de l'antique, où mesure, rythme, respect des proportions et décors géométriques sont réunis : la construction des espaces intérieurs ou des façades répond à un souci constant de mise en place perspective, dont **Leon Battista Alberti** (1404-1472) fut le théoricien incontesté en même temps que le magistral praticien. Toutefois, c'est **Filippo Brunelleschi** (1377-1446) qui incarna le plus parfaitement l'esprit florentin, en dotant la ville de constructions alliant rigueur et légèreté, comme en témoigne l'admirable coupole de Santa Maria del Fiore en qui Florence semble avoir trouvé sa définition.

Tout au long du Quattrocento, les édifices s'enrichirent de sculptures admirables conçues pour être harmonieusement intégrées aux projets architecturaux ; les portes du baptistère firent l'objet d'un concours où s'affrontèrent les meilleurs : si **Ghiberti** (1378-1455) l'emporta, **Donatello** (1386-1466) donna par la suite de nombreuses preuves de son génie réaliste et stylisé ; de même **Luca della Robbia** (1400-1482) et sa dynastie, spécialisés dans la terre cuite vernissée, **Verrocchio** (1435-1488) et de nombreux autres artistes ornèrent les édifices religieux et civils de Florence. Au 16e s. **Michel-Ange**, issu de cette tradition, en offrit l'exemple achevé avec la nouvelle sacristie (1520-1555) de San Lorenzo dont il dessina l'architecture et assura la décoration sculptée. Plus tard encore, **Benvenuto Cellini** (1500-1571), **Jean Bologne** (1529-1608) et **Bartolomeo Ammannati** (1511-1592) maintinrent cette unité des genres qui donne à Florence son exceptionnelle beauté.

VISITE

Florence est une ville d'art d'une telle importance que la seule visite de ses principales curiosités nécessite au moins quatre jours ; néanmoins, celles-ci étant relativement proches les unes des autres et presque toutes situées dans le centre où la circulation est complexe, nous conseillons vivement les déplacements à pied. Un calendrier doit être établi en fonction des heures d'ouverture des monuments.

★★★ PIAZZA DEL DUOMO (EU) *visite : 1/2 journée*

Au cœur de la ville, la cathédrale forme, avec le campanile et le baptistère, un extraordinaire ensemble de marbres blanc, vert et rose où l'on peut saisir le passage de l'art florentin du Moyen Âge à celui de la Renaissance.

★★★ **Duomo (Santa Maria del Fiore)** ⓥ – Symbole de la richesse et de la puissance de Florence aux 13e et 14e s., la cathédrale **Santa Maria del Fiore** est l'un des plus vastes édifices du monde chrétien. Commencée en 1296 par Arnolfo di Cambio, elle fut consacrée en 1436. Gothique dans son ensemble, l'édifice constitue un éclatant exemple de l'originalité de ce style à Florence : ampleur des volumes, goût pour l'horizontalité et pour la décoration polychrome.

Extérieur – Contourner la cathédrale par la droite afin d'admirer l'effet produit par l'immense marqueterie de marbre qui revêt l'édifice et par le **chevet**★★★ d'une extraordinaire ampleur. L'harmonieuse **coupole**★★★ qui s'élève au-dessus du vaisseau coûta 14 ans de travail à son inventeur Brunelleschi, qui remédia à l'excès de la poussée en construisant deux calottes reliées entre elles par des étais invisibles. La façade a été réalisée à la fin du 19e s.

Intérieur – La nudité du vaisseau contraste avec la somptuosité de l'extérieur. De hautes voûtes gothiques retombent sur des arcades de forte portée, elles-mêmes soutenues par d'énormes piliers. Le vaste **chœur**★★ octogonal, ceint d'une élégante clôture de marbre du 16e s., est surmonté par l'immense coupole couverte d'une **fresque** représentant le Jugement dernier ; on peut accéder à la **galerie intérieure**, d'où l'on a une vue impressionnante sur la nef, et de là au **sommet de la coupole** ⓥ d'où l'on jouit d'un magnifique **panorama**★★ sur la ville.

De chaque côté du maître-autel, les portes des sacristies ont leur tympan orné de terres cuites aux bleus légers par Luca della Robbia : *Ascension* et *Résurrection.* Dans la nouvelle sacristie (à gauche), armoires marquetées par les frères da Maiano (15e s.). Dans le chœur se déroula un épisode dramatique de la **conjuration des Pazzi** : ceux-ci, rivaux des Médicis, tentèrent d'assassiner Laurent le Magnifique le dimanche 26 avril 1478, au moment de l'Élévation ; Laurent, bien que blessé par deux moines, réussit à se réfugier dans une sacristie, mais son frère Julien tomba sous les coups des spadassins.

La chapelle axiale contient un chef-d'œuvre de Ghiberti, le sarcophage de saint Zanobi, premier évêque de Florence : un des bas-reliefs représente le saint ressuscitant un enfant.

Fresques de la nef gauche : dans la 1re travée depuis le chœur. Dante explique *La Divine Comédie* à Florence (1465) ; plus loin à droite, les deux portraits équestres de condottiere sont l'œuvre de Paolo Uccello (1436) et d'Andrea del Castagno (1456).

Par un escalier situé de l'autre côté de la nef centrale, entre le 1er et le 2e pilier, on accède à la **crypte de Santa Reparata**, restes d'une basilique romane démolie lors de la construction de l'actuelle cathédrale et résultant elle-même de la transformation d'une basilique paléochrétienne (5e-6e s.). Les fouilles ont révélé notamment des fragments de pavement à mosaïques appartenant à l'édifice d'origine et la tombe de Brunelleschi (derrière une grille donnant sur la salle au bas de l'escalier, à gauche).

★★★ **Campanile** (**EU B**) ⓥ – Svelte et élancé (82 m de hauteur), il contraste harmonieusement avec la coupole de Brunelleschi, ses lignes droites équilibrant les courbes de celle-ci. Giotto en fit les plans et en commença la construction en 1334, mais mourut en 1337. Ce campanile gothique, achevé à la fin du 14e s., surprend par sa décoration géométrique où dominent les lignes horizontales. Des copies ont remplacé les bas-reliefs de la partie inférieure de l'édifice, sculptés, au 1er registre par Andrea Pisano et Luca della Robbia, au 2e par des élèves d'Andrea Pisano, selon une conception d'ensemble due à Giotto ; les originaux sont au musée de l'Œuvre de la cathédrale.

Du sommet du campanile, beau **panorama**★★ sur la cathédrale et la ville.

★★★ **Battistero** (**EU C**) ⓥ – Revêtu de marbre blanc et vert, le baptistère est d'un style roman sobre et équilibré. Ses **portes de bronze**★★★ sont universellement connues. La porte Sud *(actuelle entrée)*, sculptée par Andrea Pisano (1330), évoque en style gothique la vie de saint Jean-Baptiste, en haut, et les Vertus théologales (Foi, Espérance, Charité) et cardinales, en bas. Les encadrements, d'une grande virtuosité, sont de Vittorio Ghiberti, le fils de l'auteur des autres portes. La porte Nord (1403-1424) est la première exécutée par Lorenzo Ghiberti, à la suite d'un concours auquel participèrent Brunelleschi, Donatello et Jacopo della Quercia ; des scènes de la vie du Christ y sont évoquées, avec une noblesse et une harmonie de composition extraordinaires.

Face à la cathédrale, la porte Est (1425-1452) est celle que Michel-Ange déclarait digne d'être la « **Porte du Paradis** ». Ghiberti y a évoqué l'Ancien Testament ; dans les niches, Prophètes et Sibylles. L'auteur s'est représenté, chauve et malicieux, dans un médaillon.

Intérieur – Avec ses 25 m de diamètre, ses marbres vert et blanc, son pavement décoré de motifs orientaux, il est grandiose et majestueux. La coupole est couverte de magnifiques **mosaïques★★★** du 13e s. : de part et d'autre du grand Christ en Majesté, est représenté le Jugement dernier ; sur les cinq registres concentriques qui couvrent les cinq autres pans de la coupole, on reconnaît, en lisant du sommet vers la base, les Hiérarchies célestes, la Genèse, la Vie de Joseph, des scènes de la vie de la Vierge et de Jésus, la Vie de saint Jean-Baptiste. A droite de l'abside, le tombeau de l'antipape Jean XXIII, ami de Côme l'Ancien, est une œuvre remarquable réalisée en 1427 par Donatello aidé de Michelozzo. Au Sud du baptistère s'élève la **Loggia del Bigallo** (**EU A**) du 14e s. ; sous ses arcades gothiques étaient exposés les enfants perdus ou abandonnés.

★★ **Museo dell'Opera del Duomo** (**EU M**[1]) ⓥ – **Le musée de l'Œuvre de la cathédrale** réunit des objets provenant de la cathédrale, du campanile et du baptistère. Ne pas manquer au rez-de-chaussée les maquettes de la coupole de Brunelleschi, à l'entresol la célèbre ***Piétà★★*** inachevée de Michel-Ange, dans la grande salle du 1er étage la ***Madeleine★*** pénitente, en bois, et les prophètes Jérémie et Habacuc (ce dernier surnommé *Zuccone*, c'est-à-dire « grosse courge » à cause de la forme de son crâne), tous trois de Donatello, sans oublier les fameuses **Cantorie★★** (tribunes de chanteurs du duomo) l'une de Luca della Robbia, l'autre de Donatello. L'étage abrite aussi le célèbre **autel★★** en argent racontant l'histoire de saint Jean-Baptiste (14e-15e s.) et les **bas-reliefs★★** du campanile dont ceux hexagonaux représentant la Genèse et les activités humaines sont d'Andrea Pisano et de Luca della Robbia.

★★ PIAZZA DELLA SIGNORIA (EU) *visite : une journée*

★★ **La piazza** – Centre politique de Florence, avec comme toile de fond l'admirable architecture du Palazzo Vecchio, la Loggia della Signoria et, en coulisse, le palais des Offices, cette place grandiose est ornée de nombreuses statues qui en font un véritable musée de sculptures en plein air : vers le centre de la place, statue équestre de Côme Ier, d'après Jean Bologne et, à l'angle du Palazzo Vecchio, fontaine de Neptune (1576) par Ammannati ; devant le palais lui-même, ont été placées une copie du « Marzocco » (le lion emblème de Florence) de Donatello, et une autre du David de Michel-Ange.

★★ **Loggia della Signoria** (**EU D**) – Bâtie à la fin du 14e s., elle fut lieu d'assemblée, puis corps de garde des « Lanzi », lansquenets de Côme Ier. Elle abrite des statues antiques et Renaissance : il faut noter l'*Enlèvement d'une Sabine* (1583) et *Hercule et Nessus* par Jean Bologne mais surtout, vers l'avant, l'extraordinaire **Persée★★★** montrant la tête de Méduse, œuvre exécutée par Benvenuto Cellini entre 1545 et 1553.

★★★ **Palazzo Vecchio** (**EU H**) ⓥ – Sa masse puissante surmontée d'un élégant beffroi de 94 m domine la place. Construit de 1299 à 1314, probablement d'après un projet d'Arnolfo di Cambio, c'est un édifice gothique d'allure sévère, caractérisé par l'absence d'ouvertures au niveau inférieur, une série de baies géminées à l'étage, et un chemin de ronde à mâchicoulis et créneaux d'où surgit la tour. L'intérieur, Renaissance, contraste avec l'extérieur par son faste et son raffinement. La **cour★**, refaite au 15e s. par Michelozzo, fut décorée au siècle suivant par Vasari ; son centre est occupé par une élégante fontaine surmontée d'un génie ailé tenant un dauphin (16e s.), copie d'une œuvre de Verrocchio (original à l'intérieur du palais).

D'abord siège du gouvernement de la ville, la « Signoria », l'édifice devint au 16e s. la résidence de Côme Ier qui en fit un séjour mieux adapté aux besoins de la cour. C'est de cette époque que datent la plupart des décorations dues à Giorgio Vasari. Lorsque Côme abandonna cette demeure pour se transporter au palais Pitti, l'édifice, appelé jusque-là Palazzo della Signoria, prit le nom de Palazzo Vecchio. Les salles ont été somptueusement décorées de sculptures par Benedetto et Giuliano da Maiano (15e s.), et de peintures par Vasari et Bronzino (16e s.) à la gloire de Florence et des Médicis.

Au 1er étage, l'immense salle « des Cinq cents » (Sala dei Cinquecento), peinte par plusieurs artistes dont Vasari, conserve un groupe sculpté par Michel-Ange : le *Génie terrassant la Force* ; les parois du magnifique **Studiolo★★** (cabinet de travail) de François de Médicis, conçues par Vasari, ont été peintes par Bronzino, auteur des portraits de Côme Ier et d'Éléonore de Tolède ; l'appartement de Léon X a été décoré, par Vasari et ses aides, de scènes évoquant des épisodes de l'histoire des Médicis.

Au 2e étage, on visite l'appartement de Côme Ier, dit des Éléments en raison des scènes allégoriques qui ornent la 1re salle : sa décoration conçue par Vasari a pour thème la mythologie antique ; suit l'appartement d'Éléonore de Tolède toujours de Vasari à l'exception de la chapelle ornée de fresques par Bronzino ; enfin, on remarque dans l'appartement des Prieurs des Arts, la **salle des Lys** avec son magnifique **plafond★** à caissons dû à Giuliano da Maiano et la **salle des Garde-robes★**, tapissée de cartes géographiques du 16e s.

Botticelli, *Pallas et le centaure*

★★★ GALLERIA DEGLI UFFIZI (GALERIE DES OFFICES) (EU M[10]) ⓥ

Au 1er étage sont installés les cabinets de dessins et d'estampes ; au 2e, 45 salles (distribuées autour des deux galeries parallèles du monument) abritent les collections de peintures et de sculptures.

Les galeries – La première à l'Est est principalement consacrée à la peinture florentine et toscane : œuvres de Cimabue, Giotto, Simone Martini ***(Annonciation)***, Paolo Uccello ***(Bataille de San Romano)*** et Filippo Lippi pour les Primitifs ; la **salle des Botticelli★★★** réunit ensuite les œuvres majeures du maître : la ***Naissance de Vénus***, ***le Printemps***, la *Vierge à la Grenade*. Cette galerie abrite par ailleurs ***l'Adoration des Mages*** et ***l'Annonciation*** de Léonard de Vinci et de nombreuses œuvres italiennes et étrangères des 15e et 16e s. : Pérugin, Cranach, Dürer, Bellini, Giorgini, Corrège.
Dans la galerie Ouest, les 11 premières salles réunissent des peintures du 16e s. italien : ***Tondo Doni*** de Michel-Ange, la *Vierge au Chardonneret* et le portrait de ***Léon X*** de Raphaël, la ***Vierge aux harpies*** d'Andrea del Sarto, la ***Vénus d'Urbin*** du Titien et ***Léda et le Cygne*** de Tintoret. Le 17e et le 18e s. européens clôturent la visite : portrait d'*Isabelle Brandt* de **Rubens**, *Bacchus adolescent* de **Caravage**, œuvres de **Claude Le Lorrain** et de **Rembrandt**.

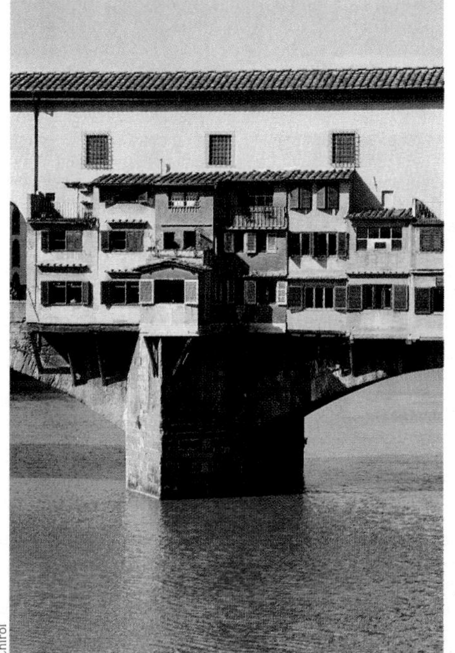

S. Chirol

Ponte Vecchio

★★ PONTE VECCHIO (DU)

Comme son nom l'indique, c'est le plus ancien pont de Florence, reconstruit plusieurs fois sur l'Arno, au lieu où son lit est le plus étroit. Sa curieuse silhouette lui vient des petites boutiques d'orfèvres qui le bordent et du **Corridoio Vasariano**, corridor construit au-dessus par Vasari pour relier le Palazzo Vecchio au palais Pitti.

★★ PALAZZO PITTI (DV)

Cet édifice Renaissance (15e s.), d'aspect rude et imposant, avec ses énormes bossages et ses nombreuses fenêtres, fut construit sur les plans de Brunelleschi par la famille rivale des Médicis, les Pitti. Éléonore de Tolède, la femme de Côme Ier de Médicis, en fit l'acquisition en 1549 ; par l'adjonction des ailes, elle l'agrandit aux proportions d'une résidence princière où la cour se déplaça en 1560.

★★★ **Galleria palatina** ⓥ – *1er étage.* La galerie palatine abrite une extraordinaire collection de peintures, dont un **ensemble**★★★ prodigieux d'œuvres de Raphaël (la ***Femme au voile***, la ***Madone du Grand-Duc***, la ***Vierge à la chaise***) et du Titien (portrait de ***La Belle***, de ***L'Arétin***, de ***L'Homme aux yeux gris*** et ***Le Concert***). On y admire en outre des tableaux de Salvatore Rosa, Van Dyck, Rubens, Fra Bartolomeo, l'étonnant *Amour dormant* du Caravage et nombreuses œuvres d'artistes italiens et étrangers.

Autres musées – Au même étage que la galerie palatine, on peut visiter les **appartements royaux**★ (Appartamenti reali) ⓥ et, au-dessus, la **Galleria d'Arte moderna**★ ⓥ qui réunit principalement des œuvres toscanes des 19e s. et 20e s. dont un bel **ensemble**★★ du groupe des **Macchiaioli** (les impressionnistes toscans) : Fattori, Lega, Signorini, Cecioni. Cette aile abrite également la **galleria del Costume**★ ⓥ *(accès par ascenseur situé à proximité de la billetterie d'entrée)* : costumes italiens du 18e s. à nos jours.
L'autre aile expose dans le **Musée de l'Argenterie**★★ (Museo degli Argenti) ⓥ des pièces provenant en grande partie du trésor des Médicis.

★ GIARDINO DI BOBOLI (DV) ⓥ

S'étendant derrière le palais Pitti, ce jardin en terrasses à l'italienne, dessiné en 1549 par Tribolo, est orné de statues antiques et Renaissance. Au bout d'une allée, à gauche du palais, s'ouvre la **Grotta grande**, grotte artificielle aménagée principalement par Buontalenti (1587-97). Traversant l'amphithéâtre, on monte vers le sommet du jardin. Sur la droite, le **Viottolone**★ – allée de pins et de cyprès – descend au **piazzale dell'Isolotto**★, bassin circulaire avec une petite île portant des orangers, des citronniers et une fontaine de Jean Bologne. Dans un pavillon est installé un **musée de Porcelaines**★ ⓥ. Au sommet de la colline, le **Fort du Belvedere**, ancien bastion protégeant la ville, constitue, avec l'élégante villa qui le domine (due à l'architecte Buontalenti) un admirable belvédère d'où l'on peut contempler un vaste **panorama**★ sur la ville et la campagne environnante.

★★★ BARGELLO (Palais et musée) (EU M⁹) ⓥ

Cet austère palais, ancienne résidence du podestat, puis du chef de la police *(bargello)*, est un bel exemple d'architecture civile du Moyen Âge (13e-14e s.) ; sa **cour**★★, ornée d'un portique et d'une loggia, est l'une des plus pittoresques d'Italie. La Volognona, tour élancée de 57 m de haut, domine le palais. Le musée aménagé dans les salles du palais est d'un grand intérêt pour qui veut connaître la sculpture florentine et italienne de la Renaissance.
Le musée consacré à la sculpture florentine de la Renaissance est installé dans les salles du palais.
Le rez-de-chaussée abrite les œuvres du 16e s. avec en particulier Michel-Ange (***Tondo Pitti*** et ***Brutus***) et Benvenuto Cellini (**bas-reliefs de son *Persée***). Au 1er étage, magnifique groupe de **sculptures**★★★ de Donatello dont le ***Marzocco***, le ***David*** en bronze et le ***Saint Georges*** d'Orsanmichele. Au 2e étage, terres-cuites vernissées des Della Robbia et œuvres de Verrocchio (***David*** de bronze).

★★★ SAN LORENZO (DU V)

L'**église**★★, commencée vers 1420 par Brunelleschi, située près du palais Médicis, fut la paroisse de cette grande famille et leur servit, pendant plus de trois siècles, de monumental sépulcre. L'intérieur illustre parfaitement la sobriété du style inauguré ici par **Brunelleschi.** La rigueur de cette architecture, réfléchie, mesurée, volontaire, à l'échelle de l'homme, trouve son accomplissement dans l'**Ancienne sacristie**★★ *(au fond du transept gauche)* décorée en partie par Donatello. De ce dernier on admire, dans la nef, deux **chaires**★★ dont les panneaux en bronze sont des œuvres d'une admirable virtuosité et d'un grand sens dramatique.

★★ **Biblioteca Medicea Laurenziana** ⓥ – Fondée par Côme l'Ancien, la bibliothèque Laurentienne fut agrandie par Laurent le Magnifique. On y accède depuis le bas-côté gauche de l'église ou par un charmant **cloître**★ du 15e s. *(portail à gauche de l'église).* Dans l'entrée, qui présente la particularité d'être traitée comme l'extérieur d'un édifice, un majestueux **escalier**★★, dessiné avec une suprême élégance par Michel-Ange et réalisé par Ammannati, conduit à la grande **salle de lecture**, due elle aussi à Michel-Ange, où sont exposés, par roulement, quelques-uns des 10 000 manuscrits.

★★ **Cappelle Medicee** ⓥ – *Entrée piazza Madonna degli Aldobrandini.* Le terme de chapelles Médicis englobe la chapelle des Princes et la Nouvelle sacristie.
La **chapelle des Princes** (17e-18e s.) frappe par son aspect funèbre et grandiose. Revêtue entièrement de pierres dures et de marbres précieux, elle renferme les monuments funéraires de Côme Ier et de ses descendants.
La **Nouvelle sacristie**, premier travail de Michel-Ange en tant qu'architecte, est en fait une chapelle funéraire qui fut commencée en 1520 et laissée inachevée par l'artiste à son départ de Florence en 1534. Michel-Ange, usant du contraste entre le gris de la « pietra serena » et la blancheur des marbres et des murs, a donné un rythme d'une pathétique solennité à l'espace dans lequel il a placé les célèbres **tombeaux des Médicis**★★★ dont il est également l'auteur : celui de Julien de Médicis, duc de Nemours (mort en 1516), représenté sous la figure de l'Action, entouré des allégories du Jour et de la Nuit, et celui de Laurent II (mort en 1519), en Penseur au pied duquel se tiennent le Crépuscule et l'Aurore. Une extraordinaire puissance en même temps qu'une pesanteur tragique se dégagent de cet ensemble exceptionnel.
Du tombeau qui devait être celui de Laurent le Magnifique, seul a vu le jour l'admirable groupe de la *Vierge à l'Enfant* : le plus célèbre des Médicis repose, avec son frère Julien, dans le simple sarcophage qui se trouve au-dessous.

★★ PALAZZO MEDICI-RICCARDI (EU W) ⓥ

Représentatif de la Renaissance florentine par l'austérité de son ordonnance mathématique et ses énormes bossages du rez-de-chaussée s'allégeant vers le haut, ce noble édifice, distribué autour d'une cour carrée à arcades, fut commencé en 1444 par Michelozzo, sur l'ordre de son ami Côme l'Ancien. Les Médicis y demeurèrent de 1459 à 1540, et Laurent le Magnifique y tint sa cour de poètes, de philosophes et d'artistes. Dans la deuxième moitié du 17e s., l'édifice passa aux Riccardi qui lui firent subir d'importantes transformations.

★★★ **Chapelle** – *1er étage : 1er escalier à droite dans la cour.* Minuscule, elle a été décorée d'admirables **fresques** (1459) par **Benozzo Gozzoli.** Le cortège des Rois Mages est une évocation brillante de la vie florentine où se mêlent membres de la famille Médicis et illustres personnages venus d'Orient pour le concile réuni à Florence en 1439.

★★ **Salle de Luca Giordano** – *1er étage : 2e escalier à droite dans la cour.* La voûte de cette galerie aménagée à la fin du 17e s. par les Riccardi et fastueusement ornée de stucs dorés, de panneaux sculptés et de grands miroirs peints, est entièrement couverte par une fresque représentant l'Apothéose de la 2e dynastie des Médicis, composition baroque d'une singulière fraîcheur de couleurs, réalisée avec une extraordinaire virtuosité par Luca Giordano en 1683.

★★ SAN MARCO (ET) ⓥ

Occupant un couvent de dominicains, reconstruit vers 1436, dans un style très dépouillé, par Michelozzo, ce musée rassemble des **œuvres**★★★ de **Fra Angelico** qui, entré dans les ordres chez les dominicains de Fiesole, puis installé à Saint-Marc, y couvrit les murs des cellules de scènes édifiantes. Son art, hérité de la tradition gothique, est empreint d'humilité et de douceur mystique qui caractérisent la personnalité de ce moine-peintre. L'utilisation raffinée des couleurs, la délicatesse extrême du dessin, le recours encore hésitant aux lois de la perspective et le dépouillement des thèmes donnent à cette œuvre – et particulièrement en cet endroit silencieux propice à la méditation – un grand pouvoir d'apaisement. L'ancienne salle des Hôtes s'ouvre à droite du cloître et présente de nombreux panneaux sur bois de Fra Angelico, dont le triptyque de la ***Descente de Croix***, l'éloquent ***Jugement dernier***, et une série d'autres tableaux à thèmes religieux. Dans la salle capitulaire, sévère *Crucifixion*, et dans le réfectoire, **Cène**★ de Ghirlandaio. L'escalier qui conduit au 1er étage est dominé par une ***Annonciation***, chef-d'œuvre d'équilibre et de sobriété. Les cellules se répartissent le long de trois corridors à la magnifique charpente. Parmi les plus belles compositions, remarquer, dans le corridor de gauche, l'*Apparition du Christ à la Madeleine (1re cellule à gauche)*, la *Transfiguration (6e cellule à gauche)*, le *Couronnement de la Vierge (9e cellule à gauche).* Au fond du corridor suivant se trouvent les cellules qu'occupait Savonarole qui fut prieur du couvent. Dans le corridor de droite s'ouvre la très belle **bibliothèque**★, l'une des plus harmonieuses réalisations de Michelozzo.

★★ GALLERIA DELL'ACCADEMIA (ET) ⓥ

Grâce à une présentation judicieuse des œuvres, ce musée permet de comprendre la personnalité extraordinaire de **Michel-Ange**, déchiré entre la pesanteur de la matière et la tentation de l'idéal. La **grande galerie**★★★ permet de passer entre les puissantes figures des ***Esclaves*** (1513-1520) et le Saint Mathieu, tous restés à l'état d'ébauche et qui semblent vouloir s'arracher à leur gangue de marbre ; au fond de la salle, dans une abside construite en 1873 pour le recevoir, se dresse le monumental ***David*** (1501-1504), symbole de la force juvénile et maîtrisée, admirable témoignage de la vision humaniste du sculpteur. La **pinacothèque**★ présente des œuvres d'artistes toscans du 13e au 19e s., dont le coffre peint Adimari et deux peintures de Botticelli.

★★ SANTA MARIA NOVELLA (DU S)

L'église de Sainte-Marie-Nouvelle et le couvent attenant, fondés au 13e s. par les dominicains, ferment au Nord-Ouest une belle place allongée où avaient lieu autrefois des courses de chars.

L'**église**★★ commencée en 1279, ne fut achevée qu'en 1360, à l'exception de la **façade** aux lignes harmonieuses et aux motifs géométriques de marbres blanc et vert, dessinée au 15e s. par Alberti (partie supérieure).

C'est un vaste édifice (100 m de longueur), fait pour la prédication. Sur le mur de la 3e travée de la nef gauche, on peut voir la fameuse **fresque**★★ de la Trinité avec la Vierge, saint Jean et les donateurs sur fond d'architecture brunelleschienne, dans laquelle Masaccio, adoptant les théories nouvelles de la Renaissance, déploie une magistrale technique de la perspective. Au fond du transept gauche, la chapelle Strozzi di Mantora (surélevée) est ornée de **fresques**★ (1357) par le Florentin Nardo di Cione qui a décrit avec ampleur le Jugement dernier ; sur l'autel le **polyptyque**★ est dû à Orcagna, frère de Nardo di Cione. La sacristie renferme un beau **crucifix**★ *(au-dessus de la porte d'entrée)* de Giotto et une élégante **niche**★ en terre cuite émaillée de Giovanni della Robbia. Dans la chapelle Gondi *(1re à gauche du maître-autel)* est exposé le célèbre **crucifix**★★ de Brunelleschi, saisissant d'élégance et de vérité, pour lequel Donatello conçut, dit-on, une telle admiration qu'il en laissa choir les œufs qu'il portait. Le chœur est décoré d'admirables **fresques**★★★ de **Ghirlandaio** qui, sur le thème de la vie de la Vierge et de celle de saint Jean-Baptiste, a brossé avec fraîcheur et un sens très vif de la narration un éblouissant tableau de la vie florentine à l'époque de la Renaissance.

Deux cloîtres flanquent l'église. Le plus beau est le **cloître Vert**★ (chiostro Verde) ⏲, ainsi appelé à cause des fresques qui le décorent, dues à Paolo Uccello et à ses élèves (scènes de l'Ancien Testament). Sur ce cloître s'ouvre, au Nord, la **chapelle des Espagnols** couverte de **fresques**★★ à la fin du 14e s. par Andrea di Bonaiuto (dit aussi Andrea da Firenze) ; celles-ci, d'un symbolisme compliqué, évoquent le triomphe de l'Église et l'action des dominicains. A l'Est, le réfectoire abrite aujourd'hui le Trésor de l'église.

★★ SANTA CROCE (EU) ⏲ *visite : 1 h*

L'église et les cloîtres de S. Croce (Ste-Croix) donnent sur l'une des plus anciennes places de la ville. C'est l'église des franciscains. Elle date du 14e s., à l'exception de la façade et du campanile (19e s.). L'**intérieur**, immense (140 m sur 40 m) car destiné à la prédication, comprend une nef simple et dégagée, et une abside élancée éclairée par de beaux vitraux (15e s.). Le sol est dallé de 276 pierres tombales, et le long des murs s'alignent de somptueux tombeaux.

Bas-côté droit : contre le 1er pilier, *Vierge à l'Enfant* d'A. Rossellino (15e s.) ; en face, tombeau de Michel-Ange (mort en 1564) par Vasari ; face au 2e pilier, cénotaphe (19e s.) de Dante (mort en 1321, enterré à Ravenne) ; contre le 3e pilier, belle **chaire**★ par Benedetto da Maiano (1476), et, en face, monument à V. Alfieri (mort en 1803) par Canova ; face au 4e pilier, monument (18e s.) à Machiavel (mort en 1527) ; face au 5e pilier, élégant bas-relief de l'***Annonciation***★★ en pierre rehaussée d'or, par Donatello ; face au 6e pilier, **tombeau de Leonardo Bruni**★★ (humaniste et chancelier de la république, mort en 1444) par B. Rossellino et tombeau de Rossini (mort en 1868).

Bras droit du transept : au fond, chapelle Baroncelli avec les **fresques**★ (1338) de la *Vie de la Vierge* par Taddeo Gaddi ; à l'autel, **polyptyque**★ du *Couronnement de la Vierge* (atelier de Giotto).

Sacristie★ ⏲ *(accès par le corridor à droite du chœur)* : 14e s. Ornée de **fresques**★ parmi lesquelles une *Crucifixion* de Taddeo Gaddi et, dans la belle chapelle Rinuccini, des scènes de la vie de la Vierge et de Marie-Madeleine par Giovanni da Milano (14e s.).

Au fond du corridor, harmonieuse chapelle Médicis construite par Michelozzo (1434) avec un beau **retable**★ en terre cuite vernissée d'Andrea della Robbia.

Chœur : la 1re chapelle à droite de l'autel abrite les touchantes **fresques**★★ (vers 1320) de Giotto contant la vie de saint François ; dans la 3e chapelle, tombeau de Julie Clary, épouse de Joseph Bonaparte. Le chœur proprement dit est couvert de **fresques**★ (1380) d'Agnolo Gaddi contant la légende de la Sainte Croix.

Bras gauche du transept : à l'extrémité, se trouve le célèbre **crucifix**★★ de Donatello que Brunelleschi voulut surpasser à Santa Maria Novella.

Bas-côté gauche *(en retour)* : après le 2e pilier, beau **monument à Carlo Marsuppini**★ par Desiderio da Settignano (15e s.) ; face au 4e pilier, pierre tombale de L. Ghiberti (mort en 1455) ; le dernier tombeau (18e s.) est celui de Galilée (mort en 1642).

★★ **Cappella dei Pazzi** ⓥ – *Au fond du 1er cloître (entrée à droite de l'église).* Édifiée par Brunelleschi, cette petite chapelle que précède un portique à coupole est un chef-d'œuvre de la Renaissance florentine par l'originalité de la conception, la pureté et la tension des lignes, la noblesse des proportions et l'harmonie de la décoration (terres cuites émaillées de l'atelier des Della Robbia).

Chiostro Grande – *Entrée au fond du 1er cloître, à droite.* D'une grande élégance, ce grand cloître a été dessiné par Brunelleschi, peu avant sa mort (1446), et achevé en 1453.

Museo dell'Opera di S. Croce ⓥ – Installé dans les bâtiments donnant sur le 1er cloître, notamment dans l'ancien réfectoire des moines, ce musée abrite entre autres œuvres le célèbre **crucifix**★ peint par Cimabue, gravement endommagé par les inondations de 1966.

★★ **PASSEGGIATA AI COLLI** *visite : 2 h à pied, 1 h en voiture*

A pied – Longer l'Arno rive gauche, vers l'Est, jusqu'à la tour médiévale située place Giuseppe Poggi (auteur de cette splendide « via dei Colli » tracée entre 1865 et 1870). Prendre la rue piétonne qui monte en zigzag jusqu'au piazzale Michelangiolo d'où la **vue**★★★ embrasse toute la ville.
Non loin de la place, bâtie dans un **site**★★ remarquable dominant Florence, s'élève l'église **San Miniato al Monte**★★ construite dans un très beau style roman florentin (11e-13e s.). Sa façade, d'une rare élégance, rappelle, par sa décoration géométrique de marbres vert et blanc, le baptistère. L'intérieur, également orné de marbres polychromes, a un pavement du 13e s. Dans la nef gauche, **chapelle du cardinal de Portugal**★, bel ensemble Renaissance. Au pied du chœur, la chapelle du Crucifix a été dessinée par Michelozzo. La chaire et la clôture du chœur forment un **ensemble**★★ admirable par le travail d'incrustations de marbre du début du 13e s. A l'abside, mosaïque du Christ bénissant. Dans la **sacristie**, **fresques**★ de Spinello Aretino (1387). **Crypte** du 11e s. aux fines colonnes à chapiteaux antiques.

En voiture – Voir le plan d'ensemble de la ville dans le guide Rouge Michelin Italia.

AUTRES CURIOSITÉS

★★ **Fresques de Masaccio à S. Maria del Carmine** (**DUV**) ⓥ – **Chapelle Brancacci** : cycle de fresques (1427) de **Masaccio** terminé par Filippino Lippi et représentant le péché originel et la vie de saint Pierre.

La Badia (**EU X**) – Église d'une ancienne abbaye *(badia)* du 10e s. à l'élégant **campanile**★ hexagonal. A l'intérieur, **plafond**★★ à caissons, **tombeaux**★ et **bas-relief**★★ en marbre de Mino da Fiesole et ***Apparition de la Vierge à saint Bernard***★ de Filippino Lippi.

★ **Casa Buonarroti** (**EU M³**) ⓥ – Achetée mais jamais habitée par Michel-Ange, cette maison conserve quelques-unes de ses œuvres : *Vierge à l'Escalier, Batailles des Centaures.*

Cenacolo di S. Apollonia (**ET**) ⓥ – L'ancien réfectoire Ste-Apollonie est orné d'une ***Cène***★ d'**Andrea del Castagno.**

★ **Cenacolo di S. Salvi** ⓥ – A l'Est de la ville (*voir plan d'agglomération dans le guide Rouge Michelin Italia,* **BS G**). Dans le réfectoire de ce couvent, très belle **fresque**★★ d'**Andrea del Sarto** représentant la dernière cène.

Chiesa d'Ognissanti (**DU**) ⓥ – Construite au 13e s. et refaite au 17e s, elle conserve de belles fresques de Botticelli *(Saint Augustin)* et de Ghirlandaio *(Saint Jérôme)*, lequel a peint également la ***Cène***★ du réfectoire contigu à l'église.

★ **Chiesa di S. Spirito** (**DU**) – Édifiée en 1444 d'après des dessins de Brunelleschi. Belles **œuvres d'art**★.

Chiesa di S. Trinità (**DU Z**) – Les fresques de la **chapelle de l'Annonciation**★★ sont l'œuvre de Lorenzo Monaco *(Vie de la Vierge)*, celles de la **chapelle Sassetti**★★ sont de Ghirlandaio *(Vie de saint François).*

★ **Loggia del Mercato Nuovo** (**DU K**) – Construite au 16e s. au cœur du centre des affaires, cette loggia (dite du Marché Neuf) aux élégantes arcades Renaissance abrite un marché aux produits de l'artisanat florentin.

★★ **Museo archeologico** (**ET**) ⓥ – Importante réunion de pièces égyptiennes, grecques (**vase François**★★, retrouvé dans une tombe étrusque mais d'origine attique), étrusques (**Chimère d'Arezzo**★★, chef-d'œuvre du 5e s. av. J.-C.) et romaines.

★ **Museo della Casa fiorentina antica** (**DU M²**) ⓥ – Le musée de la demeure florentine (meubles et objets évoquant la vie d'une riche famille de la Renaissance) est abrité par le **palais Davanzati**★ (14e s.), qui conserve une structure médiévale développée en hauteur autour d'une cour intérieure.

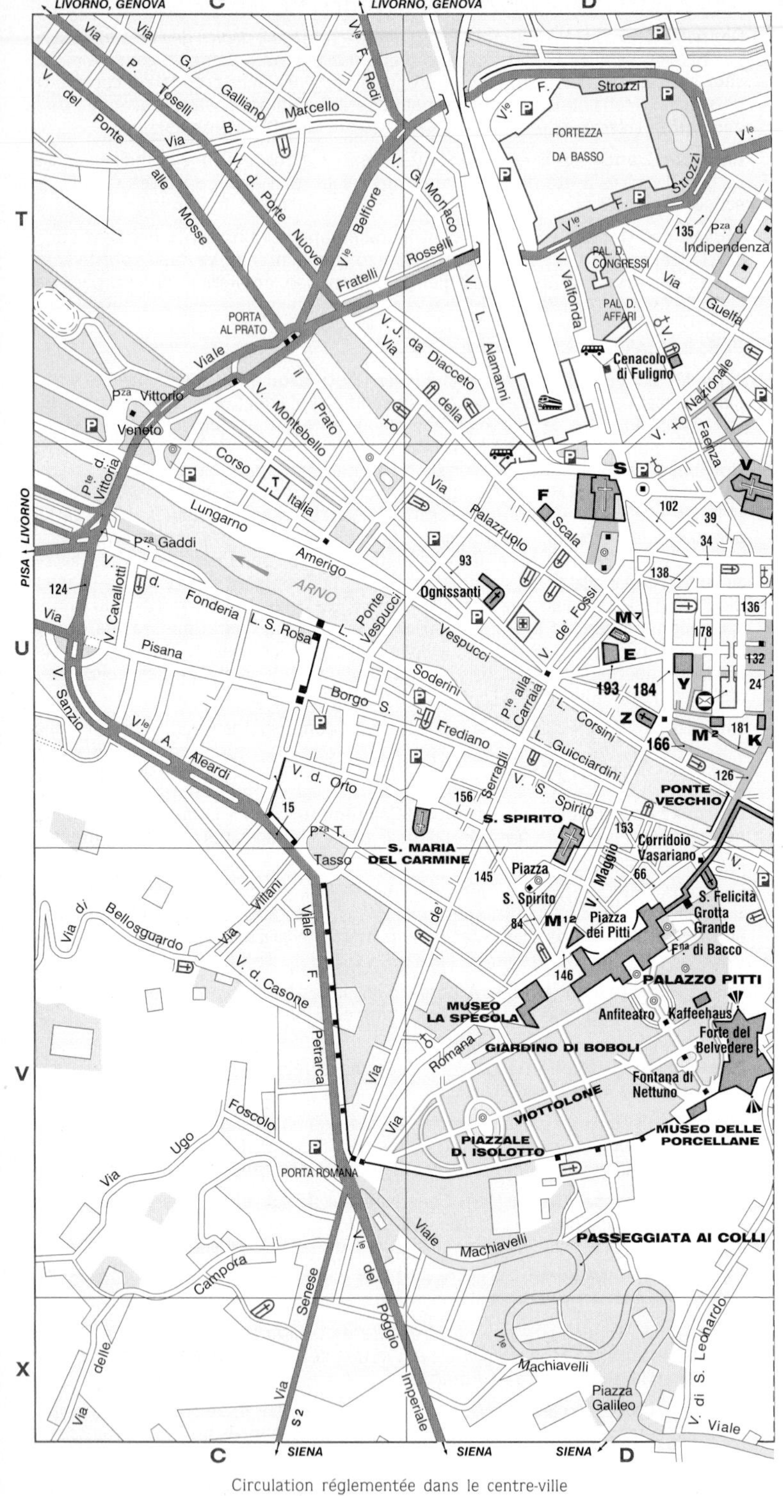

Circulation réglementée dans le centre-ville

Calimala (Via) . . . . DU 24
Guicciardini (Via de') . . . . . . DV 66
Por S. Maria (Via) . . . . DU 126
Roma (Via) . . . . DU 136
S. Jacopo (Borgo) . . . . DU 153
Strozzi (Via degli) . . . . DU 178
Tornabuoni (Via) . . . . DTU 184
Vecchio (Ponte) . . . . DU

Ariosto (Viale F.) . . . . CU 15
Battisti (Via C.) . . . . ET 18
Bentaccordi (Via) . . . . EU 19
Cerretani (Via de') . . . . DU 34
Conti (Via de') . . . . DU 39
Corso (Via del) . . . . EU 40
Don G. Minzoni (Viale) . . . . ET 48
Giudici (Piazza dei) . . . . EU 60
Martelli (Via de') . . . . EU 82
Mazzetta (Via) . . . . DV 84
Ognissanti (Borgo) . . . . DU 93
Oriulo (Via d.) . . . . EU 96
Panzani (Via) . . . . DU 102
Ponte Sospeso (Via del) . . . . CU 124
Proconsolo (Via del) . . . . . . EU 130
Repubblica (Piazza della) . . . DU 132
Ricorborli (Via di) . . . . FV 133
Ridolfi (Via C.) . . . . DT 135
Rondinelli (Via de') . . . . DU 138
S. Agostino (Via) . . . . DUV 145
S. Felice (Piazza) . . . . DV 146
S. Monaca (Via) . . . . DU 156
Santi Apostoli (Borgo) . . . . . DU 166

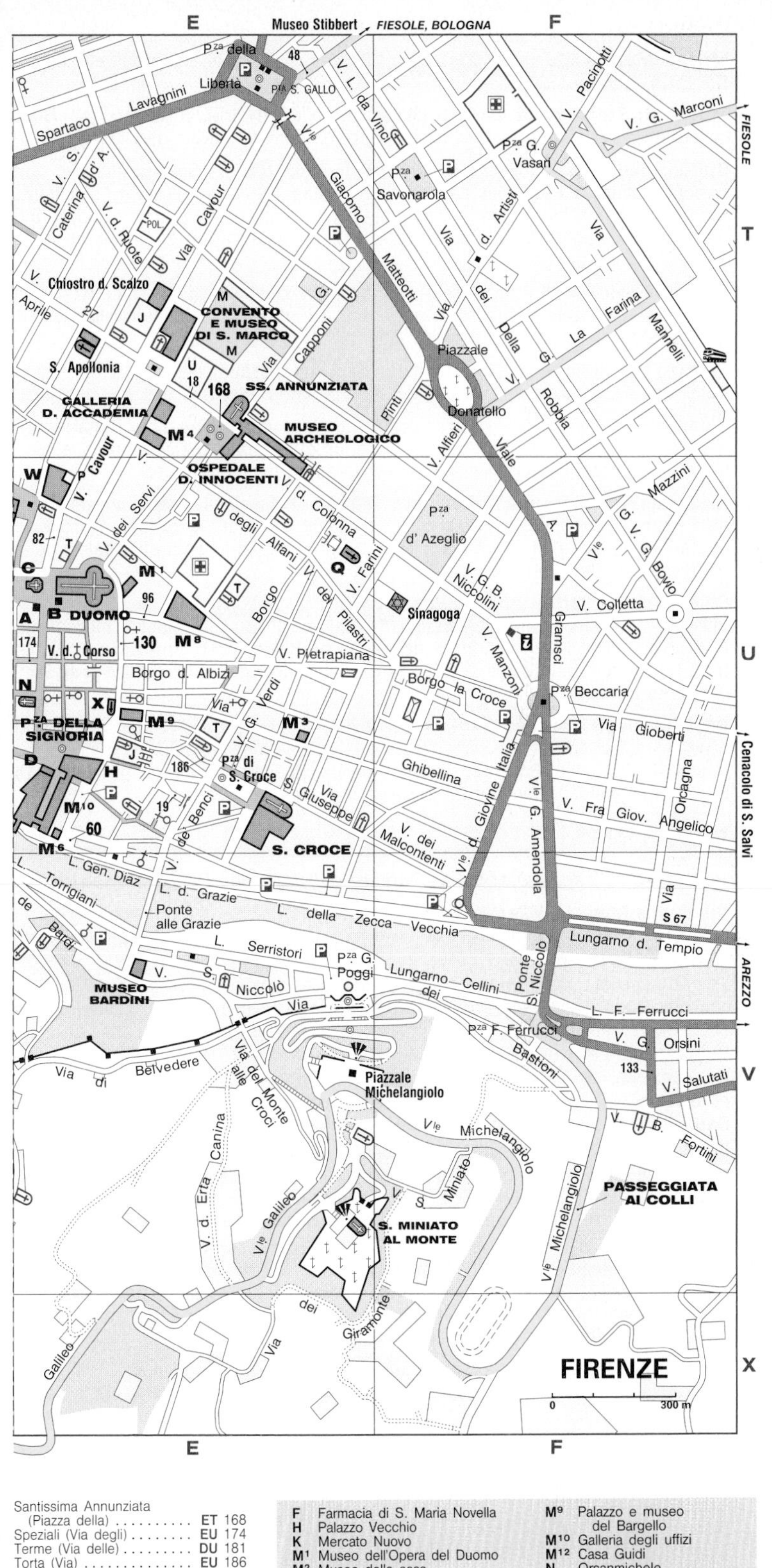

Santissima Annunziata (Piazza della) . . . . ET 168
Speziali (Via degli) . . . . EU 174
Terme (Via delle) . . . . DU 181
Torta (Via) . . . . EU 186
Vigna Nuova (Via della) . . . . DU 193

A Loggia del Bigallo
B Campanile
C Battistero
D Loggia della Signoria
E Palazzo Rucellai

F Farmacia di S. Maria Novella
H Palazzo Vecchio
K Mercato Nuovo
M1 Museo dell'Opera del Duomo
M2 Museo della casa fiorentina antica
M3 Casa Buonarroti
M4 Opificio delle Pietre dure
M6 Museo di storia della scienza
M7 Museo Marino Marini
M8 Museo storico topografico « Firenze com'era »

M9 Palazzo e museo del Bargello
M10 Galleria degli uffizi
M12 Casa Guidi
N Orsanmichele
Q Crocifissione del Perugino
S S. Maria Novella
V S. Lorenzo
W Palazzo Medici-Riccardi
X La Badia
Y Palazzo Strozzi
Z S. Trinità

Museo Marino Marini (**DU M**[7]) ⓥ – Œuvres du célèbre sculpteur et peintre florentin mort en 1980.

★ **Museo di Storia della Scienza** (**Musée d'Histoire de la Science**) (**EU M**[6]) ⓥ – Belle collection d'instruments scientifiques anciens dont la lentille de Galilée.

★ **Opificio delle Pietre dure** (**Atelier des Pierres dures**) (**ET M**[4]) ⓥ – Suivant une tradition antique remise à l'honneur par Laurent le Magnifique, les Florentins taillent, sculptent, assemblent des pierres de couleur en marqueterie. Aujourd'hui l'« Opificio » se consacre essentiellement à la restauration et abrite un petit musée.

★ **Orsanmichele** (**EU N**) – Ancien entrepôt de blé reconstruit au 14e s. A l'extérieur, œuvres de Donatello, Ghiberti, Verrocchio. A l'intérieur, splendide **tabernacle**★★ gothique d'Orcagna.

★★ **Palazzo Rucellai** (**DU E**) – Construit au 15e s. sur dessin de Leon Battista Alberti. La façade est le premier exemple de superposition des trois ordres classiques.

★★ **Palazzo Strozzi** (**DU Y**) – Dernier construit des palais privés de la Renaissance (fin 15e s.), c'est aussi l'un des plus grands et des plus majestueux, avec son appareil à bossages, sa corniche et son élégante cour intérieure.

★ **Piazza della Santissima Annunziata** (**ET 168**) – Belle place ornée d'une équestre de Ferdinand Ier par Jean Bologne et de deux fontaines baroques. Autour se dressent l'église de la SS. Annunziata, l'Hôpital des Innocents et le palais de la confrérie des Serviteurs de Marie.

Chiesa della Santissima Annunziata (**ET**) – Reconstruite au 15e s. par Michelozzo. Dans l'atrium, **fresques**★ (abîmées) dues à Rosso Fiorentino, Pontormo, Franciabigio, Andrea del Sarto et Baldovinetti. Intérieur baroque, d'où l'on accède au cloître des Morts (Renaissance) qui abrite la ***Vierge au Sac***★ d'Andrea del Sarto.

★ **Ospedale degli Innocenti** (**ETU**) – Précédé d'un élégant **portique**★★ de Brunelleschi orné de **médaillons**★★ en terres cuites d'Andrea della Robbia, l'hôpital des Innocents (ou des Enfants trouvés) abrite une galerie d'art (**pinacoteca** ⓥ) réunissant quelques œuvres intéressantes de peintres florentins.

ENVIRONS

Voir le plan d'agglomération de Florence dans le guide Rouge Michelin Italia.

★★ **Villas des Médicis** (**Ville Medicee**) – Aux 15e et 16e s., les Médicis émaillèrent la campagne florentine d'élégantes villas, souvent agrémentées de très beaux jardins.

★ **Villa della Petraia** ⓥ – *3 km au Nord.* En 1576, le cardinal Ferdinand de Médicis chargea Buontalenti de transformer cet ancien château en villa. Dans le **jardin** (16e s.), remarquable fontaine par Tribolo, avec une Vénus en bronze de Jean Bologne.

★ **Villa de Castello** ⓥ – *5 km au Nord.* Cette villa, embellie par Laurent le Magnifique et restaurée au 18e s., possède un très beau jardin orné de fontaines et de statues. Dans le jardin, la grotte des Animaux surprend.

★★ **Villa de Poggio a Caiano** ⓥ – *17 km à l'Ouest, par la route de Pistoia, S 66.* La villa a été bâtie par Sangallo pour Laurent le Magnifique. Loggia décorée par les Della Robbia. A l'intérieur, splendide salon, beau plafond à caissons et **fresques** de Pontormo représentant Vertumne et Pomone, dieux des vergers féconds.

★ **Villa « La Ferdinanda » d'Artimino** ⓥ – *25 km à l'Ouest.* Commandée à Buontalenti par le grand-duc Ferdinand Ier à la fin du 16e s., elle frappe par la profusion de ses cheminées et sa magnifique position dominante sur le val d'Arno. Ne se visite pas, mais abrite en sous-sol un **musée archéologique étrusque** témoignant d'une implantation étrusque en ces lieux.

★★ **Certosa del Galluzzo** ⓥ – *6 km au Sud, route de Sienne.* Fondée au 14e s., cette grandiose chartreuse subit des transformations jusqu'au 17e s. Dans le palais attenant, fresques de Pontormo. Les habitations des moines entourent un **cloître**★ Renaissance.

FORLÌ

Émilie-Romagne – 109 425 habitants

Carte Michelin n° 988 pli 15 ou 429, 430 J 18

Plan dans le guide Rouge Michelin Italia

Située le long de la Via Emilia, Forlì fut aux 13e et 14e s. une seigneurie indépendante ; en 1500, Catherine Sforza défendit héroïquement la citadelle contre César Borgia.

Basilica di San Mercuriale – *Piazza Aurelio Saffi.* Dominée par un haut campanile roman, la façade possède un portail dont le tympan est ornée d'un superbe **bas-relief** du 13e s. A l'intérieur, nombreuses œuvres d'art, dont plusieurs peintures de Marco Palmezzano et le tombeau de Barbara Manfredi par Francesco di Simone Ferrucci.

Pinacoteca ⓥ – *72, corso della Repubblica.* Œuvres de peintres émiliens et romagnols du 13e au 15e s. Noter un délicat ***Portrait de jeune fille*** par Lorenzo di Credi.

ENVIRONS

Cesena – *19 km par la Via Emilia.* La ville est groupée au pied de la colline portant le vaste château des Malatesta (15e s.). La **bibliothèque Malatestiana★** ⓥ *(piazza Bufalini)*, Renaissance, comprend à l'intérieur trois longues nefs dont les voûtes sont portées par des colonnes cannelées aux beaux chapiteaux. On peut y voir de précieux manuscrits dont quelques-uns proviennent de la fameuse école de miniaturistes de Ferrare, ainsi que le missorium, plat en argent doré, du 4e s. probablement.

Bertinoro – *14 km au Sud-Est.* Cette petite ville est renommée pour son panorama et son vin jaune (Albana). Au centre de la localité, une « colonne de l'Hospitalité » est munie d'anneaux correspondant chacun à un foyer du pays ; l'anneau auquel le voyageur attachait sa monture déterminait la famille dont il devait être l'hôte. De la terrasse voisine, **vue★** étendue sur la Romagne.

Abbazia di FOSSANOVA★★

Abbaye de FOSSANOVA – Latium

Carte Michelin n° 988 pli 26 ou 430 R 21

Dans un site solitaire, comme le prescrit la règle cistercienne, l'abbaye de Fossanova ⓥ est la plus ancienne de cet ordre en Italie. Les moines de Cîteaux s'installèrent en cet endroit en 1133. En 1163, ils commencèrent à bâtir leur abbatiale qui servit de modèle à de nombreuses églises italiennes. Bien qu'assez fortement restaurée, elle a conservé intacts son architecture et son plan d'origine conçus d'après les impératifs d'austérité voulus par saint Bernard. L'ordonnancement des bâtiments est fonction de l'activité autonome de la communauté, divisée en moines profès, vivant cloîtrés, et en moines convers, attachés aux travaux manuels.

Église – Consacrée en 1208, elle est de style bourguignon, mais sa décoration rappelle parfois la facture lombarde avec quelques effets d'inspiration mauresque. A l'extérieur, le plan en croix latine à chevet plat, la tour octogonale de la croisée du transept, les rosaces et le triplet du chevet sont typiquement cisterciens. L'intérieur, haut, lumineux et sobre, a une nef équilibrée par des bas-côtés à voûtes d'arêtes.

Cloître – Avec ses trois côtés romans et le quatrième, au Sud, pré-gothique (fin 13e s.), il est très pittoresque. La forme et la décoration de ses colonnettes sont lombardes. La belle salle capitulaire, gothique, ouvre sur le cloître ses baies jumelées. Isolé, le bâtiment des hôtes vit saint Thomas d'Aquin rendre l'âme le 7 mars 1274.

GAETA★

GAÈTE – Latium – 22 331 habitants

Carte Michelin n° 988 pli 27 ou 430 S 22

Cette ancienne place de guerre, encore en partie fortifiée, est admirablement située à l'extrémité du promontoire fermant l'harmonieux **golfe★** que longe une route procurant des vues magnifiques. L'agréable plage de Serapo, au sable fin, borde la ville au Sud. La vieille ville s'étend sur l'autre face du mont Orlando, au pied du château.

Duomo – Intéressant surtout par son campanile roman-mauresque (10e et 15e s.) orné de faïences et analogue aux clochers siciliens ou amalfitains. A l'intérieur, **chandelier pascal★** (fin 13e s.) remarquable par ses dimensions et ses 48 bas-reliefs contant la vie du Christ et celle de saint Érasme, patron des navigateurs. Près de la cathédrale, s'étend un pittoresque quartier médiéval très endommagé durant la Seconde Guerre mondiale.

Castello – Remontant au 8e s., il subit de nombreuses transformations. Le château inférieur est dû aux Angevins, le château supérieur aux Aragonais.

Monte Orlando ⓥ – Au sommet, on voit encore le tombeau du consul romain Munatius Plancus (Mausoleo di Lucio Munazio Planco), compagnon de César, qui fonda les colonies de Lugdunum (Lyon) et d'Augusta Raurica (Augst, près de Bâle).

ENVIRONS

Sperlonga – *16 km au Nord-Ouest.* Ce petit village est situé sur un éperon des monts Aurunci percé de nombreuses grottes.

Grotta di Tiberio et **Museo archeologico** ⓥ – La **grotte** se trouve en contrebas de la route Gaète-Terracina *(après le dernier tunnel et à gauche).* C'est là que l'empereur romain Tibère échappa de justesse à la mort, des blocs rocheux s'étant détachés de la voûte de la grotte. Le **musée** est situé au bord de la route. On peut y voir plusieurs statues des 4e et 2e s. avant J.-C., des bustes et têtes remarquables et des masques de scène fort réalistes, ainsi que la reconstruction d'un groupe colossal figurant le châtiment infligé par Ulysse au cyclope Polyphème.
A l'autre sortie du tunnel (vers Gaète), ruines incendiées de la villa de Tibère.

Promontorio del GARGANO★★★

Promontoire du GARGANO – Pouille

Carte Michelin n° 988 pli 28 ou 431 plis 2, 6

Tout blanc sous le ciel bleu, planté comme un ergot dans la botte italienne, le Gargano forme une des régions naturelles les plus attachantes de l'Italie, par ses vastes horizons, ses forêts profondes et mystérieuses, sa côte découpée et solitaire.
Du point de vue physique, le Gargano est complètement indépendant des Apennins : c'est un plateau calcaire creusé de gouffres où disparaissent les eaux.
L'actuel promontoire formait jadis une île, qui fut rattachée au continent par les alluvions des fleuves descendant des Apennins.
Aujourd'hui, le Gargano apparaît comme un massif coupé de hautes vallées où s'est amassée la terre arable permettant les cultures.
Son extrémité orientale est couverte de forêts. Les maigres pâturages et les landes des plateaux sont parcourus de troupeaux de moutons, de chèvres et de cochons noirs.
Au même système géologique appartiennent les **îles Tremiti**, très pittoresques *(accès : voir le guide Rouge Michelin Italia).*

VISITE

Au départ de Monte Sant'Angelo, suivre l'itinéraire indiqué sur le schéma (146 km – compter une journée).

★ **Monte Sant'Angelo** – *Voir à ce nom.*

★★ **Foresta Umbra** – Unique dans la région de la Pouille, cette forêt, vaste futaie de hêtres vénérables, couvre plus de 10 000 ha de vallons. Bien entretenue, elle est aménagée pour le tourisme.
Un **centre d'information** pour visiteurs est installé dans la maison forestière (Casa Forestale) située un peu au-delà de la bifurcation pour Vieste.

Peschici – Bourg de pêcheurs, devenu station balnéaire, qui occupe un site remarquable sur un éperon rocheux s'avançant dans la mer.

Vieste – Dans une situation semblable à celle de Peschici, cette

petite cité ancienne, serrée sur la falaise, est dominée par un château du 13e s. Au Sud de la localité, immense plage de sable où se dresse un piton calcaire, le **Faraglione di Pizzomunno.**

De Vieste à Mattinata, très beau **parcours★★** en corniche dominant une côte découpée. A 8 km, la **Testa del Gargano**, tour carrée, marque l'extrémité orientale du massif : belle **vue★** sur la **Cala di San Felice**, crique fermée par un éperon calcaire percé d'une arche.

De **Pugnochiuso** ⩮⩮, paradis pour vacanciers, on gagne la **baie des Zagare★** (Baia delle Zagare), autre site pittoresque.

⩮⩮ **Mattinata** - La descente sur Mattinata offre une belle **perspective★★** sur cette grande bourgade agricole, formant une tache lumineuse au cœur d'une plaine plantée d'oliviers, encadrée de montagnes.

GENOVA★★

GÊNES - Ligurie - 676 069 habitants

Carte Michelin n° 988 pli 13 ou 428 I 8 - Schémas à la Riviera - Plan p. 133
Plan d'ensemble dans le guide Rouge Michelin Italia

Premier port d'Italie, ville de contrastes, Gênes « la Superbe » étage sur les pentes d'un amphithéâtre de montagnes ses pittoresques quartiers où de nombreux et somptueux palais côtoient de modestes ruelles dites « carruggi ».

UN PEU D'HISTOIRE

Gênes doit son expansion et son prestige à sa flotte qui, dès le 11e s., manifesta sa puissance dans les eaux tyrrhéniennes afin de les débarrasser de la présence sarrasine.

En 1104, la flotte génoise comprend déjà 70 vaisseaux sortis de ses chantiers navals, qui constituent un redoutable pouvoir auquel ont recours, dès le 14e s., les puissances étrangères, comme les rois de France Philippe le Bel et Philippe de Valois. Les croisades vont fournir aux Génois l'occasion d'établir des rapports commerciaux avec les villes de la Méditerranée orientale. Assurant l'indépendance de leur ville, qui devient la « République de saint Georges » (1100), marins, commerçants, financiers, banquiers, unissent leurs efforts pour établir l'hégémonie maritime de Gênes.

D'abord alliée à Pise dans la lutte contre les Sarrasins (11e s.), Gênes entre en conflit avec celle-ci à propos de la Corse (13e s.), puis se heurte à Venise (14e s.) à laquelle elle cherchera longtemps à disputer le monopole du commerce en Méditerranée. L'empire colonial génois s'étendra jusqu'en mer Noire. Au 14e s., les marins de Gênes assurent la distribution des marchandises précieuses provenant de l'Orient et possèdent le monopole de l'alun servant à fixer les teintures ; à terre, les premières « sociétés de commandite » apparaissent : dès 1408, est créée la « Banque Saint-Georges », réunion de sociétés créancières de l'État qui gèrent les finances et administrent les comptoirs, et à l'intérieur de laquelle les marchands se transforment en banquiers ingénieux, utilisant des procédés modernes tels que les lettres de change, les chèques, les assurances, pour accroître leurs bénéfices.

Cependant, les luttes intestines des grandes familles génoises vont conduire la cité à se choisir, à partir de 1339, un doge élu à vie, et à rechercher, principalement au 15e s., des protections étrangères.

En 1528, la ville reçoit du grand amiral **Andrea Doria** (1466-1560) une constitution aristocratique qui en fait une « République marchande ». Andrea Doria est l'une des plus glorieuses figures de Gênes, reflet de son esprit d'entreprise et de son indépendance : amiral, condottiere et législateur, intrépide et avisé, il se distingua contre les Turcs en 1519, puis seconda François Ier et, après la défaite de Pavie, protégea la retraite de ses troupes. Mais, en 1528, ulcéré par les injustices du roi de France à son égard, il passa au service de Charles Quint qui le combla d'honneurs.

GIRAUDON

Andrea Doria (Sebastiano del Piombo)

Après sa mort, avec la concurrence des ports atlantiques, s'amorce le déclin du port, que Louis XIV fait détruire en 1684. En 1768, Gênes cède, par le traité de Versailles, la Corse à la France. Sous l'impulsion de Giuseppe Mazzini, la ville fut en 1848 l'un des foyers les plus actifs du Risorgimento.

Les beaux-arts à Gênes – Le déclin commercial de la cité coïncide, aux 16e et 17e s., avec une intense activité artistique qui se manifeste par la construction de nombreux palais et églises, ainsi que par la venue de peintres étrangers, principalement flamands. Rubens publie en 1607 un ouvrage sur les « Palazzi di Genova » (Palais de Gênes) ; Van Dyck fait le portrait de la noblesse génoise entre 1621 et 1627. Puget travaille de 1661 à 1667 pour des familles patriciennes telles que les Doria ou les Spinola.
L'école génoise, caractérisée par un dramatisme fiévreux et l'emploi de couleurs sourdes et fondues, est représentée par Luca Cambiaso (16e s.), Strozzi (1581-1644), Castiglione Genovese, admirable graveur, et surtout Magnasco (1667-1749) dont la touche rapide, intense et colorée, ainsi que le lyrisme dramatique, annoncent le modernisme.
L'architecte Alessi (1512-1572) égala dans ses meilleurs moments Sansovino et Palladio par la noblesse de l'ordonnance et l'ingéniosité des solutions imaginées pour intégrer ses monuments au décor urbain.

★★ LA VIEILLE VILLE *visite : une journée*

Elle s'étend à l'Est du vieux port et remonte en un lacis de ruelles étroites et pittoresques jusqu'à la via Garibaldi et la piazza De Ferrari.

★★ **Le port** (**EXY**) – La route surélevée (*Strada Sopraelevata* – **EXYZ**) qui le longe permet d'avoir une bonne vue d'ensemble sur les principaux bassins de cet immense complexe maritime qui en fait le premier port d'Italie, s'étendant sur près de 50 km. A l'Est, le Vieux port (Porto Vecchio) comporte un bassin pour les bateaux de plaisance, des chantiers navals et les quais d'embarquement des bacs à destination des îles ou de l'Afrique ; à l'Ouest, le port moderne (Porto Nuovo) est relié à une grande zone industrielle constituée par des entreprises de sidérurgie, de chimie lourde et des raffineries de pétrole. L'activité est énorme : importation de matières premières (hydrocarbures, charbon, minerais, céréales, métaux, bois, etc.) et exportation de produits manufacturés tels les machines, les véhicules, les textiles.
La **visite** ⓥ du port peut s'effectuer en bateau.

★ **Quartier des marins** (**FY**) – Son noyau est le palais San Giorgio, du 13e s., remanié au 16e s., jadis siège de la fameuse banque Saint-Georges. Derrière le palais s'élève, sur la piazza Banchi (des banques), la Loggia dei Mercanti ou des Marchands, où se perpétue le commerce des fleurs et légumes.

★ **Piazza San Matteo** (**FY**) – Petite place harmonieuse au cœur de la ville, bordée de palais (13e-15e s.) ayant appartenu à la famille des Doria ; au n° 17, palais Renaissance offert par la Commune de Gênes à Andrea Doria.
L'**église San Matteo** présente une façade de style génois (alternance d'assises noires et blanches) ; la crypte conserve le tombeau et l'épée d'Andrea Doria.

★ **Cattedrale** (**San Lorenzo**) (**FY**) – Élevée du 12e au 16e s., elle présente une splendide **façade**★★ gothique de style génois où l'on reconnaît pourtant l'influence française dans la disposition des portails (13e s.) et de la grande rose. Au portail central, Arbre de Jessé et scènes de la vie du Christ (aux piédroits), Martyre de saint Laurent et Christ entre les symboles évangéliques (au tympan). A l'angle droit de la façade, le « rémouleur », du 13e s., rappelle l'Ange au cadran solaire de Chartres, chargé de la même fonction. La coupole qui surmonte la croisée du transept a été dessinée par Alessi.
A l'**intérieur**★, sévère et majestueux, la nef repose sur des colonnes de marbre. La **chapelle St-Jean-Baptiste**★ contient les ossements du saint.
Le **trésor**★ ⓥ possède le fameux « **Sacro Catino** », coupe que la légende identifie comme le Saint Graal.

★ **Via Garibaldi** (**FY**) – L'ancienne Via Aurea a été redessinée par Alessi au 16e s. et bordée de somptueux palais qui en font l'une des plus belles rues d'Italie. Au n° 1, s'élève le **palazzo Cambiaso** par Alessi (1565) ; au n° 3, le **palazzo Parodi** (1578) ; au n° 4, le **palazzo Carrega-Cataldi** ⓥ par Alessi (1588), présentant un joli vestibule et une éblouissante **galerie**★ dorée. Au n° 6, le **palazzo Doria** et, au n° 7, le **palazzo Podesta** (1565-1567) sont l'œuvre du même architecte, G. B. Castello. L'**hôtel de ville** ⓥ (Palazzo Municipale, **H**) (ancien palais Doria Tursi), au n° 9, est orné d'une belle cour à arcades et conserve le violon de Paganini, ainsi que des manuscrits de Christophe Colomb. Au n° 11, le **palazzo Bianco** ⓥ abrite une très belle **pinacothèque**★ (œuvres flamandes et hollandaises de Provost, Van der Goes, Gérard David, Van Dyck, Rubens, françaises, espagnoles, et quelques toiles du Génois Strozzi). Au n° 18, le **palazzo Rosso** ⓥ abrite lui aussi une **galerie d'Art**★ où sont exposés des tableaux de l'école vénitienne (Titien, Véronèse, Tintoret) et génoise, une œuvre de Dürer et de remarquables **portraits★** dus au pinceau de Van Dyck ; des collections de sculptures baroques, de céramiques ligures, des médailles, etc., y sont également présentées.

Via Balbi (**EX**) – Reliée à la via Garibaldi par la via Cairoli, cette artère est également bordée de palais intéressants, notamment le **palais Royal** (Palazzo Reale) ⓥ, de 1650, anciennement Balbi Durazzo, situé au nº 10, et qui abrite une salle Van Dyck. Au nº 5, l'imposant **palais de l'Université★** (17e s.) possède une cour et un escalier majestueux. Au nº 1, palais Durazzo Pallavicini, du 17e s.

★ **Galleria nazionale di Palazzo Spinola** (**FY**) ⓥ – La décoration des appartements de cette belle demeure (16e-18e s.), les œuvres qui y sont exposées, le mobilier d'époque, composent un ensemble très suggestif. Les **plafonds★** peints à fresque (17e-18e s.) sont de Tavarone, L. Ferrari et S. Galeotti. La **collection de peintures★** rassemble des œuvres italiennes et flamandes de la Renaissance : un pathétique ***« Ecce Homo »*** d'Antonello de Messine, une *Madone* et, surtout, le somptueux polyptyque de l'***Adoration des Mages★★*** de Joos Van Cleve, enfin une *Crucifixion* de Brueghel le Jeune ; datant du 17e s., plusieurs toiles de Strozzi et un ravissant ***Portrait d'enfant*** par Van Dyck complètent la visite.

Balbi (Via) EX
Cairoli (Via) FX
Mazzini (Galleria) GY 22
Roma (Via) GY
S. Lorenzo (Via) FY
20 Settembre (Via) FGY
25 Aprile (Via) FY 53

Banchi (Pza) FY 3
Brignole de Ferrari (Via) FX 4
Caricamento (Pza) FY 5
Chiossone (Via) FY 8
Embriaci (Pza) FZ 12

Fontane Marose (Pza) FGY 13
Fontane (Via delle) EX 14
Fossatello (Via e Pza di) FXY 17
Garibaldi (Galleria) FX 18
Nunziata (Pza della) FX 23
Pollaiuoli (Salita) FY 27
Polleri (Via) FX 28
Ponte Calvi (Via al) FX 29
Porta Soprana (Via) FZ 32
Portello (Pza del) FY 33
Prione (Salita del) FZ 37
Ravasco (Via) FZ 39
S. Donato (Via) FZ 40

S. Luca (Via) FY 41
S. Siro (Via) FX 43
Soprana (Porta) FZ 45
Spinola (Vico) FY 46
Targa (Via C.) FX 48
Zecca (Largo della) FX 49
5 Dicembre (Via) GY 52

H Palazzo Municipale
M Museo Chiossone

★ **Acquario** (**EY**) ⊙ – Aquarium à la structure moderne et didactique. Des panneaux lumineux expliquent *(en italien et en anglais)* les espèces rassemblées et les milieux reconstitués dans les nombreuses vasques. En début de parcours est proposé un film introduisant au monde sous-marin, des supports informatiques permettent ensuite une visite « active » tandis que divers points d'observation donnent parfois l'impression de se trouver parmi les poissons et mammifères marins.
Ont été recréés les milieux sous-marins de la Méditerranée et de la mer Rouge, la forêt tropicale et la barrière de corail. Particulièrement intéressants sont : les phoques, les reptiles, les dauphins, les requins, les pingouins et les murènes.

AUTRES CURIOSITÉS

Piazza De Ferrari (**FY**) – Sur la place s'élèvent le prestigieux **Teatro Carlo Felice** (en partie détruit en 1944, mais reconstruit et rouvert en 1993) et plusieurs palais, notamment le palais Ducal (1778) dont la façade monumentale donne sur la piazza Matteotti. L'**église del Gesù**, élevée par Tibaldi en 1597, renferme, dans son intérieur somptueux, une Assomption de Guido Reni et, de Rubens, une *Circoncision* et un *Saint Ignace exorcisant*.

Chiesa di San Donato (**FZ**) – Élevée aux 12e et 13e s., cette église possède un ravissant **campanile★** octogonal de style roman ; l'intérieur, roman, ne manque pas de charme : remarquer une Vierge à l'Enfant (14e s.) dans la chapelle à droite du chœur.

Chiesa della Santissima Annunziata (**EFX**) – Cette église du 17e s. est l'une des plus riches de Gênes. Sa fastueuse décoration intérieure mêlant avec bonheur ors, stucs et fresques, constitue un exemple caractéristique du baroque génois.

Chiesa di Santa Maria di Carignano – *Accès par la via Ravasco* (**FZ 39**). Cette église monumentale fut élevée au 16e s. sur les plans d'Alessi. A l'intérieur, belle statue de Puget représentant **saint Sébastien★**.

Villetta Di Negro (**GXY**) – C'est, au-dessus de la piazza Corvetto, une sorte de belvédère-labyrinthe, avec palmiers, cascades et grottes artificielles. De la terrasse, belle **vue★** sur la ville et la mer. Au sommet de la Villetta Di Negro, le **museo Chiossone★** ⊙ (**M**) a été aménagé : art chinois, collections japonaises d'armes, remarquable réunion d'estampes, objets en ivoire et en laque.

Castelletto (**FX**) ⊙ – *Montée en ascenseur.* De la terrasse, belle **vue★** sur la ville.

★ **Cimitero di Staglieno** – *1,5 km au Nord. Accès : à partir de la piazza Corvetto* (**GY**), *voir plans dans le guide Rouge Michelin Italia.* Curieux cimetière, où les somptueux mausolées contrastent avec les simples tumuli de glaise.

GRADO

Frioul – Vénétie Julienne – 9 105 habitants

Carte Michelin n° 988 pli 6 ou 429 E 22

Fondée par les habitants d'Aquileia lors des invasions barbares, Grado fut du 5e au 9e s. la résidence du patriarche de cette ville. Aujourd'hui, actif petit port de pêche et station balnéaire et thermale à la renommée croissante, Grado est située au cœur de la lagune, dans un paysage qui ne manque pas de grandeur.

★ **Quartier ancien** – Les étroites ruelles (calli) qui se ramifient entre le port-canal et la cathédrale le rendent pittoresque.
La cathédrale (Duomo) Santa Eufemia, à plan basilical, remonte au 6e s. ; elle conserve des colonnes de marbre aux chapiteaux byzantins, un pavement de mosaïque du 6e s., un ambon du 10e s. et un précieux **retable★** en argent doré, travail vénitien du 14e s.
Tout proche de la cathédrale, le baptistère du 6e s., précédé par une allée de sarcophages et de tombeaux, est orné de mosaïques.
Tout à côté s'élève encore la basilique Santa Maria delle Grazie (6e s.) qui a conservé des mosaïques d'origine et de beaux chapiteaux.

Vous aimez les nuits calmes, les séjours reposants...
chaque année,
le guide Rouge Michelin Italia (hôtels et restaurants)
vous propose un choix d'hôtels tranquilles et bien situés.

GROSSETO

Toscane – 71 329 habitants

Carte Michelin n° 988 plis 24, 25 ou 430 N 15

Capitale provinciale d'aspect moderne, située dans la fertile plaine de l'Ombrone, Grosseto possède un noyau ancien contenu entre de puissants remparts bastionnés, érigés par les Médicis à la fin du 16e s.

Museo Archeologico della Maremma ⓥ – *Piazza Baccarini.* Collection de bijoux et de poterie de l'âge du bronze, bel ensemble de sculptures étrusco-romaines (urnes funéraires sculptées, stèles, sarcophages), amphores, bustes d'empereurs, statues romaines de marbre et petits bronzes. Remarquables **vases grecs et étrusques**, datant du 6e au 2e s.

Chiesa di San Francesco – *Piazza dell'Independenza.* Église conventuelle du 13e s. conservant quelques petites fresques de l'école siennoise (14e s.) et un beau crucifix peint du 13e s.

ENVIRONS

Ruines de Roselle ⓥ – *12 km au Nord-Est. Quitter Grosseto par la route de Sienne ; à 10 km, prendre à droite une route non revêtue.* Important site archéologique d'une des cités étrusques colonisées par Rome au 3e s.

GUBBIO**

Ombrie – 30 758 habitants

Carte Michelin n° 988 pli 16 ou 430 L 19

Cette petite cité disposée sur les pentes du mont Ingino a conservé presque intacts les témoignages de son passé culturel et artistique. Le plan de la ville ceinte de remparts, la couleur ocre de ses bâtiments surmontés de tuiles romaines, la silhouette de ses tours et de ses palais se détachant sur la grandeur austère d'un paysage brûlé font de Gubbio l'une des villes italiennes qui évoquent le mieux la rude atmosphère médiévale. Commune libre, farouchement gibeline, la ville connut aux 11e et 12e s. une forte expansion avant de passer sous la dépendance des Montefeltro au 15e s., puis des Della Rovere, et enfin sous la domination papale (1624).

Depuis le Moyen Âge, Gubbio s'est spécialisée dans la céramique, et c'est dans cette ville que Mastro Giorgio inventa, au début du 16e s., le fameux « lustre rouge » à reflets métalliques, dont le secret fut vainement cherché par les cités voisines.

La ville est également connue pour son loup : au temps de saint François, cette bête sauvage dévastait la contrée. Le « Poverello » qui demeurait alors à Gubbio partit à sa rencontre pour lui reprocher ses méfaits. Le loup, repentant, posa sa patte dans la main de saint François et jura de ne plus faire de mal à quiconque. A la suite de quoi « frère loup » fut adopté et nourri par la population jusqu'à la fin de ses jours.

Gubbio a ses fêtes traditionnelles, dont la spectaculaire **course des Ceri** (cierges) : trois « ceri », curieuses pièces de bois de 4 m de haut surmontées chacune de la statue d'un saint (dont saint Ubaldo, patron de la ville), sont portés au milieu de la foule dans une course effrénée sur 5 km, depuis le centre historique jusqu'à la basilique Sant'Ubaldo située à 820 m d'altitude sur le mont Igino. La course se contente de prendre en compte l'habileté des porteurs, revêtus de costumes anciens, qui doivent veiller à surtout ne pas faire tomber leur « cierge » et laisser saint Ubaldo entrer le premier dans la basilique, puis fermer la porte derrière les deux autres. Ces trois curieux « ceri », qui du reste ont une origine pré-chrétienne, apparaissent sur les armes de l'Ombrie *(voir aussi le chapitre Principales manifestations, en fin de volume).*

CURIOSITÉS

** **Città Vecchia** – La vieille ville, qui a pour centre la piazza della Signoria, séduit par le charme austère de ses ruelles escarpées – parfois en escalier –, qu'enjambent ici et là de petits ponts aménagés en pièces d'habitation au-dessus de la chaussée.

Le long de ces rues, dominées par des palais et des tours nobles, se pressent des maisons qu'occupent souvent des boutiques d'artisans céramistes. Les façades, où la brique se mêle aux pierres de taille et au blocage, sont parfois percées d'une seconde porte, plus étroite que la principale, dite « porte du Mort » et par laquelle on sortait les cercueils.

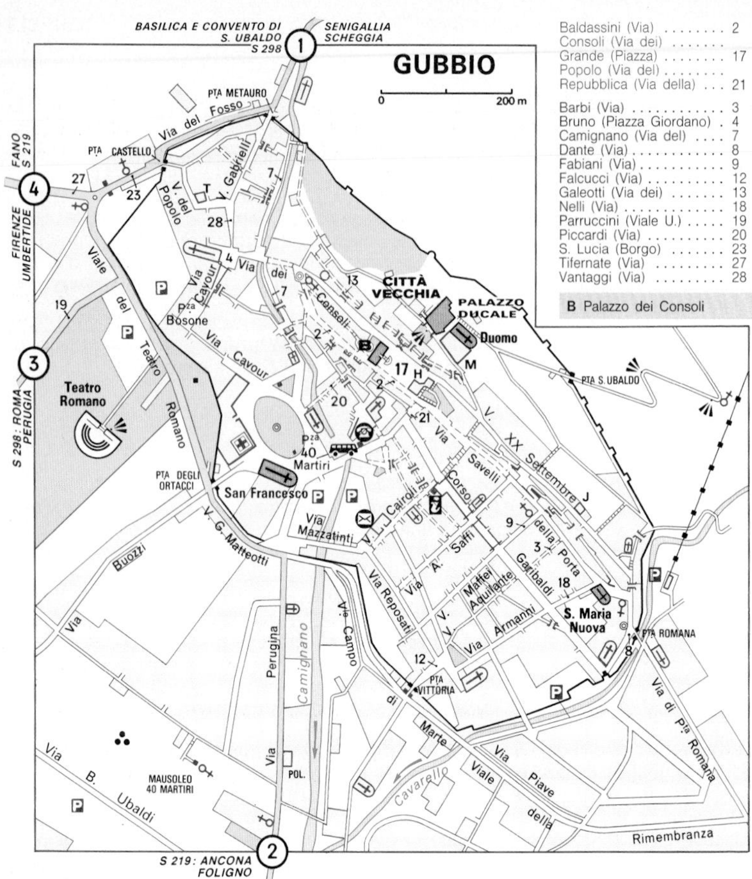

Les rues les plus pittoresques sont les via Piccardi, Baldassini, dei Consoli, 20 Settembre, Galeotti et les bords du torrent Camignano qui ramènent à la piazza 40 Martiri.

★★ **Palazzo dei Consoli** (**B**) ⊙ – Dominant la piazza della Signoria, le palais des Consuls est un imposant édifice gothique, soutenu par de grands arcs bordant en contrebas la via Baldassini ; il présente une façade majestueuse dont le dessin livre l'organisation interne du palais. En haut de l'escalier s'ouvre l'immense « Salone » où se tenaient les assemblées du peuple (collections statuaire et lapidaire) ; sur le côté, le musée civique conserve principalement les « **Tavole eugubine** », tables de bronze gravées aux 2e et 1er s. avant J.-C. et écrites en ombrien antique : document linguistique et épigraphique de première importance, elles consignent l'organisation politique et certaines pratiques religieuses de la région pendant l'Antiquité. Enfin, l'étage abrite la pinacothèque (œuvres de Signorelli) et communique avec la loggia latérale (vue sur la ville).

★ **Palazzo Ducale** ⊙ – Érigé au sommet de la ville après 1470 à la demande de Frédéric de Montefeltre, le Palais ducal est attribué à Laurana même s'il fut probablement achevé par Francesco di Giorgio Martini. Il possède une élégante cour, finement décorée, et des salles ornées de fresques et de belles cheminées. Le « Salone » est particulièrement intéressant.

Teatro romano – Assez bien conservé, le théâtre romain date de l'époque d'Auguste.

Chiesa di San Francesco – L'abside gauche est couverte de remarquables **fresques**★ du peintre local Ottaviano Nelli (début 15e s.).

Duomo – Sa sobre façade est ornée de bas-reliefs où sont représentés les symboles des évangélistes. L'intérieur est à une seule nef. A droite s'ouvre la **chapelle épiscopale** ⊙, luxueux salon décoré au 17e s., d'où l'évêque assistait aux offices.

Chiesa di Santa Maria Nuova – Elle renferme une charmante **fresque**★ d'Ottaviano Nelli.

ENVIRONS

Fabriano - *36 km à l'Est par ②.* Connue dès le 13e s. pour ses fabriques de papier, cette petite cité industrielle a donné naissance à deux artistes délicats, **Allegretto Nuzi** (vers 1320-1373) et **Gentile da Fabriano** (vers 1370-1427), auteurs de compositions raffinées et précieuses. Au centre de la ville, le sévère palais du Podestat (13e s.) s'élève sur la **piazza del Comune★**, ornée d'une élégante fontaine gothique. Par un escalier, on débouche sur la charmante et tranquille **piazza del Duomo★** où se trouvent l'hôpital (15e s.) et la cathédrale (Duomo) qui abrite des fresques d'Allegretto Nuzi.

★★ **Grotte di Frasassi** ⓥ - *50 km au Nord-Est, par ①.* Creusées par une dérivation du torrent Sentino, ces grottes forment un énorme réseau souterrain. La plus grande de toutes est la **grotte du Vent★★**, composée de sept salles où l'on admire stalagmites, stalactites et diverses concrétions de couleurs variées.

Isola d'ISCHIA★★★

Île d'ISCHIA - Campanie - 45 757 habitants

Carte Michelin nº 988 pli 27 ou 431 E 23 - Schéma à Golfo di NAPOLI

Accès : voir le guide Rouge Michelin Italia

Surnommée l'« île Verte », en raison de l'abondante et luxuriante végétation qui la couvre, Ischia est la plus grande île du golfe de Naples, et l'une de ses attractions majeures. Une lumière transparente y baigne des paysages variés : côtes jalonnées de pinèdes, échancrées de criques et de baies où se nichent des ports bariolés aux maisons cubiques ; pentes couvertes d'oliviers et de vignes (produisant l'Epomeo, blanc ou rouge), parsemées de petits villages dont les maisonnettes blanches à escalier extérieur, parfois surmontées d'une coupole, ont leurs murs tapissés de treilles.
Surgie de la mer à l'ère tertiaire, lors d'une éruption volcanique, l'île possède un sol constitué de laves et des eaux thermales aux multiples propriétés.

VISITE

La carte ci-dessus situe, outre les localités et sites décrits, d'autres lieux particulièrement pittoresques (indiqués dans le plus petit caractère noir).
L'île étant de dimensions restreintes, on en fait aisément le tour en quelques heures *(40 km : suivre l'itinéraire figurant sur la carte).* La route étroite, qui serpente entre les vignes, dévoile de nombreux et beaux points de vue sur la côte et la mer.

★ **Ischia** - *Plan dans le guide Rouge Michelin Italia.* La capitale de l'île est divisée en deux agglomérations, **Ischia Porto** et **Ischia Ponte.** Le corso Vittoria Colonna, bordé de cafés et de boutiques, relie le port occupant un ancien lac de cratère et Ischia

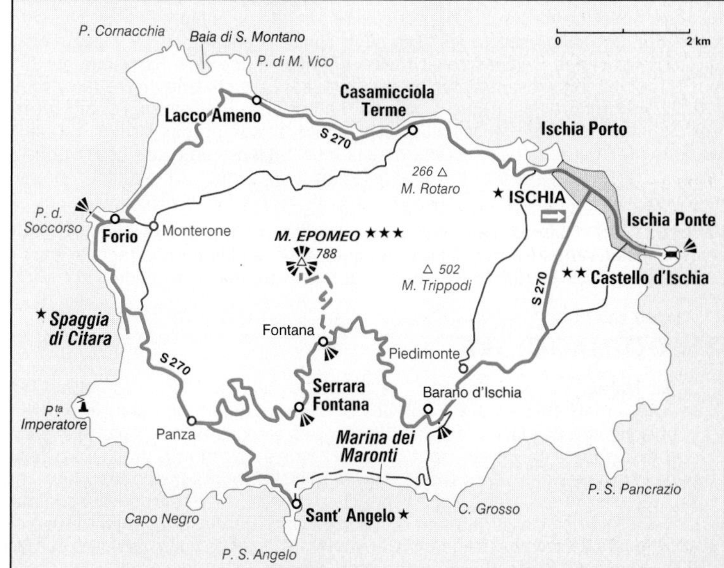

Ponte qui doit son nom à la digue construite par les Aragonais pour joindre la côte à l'îlot rocheux où se dresse le **Castello d'Ischia**★★, bel ensemble de bâtiments comprenant un château et plusieurs églises. En bordure de l'agglomération s'étendent une grande pinède et une belle plage de sable fin.

★★★ **Mont Epomeo** - *Accès, à partir de Fontana, par un chemin prenant dans un virage, presque en face du jardin public. 1 h 1/2 à pied AR (ou à dos d'âne).* De ce sommet, étroit piton de tuf apparu lors de l'éruption volcanique qui donna naissance à l'île, le regard embrasse un vaste **panorama** sur toute l'île et le golfe de Naples.

Serrara Fontana - A proximité de cette localité, un belvédère offre une **vue**★★ plongeante sur le site de Sant'Angelo, sa plage et sa presqu'île.

★ **Sant'Angelo** - Village de pêcheurs, tranquille, dont les maisons s'étagent autour d'un petit port. A proximité, grande **plage de Maronti** (Marina dei Maronti), transformée par les établissements thermaux *(accessible par un sentier).*

★ **Plage de Citara (Spiaggia di Citara)** - Fermée par le majestueux cap (Punta) Imperatore, la belle plage de Citara est occupée par un important établissement thermal, les Jardins de Poséidon, séduisant ensemble de piscines d'eau chaude, disposées parmi des fleurs et des statues.

Forio - Localité dont le centre est formé par la piazza Municipio, jardin tropical bordé d'édifices anciens.

Lacco Ameno - *Plan dans le guide Rouge Michelin Italia.* Cette première colonie grecque de l'île, l'ancienne Pithecusa (« riche en singes »), est devenue un centre de villégiature. Église Ste-Restitute *(piazza Santa Restituta)* sous laquelle on a découvert une ancienne basilique paléochrétienne et une nécropole ; petit musée archéologique. Le tour de l'île s'achève par **Casamicciola Terme** importante station thermale.

★ Isola di PROCIDA

Accès : voir le guide Rouge Michelin Italia.

Cette petite île volcanique, dont les cratères ont été arasés par l'érosion, est restée l'île la plus sauvage de tout le golfe de Naples. Les maisons colorées des pêcheurs, jardiniers et vignerons, sont à coupole, arcades et terrasses, et peintes en blanc, jaune, ocre ou rose.

Regione dei LAGHI★★★

Région des LACS

Carte Michelin n° 988 plis 2, 3, 4, 219 plis 6 à 10, 428 plis 4 à 6, 14 à 18 ou 429 plis 11 à 13 - Schémas pages suivantes

Du Piémont à la Vénétie et, au Nord, de la Suisse au Trentin, la région des Lacs s'étend au pied des Alpes lombardes. Ces lacs d'origine glaciaire, tous étroits et allongés, bénéficient d'un climat particulièrement doux, et leurs rives s'ornent d'une végétation abondante et variée. Les eaux bleues s'étalant au pied des monts et reflétant les cimes voisines constituent un décor d'une rare harmonie qui fut de tout temps apprécié des artistes et des voyageurs. Le charme de ces lacs, souvent appelés « lombardes », leur vient de l'alternance de paysages alpestres et méridionaux, des nombreuses villas prolongées de somptueux jardins qui bordent les rives, des fleurs qui se succèdent sans intermittence au cours des saisons, des petits ports avec leurs barques à arceaux où l'on déguste d'excellents poissons. Pourtant voisins, chacun d'entre eux offre un aspect particulier.

Visite ⓥ - Les schémas ci-après situent, outre les localités et sites décrits, d'autres lieux particulièrement pittoresques (indiqués dans le plus petit caractère noir). Les curiosités situées en territoire suisse sont décrites dans le guide Vert Michelin Suisse.

★★★ LAGO MAGGIORE

Le **lac Majeur**, par son ampleur, sa beauté variée, tantôt majestueuse, tantôt sauvage, mais surtout grâce aux îles Borromées qui en occupent le centre, est le plus célèbre des lacs préalpins d'Italie. Ses eaux, traversées par le Tessin qui prend sa source en Suisse, sont d'un vert jade au Nord et d'un bleu soutenu au Sud. Protégées des vents froids par les massifs montagneux des Alpes et des Préalpes, les rives du lac Majeur bénéficient d'un climat d'une douceur constante, lequel a favorisé l'acclimatation d'une luxuriante flore exotique. La route côtière étant particulièrement fréquentée et n'offrant que des vues partielles sur le lac, il est conseillé d'effectuer la **visite** ⓥ en bateau.

J. Brun/EXPLORER

Lac Majeur - Isola dei Pescatori

★ **Angera** - Cette belle station de séjour est dominée par la puissante silhouette de la **Rocca Borromeo** ⓥ, d'où l'on jouit d'un vaste panorama depuis la **tour Castellana.** Connue depuis l'époque lombarde (8e s.), la Rocca conserve une salle de Justice ornée d'admirables **fresques**★★ du 14e s., évoquant la vie de l'archevêque Ottone Visconti. La forteresse abrite également un riche **musée de la poupée**★ ⓥ (museo della Bambola), qui illustre l'évolution de ce jouet depuis le début du 19e s. : matériaux divers, modèles français, allemands, anglais et italiens aux expressions variées, mobiliers miniatures et accessoires.

Arona - Centre commercial du lac Majeur dominé par **San Carlone**★ ⓥ ou Colosso, gigantesque statue (24 m de haut et 12 m de socle) représentant saint **Charles Borromée** cardinal-archevêque de Milan qui se distingua par son autorité dans le rétablissement de la discipline de l'Église aussi bien que par son généreux courage au cours de la peste de 1576.
En haut de la vieille ville, l'**église Santa Maria** renferme un beau **polyptyque**★ de Gaudenzio Ferrari (1511). De la **Rocca** en ruine, s'offre une **vue**★ sur le lac Majeur, Angera et son site de montagnes.

★ **Baveno** - Calme villégiature qui possède une église paroissiale romane et un baptistère Renaissance, de plan octogonal.

★★★ **Isole Borromee** ⓥ - *Plan dans le guide Rouge Michelin Italia, à Stresa.* Une grande partie du lac fut donnée comme fief à la famille princière des Borromées au 15e s., mais qui n'acheta que progressivement toutes les îles du petit archipel désormais désignées comme **îles Borromées**. Charles III, au 17e s., s'occupa de l'**Isola Bella**★★★, ainsi nommée en l'honneur de sa femme Isabella. Le palais, représentatif du baroque lombard, est composé de nombreuses salles d'apparat : salle des Médailles, salon d'Honneur, salle de musique, salle de Napoléon, salle de bal et galerie des glaces. La partie la plus originale est celle des grottes, dont on venait goûter la fraîcheur les jours de grande chaleur. Le thème évoqué par le décor de pierres claires et foncées et de coquillages est celui des fonds aquatiques. Les jardins, plantés d'essences innombrables et odoriférantes, forment une étonnante composition baroque, en pyramide tronquée, de dix terrasses agrémentées de statues, de bassins, de fontaines et perspectives architecturales simulant des décors de théâtres. Au sommet du jardin, l'« amphithéâtre », en forme de coquille, est d'un extraordinaire effet scénique. La promenade en bateau permet de visiter également l'**Isola dei Pescatori**★★ qui a gardé son cachet primitif, et l'**Isola Madre**★★★ entièrement recouverte d'un splendide jardin de fleurs et de plantes rares ou exotiques. Dans le palais (Palazzo), remarquer le Théâtre de Marionnettes de la maison Borromée.

★★ **Cannero Riviera** - Station climatique fréquentée qui étage ses maisons au-dessus du lac parmi les oliviers, les vignes, les orangers et les citronniers.

★ **Cannobio** - Petit bourg proche de la frontière suisse, Cannobio possède un sanctuaire de la Madonna della Pietà, édifice Renaissance, ainsi que quelques constructions anciennes. A 3 km du centre *(route de Malesco)* on peut voir l'**Orrido di Sant'Anna**★, précipice creusé par le torrent.

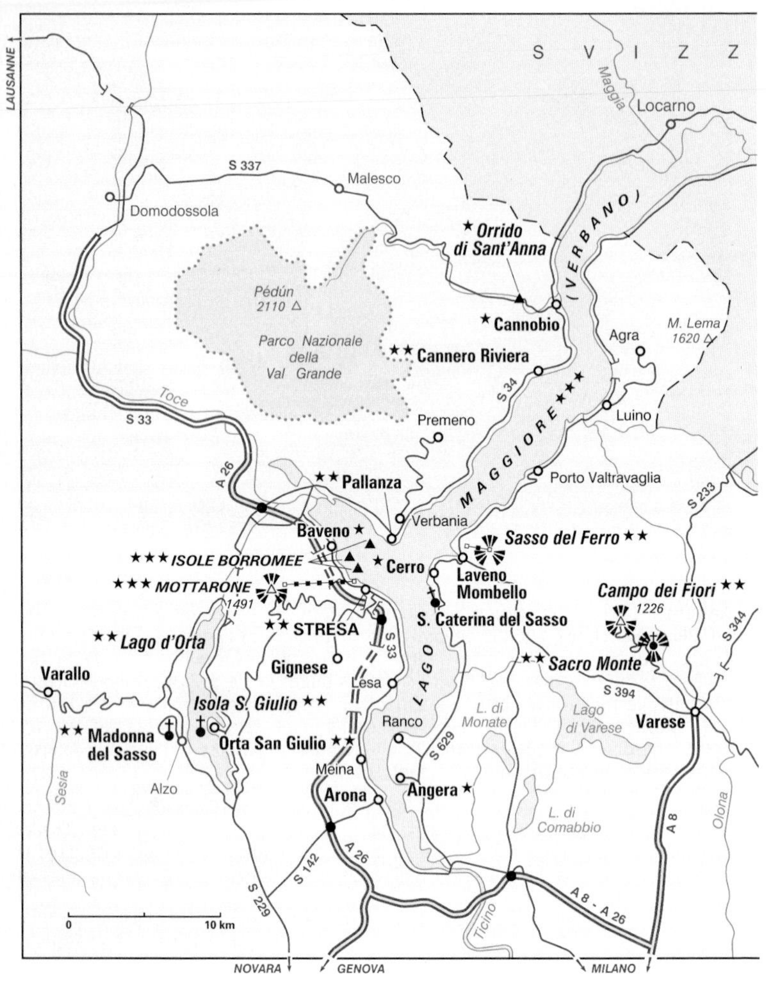

★ **Cerro** – Paisible village possédant un minuscule port de pêche aux berges ombragées et romantiques. Intéressant **musée de la Céramique** ⓥ.

Gignese – *8 km du lac. A Stresa prendre direction Vezzo Gignese.* Un petit **musée du parapluie et de l'ombrelle** (dell'Ombrello e del Parasole) illustre l'histoire de cet accessoire de 1850 à nos jours largement lié à la mode (dont celle du bronzage) et à l'émancipation de la femme.

Laveno Mombello ⓥ – De Laveno, une télécabine conduit au sommet du **Sasso del Ferro**★★, d'où l'on jouit d'un vaste **panorama** sur toute la région des lacs.

★★ **Pallanza** – Merveilleuse villégiature aux nombreuses villas disposées parmi les fleurs. Ses **quais**★★ ombragés de hauts magnolias et de lauriers roses offrent de belles vues. A la sortie de la ville, sur la route d'Intra, le parc ⓥ de la **villa Taranto**★★ est formé de jardins à « l'anglaise » riches en azalées, bruyères, rhododendrons, camélias, dahlias, érables...

Santa Caterina del Sasso ⓥ – *A environ 500 m de Leggiuno.* Ermitage fondé par l'anachorète Alberto Besozzo au 13e s. ; agrippé au rocher, il surplombe le lac dans un site très pittoresque.

★★ **Stresa** – *Plan dans le guide Rouge Michelin Italia.* Face aux îles Borromées, cette station climatique appréciée des artistes et des écrivains est un séjour délicieux où l'on peut goûter aussi bien les agréments de la vie balnéaire que pratiquer les sports d'hiver sur les pentes du **Mottarone**★★★ ⓥ *(accès par la route d'Armeno – 29 km, ou par la route panoramique (« Strada Borromea ») à péage à partir d'Alpino – 18 km, ou par téléphérique)* d'où l'on a un magnifique **panorama** sur le lac, les Alpes et le massif du Mont Rose.
A l'entrée de Stresa, en venant d'Arona, la **villa Pallavicino**★ ⓥ abrite un riche parc animalier.

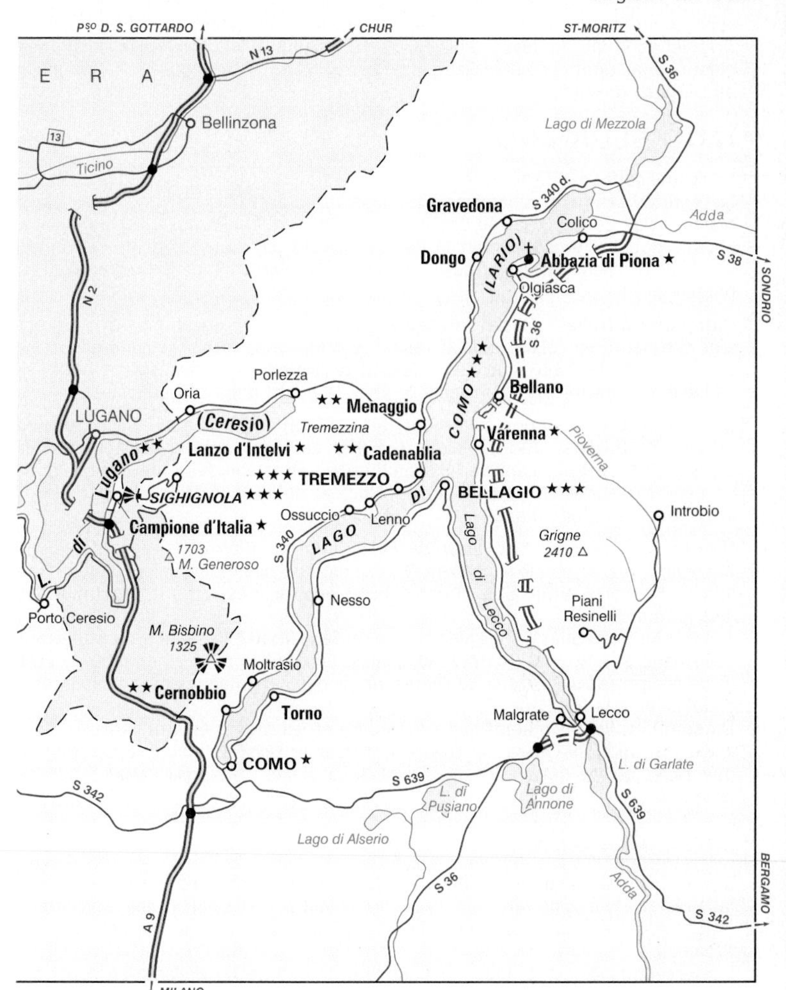

★★ LAGO D'ORTA

Jouissant d'un climat très doux et séparé du lac Majeur par le mont Mottarone qui le domine au Nord-Est, le **lac d'Orta** est l'un des plus petits des lacs lombards mais aussi l'un des plus gracieux, avec ses rives boisées et la minuscule île San Giulio qui émerge en son milieu. Ses berges, habitées dès l'Antiquité, furent évangélisées au 4ᵉ s. par saint Jules.

★★ **Madonna del Sasso** – *5 km à partir d'Alzo.* De la terrasse de l'église, vue magnifique sur le lac enchâssé dans son écrin de montagnes vertes.

★★ **Orta San Giulio** – Cette petite station de villégiature animée, occupant l'extrémité d'une presqu'île, se trouve dans un site délicieux. Vieilles ruelles bordées de maisons anciennes aux élégants balcons de fer forgé. L'ancien palais communal du 16ᵉ s., le « **Palazzotto** »★, est orné de fresques.

★ **Sacro Monte d'Orta** – *A 1,5 km d'Orta.* Sanctuaire dédié à saint François d'Assise, bâti sur une colline et constitué de vingt chapelles baroques intérieurement décorées de fresques servant de toiles de fond à des groupes de personnages en terre cuite, d'un réalisme théâtral.

★★ **Isola di San Giulio** – *Accès d'Orta par bateau* ⓥ. Ravissante île de 300 m de long sur 160 m de large, abritant la **basilique San Giulio** ⓥ, vraisemblablement fondée au 4ᵉ s. lors de la venue de saint Jules. A l'intérieur de l'église, bel **ambon**★ du 12ᵉ s., fresques de l'école de Gaudenzio Ferrari (16ᵉ s.) et, dans la crypte, châsse contenant le corps du saint.

Varallo – *A une vingtaine de km du lac, à l'Ouest.* Ce centre industriel et commercial du Val Sesia est célèbre pour son pèlerinage du **Sacro Monte**★★, dominant la ville, et dont les quarante-trois chapelles sont décorées de fresques et de groupes sculptés grandeur nature (16e-18e s.) mettant en scènes le Péché Originel et la vie de Jésus. Plusieurs artistes ont collaboré à cette entreprise gigantesque, dont le peintre Gaudenzio Ferrari (1480-1546) qui subit l'influence de Léonard de Vinci.

** LAGO DI LUGANO

Seule une petite partie du **lac de Lugano**, parfois nommé Ceresio, se trouve en Italie. Le reste de ses rives appartient à la Suisse. D'aspect plus sauvage que les lacs Majeur et de Côme, ce lac au dessin compliqué n'en a ni l'ampleur ni la majesté. Mais la douceur de son climat et l'attrait de ses paysages en pentes abruptes en font un lieu de villégiature recherché. La **visite** ⓥ peut s'effectuer en bateau.

* **Campione d'Italia** – Enclave italienne en Suisse, ce village riant et coloré est très fréquenté en raison de son casino. L'oratoire St-Pierre est une gracieuse construction de 1326 due aux « **Maestri campionesi** » qui rivalisèrent avec les « Maestri comacini » pour diffuser le style lombard dans toute l'Italie.

* **Lanzo d'Intelvi** – Station climatique (alt. 907 m) au cœur d'une belle forêt de pins et de mélèzes. Ski en hiver. A 6 km de Lanzo d'Intelvi, le **belvédère de Sighignola***** est ainsi appelé « balcon d'Italie » en raison de la vue étendue dont on bénéficie sur le lac de Lugano, les Alpes jusqu'au Mont Rose et, par temps clair, jusqu'au Mont Blanc.

Varese – *13 km au Sud-Ouest de Porto Ceresio. Plan dans le guide Rouge Michelin Italia.* Agréable et vivante, Varèse est une ville moderne qui s'étend non loin du lac homonyme. Son climat doux et ensoleillé est dû à la proximité des lacs lombards.
A 8 km au Nord-Ouest, s'élève la colline du **Sacro Monte****, siège d'un important pèlerinage à la Vierge. Quatorze chapelles, ornées de fresques en trompe l'œil et de sculptures en terre cuite représentant des personnages grandeur nature, conduisent à la basilique.
Du sommet, **vue**** magnifique sur les lacs et les monts environnants.
A 10 km au Nord-Ouest, se trouve le **Campo dei Fiori****, longue arête montagneuse et boisée qui s'étire au-dessus de la plaine. Vaste **panorama**** sur les lacs.

*** LAGO DI COMO

Entièrement situé en Lombardie, le **lac de Côme** est, de tous les lacs italiens, celui qui présente le plus de variété. Villages accueillants, petits ports, villas aux jardins ombragés et exotiques alternent le long de ses rives qui s'enfoncent dans les Préalpes.
L'intersection des trois bras formant le promontoire de Bellagio en constitue la partie la plus belle.
La **visite** ⓥ peut s'effectuer en bateau.

*** **Bellagio** – Admirablement située à la pointe du promontoire qui sépare le lac de Lecco de la branche Sud du lac de Côme, cette station de villégiature est universellement connue pour l'agrément de son cadre et la qualité de son accueil. Les **jardins**** de la **villa Serbelloni** et ceux de la **villa Melzi** ⓥ constituent le joyau de Bellagio.

Bellano – Au débouché de la Valsassina, vallée creusée par le torrent Pioverna et que domine le massif des Grigne, cette petite ville industrielle possède une jolie **église** du 14e s. dont la façade, due à Giovanni da Campione, est d'un agréable style gothique lombard.

** **Cadenabbia** – Délicieuse villégiature dans un beau site, face à Bellagio ; elle est reliée à Tremezzo et à la villa Carlotta par une allée de platanes, la via del Paradiso. De la **chapelle St-Martin** *(1 h 1/2 à pied AR)*, **vue**** sur la presqu'île de Bellagio, le lac de Lecco et les Grigne.

** **Cernobbio** – Belle localité qui doit sa réputation à la **Villa d'Este**, luxueuse résidence du 16e s. aujourd'hui transformée en hôtel et environnée d'un beau parc *(l'accès aussi bien du parc que de la villa est réservé aux hôtes de l'hôtel).* Si l'on ne peut l'admirer du lac, c'est de la piazza del Risorgimento que l'on a le meilleur point de vue sur la villa, à côté de l'embarcadère depuis le auvent style art nouveau.

* **Côme** – *Voir à COMO.*

Dongo – Dans cette localité, Mussolini et Clara Petacci furent capturés le 27 avril 1945.

Gravedona – Port de pêche qui possède une charmante église romane, **Santa Maria del Tiglio***, baptistère du 5e s. transformé au 12e s. dans le style lombard.

** **Menaggio** – C'est l'une des plus belles stations du lac, très fraîche en été.

★ **Abbazia di Piona** ⓥ – *2 km au départ d'Olgiasca.* Fondé au 11e s. par des moines clunisiens, ce grâcieux petit monastère est devenu cistercien un siècle plus tard. Remarquable **cloître**★ roman lombard (1252).

Torno – A la limite de ce joli port, l'église **San Giovanni** du 14e s., montre une façade ornée d'un riche **portail**★ de style Renaissance lombarde.

★★★ **Tremezzo** – Lieu de séjour très recherché pour la beauté de son site et la douceur de son climat ; le **parc communal**★ offre de calmes jardins en terrasses.
La **villa Carlotta**★★ ⓥ *(entrée à côté du Grand Hôtel de Tremezzo)*, construite au 18e s., occupe une situation admirable face au massif des Grigne. Elle possède une collection de statues, dont une copie de l'Amour et Psyché de Canova par A. Tadolini. Mais ce sont les merveilleux **jardins** en terrasses qui constituent son attrait principal.

★ **Varenna** – Perdu au milieu des jardins et des cyprès, c'est un bourg charmant bâti sur un petit promontoire. Voir la **villa Monastero** (16e s.) et ses **jardins**★★ ⓥ.

★ LAGO d'ISEO

Moins prestigieux que les autres lacs lombards, le petit **lac d'Iseo** ne manque pas de charme par la variété de ses sites sauvages se découpant sur un fond de hautes montagnes, et par ses rives, tantôt escarpées et tantôt sinueuses, où se blottissent des villages tranquilles. Au centre des eaux d'un bleu profond surgit l'île du Monte Isola (alt. 600 m).
La **visite** ⓥ peut s'effectuer en bateau.

★ **Iseo** – La Pieve di Sant'Andrea qui s'élève au fond d'une charmante petite place a conservé son campanile du 13e s.

Lovere – Petite ville industrielle où la **Galleria Tadini** ⓥ présente une collection d'armes, tableaux (Bellini, Le Parmesan), porcelaines et sculptures (Canova).

★★ **Monte Isola** ⓥ – Cette île verdoyante offre, de la Madona della Ceriola, un vaste **panorama**★★ sur le lac et les Alpes bergamasques.

★ **Pisogne** – Petit port dans un joli site au bord du lac. L'**église Santa Maria della Neve** abrite des **fresques**★ (16e s.) de Romanino da Brescia.

★★★ LAGO DI GARDA

Le **lac de Garde**, le plus vaste d'Italie, est l'un des plus harmonieux, même s'il présente une grande variété d'aspects : côte basse et plate, formée par les alluvions, de la partie méridionale ; abruptes pentes de la rive occidentale ; chaîne montagneuse du Monte Baldo qui domine la rive orientale.
La barrière des Dolomites au Nord favorise, en stoppant les vents, la douceur de ce climat qui a valu, dès l'Antiquité, le surnom de « lac bénéfique » (Il Benaco) à ce plan d'eau d'une importance stratégique et commerciale notable. Au cours des siècles, les puissances voisines s'en partagèrent successivement la domination.
Sur le plan artistique, c'est sans doute l'influence de la république vénitienne (maîtresse de la région du 15e au 18e s.) qui se fit le plus fortement sentir, en architecture comme dans le domaine de la peinture.

Depuis l'époque romaine, les rives du lac de Garde furent élues comme lieux de séjour et aujourd'hui encore le touriste peut y trouver de nombreuses villégiatures lui offrant repos, confort et bonne chère.
La **visite** ⓥ peut s'effectuer en bateau.

Bardolino – Célèbre pour son vin rouge, cette bourgade animée a conservé une élégante **église**★ romane du 11e s. placée sous le vocable de San Severo.

Campione del Garda – Les évêques de Trente, de Brescia et de Vérone s'y réunissaient pour bénir le lac.

Desenzano del Garda – Le vieux port, la pittoresque place Malvezzi et la ville ancienne avoisinante constituent d'agréables lieux de flânerie. L'**église paroissiale** (Parrochiale Santa Maria Maddalena), du 16e s., abrite une ***Cène***★ de Tiepolo, d'une expression intense. Au Nord de la localité, via Scavi Romani, la **villa Romana** ⓥ présente un remarquable ensemble de **mosaïques romaines**★ polychromes.

★ **Garda** – Cette villégiature fréquentée, qui a donné son nom au lac, porte les traces de la domination vénitienne : palais des Capitaines du Lac et palais Fregoso, tous deux du 15e s.

★★ **Gardone Riviera** – Élégante villégiature, ensoleillée et très bien équipée en hôtels. A 1 km au-dessus de l'agglomération, le domaine du **Vittoriale**★ ⓥ appartint au poète **Gabriele D'Annunzio** (1863-1938), qui voulut y être enterré. La villa La Prioro, néo-classique, évoque l'atmosphère sombre et chargée dans laquelle cet écrivain esthète aimait à vivre. Musée et parc où sont rassemblés de nombreux souvenirs rappellent son existence mouvementée.

Gargnano – C'est une charmante station de villégiature entourée de serres, de citronniers et de cédratiers.
L'église **San Francesco** possède un joli cloître du 15e s. dont les curieuses arcades de style mauresque reposent sur des chapiteaux sculptés d'oranges et de citrons, rappelant la tradition selon laquelle les franciscains auraient introduit ces agrumes sur les bords du lac.
Le long du lac, une promenade mène à la **villa Feltrinelli**, néo-classique, qui fut le siège du secrétariat de Mussolini durant la République fasciste *(ne se visite pas)*.

★ **Limone sul Garda** – C'est un des villages les plus pittoresques des bords du lac. Le long de celui-ci, de nombreuses plantations de citronniers sous serres sont aménagées en terrasses. Au départ de Limone, une **route panoramique**★★ s'élève vers le plateau de Tremosine, puis redescend vers Tignale, offrant de superbes **vues**★★★ sur le lac et son cadre de montagnes.

★ **Malcesine** – Pittoresque bourg ramassé sur une pointe au pied du mont Baldo et dominé par la silhouette crénelée du **château fort**★ des Scaliger (Castello Scaligero) de Vérone (13e-14e s.). Au bord de l'eau s'élève le palais des Capitaines du Lac (15e s.), de style vénitien. Du sommet du **monte Baldo** ⓥ *(téléphérique)*, splendide **panorama**★★★ sur le lac et, au Nord, les massifs de Brenta et de l'Adamello.

★★ **Punta di San Vigilio** – Cette pointe compose un tableau d'une romantique harmonie. La **villa Guarienti** *(ne se visite pas)* fut construite au 16e s. pour l'humaniste véronais Agostino Brenzoni, sur les plans de Sanmicheli.

★ **Riva del Garda** – Cette petite station climatique dominée à l'Ouest par d'impressionnants escarpements rocheux fut, dès l'Antiquité, un important noyau stratégique et commercial en raison de sa situation clef sur la route reliant Vérone aux Alpes. Elle possède aujourd'hui encore une pittoresque **vieille ville**★, composée d'un réseau de ruelles étroites et commerçantes. Le principal monument, la **Rocca** ⓥ, abrite un **musée** (Museo civico) contenant des sections archéologique et historique.

★ **Salò** – Autrefois capitale de la « Magnifique Patrie » où résidait le « capitaine de Venise », cette agréable cité a gardé de sa période de splendeur une **cathédrale** (Duomo) du 15e s., qui abrite un grand **polyptyque**★ en bois doré de 1510 et quelques œuvres de Moretto da Brescia et Romanino.

San Martino della Battaglia ⓥ – Une **chapelle ossuaire**, un **musée** et une **tour monumentale** rappellent la bataille du 24 juin 1859 *(voir ci-dessous à Solferino)* et les guerres du Risorgimento menées par les Italiens pour conquérir leur indépendance sur les Autrichiens.

★★ **Sirmione** – A la pointe de la péninsule de Sirmione, longue et étroite langue de terre, cette importante station de villégiature est également connue depuis le début du siècle comme station thermale réputée pour soigner, en particulier, les affections des voies respiratoires. La petite ville groupe ses maisons autour de la puissante **forteresse des Scaliger**★ (Rocca Scaligera) ⓥ du 13e s. La petite église de Santa Maria Maggiore, du 15e s., conserve d'intéressantes fresques des 15e et 16e s. A l'extrémité du promontoire rocheux, on peut voir les vestiges d'une gigantesque villa romaine qui appartint au poète Catulle ; la zone archéologique porte le nom de « **Grotte di Catullo** » ⓥ et permet de distinguer, dans un **site**★★ délicieux, de nombreuses traces de constructions.

Solferino – Une **chapelle ossuaire** et un **musée** ⓥ commémorent la bataille (dont le champ s'étendait jusqu'à San Martino, *voir supra*) remportée le 24 juin 1859 sur les Autrichiens par les troupes franco-piémontaises et qui fut déterminante pour l'indépendance de l'Italie. Les très lourdes pertes (11 000 morts et 23 000 blessés) inspirèrent à Henri Dunant la fondation de la **Croix-Rouge**, dont on peut voir le **mémorial**.

Torbole – Cette agréable station climatique fut en 1439 le théâtre d'un événement singulier. Venise, voulant secourir Brescia assiégée par les Visconti de Milan, décida d'armer une flotte sur le lac de Garde et entreprit de lui faire franchir les montagnes qui séparent l'Adige du lac. La flotte atteignit Torbole d'où elle prit le large, occupant bientôt Maderno. Ce qui permit à Venise, l'année suivante, de s'emparer de Riva et du lac.

Valeggio sul Mincio – *10 km au Sud de Peschiera del Garda.* Carlo Sigurtà (1898-1983), industriel en pharmacie qui se dédia pendant 40 ans aux cures thermales, transforma complètement (ayant eu le droit de pomper l'eau du Mincio) le domaine dénudé d'une villa du 17e s. qui servit de Quartier Général à Napoléon III en 1859.
Aujourd'hui, les 50 hectares du **parc-jardin Sigurtà**★★ (Parco Giardino Sigurtà ⓥ), parfaitement entretenus, se visitent uniquement en voiture. Sur les 7 km d'itinéraire ont été aménagés 13 parkings, d'où partent de suggestifs sentiers pédestres. Outre la magnifique position sur le Mincio, concourent à la magie des lieux la flore méditerranéenne, les vastes étendues d'herbe, les curiosités architecturales et naturelles et la musique classique émise dans certains secteurs.

L'estimation de temps indiquée pour chaque itinéraire correspond au temps global nécessaire pour bien apprécier le paysage et effectuer les visites recommandées.

L'AQUILA★

Abruzzes – 66 826 habitants

Carte n° 988 pli 26 ou 430 O 22. Schéma à Appenino ABRUZZESE
Plan dans le guide Rouge Michelin Italia

Fondée au 13e s. par l'empereur Frédéric II de Hohenstaufen qui lui donna pour emblème l'aigle impérial, L'Aquila fut en partie ceinte de remparts par Charles Ier d'Anjou qui en devint le maître dès 1266. Construite en belle pierre dorée, elle conserve de nombreuses églises romanes et Renaissance ainsi que des palais qui portent le chiffre de saint Bernardin de Sienne (IHS, Iesus Hominum Salvator) qui y prêcha et y mourut en 1444.

★★ **Basilica di San Bernardino** – Élevée entre 1454 et 1472, cette magnifique église est dotée d'une remarquable façade très animée due à Cola dell'Amatrice (1527). A l'intérieur, en forme de croix latine, ample et lumineux, on peut admirer un beau plafond de bois baroque, le **mausolée**★ de saint Bernardin, orné de figures dues au sculpteur local Silvestro dell'Aquila, et l'élégant **sépulcre**★ de Maria Pereira par le même Silvestro.

★ **Castello** – Bel exemple d'architecture militaire du 16e s., à plan carré et renforcé de puissants bastions aux angles. Dans les vastes salles est installé le **Museo Nazionale d'Abruzzo**★★ ⓥ, composé d'une section archéologique et d'une section médiévale – principalement des objets caractéristiques de l'art des Abruzzes, d'un grand intérêt – et moderne.

★ **Basilica di Santa Maria di Collemaggio** – Admirablement située sur une vaste place, elle fut érigée en style roman dès 1287 sous l'impulsion de Pierre de Morone, le futur pape Célestin V ; elle présente une merveilleuse **façade**★★ de pierres blanches et roses ajoutée au 14e s. et percée de trois rosaces et de portails en plein cintre.

★ **Fontana delle 99 cannelle** – Cette imposante fontaine remaniée au 15e s. crache l'eau par 99 masques : allusion à la création miraculeuse de la ville qui serait apparue dotée de 99 quartiers, 99 châteaux, places, églises et fontaines ; aujourd'hui encore, chaque soir, une cloche tinte 99 fois à la tour du Palais de Justice.

LECCE★★

Pouille – 100 893 habitants

Carte Michelin n° 988 pli 30 ou 431 F 36

Plan dans le guide Rouge Michelin Italia

Située au cœur de la péninsule du Salento, c'est l'antique Lupiae des Romains, ville prospère, qui fut ensuite appréciée par les Normands : ils la substituèrent à Otrante comme capitale de cette région, dite Terre d'Otrante.

Lecce connut entre le 16e et le 18e s. une période de splendeur pendant laquelle elle s'enrichit de monuments Renaissance, rococo et baroques. Ses nombreux édifices baroques, remarquables par la recherche décorative que facilitait la pierre calcaire de la région aisée à travailler et d'un grain particulièrement fin, lui ont valu le surnom de « Florence baroque ». Illuminés, ils la font ressembler, de nuit, à un fastueux décor de théâtre.

Les artistes les plus inventifs appartiennent à la famille des Zimbalo : ils répandirent leur style, appliqué aux églises aussi bien qu'aux palais, dans toute la péninsule du Salento.

Everts/RAPHO

Fronton de la basilique Santa Croce

★★ LA VILLE BAROQUE

visite : 1 h

★★ **Santa Croce** – Cette basilique, œuvre de plusieurs architectes qui y travaillèrent aux 16e et 17e s., est le monument le plus représentatif du style baroque à Lecce. Sa façade est fastueusement décorée, mais sans lourdeur. L'intérieur, élancé et lumineux, d'une architecture simple rappelant le style inauguré par Brunelleschi, possède également une abondante ornementation baroque d'une grande finesse. La chapelle latérale gauche abrite notamment un beau **maître-autel** orné de bas-reliefs sculptés par Francesco Antonio Zimbalo.

Palazzo del Governo – Jouxtant l'église, cet ancien couvent des célestins, dit Palais du Gouvernement, est recouvert d'un appareil à bossages, surmonté par une corniche et des fenêtres chargées de décorations, notamment au 1er étage.

★★ **Piazza del Duomo** – C'est l'une des places les plus remarquables de l'Italie du Sud, en raison de l'ensemble homogène des bâtiments qui l'encadrent : le **campanile**, dû à Giuseppe Zimbalo (1661-1682), le **Duomo**, du même architecte (1659-1682), le **palais épiscopal** (Palazzo Vescovile), du 17e s., et le **palais du Séminaire** (Seminario) édifié en 1709 d'après un dessin de Giuseppe Cino, et dont la cour s'orne d'un **puits**★ somptueusement décoré par le même sculpteur.

AUTRES CURIOSITÉS

★ **Museo Provinciale Sigismondo Castromediano** ⓥ – Installé dans un bâtiment moderne, il regroupe une riche section archéologique *(rez-de-chaussée)* et une très importante **collection de céramiques**★★ *(1er étage)* : particulièrement intéressants, les vases protoitaliotes et italiotes, ornés de figures peintes.
Au 3e étage, pinacothèque.

★ **San Matteo** – Cette église à la façade harmonieuse voulue par Achille Carducci (1667-1700) porte la nette influence du Borromini de Saint-Charles-aux-Quatre-Fontaines de Rome.

★ **Chiesa del Rosario** (ou **San Giovanni Battista**) – Dernière œuvre de Giuseppe Zimbalo, la façade de cette église présente une surabondante décoration à la fois minutieuse et gracieuse. L'**intérieur**★ est orné de plusieurs retables d'une somptuosité sans égale.

Santi Nicolò e Cataldo – *Au Nord de la ville, près du cimetière.* Construite par le Normand Tancrède de Lecce en 1180, cette église a été refaite en 1716, sans doute par Giuseppe Cino qui a respecté la partie centrale de l'ancienne façade romane, avec sa petite rose et son portail normand. Le cloître, du 16e s., abrite un joli édicule baroque.

Sant'Irene (ou **Chiesa dei Teatini**) – Construite par Francesco Grimaldi pour les moines théatins, l'église conserve de somptueux **autels**★, attribués à Francesco A. Zimbalo.

Chiesa del Gesù (ou **Chiesa del Buon Consiglio**) - *Via Francesco Rubichi.* Construite entre 1575 et 1579 par les jésuites, cette église contraste par son austérité avec les autres édifices religieux de Lecce.

Chiesa di Sant'Angelo - *Via Manfredi.* Bien qu'inachevée, sa façade est typique du style de Francesco Giuseppe Zimbalo (1663), décorée de guirlandes, angelots, chérubins, etc.

Piazza Sant'Oronzo - Cette place animée, qui forme le centre de la ville, est dominée par la statue de Sant'Oronzo, patron de Lecce, placée au sommet d'une des deux colonnes qui terminaient la Via Appia à Brindisi.
Au Sud de la place, une partie des ruines de l'amphithéâtre romain a été dégagée.

LIGNANO

Frioul - Vénétie Julienne - 5 693 habitants

Carte Michelin n° 988 pli 6 ou 429 E/F 21

Plus grande station balnéaire du littoral frioulan, Lignano occupe une longue presqu'île de sable encore largement couverte de pinèdes ; s'étendant à l'Est de l'embouchure du Tagliamento, elle ferme une partie de la lagune de Marano réservée aux pêcheurs. Tournée vers Grado, le golfe de Trieste et les côtes de l'Istrie (souvent visibles), sa **plage**★★ est appréciée pour ses 8 km de sable fin et doré qui s'avancent très progressivement dans une mer sûre permettant des séjours familiaux sans danger.

La presqu'île - On y distingue trois secteurs. Située à la pointe de la presqu'île, **Lignano Sabbiadoro** est la partie la plus ancienne, très conviviale avec ses petites maisons, ses rues commerçantes et son grand port de plaisance (la *darsena*). Séparée de Sabbiadoro par une grande pinède appartenant au Vatican et réservée à des colonies de vacances, **Lignano Pineta**, élégante et moderne, décrit dans son plan d'urbanisation une spirale, coupée par des rues rayonnant depuis la place centrale. Enfin **Lignano Riviera** doit son nom à la proximité du Tagliamento ; sa plage offre une eau légèrement plus froide, mais c'est aussi le secteur où la végétation y est la plus dense. A l'arrière, les vacanciers peuvent profiter des plaisirs d'un golf 18 trous et d'un zoo, le **Parco zoo Punta Verde**.

LIVORNO

LIVOURNE - Toscane - 167 087 habitants

Carte Michelin n° 988 pli 14 ou 428, 430 L 12

Plan dans le guide Rouge Michelin Italia

Important port marchand d'Italie qui transite avant tout du bois, le marbre, l'albâtre, des automobiles et les produits de l'artisanat florentin. Reconstruit par Côme Ier de Médicis pour remplacer Porto Pisano ensablé par les alluvions, le port fut achevé en 1620 sous Côme II. L'animation de Livourne est concentrée via Grande, bordée d'immeubles à arcades, via Cairoli et via Ricasoli. Sur la piazza Micheli, d'où l'on aperçoit la « Fortezza Vecchia », s'élève le **monument**★ à Ferdinand Ier de Médicis.

Montenero - *9 km au Sud.* Construit au 18e s., le sanctuaire dédié à Notre-Dame-des-Grâces comprend une église baroque richement décorée, un couvent et (protégé par une grille) le « famedio », composé de chapelles où reposent les citoyens illustres de Livourne.

LORETO★

LORETTE - Marches - 10 775 habitants

Carte Michelin n° 988 pli 16 ou 430 L 22

Plan dans le guide Rouge Michelin Italia

La petite cité groupée autour du sanctuaire de Notre-Dame, but d'un pèlerinage universellement connu, a conservé un noyau ancien partiellement inscrit dans une enceinte de briques du 16e s.
On y vénère la Santa Casa, la « maison de Marie », qui fut - selon la tradition - miraculeusement apportée de Nazareth par les anges, et déposée, après plusieurs étapes, dans un bois de lauriers qui aurait donné son nom à la bourgade de « Loreto ». En fait, trois murs de la Maison de la Vierge furent effectivement transportés en 1294 par les Angeli (*anges* en italien), noble famille régnant alors sur l'Épire où se trouve Nazareth. Lorette, voisine du port d'Ancône, fut choisie car les États Pontificaux s'étendaient alors jusque-là pouvant ainsi assurer la protection des

saintes reliques. La fête de la Nativité de la Vierge et la commémoration de la translation de la Santa Casa donnent lieu à de grands pèlerinages.
Le peintre vénitien **Lorenzo Lotto** (1486-1556), auteur de portraits où s'exprime un sens nouveau de la psychologie, vécut à Lorette de 1535 à sa mort, comme oblat de la Santa Casa.

★★ SANTUARIO DELLA SANTA CASA ⓥ *visite : 1 h*

De nombreux architectes, peintres et sculpteurs célèbres ont contribué à l'édification de ce sanctuaire commencé en 1468 et définitivement achevé au 18e s. : Giuliano da Sangallo d'abord, puis Bramante, qui construisit les chapelles latérales, et Vanvitelli qui éleva le campanile à bulbe. Si l'on contourne l'église, on pourra admirer la belle **abside**★★ trilobée et l'élégante coupole dessinée par Sangallo. La façade, représentative de la Renaissance tardive, est à la fois sobre et harmonieuse avec ses doubles pilastres surmontés par deux horloges aux angles.
On pénètre à l'intérieur de la basilique à trois nefs par trois **portes de bronze**★★ ornées de belles statues (fin du 16e-début du 17e s.). A l'extrémité de la nef droite, la coupole de la **sacristie St-Marc**★ est couverte de fresques présentant d'audacieux raccourcis, œuvre de Melozzo da Forlì (1477), qui a représenté des anges portant les instruments de la Passion. Dans la **sacristie St-Jean**★, lavabo de Benedetto da Maiano et fresques de Luca Signorelli. A la croisée du transept, la **Santa Casa**★★ a été somptueusement décorée au 16e s. de marbres sculptés, notamment par Antonio Sansovino. Dans une salle donnant sur le transept gauche, beau cycle de peintures de Pomarancio (1605-1610).
Précédant la basilique, s'ouvre la belle **piazza della Madonna**★, bordée par l'élégant portique inachevé du palais apostolique, dans lequel une **pinacothèque** ⓥ a été installée : remarquable **ensemble**★ de peintures de Lorenzo Lotto, tableaux de Simon Vouet et de Pomarancio ; des tapisseries flamandes d'après des cartons de Raphaël et des faïences d'Urbino y sont également exposées.

ENVIRONS

Recanati - *7 km au Sud-Ouest.* Cette petite ville perchée sur une colline a donné naissance en 1798 au poète Giacomo **Leopardi**. Le **palazzo Leopardi** ⓥ conserve quelques souvenirs de l'écrivain ; une **pinacothèque** (Pinacoteca civica) ⓥ abrite plusieurs œuvres marquantes de Lorenzo Lotto, dont l'*Annonciation*.

LUCCA★★★

LUCQUES - Toscane - 86 966 habitants

Carte Michelin n° 988 pli 14 ou 428, 429, 430 K 13

Située au cœur d'une plaine fertile, Lucques a conservé à l'intérieur de son enceinte couronnée de verdure de nombreux témoignages du passé : églises, palais, places et ruelles font le charme de cette petite ville que l'urbanisme contemporain a épargnée.

Pour une visite approfondie de la ville, il est recommandé de se procurer le guide Vert Michelin Florence et la Toscane.

UN PEU D'HISTOIRE

Colonisée par Rome au 2e s. avant J.-C., Lucques a gardé sa configuration de camp militaire romain aux deux grandes perpendiculaires, dans lequel le Moyen Âge a inscrit son réseau compliqué de ruelles et de places irrégulières.
Commune libre dès le 12e s., elle a vu s'accroître considérablement, jusqu'au milieu du 14e s., son importance économique fondée sur la fabrication et le commerce de la soie : la ville, sous le gouvernement du condottiere Castruccio Castracani, brille alors de tout son éclat. C'est de cette époque que datent ses plus beaux édifices civils et religieux : empruntant leurs modèles au style pisan, les architectes de Lucques savent y apporter leur propre originalité, faite de raffinement et de fantaisie. A partir de 1550, Lucques se tourne vers l'agriculture ; cette nouvelle activité entraîne un regain d'intérêt pour l'architecture : des « villas » sont édifiées dans la campagne, une ceinture de remparts encercle le noyau urbain, et la plupart des maisons sont rebâties ou remaniées.
Au début du 19e s., une figure de femme domina la vie de Lucques au cours d'un règne bref (1805-1813) : Élisa Bonaparte, promue par son frère, à la suite des conquêtes italiennes, princesse de Lucques et de Piombino, gouverna avec sagesse et intelligence sa principauté, favorisant le développement de la ville et des arts.

La légende de la Sainte-Croix – Le « **Volto Santo** » (Saint Visage) est un crucifix miraculeux conservé à l'intérieur de la cathédrale. On raconte que Nicodème, après le Calvaire, y avait représenté les traits du Christ. L'évêque italien Gualfredo, pèlerin en Terre Sainte, réussit à trouver le Volto Santo et l'embarqua sur une nacelle sans équipage qui s'échoua sur la plage de Luni, près de La Spezia. Les dévots de Luni et de Lucques se disputant l'image sainte, l'évêque de Lucques eut l'idée de faire placer le crucifix sur un chariot traîné par des bœufs : ceux-ci prirent aussitôt la direction de Lucques. La renommée du Volto Santo, diffusée par les marchands lucquois, fut immense et les rois de France prêtaient parfois serment par « Saint Vaudeluc » (Santo Volto di Lucca). Chaque année, en l'honneur du Volto Santo, se déroule dans la ville illuminée une très curieuse procession nocturne, la « **Luminara di Santa Croce** » *(voir le chapitre Principales manifestations, en fin de volume).*

LES GRANDES ÉGLISES *visite : 3 h*

De la vaste **piazza Napoleone** *(parking)*, on gagne la piazza San Giovanni sur laquelle donne l'église du même nom, puis la piazza San Martino, bordée à gauche par le palais Micheletti, œuvre d'Ammannati (16e s.), et ses jardins en terrasses.

★★ **Duomo** (**C**) – Fondé au 6e s. et dédié à saint Martin, il a été reconstruit au 11e s. et presque entièrement refait au 13e s., pour l'extérieur, aux 14e et 15e s., pour l'intérieur. La **façade**★★ en marbres blanc et vert, due à l'architecte Guidetto da Como, produit en dépit de son asymétrie une impression de force et d'équilibre. Elle représente dans sa partie supérieure, à trois étages de galeries, la première expression du style roman pisan à Lucques, dans une version toutefois propre à la ville, plus aérée, exempte de sévérité et ornée avec une fantaisie exubérante – noter la richesse de la sculpture et des motifs de marqueterie de marbres qui envahissent l'ensemble.

Le campanile, puissant et élancé, est allégé par l'alternance des matériaux, brique et marbre, ainsi que par la multiplication des baies, à mesure que la construction s'élève. La décoration du porche d'entrée est extrêmement riche : piliers portant de fines colonnes naïvement sculptées, arcatures, frises, diverses scènes sculptées. L'**intérieur**, gothique, possède un élégant triforium qui contraste par sa légèreté avec les arcs en plein cintre, supportés par de robustes piliers. Au revers de la façade se trouve l'étonnante sculpture romane de Saint Martin partageant son manteau, dont le style sobre et classique annonce Nicola Pisano. Dans la nef gauche s'élève le gracieux « tempietto », construit par l'artiste lucquois Matteo Civitali (1436-1501) pour recevoir le Volto Santo : le grand **Christ**★ en bois noirci par le temps, sculpté au 12e s. et dénotant par son aspect hiératique une influence orientale, serait une copie de celui-là même autour duquel se forgea la légende. Le croisillon gauche abrite l'un des chefs-d'œuvre de la sculpture funéraire italienne, réalisé en 1406 par le Siennois Jacopo della Quercia : le **monument d'Ilaria del Carretto**★★, épouse de Paolo Guinigi, seigneur de Lucques au début du 15e s. ; la jeune femme est étendue sur un lit, vêtue d'une longue robe au plissé d'une rare souplesse ; à ses pieds veille un chien, symbole de la fidélité. Parmi les autres œuvres d'art : *Présentation de la Vierge au temple* du Bronzino *(bas-côté gauche)* et ***Cène***★ du Tintoret au remarquable éclairage *(bas-côté droit).*

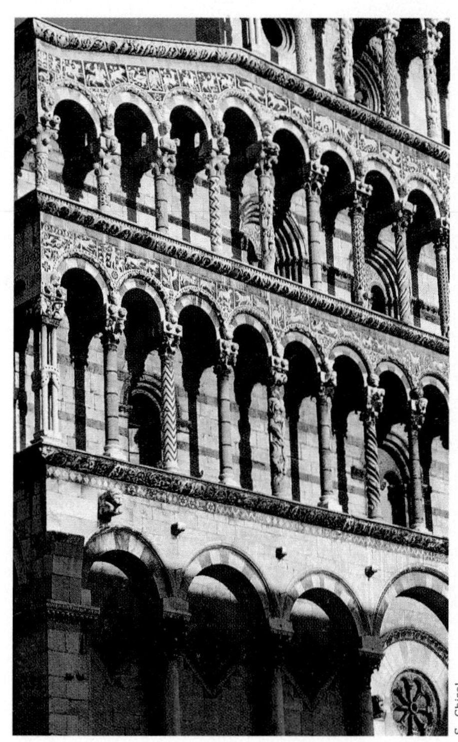

S. Chirol

San Michele in Foro

★★ Chiesa di San Michele in Foro (**B**) – Édifiée sur l'ancien forum romain, du 12e au 14e s., elle domine de sa haute masse blanche la place environnante que bordent des demeures anciennes et le palais Pretorio. Sa **façade★★**, d'une hauteur exceptionnelle car prévue pour une nef plus élevée, est d'un superbe style lucco-pisan, en dépit des remaniements de la partie inférieure entrepris au siècle dernier. Composée de quatre étages de galeries à colonnettes surmontant des arcatures aveugles, elle présente une ornementation remarquablement variée. A son sommet, deux anges musiciens encadrent la grande statue de saint Michel terrassant le dragon.

L'**intérieur**, roman, contraste avec l'extérieur par sa simplicité. Au 1er autel du bas-côté droit, ***Madone★*** d'Andrea della Robbia. Le croisillon droit abrite un beau **tableau★**, au coloris éclatant, de Filippino Lippi.

★ Chiesa di San Frediano (**B**) – Ayant été reconstruite au 12e s., avant l'influence de l'architecture pisane, cette grande église est l'expression du style roman lucquois d'origine. Sa façade, très dépouillée, est revêtue de marbre blanc provenant de l'amphithéâtre romain. Sa haute partie centrale, remaniée au 13e s., est dominée par une mosaïque représentant l'Ascension, exécutée dans le style byzantin par des artistes lucquois. L'intérieur présente trois nefs charpentées (flanqués de chapelles latérales Renaissance et baroques) sur le modèle des premières basiliques chrétiennes : des colonnes antiques ornées de beaux chapiteaux rythment l'axe central ouvert sur une abside semi-circulaire. A droite en entrant, une surprenante **vasque baptismale★** romane, exécutée au 12e s., est décorée de sculptures contant dans un style alerte des épisodes de la vie de Moïse. La chapelle Sant'Agostino est décorée de fresques dues au peintre ferrarais Amico Aspertini : l'une d'elles évoque le fameux transport du Volto Santo de Luni à Lucques.

LUCCA

Circulation

Battistero (Via del)	B 6
Fillungo (Via)	BC
Roma (Via)	B 31
Vittorio Veneto (Via)	B 50
Anfiteatro (Pza dell')	C 2
Angeli (Via degli)	B 3
Antelminelli (Pza)	C 4
Asili (Via degli)	B 5
Battisti (Via C.)	B 7
Beccheria (Via)	B 8

B Battistero e chiesa dei Santi Giovanni e Reparata
C San Cristoforo

AUTRES CURIOSITÉS

★ Città Vecchia (**BC**) – Les rues et les places du **vieux Lucques** ont conservé un charme particulier dû à leurs palais gothiques ou Renaissance, à leurs tours seigneuriales, leurs boutiques anciennes, leurs portes ouvragées, leurs blasons sculptés et leurs élégantes grilles et balcons en fer forgé. Partant de la piazza San Michele, on suit la via Roma, puis la via Fillungo jusqu'à la curieuse **piazza dell'Anfiteatro** située à l'intérieur de l'amphithéâtre romain. De là, il faut poursuivre vers la charmante piazza San Pietro (église des 12e et 13e s.). Au no 29 de la via Guinigi, la **casa des Guinigi** ⓥ (**C**), surmontée de sa tour couronnée d'arbres (du sommet, **panorama★** sur la ville), déploie sur une surface impressionnante des fenêtres gothiques à baies multiples ; en face, aux nos 20 et 22, maisons qui appartinrent également aux Guinigi.

On arrive à l'église romane **Santa Maria Forisportam** (**C L**), ainsi appelée parce qu'elle était située hors de l'enceinte romaine. La via Santa Croce, la piazza dei Servi, la piazza dei Bernardini où se dresse le palais (16e s.) du même nom (**C N**), ramènent à la piazza San Michele.

★ Passeggiata delle Mura – La **promenade des remparts** permet de faire entièrement le tour de la ville sur une longueur de 4 km. Construits au cours des 16e et 17e s., ils sont constitués de onze bastions en forte avancée, reliés entre eux par des courtines, et sont percés de quatre portes.

Museo nazionale di Palazzo Mansi (**A**) ⓥ – Les **appartements** de ce palais élevé au 17e s. présentent une remarquable **décoration★** (17e-18e s.). L'édifice abrite une **pinacothèque** : œuvres de peintres italiens du 17e s. (V. Salimbeni, Barocci) et tableaux d'écoles étrangères.

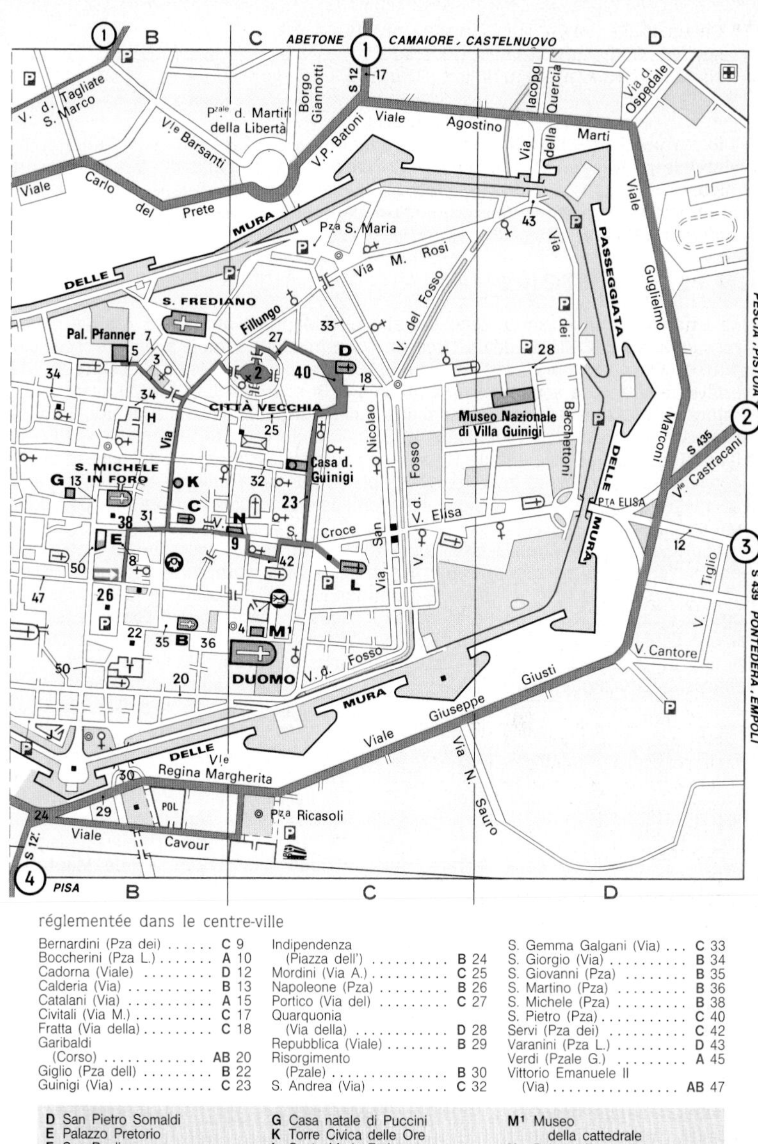

réglementée dans le centre-ville

Bernardini (Pza dei) ...... C 9
Boccherini (Pza L.) .... A 10
Cadorna (Viale) .... D 12
Calderia (Via) .... B 13
Catalani (Via) .... A 15
Civitali (Via M.) .... C 17
Fratta (Via della) .... C 18
Garibaldi
(Corso) .... AB 20
Giglio (Pza dell) .... B 22
Guinigi (Via) .... C 23
Indipendenza
(Piazza dell') .... B 24
Mordini (Via A.) .... C 25
Napoleone (Pza) .... B 26
Portico (Via del) .... C 27
Quarquonia
(Via della) .... D 28
Repubblica (Viale) .... B 29
Risorgimento
(Pzale) .... B 30
S. Andrea (Via) .... C 32
S. Gemma Galgani (Via) ... C 33
S. Giorgio (Via) .... B 34
S. Giovanni (Pza) .... B 35
S. Martino (Pza) .... B 36
S. Michele (Pza) .... B 38
S. Pietro (Pza) .... C 40
Servi (Pza dei) .... C 42
Varanini (Pza L.) .... D 43
Verdi (Pzale G.) .... A 45
Vittorio Emanuele II
(Via) .... AB 47

D San Pietro Somaldi
E Palazzo Pretorio
F San Paolino
G Casa natale di Puccini
K Torre Civica delle Ore
L Santa Maria Forisportam
M¹ Museo della cattedrale
N Palazzo Bernardini

Museo nazionale di Villa Guinigi (**D**) ⓥ – *Via della Quarquonia.* Installé dans l'ancienne résidence champêtre de Paolo Guinigi, il regroupe du matériel archéologique, une section consacrée à la sculpture romane, gothique et Renaissance, et une autre à la peinture lucquoise et toscane.

ENVIRONS

Villa Reale de Marlia ⓥ – *8 km au Nord par* ①. La villa Reale est entourée de **jardins★★** du 17ᵉ s., modifiés par Élisa Bonaparte : jardin de fleurs, jardin des citronniers, nymphée du 17ᵉ s. et ravissant théâtre de verdure.

Villa Mansi (**à Segromigno**) ⓥ – *11 km au Nord-Est par* ①. Cette construction du 16ᵉ s., transformée au 18ᵉ s., possède une façade chargée de statues et un vaste **parc★** ombragé, dont les allées bordées de statues conduisent à un beau plan d'eau.

Villa Torrigiani (ou **de Camigliano**) ⓥ – *12 km au Nord-Est par* ①. Cette villa du 16ᵉ s. fut transformée au 17ᵉ s. en une luxueuse résidence d'été par le marquis Nicolao Santini, ambassadeur de la république de Lucques à la Cour pontificale et à celle de Louis XIV.
Les jardins, dessinés par Le Nôtre, sont embellis de jeux d'eau, de grottes, de nymphées. La demeure, à l'amusante façade rococo, possède des salles peintes à fresque et une galerie de tableaux.

MANTOVA★★

MANTOUE – Lombardie – 56 821 habitants

Carte Michelin n° 988 pli 14 ou 428, 429 G 14

A l'extrémité Sud-Est de la Lombardie, Mantoue est située au cœur d'une fertile plaine basse, autrefois marécageuse. Entourée au Nord par trois lacs que forme le cours paresseux du Mincio, c'est une ville active et prospère qui possède d'importantes industries (sa production de matières plastiques est parmi les premières d'Italie).

UN PEU D'HISTOIRE

Une légende, reprise par Virgile, prétend que Mantoue aurait été fondée par la Grecque Manto, la fille du devin Tirésias. Toutefois, elle semble avoir été créée par les Étrusques vers le 6e ou le 5e s. avant J.-C. ; devenue gauloise par la suite, la cité se développa encore sous les Romains, dès le 3e s. avant J.-C. En 70 avant J.-C., elle donna naissance au plus grand poète de l'Antiquité romaine, **Virgile** (Publius Virgilius Maro), l'auteur inoubliable de l'Énéide qui raconte les errances d'Énée, fuyant Troie, et les origines de Rome ; ses autres ouvrages, les Bucoliques et les Géorgiques, évoquent les travaux ou les plaisirs de la campagne et reflètent, par leur mélancolique et leur musique harmonieuse, la douceur voilée des paysages mantouans.

Au cours du Moyen Âge, la cité fut le théâtre de nombreuses luttes entre factions adverses qui la saccagèrent, avant de devenir commune libre au 13e s., puis de passer, au 14e s., sous le commandement de Louis Ier de Gonzague, nommé « capitaine général de Mantoue ». Sous le mécénat des **Gonzague**, souverains éclairés, protecteurs des arts et des lettres, la cité fut, aux 15e et 16e s., un des principaux centres intellectuels et artistiques de l'Italie du Nord. Gian Francesco Gonzague (1407-1444) confia ses enfants au fameux pédagogue Vittorio da Feltre (1379-1446) et fit appel au peintre véronais **Pisanello** pour décorer les murs du palais ducal. Son fils, Ludovic II (1448-1478), condottiere de son métier, incarna le type même du seigneur mécène de la Renaissance, distribuant la terre aux pauvres, construisant des ponts et favorisant les artistes : l'humaniste siennois Ange Politien (1454-1494), l'architecte florentin Leon Battista Alberti (1404-1472) et et le peintre de Padoue **Andrea Mantegna** (1431-1506) furent familiers de sa cour. François II (1484-1519) épousa la belle et sagace Isabelle d'Este, éduquée à Ferrare, qui contribua à la renommée de Mantoue. Leur fils Frédéric II fut nommé duc par Charles Quint en 1530 et embellit sa ville natale, faisant appel à l'architecte et peintre **Jules Romain** (1499-1546), élève de Raphaël, qui aménagea le palais ducal et construisit celui du Té (Palazzo del Te).

★★★ PALAZZO DUCALE (BY) ⌚ *Visite : 1 h 1/2*

Cet imposant édifice se compose de plusieurs bâtiments : le palais des Gonzague proprement dit, en grande partie du 16e s., donnant sur la piazza Sordello ; le Castel San Giorgio, forteresse du 14e s. qui donne sur le lac Moyen ; la chapelle ducale, Renaissance.

★ **Piazza Sordello** (**21**) Autrefois centre politique et artistique de la ville, cette vaste place a conservé son aspect médiéval ; elle célèbre par son nom le souvenir d'un grand troubadour italien du 13e s. originaire des environs de Mantoue.

La place est bordée à l'Ouest par le palais Bonacolsi (13e s.), le palais épiscopal dont la façade du 18e s. est soutenue par une série

Nimatallah/ARTEPHOT

Palais ducal de Mantoue – Détail du plafond

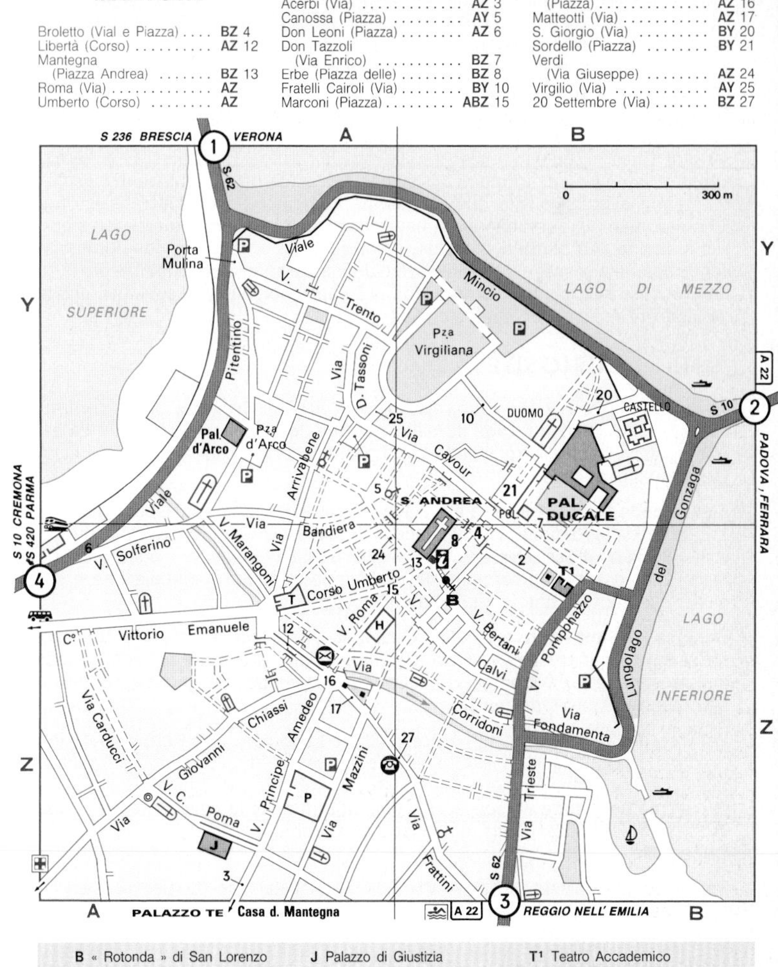

d'atlantes, la cathédrale (Duomo) flanquée de son campanile, et la chapelle de l'Incoronata, attribuée à Alberti ; à l'Est de la place se trouve l'entrée du palais ducal.

★★★ **Les appartements** - Fastueux et somptueusement décorés aux 16e et 18e s. (remarquables plafonds), ils conservent de nombreuses œuvres d'art. Au 1er étage, les trois salles Pisanello rassemblent des fragments de fresques et de remarquables « **sinopie** »★★ (dessin préparatoire avant la fresque au moyen d'une terre ocre, voisine de la sanguine) dues au peintre gothique de Vérone, le raffiné et incisif Pisanello (15e s.) : elles illustrent avec lyrisme des scènes tirées de romans courtois et de la chevalerie médiévale, univers fantastique et hors du temps.

L'**appartement des Tapisseries**, néo-classique, appelé autrefois appartement Vert, est garni de neuf splendides tapisseries de Bruxelles, exécutées d'après des cartons de Raphaël. Voir également la **salle des Fleuves** (fresques du 18e s.), celle des **Maures** (de goût vénitien), le **couloir des Mois** qui conduit à la fameuse **galeries des Glaces** (17e et 18e s.) et à l'élégant **salon des Archers** où sont exposées des toiles de Rubens, Tintoret et D. Fetti. L'appartement ducal proprement dit est composé d'une série de pièces décorées à la fin du 16e s. par Viani : l'**appartement du Paradis** (ainsi nommé en raison de la vue merveilleuse qu'on a sur les lacs), qui permet d'accéder au minuscule **appartement des Nains**. Au rez-de-chaussée se trouvent les **cabinets d'Isabelle**, aux plafonds délicatement sculptés. L'**appartement d'Été** *(1er étage)*, créé et décoré par Jules Romain dans la 1re moitié du 16e s., abrite les sculptures gréco-romaines acquises par Isabelle d'Este.

A l'intérieur du « **Castello** », on visite la célèbre **chambre des Époux** (Camera degli Sposi) où **Mantegna** peignit de 1471 à 1474 d'admirables **fresques**★★★. Ce cycle, inscrit sur les murs d'une chambre cubique, glorifie le monde raffiné et superbe de la cour des Gonzague : avec une maîtrise absolue du raccourci et une science prodigieuse de la perspective, le peintre joue avec l'architecture du lieu, créant

une vision vertigineuse où s'interpénètrent les espaces et les matériaux. On retrouve également ses caractéristiques décors sculptés en trompe l'œil (ici combinés aux stucs) et ses guirlandes de feuillages et de fruits. Au mur Nord : on reconnaît Ludovic II, tourné vers son secrétaire, tandis que sa femme Barbara est assise de face ; autour des époux se pressent leurs enfants, des courtisans et la figure énigmatique d'une naine.
Au mur Ouest : Ludovic rencontre son fils, le cardinal François ; à l'arrière-plan apparaît une ville aux monuments splendides qui pourrait représenter Rome où Mantegna avait séjourné quelque temps auparavant ; le peintre s'est figuré lui-même dans le personnage en habit violet que l'on entrevoit de trois quarts sur la droite. Au plafond, l'oculus, par lequel des amours et des domestiques contemplent la scène, est une invention du maître appelée à connaître par la suite un immense succès : ici, ce motif donne à l'ensemble, un peu solennel, une note de légèreté et une certaine étrangeté.

AUTRES CURIOSITÉS

Piazza Broletto (**BZ 4**) – Sur cette place s'élève le Broletto, palais communal des 12e-15e s. Sur la façade du palais, statue de Virgile assis (1225). La haute « Torre della Gabbia » (tour de la cage) porte encore la cage de fer dans laquelle étaient exposés les malfaiteurs.

★ **Piazza delle Erbe** (**BZ 8**) – La place aux Herbes a conservé son aspect ancien avec le Palazzo della Ragione (13e s.), flanqué de la massive tour de l'Horloge du 15e s., et la **« Rotonda » di San Lorenzo**★ (**B**) ⌚, église de plan circulaire, élégante et sobre, remontant à l'époque romane ; l'intérieur possède un déambulatoire à colonnades surmonté d'une loggia et d'une coupole.

★ **Basilica di Sant'Andrea** (**BYZ**) – Élevée au 15e s. sur les plans d'Alberti, elle possède une nef très large. Sa voûte en plein cintre, comme celles du chœur et du transept, est en trompe l'œil. Dans la 1re chapelle à gauche, tombeau de Mantegna et œuvre du maître.

★★ **Palazzo del Te** (**AZ**) ⌚ – Bâti entre 1525 et 1535 par Jules Romain pour le duc Frédéric II Gonzague, il est, avec ses bossages et ses colonnes monumentales, de style typiquement maniériste. L'intérieur est abondamment décoré par le même artiste et son école. Voir notamment la salle ornée de l'***Histoire de Psyché*** et la **salle des Géants**, qui illustrent parfaitement le style mouvementé de ce peintre.

Palazzo di Giustizia (**AZ J**) – *Via Poma.* Le palais de Justice présente une monumentale façade à cariatides du début du 17e s. Au nº 18 de la même rue, maison natale de Jules Romain, bâtie en 1544 sur les plans du maître.

Casa del Mantegna (**AZ**) – *47, via Acerbi.* Sévère édifice en briques, vraisemblablement dessiné par le peintre lui-même en 1476 et qui possède une jolie cour.

Teatro accademico (ou **Teatro scientifico**) (**BZ T¹**) ⌚ – *47, via Accademia.* Minuscule et gracieux théâtre, bâti au 18e s. par A. Bibiena, présentant un curieux décor de faux marbres et de carton-pâte.

Palazzo d'Arco (**AY**) ⌚ – *Piazza d'Arco.* Palais néo-classique d'inspiration palladienne, qui abrite d'intéressantes collections de mobilier, peintures, céramiques, du 18e s.

MASSA MARITTIMA★★

Toscane – 9 494 habitants

Carte Michelin nº 988 pli 14, ou 430 M 14

Le nom de Massa Marittima indiquerait selon certains une antique proximité de la mer et selon d'autres sa relation avec le secteur proche de la Maremme. Située au cœur d'une douce campagne sur les derniers contreforts des Collines Métallifères, elle a conservé son caractère ancien d'importante commune du Moyen Âge liant des activités minières, agricoles et artisanales.

★★ **Piazza Garibaldi** – Sur cette belle place s'élèvent les principaux monuments de la cité : deux palais d'époque romane, le Palais du Podestat aux nombreuses fenêtres jumelées et le Palazzo Comunale couronné de merlons, ainsi que la cathédrale, également romane.

★★ **Duomo** – Remontant probablement au début du 11e s., ce majestueux édifice roman de style pisan, entouré d'arcatures aveugles, fut agrandi en 1287 par Giovanni Pisano et sa façade complétée d'un fronton à trois flèches.

Son beau **campanile**★, autrefois crénelé, aujourd'hui surmonté de quatre clochetons, est percé de baies dont le nombre croît avec la hauteur. A l'intérieur, de plan basilical, on remarque : les chapiteaux variés de la nef ; dans la chapelle à gauche du chœur, la ***Vierge des Grâces*** attribuée à Duccio di Buoninsegna et des éléments de la *Présentation de Jésus au Temple*, œuvre mutilée de Sano di Pietro ; dans l'abside, l'« arca » (sarcophage) de saint Cerbone, sculpté par Goro di Gregorio en 1324 ; à droite du chœur, une *Crucifixion* de Segna di Bonaventura (début 14e s.).

Palazzo del Podestà – Il remonte aux années 1225-1230. Orné en façade des blasons des différents podestats qu'il abrita, il est le siège du **museo archeologico** ⓥ : intéressante stèle de Vado all'Arancio (exemplaire unique retrouvé en Étrurie d'un style caractéristique du Nord-Ouest de la Toscane et du Sud de la France), collections étrusques provenant de la nécropole du Lac de l'Accesa. Dans la pinacothèque, belle **Vierge en majesté** d'Ambrogio Lorenzetti (14e s.).

★ **Fortezza dei Senesi** et **Torre del Candeliere** ⓥ – Construite en 1335 et dotée de cinq tours, la forteresse des Siennois divise la ville en deux parties reliées par la Porta alle Silici. Elle est reliée par un arc de 22 m de portée à la tour du Candeliere, réduite au tiers de sa hauteur par les Siennois, et seul vestige de la forteresse antérieure érigée en 1228.

Chiesa di Sant'Agostino – Église datant du début du 14e s., présentant une sobre façade romane, une belle abside gothique et un campanile crénelé ajouté au 17e s. A l'intérieur, voûté de bois, noter les vitraux de l'abside aux rouges et aux bleus intenses.

Museo di Storia e Arte delle Miniere ⓥ – A proximité de la piazza Garibaldi, ce musée de la Mine évoque, sur environ 700 m de galeries, l'exploitation du minerai de fer dans la région : évolution des techniques de soutènement et d'extraction, exposition de matériel et collection de minéraux.

ENVIRONS

★★ **Abbazia** et **eremo di San Galgano** – *32 km au Nord-Est.* Cette abbaye gothique, dont subsistent uniquement les majestueuses et suggestives ruines, fut élevée entre 1224 et 1288 dans le style cistercien, en l'honneur de **saint Galgan** (1148-1181). Première église gothique toscane, elle servit de modèle pour la construction de la cathédrale de Sienne. Seuls l'angle du cloître, la salle capitulaire et le scriptorium témoignent de l'ancien monastère.

A 200 m de là, un ermitage domine l'abbaye. Cette singulière construction romane du 12e s., à plan circulaire, est couverte d'une coupole inspirée des tombes étrusco-romaines. L'église fut érigée pour conserver aussi bien le corps de Galgan Guidotti que le rocher où le chevalier planta son épée transformant son arme en symbole de la croix du Christ. Dans la chapelle à gauche de l'autel, fresques d'Ambrogio Lorenzetti (14e s.).

MATERA★★

Basilicate – 54 869 habitants

Carte Michelin n° 988 pli 29 ou 431 E 31

Au cœur d'une région que l'érosion a creusée de gorges profondes, composant un paysage désolé aux vastes horizons, Matera surplombe le ravin qui la sépare des « Murge », collines de la Pouille. La ville moderne, centre actif de Matera, capitale de province, s'étend sur un plateau dominant la ville basse dont les maisons en partie troglodytes (d'où leur nom italien de « Sassi », les cailloux) ont été presque entièrement abandonnées. Les rochers de la ville et des environs ont été creusés au point que l'on y dénombrerait quelque 130 églises rupestres : dès le 8e s., en effet, à la suite de l'immigration des colonies monastiques orientales, s'est développée dans la région et dans la Pouille voisine toute une architecture souterraine, dont l'agencement et la décoration révèlent une influence byzantine.

★★ **Les « Sassi »** – De chaque côté du rocher portant la cathédrale s'étagent les deux principaux quartiers troglodytes, formés par de petites maisons blanchies à la chaux, superposées de telle sorte que les toits servent de rues. Ainsi les niveaux, les ruelles, les escaliers forment-ils un lacis inextricable.

★★ **Strada dei Sassi** – Voie panoramique longeant la gorge sauvage et contournant le rocher portant la cathédrale. Dans la paroi rocheuse qui fait face, on remarque de nombreuses grottes naturelles ou artificielles.

★ **Duomo** – De style roman apulien (13e s.), il possède une façade tripartite, à un seul portrait, qui s'orne d'une belle rose et d'une galerie suspendue. Ses murs sont garnis d'arcs aveugles ; sur le flanc droit s'ouvrent deux riches portails. A l'intérieur, remanié aux 17e et 18e s., Madone de style byzantin (fresque des 12-13e s.), crèche napolitaine du 16e s. et, dans le chœur, belles stalles sculptées du 15e s. ; la **chapelle de l'Annonciation**★ *(dernière à gauche)* présente un beau décor Renaissance.

San Pietro Caveoso ⓥ – Église baroque située au pied du mont Errone, et autour de laquelle se trouvent plusieurs églises rupestres dont certaines sont décorées de fresques : Santa Lucia alle Malve, Santa Maria de Idris, San Giovanni in Monterrone.

Museo nazionale Ridola ⓥ – Installé dans un ancien couvent, il abrite une intéressante collection de matériel archéologique provenant de la région.

★★ **Points de vue sur Matera** – *4 km, par la route d'Altamura, puis celle de Taranto et, à droite, par une route signalisée « chiese rupestri ».* La route mène à deux belvédères d'où l'on bénéficie d'une vue saisissante sur la ville. A gauche, en contrebas du parking, se dissimulent quelques églises rupestres.

MERANO/MERAN★★

Trentin-Haut-Adige – 33 526 habitants

Carte Michelin nº 988 pli 4, 218 pli 10 ou 429 B/C 15
Plan dans le guide Rouge Michelin Italia

Au débouché du val Venosta, dans la vallée de l'Adige, Merano est un centre touristique important en raison de son climat très doux et de ses eaux curatives. De nombreuses remontées mécaniques permettent d'atteindre rapidement **Merano 2000**, station appréciée des amateurs de sports d'hiver et d'excursions en montagne.

★★ **Passeggiate d'Inverno e d'Estate** – Longeant le fleuve Passirio, les Promenades d'Hiver et d'Été font le charme de Merano. Celle d'hiver, exposée au midi, ombragée et fleurie, bordée de boutiques et de terrasses, est la plus animée, et se prolonge par la passeggiata Gilf qui finit près d'une puissante chute d'eau. Sur l'autre rive, la promenade d'été s'enfonce dans un beau parc ombragé (pins, palmiers).

★★ **Passeggiata Tappeiner** – Cette magnifique promenade, longue de 4 km, serpente à 150 m au-dessus de Merano, offrant de remarquables points de vue jusqu'au village de Tirolo.

Duomo di San Nicolò – Cet édifice gothique, dominé par un puissant clocher et précédé par une façade à pignon crénelé, est orné sur le côté droit d'une statue de saint Nicolas (14e s.) et d'un gigantesque saint Christophe, repeint au 19e s. L'intérieur, recouvert de belles **voûtes gothiques**★ à nervures, abrite deux vitraux du 15e s., deux **polyptyques gothiques**★ en bois peints par le Tyrolien Knoller (16e s.). Dans la **chapelle** voisine **Ste-Barbara**, située au début du vieux sentier menant à Tirolo, se trouve un haut-relief de la *Dernière Cène* du 16e s.

★ **Via Portici (Laubengasse)** – Longue rue rectiligne, longée d'arcades et bordée de maisons colorées, à oriel, abritant de curieuses boutiques à façades sculptées.

★ **Castello Principesco** ⓥ – Élevé au 14e s. et agrandi au 15e s., le château princier, à pignons crénelés et tour à poivrière, servait de demeure aux princes du Tyrol quand ils séjournaient dans la ville. Il possède de beaux appartements.

ENVIRONS

★ **Avelengo** (**Hafling**) - *10 km au Sud-Est. Accès par la route panoramique.* Joli site sur un plateau dominant la vallée de Merano.

★ **Merano 2000** ⓥ - *Accès par téléphérique à partir de Val di Nova (3 km à l'Est).* Plateau boisé de conifères où s'ouvrent de nombreuses pistes de ski. Point de départ de nombreuses excursions en haute montagne.

★ **Tirolo** - *4 km au Nord. Accessible par télésiège de Merano.* Ce charmant village tyrolien entouré de vignes et de vergers est dominé par le **Castel Tirolo** ⓥ, édifié au 12e s. par les comtes du Val Venosta. Le **Castel Fontana** (ou **Brunnenburg**) est une curieuse reconstruction de fortifications du 13e s. : le poète américain Ezra Pound y travailla à ses *Cantos* après 1958, quand fut levée l'accusation de collaboration au régime fasciste pour des émissions de radio.

★ **Val Passiria** - *50 km jusqu'au col du Rombo ; 40 km jusqu'au col de Monte Giovo.* La route suit la vallée du Passirio jusqu'à **San Leonardo**, aimable village tyrolien groupé autour de son église. La **route du col du Rombo★** (Timmelsjoch), abrupte et parfois taillée dans le rocher, offre des vues imposantes sur les crêtes frontières. Celle du **col de Monte Giovo★** (Jaufenpass) s'élève parmi les conifères. A la descente, **vues★★** sur les hauts sommets enneigés de l'Autriche voisine.

Le Haut-Adige

Cette région est parvenue à conserver ses traditions tout autant que l'intégrité de son paysage. Des lois strictes et parfaitement respectées réglementent la moindre intervention (vous ne verrez aucun panneau publicitaire en bordure de route à la différence du reste de l'Italie).
Nombre de traditions survivent, en particulier durant la période des fêtes de fin d'année. Il n'est alors pas rare de croiser un ramoneur en tenue, passant faire ses vœux auprès de chaque « foyer », ou la petite fanfare du village jouer un air de circonstance devant chaque demeure. On pourra noter également sur certaines portes d'entrée une inscription à la craie, composée des trois lettres K M B et d'une date : ce sont les Rois Mages qui signent de leurs initiales les maisons qu'ils sont venus bénir...

MILANO★★★

MILAN - Lombardie - 1 367 733 habitants

Carte Michelin n° 988 pli 3, 219 pli 19 ou 428 F 9
Voir aussi plans dans le guide Rouge Michelin Italia

Ville trépidante, la métropole de la Lombardie est la deuxième cité d'Italie par sa population, son influence politique, son rôle culturel et artistique, et la première par ses activités commerciales, industrielles et bancaires. Sa situation au pied des Alpes et au cœur de l'Italie du Nord, l'esprit d'entreprise de ses habitants et les circonstances historiques ont fait de Milan l'une des villes les plus dynamiques du pays, aujourd'hui encore en pleine expansion. Deux anneaux concentriques de boulevards délimitent son pourtour : le plus étroit enserre le noyau médiéval et remplace les fortifications du 14e s., dont la « Porta Ticinese » et la « Porta Nuova » (**KU**) sont les vestiges ; l'autre correspond à l'extension de la ville à la Renaissance. Après 1870, Milan s'est étendue rapidement en dehors des fortifications le long des voies d'accès.

LA CITÉ DANS L'HISTOIRE

Si Milan est probablement d'origine gauloise, ce sont les Romains qui, en 222 avant J.-C., soumirent la bourgade (Mediolanum) et furent à l'origine de son développement. Dès la fin du 3e s. de notre ère. Dioclétien en fit le siège de l'Empire romain d'Occident ; Constantin y publia en 313 l'**édit de Milan** qui accordait aux chrétiens la liberté de culte. En 375, **saint Ambroise** (340-396), l'un des docteurs de l'Église dont l'éloquence faisait merveille, devint évêque de Milan et contribua au prestige de la ville.
Aux 5e et 6e s., les invasions barbares déferlèrent sur la région avant que les Lombards n'y fondent un royaume auquel ils donnèrent Pavie comme capitale. Ce dernier fut repris en 756 par Pépin le Bref, roi des Francs, dont le fils Charlemagne ceignit, en 774, la couronne de fer des rois lombards. Milan ne redevint capitale qu'en 962.

MILANO

Dante (Via) .... **JX**
Manzoni (Via A.) .... **KV**
Monte Napoleone (Via) .... **KV**

Aurispa (Via) .... **JY** 14
Battisti (Via C.) .... **KLX** 20
Bocchetto (Via) .... **JX** 30
Borgogna (Via) .... **KX** 36
Borgonuovo (Via) .... **KV** 38
Calatafimi (Via) .... **JY** 45
Caradosso (Via) .... **HX** 49
Ceresio .... **JU** 59
Circo (Via) .... **JX** 63
Coldi Lana (Viale) .... **JY** 65
Col Moschin (Via) .... **JY** 66
Conca del Naviglio (Via) .. **JY** 69
Cordusio (Piazza) .... **KX** 73
Curie (Viale P.N.) .... **HV** 77
Dugnani (Via) .... **HY** 80
Fatebenefratelli (Via) .... **KV** 92
Ghisleri (Via A.) .... **HY** 101
Giardini (Via dei) .... **KV** 102
Guastalla (Via) .... **KX** 110
Maffei (Via A.) .... **LY** 135
Melzo (Via) .... **LU** 152
Mercato (Via) .... **JV** 158

L'accès à la zone divisée en secteurs délimités en vert est réglementé

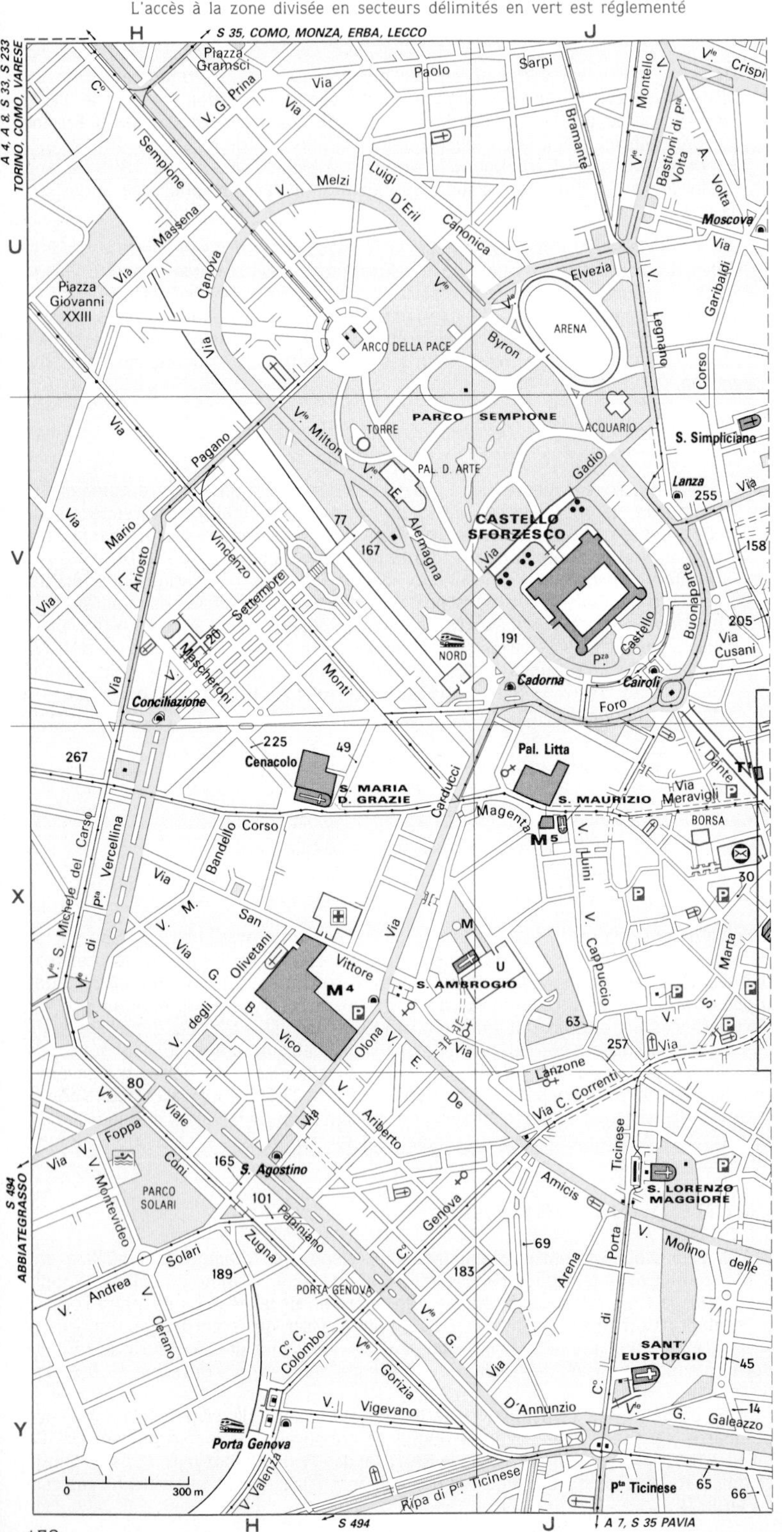

Modestino (Via) . . . . HY 165
Molière (Viale E.) . . . . HY 167
Muratori (Via L.) . . . . LY 180
Oggiono (Via M. d') . . . . . HJY 183
Orseolo (Via) . . . . HY 189
Paleocapa (Via) . . . . JV 191
Ponte Vetero (Via) . . . . JV 205
Ruffini (Via Flli) . . . . HX 225
S. Babila (Piazza) . . . . KX 228
S. Calimero (Via) . . . . KY 230

Savoia
(Viale F. di) . . . . KU 243
Tivoli (Via) . . . . HV 255
Torchio (Via) . . . . JX 257
Torriani (Via N.) . . . . LU 258
Vercelli (Corso) . . . . HX 267
Verdi (Via) . . . . KV 269
Vittorio Veneto
(Viale) . . . . KLU 278
Zezon (Via) . . . . LU 281

L Pal. Bagatti Valsecchi
M2 Museo Poldi Pezzoli
M3 Galleria d'Arte Moderna
M4 Museo Nazionale della Scienza e della Tecnica L. da Vinci
M5 Museo Civico di Archeologia
M6 Museo Civico di Storia Naturale
T1 Piccolo Teatro

Pour passer d'un secteur à l'autre, il faut regagner le périmètre

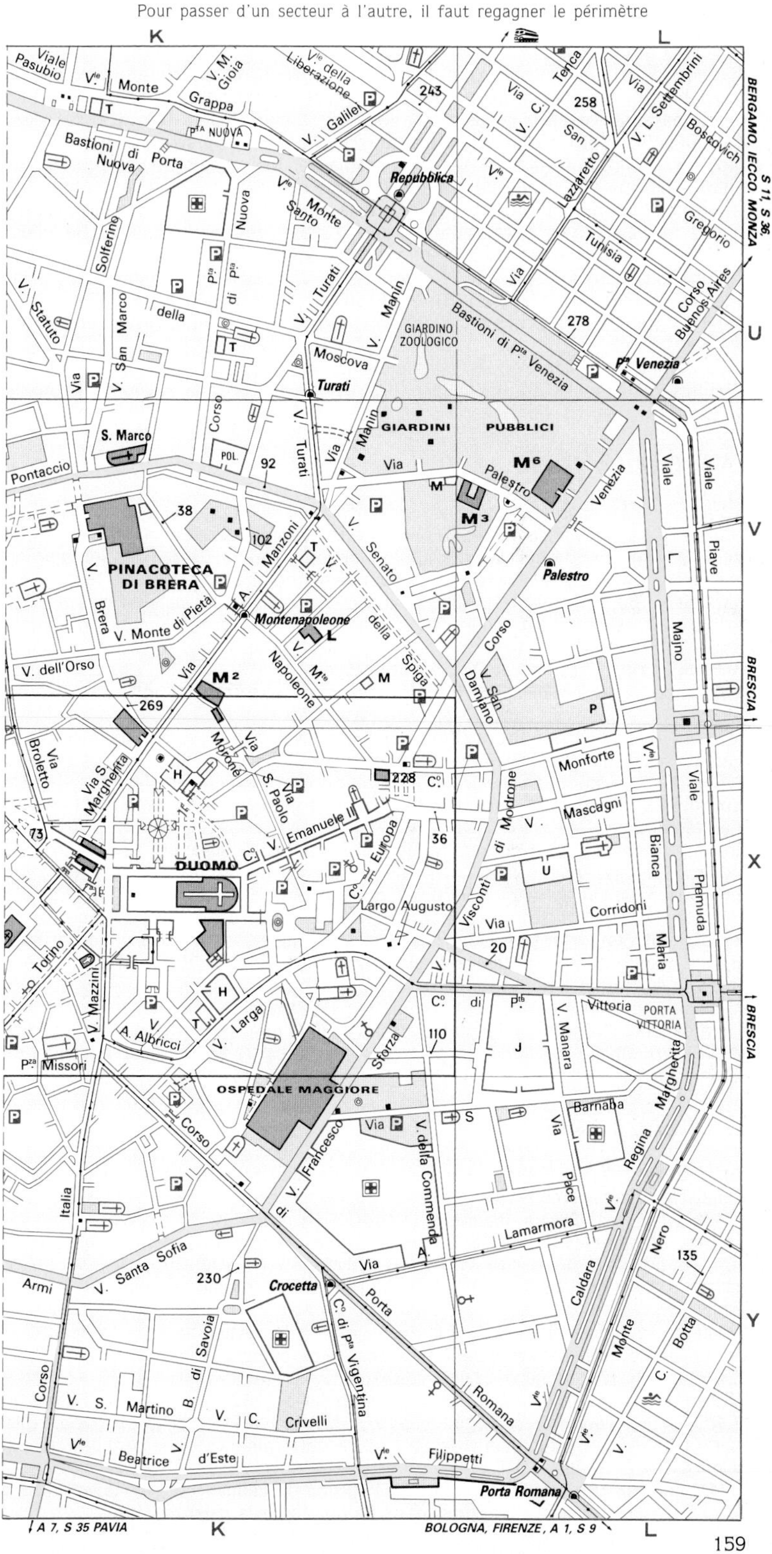

Au 12e s., afin de s'opposer aux tentatives de Frédéric Barberousse désireux de s'emparer de la région, Milan forma avec les villes voisines la Ligue lombarde (1167) et remporta la **victoire de Legnano** qui lui valut son autonomie. Au 13e s., les **Visconti**, gibelins et chefs de l'aristocratie, s'emparèrent du pouvoir : le plus célèbre d'entre eux, **Gian Galeazzo**, fut à la fois un militaire habile et un fin lettré, un assassin et un dévôt qui fit édifier le Dôme et la chartreuse de Pavie. Sa fille Valentine épousa le grand-père de Louis XII : cette filiation fut à l'origine des « Guerres d'Italie ».
Après la mort du dernier Visconti, Filippo Maria, en 1447, et le bref intermède de la république Ambrosienne proclamée par le peuple, son gendre, Francesco, fils d'un simple paysan, conduisit les **Sforza** au pouvoir. Le plus illustre d'entre eux, **Ludovic le More** (1452-1508), fit de Milan une nouvelle Athènes en y attirant les génies de l'époque, comme Léonard de Vinci et Bramante. Mais Louis XII, se proclamant légitime héritier du duché de Milan, entreprit en 1500 sa conquête. Après lui, François Ier renouvela cette tentative, mais son rêve de conquérir l'Empire se heurta, à Pavie, à la détermination des troupes de Charles Quint. De 1535 à 1713, Milan fut soumise aux Espagnols ; pendant cette période, deux grandes figures marquèrent la ville de leur empreinte religieuse et humanitaire : saint Charles Borromée (1538-1584) et Frédéric Borromée (1564-1631), tous deux charitables défenseurs de la cité pendant les pestes qui la ravagèrent (1576 et 1630).
Sous Napoléon, Milan fut la capitale de la république Cisalpine (1797) et du royaume d'Italie (1805). En 1815, elle devint capitale du royaume lombard-vénitien.

LA VIE MILANAISE

Les endroits les plus animés se situent autour de la piazza del Duomo (**MZ**), via Dante (**JX**) et via Manzoni (**KV**). Dans la **Galleria Vittorio Emanuele★** (**MZ**), construite en 1877 sur un dessin de Giuseppe Mengoni, centre de la vie politique et sociale, les Milanais se rassemblent pour discuter, lire leur journal, le *Corriere della Sera*, ou boire un café aux côtés des touristes. Pour acheter des articles de luxe ou simplement pour flâner dans les quartiers les plus en vogue, le Corso Vittorio Emanuele II (**NZ**), la Piazza San Babila (**NZ**) et le Corso Venezia (**LV**), le secteur de Via Monte Napoleone (**NZ 171**) et Via della Spiga (**KV**) - où sont installés les grands couturiers - offrent d'agréables promenades.
Le pittoresque quartier Brera (**KV**), très couru des artistes et des galeries d'art, s'anime particulièrement le soir. Quant au Corso Magenta (**HJX**) et aux rues situées autour de Sant'Ambrogio (**HJX**), ils conservent le charme du Milan d'autrefois, grâce aux vieilles maisons et ruelles tortueuses, aux vieux cafés et aux boutiques d'antiquaires.
En raison de son programme lyrique prestigieux, **la Scala** est un grand pôle d'attraction, de même que la scène du **Piccolo Teatro** (**JX T**[1]), de réputation internationale. La capitale lombarde offre également des spectacles moins connus hors de ses frontières, mais non moins appréciés des Milanais, comme en témoignent l'importante saison théâtrale de la ville et les nombreux concerts de grande qualité donnés au **théâtre du Conservatoire** (**NZ T**[2]) (près de S. Babila) et dans diverses églises.
La cuisine milanaise est surtout connue par l'escalope de veau panée (scaloppina alla milanese), l'osso buco, le risotto au safran et le minestrone (potage de légumes et au lard). On accompagne ces plats des vins de la Valteline ou de la région de Pavie.

LES BEAUX-ARTS

En architecture, le Dôme marque l'apogée du gothique flamboyant. A la Renaissance, les architectes les plus appréciés sont le Florentin Michelozzo (1396-1472) et **Donato Bramante** (1444-1514) qui fut le maître favori de Ludovic le More avant de se rendre à Rome : admirateur de l'antique, mais aussi imaginatif, il inventa la « **travée rythmique** » (façade composée de baies, pilastres et niches alternés) qui confère leur harmonie à tant de façades Renaissance.
En peinture, l'école lombarde fut avant tout à la recherche « de la beauté et de la grâce » : ses représentants les plus connus sont Vincenzo Foppa (1427-1515), Bergognone (1450-1523) et Bramantino (entre 1450 et 1465-1536). Les œuvres des peintres Andrea Solario (1473-vers 1520), Boltraffio (1467-1516), **Giovanni Sodoma** (1477-1549) et surtout celles du délicat **Bernardino Luini** (vers 1480-1532) témoignent de l'influence déterminante de **Léonard de Vinci** qui séjourna dans la ville.
Milan est aujourd'hui la capitale de l'édition italienne, où par ailleurs l'art contemporain trouve à s'exprimer dans de nombreuses galeries.

★★★ LE DUOMO (MZ) ⓥ ET SES ABORDS

visite : 1 h 1/2

Il est difficile de stationner dans le centre. On utilisera donc avec profit les parkings payants : piazza Diaz (**MZ**), *via San Marco* (**KUV**), *via Santa Radegonda* (**MZ 237**). *On peut aussi laisser la voiture sur les boulevards extérieurs ou dans les parkings aménagés auprès de certaines stations périphériques du métro.*

S. Chirol

Le Dôme, vue des terrasses

★★★ **Extérieur** – Cet impressionnant chef-d'œuvre de l'architecture gothique flamboyante, à la fois colossal et léger, hérissé de clochetons, pinacles, gâbles, et animé de plusieurs milliers de statues, surgit au fond d'une vaste esplanade peuplée d'innombrables pigeons. Il faut le voir, en fin d'après-midi, éclairé par les rayons du soleil déclinant.

La construction de l'édifice, commencée en 1386 selon le vœu de Gian Galeazzo Visconti, se poursuivit aux 15e et 16e s. sous la direction de maîtres d'œuvre italiens, français et allemands. C'est Napoléon qui ordonna l'achèvement de la façade (1805-1809).

En contournant l'édifice, on pourra admirer le **chevet** aux trois immenses baies à remplages de courbes et contre-courbes et aux merveilleuses rosaces, l'ensemble étant dû au Français Nicolas de Bonaventure et à l'architecte Filippino degli Organi, de Modène.

Du 7e étage de la Rinascente (grand magasin bordant le dôme au Nord), intéressante vue rapprochée sur les détails architecturaux et sculpturaux des toits.

★★★ **Intérieur** – Il contraste avec l'extérieur par son austérité et la simplicité de ses lignes qu'accentue l'obscurité. Les cinq nefs sont séparées par cinquante-deux piliers d'une hauteur prodigieuse ; le transept est à trois nefs. La longueur de l'édifice atteint 148 m (N.-D. de Paris : 130 m) ; la largeur maximale au transept est de 91 m. De magnifiques vitraux, dont les plus anciens datent des 15e et 16e s., décorent les nefs et les transepts.

Dans le transept droit, mausolée de Gian Giacomo de Médicis par Leone Leoni (16e s.) ; à gauche se trouve la curieuse statue de saint Barthélemy, martyr écorché, par Marco d'Agrate. Passant sous la coupole et devant l'ensemble monumental que forment le maître-autel et le chœur (1570-1590) dû à Pellegrino Tibaldi, on pénètre dans le transept gauche où se remarque un magnifique candélabre en bronze, travail français du 13e s. Dans la **crypte** et le **trésor** ⓥ, on peut voir d'une part l'urne en argent contenant les restes de saint Charles Borromée, archevêque de Milan mort en 1584, et d'autre part des chefs-d'œuvre d'orfèvrerie et d'ivoire liés au culte.

En se dirigeant vers la sortie, on aperçoit l'accès au **baptistère** ⓥ paléochrétien et à la basilique Santa Tecla du 4e s., dont les contours ont été dessinés sur le parvis.

★★★ **Visita ai terrazzi (Promenade sur les toits)** ⓥ – L'édifice est orné de 135 flèches d'une extraordinaire finesse, et d'un nombre impressionnant de statues de marbre blanc (2 245 au total !) pleines de grâce et d'élégance. On pourra les admirer en montant sur les toits.

Au sommet, le « Tiburio », haute flèche de 108 m, est surmonté par une statue dorée de la Madonnina (1774).

★★ **Museo del Duomo** (**MZ M'**) ⓥ – Installé à l'intérieur du palais Royal construit au 18e s. par Piermarini, il illustre les différentes phases de la construction et de la restauration du Dôme et abrite des sculptures, tapisseries et vitraux

MILANO

Manzoni (Via A.) . . . . **MZ** 140
Monte Napoleone (Via) . . **NZ** 171
Torino (Via) . . . . **MZ**
Vittorio
Emanuele II (Corso) . . . **NZ**

Albricci (Via A.) . . . . **MZ** 3
Arcivescovado (Via) . . . **MNZ** 10
Augusto (Largo) . . . . **NZ** 12
Baracchini (Via) . . . . **MZ** 17
Bergamini (Via) . . . . **NZ** 27
Borgogna (Via) . . . . **NZ** 36
Cantù (Via C.) . . . . **MZ** 48
Cordusio (Piazza) . . . . . . **MZ** 72
Edison (Piazza) . . . . **MZ** 83
Festa del Perdono (Via) . . **NZ** 93
Gonzaga (Via) . . . . **MZ** 105
Laghetto (Via) . . . . **NZ** 120
Marconi (Via) . . . . **MZ** 144
Marino (Piazza) . . . . **MZ** 147
Mengoni (Via) . . . . **MZ** 153
Mercanti (Piazza e Via) . **MZ** 155
Missori (Piazza) . . . . **MZ** 162
Monforte (Corso) . . . . **NZ** 168
Morone (Via) . . . . **MNZ** 176
Orefici (Via) . . . . **MZ** 188
Pattari (Via) . . . . **NZ** 197
S. Clemente (Via) . . . . **NZ** 231
S. Radegonda (Via) . . . . . **MZ** 237
S. Stefano (Via Piazza) . . . . **NZ** 240
Sforza (Via Francesco) . . . . **NZ** 248
Unione (Via) . . . . **MZ** 264
Verdi (Via) . . . . **MZ** 269
Verziere (Via) . . . . **NZ** 270
Visconti di Modrone (Via) . . **NZ** 275

C Palazzo dei Giureconsulti
D Palazzo della Ragione
M¹ Museo del Duomo
M⁷ Casa del Manzoni
T² Conservatorio

L'accès à la zone divisée en secteurs délimités en vert est réglementé
Pour passer d'un secteur à l'autre, il faut regagner le périmètre

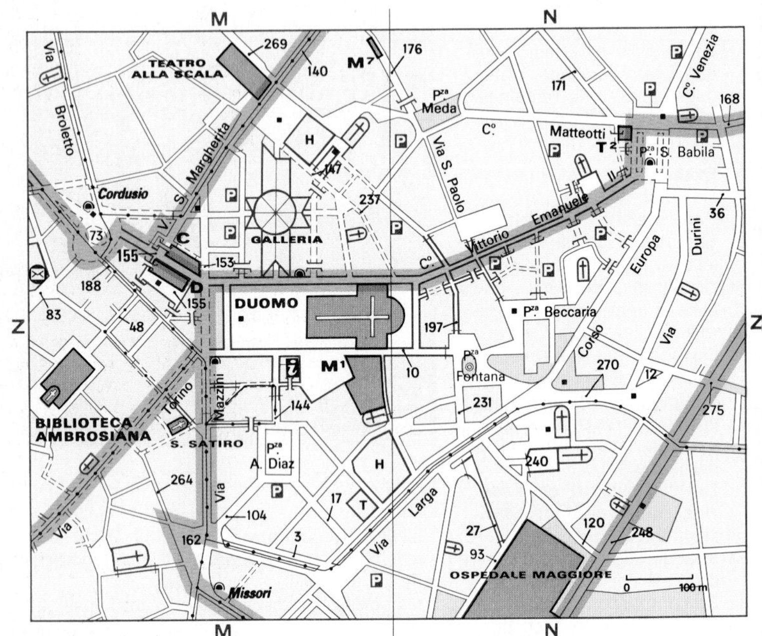

anciens. Ne pas manquer de voir le splendide ***Crucifix d'Aribert*** ★ (1040), la structure portante originaire de la Madonnina (1772/73) et la grosse **maquette**★ (« Modellone ») en bois du Dôme au 1/20 (16-19e s.).

★ **Via et piazza Mercanti** (**MZ 155**) – Dans la via Mercanti s'élève le palais des Jurisconsultes (**C**), érigé en 1564, dont la façade est ornée d'une statue de saint Ambroise enseignant. La piazza Mercanti est calme et pittoresque : loggia degli Osii (1316), décorée de blasons et de statues de saints (de son balcon étaient proclamées les condamnations) ; à sa droite, palais baroque des écoles Palatines portant les statues du poète latin Ausone et de saint Augustin. En face, **palais communal** (« Broletto Nuovo ») (**D**), érigé au 13e s. et agrandi au 18e s. (dans une niche de la façade, la **statue équestre** du podestat Oldrado da Tresseno est une œuvre romane, réalisée par les Antelami).

★★ **Théâtre de la Scala** (**MZ**) – Traditionnellement reconnu comme étant le théâtre lyrique le plus célèbre au monde, il surprend par sa simplicité extérieure qui ne laisse transparaître rien de la magnificence de sa salle. Construit de 1776 à 1778, il peut accueillir, avec ses six étages de loges, jusqu'à 2 000 auditeurs.
Le **Museo del teatro**★ ⌚ présente des souvenirs de Toscanini et Verdi, des bustes, portraits et costumes de scène. Du musée on accède à une des loges d'où l'on aperçoit la salle.

★★★ LES MUSÉES

Milan s'enorgueillit de ses nombreux musées, riches et diversifiés.

★★★ **Pinacoteca di Brera** (**KV**) ⌚ – Installée dans un palais du 17e s. dont la cour a été ornée en 1809 d'une statue de Napoléon en César victorieux par Canova, cette collection de peintures est l'une des plus riches d'Italie. *La présentation des œuvres y est souvent provisoire.*
La visite du musée commence par la collection Jesi qui offre un bon aperçu des principales tendances artistiques de la première moitié du 20e s. : le sens du mouvement et de la vitesse dans les tableaux futuristes *(Rixe dans la galerie* de Boccioni – *illustration dans l'Introduction au voyage, l'Art moderne)*, la décomposition volumétrique des travaux cubistes, la géométrie nette et soignée des compositions métaphysiques (*Nature morte* de Morandi, Carrà).

Une large place est ensuite donnée à **l'école vénitienne**, représentée par de grandes compositions du Tintoret (***Miracle de saint Marc***★) et de Véronèse (***Dîner chez Simon***), par la ***Pietà***★★ de Giovanni Bellini et le célèbre ***Christ mort***★★★ de Mantegna, admirable méditation sur la mort d'un réalisme rendu pathétique par la science du raccourci. Dans ***Rebecca au puits***★★, le regard stupéfait et ingénu de la jeune fille est admirablement bien rendu bien que Piazzetta l'ait représentée de profil. Les **écoles d'Italie centrale** s'illustrent avec des chefs-œuvre comme la ***Vierge en majesté***★★★ entourée de saints et du duc de Montefeltre à genoux par Piero della Francesca ainsi que le ***Mariage de la Vierge***★★★ (1504) de Raphaël, alors à peine âgé de vingt ans, où l'on découvre, fermant la perspective, un édifice circulaire à la Bramante.

Amplement représenté, le **16e s. lombard** trouve dans la ***Madone de la Roseraie***★★★ de Bernardino Luini l'expression parfaite de l'idéal de douceur et de grâce que tentèrent d'approcher les artistes de cette école à la suite de Léonard de Vinci. Les forts contrastes d'ombre et de lumière et le réalisme de Caravage sont parfaitement illustrés dans le remarquable ***Repas chez Emmaus***★★★, auquel fait pendant *Saint Pierre payant le tribu* de Mattia Preti.

Les dernières salles sont en revanche consacrées à la peinture des 19e et 20e s. où se distingue *Le Char rouge* de Fattori. Parmi les artistes étrangers on note également ***Le baiser*** de Hayez, des toiles de Ribera, Van Dyck, Rubens, Reynolds.

★★★ **Castello Sforzesco** (**JV**) ⓥ – Dans cet énorme quadrilatère, qui fut autrefois la résidence des ducs de Milan (les Sforza), ont été installées, après la guerre, les **collections municipales d'Art**, réparties en plusieurs sections.

★★ **Museo di Scultura** – *Rez-de-chaussée.* Œuvres romanes, gothiques et Renaissance, de la Lombardie principalement. Les pièces maîtresses sont, pour la période romane, l'imposant **monument funéraire de Bernabò Visconti**★★ (14e s.), surmonté de sa statue équestre ; pour la Renaissance, deux chefs-d'œuvre, **le gisant de Gaston de Foix** et les **sculptures**★★ qui l'accompagnent par Bambaia, exécutés en 1523 dans un style classique et équilibré, et la ***Pietà Rondanini***★★★, œuvre ultime de Michel-Ange qu'il laissa inachevée.

★ **Pinacoteca** – *1er étage.* Elle abrite des œuvres de Mantegna, Giovanni Bellini, Crivelli, Bergognone, Luini, Moretto, Moroni, Magnasco, Tiepolo, Guardi, Lotto, Boltraffio.

★ **Museo degli strumenti musicali** – Riche collection d'instruments à cordes frottées (par un archet) et pincées, d'instruments à vent et à clavier.

Museo archeologico – Dans les souterrains de la cour de la Rocchetta. Section préhistorique, art égyptien et exposition lapidaire. (Le couvent de San Maurizio abrite également une partie du musée.)

★★ **Biblioteca Ambrosiana** (**MZ**) ⓥ – Elle se trouve dans un palais élevé en 1609 par le cardinal Frédéric Borromée. En plus des nombreux manuscrits qui y sont conservés, la **pinacothèque**, aménagée au 1er étage, réunit des œuvres de la Renaissance italienne (Ghirlandaio, Bartolomeo Vivarini, Bergognone), les **bas-reliefs**★★ du tombeau de Gaston de Foix par Bambaia, des peintures allégoriques et la ***Souris à la rose***★ de Bruegel de Velours (1568-1625), plusieurs toiles de B. Luini et un portrait de Giorgione. Deux **portraits**★★★, celui du musicien Gaffurio par Léonard de Vinci, et celui d'Isabelle d'Este par Ambrogio De Predis constituent les deux principaux chefs-d'œuvre du musée. On admire également le beau ***Panier de fruits***★ du Caravage et une **Crèche**★ de Barocci.

La salle 10 abrite le splendide **carton**★★★ préparatoire de l'École d'Athènes de Raphaël (Vatican), et une salle entière regroupe de nombreuses reproductions de dessins de Léonard de Vinci tirés du Codex Atlanticus.

★★ **Museo Poldi Pezzoli** (**KV M²**) ⓥ – Aménagé dans le cadre agréable d'une demeure ancienne, ce musée présente des collections d'armes, de tissus, de tableaux, de **pièces d'horlogerie**★, de petits bronzes. Parmi les tableaux du 1er étage (auquel on accède par un vieil escalier inscrit dans une cage octogonale irrégulière) se trouvent des œuvres de l'école lombarde (Bergognone, Luini, Foppa, Solario, Boltraffio), les **portraits**★★ de Luther et de sa femme par Lucas Cranach, et, dans le Salon doré, autour d'un **tapis persan**, le fameux ***Portrait de femme***★★★ de Piero del Pollaiolo, une ***Descente de Croix*** et une ***Vierge à l'Enfant***★★ de Botticelli, un pathétique ***Christ mort***★ de Giovanni Bellini. Dans les autres salles, œuvres de Pinturicchio, Palma il Vecchio *(Portrait de courtisane)*, Francesco Guardi, Canaletto, Tiepolo, Pérugin, Lotto.

Galleria d'Arte moderna (**LV M³**) ⓥ – *Via Palestro, nº 16.* Elle a été aménagée dans la Villa Reale, construite en 1790, qui abrite également le musée Marino Marini et la Collection Grassi. La galerie présente *Le Quart État* de Pellizza da Volpedo, des œuvres de Giovanni Segantini *(Les deux mères, L'ange de la vie)*, un célèbre *Portrait d'Alexandre Manzoni* par Francesco Hayez, et des sculptures du Milanais Medardo Rosso (1858-1928). La **collection Carlo Grassi** présente des œuvres de Gaspare Van Wittel, Pietro Longhi, Cézanne, Van Gogh, Manet,

Gauguin, Sisley, Corot, Toulouse-Lautrec, Boccioni, Balla, tandis que le **musée Marino Marini** abrite des sculptures et tableaux de l'artiste. Le **pavillon d'Art Contemporain (PAC)** *(via Palestro, n° 14)* est destiné à des expositions temporaires.

★ **Casa del Manzoni** (**MZ M⁷**) ⓥ – *Via G. Morone, n° 1.* C'est dans cette belle demeure cossue que Manzoni habita pendant 60 ans. On visite au rez-de-chaussée la bibliothèque avec les livres et le bureau de l'écrivain. Au premier étage : souvenirs, photo, portraits, lettres et illustrations de son plus célèbre roman *Les Fiancés*. La chambre où il mourut conserve son mobilier original.

★ **Museo civico di Storia naturale** (**LV M⁶**) ⓥ – *Corso Venezia, n° 55.* Intéressantes collections d'histoire naturelle : géologie, paléontologie et zoologie. Présentation didactique soutenue par de nombreux dioramas, largement adaptée aux enfants.

★★ **Palazzo Bagatti Valsecchi** (**KV L**) ⓥ – Situé en face de l'actuelle résidence des Bagatti Valsecchi dont on peut voir la belle cour intérieure, le palais présente une façade à deux corps reliés par une loggia (*1er étage*) surmontée d'une terrasse.

Le musée – Par un escalier agrémenté d'une belle rampe en fer forgé, on arrive à l'étage noble de la demeure de Fausto et Giuseppe Bagatti Valsecchi qui à la fin du siècle dernier, suivant le goût de l'époque, décidèrent de décorer leur intérieur en style Renaissance, mélangeant des pièces authentiques à de très belles copies. On visite leurs deux appartements privés et les salles de réception. L'appartement de Fausto se compose de la **salle de la fresque** (représentant la *Vierge de Miséricorde*, de 1496), la **bibliothèque** embellie de deux magnifiques globes de cuir du 16e s. et d'objets anciens dont une roulette germanique du 17e s., ainsi que de la **chambre à coucher** où trône un splendide lit sculpté représentant une *Montée au calvaire* et des scènes de batailles ; dans la salle de bains, la vasque est intégrée à une niche Renaissance. Le **passage du labyrinthe** (regarder le plafond pour comprendre l'appellation) donne accès à la **galerie de la coupole** où se rejoignent les différents espaces de l'étage.

La **salle du poêle de la Valtellina** (sala della stufa valtellinese) débouche dans l'appartement de Giuseppe : la chaleureuse atmosphère est due aux belles boiseries ornées d'une frise sculptée de figures anthropomorphes, d'animaux et d'éléments végétaux. La **chambre rouge** de Giuseppe et Carolina Borromeo, sa femme, rassemble des meubles pour enfants et un beau lit sicilien du 17e s., tandis que la chambre de Giuseppe, toute verte, possède un beau plafond sculpté. De retour dans la galerie de la coupole, on accède aux salles de réception, soit un ample **salon** à l'imposante cheminée, la **galerie des armes** (belle collection d'armes blanches) et la **salle à manger** (pièces de céramiques du 17e s.) avec sur les murs des tapisseries flamandes du 14e s. intégrées à des toiles peintes.

★ **Museo nazionale della Scienza e della Tecnica Leonardo da Vinci** (**HX M⁴**) ⓥ – Vaste musée qui présente une intéressante documentation scientifique. Dans la **galerie Léonard de Vinci** sont exposées des maquettes des inventions imaginées par l'artiste toscan. Les autres sections du musée sont dédiées à l'acoustique, la chimie, les télécommunications, l'astronomie. Grands pavillons réservés aux transports ferroviaires, aériens et maritimes.

AUTRES CURIOSITÉS

★ **Chiesa di Santa Maria delle Grazie** (**HX**) – Édifice Renaissance bâti par les dominicains de 1465 à 1490, achevé par Bramante. A l'intérieur, restauré, on peut voir des fresques de Gaudenzio Ferrari (4e chapelle à droite), l'impressionnante **coupole★**, la tribune ainsi que le cloître, tous trois dus à Bramante. C'est de la via Caradosso (**HX 49**) que l'on a la meilleure vue sur le **chevet★** de l'église.

Cenacolo ⓥ – Dans l'ancien réfectoire (Cenacolo) du couvent, la célèbre ***Cène★★★*** de **Léonard de Vinci**, peinte à fresque entre 1485 et 1497 à la demande de Ludovic le More est une composition savante (l'espace peint semble le prolongement de l'espace réel) et dramatique sur le thème de l'Eucharistie, évoquant le moment solennel où le Christ annonce à ses apôtres : « L'un de vous me trahira. » La fresque terriblement abîmée par le temps et certaines erreurs de l'artiste (choix du mur le plus froid de la pièce) ont conduit à une longue restauration entreprise en 1976. En face, belle ***Crucifixion★*** (1495) de Montorfano.

★★ **Basilica di Sant'Ambrogio** (**HX**) – Fondé à la fin du 4e s. par saint Ambroise, cet édifice aux lignes pures précédé d'un très bel **atrium★** orné de chapiteaux est un magnifique exemple du style roman lombard (11e et 12e s.). Deux campaniles, du 9e s. (à droite) et du 12e s. (à gauche) encadrent la façade percée d'arcs. Au portail, refait au 18e s., vantaux de bronze datant du 9e s. La crypte, derrière le chœur, renferme les corps des saints Ambroise, Gervais et Protais. L'intérieur abrite un magnifique **ambon★** roman-byzantin du 12e s. (nef centrale, à gauche) et, au maître-autel, un précieux **devant d'autel★★** revêtu de plaques d'or, chef-d'œuvre de la période carolingienne (9e s.). Dans la chapelle San Vittore in Ciel d'Oro *(au fond de la nef droite)* remarquables **mosaïques★** du 5e s. Du fond de la nef gauche, on accède au portique de Bramante.

★ **Chiesa di Sant'Eustorgio** (**JY**) - Cette basilique romane, élevée au 9e s., appartenait aux dominicains. Les chapelles latérales furent ajoutées au 15e s. Derrière le chœur se trouve la **chapelle Portinari**★★, bâtie dans un style Renaissance d'une grande pureté par l'architecte florentin Michelozzo, et où architecture, peinture (fresques évoquant la vie de saint Pierre martyr par Vincenzo Foppa) et sculpture (tombeau de marbre richement sculpté, en 1339, par Giovanni di Balduccio) sont en parfaite harmonie.

★ **Basilica di San Satiro** (**MZ**) - A l'exception du campanile carré du 9e s. et de la façade de 1871, l'église est, comme le baptistère, l'œuvre de Bramante. L'architecte, utilisant un vocabulaire entièrement classique, a résolu le problème posé par l'exiguïté du lieu grâce à un habile décor de stuc doré en trompe l'œil. La **coupole**★ est également remarquable. La basilique comprend en outre un petit sanctuaire orientalisant en croix grecque, orné d'une *Descente de croix* (15e s.) en terre cuite polychrome et de fragments de fresques datant du 9e au 12e s.

★ **Cá Granda - Ex Ospedale Maggiore** (**NZ**) - Fondé par Francesco Sforza en 1456 et complété au 17e s., il abrite la faculté de médecine. C'est un immense édifice composé de trois parties dont les façades à loggias sont ornées de bustes d'hommes illustres.

Dans le quartier de la Brera, on peut visiter l'**église San Marco** (**KV**), reconstruite en 1286 sur d'antiques fondations ; intéressante fresque en noir et blanc de l'école de Léonard de Vinci *(nef gauche)*, représentant une *Vierge à l'Enfant et Jean-Baptiste*, découverte en 1975.

Non loin de là, la **basilique San Simpliciano** (**JV**) a été élevée en 385 sur ordre de saint Ambroise, évêque de Milan ; ont été ajoutées à l'édifice paléochrétien quelques structures durant le haut Moyen Âge et l'époque romane ; à la voûte de l'abside, *Couronnement de la Vierge* par Bergognone (1481-1522).

Ces deux églises prêtent leur cadre à de bons concerts.

★★ **Chiesa di San Maurizio** (ou **Monastero Maggiore)** (**JX**) - Église conventuelle de style Renaissance lombarde (début 16e s.). La façade anonyme dissimule un espace intérieur divisé en deux parties entièrement ornées de **fresque**★ de Bernardino Luini ; on accède en effet au chœur (où ont lieu des concerts) par un passage situé au fond à gauche.

Dans les bâtiments conventuels *(Corso Magenta, nº 15)*, petit **musée d'Archéologie** (Museo Civico di Archeologia, **JX M**[5]) ⓥ : art grec, étrusque et romain ; le splendide **plat en argent de Parabiago**★ (4e s.) et une singulière **tasse**★ cernée d'une structure de verre ajouré d'une extrême finesse en sont les pièces maîtresses. Remarquables pavements de mosaïques retrouvés dans divers secteurs de la ville.

En face de l'église, le **palais Litta** présente une façade du 18e s.

★ **Basilica di San Lorenzo Maggiore** (**JY**) - La basilique, fondée au 4e s. mais refaite au 12e et au 16e s., a gardé son plan octogonal d'origine. Devant la façade s'élève un **portique**★ formé de seize colonnes romaines, l'un des rares vestiges de l'antique Mediolanum. L'intérieur, majestueux, de style roman-byzantin, est entouré de matronées (tribunes exclusivement réservées aux femmes), surmonté d'une vaste coupole et pourvu d'un ample déambulatoire. A droite du chœur on accède, par un atrium, puis par une porte romaine du 1er s., à la **chapelle Sant'Aquilino**★ ⓥ, du 4e s., qui a conservé sa structure d'origine et des mosaïques paléo-chrétiennes.

Non loin, la **Porta Ticinese** (**JY**), vestige des fortifications du 14e s., donne accès au pittoresque quartier du Naviglio Grande où se réunissent les artistes.

ENVIRONS

★ **Abbazia di Chiaravalle** ⓥ - *7 km au Sud-Est. Sortir par la Porta Romana* (**LY**). *Puis voir le plan d'ensemble dans le guide Rouge Michelin Italia.* Bâtie en 1135 par saint Bernard de Clairvaux (d'où son nom de Chiaravalle), cette abbaye en briques marque l'entrée de l'architecture gothique en Italie. Décorée de pierres blanches dans le style cistercien, elle est dominée par un élégant **clocher**★ polygonal ; le porche a été ajouté au 17e s.

L'intérieur, à trois nefs, est surmonté d'une coupole ornée de fresques du 14e s. Dans le transept droit, une autre fresque représente l'Arbre des saints bénédictins. Charmant cloître.

MODENA★

MODÈNE – Émilie-Romagne – 177 121 habitants

Carte Michelin n° 988 pli 14, ou 428, 429 I 14

Plan dans le guide Rouge Michelin Italia

Située dans la plaine fertile qui s'étend entre le Secchia et le Panaro, à la croisée de la Via Emilia et de la route du Brenner, Modène est une des principales villes de l'Émilie-Romagne, à laquelle le commerce et l'industrie (chaussures, construction ferroviaire et automobile) ont donné son importance actuelle. Pourtant Modène, siège d'un archevêché et d'une université, reste une ville paisible dont le centre, autour de la cathédrale, est orné de vastes places bordées d'arcades.
C'est dans cette partie de la ville que l'on peut déguster les spécialités gastronomiques du lieu, les « zamponi », pieds de porc farcis, accompagnés d'un vin rouge pétillant de la région, le Lambrusco.
Connue comme colonie romaine sous le nom de Mutina, la ville, devenue indépendante, adhéra, aux 12e-13e s., à la Ligue lombarde avant de se donner aux Este de Ferrare, afin d'échapper à la domination de Bologne. En 1453, Borso d'Este érigea Modène en duché ; lorsqu'en 1598 les Este furent expulsés de Ferrare par le pape, ils transportèrent leur capitale à Modène qui connut alors, et ce pendant tout le 17e s., l'époque la plus importante de son histoire.

★★★ **Duomo** – Dédié à saint Geminiano, patron de la ville, c'est un des meilleurs exemples d'architecture romane d'Italie. L'architecte lombard Lanfranco y déploya sa science du rythme et des proportions ; les maîtres « campionesi » y mirent la dernière main. La plus grande partie de la décoration sculptée est due à Wiligelmo, sculpteur lombard du 12e s.
La façade, divisée par deux contreforts, reflète la structure interne à trois nefs. Elle est coiffée par l'ange de la mort portant une fleur de lys, œuvre des maîtres « campionesi ». Au-dessous, les symboles évangélistes se répartissent autour du Sauveur. L'axe central de la façade est ensuite souligné par la rosace gothique d'Anselmo da Campione (13e s.), puis par un édicule autour duquel se déploie une galerie, rythmée par des baies tripartites soutenues par des colonnes à chapiteaux ornés. En dessous, le portail central est magnifié par un porche supporté par deux lions, œuvre de Wiligelmo : son nom apparaît sur une pierre à gauche du portail, laquelle mentionne aussi la date de fondation de l'église (1099). Les bas-reliefs au-dessus des portes latérales et aux côtés de la porte centrale représentent des épisodes de la Genèse : Création et vie d'Adam et Ève, Caïn et Abel, Arche de Noé. Le flanc Sud, donnant sur la place, est remarquable par son rythme architectural. On distingue de gauche à droite : la « Porte des Princes », sculptée par Wiligelmo, la « Porte Royale », joyau des maîtres « campionesi » du 13e s., et une chaire du 16e s. ornée des symboles des évangélistes. On rejoint le côté opposé en passant sous les arcades gothiques qui relient la cathédrale au puissant campanile roman de marbre blanc (88 m) surnommé « Ghirlandina » à cause de la guirlande de bronze de sa girouette. Sur la face Nord, la « porte de la Pescheria », ainsi nommée car proche autrefois de la poissonnerie (pescheria) de l'évêché, a été sculptée par l'école de Wiligelmo : épisodes épiques à la voussure, animaux fantastiques sur l'architrave, *Travaux des mois* sur la face intérieure des pilastres.
Entièrement en briques, l'intérieur de la cathédrale, sobre et solennel, est voûté d'ogives. Les grandes arcades reposent sur des piles fortes en briques et des piles faibles en marbre, alternées.
Dans la nef gauche, au-delà de l'autel des « Statuine » (petites statues), on remarque une chaire du 14e s. en face de laquelle se trouve un siège rudimentaire de bois que la tradition populaire retient comme celui du bourreau. Les stalles du chœur sont du 15e s. L'harmonieux **jubé**★★★ roman, au-dessus duquel est suspendu un crucifix du 12e s., est supporté par des lions lombards et, pour la chaire, par de petits atlantes. Exécuté de 1170 à 1220 par les maîtres « campionesi », il est orné sur le parapet de scènes de la Passion.
La crypte, aux nombreuses et fines colonnes, renferme une *Sainte Famille* en terre cuite du 15e s. et le tombeau de saint Geminiano. Dans la nef droite de l'église : crèche en terre cuite du 16e s.
Le **museo del Duomo** ⓥ renferme les fameuses **métopes**★★ (12e s.), bas-reliefs qui jadis surmontèrent les arcs-boutants de l'édifice ; représentant des baladins ou des symboles aujourd'hui incompréhensibles, elles sont d'un modelé, d'un équilibre et d'une stylisation quasi classiques.

Palazzo dei Musei – Cet édifice du 18e s. renferme les deux principales collections d'art réunies par la famille d'Este.

★ **Biblioteca Estense** ⓥ – *1er étage, escalier à droite.* C'est l'une des plus riches d'Italie : 600 000 volumes, 15 000 manuscrits, dont les plus intéressants sont exposés. La **Bible de Borso d'Este**, avec ses 1 020 pages enluminées par des artistes ferrarais du 15e s. (parmi lesquels Taddeo Crivelli), en est la pièce maîtresse.

★★ **Galleria Estense** ⓥ – Cette belle collection de peintures rassemble des œuvres du 14e s. émilien, du 15e s. vénitien (Cima da Conegliano), ferrarais (notamment le stupéfiant **Saint Antoine** de Cosmé Tura) et florentin (Lorenzo di Credi). Le 16e s. est illustré par des maîtres comme Véronèse, Tintoret, Bassano, Le Greco, Le Corrège, Le Parmesan, Dosso Dossi, ainsi que par des œuvres du peintre natif de Modène, Nicolò dell'Abate. Le 17e s. est représenté par l'école émilienne, celle des Carrache et les Caravagistes, le 18e s. essentiellement par des paysagistes vénitiens. On trouve également de nombreux tableaux des écoles étrangères. Parmi les sculptures, remarquer le puissant portrait en buste de François Ier d'Este par Le Bernin.
Une centaine de **monnaies et médailles** (dont quelques-unes du Véronais Pisanello) sont exposées dans des vitrines ; elles constituent une sélection remarquable de l'importante collection (environ 35 000 pièces) que possède la galerie.

★ **Palazzo Ducale** – Noble et majestueux, commencé en 1634 sous François Ier d'Este, il est d'un dessin recherché ; il abrite aujourd'hui l'Académie d'infanterie et de cavalerie.

ENVIRONS

Abbazia di Nonantola ⓥ – *11 km au Nord.* Monastère fondé au 8e s. et florissant au cours du Moyen Âge. L'église abbatiale du 12e s. conserve de remarquables **sculptures romanes**★ exécutées en 1121 par l'atelier de Wiligelmo.

Carpi – *18 km au Nord.* Gracieuse petite ville dont la **piazza dei Martiri**★ est fermée par une cathédrale Renaissance élevée au 16e s. sur les plans de Peruzzi. Le **castello dei Pio**★ ⓥ, imposant édifice orné de tours, possède une cour dessinée par Bramante et abrite un petit musée. L'église de la Sagra (12e-16e s.) est dotée d'un haut campanile roman, la **Torre della Sagra**.

Abbazia di MONTECASSINO★★

Abbaye du MONT-CASSIN – Latium

Carte Michelin n° 988 pli 27 ou 430 R 23

Cette abbaye, qu'on atteint par une route en lacet offrant de remarquables vues sur la vallée, est un des monastères les plus importants de la chrétienté. Saint Benoît (mort en 547) y rédigea la règle bénédictine où l'étude intellectuelle et le travail manuel s'ajoutent aux vertus de chasteté, pauvreté et obéissance. Fondée en 529, l'abbaye connut l'apogée de sa splendeur sous l'abbé Didier au 11e s. : les moines y pratiquaient alors habilement l'art de la miniature, de la fresque et de la mosaïque, et leurs œuvres influencèrent énormément l'art clunisien. L'abbaye fut détruite à quatre reprises, notamment lors de la **bataille de Cassino** (octobre 1943-mai 1944). Après la prise de Naples par les Alliés, les Allemands avaient fait de cette ville leur principal point d'appui sur la route de Rome ; sur ce môle se brisèrent les attaques alliées malgré l'héroïsme et les énormes pertes du corps d'armée polonais. Devant cet échec, un bombardement aérien mené par les Américains détruisit l'abbaye et la 5e Armée américaine passa à l'attaque, mais sans réussir à déboucher. Après une manœuvre déterminante des divisions françaises du général Juin qui y laissèrent beaucoup d'hommes et l'encerclement amorcé par les Britanniques, l'assaut décisif, reposant sur le corps d'armée polonais, fut lancé le 17 mai. Le lendemain, après une bataille acharnée, les Allemands abandonnèrent Cassino et les Alliés firent leur jonction en ouvrant la route de Rome. Reconstruite sur les plans anciens, l'abbaye dresse sa masse de quadrilatère tronqué aux puissants soubassements sur le sommet du mont Cassin.

★★ **Abbazia** ⓥ – Quatre cloîtres communicants, à la solennité étudiée, la précèdent. La façade de la basilique, dépouillée, ne laisse en rien deviner la somptuosité de **l'intérieur**★★ : marbres, stucs, mosaïques et dorures y composent un ensemble étincelant, bien qu'assez froid, de style 17e-18e s. Dans le chœur, belles stalles de noyer du 17e s., et sépulcre de marbre renfermant les restes de saint Benoît.

★★ **Museo abbaziale** ⓥ – Il retrace l'histoire de l'abbaye et rassemble les œuvres d'art qui ont échappé aux bombardements de 1944.
En redescendant en direction de **Cassino**, **Museo archeologico nazionale** ⓥ et zone archéologique voisine (amphithéâtre, théâtre, tombeau d'Umidia Quadratilla).

MONTECATINI TERME♨♨♨

Toscane – 20 671 habitants

Carte Michelin n° 988 pli 14, ou 428, 429, 430 K 14
Plan dans le guide Rouge Michelin Italia

Élégante station thermale, l'une des mieux équipées et des plus fréquentées d'Italie. On y traite les affections de l'estomac, de l'intestin, du foie. La petite ville possède un intéressant musée d'Art moderne, le **Museo dell'Accademia d'Arte** ⊙, où sont rassemblées des œuvres de peintres italiens, comme Guttuso, Primo Conti, Messina, et des effets personnels de Verdi et de Puccini.

LARA PESSINA

Montecatini Terme

★★ **Collodi** – *15 km à l'Ouest.* Ce bourg est devenu célèbre grâce à l'auteur du conte Pinocchio, Carlo Lorenzini, qui prit le nom du village comme nom de plume (sa mère était née à Collodi). Le **Parco di Pinocchio**★ ⊙ glorifiant l'écrivain et sa marionnette s'ordonne en une sorte de labyrinthe au bord du torrent Pescia.

★★ **Villa Garzoni** ⊙ – Surprenante réalisation baroque du 17e s. : dans le **jardin**★★★ ⊙ perspectives, bassins, arbres taillés en silhouettes, grottes, sculptures et labyrinthes créent un curieux enchantement.

MONTEFALCO★

Ombrie – 5 486 habitants

Carte Michelin n° 988 pli 16 ou 430 N 19

Des remparts du 14e s. entourent cette charmante petite ville située au milieu des vignes et des oliviers. Perchée comme un faucon sur son repaire (d'où son nom mont Faucon), elle a été surnommée le « balcon de l'Ombrie ». En raison de sa position stratégique, elle fut détruite par Frédéric II, puis convoitée pendant deux siècles par les papes. Évangélisée en 390 par saint Fortunat, la ville a sa sainte, Claire, qu'il ne faut pas confondre avec la compagne de saint François d'Assise.
La « Circonvallazione » offre de remarquables vues sur le bassin du Clitumne.

Torre comunale ⊙ – Du sommet (110 marches), splendide **panorama**★★★ sur presque toute l'Ombrie.

Chiesa di San Francesco ⊙ – Église franciscaine transformée en musée. Les **fresques**★★, réalisées au milieu du 15e s. par Benozzo Gozzoli, sont empreintes de fraîcheur et d'un réalisme coloré. Autres fresques par Le Pérugin et Francesco Melanzio (15e-16e s.), natif de Montefalco.

Chiesa di Santa Illuminata - Église Renaissance dont le tympan du portail et plusieurs niches de la nef sont décorés de peintures de Melanzio.

Chiesa di Sant'Agostino - *Corso G. Mameli.* Gothique, elle est ornée de fresques de l'école ombrienne des 14e, 15e, 16e s.

Chiesa di San Fortunato - *1 km au Sud.* Précédée d'un petit cloître du 14e s., cette église est ornée à son tympan d'une remarquable **fresque★** de Benozzo Gozzoli représentant la Madone, saint François et saint Bernardin. A l'intérieur, à l'autel de droite, un *Saint Fortunat*, par le même artiste.

Abbazia di MONTE OLIVETO MAGGIORE★★

Abbaye de MONTE OLIVETO MAGGIORE – Toscane

Carte Michelin n° 988 pli 15 ou 430 M 16 – 36 km au Sud-Est de Sienne

Les immenses bâtiments en briques roses de cette célèbre abbaye ⓥ se dissimulent au milieu des cyprès, dans un paysage de collines érodées. Monte Oliveto est la maison mère des olivétains, congrégation de l'ordre de saint Benoît fondée en 1313 par le Bienheureux Bernard Tolomei de Sienne.

Chiostro Grande - Le grand cloître a été décoré d'une superbe série de trente-six **fresques★★**, illustrant la vie de saint Benoît, par **Luca Signorelli** dès 1498, et par **Sodoma** de 1505 à 1508. Le cycle commence à droite de l'entrée de l'église, au grand arc où sont peints le Christ à la colonne et le Christ portant sa croix, chefs-d'œuvre de Sodoma. La plus grande partie du cycle est de la main de ce peintre : esprit raffiné, influencé par Vinci et le Pérugin, il est surtout attiré par l'évocation séduisante des types humains, du paysage et du détail pittoresque comme en témoignent la 4e fresque où saint Benoît reçoit l'habit d'ermite, la 12e où le saint accueille deux jeunes gens au milieu d'une foule de personnages aux attitudes variées, la 19e où de langoureuses courtisanes sont envoyées pour tenter les moines (magnifiques détails d'architecture ouvrant sur un paysage profond). Quant à Signorelli, auteur de huit fresques seulement, ses travaux se distinguent par la puissance sculpturale de ses figures et la mise en place dramatique des scènes choisies, où les paysages se réduisent à une simple évocation spatiale comme à la 24e fresque où saint Benoît ressuscite un moine tombé du haut d'un mur.
Depuis le cloître, accès au réfectoire (15e s.), à la bibliothèque et à la pharmacie.

Église abbatiale - Intérieur refait en style baroque au 18e s. : la nef est entourée de **stalles★★** marquetées (1505) dues à Fra Giovanni da Verona. A droite du chœur, accès à la crèche.

MONTEPULCIANO★★

Toscane – 13 846 habitants

Carte Michelin n° 988 pli 15 ou 430 M 17

Bâtie sur la crête d'une colline séparant deux vallées, cette ville possède plusieurs édifices religieux et civils inspirés par la Renaissance florentine. Montepulciano, fondée au 6e s. par des habitants de Chiusi qui fuyaient les invasions barbares, a donné naissance à l'un des plus exquis poètes de la Renaissance, **Ange Politien** (1454-1494). Grand ami de Laurent le Magnifique qu'il surnommait « il Lauro » et qu'il avait sauvé lors de la conjuration des Pazzi, Politien est l'auteur des *Stances pour le tournoi*, qui décrivent une sorte de jardin des Délices hanté par de touchantes figures de femmes : l'art délicat de Politien correspond en peinture à celui de son ami Botticelli.

★ **Città antica (Vieille ville)** - Pour y entrer, passer par la Porta al Prato, fortifiée. La rue principale, nommée via Roma dans sa première partie, se divise ensuite pour former une boucle dans le quartier monumental de la ville. On remarque via Roma, au n° 91, le palais Avignonesi (16e s.) attribué à Vignola, au n° 73, le palais de l'antiquaire Bucelli orné de fragments lapidaires étrusques et romains, plus loin **Sant'Agostino** – **façade★** Renaissance dessinée par Michelozzo (15e s.) – et en face une tour où un polichinelle sonne les heures.
Arrivé à la loge au Blé, prendre à gauche la via di Voltaia nel Corso : au n° 21, palais Cervini, bon exemple d'architecture Renaissance florentine avec ses bossages et ses frontons curvilignes et triangulaires, dû à Antonio da Sangallo, membre d'une illustre famille d'architectes-sculpteurs, qui a réalisé à Montepulciano quelques-unes de ses œuvres les plus célèbres.
Suivre ensuite les rues dell'Opio nel Corso et Poliziano (au n° 1, maison natale du poète).

★★ **Piazza Grande** – Cette vaste place au plan irrégulier et aux façades de styles divers est le centre monumental de la ville. Plusieurs palais s'y élèvent. Le **Palazzo Comunale**★ ⓥ, gothique, fut remanié au 15e s. par Michelozzo ; du sommet de sa belle tour carrée, immense **panorama**★★★ sur la ville et les environs. Le **palazzo Nobili-Tarugi**★, face à la cathédrale, est attribué à Antonio da Sangallo : il est formé d'un portique et d'un grand portail à arcs en plein cintre, six colonnes ioniques posées sur une haute base supportant les pilastres de l'étage supérieur. Le **puits**★ qui orne la place est remarquable par son couronnement de deux lions supportant les armes des Médicis. A l'intérieur du **Duomo**, des 16e-17e s., on peut voir, à gauche en entrant, le gisant de Bartolomeo Aragazzi, secrétaire du pape Martin V, cette statue faisait partie d'un monument conçu par Michelozzo (15e s.), dont proviennent les bas-reliefs des deux premiers piliers et les statues qui encadrent le maître-autel. Au-dessus de celui-ci, **retable**★ monumental du Siennois Taddeo di Bartolo (1401).

Museo civico - Pinacoteca Crociani ⓥ – *Via Ricci.* Belle collection de terres cuites vernissées d'Andrea della Robbia ; vestiges étrusques, peintures du 13e au 18e s.

Poursuivre dans la rue principale, d'où on accède à la Piazza San Francesco : belle **vue** sur la campagne environnante et sur l'église San Biagio. Descendre la via del Poggiolo et tourner à droite, via dell'Erbe, où on retrouve la loge au Blé.

★★ **Madonna di San Biagio** – *1 km. Sortir par la Porta al Prato et prendre la route de Chianciano, puis tourner à droite.* Inaugurée en 1529, cette magnifique église bâtie en pierre blonde est le chef-d'œuvre d'**Antonio de Sangallo.** Fortement influencé par le projet de Bramante pour la reconstruction de Saint-Pierre de Rome – qui ne vit pas le jour sous cette forme en raison de la mort de l'artiste –, l'édifice de Sangallo est un témoignage précieux des conceptions de l'architecte du pape. Quoique simplifié, San Biagio reprend l'idée du plan centré en forme de croix grecque surmontée d'une coupole, la façade principale étant magnifiée par deux campaniles logés dans les creux de la croix : l'un est inachevé, l'autre comporte les trois ordres (dorique, ionique et corinthien). Le bras Sud est ici prolongé par une sacristie semi-circulaire. Grâce à l'harmonie de ses lignes et la maîtrise des motifs architecturaux qui soulignent la structure du monument, cette église procure un sentiment de plénitude. L'intérieur offre la même sensation de majesté et de noblesse. A gauche de l'entrée, noter une *Annonciation* peinte au 14e s. ; imposant maître-autel en marbre (16e s.).
Face à l'église, la « Canonica », réservée aux moines, est un élégant palais à portique.

ENVIRONS

‡‡ **Chianciano Terme** – *10 km au Sud-Est.* Élégante station thermale, agréablement située et bien équipée. Ses eaux aux vertus curatives (affections rénales, hépatiques et biliaires) étaient déjà connues des Étrusques et des Romains. Beaux parcs ombragés.

MONTE SANT'ANGELO★

Pouille – 15 051 habitants

Carte Michelin n° 988 pli 28 ou 431 B 29
Schéma à Promontorio del GARGANO

Monte Sant'Angelo, bâti sur un éperon de 803 m et dominé par la masse de son château, occupe un **site étonnant**★★, surplombant à la fois le promontoire du Gargano et la mer. Dans une grotte voisine, entre 490 et 493, l'archange saint Michel, chef des milices célestes, apparut à trois reprises à l'évêque de Siponto. Cet événement s'étant répété au 8e s., on décida la fondation de l'abbaye où au Moyen Âge tous les croisés vinrent prier l'archange avant de s'embarquer à Manfredonia. Une fête accompagnée d'une procession de l'épée de saint Michel a lieu chaque année le 29 septembre.

★ **Santuario di San Michele** – Construit en style de transition roman-gothique, ce sanctuaire est flanqué d'un campanile octogonal, isolé (13e s.). La très belle **porte de bronze**★, richement ouvragée, est un travail byzantin datant de 1076 ; elle donne accès à la fois à la nef couverte d'ogives et à la grotte où saint Michel fit son apparition. Statue du saint, en marbre, par Andrea Sansovino (16e s.) et trône épiscopal du 11e s., d'un style courant dans la région de la Pouille.

★ **Tomba di Rotari** ⓥ – *Descendre l'escalier face au campanile.* La tombe de Rotharis est à gauche de l'abside de l'ancienne église San Pietro. Son entrée est surmontée de scènes de la vie du Christ. A l'intérieur, un carré, un octogone, un tronçon conique se superposent pour recevoir la coupole. L'édifice abritait, dit-on, les restes de Rotharis, roi des Lombards au 7e s., mais il s'agirait en fait plutôt d'un baptistère du 12e s.

MONZA

Lombardie – 120 464 habitants

Carte Michelin n° 988 pli 3, 219 pli 19 ou 428 F 9

A la lisière de la Brianza, région de collines verdoyantes, parsemée de lacs, de bourgs riants et de villas, Monza est une cité industrielle (textiles) non sans attrait.

★ **Duomo** – Bâti au cours des 13e et 14e s., il présente une élégante **façade★★**, composée d'assises alternées de marbres vert et blanc, remarquable par l'harmonie de ses proportions et la variété de ses ouvertures : elle est due au dessin de Matteo da Campione (1390-1396), architecte et sculpteur, l'un de ces fameux « maestri campionesi » qui divulguèrent le style lombard en Italie.
A l'**intérieur★**, refait au 17e s., splendide **devant d'autel★** en argent doré (14e s.). La chapelle de la reine Théodolinde *(à gauche)* est revêtue de belles **fresques★** du 15e s. qui évoquent sa vie. On peut également admirer la célèbre **couronne de fer★★** (5e-9e s.) des rois lombards, offerte à la reine par le pape Grégoire le Grand et dont l'original se trouve dans le **trésor★** ⊙ qui abrite aussi de nombreuses pièces d'orfèvrerie du 6e au 9e s., des reliquaires du 17e s. et des tapisseries du 16e s.

★★ **Parco di Villa Reale** ⊙ – Derrière le grandiose édifice néo-classique qui fut la résidence d'Eugène de Beauharnais, puis celle d'Umberto Ier, assassiné à Monza par un anarchiste, s'étend un vaste parc à l'anglaise. Dans la partie Nord de celui-ci plusieurs terrains de sport ont été aménagés, notamment le célèbre circuit automobile où se court chaque année le Grand Prix de Monza pour formule I.

NAPOLI★★★

NAPLES – Campanie – 1 068 927 habitants

Carte Michelin n° 988 pli 27 ou 431 E 24 – Schéma à Golfo di NAPOLI
Plans d'ensemble dans le guide Rouge Michelin Italia

La beauté de Naples et les étonnements qu'elle procure ont été chantés par une foule de voyageurs et de poètes. Son golfe, dominé par le Vésuve et fermé par le Pausilippe, les îles et la presqu'île de Sorrente, est l'un des plus beaux lieux au monde. Son climat privilégié et l'atmosphère si particulière de ses rues ont contribué à la célébrité de la ville. On y découvre en effet un mélange de fantaisie, de superstition, de magie et de fatalité indissociables de la réalité napolitaine. Voilà pourquoi il est important de se laisser gagner non seulement par les œuvres d'art et les monuments de la ville, mais également par la vie quotidienne de sa population (vive, gaie, parfois bruyante) qui se déroule la plupart du temps dans la rue et qui fait de Naples un théâtre permanent.
Pourtant, les quartiers industriels à l'Est de l'agglomération, les ruelles parfois encombrées de détritus, la circulation intense et même asphyxiante à certaines heures peuvent de prime abord décevoir les touristes. Toutefois, si la découverte de cette ville présente une conquête parfois difficile, elle n'en reste pas moins riche en émerveillements.

Visite – Il est conseillé aux touristes, notamment dans les vieux quartiers (populaires et pittoresques) comme ceux de Spaccanapoli et de la via Tribunali, d'éviter tout ce qui, dans leur tenue vestimentaire ou dans leur comportement, pourrait trop fortement attirer l'attention, de renoncer aux déambulations nocturnes, de ne rien laisser dans les voitures, de rester toujours vigilants.

UN PEU D'HISTOIRE

D'après la légende, la sirène Parthénope donna son nom à la ville qui s'était développée autour de son tombeau ; c'est pourquoi on désigne encore parfois Naples par les termes de cité parthénopéenne. En réalité, la ville naquit d'une colonie grecque, nommée Neapolis, conquise par les Romains durant le 4e s. avant J.-C. Les riches habitants de Rome venaient y passer l'hiver, tels Virgile, Auguste, Tibère, Néron. Mais les Napolitains restèrent fidèles à la langue et aux coutumes grecques jusqu'à la fin de l'Empire.
Depuis le 12e s., sept familles princières ont régné sur Naples. Les Normands, les Souabes, les Angevins, les Aragonais, les Espagnols et les Bourbons s'y succédèrent ; la Révolution de 1789 amena les troupes françaises, et en 1799 une **« république parthénopéenne »**, puis des rois français (1806-1815), Joseph Bonaparte et Joachim Murat, promoteurs d'excellentes réformes. De 1815 à 1860, les Bourbons revenus se maintinrent malgré les révoltes de 1820 et de 1848.

L'ART A NAPLES

Un roi mécène – Sous les princes de la maison d'Anjou, Naples se couvre d'édifices religieux qui empruntent leur caractère gothique à l'architecture française. Le roi **Robert le Sage** (1309-1343) attire à sa cour poètes, savants et artistes de différentes régions d'Italie : Boccace passe une partie de sa jeunesse à Naples où il s'éprend de « Fiammetta », en qui on a voulu voir la propre fille du roi ; son ami Pétrarque y séjourne également. Dès 1324, le roi Robert fait appel au sculpteur siennois Tino di Camaino qui orne les églises de tombeaux monumentaux. Le peintre romain Pietro Cavallini, ainsi que, un peu plus tard, Giotto (dont les œuvres ont aujourd'hui disparu) et Simone Martini travaillent à Naples, ornant notamment plusieurs églises de fresques.

GIRAUDON

Le vaisseau de Ferdinand d'Aragon devant Naples (15e s.)

L'école napolitaine de peinture (17e s. - début 18e s.) – La venue à Naples, vers 1606, du grand rénovateur de la peinture italienne Michelangelo Merisi, dit **Le Caravage** (1573-1610), va permettre le développement d'une école locale dont les représentants s'inspirent de la manière ample et dramatique du maître : les principaux protagonistes de ce mouvement restent **Artemisia Gentileschi**, l'Espagnol **José de Ribera**, le Calabrais Mattia Preti et Salvator Rosa.
Très à l'écart des Caravagesques, **Luca Giordano** (1632-1705) est un virtuose de la décoration qui couvre les plafonds de compositions fougueuses et claires, rappelant les réalisations du baroque romain. Un peu plus tard **Francesco Solimena** perpétuera sa manière avant de se rapprocher du ténébrisme de Mattia Preti et même du classicisme : ses peintures se caractérisent alors par des compositions savamment équilibrées où les effets de clair-obscur modèlent les volumes leur conférant rigueur et solidité. Surtout dans ses églises, Naples conserve de remarquables œuvres de ce peintre (en particulier S. Nicola alla Carità, **KY**).

Des créations originales – De nombreux architectes dotèrent Naples et ses environs de beaux édifices de style baroque. Si, parmi eux, **Ferdinando Sanfelice** (1675-1748) fit preuve d'une vive invention de scénographe dans la construction d'escaliers qui, édifiés au fond des cours, constituent le principal ornement des palais, c'est **Luigi Vanvitelli** (1700-1773) qui demeure à Naples le grand architecte du 18e s. : Charles III de Bourbon lui confia notamment les plans de Caserta dont il souhaitait faire son Versailles.

Le péperin

Pierre fréquemment utilisée à Naples, le péperin est un tuf volcanique à la caractéristique couleur grisâtre. Il doit son nom précisément à cette teinte qui, depuis l'antiquité, a été définie comme un gris « poivre ». En effet, en latin, *piper* signifie poivre.

Dans un domaine plus populaire, de merveilleuses **crèches de Noël** (presepi) furent créées à Naples dès le 17e s.

Musique et théâtre - Les Napolitains ont toujours manifesté un goût particulier pour la musique, que ce soit pour l'**opéra** où l'on accorde une grande importance à la virtuosité du chanteur, ou pour la **chanson populaire**, tantôt joyeuse, tantôt mélancolique, qui se pratique sur accompagnement de guitare ou de mandoline. Dans le domaine de la Commedia dell'Arte, Naples a créé la figure de Scaramouche.

Fastes religieux - Les fêtes religieuses à Naples sont somptueuses. Celles de la Madone de Piedigrotta, de Santa Maria del Carmine et surtout celles du Miracle de saint Janvier sont les plus connues ; au moment de Noël et de l'Épiphanie, de magnifiques crèches sont installées dans les églises. *Voir le chapitre Principales manifestations touristiques, en fin de volume.*

DANS LES RUES DE NAPLES

Souvent très bruns, avec un profil tirant sur le « grec », les Napolitains s'expriment dans un dialecte très imagé aux intonations chantantes ; dotés d'une vive imagination, extériorisant volontiers leurs sentiments, ils craignent le mauvais sort, la « Jettatura » ; les fêtes religieuses sont nombreuses et très suivies, et les manifestations sportives, notamment les matchs de football, deviennent rapidement prétexte à des débordements de toutes sortes.

De nombreux romans, de nombreux films ont décrit les modes d'exister et de sentir si particuliers des Napolitains. Dans la rue, les scènes populaires qui enchantaient naguère les étrangers ont pratiquement disparu. La circulation qui paralyse à heures fixes les artères de la ville donne lieu à un spectacle hallucinant, les voitures formant un carrousel frénétique, et assourdissant au milieu duquel le génie de l'improvisation, l'audace et la virtuosité des conducteurs pallient providentiellement leur manque de penchant pour la discipline.

Les quartiers - Très animé, le port qui, de toute l'Italie, voit transiter le plus de voyageurs, n'occupe que le 2e rang après Gênes pour le trafic des marchandises. Le centre de la vie publique est situé autour de la **piazza del Plebiscito** et de la **Galleria Umberto I** (**JKZ**). Les quartiers populaires serrent leurs rues pavoisées de linge à Spaccanapoli et dans la zone qui s'étend à l'Ouest de la via Toledo (**KY**, dénommée « quartieri spagnoli » aux étroites rues parallèles et pentues). A l'Ouest de la ville, les hauteurs du **Vomero** et du **Pausilippe** étagent, face à la mer, leurs immeubles résidentiels.

NAPLES GOURMANDE

Spécialités napolitaines - Les pâtes, la pizza, la ricotta (fromage frais non fermenté), la savoureuse mozzarella de bufflonne, le poisson et les crustacées sont les ingrédients les plus fréquents de la cuisine napolitaine. Un plat de spaghetti aux palourdes - impérativement *al dente* c'est-à-dire peu cuits -, une pizza fine et croquante, une friture de poisson ou un plat de moules et de palourdes à la marinière accompagné d'une bouteille de *Greco di Tufo* peuvent être dégustés dans les restaurants de la ville jusque tard dans la nuit (à Naples on commence à dîner vers 22 heures). Pour les plus gourmands, le repas peut s'achever par une tranche de *pastiera* napolitaine, gâteau caractéristique de Noël et Pâques, fourré d'un mélange de blé dur, ricotta et fruits confits, que l'on savoure avec un verre de Lacrima Christi. En revanche, en se promenant dans Spaccanapoli il faut s'arrêter chez **Scaturchio** *(adresse ci-dessous)* pour manger une *sfogliatella* (feuilleté fourré de ricotta, fruits confits et épices) tout juste sortie du four, accompagnée d'un bon café, à moins de ne se laisser tenter par un baba, gâteau d'origine étrangère mais très courant dans le « Royaume de Naples ».

Quelques adresses - A Naples, il y a de nombreuses petites pizzerias typiques, dont les plus connues sont le **Trianon** (46, via Colletta) et le **Brandi** (1, salita Sant'Anna di Palazzo).

Parmi les meilleurs restaurants sélectionnés par le guide Rouge Michelin Italia, **Ciro a Mergellina** (21, via Mergellina) e **Da Ciro** (71, via S. Brigida) proposent un choix de délicieuses spécialités traditionnelles que l'on déguste bercé par la musique d'une mandoline ou d'une guitare.

Enfin, pour qui souhaiterait prendre un bon café avec un gâteau, nous conseillons **Gambrinus** (piazza Trieste et Trento), **Scaturchio** (piazza S. Domenico Maggiore), **Caflish** (143, via Chiaia), **La caffettiera** (piazza dei Martiri) et **Motta** (152, via Toledo).

B. Morandi/DIAF

Castel dell'Ovo

★★ LE CENTRE MONUMENTAL *visite : 2 h 1/2*

★★ **Castel Nuovo** (ou **Maschio Angioino**) (**KZ**) ⊙ – Imposant et entouré de profonds fossés, le château Neuf fut construit en 1282 par les architectes de Charles Ier d'Anjou, Pierre de Chaulnes et Pierre d'Agincourt, sur le modèle du château d'Angers.

Un remarquable **arc triomphal**★★ embellit son entrée côté ville. Celui-ci, exécuté sur les plans de Francesco Laurana en 1467, est orné de sculptures à la gloire de la Maison d'Aragon. Au fond de la cour intérieure un escalier, à gauche, conduit à la **Salle des Barons**. Belle voûte ornée d'un réseau d'ogives en étoiles. La **chapelle palatine** (14e s.) est précédée d'un élégant portail Renaissance autrefois surmontée d'une *Vierge* de Laurana, aujourd'hui conservée avec d'autres œuvres de l'artiste dans la sacristie. La chapelle elle-même abrite le long de ses murs des fresques provenant du château de Casaluce (province de Caserta).

★ **Teatro San Carlo** (**KZ T¹**) ⊙ – Édifié sous Charles de Bourbon en 1737, reconstruit en 1816 dans un style néo-classique. L'intérieur, à la fastueuse décoration de stucs, boiseries dorées et velours rouge, comporte six étages de loges. Sa parfaite acoustique et l'ampleur de sa scène permettent à ce théâtre d'occuper une place de premier plan dans la vie musicale italienne.

★ **Piazza del Plebiscito** (**JKZ**) – Aménagée sous le règne de Murat, cette place en hémicycle, d'un noble aspect, est close d'un côté par le palais royal, et l'autre par la façade néo-classique de l'église **San Francesco di Paola** construite sur le modèle du Panthéon de Rome et prolongée par une colonnade curviligne. Au centre de la place s'élèvent les statues équestres de Ferdinand de Bourbon par Canova et de Charles III de Bourbon.

★ **Palazzo Reale** (**KZ**) ⊙ – Bâti au début du 17e s. par l'architecte Domenico Fontana, le Palais Royal a été plusieurs fois remanié, mais sa façade présente à peu de choses près son aspect d'origine. Les niches abritent, depuis la fin du 19e s., les huit statues des souverains les plus importants qui régnèrent sur Naples.

Un immense **escalier** à double rampe et surmonté d'une voûte à caissons donne accès aux **appartements**★ et à la **chapelle royale** somptueusement décorée. En pénétrant dans les appartements, qui ne furent habités par les rois qu'à partir de 1734, on voit tout d'abord, à droite, la salle de théâtre ; les pièces, à la riche décoration, conservent de nombreuses œuvres d'art, tapisseries, peintures, meubles et porcelaines. Remarquer en particulier les magnifiques **battants**★ de porte en bois : sur un fond d'or, angelots, jeunes filles et animaux émergent d'une composition florale.

★★ **Porto di Santa Lucia** – *Voir plan dans le guide Rouge Michelin Italia.*
Une des plus célèbres chansons du répertoire napolitain a immortalisé ce minuscule port, blotti entre un îlot rocheux et la jetée qui le relie à la rive.
Le **Castel dell'Ovo** (château de Œuf), qui doit son nom à une légende selon laquelle Virgile aurait caché dans ses murs un œuf magique dont la destruction entraînerait celle de tout l'édifice, est une sévère construction d'origine normande, refaite en 1274 par les Angevins.
De la jetée, on jouit d'une **vue**★★ admirable sur le Vésuve, d'une part, sur la partie occidentale du golfe, d'autre part.
Si, à la nuit tombée, on s'avance un peu en direction de la piazza Vittoria, la **vue**★★★ sur le Vomero et le Pausilippe brillant de tous leurs immeubles étagés devient féerique.

★★ SPACCANAPOLI ET LE DECUMANUS MAJEUR

Visite : 4 h à pied

L'axe formé par les rues S. Benedetto Croce, S. Biagio dei Librai et Vicaria Vecchia coupe en deux ce quartier central surnommé Spaccanapoli (de *spaccare*, fendre, et *Napoli*, Naples). Il correspond au tracé d'un ancien decumanus romain (axe est-ouest dans un plan en damier) qui constituait une des rues principales de l'antique Neapolis. Parallèle à celui-ci courait le Decumanus Majeur, qui coïncide exactement avec l'actuelle via Tribunali (**KLY**). Ces rues populaires permettent de parcourir une grande partie de l'histoire de Naples de l'époque gréco-romaine jusqu'au 18e s.
Sur la piazza del Gesù Nuovo, au centre de laquelle se détache la flèche baroque du monument votif dédié à l'Immaculée Conception, s'élève l'église du **Gesù Nuovo** (**KY D**) à la belle façade à pointes de diamants toute de péperin. Cette façade est l'unique témoignage de l'ancien Palais Sanseverino (du 15e s.) sur lequel fut érigé l'église. A l'intérieur, au revers de la façade, *Héliodore chassé du temple* par Solimena.

Entrer dans la via Benedetto Croce.

★ **Chiesa di Santa Chiara** (**KY**) – Sancia de Majorque, la pieuse épouse de Robert le Sage, fit édifier cette église de clarisses en style gothique provençal. La façade, d'une grande simplicité, est précédée d'un porche en péperin, dont la couleur grise contraste harmonieusement avec le tuf jaune.
L'intérieur, autrefois richement baroque, fut reconstruit avec sobriété dans le style gothique d'origine, après l'incendie provoqué par un bombardement en 1943. Sur la nef unique, éclairée d'étroites fenêtres hautes à baies géminées, s'ouvrent 9 chapelles. Le chœur à fond plat abrite plusieurs mausolées de la dynastie angevine : derrière l'autel, le **tombeau**★★ de Robert le Sage fut exécuté par des artistes florentins en 1345 ; à droite, celui de Charles de Calabre est attribué à Tino di Camaino, à qui l'on doit le **sépulcre**★ de Marie de Valois, contre le mur à droite.

★ **Cloître** ⓥ – Son agencement est l'œuvre de Domenico Antonio Vaccaro (18e s.) : le centre, à ciel ouvert, fut transformé en un jardin dont les lignes médianes sont soulignées par deux allées couvertes d'une pergola dessinant ainsi une croix. Le muret soutenant les arcades du cloître, les colonnes des allées et les bancs qui les relient sont carrelés de magnifiques **faïences**★ ornées de motifs floraux, paysages, scènes champêtres ou sujets mythologiques.

Chiesa di San Domenico Maggiore (**KY**) – Son abside donne sur une place ornée d'un petit obélisque baroque dédié à saint Dominique suite à la peste de 1656. A l'intérieur se mêlent éléments gothiques (**cariatides** de Tino di Camaino supportant un cierge pascal) et baroques. La 2e chapelle du bas-côté droit a été peinte à fresque par Pietro Cavallini (1309). La sacristie (18e s.), tapissée de boiseries, abrite en hauteur derrière une balustrade les cercueils de personnalités de la cour d'Aragon.

Cappella Sansevero (**KY**) ⓥ – Édifiée au 16e s., elle surprend par son intérieur entièrement réaménagé au 18e s. dans un style baroque exubérant à la demande du prince Raimondo de Sangro, personnage éclectique que sa passion pour l'alchimie et la science nimbe de légende. En sont pour preuve les deux présumés « squelettes » complets de l'appareil circulatoire pétrifiés dit-on grâce à une substance inventée par lui *(salle souterraine, accès par le côté droit).*
Le principal attrait de cette chapelle réside dans les étonnantes **sculptures**★ de marbre qu'elle abrite : de part et d'autre du chœur, la *Pudeur* (femme voilée) et le *Désespoir* (« Il Disinganno » : homme cherchant à se dégager d'un filet) et, au centre de la nef, le magnifique ***Christ gisant*** couvert d'un voile, œuvre magistrale de G. Sammartino où la légèreté du tissu laisse si bien transparaître les traits du corps reposant paisiblement dans le sommeil éternel.

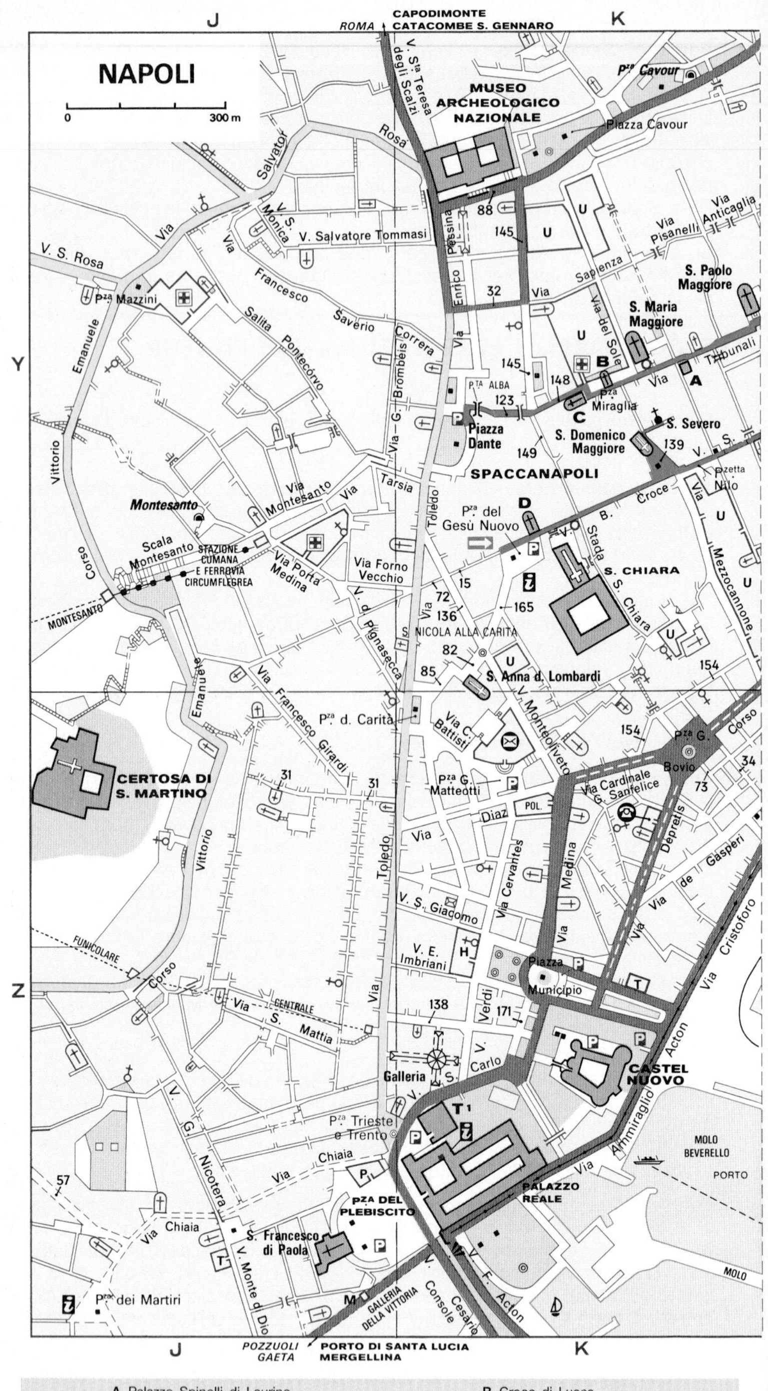

A Palazzo Spinelli di Laurino **B** Croce di Lucca

« Il y a deux Naples : la grande et forte et savoureuse Naples populaire, qui occupe les trois cinquièmes de la ville mais qu'il est très difficile d'approcher et de connaître pour l'étranger qui ne sait ni les mœurs ni la langue de cette antique tribu incorruptible ; une petite couche de bourgeois, d'intellectuels, d'hôteliers et de restaurateurs (...).
Aux deux Naples morales correspondent – sauf enjambement notamment les "quartiers espagnols" à l'ouest de Toledo – deux Naples géographiques : la ligne de démarcation se trouvant être la fameuse via Roma, ex-Toledo. Si à la suite de Wilde et de Sartre, vous vous asseyez à la terrasse du café Gambrinus, la Naples bourgeoise, décente et habitable, s'étend à la gauche

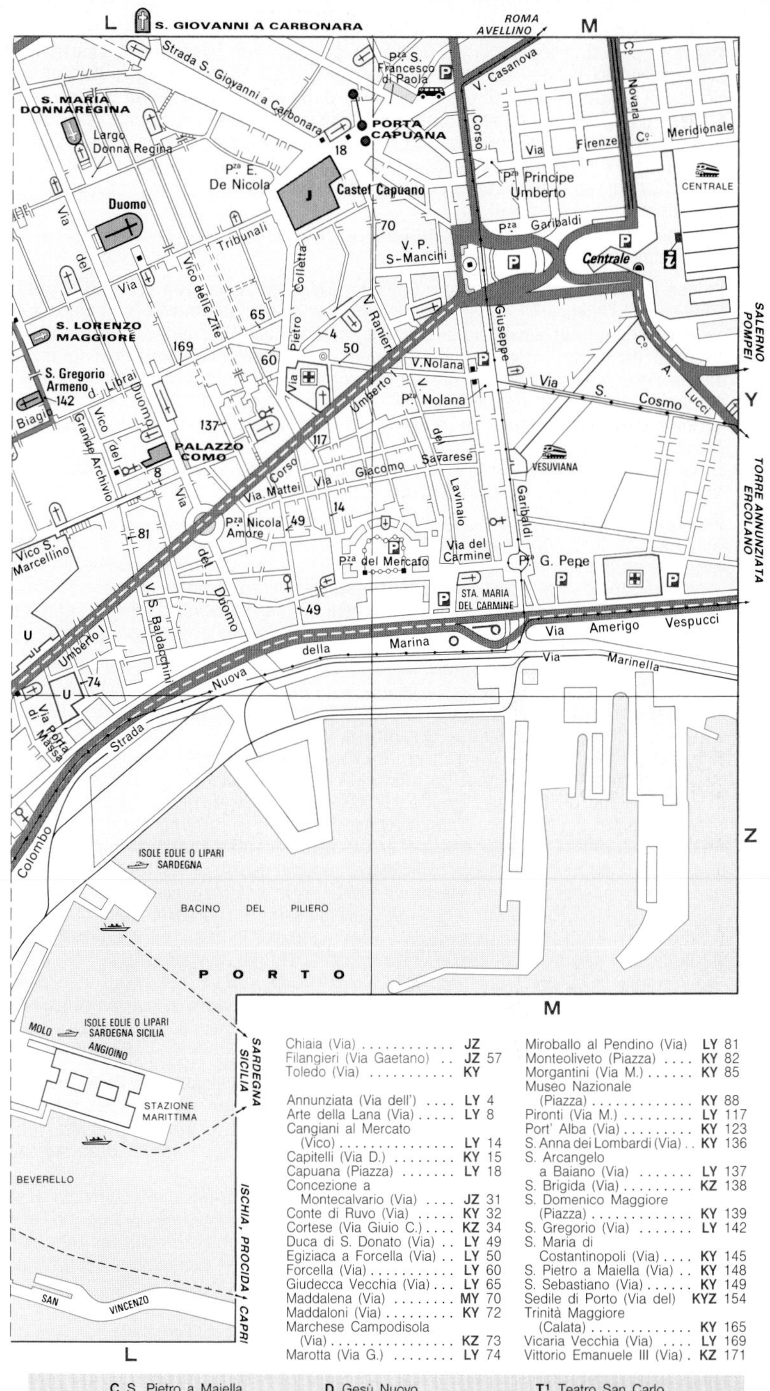

de Toledo, l'autre, ténébreuse et maléfique, sur l'autre rive de cette frontière aussi difficile à franchir que l'Achéron pour les Anciens. »

« Naples la merveilleuse, l'obscène, l'inventive, la généreuse, la désespérée, la fataliste, Naples la capitale d'un monde aux confins de l'Europe, de l'Afrique et de l'Orient, Naples qui refuse de mûrir pour rester fidèle au génie de l'enfance, cette Naples me livra peu à peu ses secrets. Je fus pris, saisi, dépossédé de moi, de mes habitudes d'Européen « civilisé », tiré brusquement en arrière et plongé dans le bain, combien roboratif, des Mères et des Parques. »

Dominique Fernandez, *Le volcan sous la ville* (1983)

Avant de poursuivre dans la via S. Biagio dei Librai, on passe par la charmante **piazzetta del Nilo** qui doit son nom à la statue antique symbolisant le Nil qui s'y élève. Un peu plus loin, tourner à gauche dans la pittoresque via S. Gregorio Armeno qu'agrémentent ses nombreux petits magasins et ateliers de « pastori », ces célèbres santons de crèches. Aux côtés des santons traditionnels, les artisans (dont l'art se transmet de père en fils depuis le 19e s.) ont placé des sujets modernes qui représentent des personnalités actuelles *(le secteur est caractéristique surtout en décembre)*.
Au fond, au-dessus d'un arc enjambant la rue, se détache le clocher de l'église San Gregorio Armeno.

Chiesa di San Gregorio Armeno (LY) ⓥ – En passant par son profond atrium, on accède à **l'intérieur★** de l'église, de style baroque exubérant. Les fresques qui ornent l'unique nef ainsi que la coupole sont de Luca Giordano. On remarque : au fond de la nef, deux **orgues** baroques monumentaux ; dans le chœur, le maître-autel marqueté de marbres polychromes ; en haut à droite, la loge fermée d'une grille de laiton derrière laquelle les nonnes suivaient la messe cachées ; enfin le très beau plafond de boiseries dorées, orné de médaillons peints par Teodoro di Enrico.
Le **cloître** *(accès par l'escalier du couvent)* est ponctué au centre d'une belle fontaine aux effigies du Christ et de la Samaritaine (fin 18e s.).

Au bout de la via S. Gregorio Armeno, on débouche via dei Tribunali, dont le tracé coïncide avec le Decumanus Majeur de l'antique cité romaine. De l'église **S. Lorenzo Maggiore**, on peut accéder aux **fouilles** *(scavi)* ⓥ qui ont permis de mettre au jour le *cardo* (principale artère Nord-Sud) de la Naples gréco-romaine avec son forum : on y reconnaît le Trésor public, un four et le *macellum* (ancien marché alimentaire).

Chiesa di San Lorenzo Maggiore (LY) ⓥ – Elle fut élevée au 14e s. sur une église paléochrétienne dont elle a conservé les murs extérieurs, deux mosaïques et les colonnes bordant sa nef unique. Remaniée en style baroque, elle a retrouvé son apparence d'origine suite à une restauration récente.
Elle présente à la croisée du transept un très bel **arc triomphal★** en plein cintre.
Sa nef, rectangulaire et nue (hormis une chapelle nobiliaire sur le côté droit à l'exubérante décoration baroque), est le témoignage de la rigueur et de la sévérité franciscaine. En revanche, **l'abside polygonale★** de style gothique français est surmontée de hautes fenêtres géminées en lancette et cernée d'un déambulatoire sur lequel s'ouvrent des chapelles ornées de fresques par des disciples de Giotto. Le bras gauche du transept abrite la grande chapelle St-Antoine (cappellone di Sant'Antonio) avec, au-dessus de l'autel, une peinture du saint entouré d'anges (1438) sur fond doré. A droite du maître-autel, on peut admirer le **monument funéraire★** de la reine Catherine d'Autriche, œuvre admirable de Tino di Camaino.
Dans la **salle capitulaire** *(accès par le transept droit)*, aux voûtes et parois ornées de fresques, est conservée une singulière bible en « images », où des centaines d'épisodes sont sculptés en miniature à l'intérieur de coques de noix, gigantesque travail réalisé dans les années 50.

★★ **Decumanus Majeur (KY)** ⓥ – Tourner à droite pour rejoindre le **Pio Monte della Misericordia** (confrérie de la Miséricorde, 17e s.) où sont conservés six retables dont le sujet est lié aux œuvres de charité de l'institution. On signale tout particulièrement *La libération de saint Pierre* par Caracciolo et le très beau tableau du Caravage ***Les sept œuvres de Miséricorde*★★★**.
Revenir sur ses pas jusqu'à rejoindre le complexe monumental des Hiéronymites (les « Girolamini », dont le patron est saint Jérôme) et au-delà l'église **San Paolo Maggiore**, précédée d'un majestueux escalier et caractérisée par un fastueux intérieur baroque (noter l'autel polychrome). La sacristie conserve deux belles **fresques de Solimena** représentant la *Chute de Simon le Magicien* et la *Conversion de saint Paul sur le chemin de Damas*.
Un peu plus loin sur la droite, l'église **S. Maria delle Anime del Purgatorio** possède un petit cimetière souterrain ⓥ où, il y a encore quelques années, on pratiquait la singulière cérémonie du nettoyage des ossements afin d'obtenir une grâce (pratique en usage à Naples).
Au no 362 se trouve le **palazzo Spinelli di Laurino (A)**, à la curieuse cour intérieure elliptique ornée d'un escalier, œuvre de Sanfelice.
Sur le parvis de **S. Maria Maggiore**, au beau pavement de brique et majolique (1764), s'élèvent, à gauche, la chapelle Ponsano Renaissance, et sur la droite, le beau clocher de l'église d'origine (11e s.).
Après la **Croce di Lucca (B)**, église du 17e s. au plafond à caissons de bois doré, on arrive à l'église **S. Pietro a Maiella (C)**, d'époque gothique, mais remaniée au 17e s. On y admire les belles stalles marquetées qui ornent le chœur et les fresques de l'abside.
Ensuite on rejoint la piazza Bellini, où il est agréable de s'arrêter surtout en soirée. Au centre de la place sont encore visibles des restes de murs grecs. Un peu plus loin, la **piazza Dante**, en hémicycle, est l'œuvre de Vanvitelli.

★★★ MUSEO ARCHEOLOGICO NAZIONALE (KY) ⌚ *visite : 2 h*

Il occupe des bâtiments construits au 16e s. pour abriter la cavalerie royale, et qui furent, de 1610 à 1777, le siège de l'université. Ses collections, essentiellement constituées par les œuvres d'art ayant appartenu aux Farnèse et par le matériel retrouvé à Herculanum et à Pompéi, en font l'un des plus riches musées du monde pour la connaissance de l'Antiquité grecque et romaine.

★★★ **Sculptures gréco-romaines** – Elles occupent le rez-de-chaussée.

Galerie des Tyrannicides – *A droite en entrant.* Cette salle regroupe, parmi de nombreuses œuvres archaïques, l'***Aphrodite Sosandra*** (magnifique réplique d'un bronze grec du 5e s. avant J.-C.) à l'expression hautaine et au drapé d'une rare élégance, et le célèbre groupe des ***Tyrannicides*** Harmodios et Aristogiton qui, au 6e s. avant J.-C., libérèrent Athènes de la tyrannie d'Hipparque (copie en marbre d'un bronze grec).

Galerie des Grands Maîtres – *Accès par la galerie des Tyrannicides.* On y voit (salle II) la majestueuse Pallas Farnèse (Athéna), et un émouvant bas-relief évoquant les adieux d'Orphée à Eurydice, réplique d'une œuvre du 5e s. avant J.-C. ; dans la salle III se trouve une copie du fameux ***Doryphore*** de Polyclète (5e s. avant J.-C.).

Galerie du Taureau Farnèse – On y accède par la **Galerie de Flore** qui abrite la célèbre *Vénus Callipyge* (1er s.) et deux copies de l'*Aphrodite blottie* de Doidalsas (3e s.)
Au centre se dresse la colossale *Flore Farnèse.* A gauche, on peut admirer le ***Groupe du guerrier et de l'enfant*** d'une remarquable qualité plastique, et, en face, une belle *Nike* (Victoire) en basalte. Dans la dernière salle se détache l'imposant groupe dit du ***Taureau Farnèse*** sculpté dans un seul bloc de marbre et évoquant le supplice de Dircé, la légendaire reine de Thèbes. C'est une copie romaine du 2e s. qui, comme tant d'autres œuvres de la collection Farnèse a subi de nombreux remaniements et restaurations qui ont en partie dénaturé son aspect original. Dans l'aile droite, on admire le monumental ***Hercule Farnèse***, sculpté au repos après avoir achevé ses célèbres travaux.

Galerie des Marbres de couleur – *En attente de restructuration.* La vedette de cette salle est l'***Artémis d'Éphèse*** (2e s.), en albâtre et en bronze, représentation de l'idole vénérée dans le célèbre temple de la mer Égée ; parfois assimilée, dans la tradition orientale, à une déesse de la nature, elle a la poitrine couverte de mamelles, symboles de son caractère nourricier.

Grand Hall – On remarque, au 2e pilier de droite de la travée centrale, la statue de la prêtresse Eumachie retrouvée à Pompéi (belle étude du visage et du drapé de la tunique).

Galerie des Portraits grecs et romains *(au fond du hall à droite)* – Elle permet d'admirer les bustes de Socrate, Homère, Euripide, et d'excellents portraits d'empereurs romains.

★★ **Mosaïques** – *Entresol à gauche.* Provenant pour la plupart de Pompéi, Herculanum et Stabies, elles offrent une grande variété de styles et de sujets : on remarquera avant tout les deux petites scènes réalistes *(Consultation chez la magicienne et Musiciens ambulants)* signées Dioscourides de Samos et des *Acteurs en scène* retrouvés à Pompéi dans la maison du Poète tragique (salle LIX). Les salles LX et LXI abritent les mosaïques de la maison pompéienne du Faune, dont la *frise à festons et masques*, et la belle ***Bataille d'Alexandre*** qui illustre avec un sens admirable du mouvement et de la profondeur (cheval vu de dos au 1er plan) la victoire du roi de Macédoine sur le roi des Perses Darius. La collection comprend également de beaux exemples d'opus sectile (salle LVII).

Salles de l'antique Naples – *Entresol à droite.* Ces salles reparcourent des moments particuliers de l'histoire de la ville grâce à des images et des collections (dont les deux imposantes **statues** du temple des Dioscures, aujourd'hui église San Paolo Maggiore). Belle série de petites **têtes**★ féminines en terre cuite (probablement des ex-voto), aux différentes coiffures (2e salle). Sont décrits de façon particulièrement soignée les hypogées et cimetières souterrains (5e salle) avec, aussi, l'exposition de matériel funéraire (surtout des cratères, amphores, cruches, vases à onguents et urnes).

★★★ **Salles de la villa des Pison ou des Papyrus** – *1er étage à droite.* On suppose que cette villa, découverte à Herculanum au 18e s., puis réensevelie, appartenait à L. Calpurnius Pison, beau-père de Jules César. Son propriétaire avait fait de cette demeure un véritable musée. Les documents et les magnifiques œuvres d'art de ses collections sont d'un intérêt inestimable.
La salle des Papiri (CXIV) renferme des photographies de quelques-uns des 800 papyrus qui formaient la bibliothèque. La salle CXVI rassemble les **statues en bronze** qui ornaient le péristyle de la villa : on reconnaît le ***Silène ivre***, tout à son allégresse, et un jeune ***Satyre endormi*** au visage admirable dans l'abandon du sommeil ; les deux ***Athlètes***, saisissants de vie, sont inspirés de Lysippe (4e s. avant

J.-C.) ; les fameuses « ***Danseuses*** » ***d'Herculanum*** sont probablement des porteuses d'eau ; le célèbre ***Hermès au repos***, au corps élancé et vigoureux, reflète l'idéal de Lysippe. Dans la salle CXVII, outre le **portrait** dit à tort « **de Sénèque** », l'un des plus remarquables de l'Antiquité par sa puissance d'expression, on note une « Tête idéale », identifiée à Artémis, et la majestueuse Athéna Promachos.

★ **Argenterie, ivoires, verrerie et petits bronzes** – *1er étage à gauche.* Dans ces salles sont rassemblés des objets provenant principalement d'Herculanum et de Pompéi : trésor en argent retrouvé dans la maison de Ménandre, petits ustensiles d'ivoire, armes grecques, verre soufflé et petits bronzes parmi lesquels de nombreux objets de vie quotidienne.

★★★ **Salles du temple d'Isis** – *1er étage à gauche, après les salles d'argenterie.* Objets et peintures du temple découvert à Pompéi au dos du grand théâtre. Trois espaces sont plus particulièrement évoqués et partiellement reconstruits : le portique, l'ekklesiasterion (où se réunissaient les adeptes d'Isis) et le sacrarium. Les fresques des murs représentent des natures mortes : figues, raisins, oies et colombes, éléments tous en relation avec le culte de la déesse égyptienne. On remarque surtout les beaux et grands panneaux (bien conservés), où sont représentés des paysages sacrés et des scènes liées au mythe de Io.

★★★ **Salles des fresques** – *1er étage à gauche, au fond.* Très belles fresques provenant essentiellement de Pompéi, Herculanum et Stabies : leur diversité de style et la variété des couleurs attestent de la richesse décorative romaine *(voir le chapitre POMPÉI et son introduction sur la peinture pompéienne).* Splendides peintures inspirées par la mythologie (légende d'Héraclès, d'Arianne), par la tragédie *(Médée, Iphigénie)* ou encore par des poèmes épiques (épisodes de la guerre de Troie), souvent encadrés par des perspectives architecturales, des frises d'amour, de satyres et de ménades. Remarquer la douceur et la légèreté des figures féminines retrouvées à Stabies, représentant *Léda, Médée, Flore* et *Artémis.* D'une villa de Boscotrecase nous sont parvenus des cadres et médaillons représentant des paysages de Campanie.

CERTOSA DI SAN MARTINO (JZ) ⌚ *visite : 1 h*

Cet immense couvent de chartreux est admirablement situé sur une avancée de la colline du Vomero. Le **Castel Sant'Elmo**, fort massif à bastions, refait au 16e s. par les Espagnols et longtemps utilisé comme prison, le domine à l'Ouest *(aujourd'hui réservé à des expositions temporaires).* De la place d'armes *(accès à pied ou par ascenseur)*, très beau panorama sur la ville et son golfe. La chartreuse, fondée par la dynastie d'Anjou au 14e s., fut à peu près totalement remaniée aux 16e et 17e s. On visite aujourd'hui la partie monumentale et le musée qui s'ordonne autour du cloître des Procurateurs.

Église – **L'intérieur**★★ de l'église, à la fastueuse décoration baroque, abrite des toiles de Carracciolo, Guido Reni et Simon Vouet. A gauche du chœur, après la sacristie entièrement marquetée, on rejoint la salle du Trésor ornée de fresques de Luca Giordano et d'une toile de Ribera, *La Pietà.*

Grand cloître – Harmonieuse construction due à l'architecte sculpteur Fanzago.

★ **Musée** – La section des fêtes et des costumes contient une exceptionnelle collection de figurines et de **crèches**★★ (presepi) napolitaines des 18e s. et 19e s. en terre cuite polychrome. Très riche collection d'objets (depuis des petits paniers de fruits et légumes en cire, jusqu'à des animaux et des ustensiles) servant à décorer la traditionnelle crèche napolitaine, comme on peut le remarquer dans les quatre crèches exposées. La visite se conclut par une grande crèche de la fin du 19e s. (dont quelques figurines remontent au 18e s.).
Depuis le côté gauche du cloître, on accède à la riche section des **sculptures**, parmi lesquelles on admire des œuvres de Tino di Camaino.

★★ PALAZZO E GALLERIA NAZIONALE DI CAPODIMONTE ⌚

Au Nord de la ville : accès par la via S. Teresa degli Scalzi (**JKY**).

Cet ancien **domaine royal**★ s'étend sur les hauteurs de la ville : il est formé du palais, massif et austère, bâti entre 1738 et 1838, et d'un grand parc où subsistent notamment les restes d'une fabrique de porcelaines qui fut célèbre au 18e s. Le palais abrite une pinacothèque et les appartements royaux.

★★ **Pinacoteca** – *2e étage.* Les collections sont agréablement présentées.
Parmi les Primitifs, on remarque le ***Saint Louis de Toulouse*** de Simone Martini, joyau de l'école siennoise (salle 4), plusieurs œuvres dont une Madone de Taddeo Gaddi, et d'autres de Masolino (salle 5), ainsi que la dramatique ***Crucifixion*** de Masaccio (salle 6). La Renaissance est illustrée pour l'école florentine par des toiles de Botticelli, Filippino Lippi et Raphaël (salle 7), et pour l'école vénitienne par L. Lotto, Vivarini, Mantegna, et surtout par l'admirable

Transfiguration de Giovanni Bellini (salle 8) dans laquelle l'équilibre du paysage, l'harmonie des tons et l'exaltation de la lumière participent au caractère religieux du sujet.
L'école napolitaine est représentée par le Lion soigné par saint Jérôme, de Colantonio (15e s.), inspiré par la manière flamande (salle 10).
Dans les salles consacrées au maniérisme, on admire un élégant Portrait de jeune homme par Rosso Fiorentino (salle 15), des œuvres du Corrège (salle 17) – notamment une tendre et délicate Vierge bohémienne dite *« **La Zingarella** »* – et des portraits plus sophistiqués et plus froids du Parmesan, dont l'***Antea*** au somptueux vêtement. La salle 18 contient de beaux Greco, et la salle 19 une exceptionnelle série de **peintures de Titien** parmi lesquelles se détachent la Danaé aux éblouissants effets chromatiques et le Portrait de Paul III Farnèse avec ses neveux, d'une prodigieuse subtilité d'expression.
La salle 20 regroupe des œuvres des écoles nordiques : Joos Van Cleve, et surtout Breughel le Vieux avec sa célèbre ***Parabole des Aveugles*** (1568). Plus loin, on admire des compositions des Carrache (salle 25) qui ouvrirent la voie à l'art baroque et de Guido Reni (salle 27), mais surtout une remarquable ***Flagellation*** du Caravage (salle 29) dont les disciples, Andrea Vaccaro, Ribera, Artemisia Gentileschi et Stanzione sont présents dans les salles suivantes.
Consacrées à l'école napolitaine, les dernières salles réunissent entre autres des œuvres de Salvatore Rosa, Bernardo Cavallino, Mattia Preti, Luca Giordano, Giuseppe Recco, Paolo Porpora...

Appartamenti reali – *1er étage.* Les appartements royaux présentent un beau mobilier. Dans les salles 67 à 71 est aménagé le musée de porcelaines. Le **salon de porcelaine★★**, exécuté dans le style chinois au 18e s. à Capodimonte pour la résidence royale de Portici, a été reconstitué dans la salle 94.

AUTRES CURIOSITÉS

★ **Mergellina** – *Voir le plan d'ensemble de Naples dans le guide Rouge Michelin Italia.* Au pied de la colline du Pausilippe, Mergellina, avec son petit port Sannazzaro, est l'un des rares endroits de Naples où l'on puisse flâner. On y jouit d'une **vue★★** splendide sur la baie : la colline du Vomero que couronne le Castel Sant'Elmo s'abaisse doucement jusqu'à la pointe de Santa Lucia prolongée par le château de l'Œuf ; au fond, le Vésuve.

★ **Villa Floridiana** ⓥ – *A l'Ouest de la ville. Voir plan dans le guide Rouge Michelin Italia.* Agréablement située sur le rebord du Vomero, c'est une élégante « Palazzina » blanche de style néo-classique, entourée d'un beau parc planté de nombreuses essences. La façade de la villa s'ouvre sur le jardin d'où l'on jouit d'un beau **panorama★**.

★ **Museo nazionale di Ceramica Duca di Martina** ⓥ – Installé à l'intérieur de la villa, il présente d'intéressantes collections d'émaux, d'ivoires, de faïences et surtout de porcelaines.

★★ **Catacombe di San Gennaro** ⓥ – *Au Nord de la ville. Voir plan d'ensemble dans le guide Rouge Michelin Italia, ou l'atlas Italie.* Entièrement creusé dans le tuf, ce vaste complexe se développe sur deux niveaux. Les amples galeries peu éclairées s'élargissent jusqu'à former, au registre inférieur, un « baptistère » et, à celui supérieur, une spacieuse basilique à trois nefs (4e-6e s.). La tombe de saint Janvier (Gennaro en italien), dont la dépouille fut transportée ici au 6e s., est ornée de fresques représentant le saint. On remarque les très belles peintures décorant les *loculi* (3e-10e s.) : en particulier, au registre supérieur, la voûte du vestibule avec les premières représentations chrétiennes et les portraits des défunts qui ornent les « tombes familiales ». La Crypte des Évêques, aménagée après la tombe de saint Janvier, conserve quant à elle des mosaïques.

★ **Chiesa di Santa Maria Donnaregina** (**LY**) – C'est une petite église gothique (14e s.) d'inspiration française, à laquelle on accède par une église baroque portant le même nom, après avoir traversé un cloître orné de faïences du 18e s. Elle conserve le **tombeau★**, par Tino di Camaino, de la reine Marie de Hongrie, veuve de Charles II d'Anjou, qui fonda l'édifice. Les murs du chœur des moniales ont été couverts de **fresques★** au 14e s.

★ **Chiesa di San Giovanni a Carbonara** (**LY**) – Un élégant escalier du 18e s. mène au portail gothique de cette église fondée au 14e s. A l'intérieur se trouve l'imposant tombeau de Ladislas d'Anjou (15e s.) ; les chapelles Carracciolo del Sole *(derrière le chœur)* et Carracciolo del Vico *(à gauche de celui-ci)* sont riches en œuvres d'art.

★ **Porta Capuana** (**LMY**) – La porte de Capoue, fortifiée, fut construite en 1484 sur un dessin de Giuliano da Maiano ; elle est encadrée de deux tours massives qui contrastent avec la fine décoration Renaissance de l'arc en marbre blanc.

Tout proche, le **Castel Capuano (LY)** est l'ancienne résidence des princes normands et des Hohenstaufen.

Duomo (LY) – Construit au 14e s. et dédié à N.-D. de l'Assomption, fut plusieurs fois remanié par la suite. Particulièrement vénérée par le peuple, la **chapelle St-Janvier** (San Gennaro) ⓥ, d'un style baroque très riche, est précédée par une belle grille de bronze du 17e s. : on y conserve derrière l'autel les deux ampoules contenant le sang du saint, qui doit se liquéfier deux fois l'an, sous peine de terribles calamités pour la ville (cette fête, dite du **Miracle de saint Janvier** a lieu début mai et le 19 septembre) ; à la coupole, fresque mouvementée de Lanfranco. Au milieu de la nef gauche, une porte donne accès à la **basilique Santa Restituta** ⓥ, cathédrale primitive du 4e s., transformée à l'époque gothique puis au 17e s. : au fond de sa nef le baptistère San Giovanni, du 5e s., a gardé une belle structure et des mosaïques de cette époque.

★ **Palazzo Cuomo (LY)** ⓥ – Ce majestueux palais de la fin du 15e s., dont la façade à bossages évoque la Renaissance florentine, abrite le **museo Civico Filangieri** : collections d'armes, de céramiques et de porcelaines, meubles ; peintures de Ribera, Carracciolo, Mattia Preti, etc.

Chiesa di Sant'Anna dei Lombardi (KYZ) ⓥ – C'est un édifice Renaissance riche en **sculptures★** florentines de cette époque. Elle abrite notamment le tombeau de Marie d'Aragon *(1re chapelle à gauche)*, œuvre d'Antonio Rossellino, et une Annonciation *(1re chapelle à droite)* par Benedetto da Maiano. On voit encore, dans l'oratoire à droite du chœur, une Déposition de croix en terre cuite exécutée à la fin du 15e s. par Guido Mazzoni, exemple d'un genre réaliste et théâtral appelé à connaître un vif succès en Italie méridionale.
L'ancienne sacristie possède de belles stalles dues à Fra Giovanni da Verona (1457-1525).

Villa Comunale – *Voir plan dans le guide Rouge Michelin Italia.* Créés par Vanvitelli en 1780, ces jardins longent le bord de mer sur près d'un kilomètre et demi. C'est une promenade fréquentée des Napolitains, en fin de journée surtout. Au centre, se trouve l'aquarium.

Acquario ⓥ – Cet aquarium présente un choix intéressant d'espèces sous-marines vivant dans le golfe de Naples.

Museo Principe di Aragona Pignatelli Cortes ⓥ – *Riviera di Chiaia, face à la Villa Comunale. Voir plan d'ensemble dans le guide Rouge Michelin Italia ou l'Atlas Italie.* On visite le rez-de-chaussée de la résidence d'été de la princesse Pignatelli qui y vécut jusqu'à la fin des années 50. L'ameublement remonte au 19e s. Dans le jardin, les anciennes écuries abritent une intéressante collection de carrosses de la même époque. Les véhicules parfaitement conservés sont de fabrication anglaise, française et italienne.

Golfo di NAPOLI★★★

Golfe de NAPLES – Campanie

Carte Michelin n° 988 pli 27 ou 431 E 24/25

La région qui s'étend de Cumes à Sorrente le long du golfe de Naples est, de toutes celles d'Italie, à la fois l'une des plus riches en beautés naturelles et l'une des plus chargées d'histoire. On y trouve confrontés, avec une brusquerie de contrastes peu commune, des lieux d'une solitude extrême, favorables à la méditation (ainsi les champs de ruines, les pentes dénudées du Vésuve, la grotte de la Sibylle ou le lac d'Averne) et, à quelques mètres de là, l'explosion de la vie, affirmée par le bruit, une circulation intense et l'exubérance d'une population qui peut-être exorcise ainsi la menace des tremblements de terre et des éruptions du volcan voisin. La légendaire beauté du golfe est aujourd'hui quelque peu gâtée par le développement industriel qui a gagné sans souci d'ordre les environs de Naples. Toutefois, ses îles, ses caps, ses sommets n'en constituent pas moins encore autant de promenades inoubliables.

Visite – Suivre les itinéraires indiqués sur le schéma ci-dessous.

★★ 1 DE NAPLES A CUMES

Campi Flegrei *45 km – environ 6 h*

S'incurvant le long du golfe de Pouzzoles, cette région fut appelée par les Anciens « Champs Phlégréens » en raison de son caractère volcanique (« phlégréen » vient d'un verbe grec signifiant « brûler »). Du sol et de la mer jaillissent des sources thermales, des fumerolles, des gaz et des vapeurs sulfureuses qui témoignent d'une vive activité souterraine ; plusieurs lacs occupent d'anciens cratères. Enfin, des phénomènes de **bradisisme**, lentes variations du niveau du sol, s'y observent.

★★★ **Naples** - *Voir le chapitre NAPOLI.*

★ **Posillipo** - On nomme Pausilippe la célèbre colline qui, se terminant en promontoire, sépare le golfe de Naples de celui de Pouzzoles. Couvert de villas et de jardins, hérissé d'immeubles modernes, ce quartier résidentiel de Naples procure à ses habitants de beaux points de vue sur la mer.

★ **Marechiaro** - Une célèbre chanson napolitaine « Marechiare » a fait connaître ce petit port dont les maisons de pêcheurs se dressent au-dessus de l'eau.

Parco Virgiliano - Appelé aussi **Parco della Rimembranza** (parc du Souvenir). De son extrémité, on découvre de splendides **vues★★** sur tout le golfe, du cap Misène à la presqu'île de Sorrente, ainsi que sur les îles de Procida, Ischia et Capri.

★ **Pouzzoles** - *Voir à POZZUOLI.*

★★ **La Solfatare (Solfatara)** - *Voir à POZZUOLI.*

Lago Lucrino - Sur les rives de ce lac, où l'on pratiquait dans l'Antiquité la culture des huîtres, s'élevaient de luxueuses villas dont l'une appartint à Cicéron ; une autre fut le théâtre de l'assassinat d'Agrippine, ordonné par son fils Néron.

★★ **Terme di Baia** ⓥ - Colonie fondée par les Grecs, Baia était au temps des Romains une plage à la mode et une station thermale qui disposait de la plus grandiose installation hydrothérapique de l'Empire. Les patriciens et les empereurs y possédaient d'immenses villas disparues sous la mer à la suite de l'affaissement du sol. En revanche, les ruines des thermes subsistent : sur la colline, de gauche à droite lorsqu'on regarde celle-ci, s'alignaient, face à la mer, les thermes de Vénus, les thermes de Sosandra et les thermes de Mercure.

Bacoli - Sur la hauteur, dans la vieille ville, on visite les **Cento Camerelle★** ⓥ *(via Cento Camerelle, à droite de l'église)* : ce monumental réservoir à eau qui appartenait à une villa privée est aménagé sur deux étages ; le niveau supérieur, bâti au 1er s., est grandiose avec ses quatre nefs et ses immenses arcades ; le niveau inférieur, d'époque bien antérieure, comprend un réseau de galeries étroites, sur plan en croix, débouchant à pic sur la mer. La fameuse **Piscina Mirabile★** ⓥ *(accès par la via Ambrogio Greco que l'on prend à gauche, à l'église, puis par la via Piscina Mirabile, tout droit)* est une immense citerne qui alimentait en eau la flotte romaine du port de Misène ; longue de 70 m, large de 25, haute de 15, elle est divisée en cinq nefs dont les voûtes sont supportées par quarante-huit piliers ; la lumière y produit de remarquables effets.

Miseno - Un lac, un port, un village, un promontoire et un cap portent ce nom. Le lac de Misène, ancien cratère, était considéré par les Anciens comme le Styx que faisait franchir aux âmes des morts le nautonier Charon. Sous l'empereur Auguste, il fut relié par un canal au port de Misène qui servait de base à la flotte romaine. Le bourg est dominé par le mont Misène au pied duquel aurait été enterré le héros du même nom, compagnon d'Énée. Sur les pentes du promontoire s'élevaient des villas somptueuses, parmi lesquelles celle où, en 37, l'empereur Tibère périt étouffé.

Lago di Fusaro - Lac lagunaire avec une petite île où Carlo Vanvitelli créa en 1782 un pavillon de chasse pour le roi Ferdinand IV de Bourbon.

★ **Cumes** - *Voir à CUMA.*

★ **Lago d'Averno** - *En contrebas de la route de Cumes à Naples : belvédère, à droite, environ 1 km au-delà de l'Arco Felice.* Ce lac repose, immobile, sombre et silencieux, au fond d'un cratère dont les flancs sont couverts de forêts. L'atmosphère de mystère dont il est empreint était dans l'Antiquité d'autant plus grande que les oiseaux qui le survolaient s'y engloutissaient, asphyxiés par les gaz qui s'en dégageaient. Homère et Virgile y placèrent l'entrée du monde des Morts (l'Averne). Sous l'Empire romain, Agrippa, capitaine au service de l'empereur Auguste, le fit transformer en une base navale et le relia par un canal au lac Lucrino qui lui-même reçut un débouché sur la mer. Une galerie souterraine de 1 km, dite **grotte de Cocceius** (grotta di Cocceio) permettait aux chars d'atteindre Cumes.

★★★ 2 DE NAPLES A TORRE ANNUNZIATA

Le Vésuve *44 km - environ une journée*

La route nationale qui longe cette partie du golfe et que décharge quelque peu l'autoroute de Salerne traverse une zone sans attrait - suite ininterrompue d'agglomérations industrielles et populeuses - dont il faut pourtant se souvenir qu'elle fut au 18e s. et au début du 19e s. le lieu de villé-

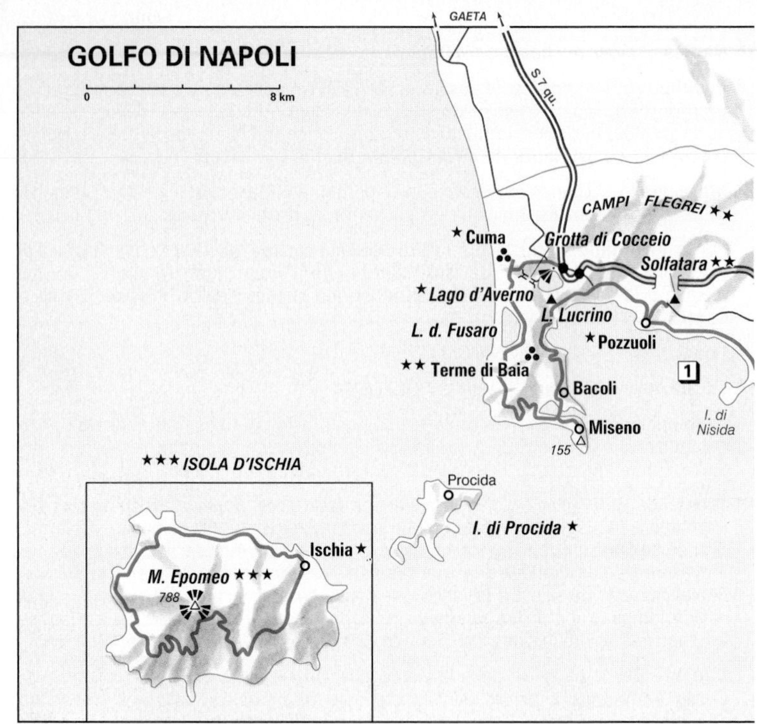

giature préféré de l'aristocratie napolitaine. Légèrement à l'écart de son parcours s'offrent deux sites qui comptent parmi les hauts lieux du tourisme en Italie.

Portici – La route traverse la cour du **palais royal** élevé en 1738 pour le roi Charles III de Bourbon, aujourd'hui siège de la faculté d'Agronomie de Naples. Auber, dans son opéra *La Muette de Portici*, a illustré l'histoire de la révolte fomentée au 17e s. contre les Espagnols par Masaniello, un jeune pêcheur de Portici.

★★ **Herculanum** – Voir à *ERCOLANO*.

★★★ **Vesuvio** – Indissociable du paysage napolitain, le Vésuve est l'un des rares volcans européens encore en activité. Il est formé de deux sommets : au Nord le **mont Somma** (1 132 m), au Sud le Vésuve proprement dit (1 277 m). Avec le temps, les matériaux éruptifs qui couvraient ses basses pentes se sont transformés en terres fertiles où croissent aujourd'hui des vergers, et des vignes produisant le fameux « Lacryma Christi ».

Les éruptions du Vésuve – Avant le séisme de 62 après J.-C. et l'éruption de 79 qui ensevelit Herculanum et Pompéi, le Vésuve semblait mort : des vignes réputées et des bois garnissaient ses pentes. Jusqu'en 1139, sept éruptions furent enregistrées, puis suivit une période de calme au cours de laquelle la montagne se couvrit de cultures. Le 16 décembre 1631, le Vésuve eut un terrible réveil, détruisant toutes les habitations situées à son pied : 3 000 personnes périrent. L'éruption de 1794 dévasta Torre del Greco, puis le volcan se manifesta notamment en 1858, 1871, 1872, de 1895 à 1899, en 1900, 1903, 1904, pour se déchaîner en 1906. Après celle de 1929, l'éruption de 1944 a modifié le profil du cratère. Depuis, hors une brève manifestation liée au séisme de 1980, le Vésuve ne souffle plus que quelques fumerolles.

Ascension ⌚ – *A partir d'Herculanum, avec retour par Torre del Greco : 27 km, plus 3/4 h à pied AR (chaussures de marche nécessaires).* Une route en bon état conduit au milieu des coulées de lave à un carrefour où l'on prend à gauche *(parking quelques kilomètres plus haut).* Après avoir laissé la voiture, on gravit par un chemin facile mais impressionnant le flanc du volcan dans un décor plombé de cendre et de lapilli.
Du sommet, on embrasse un immense **panorama**★★★ sur toute la baie de Naples, avec les îles et, la fermant au Sud, la presqu'île de Sorrente, au Nord, le cap Misène ; au-delà, se déploie le golfe de Gaète.
Par l'ampleur de ses dimensions, le spectacle de désolation que présentent ses parois en à-pics et les fumerolles qui s'en dégagent, le cratère béant, dont la couleur rose flamboie sous les rayons du soleil, offre une vision inoubliable.

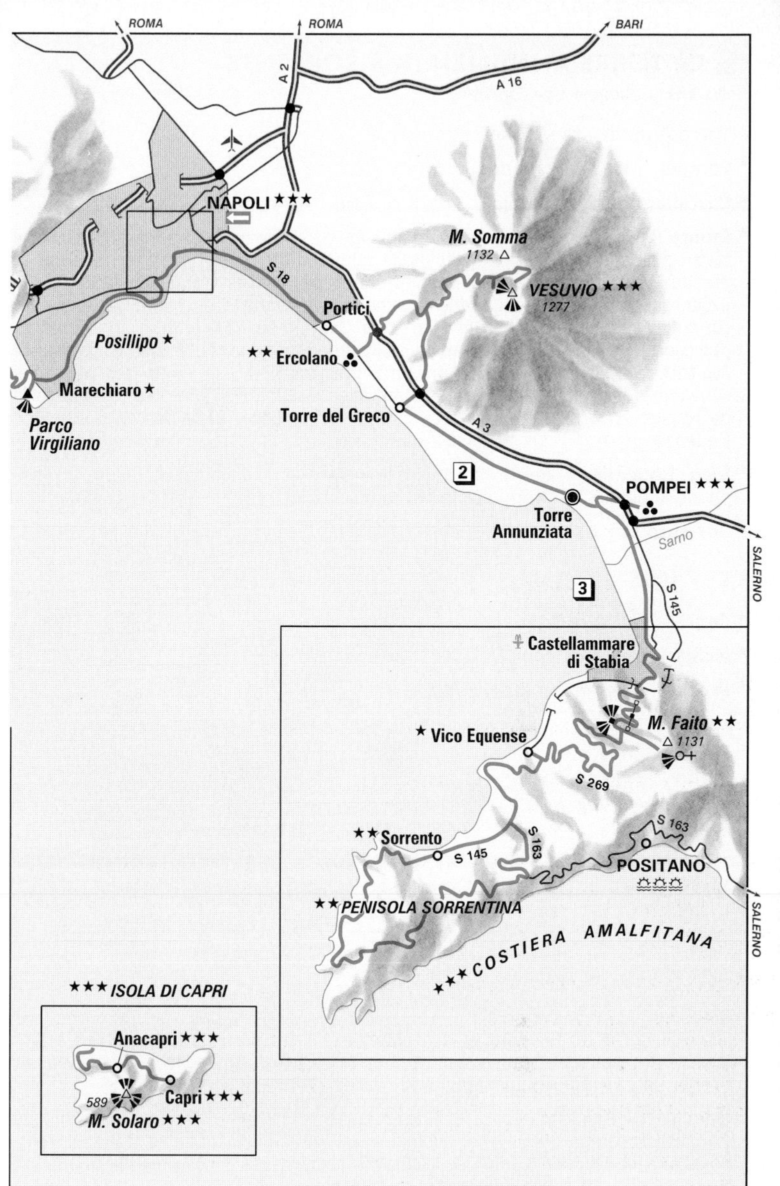

Torre del Greco – Plusieurs fois détruite par les éruptions du Vésuve, cette petite ville est réputée pour ses productions d'objets en corail, en pierre de lave et pour ses camées.

Torre Annunziata – C'est là que sont produites les pâtes napolitaines (spaghetti, macaroni). La ville a été recouverte sept fois par les laves du Vésuve. On y visite la somptueuse villa d'Oplontis.

★★ **Villa di Oplontis** ⓥ – Ce bel exemple de villa romaine suburbaine a peut-être appartenu à la femme de Néron : Poppée. Le vaste édifice, ou l'on reconnaît l'aîle réservée aux domestiques (à l'Est) et le secteur des appartements impériaux (à l'Ouest), a conservé nombre de ses très belles **fresques** originales. On peut admirer en particulier des perspectives avec des éléments architecturaux, des médaillons avec des portraits et des natures mortes parmi lesquelles se détachent une corbeille de figues et des compositions de fruits (respectivement dans les deux espaces à l'Est et à l'Ouest de l'atrium, identifiés comme des triclinium). Parmi les animaux, le paon est tellement représenté que l'on a pensé que le nom de la villa pouvait y être lié. Dans la villa sont facilement identifiables la cuisine (avec four et évier) et les latrines qui présentent un système avancé d'écoulement et de chasse d'eau. Les locaux à l'Ouest de la piscine, peut-être aménagés en serres, conservent de belles fresques avec des compositions florales et des fontaines.

★★★ 3 DE TORRE ANNUNZIATA A SORRENTE

69 km - environ une journée

Torre Annunziata - Ci-dessus.

★★★ **Pompéi** - *Voir à ce nom.*

★ **Castellammare di Stabia** - *Voir à ce nom.*

★★ **Monte Faito** - *Accès par une route à péage* ⓥ. Il appartient au massif des **monts Lattari** qui sépare le golfe de Naples de celui de Salerne et qui se termine par la presqu'île de Sorrente. Son nom lui vient des hêtres (fagus en latin) qui y procurent en été une agréable fraîcheur. La route, très sinueuse et raide, conduit à un rond-point (Belvedere dei Capi) d'où l'on jouit d'un splendide **panorama**★★★ sur le golfe de Naples. De là, une route en montée mène à la **chapelle San Michele** d'où l'on découvre un autre **panorama**★★★ : la vision des paysages sauvages des monts Lattari contrastant avec le spectacle riant offert par le golfe de Naples et la plaine du Sarno est impressionnante. Belle descente sur Vico Equense.

★ **Vico Equense** - Petite station climatique et balnéaire occupant un **site** pittoresque sur un promontoire rocheux.

★★ **Sorrente et sa presqu'île** - *Voir à SORRENTO.*

★★★ LES ÎLES

★★★ **Capri** - *Voir à ce nom.*

★★★ **Ischia** - *Voir à ce nom.*

★ **Procida** - *Voir à la rubrique Ischia.*

NOVARA

NOVARE - Piémont - 100 973 habitants

Carte Michelin n° 988 plis 2, 3, 219 pli 17 ou 428 F 7
Plan dans le guide Rouge Michelin Italia

Située à la limite du Piémont et de la Lombardie, au Nord de la Lomellina, vaste plaine ou l'on cultive intensément le riz, Novare est un centre commercial et industriel, ainsi qu'un important nœud routier de l'Italie septentrionale.

★ **Basilica di San Gaudenzio** - Élevée entre 1577 et 1659, sur les plans de l'architecte lombard Pellegrino Tibaldi, elle a été couronnée, entre 1844 et 1878, par une belle **coupole**★★ allongée, réalisation audacieuse d'A. Antonelli, architecte natif de Novare.
L'intérieur de l'église renferme quelques œuvres intéressantes : peintures de Morazzone (17e s.) et Gaudenzio Ferrari (16e) ; **sarcophage**★ en argent de saint Gaudens, patron de Novare.

Cortile del Broletto - Jolie cour carrée que bordent plusieurs édifices intéressants, dont le palais du Podestat du 15e s., le palais communal (« broletto ») du 13e s., et le palais des Paratici qui abrite le **musée municipal** (pinacothèque et section archéologique).

Duomo - Monumental édifice néo-classique élevé par A. Antonelli, qui a conservé un baptistère paléochrétien des 6e et 7e s. Le chœur conserve également un **pavement**★ de style byzantin en mosaïques blanc et noir.

ENVIRONS

La Lomellina - Cette région, située entre le Tessin et le Pô, doit son aspect à la riziculture : étendues inondées et cloisonnées par des bosquets de saules ou de peupliers.
La Lomellina possède trois villes intéressantes : **Vigevano**, dont la remarquable **place ducale**★★ développe son élégante ellipse au pied du château Sforza ; **Mortara** et son église San Lorenzo, du 14e s., qui renferme d'intéressants tableaux de G. Ferrari ; **Lomello**, dont l'église Ste-Marie du 11e s. et son baptistère du 8e s. forment un ensemble remarquable harmonieux.

ORVIETO★★

Ombrie – 21 380 habitants

Carte Michelin n° 988 pli 25 ou 430 N 18

Important centre étrusque au cours de l'Antiquité, puis place forte papale où se réfugia Clément VII durant le sac de Rome (1527), Orvieto est une agréable cité, riche en monuments. Posée sur un socle de tuf volcanique, elle jouit d'un **site★★★** particulièrement attrayant pour qui arrive de Bolsena ou de Montefiascone.
La région produit un agréable vin blanc, frais et bouqueté, l'« Orvieto ».

★★★ LE DUOMO *visite : 1 h*

S'élevant sur une tranquille et majestueuse place bordée de plusieurs autres édifices intéressants, comme l'austère **Palazzo dei Papi★** (**M²**) ⓥ (abritant le musée de l'Œuvre de la cathédrale), il a été construit en tuf à la fin du 13e s. et constitue un parfait exemple du style de transition roman-gothique. Commencé en 1290 pour abriter les reliques du miracle de Bolsena, il nécessita la collaboration d'une centaine d'architectes, sculpteurs, peintres et mosaïstes pour sa réalisation définitive qui n'intervint qu'en 1600.

J. Ciganovic/EXPLORER

Cathédrale d'Orvieto – Détail de la façade

★★★ **La façade** – C'est la plus hardie et la plus riche en couleurs de tout le gothique italien. La verticalité des lignes est mise en valeur par l'élancement des gâbles et par le jaillissement des contreforts, composés de petits panneaux de marbre coloré et surmontés de pinacles. Mais c'est surtout la somptuosité de la décoration, sculptures dans la partie inférieure, marbres et mosaïques polychromes en haut, qui en constitue la rareté. Le Siennois Lorenzo Maitani (1310-1330 ?) dessina le premier projet, continué par Andrea Pisano, Orcagna et Sanmicheli ; Maitani est également l'auteur des étonnants **bas-reliefs★★** qui ornent les piliers : remarquer, au 2e pilier à droite du portail central, un ***Jugement dernier*** d'un puissant réalisme. La rosace inscrite dans un carré, lui-même entouré de statues des apôtres et des prophètes, est due à Orcagna.

Intérieur – Trois nefs à assises de pierre noire et blanche reposent sur des arcades en plein cintre soutenues par de beaux chapiteaux à crochets ; au-dessus des arcades, une coursière fait saillie. Les nefs sont couvertes d'une charpente, tandis que des voûtes gothiques surmontent le transept et le chœur. Le pavement monte vers le chœur, rétrécissant la perspective. Des vitraux d'albâtre livrent passage à une abondante lumière. A l'entrée, on remarque un bénitier du 15e s. et des fonts baptismaux gothiques. Dans la nef gauche, une fresque *(Vierge à l'Enfant)* est due à Gentile da Fabriano (1425).
Dans le bras gauche du transept, sous l'orgue monumental (16e s.), s'ouvre l'entrée de la **chapelle du Corporal**, qui garde les reliques du miracle de Bolsena et notamment le corporal qui enveloppa l'hostie ensanglantée ; un tabernacle renferme le **reliquaire★★** du corporal, chef-d'œuvre d'orfèvrerie médiévale (1338) enrichi d'émaux et de gemmes. Dans la chapelle à droite, *Madone de miséricorde* du peintre siennois Lippo Memmi (1320).
Dans le chœur, un beau **vitrail★** gothique évoque l'Évangile ; on identifie des théologiens, des prophètes.
Du transept droit, on accède, au-delà d'une grille en fer forgé (1516), à la célèbre **chapelle de San Brizio** couverte par les admirables **fresques de l'Apocalypse★★**. Celles-ci, commencées en 1447 par Fra Angelico avec l'aide de Benozzo Gozzoli, furent confiées, de 1499 à 1504, à **Luca Signorelli** dont elles sont le chef-d'œuvre.

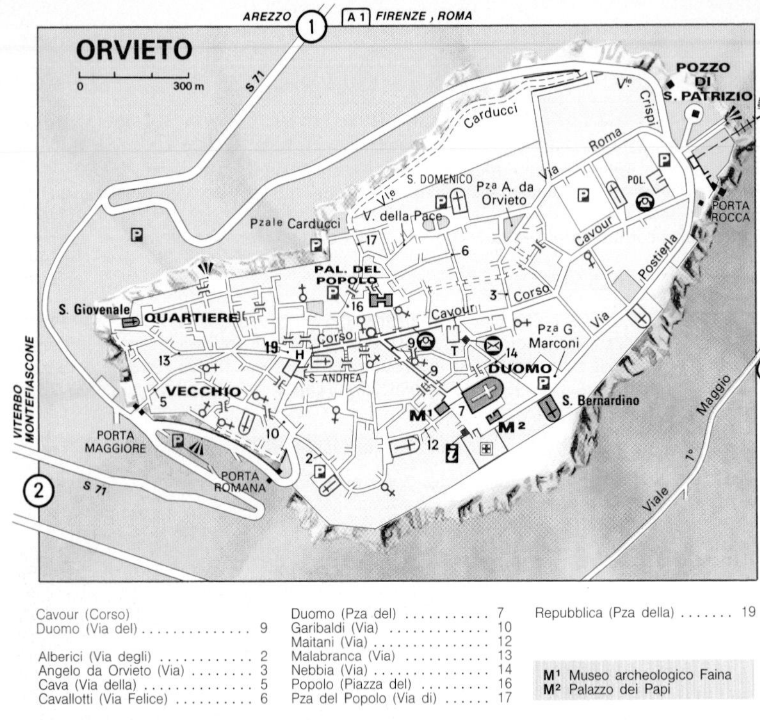

Cavour (Corso)
Duomo (Via del) 9

Alberici (Via degli) 2
Angelo da Orvieto (Via) 3
Cava (Via della) 5
Cavallotti (Via Felice) 6

Duomo (Pza del) 7
Garibaldi (Via) 10
Maitani (Via) 12
Malabranca (Via) 13
Nebbia (Via) 14
Popolo (Piazza del) 16
Pza del Popolo (Via di) 17

Repubblica (Pza della) 19

M1 Museo archeologico Faina
M2 Palazzo dei Papi

Ayant toujours porté un intérêt marqué pour la figure humaine au détriment du paysage et même de la couleur, il trouva en ce sujet le moyen d'épanouir totalement son art. Bien que manquant de spiritualité, sa touche presque sculpturale, son souci de vérité anatomique, son mode de composition dramatique et ses figures au dessin mouvementé annoncent Michel-Ange. A la voûte, Fra Angelico a peint le Christ entre les anges et les prophètes ; les apôtres, les docteurs, les vierges, les martyrs, les patriarches sont de Signorelli. Ce dernier a brossé les fresques des parois, d'une puissance extraordinaire : *Prédication de l'Antéchrist* (1re lunette de gauche) avec son propre portrait et celui de Fra Angelico, *Fin du monde* (revers de l'entrée), *Résurrection des corps* (1re lunette de droite). Le fond de la chapelle est consacré au *Jugement dernier* ; dans une niche du mur de droite, *Pietà*, d'une force étonnante.

AUTRES CURIOSITÉS

★★ **Pozzo di San Patrizio** ⓥ – Creusé sur l'ordre de Clément VII Médicis pour pourvoir la ville en eau au cas où elle serait assiégée, le Puits de St-Patrice est l'œuvre habile d'Antonio Cordiani da Sangallo, dit Sangallo le Jeune ; deux escaliers en spirale, éclairés par 72 fenêtres, et superposés de telle sorte que deux personnes, l'une montant, l'autre descendant, ne peuvent se croiser, atteignent une eau très pure à 62 m de profondeur.

★ **Palazzo del Popolo** – Édifice de style roman-gothique en tuf volcanique, il possède un grandiose balcon, d'élégantes fenêtres et de curieux merlons à volutes.

★ **Quartiere Vecchio** – Désert et silencieux, le Quartier ancien a gardé ses maisons, ses tours médiévales et ses églises, notamment, à la pointe Ouest, la charmante **église St-Juvénal** (San Giovenale) dont l'abside gothique est ornée de fresques des 13e et 15e s.

Museo archeologico Faina (M1) ⓥ – Importante **collection étrusque**★, comprenant notamment de splendides vases peints, des urnes funéraires en terre cuite sculptée et un rare sarcophage du 4e s.

Chiesa di San Bernardino – Charmante église baroque qui présente la décoration d'un théâtre ; à l'intérieur, de plan ovale, délicieusement décoré, orgues sculptées.

Piazza della Repubblica (19) – Occupant l'emplacement de l'ancien forum, elle est dominée par l'église Sant'Andrea dont la belle tour romane compte douze côtés.

OSTIA ANTICA★★

OSTIE - Latium

24 km au Sud-Ouest de Rome - Carte Michelin n° 430 Q 18

Ostie, à l'embouchure du Tibre, doit son nom au mot latin « ostium » (embouchure). La légende de Virgile en fait le lieu où aurait débarqué la flotte d'Énée, mais, de fait, sa fondation remonte au 4e s. avant J.-C., lorsque Rome se lança à la conquête de la Méditerranée. Dès lors, le port suivit la destinée de Rome : port militaire tout le temps de son expansion, port de commerce dès que la ville organisa rationnellement son économie ; autour d'une forteresse simplement destinée à protéger des pirates les activités du port, Ostie devint au 1er s. avant J.-C. une véritable ville que Sylla fit entourer d'un rempart (79 avant J.-C.). Son déclin s'amorça au 4e s. de notre ère avec celui de la capitale.

L'agglomération, progressivement enfouie sous les alluvions du fleuve, minée par la malaria, ne fut redécouverte qu'au début de ce siècle, en 1909. Aujourd'hui dégagée, elle offre d'intéressants vestiges d'entrepôts (horrea), de thermes, de sanctuaires, d'habitations luxueuses - la domus, construite autour d'un atrium -, de constructions populaires - l'insula ou immeuble de rapport à plusieurs étages -, toutes bâties en briques ; en outre, on peut y voir de nombreux lieux de réunion, les places où traitaient marchands, armateurs et mandataires, le forum où se déroulait la vie politique et sociale.

Ostie atteignit sous l'Empire 100 000 habitants, parmi lesquels se trouvaient de nombreux étrangers.

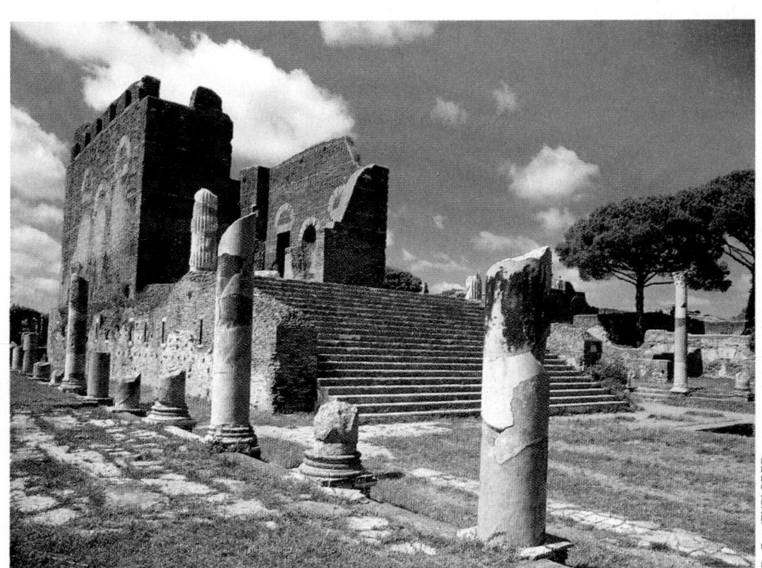

P. Roy/EXPLORER

Ostia Antica - Le Forum et le Capitole.

LES FOUILLES (SVAVI) ⏲ *visite : 3 h*

Suivre l'itinéraire de visite indiqué en vert sur le plan. Celui-ci situe, outre les curiosités décrites ci-après, d'autres vestiges particulièrement intéressants. Pour une description plus détaillée, consulter le **guide Vert Michelin « Rome »**.

Après avoir traversé la **via delle Tombe** et pénétré dans la ville par la Porte Romaine (entrée principale en venant de Rome), le visiteur emprunte le **Decumanus Maximus**, axe Est-Ouest que l'on retrouve dans toutes les cités romaines. Pavé de larges dalles, il était bordé de maisons à portiques et de magasins. Sur la droite, on rencontre les **Terme di Nettuno** (2e s.) ; de la terrasse de ces thermes on a vue sur un bel ensemble de **mosaïques★★** figurant les noces de Neptune et d'Amphitrite (**2**).

On découvre à quelques pas de là à gauche, l'**Horrea di Hortensius★**, grandiose entrepôt du 1er s. avec une cour à colonnes bordée de boutiques. En face, se trouve le théâtre qui, bien que très restauré, constitue un des lieux les plus évocateurs de la vie de la cité.

★★★ **Piazzale delle Corporazioni** - Cette place était entourée d'un portique sous lequel se tenaient les 70 bureaux qui représentaient le commerce mondial romain d'alors ; les mosaïques du pavement témoignent par leurs emblèmes de l'origine et du type de métier exercé. Au centre de la place, restes d'un temple attribué parfois à Cérès, déesse des moissons.

On passe devant la Maison d'Apulée *(à droite)* avant de rejoindre le **Mitréum** (mitreo), un des temples les mieux conservés d'Ostie.

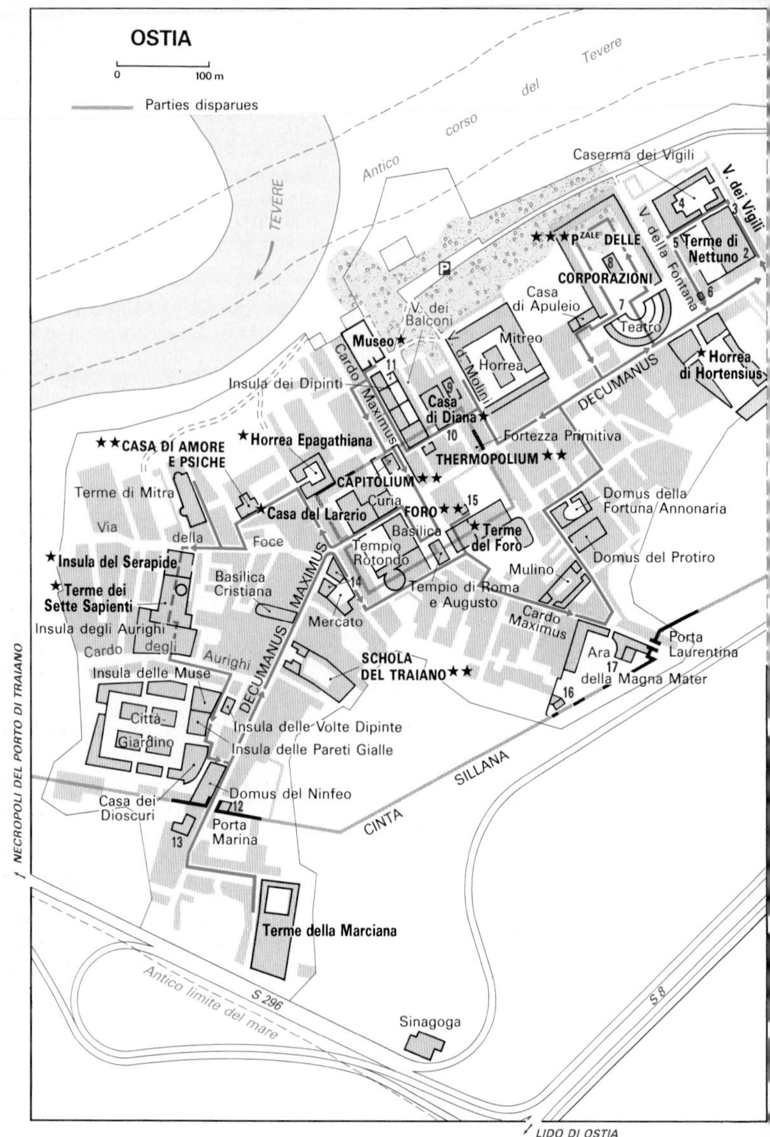

★★ **Thermopolium** – Bar avec comptoir de marbre, pour les boissons chaudes.

★ **Casa di Diana** – Remarquable exemple d'insula avec pièces et couloirs disposés autour d'une cour intérieure.

★ **Museo** ⊙ – Il recueille les objets trouvés à Ostie : salle des métiers, des cultes orientaux (nombreux à Ostie), salle de sculptures et de **portraits**★, salles consacrées à la décoration intérieure des maisons.

★★ **Capitolium et forum** – Consacré à la Triade capitoline (Jupiter, Junon, Minerve), le capitolium (2e s.) était le plus grand temple d'Ostie. Le forum, agrandi au 2e s., conserve quelques colonnes du portique qui l'entourait. Au fond de la place, temple de Rome et d'Auguste (1er s.), autrefois recouvert de marbre.
Après la **Casa del Larario**★, ainsi nommée en raison de sa gracieuse niche en briques ocre et roses, on rencontre l'**Horrea Epaganthiana**★, qui présente un beau portail à colonnes et fronton.

★★ **Casa di Amore e Psiche** – Construite au 4e s. en direction de la mer, la maison d'Amour et Psyché conserve d'intéressants vestiges de mosaïques et de marbres, et un très joli nymphée.

Thermes – On rencontre successivement les **Terme di Mitra**, desquels sont visibles un escalier et des restes du frigidarium, puis l'**Insula del Serapide**★, les **Terme dei Sette Sapienti**★ avec un beau pavement de mosaïques dans la salle ronde.

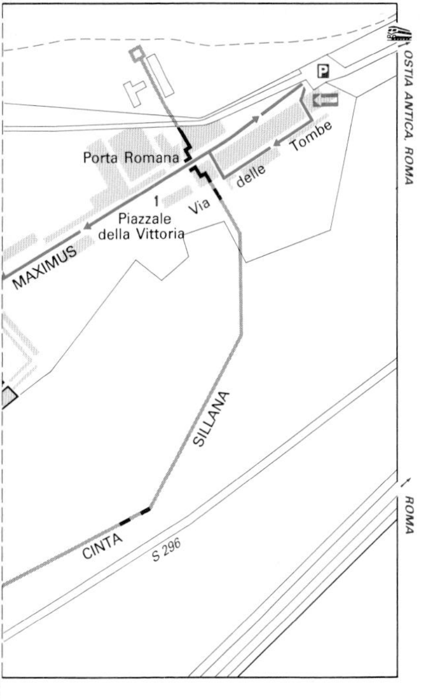

1 Statue de Minerve Victorieuse
2 Mosaïque (Noces de Neptune et Amphitrite)
3 Mosaïque (les Vents et 4 provinces romaines)
4 Augusteum
5 Fontaine publique
6 Taverne de Fortunatus
7 Masques de scène
8 Temple
9 Meules à blé
10 Piazza dei Lari
11 Réserve d'huile
12 Taverne
13 Tombeau
14 Boutiques de poissonniers
15 Latrines publiques
16 Temple de Cybèle
17 Sanctuaire d'Attis

Antico corso del Tevere :	*Ancien cours du Tibre*
Antico limite del mare :	*Ancien rivage*
Basilica cristiana :	*Basilique chrétienne*
Casa :	*Maison*
Caserma dei Vigili :	*Caserne des Vigiles*
Cinta Sillana :	*Rempart de Sylla*
Città giardino :	*Cité-Jardin*
Curia :	*Curie*
Foro :	*Forum*
Fortezza primitiva :	*Forteresse primitive*
Mercato :	*Marché*
Mulino :	*Moulin*
Museo :	*Musée*
Necropoli del Porto di Traiano :	*Nécropole du Port de Trajan*
Porta :	*Porte*
Sinagoga :	*Synagogue*
Teatro :	*Théâtre*
Tempio Rotondo :	*Temple rond*
Terme :	*Thermes*

En dehors des murs, les **Terme della Marciana** conservent encore une très belle **mosaïque** dans le frigidarium.

★★ **Schola del Traiano** – Imposant bâtiment des 2e-3e s. qui fut le siège d'une corporation de commerçants. A l'intérieur, plusieurs cours bordées de colonnes et bassin rectangulaire central.

Rejoindre la **Basilica cristiana**, édifice chrétien du 4e s., dont on distingue les colonnes séparant les nefs, l'abside et une inscription sur l'architrave d'une colonnade fermant une pièce identifiée comme le baptistère.

Peu après, les **Terme del Foro**★ étaient les plus grands établissements de bains d'Ostie. A côté, ensemble de latrines publiques, particulièrement bien conservées. Dans l'enclos triangulaire qui constitue le **Campo della Magna Mater** s'élèvent les restes du temple de Cybèle (ou Magna Mater).

OTRANTO

OTRANTE – Pouille – 5 114 habitants

Carte Michelin n° 988 pli 30 ou 431 G 37

Situé à l'extrémité de l'Italie, sur la rive orientale du talon de la botte, ce port de pêche fut autrefois la capitale de la Terre d'Otrante, dernier réduit byzantin qui résista longtemps aux Lombards puis aux Normands. Au 15e s., les habitants, vaincus par les troupes de Mahomet II, se réfugièrent dans la cathédrale où ils furent massacrés ; les survivants, faits prisonniers, furent tués sur la colline de Minerve où a été élevé un sanctuaire en mémoire de ces « martyrs d'Otrante ».

Città Vecchia – On a une belle vue de la vieille ville depuis le port (môle Nord-Est) ; à gauche, **château aragonais** (15e s.) flanqué de grosses tours cylindriques. On accède à cette cité juchée sur une falaise par la Porta di Terra et la Porta Alfonsina (15e s.).

★ **Cattedrale** – Construite au 12e s., elle a été remaniée à la fin du 15e s. L'intérieur, à trois nefs séparées par des colonnes antiques, est remarquable par son **pavement**★★★ de mosaïques réalisé en 1165 par un artiste local, Pantaleone. La stylisation des figures, la vivacité des attitudes, la fraîcheur du coloris et la richesse des symboles en font un passionnant livre d'images.

★ **La côte méridionale** – D'Otrante à Santa Maria di Leuca *(51 km)*, une route procure de très belles vues sur les indentations du littoral, encore sauvage. La **grotte Zinzulusa** ⏲, au fond d'une crique rocheuse, abrite quelques concrétions et deux lacs, l'un marin, l'autre d'eau douce, où vivent des espèces animales rares.

PADOVA★★

PADOUE – Vénétie – 215 017 habitants

Carte Michelin n° 988 pli 5 ou 429 F 17

Plan d'ensemble dans le guide Rouge Michelin Italia

Il ne reste que quelques vestiges de l'antique Patavium qui, grâce au commerce fluvial, à son agriculture et à la vente des chevaux, devint au 1er s. avant J.-C. l'une des cités romaines les plus prospères de la Vénétie.
Détruite par les Lombards au 7e s., Padoue réussit à devenir une « commune libre » du 11e au 13e s., époque à laquelle de nombreux palais et églises y furent édifiés. Elle connut l'apogée de sa vie économique et culturelle sous la tutelle éclairée des seigneurs de Carrare (1337-1405). Dès 1405, la ville passa sous la domination de la république de Venise à laquelle elle demeura fidèle jusqu'à l'abolition de la Constitution de la Sérénissime par Bonaparte, en 1797.
Ville d'art et de pèlerinage, Padoue a pour centre animé la **piazza Cavour** (**DY 15**) non loin de laquelle se dresse la façade néo-classique du **café Pedrocchi**, fréquenté par l'élite libérale à l'époque romantique, notamment par Musset.

La ville de saint Antoine – Bien que originaire de Lisbonne où il naquit en 1195, le nom de ce moine franciscain, thaumaturge d'une prodigieuse éloquence, demeure lié à celui de Padoue – dans les environs de laquelle il mourut à 36 ans. On l'invoquait autrefois pour le sauvetage des naufragés et la libération des prisonniers. Il est habituellement représenté tenant un livre et une branche de lys.

Une université célèbre – Fondée en 1222, cette université (la plus ancienne d'Italie après Bologne) connut un rapide développement et attira des étudiants de l'Europe entière. Galilée y enseigna, Pic de la Mirandole, Copernic et le Tasse y étudièrent.

L'art à Padoue – En 1304, **Giotto** se rendit de Florence à Padoue pour y décorer la chapelle des Scrovegni où il réalisa un cycle de fresques aujourd'hui reconnu comme l'un des chefs-d'œuvre de la peinture italienne. Au 15e s., la Renaissance à Padoue fut marquée par le séjour d'un autre Florentin, **Donatello**, de 1444 à 1453. Au 15e s. également, la cité connut un extraordinaire rayonnement artistique grâce à la diffusion de l'œuvre du peintre padouan **Andrea Mantegna** (1431-1506), artiste d'une puissante originalité, passionné d'anatomie et d'archéologie, novateur dans la représentation de la perspective.

PADOUE ARTISTIQUE *visite : 2 h 1/2*

★★★ **Fresques de Giotto** – Vers 1305-1310, l'artiste a orné les murs de la **Cappella degli Scrovegni** (**DY**) ⏲, élevée en 1303, de trente-neuf fresques évoquant les vies de Joachim et Anne, de la Vierge et du Christ (la *Fuite en Égypte*, le *Baiser de Judas* et la *Mise au tombeau* sont parmi les scènes les plus célèbres). Au registre inférieur, les puissantes figures en grisaille représentent à gauche les Vices, à droite les Vertus. Le *Jugement dernier*, au revers de la façade, sert de conclusion à l'œuvre. Cet ensemble, d'une exceptionnelle unité d'exécution, constitue le sommet de l'œuvre de Giotto par la puissance dramatique des scènes, l'harmonie de la composition et le sentiment religieux intense qui s'en dégage. A l'autel, ***Vierge***★ de Giovanni Pisano.

★★ **Fresques de la Chiesa degli Eremitani** (**DY**) – Très endommagée par les bombardements de 1944, cette église du 13e s. a été reconstruite dans son style roman d'origine. La chapelle Ovetari *(la seconde à droite de la chapelle du chœur)* conserve des fragments de fresques de **Mantegna** dans lesquelles on devine la puissance visionnaire de cet artiste hanté par le rendu perspectif et le souci du détail archéologique : *Martyre de saint Jacques* (mur de gauche), *Assomption* (abside), *Martyre de saint Christophe* (mur de droite). Dans la chapelle du chœur, splendides fresques de **Guariento**, artiste vénitien disciple de Giotto.

★ **Museo civico agli Eremitani** (**DY M**) ⏲ – Installé dans le couvent des Ermites de saint Augustin, il comprend une section archéologique (périodes égyptienne, étrusque, préromaine et romaine), une collection numismatique (donation Bottacin), un ensemble de peintures vénitiennes et flamandes du 15e au 18e s. (collection Emo Capodilista), ainsi que la riche collection provenant de l'ancienne pinacothèque qui rassemble, outre des meubles, céramiques et sculptures, des **peintures**★★ essentiellement vénitiennes (14e-18e s.) : voir en particulier les œuvres de Giotto, Guariento, Giovanni Bellini, Véronèse et Tintoret, ainsi que l'*Expédition d'Uri*, splendide tapisserie du 15e s.

PADOUE RELIGIEUSE *visite 1 h 1/2*

★★ **Basilica del Santo** (**DZ**) ⏲ – Important lieu de pèlerinage dédié à saint Antoine. Sur la place qui précède l'église, Donatello érigea une admirable **statue équestre du Gattamelata**★★ (**A**) (surnom donné au condottiere vénitien Erasmo da Nardi qui mourut à Padoue en 1443), la première œuvre de cette taille coulée en bronze en Italie.
Bâtie entre 1232 et 1300 dans un style de transition roman-gothique, la basilique évoque, avec ses huit coupoles byzantines, celle de St-Marc de Venise.

PADOVA

Altinate (Via) .... DYZ
Cavour (Piazza e via) ..... DY 15
Dante (Via) .... CY
Filiberto (Via E.) .... DY 24
Garibaldi (Corso) .... DY 27
Ponti Romani (Riviera dei) .... DYZ 53
Roma (Via) .... DZ

S. Fermo (Via) .... DY

Carmine (Via del) .... DY 10
Cesarotti (Via M.) .... DZ 17
Erbe (Piazza delle) .... DZ 20
Eremitani (Piazza) .... DY 21
Frutta (Piazza della) ...... DZ 25
Garibaldi (Piazza) .... DY 28
Gasometro (Via dell' ex) ... DY 29
Guariento (Via) .... DY 35
Insurrezione (Piazza) ...... DY 39

Monte di Pietà (Via del) ... CZ 45
Petrarca (Via) .... CY 50
Ponte Molino (Vicolo) ..... CY 52
S. Canziano (Via) .... DZ 57
S. Lucia (Via) .... DY 59
Vandelli (Via D.) .... CZ 66
Verdi (Via G.) .... CY 67
Vittorio Emanuele II (Corso) .... CZ 70
8 Febbraio (Via) .... DZ 74
58 Fanteria (Via) .... DZ 75

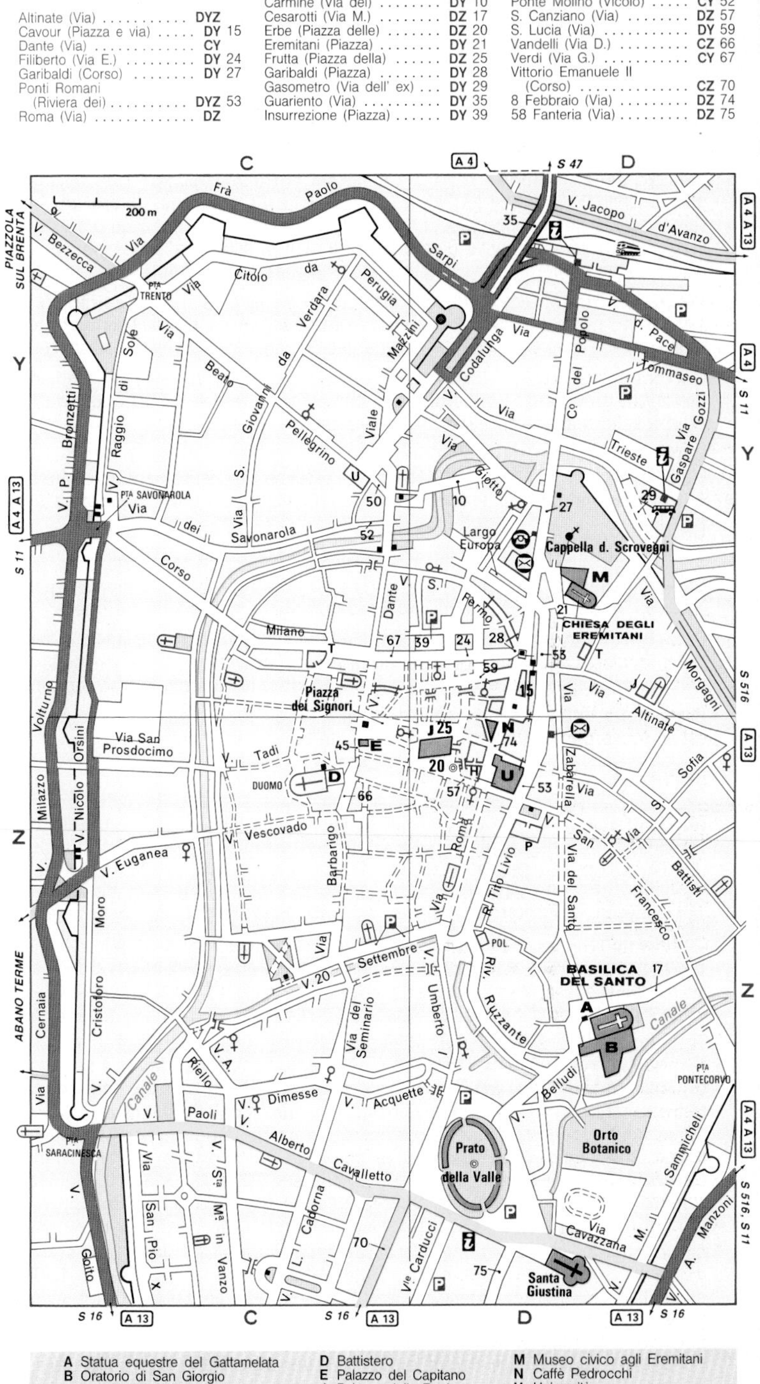

A Statua equestre del Gattamelata
B Oratorio di San Giorgio e Scuola di Sant'Antonio
D Battistero
E Palazzo del Capitano
J Palazzo della Ragione
M Museo civico agli Eremitani
N Caffè Pedrocchi
U Università

L'**intérieur**★★, imposant, contient de nombreuses œuvres d'art : dans la nef gauche, **chapelle du Saint**★★, chef-d'œuvre de la Renaissance abritant l'« arca di sant'Antonio », autel-tombeau de Tiziano Aspetti (1594) ; sur les parois, magnifiques **hauts-reliefs**★★ exécutés au 16e s. par plusieurs artistes. Dans le chœur, se trouve le célèbre **maître-autel**★★ orné de bronzes de Donatello (1450). La 3e chapelle de la nef droite est décorée de **fresques**★ du peintre véronais Altichiero (14e s.).
Des cloîtres, à droite de la basilique, bonne **vue d'ensemble**★ sur l'édifice.

★ **Oratorio di S. Giorgio et Scuola di S. Antonio** (**DZ B**) ⊙ – L'oratoire St-Georges est une chapelle votive décorée de 21 **fresques**★ (1377) par Altichiero et ses élèves, évoquant diverses scènes religieuses. La Scuola di S. Antonio, contiguë, possède, au 1er étage, une salle dont les murs sont couverts de 18 **fresques**★ du 16e s. narrant la vie de saint Antoine, dont quatre sont de la main du Titien.

AUTRES CURIOSITÉS

★ **Palazzo della Ragione** (**DZ J**) ⊙ – S'élevant entre deux **places**★ pittoresques, la piazza della Frutta (**DZ 25**) et la piazza delle Erbe (**DZ 20**), c'est un édifice remarquable par ses loggias et son toit en forme de carène ; au 1er étage, le **Salone**★★ possède un cycle de fresques du 15e s. représentant les travaux des mois, les arts libéraux, les métiers et les signes du Zodiaque.

Piazza dei Signori (**CYZ**) – Vaste place bordée par le palais du Capitano (**E**) des 14e-16e s., résidence des gouverneurs vénitiens, par la **tour de l'Horloge**★ percée d'une arcade et par l'élégante Loggia del Consiglio, de style Renaissance.

Università (**DZ U**) ⊙ – Située dans le palais « Bo », du nom de l'auberge à l'enseigne du « Bœuf » qui le précéda, l'université conserve une belle cour du 16e s. et une salle d'anatomie dite « **Teatro Anatomico** » (1594).

Caffè Pedrocchi (**DZ N**) – L'édifice néo-classique (1831) abrite un café aux salles blanche, rouge et verte, théâtre de l'insurrection estudiantine contre les Autrichiens en 1848. A l'étage : **salles** ⊙ de réunion et de concerts, de style divers.

Battistero (**CZ D**) – Contigu à la cathédrale (Duomo), le baptistère abrite d'intéressantes fresques et un polyptyque de Menabuoi (14e s.).

Chiesa di Santa Giustina (**DZ**) – Édifice classique du 16e s., rappelant par ses coupoles la basilique du Saint. Au fond du chœur, **retable**★ de Véronèse.

Orto Botanico (**DZ**) ⊙ – Fondé en 1545, c'est l'un des plus anciens jardins botaniques d'Europe ; on peut y admirer une abondante flore exotique et le palmier qui inspira à Goethe ses considérations sur la métamorphose des plantes.

Prato della Valle (**DZ**) – Ce charmant jardin ovale du 17e s., planté de platanes, est entouré d'un canal tranquille bordé de statues d'hommes illustres.

ENVIRONS

★ **Montagnana** – *47 km au Sud-Ouest.* Petite ville entourée d'impressionnants **remparts**★★ du 14e s., jalonnés de vingt-quatre tours polygonales et percés de quatre portes. La **cathédrale** (Duomo), attribuée à Sansovino, renferme une Transfiguration de Véronèse (au maître-autel), des fresques et des stalles du 16e s. L'**église San Francesco**, accolée à l'enceinte, possède un beau clocher gothique.

★ **Colli Euganei** – Situées au sud de Padoue, ces collines sont d'origine volcanique. Elles forment une agréable région accidentée, riche en vergers et en vignobles, que les Romains appréciaient déjà pour ses nombreuses sources thermales et ses vins.

‡‡‡ **Abano Terme** – *Plan dans le guide Rouge Michelin Italia.* Cette moderne et élégante station thermale ombragée de pins est l'une des plus célèbres d'Italie.

‡‡ **Montegrotto Terme** – Moins importante qu'Abano, l'ancienne « Mons Aegrotorum » (« mont des Malades ») des Romains est une station thermale en pleine extension.

★ **Monselice** – Cette localité, dont le nom latin « Mons Silicis » témoigne de son activité minière à l'époque romaine, a conservé une partie importante de son enceinte et est dominée par les ruines d'un château. De la piazza Mazzini monte la pittoresque via del Santuario menant au château (13e-14e s.), au duomo de style roman, au sanctuaire des Sept Églises (début 17e s.) et à la villa Balbi, précédée d'un jardin à l'italienne. De la terrasse supérieure, jolie **vue**★ sur la région.

★ **Arquà Petrarca** – *6,5 km au Nord-Ouest de Monselice.* Dans ce petit pays d'aspect médiéval s'éteignit en 1374 **Pétrarque**, né à Arezzo en 1304 et que la vie tourmentée mena en divers lieux d'Italie et d'ailleurs. En Avignon, il rencontra dans une église Laura, la femme dont il tomba amoureux pour toujours et qu'il immortalisa dans son recueil de sonnets intitulé le *Canzoniere.* Son œuvre devint en Europe une référence pour toute la poésie lyrique, donnant lieu à la Renaissance à un phénomène d'imitation et de culte du poète. On visite la **maison** (casa)★ où il vécut et mourut : fresques du 16e s. et plafond à caisson d'origine ; souvenirs du poète et autographes de visiteurs illustres comme Carducci ou Byron. Son tombeau de marbre rose a été érigé en 1380 sur la place de l'église.

Este – Berceau de la célèbre famille d'Este, la ville est cernée au Nord de pittoresques **remparts**★. Le **museo nazionale Atestino**★ ⊙, installé dans le palais Mocenigo du 16e s., abrite une riche collection archéologique témoignant de l'activité agricole locale du Paléolithique à l'époque romaine (la ville romaine se nommait Ateste). Dans le Duomo, au plan elliptique, grande toile de Tiepolo (1759).

★★ **Riviera du Brenta** – *Voir à ce nom.*

PAESTUM★★★

Campanie

Carte Michelin n° 988 pli 28 ou 431 F 26/27

Ce site archéologique, l'un des plus importants d'Italie, fut découvert accidentellement vers 1750 alors que les Bourbons avaient entrepris des travaux pour ouvrir la route qui traverse aujourd'hui encore cette zone. Antique Poseidonia grecque, fondée vers l'an 600 avant J.-C. par les habitants de Sybaris, la cité tomba aux mains d'une peuplade indigène, les Lucaniens, vers l'an 400. Devenue romaine en 273 avant J.-C., elle déclina à la fin de l'Empire, à cause de la malaria qui obligea ses habitants à la quitter.

Paestum est aussi une station balnéaire dont la longue plage se dissimule derrière une belle pinède.

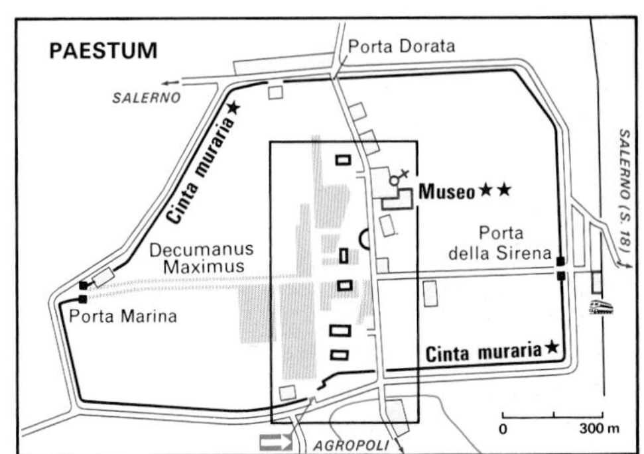

VISITE *2 h*

★★ **Museo** ⓥ – Il abrite les fameuses **métopes**★★, bas-reliefs doriques du 6e s. avant J.-C., qui décoraient un petit temple situé à côté de celui d'Héra *(10 km au Nord près de l'embouchure du Sélé)*, ainsi que les **métopes**★★ du temple lui-même.

On peut y admirer également la **tombe du Plongeur**★★ (Tomba del Tuffatore), dont les peintures constituent un exemple unique de peinture grecque funéraire.

★★★ **Rovine** ⓥ – *Suivre l'itinéraire indiqué sur le plan.*

Les temples, appareillés en un beau calaire doré, surgissent parmi les ruines des habitations, derrière les cyprès et les lauriers roses. Après avoir franchi par la porte de la Justice l'**enceinte**★ qui encercle la ville sur près de 5 km, suivre la **Via Sacra** qui se prolongeait jusqu'au temple d'Héra.

★★ **Basilica** – A droite de la Via Sacra, se présente la façade postérieure de cet édifice ainsi baptisé par les archéologues du 18e s. Ce temple est en fait dédié à Héra (Junon) et remonte au milieu du 6e s. avant J.-C. ; il comporte un péristyle de 50 colonnes archaïques, renflées et cannelées. Précédée d'un pronaos, la salle centrale était divisée en deux nefs.

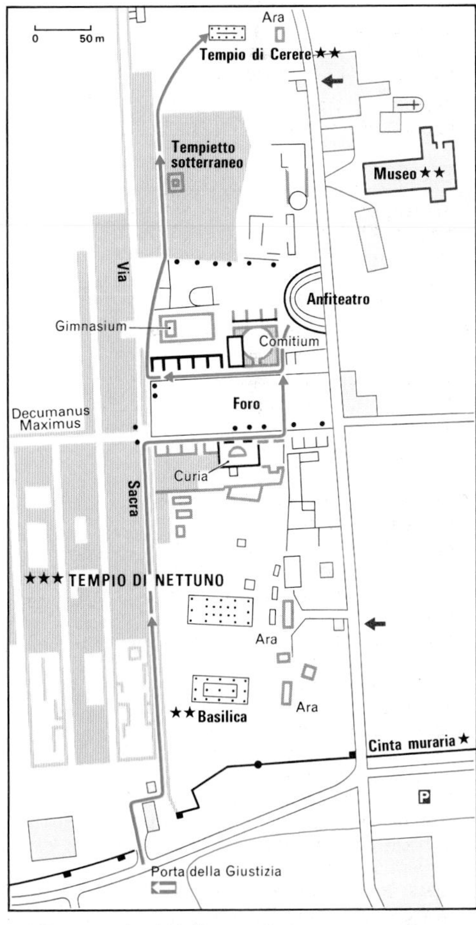

Anfiteatro :	*Amphithéâtre*	Foro :	*Forum*
Ara :	*Autel*	Museo :	*Musée*
Basilica :	*Basilique*	Tempietto	*Temple*
Cinta muraria :	*Enceinte*	sotterraneo :	*souterrain*
Curia :	*Curie*	Tempio :	*Temple*

★★★ **Tempio di Nettuno** – Contrairement à ce que l'on avait cru au moment de sa découverte, ce temple magnifiquement conservé n'est pas consacré à Neptune (ou Poseidon en grec, d'où Poseidonia), mais à Héra. Datant du milieu du 5e s. avant J.-C., il est d'un style dorique d'une pureté admirable : l'entablement et les frontons sont presque intacts. A l'intérieur, la cella est divisée en trois nefs.

Au centre de la cité se trouvaient le **forum**, entouré de portiques et de boutiques, et l'**amphithéâtre** romain construit à la fin de la République, aujourd'hui coupé par la route nationale.

Dans le **temple souterrain** furent découverts de superbes vases de bronze.

★★ **Tempio di Cerere** – Élevé à la fin du 6e s. avant J.-C. en l'honneur d'Athéna, il est entouré de 34 colonnes et a gardé une partie de ses frontons. A côté se trouve l'autel des sacrifices.

Pour trouver la description d'une ville ou d'une curiosité isolée, consultez l'index.

PARMA★★

PARME – Émilie-Romagne – 170 178 habitants

Carte Michelin no 988 pli 14 ou 428, 429 H 12/13

A la croisée de la Via Emilia et de la route Mantoue-La Spezia, Parme est un marché important et un centre industriel actif qui a conservé de nombreux témoignages de son passé. C'est en outre une cité d'un charme raffiné, souvent baignée d'une douce lumière. Ses habitants se réunissent volontiers sur la piazza Garibaldi (**BZ 9**). Parme est la patrie du célèbre chef d'orchestre Arturo Toscanini.

UN PEU D'HISTOIRE

Fondée par les Étrusques vers 525 avant J.-C., Parme devint colonie romaine en 183 avant J.-C. Ayant perdu de son éclat, elle se releva sous le roi ostrogoth Théodoric (6e s.). Devenue « commune libre » au Moyen Âge (11e-13e s.), elle fut membre de la Ligue lombarde. Après la chute de son gouvernement communal en 1335, Parme fut tour à tour gouvernée par les Visconti, les Sforza puis les Français, avant d'être annexée en 1513 par l'Église. Mais, en 1545, le pape Paul III Farnèse, la détachant avec Plaisance de l'État pontifical, en fit un duché qu'il confia à son fils Pierre-Louis Farnèse (assassiné en 1547). La dynastie Farnèse régna cependant jusqu'en 1731, comptant de nombreux mécènes, collectionneurs et bâtisseurs, protecteurs des arts et des lettres.

Passée aux Bourbons, son premier souverain fut Charles, successivement roi de Naples puis d'Espagne. De 1748 à 1801, grâce au mariage de Philippe de Bourbon (fils de Philippe V d'Espagne et d'Élisabeth Farnèse) avec la fille préférée de Louis XV, Louise Élisabeth, la ville connut une période où les mœurs, l'administration et les arts furent marqués par la prépondérance française : de nombreux Français travaillèrent à Parme ; d'autres, comme Stendhal, qui y vécut et la choisit comme cadre de son roman *La Chartreuse de Parme*, en firent un lieu d'élection. Les Bourbon-Parme avaient leur Versailles, aujourd'hui délabré, à Colorno, au Nord de la ville. Dernière grande figure, Marie-Louise de Habsbourg, seconde femme de Napoléon, y régna de 1814 à 1847.

L'école de Parme en peinture – Elle est illustrée par deux peintres importants, Le Corrège et Le Parmesan, dont les œuvres contribuèrent à assurer la transition entre les formes de la Renaissance et le baroque. Antonio Allegri (1489-1534), dit **Le Corrège**, exprima avec une virtuosité et une science du clair-obscur nouvelles une sensualité et un optimisme semblant parfois annoncer le 18e s. français. Francesco Mazzola (1503-1540), dit **Le Parmesan** (Parmigianino), fut un esprit autrement inquiet et mélancolique ; il étira ses figures, utilisa des coloris nouveaux, souvent froids, caractéristiques du maniérisme ; il créa un canon de beauté féminine qui influença, par l'entremise du Primatice et de Nicolò dell'Abate, l'école de Fontainebleau et tous les maniéristes européens du 16e s.

★★★ LE CENTRE MONUMENTAL *visite : 1/2 journée*

C'est le noyau historique de la ville qui comprend, d'une part, l'**ensemble épiscopal**★★★ (**CYZ**) roman formé par la cathédrale et le baptistère, d'une exceptionnelle harmonie, l'église baroque St-Jean et les palais alentour ; d'autre part, le palais de la Pilotta (16e-17e s.), et la Chambre du Corrège.

★★ **Duomo** (**CY**) – De style roman-lombard, il est flanqué d'un élégant campanile gothique. Sa façade, dans laquelle s'ouvrent trois galeries à colonnettes, est précédée d'un beau porche lombard reposant sur des lions et surmonté d'une loggia. A l'intérieur, les **fresques** de la coupole sont du Corrège (1526-1530) : le thème de l'Assomption de la Vierge (dont la figure est noyée au milieu d'un

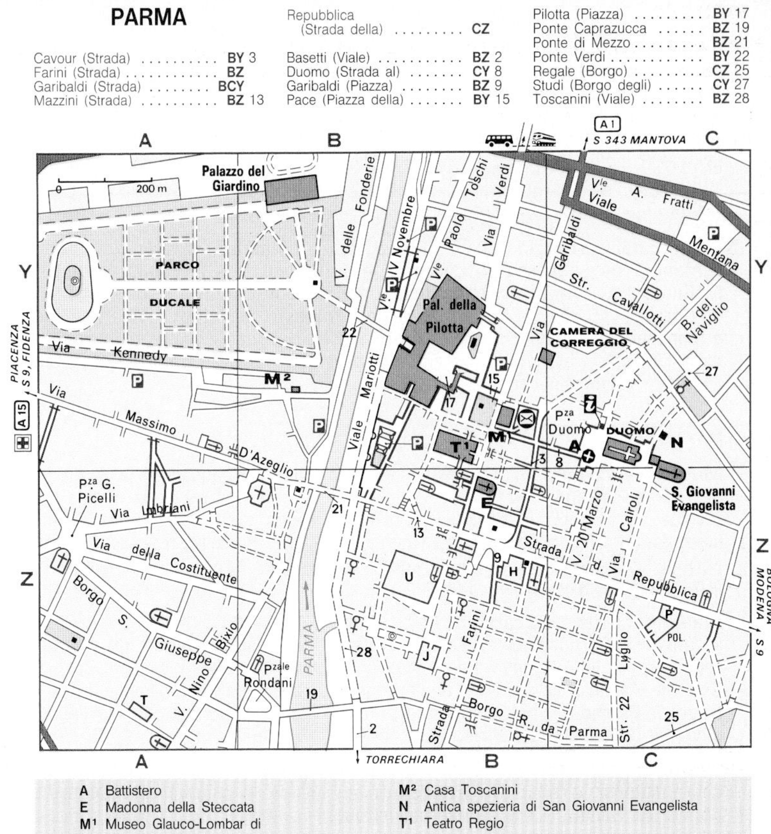

tourbillon d'anges) est le prétexte à un vertigineux mouvement ascendant. La maîtrise de la perspective et de l'anatomie en mouvement donne lieu à une prodigalité inventive déjà toute baroque. Dans le transept droit, ***Déposition de Croix*** (1178) du sculpteur roman Antelami où, malgré la solennité des figures, on reconnaît l'influence de l'école provençale. Dans la nef centrale, les fresques des murs sont de Gambara et celles de la voûte de Bedoli (16e s.).

★★ **Battistero** (**CY A**) – Commencé en 1196, c'est le monument médiéval d'Italie du Nord le plus homogène, l'architecture et le décor sculpté – étroitement liés – datant du 13e s. Réalisé en marbre rose de Vérone sur un plan octogonal, il est sans doute l'œuvre du Parmesan Antelami, dont on reconnaît la main dans les sculptures et dont la signature figure sur le linteau du portail Nord. A l'intérieur, d'inspiration byzantine, remarquable ensemble de **fresques** de forme polygonale à 16 côtés, également du 13e s., représentant des scènes de la vie du Christ et de la Légende Dorée.

Chiesa di San Giovanni Evangelista (**CYZ**) – Édifice Renaissance à façade baroque. A l'intérieur, les **fresques de la coupole**★★, peintes par Le Corrège de 1520 à 1524, représentent la *Vision de saint Jean à Patmos* et la *Translation de l'Évangéliste.* On doit celles des arcs des chapelles de gauche (1er, 2e et 4e) au Parmesan.
On visitera, dans le couvent contigu, les **cloîtres** Renaissance ⓥ.

Antica spezieria di San Giovanni Evangelista (**CY N**) ⓥ – Pharmacie du 13e s., fondée par les moines bénédictins.

Palazzo della Pilotta (**BY**) – Ainsi nommé parce qu'on y jouait à la pelote dans les cours. Cet austère édifice, construit sous l'impulsion des Farnèse, de 1583 à 1622, abrite aujourd'hui deux musées, la bibliothèque Palatine et le théâtre Farnèse.

★ **Museo nazionale di Antichità** ⓥ – Matériel archéologique préromain et romain trouvé dans la région de Parme (fouilles de Velleia).

★★ **Galleria nazionale (Pinacoteca)** ⓥ – Tableaux des écoles émilienne, toscane et vénitienne des 14e, 15e et 16e s. : Léonard de Vinci *(Tête d'adolescente)*, Fra Angelico, Dosso Dossi, Greco, Canaletto, Bellotto, Piazzetta, Tiepolo. Le Parmesan est représenté par un stupéfiant portrait de femme, l'***Esclave turque***, d'une suprême élégance, et Le Corrège par son chef-d'œuvre, la ***Vierge de saint Jérôme*** (1528) et quelques autres tableaux. Enfin, des œuvres de Nattier, Hubert Robert et Mme Vigée-Lebrun témoignent de la présence française à Parme au 18e s.

★★ **Teatro Farnèse** ⓥ – Ravissant théâtre bâti entièrement en bois par G.B. Aleotti en 1619, sur le modèle du Théâtre olympique de Vicence. Inauguré pour le mariage de Marguerite de Médicis et d'Odoardo Farnèse, il fut presque totalement détruit en 1944 et reconstruit à l'identique dans les années 50.

★ **Camera del Correggio** (**CY**) ⓥ – Dite également **Camera di San Paolo**, c'était la salle à manger de l'abbesse du couvent de Saint-Paul. Les fresques de la voûte, lumineuse évocation mythologique, constituent le premier décor monumental du Corrège (1519-1520) : l'influence de Mantegna, qu'il côtoya dans sa jeunesse à Mantoue, se retrouve dans les motifs de guirlandes de fruits et de treillis, et dans les reliefs et détails d'architecture peints à la base de la voûte. Dans la chambre voisine, décor d'Araldi (1504).

AUTRES CURIOSITÉS

★ **Museo Glauco-Lombardi** (**BY M**[1]) ⓥ – Essentiellement consacré à la vie du duché de Parme-Plaisance aux 18e et 19e s., il rassemble des tableaux et des objets évoquant l'ex-impératrice Marie-Louise qui régna avec sagesse sur le duché jusqu'en 1847. De nombreux peintres français y sont représentés : Nattier, Mignard, Chardin, Watteau, Fragonard, Greuze, La Tour, Hubert Robert, Mme Vigée-Lebrun, David, Millet...

Madonna della Steccata (**BZ E**) ⓥ – Cette église du 16e s. conçue par les architectes Bernardino et Zaccagni abrite de belles **fresques**★ du Parmesan représentant les Vierges folles, entre Moïse et Adam, et les Vierges sages, entre Ève et Aaron. On y voit également les tombeaux des Farnèse et des Bourbon-Parme (crypte), ainsi que le mausolée de Neipperg que Marie-Louise, devenue duchesse de Parme, avait épousé.

Teatro Regio (**BY T**[1]) – Réalisé entre 1821 et 1829 à la demande de Marie-Louise de Habsbourg, le théâtre royal présente une façade classique. Il fut inauguré avec l'opéra de Bellini, *Zaira*. Bonne acoustique.

Palazzo del Giardino (**BY**) – Le **jardin ducal**★ (Parco Ducale) fut dessiné par Petitot et orné de statues par Boudard, tous deux Français.

★ **Casa di Arturo Toscanini** (**BY M**[2]) ⓥ – La maison natale du célèbre chef d'orchestre (1867-1957) présente d'intéressants documents pour les passionnés de musique : distinctions et décorations reçues, sculptures et objets liés à la famille Toscanini ainsi qu'à Verdi et Wagner, lettres de Mazzini, Garibaldi, D'Annunzio et Einstein, nombreux témoignages de l'activité américaine du maître. Audiovisuel sur la carrière de l'artiste.

ENVIRONS

★ **Torrechiara** ⓥ – *17 km au Sud, route de Langhirano.* Bâti sur une colline, ce **château fort** qu'entoure une double enceinte renforcée de puissantes tours carrées d'angle, d'un donjon et de courtines à merlons, a été construit au 15e s. Les salles supérieures (salle des Jeux, Chambre d'Or...) sont revêtues de remarquables **fresques**★. De la terrasse, **vue**★ superbe portant jusqu'à la chaîne des Apennins.

Fidenza – *23 km à l'Ouest. Sortir par la via Massimo D'Azeglio* (**AY**). Cette petite ville agricole possède une remarquable **cathédrale**★ (Duomo), construite au 11e s. et achevée au 13e s., en style gothique. Son **porche central**★★ présente une très belle décoration sculptée qui serait due à Antelami.

Fontanellato – *19 km au Nord-Ouest, par la route de Fidenza, puis à droite celle de Soragna.* Dans la **Rocca San Vitale** ⓥ, vaste château entouré de douves occupant le centre de la ville, on peut admirer, à la voûte d'une salle de bains, la **fresque**★ peinte par Le Parmesan illustrant la fable de Diane et Actéon.

Attention, il y a étoile et étoile !

Sachez donc ne pas confondre les étoiles :

- *des régions touristiques les plus riches et celles de contrées moins favorisées,*
- *des villes d'art et celles des bourgs pittoresques ou bien situés,*
- *des grandes villes et celles des stations élégantes,*
- *des grands monuments (architecture) et celles des musées (collections),*
- *des ensembles et celles qui valorisent un détail...*

PAVIA★

PAVIE – Lombardie – 76 792 habitants

Carte Michelin n° 988 pli 13 ou 428 G 9

Plan dans le guide Rouge Michelin Italia

Cette ville sévère, située sur les bords du Tessin, est riche de monuments romans et Renaissance. Importante place militaire du temps des Romains, elle fut successivement capitale des rois lombards, commune rivale de Milan au 11e s., centre intellectuel et artistique renommé au 14e s. sous les Visconti, enfin place forte au 16e s., avant de devenir l'un des foyers les plus ardents des mouvements indépendantistes au 19e s. Son université, fondée au 11e s., est l'une des plus anciennes et des plus renommées d'Europe : elle accueillit Pétrarque, Léonard de Vinci et le poète Ugo Foscolo, futur auteur des *Dernières lettres de Jacopo Ortiz.* C'est à Pavie que prit fin le rêve italien des rois de France. Continuant les guerres de Charles VIII et Louis XII, François Ier, d'abord vainqueur à Marignan (1515), doit finalement s'incliner devant l'empereur Charles Quint qui défait les armées françaises à Pavie le 24 février 1525. Le roi de France est fait prisonnier mais peut écrire à sa mère : « Tout est perdu, fors l'honneur. »

★ **Castello Visconteo** Ⓥ – Imposante construction de brique, due aux Visconti, ce château abrite aujourd'hui les **collections municipales★** (Musei Civici), riches en matériel archéologique, en sculptures du Moyen Âge et de la Renasurtout en peintures. La **pinacothèque★**, installée au 1er étage, conserve en effet de nombreux chefs-d'œuvre, dont un beau retable du peintre de Brescia Vincenzo Foppa, une *Vierge à l'Enfant* de Giovanni Bellini, et un expressif *Christ porte-croix* du Lombard Bergognone ; la dernière salle abrite une grande maquette de la cathédrale, en bois, exécutée au 16e s. par Fugazza, d'après les plans de Bramante.

★ **Duomo** – Ce vaste édifice, surmonté de l'une des plus grandes coupoles d'Italie, fut commencé en 1488 : Bramante et Léonard de Vinci auraient contribué à la conception de ses plans. La façade date du 19e s. A gauche, se trouvait la tour communale du 11e s. effondrée en 1989 ; en face, évêché du 16e s. Sur la piazza Vittoria, contiguë, s'élève le **Broletto**, palais communal du 12e s., d'où l'on a une vue intéressante sur le chevet de la cathédrale.

★ **Chiesa di San Michele** – Cette belle église romane possède une **façade★** en grès blond, remarquable par l'équilibre et la variété de son décor sculpté. Au flanc droit, porte romane présentant un linteau sculpté où l'on voit le Christ remettant à saint Paul un « volumen » de papyrus et à saint Pierre les clefs de l'Église. L'intérieur offre d'intéressants éléments architecturaux (coupole sur trompes, tribunes soulignées de frises et de modillons, chœur surélevé, mosaïques, chapiteaux, etc.). A l'abside, belle **fresque★** du 15e s. (Couronnement de la Vierge).

Chiesa di San Pietro in Ciel d'Oro – Consacrée en 1132, cette église de style roman-lombard est précédée d'un riche **portail★**. Le chœur renferme l'**Arca di Sant'Agostino★**, tombeau de saint Augustin (354-430) réalisé par les maestri campionesi.

Chiesa di San Lanfranco – *2 km à l'Ouest.* Le chœur renferme un **cénotaphe★** exécuté à la fin du 15e s. par Amadeo en mémoire de Lanfranc, né à Pavie et mort archevêque de Canterbury en 1098 où il est enterré.

Certosa di PAVIA★★★

Chartreuse de PAVIE – Lombardie

Carte Michelin n° 988 pli 13 ou 428 G 9 – 9 km au Nord de Pavie

Le « Gra Car », Gratriarum Cartusia (Chartreuse des Grâces) est l'un des monuments les plus caractéristiques de l'art lombard. Fondée en 1396 par Gian Galeazzo Visconti pour servir de mausolée à sa famille, la chartreuse fut bâtie en grande partie aux 15e et 16e s. par plusieurs architectes. Dans la cour s'élèvent, à droite, l'ancien palais des ducs de Milan (1625) et, à gauche, les ateliers des sculpteurs chargés de la décoration.

★★★ **Façade** – Bien qu'inachevée, elle est tout à fait remarquable par la recherche et la richesse de son décor. La moitié inférieure, la plus ornée, fut exécutée entre 1473 et 1499 par les frères Mantegazza, ainsi que par le célèbre architecte-sculpteur Amadeo, qui travailla notamment à Bergame, et par son élève Briosco ; la partie supérieure est en revanche due à l'architecte-sculpteur Cristoforo Lombardo, qui acheva la construction en 1560. Sculptures de marbre polychrome, médaillons imités de l'antique à la base, statues de saints dans les niches, rinceaux et guirlandes, motifs ornementaux sont d'une variété infinie. Autour des fameuses fenêtres d'Amadeo, ce sont des scènes de la Bible, de la

R. Bouquet/DIAF

La chartreuse de Pavie

vie du Christ, de la vie de Gian Galeazzo Visconti. Les bas-reliefs de Briosco entourant le portail central évoquent des épisodes de l'histoire des chartreux. Avant de pénétrer dans l'église, contourner par la gauche, afin d'admirer le superbe ensemble de style gothique lombard tardif avec ses galeries d'arcades superposées.

★★★ **Intérieur** ⓥ – D'une beauté solennelle, il est gothique, mais on y reconnaît des signes avant-coureurs de la Renaissance, notamment dans le transept et le chœur. Il renferme de nombreuses œuvres d'art. Les chapelles de la nef droite sont couvertes de fresques par Bergognone (fin 15e s.), dont on peut admirer également une ***Crucifixion***, un retable et un polyptyque. La 2e chapelle de gauche abrite un **polyptyque** de *Dieu le Père* du Pérugin. Dans le transept gauche, ***Ecce Homo*** de Bergognone, superbes candélabres de Fontana (1580), et les célèbres **gisants** de Ludovic le More et Béatrice d'Este par C. Solari (1497). La porte de l'ancienne sacristie est l'œuvre d'Amadeo. Remarquer en outre, dans le lavabo, un splendide «**lavabo**» en marbre Renaissance et une **fresque** de B. Luini. Le transept droit abrite le magnifique **mausolée de Gian Galeazzo Visconti**, par Cristoforo Romano (1497). Visiter les deux **cloîtres** : le petit est orné de ravissantes terres cuites et d'une fontaine baroque ; le grand aux 122 arcades richement décorées dessert 24 cellules.

PERUGIA★★

PÉROUSE – Ombrie – 150 576 habitants

Carte Michelin n° 988 pli 15 ou 430 M 19

Pérouse fut l'une des plus puissantes des douze cités, nommées lucumonies, qui formaient l'Étrurie aux 7e et 6e s. avant J.-C. Une forte muraille percée de portes témoigne de cet âge de splendeur. Mais la ville conserve également de nombreux édifices religieux et civils du Moyen Âge. Aujourd'hui capitale de l'Ombrie, c'est un centre industriel et commercial, et une ville fréquentée par les étudiants.

La peinture ombrienne – A l'image de leur terre, les peintres ombriens ont l'âme mystique et douce. Amoureux des paysages aux lignes pures, rythmés par des arbres au feuillage léger, ils y inscrivent des compositions stylisées et donnent aux visages de femmes une grâce tendre, parfois un peu mièvre ; un dessin d'une extrême finesse et des couleurs caressantes caractérisent leur technique. Les principaux représentants de cette manière sont Giovanni Boccati (1410 – vers 1485). Fiorenzo di Lorenzo (mort en 1520), mais surtout Pietro Vannucci, dit **Le Pérugin** (1445-1523), qui fut le maître de Raphaël et dont les œuvres, à caractère plutôt religieux, témoignant d'un exceptionnel sens de l'espace, de l'atmosphère et des paysages, sont parfois quelque peu entachées de maniérisme. Influencé par Le Pérugin, le conteur **Pinturicchio** (1454-1518), auteur de scènes d'un charmant réalisme, peint de façon plus naïve que son aîné.

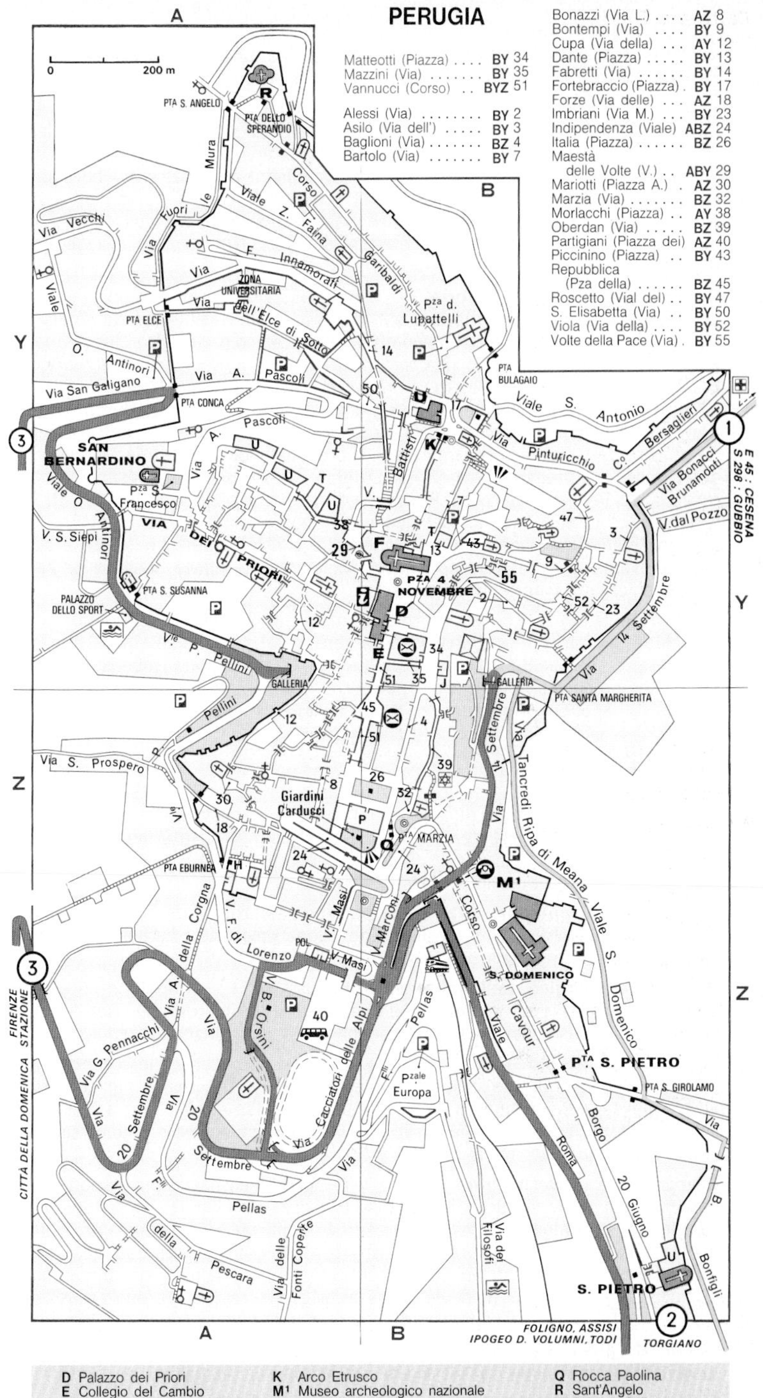

★★ PIAZZA 4 NOVEMBRE (BY) *visite : 2 h*

Cœur de la cité, c'est l'une des places les plus prestigieuses d'Italie. Elle rassemble les principaux monuments de la glorieuse époque communale : le palais des Prieurs, la Fontana Maggiore, et la cathédrale. Au fond de la place, descend la pittoresque **via Maestà delle Volte★** (**ABY 29**) avec ses maisons médiévales.

★★ **Fontana Maggiore** – Dessinée en 1278 par Fra Bevignate, cette grande fontaine présente d'admirables proportions et une très belle décoration de panneaux sculptés, œuvre de Nicola Pisano (vasque inférieure) et de son fils Giovanni (bassin supérieur) ; les panneaux ont été en partie remplacés par des copies, les originaux se trouvant à la galerie nationale de l'Ombrie.

★★ **Palazzo dei Priori** (**BY D**) – Commencé au cours du 13e s., mais agrandi aux siècles suivants, il forme un ensemble imposant et austère. La façade donnant sur la place est ornée d'un majestueux escalier conduisant à la chaire des harangues. La façade côté corso Vannucci (**BY 51**) présente un beau portail du 14e s. A l'intérieur, on peut voir de belles salles peintes à fresque (14e s.) ou décorées de fines boiseries sculptées (salle des Notaires et collège de la Mercanzia : 15e s.).

★★ **Galleria nazionale dell'Umbria** ⓥ – Cette collection, la plus importante pour la connaissance de l'art ombrien, est installée au dernier étage du palais des Prieurs. Elle permet de suivre l'évolution de cette école, du 13e s. jusqu'à la fin du 18e s. Œuvres de Duccio ***(Madone)***, du maître de San Francesco ***(Crucifix)***, de Fra Angelico, Piero della Francesca ***(Polyptyque de saint Antoine)***, Boccati, Fiorenzi di Lorenzo. De Pinturicchio et du Pérugin, on peut admirer un ***Christ mort*** sur fond noir et une très belle ***Madone de la Consolation.*** A voir également : des statuettes de marbre de Nicola et Giovanni Pisano, provenant de la Fontana Maggiore, et des figures sculptées par Arnolfo di Cambio. Le 17e s. est représenté par des œuvres de Federico Barocci, Pietro da Cortona, Orazio Gentileschi, etc. La chapelle des Prieurs (15e s.) est dédiée aux patrons de la ville, saint Ercolano et saint Louis de Toulouse, dont Benedetto Bonfigli (mort en 1496) a conté l'histoire dans des **fresques** captivantes. En outre, le musée possède de beaux ivoires et émaux français (13e-14e s.).

★ **Cattedrale** (**BY F**) – Elle est gothique, mais sa façade, piazza Danti, a été complétée par un portail baroque. Elle abrite, dans la chapelle de droite, une intéressante toile de Barocci, une ***Déposition*** (1567), qui inspira Rubens. Dans celle de gauche on conserve l'anneau réputé être l'anneau nuptial de la Vierge. Dans ces deux chapelles, remarquer les belles **stalles** en marqueterie du 16e s.

AUTRES CURIOSITÉS

★★ **Chiesa di San Pietro** (**BZ**) – On y accède par la magnifique **porte San Pietro★** (**BZ**), due au Florentin Agostino di Duccio, qui la laissa inachevée. Construite à la fin du 10e s., l'église a été remaniée à la Renaissance. L'intérieur recèle onze excellentes toiles de L'Aliense, compatriote et contemporain du Greco. **Tabernacle sculpté** par Mino da Fiesole et **stalles★★** du 16e s.

★ **Chiesa di San Domenico** (**BZ**) – Imposant édifice gothique dont l'intérieur a été modifié au cours du 17e s. A droite du chœur, **monument funéraire de Benoît XI** (14e s.).

★★ **Museo archeologico nazionale dell'Umbria** (**BZ M'**) ⓥ – Il est composé d'une section étrusque et romaine et d'une section préhistorique. Remarquable collection d'urnes funéraires, de sarcophages et de bronzes étrusques.

★ **Collegio del Cambio** (**BY E**) ⓥ – Édifié au 15e s. pour abriter les changeurs de monnaie, il conserve une salle d'audience décorée de **fresques★★** par Le Pérugin et ses élèves, dans lesquelles s'exprime un humanisme cherchant à concilier la culture antique et la doctrine chrétienne. On admire également une statue de la Justice, de Benedetto da Maiano (15e s.).

★★ **Oratorio di San Bernardino** (**AY**) – S'y rendre à pied par la pittoresque **via dei Priori★**. C'est un joyau de l'architecture Renaissance (1461), dû à Agostino di Duccio qui sut mêler harmonieusement à la pureté des lignes une délicate décoration de fines sculptures et de marbres de couleur. Les bas-reliefs de la façade *(restauration en cours)* montrent, au tympan, saint Bernardin en gloire et, au linteau, des scènes de sa vie ; dans les piédroits, ravissants anges musiciens. A l'intérieur, l'autel est constitué d'un sarcophage paléochrétien du 4e s.

★ **Via delle Volte della Pace** (**BY 55**) – Pittoresque rue médiévale, formée par un long portique gothique du 14e s. qui suit la muraille étrusque.

★ **Chiesa di Sant'Angelo** (**AY R**) – Petite église édifiée sur un plan circulaire aux 5e-6e s., ornée à l'intérieur de seize colonnes antiques.

★ **Rocca Paolina** (**BZ Q**) ⓥ – *Accès par la Porta Marzia.* Il s'agit des vestiges d'une forteresse érigée par le pape Paul III, d'où son nom de « Pauline », en 1540. L'intérieur, impressionnant, conserve d'imposantes murailles, des rues et des puits datant du 11e au 16e s. Des escaliers roulants y ont été aménagés afin de faciliter la traversée de l'ensemble.

★ **Arco etrusco** (**BY K**) – Imposante construction faite d'énormes blocs de pierre. La loggia surmontant la tour, à gauche, date du 16e s.
A côté, le majestueux **palais Gallenga** (**U**), du 18e s., abrite l'université pour étudiants étrangers, nombreux en été.

Giardini Carducci (**AZ**) – **Vue★★** superbe sur la vallée du Tibre.

EXCURSIONS

★ **Ipogeo dei Volumni** ⓥ - *6 km au Sud-Est. Sortir par ② du plan.* Cet hypogée est une sépulture étrusque creusée dans le roc, comprenant un atrium et neuf salles funéraires. La tombe de Volumnium est la plus importante : elle recèle six cippes (stèles funéraires) de la famille portant ce nom, celui du chef de famille étant le plus important (2e s. avant J.-C.).

Torgiano - *16 km au Sud-Est. Sortir par ② du plan.* Ce village dominant la vallée du Tibre possède un intéressant **musée du Vin**★ (Fondation Lungarotti) ⓥ qui présente des objets liés aux traditions vinicoles ombriennes et italiennes.

PESARO

Marches - 88 475 habitants

Carte Michelin n° 988 pli 16 ou 430 K 20
Plan dans le guide Rouge Michelin Italia

Pesaro est située au bord de la mer Adriatique, au débouché de la riante vallée Foglia le long de laquelle s'étagent vignobles, vergers et peupliers d'Italie. C'est la patrie du célèbre compositeur italien **Gioacchino Rossini** (1792-1868), dont la **maison natale** ⓥ (« Casa Natale », *au n° 34 de la via Rossini*) a été aménagée en musée.

★ **Musei Civici** ⓥ - La **pinacothèque** s'enorgueillit de posséder plusieurs tableaux du peintre vénitien Giovanni Bellini : la **Pala di Pesaro** (1475) est un immense retable représentant le Couronnement de la Vierge au panneau central et de nombreuses scènes à la prédelle.
La **section des Céramiques**★★ illustre la production ombrienne, mais présente également des pièces provenant de la région des Marches.

Palazzo Ducale - Ce palais, construit au 15e s. pour un Sforza, domine de sa masse puissante la piazza del Popolo ornée d'une fontaine à tritons et chevaux marins. Sa façade crénelée est formée d'un portique à arcades et d'un étage à fenêtres décorées au 17e s. de festons et de putti.

Museo Oliveriano ⓥ - *97, via Mazza.* Intéressante collection de vestiges archéologiques d'origine italique, grecque, étrusque et romaine.

Antica chiesa di San Domenico - *Via Branca, derrière la poste.* Il n'en reste qu'une façade, du 14e s., dont le beau portail ogival est encadré de colonnes torsadées et de sculptures.

ENVIRONS

Gradara - *15 km au Nord-Ouest.* C'est un bourg médiéval presque intact que ceignent des murs et des portes à mâchicoulis.
La **Rocca**★ ⓥ bâtie sur un plan carré avec des tours aux angles, est un bon exemple d'architecture militaire des 13e et 14e s. C'est dans cette forteresse que Gianni Malatesta aurait surpris et assassiné sa femme Francesca da Rimini et son frère Paolo Malatesta, émus d'amour réciproque à la lecture d'un roman courtois. Dante évoque dans sa *Divine Comédie* l'apparition de ce couple, inséparable même dans la mort.

PIACENZA★

PLAISANCE - Émilie-Romagne - 102 051 habitants

Carte Michelin n° 988 pli 13 ou 428 G 11
Plan dans le guide Rouge Michelin Italia

Construite par les Romains sur la rive droite du Pô, à l'extrémité de la Via Emilia, Plaisance fut au Moyen Âge une ville florissante qui adhéra à la Ligue lombarde. Constituée, avec sa voisine, en duché de Parme-Plaisance par le pape Paul III Farnèse en 1545, son destin suivit dès lors celui de Parme.

★★ **Le « Gotico »** - Chef-d'œuvre de l'architecture gothique lombarde, cet ancien palais communal a un aspect à la fois sévère et harmonieux, créé notamment par le contraste entre sa partie inférieure en marbre et le revêtement de brique de l'étage, par ses grandes ouvertures et l'élégante décoration des fenêtres. Devant le Gotico se dressent deux remarquables **statues équestres**★★ du 17e s. représentant les ducs Alexandre et Ranuccio Ier Farnèse.

★ **Duomo** - Remarquable édifice de style roman lombard (12e-13e s.) dont la façade est percée de trois portails et d'une rosace. Intérieur en forme de croix latine, d'une grande simplicité. A la coupole, fresques dues en partie au Guerchin.

Chiesa di San Savino - *Près de la bifurcation de la via G. Alberoni et de la via Roma.* La crypte de cette église du 12e s. aux lignes architecturales d'une grande pureté renferme un magnifique pavement de mosaïques des 11e-12e s.

Chiesa di San Sisto - *Au bout de la via San Sisto.* Cet édifice du 16e s. présente une curieuse architecture. Sa façade est précédée d'un atrium et d'un portail à bossages et mascarons. A l'intérieur, intéressante décoration Renaissance.

Madonna di Campagna - *Via Campagna.* Église du 16e s., en forme de croix grecque, abritant d'intéressantes fresques, notamment de Pordenone (école vénitienne du 16e s.).

Basilica di Sant'Antonino - *Piazza S. Antonino.* Ancienne cathédrale paléochrétienne remaniée au 11e s. Intéressante pour sa tour octogonale de 40 m de haut, ses lanternons et son vestibule Nord, gothique, dit du Paradis (1350).

Palazzo Farnèse ⓥ - Cet imposant bâtiment fin Renaissance, resté inachevé, abrite le **musée municipal** (Museo Civico) : peintures (dont une *Vierge* de Botticelli et un cycle dédié à l'Histoire d'Alexandre Farnèse et Paul III par Draghi et Ricci richement encadré de stucs), salles d'archéologie *(en cours d'aménagement)*, verreries de Murano, céramiques (17e-18e s.), sculptures romanes (12e s.), fresques de l'école lombarde (14e-15e s.), blasons et armes anciennes. On visite aussi une **collection de carrosses** des 16e et 17e s. et le **musée du Risorgimento**.

Galleria d'Arte moderna Ricci Oddi ⓥ - *13, via S. Siro.* Collection présentant la peinture des différentes régions italiennes du romantisme au 20e s. : œuvres du paysagiste Antonio Fontanesi, des Macchiaioli (Fattori), de peintres au goût français (Boldini, Zandomeneghi), tableaux orientalistes et figuratifs contemporains (De Pisis), futuristes (Boccioni), peinture métaphysique (De Chirico, Carrà)... On remarque aussi quelques sculptures (Medardo Rosso) et des tableaux d'artistes étrangers ayant influencé la production italienne (Klimt).

Galleria Alberoni ⓥ - *77, via Emilia, face à l'université.* Située dans l'enceinte d'un collège fondé au 18e s. par le Cardinal Alberoni, elle réunit des **tapisseries** flamandes et italiennes des 16e et 17e s. et une collection de peintures (15e-19e s.) dont un ***Ecce Homo*** d'Antonello de Messine, des tableaux flamands (Jan Provost), et de nombreuses œuvres italiennes des 17e et 18e s. (Guido Reni, Baciccia, Luca Giordano).

PIENZA★★

Toscane - 2 325 habitants

Carte Michelin n° 988 pli 15 ou 430 M 17 - 52 km au Sud-Est de Sienne

Appelée autrefois Corsignano, la ville fut rebaptisée en l'honneur du plus illustre de ses enfants, le diplomate et poète humaniste Eneo Silvio Piccolomini (1405-1464) : devenu pape en 1458 sous le nom de Pie II, il décida de réaliser dans son village natal une place, centre d'une **cité idéale**, où les pouvoirs civil et religieux se trouvaient réunis dans un même espace ; son harmonie architecturale était chargée d'exprimer l'équilibre de la vie de la cité. Premier exemple Renaissance d'urbanisation planifiée, le centre de Pienza est l'œuvre du Florentin **Bernardo Rossellino** (1409-1482), élève d'Alberti : il en dessina les principaux monuments et les agença sur l'axe longitudinal de la ville.
Face à la cathédrale s'élève le palais public, ouvert au rez-de-chaussée par une loggia ; les autres côtés de la place étant fermés par le palais épiscopal (simplement restauré au 15e s.) et le palais Piccolomini, devant lequel un gracieux puits vient ponctuer la scénographie d'ensemble.
Derrière la cathédrale, jolie **vue**★ sur la val d'Orcia.

★ **Cattedrale** - Terminée en 1462, elle présente une façade Renaissance ; à l'intérieur, restauré, de tendance gothique, nombreuses peintures de l'école de Sienne, dont une ***Assomption***★★, chef-d'œuvre du peintre Vecchietta.

Museo della Cattedrale ⓥ - Il renferme des tableaux de l'école siennoise des 14e et 15e s. et une chape historiée, travail anglais du 14e s.

★ **Palazzo Piccolomini** ⓥ - Fortement inspiré par le palais Rucellai de Florence, c'est le chef-d'œuvre de Rossellino. Les trois façades côté ville sont semblables ; celle regardant le val d'Orcia est percée de trois étages de loggia et donne sur un des premiers jardins suspendus. La cour intérieure doit son élégance à des colonnes corinthiennes très élancées.
L'intérieur abrite encore la salle d'armes et conserve les incunables et le lit baroque de la chambre papale.

N. Bosquès/MICHELIN

Pienza et la campagne du Val d'Orcia

ENVIRONS

★ **Montalcino** – *24 km à l'Ouest.* Cette petite ville à flanc de colline a conservé, outre une partie de son enceinte du 13e s., une magnifique **forteresse**★★ ⓥ construite en 1361, exemple type d'ouvrage défensif de cette époque : de forme pentagonale, ses hauts murs à mâchicoulis surmontés d'un chemin de ronde sont rythmés par cinq tours ; l'une d'entre elles servait de logement aux officiers et accueillait la noblesse en cas de siège, tandis que la population se réfugiait alors dans la vaste enceinte. C'est ici que le gouvernement de Sienne trouva asile lorsque cette dernière fut prise en 1555 par Charles Quint.

Montalcino, célèbre également pour son **Brunello**, vin rouge de très haute qualité au vignoble limité, offre à la promenade un pittoresque dédale de rues médiévales menant tour à tour à quelque église romano-gothique, à son **palais communal**★ du 13e s. – flanqué d'une loggia et surmonté d'une haute tour, ou à son petit **Museo diocesano** ⓥ (peintures et sculptures d'école siennoise des 14e-15e s., céramique de Montalcino, vestiges antiques...).

★★ **Sant'Antimo** – *35 km au Sud-Ouest.* Solitaire dans un **paysage**★ harmonieusement modelé de collines plantées d'oliviers et de cyprès, cette abbaye fut fondée au 9e s. Elle atteint son apogée au 12e s., date à laquelle est bâtie l'**église** ⓥ, très bel exemple d'architecture cistercienne romane d'inspiration bourguignonne comme en témoigne le déambulatoire à chapelles rayonnantes. Le porche et les lésènes qui ornent le campanile et les différentes façades sont en revanche typiquement lombards. A l'intérieur, spacieux et dépouillé, la nef charpentée est séparée des bas-côtés voûtés d'arêtes par des colonnes surmontées de beaux chapiteaux d'albâtre. Les bâtiments conventuels ont partiellement disparu.

PISA★★★

PISE – Toscane – 98 810 habitants

Carte Michelin n° 988 pli 14 ou 428, 429 et 430 K 13

Cette ville tranquille et agréable, proche de la mer, a conservé d'admirables témoignages de sa grandeur passée.

Pour une visite approfondie de la ville, il est recommandé de se procurer le guide Vert Michelin Florence et la Toscane.

UN PEU D'HISTOIRE

Base navale romaine jusqu'à la fin de l'Empire, située à l'abri des pirates, Pise, république indépendante dès le 9e s., sut tirer parti de sa situation géographique. Devenue l'égale de Gênes et de Venise, elle contribua à préserver le bassin méditerranéen de la domination musulmane.

C'est au 12e s. et au début du 13e s. que le commerce portuaire de la ville fut le plus florissant et que sa puissance maritime atteignit son apogée. C'est à cette époque également qu'elle doit ses plus beaux monuments et la fondation de son

université. Dans le conflit qui opposa au 13e s. l'empereur à la papauté, Pise se rangea du côté des gibelins, entrant ainsi en lutte, sur mer avec Gênes, et sur terre avec Lucques et Florence. En 1284, la flotte pisane fut anéantie au cours de la **bataille de la Meloria.** Ayant cédé à Gênes ses droits sur la Corse et sur la Sardaigne, sur lesquelles elle régnait depuis le 11e s., ruinée, en proie à des luttes intestines, elle assista à la dislocation de son empire maritime et passa, dès 1406, sous la tutelle de Florence.
Néanmoins, les Médicis accordèrent une attention particulière à la cité, notamment dans le domaine scientifique. L'enfant le plus célèbre de Pise est **Galilée** (1564-1642), qui se consacra tout jeune à la physique et à l'astronomie ; comblé d'honneurs par Côme II, grand-duc de Toscane, il dut répondre de ses théories concernant la rotation de la Terre sur elle-même devant le tribunal de l'Inquisition et, à l'âge de 70 ans, fut contraint de renier sa doctrine.

L'ART PISAN

La prospérité économique et la puissance maritime de Pise ont contribué, du 11e au 13e s., à l'éclosion d'un art nouveau qui se manifesta particulièrement dans les domaines de l'architecture et de la sculpture.
Le **style roman pisan**, dont la cathédrale est l'exemple le plus rigoureux, se caractérise par un goût prononcé pour la décoration extérieure : alternance de marbres précieux composant une savante géométrie polychrome, jeux d'ombres et de lumières créés par les galeries de colonnettes courant le long de la partie supérieure des façades, décoration à motifs de marqueterie qui révèlent l'influence stylistique du monde islamique et de l'Orient chrétien avec lesquels la république maritime était en contact. Avec des architectes comme Buscheto, Rainaldo et Diotisalvi, de nombreux sculpteurs travaillèrent à l'ornementation des édifices. Grâce à **Nicola Pisano**, originaire de la Pouille (1220-vers 1280), puis à son fils **Giovanni** (1250-vers 1315), Pise devint le foyer de la sculpture gothique en Italie ; leurs œuvres, notamment leurs chaires sculptées, l'une au baptistère, l'autre pour la cathédrale, influencèrent de façon décisive la première Renaissance toscane.

Piazza del Duomo

★★★ PIAZZA DEL DUOMO (AY) ⌚ *visite : 3 h*

Sur cette place prestigieuse, dite également **Campo dei Miracoli**, se côtoient quatre édifices qui composent un ensemble monumental parmi les plus célèbres du monde. Il faut y pénétrer à pied par la porte Santa Maria, d'où l'inclinaison de la fameuse tour penchée est le plus spectaculaire.

★★ **Duomo** – La construction de ce somptueux édifice, élevé grâce au fabuleux butin rapporté des expéditions contre les musulmans, fut entreprise dès 1063 sous la direction de Buscheto et poursuivie sous celle de Rainaldo. La **façade**★★★, due à Rainaldo, équilibre, par la légèreté de ses quatre étages de galeries à colonnettes, ce puissant ensemble bâti sur plan en croix latine et à l'appareillage de marbres clair et sombre alternés. Des **portes**★ de bronze, fondues en 1602 d'après des dessins de Jean Bologne, ont remplacé celles d'origine. La porte

ouvrant sur le transept droit possède de très beaux **vantaux**★★ romans, en bronze, réalisés vers la fin du 12e s. par Bonanno Pisano : scènes de la vie du Christ traitées dans une manière naïve, mais d'une prodigieuse liberté créatrice.
L'**intérieur** est très imposant avec ses 100 m de longueur, son grand vaisseau à cinq nefs, son abside profonde, son transept lui-même divisé en trois nefs et ses innombrables colonnes offrant une étonnante multiplicité de perspectives. On y admire principalement la **chaire**★★★ sculptée de **Giovanni Pisano**, réalisée entre 1302 et 1311, qui repose sur six colonnes de porphyre et cinq piliers décorés de figures religieuses et allégoriques ; la cuve se compose de huit panneaux légèrement incurvés qui créent un plan circulaire : ils sont illustrés de scènes de la vie du Christ et rassemblent une foule de personnages aux expressions dramatiques. Près de la chaire, on remarque la lampe de Galilée, dont les oscillations auraient suggéré au savant sa théorie des mouvements isochrones.

★★★ **Torre pendente ou Campanile** – A la fois clocher et beffroi de 58 m de haut, cette tour en marbre blanc, d'un style roman très pur, fut commencée en 1173 par Bonanno Pisano et achevée en 1350. Cylindrique à la manière des tours byzantines, l'édifice comporte six étages de galeries à colonnes, qui semblent s'enrouler en spirale en raison de l'inclinaison du monument ; au niveau inférieur, on retrouve les arcades aveugles ornées de losanges, propres au style pisan. Son lent mouvement de bascule (constaté dès 1178 et se poursuivant depuis à raison de 1 à 2 millimètres par an) est dû à la nature alluvionnaire du terrain, insuffisamment résistant pour supporter le poids de l'édifice. En vain, les architectes successifs cherchèrent-ils à corriger ce « penchant » malheureux. Fermée au public en 1990, elle fut dès lors ceinturée au niveau du 1er étage de deux câbles d'acier inoxydable et, en 1993, son socle renforcé par une gaine de béton armé où 670 tonnes de plomb contrebalancent son mouvement d'inclinaison.

★★★ **Battistero** ⏲ – Commencé en 1153, il présente dans sa partie inférieure les caractéristiques du style roman pisan ; en revanche, les gâbles et les pinacles qui surmontent les arcades du 1er étage sont gothiques. Une singulière coupole se terminant en forme de pyramide tronquée couvre l'édifice qui s'ouvre par quatre beaux portails sculptés. L'intérieur, qui compte 35 m de diamètre, frappe par sa majesté et sa luminosité. Sobrement décoré de marbres sombre et clair alternés, il est orné en son centre d'une belle **cuve baptismale**★ octogonale, œuvre d'un artiste venu de Côme, Guido Bigarelli, qui l'exécuta en 1246. Mais la pièce maîtresse du baptistère est l'admirable **chaire**★★ due à Nicola Pisano, datant de 1260. Plus sobre que celle réalisée par son fils pour la cathédrale, elle repose sur de simples colonnes ; la cuve est formée de cinq panneaux sculptés retraçant la vie du Christ ; l'artiste s'est sans doute inspiré des sarcophages romains, entreposés dans le Camposanto voisin, pour dessiner ses figures d'une plénitude et d'une noblesse toute classiques.

★★ **Camposanto** ⏲ – La construction du cimetière fut entreprise en 1277 par l'un des architectes du campanile, Giovanni di Simone. Les travaux, interrompus par la bataille de la Meloria, ne furent achevés qu'au 15e s. Sa vaste enceinte rectangulaire est délimitée par un portique entièrement aveugle à l'extérieur. A l'intérieur, ses majestueuses arcades en plein cintre sont ornées de remplages gothiques dessinant quatre baies lancéolées d'une merveilleuse légèreté. Au milieu, le Camposanto proprement dit serait constitué de terre du Golgotha rapportée par les croisés. Les galeries, où sont déposés de nombreux sarcophages gréco-romains, sont pavées de quelque 600 pierres tombales.
Les admirables fresques qui en ornaient les murs ont été pour la plupart détruites lors d'un incendie provoqué par un tir d'artillerie en 1944. Parmi les plus célèbres, le cycle composé par ***Le Triomphe de la Mort***★★★ et le ***Jugement Dernier***★★ et l'***Enfer***★ a été sauvé et est exposé dans une salle donnant sur la galerie Nord (l'identité de l'auteur, un peintre du 14e s., est discutée). La brièveté et la vanité des plaisirs terrestres y sont évoquées avec beaucoup de réalisme.

★★ **Museo dell'Opera del Duomo (M²)** ⏲ – Il présente des œuvres d'art provenant du complexe monumental de la Piazza del Duomo : sculptures du 12e au 16e s. (période romane, avec une part d'influences islamique et bourguignonne, puis gothique et Renaissance) ; trésor (***Vierge à l'Enfant*** en ivoire de Giovanni Pisano) et argenterie de la cathédrale. A l'étage : peintures et sculptures du 15e au 18e s. ; fragments de stalles Renaissance et textes enluminés des 12e et 13e s. ; habits et ornements épiscopaux ; pièces archéologiques retrouvées au début du 19e s. dans le Cimetière par Carlo Lasinio qui grava une série de planches relatives aux fresques du Camposanto.

★ **Museo delle Sinopie (M¹)** ⏲ – Il regroupe les sinopies (esquisses rouges dessinées avec de la terre provenant de la ville de Sinope sur les bords de la mer Noire) que l'incendie de 1944 révéla sous la peinture des fresques du Camposanto. Remarquablement mises en valeur, ces préparations font apprécier la vivacité et la liberté de dessin de ces peintres des 13e-15e s.

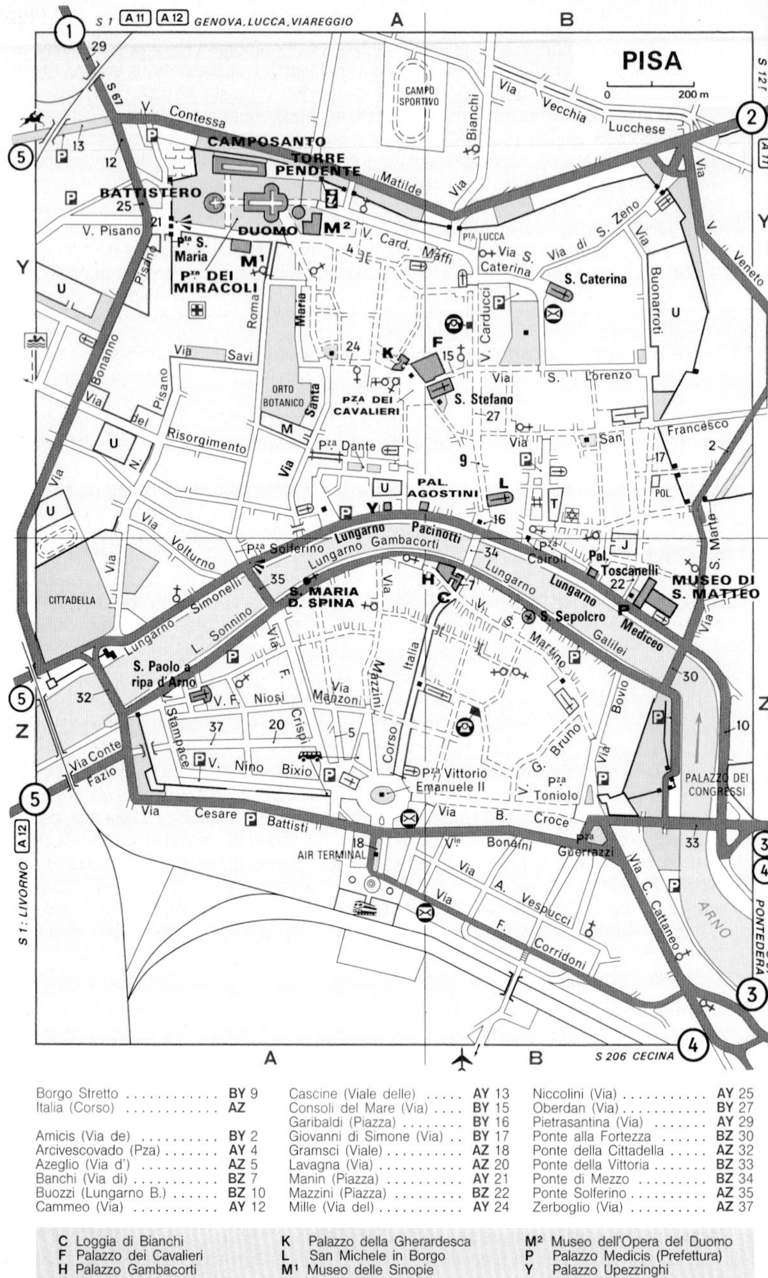

Borgo Stretto	BY 9	Cascine (Viale delle)	AY 13	Niccolini (Via)	AY 25
Italia (Corso)	AZ	Consoli del Mare (Via)	BY 15	Oberdan (Via)	BY 27
		Garibaldi (Piazza)	BY 16	Pietrasantina (Via)	AY 29
Amicis (Via de)	BY 2	Giovanni di Simone (Via)	BY 17	Ponte alla Fortezza	BZ 30
Arcivescovado (Pza)	AY 4	Gramsci (Viale)	AZ 18	Ponte della Cittadella	AZ 32
Azeglio (Via d')	AZ 5	Lavagna (Via)	AZ 20	Ponte della Vittoria	BZ 33
Banchi (Via di)	BZ 7	Manin (Piazza)	AY 21	Ponte di Mezzo	BZ 34
Buozzi (Lungarno B.)	BZ 10	Mazzini (Piazza)	BZ 22	Ponte Solferino	AZ 35
Cammeo (Via)	AY 12	Mille (Via del)	AY 24	Zerboglio (Via)	AZ 37

C Loggia di Bianchi
F Palazzo dei Cavalieri
H Palazzo Gambacorti
K Palazzo della Gherardesca
L San Michele in Borgo
M¹ Museo delle Sinopie
M² Museo dell'Opera del Duomo
P Palazzo Medicis (Prefettura)
Y Palazzo Upezzinghi

AUTRES CURIOSITÉS

★ **Piazza dei Cavalieri** (**AY**) – Centre historique de Pise, cette place tire son nom de l'ordre des « Cavalieri di Santo Stefano », spécialisé dans la lutte contre les Infidèles. On y voit : le **palais des Cavaliers** (**ABY F**) présentant une **façade**★ décorée par Vasari ; l'**église Santo Stefano** (**BY**), édifiée en 1569, à la façade de marbre blanc, vert et rose ; le **palais Gherardesca** (**AY K**), reconstruit par Vasari en 1607 sur les restes de la Torre della Fame, dans laquelle le comte Ugolino della Gherardesca, accusé de trahison après la défaite de la Meloria, fut condamné à mourir de faim avec ses enfants.

Chiesa di Santa Caterina (**BY**) – Harmonieuse **façade**★ de style gothique pisan. A l'intérieur, statues de Nino Pisano, en particulier une *Annonciation* (de part et d'autre du chœur).

Chiesa di San Michele in Borgo (**BY L**) – Sa **façade**★ est une remarquable illustration de la transition entre les styles roman et gothique pisans.

Les quais – Le long du **lungarno Pacinotti** (**ABY**) et du **lungarno Mediceo** (**BZ**) s'élèvent de prestigieux palais, tels : le **palazzo Upezzinghi** (**AY Y**), du 17e s. (occupé par l'université) ; le **palazzo Agostini**★ (**ABY**) du 15e s., à la façade très décorée (au rez-de-chaussée le café dell'Ussero fut fréquenté par les écrivains du Risorgimento), auquel fait face, sur l'autre rive, le palais Gambacorti (**BZ H**) de la fin du 14e s. ; le palais Toscanelli (**BZ**) où Byron écrivit son Don Juan ; le palais Médicis (**BZ P**), des 13e-14e s.

★★ **Museo nazionale di San Matteo** (**BZ**) ⓥ – Il rassemble des œuvres créées à Pise du 13e au 15e s., illustrant combien la ville fut un riche centre artistique à la fin du Moyen Âge. Après une brève section de céramique, la sculpture et la peinture sont mises à l'honneur en particulier grâce aux grands sculpteurs Andrea Pisano ***(Vierge de l'Annonciation)*** et Nino Pisano ***(Vierge allaitant)***, ainsi qu'aux peintres primitifs pisans et aux Florentins venus travailler dans la ville au 14e s. lors du chantier du Camposanto (remarquer un **polyptyque** de Simone Martini et le ***Saint Paul*** de Masaccio).

Chiesa del Santo Sepolcro (**BZ**) – De forme pyramidale, elle fut réalisée par Diotisalvi au 12e s. A l'intérieur, **chœur**★ de nobles proportions surmonté d'une profonde coupole et dalle funéraire de Marie Mancini qui vint mourir à Pise en 1715.

★★ **Chiesa di Santa Maria della Spina** (**AZ**) – Du début du 14e s., elle a l'apparence d'une châsse toute ciselée de gâbles, pinacles, statues et statuettes de l'école des Pisano (certaines ont été remplacées par des copies).

Chiesa di San Paolo a Ripa d'Arno (**AZ**) – S'élevant comme la précédente sur les rives de l'Arno, elle possède une belle **façade**★ de style roman pisan.

ENVIRONS

★ **Basilica di San Piero a Grado** – *6 km au Sud-Ouest. Sortir par ⑤ du plan, via Conte Fazio.* Cette église romane fut construite sur le lieu même où saint Pierre aurait débarqué en venant d'Antioche. Remarquable abside à trois absidioles.

Viareggio – *20 km au Nord-Ouest. Sortir par ① du plan. Plan dans le guide Rouge Michelin Italia.* Célèbre et agréable station balnéaire offrant de belles plages, de multiples distractions et manifestations artistiques et mondaines. A cause de la douceur de son climat, Viareggio est aussi fréquentée en hiver. A **Torre del Lago Puccini** *(5 km au Sud-Est)*, Puccini écrivit ses opéras *La Bohème*, *Madame Butterfly* et *La Tosca*. Dans la **villa Puccini** ⓥ on peut voir le tombeau du musicien et quelques souvenirs de sa vie.

PISTOIA★★

Toscane – 87 698 habitants

Carte Michelin n° 988 pli 14 ou 428, 429 et 430 K 14
Plan dans le guide Rouge Michelin Italia

Ville industrielle possédant un riche noyau historique qui reflète l'importance acquise par cette petite commune au cours des 12e, 13e et 14e s. Convoitée par Lucques et Florence, elle fut définitivement annexée à cette dernière en 1530 par les Médicis.

★★ PIAZZA DEL DUOMO *visite : 1 h*

Elle séduit par l'équilibre de ses proportions et l'harmonieuse disposition des monuments civils et religieux qui l'entourent.

★ **Duomo** – Rebâti aux 12e et 13e s., remanié à l'intérieur au 17e s., il offre une **façade**★ revêtue de marbres qui allie avec bonheur le style roman pisan (galeries superposées de la partie haute) et celui de la Renaissance florentine (porche à fines colonnes, ajouté au 14e s.). Le campanile, massif dans sa partie inférieure, s'allège vers le haut grâce à trois étages de galeries à colonnettes. L'intérieur renferme le célèbre **autel de San Giacomo**★★★ ⓥ, chef-d'œuvre d'orfèvrerie réalisé au 13e s., transformé et agrandi au cours des deux siècles suivants : autour de l'apôtre assis dans une niche, une théorie de saints et, au-dessus, le Christ en gloire ; des scènes de l'Ancien et du Nouveau Testament complètent la décoration. Dans la chapelle à gauche du chœur, belle ***Vierge en majesté***★ de Lorenzo di Credi (vers 1480).

★ **Battistero** ⓥ – Construction gothique de plan octogonal en marbres polychromes, remontant au 14e s. Le portail principal est orné au tympan d'une ***Vierge à l'Enfant*** entre saint Pierre et saint Jean-Baptiste attribuée à Nino et Tommaso Pisano.

Palazzo Pretorio – Ancien palais du Podestat construit au 14e s. et remanié au siècle dernier.

Palazzo del Comune – Élevé entre 1294 et 1385, il présente une **façade★** sur arcades, agrémentée d'élégantes fenêtres géminées ou à triple baie. Il abrite aujourd'hui le **musée municipal** (Museo civico) ⓥ où sont rassemblés des tableaux et des sculptures du 13e au 20e s.

AUTRES CURIOSITÉS

Palazzo del Tau – *Corso Silvano Fedi.* Ancien couvent de l'Ordre hospitalier de saint Antoine, construit au 14e s., il doit son nom au T en émail bleu qui figurait sur le vêtement des religieux. Il abrite le **Centre de documentation** ⓥ relatif à l'œuvre du sculpteur **Marino Marini** (1901-1980).

Ospedale del Ceppo – Le portique de cet hôpital est orné d'une magnifique **frise★★** en terre cuite, réalisée en 1530 par Giovanni della Robbia et qui évoque, avec un surprenant naturel et une merveilleuse fraîcheur de coloris, les Œuvres de Miséricorde.

★ **Chiesa di Sant'Andrea** – Construite dans le plus pur style roman pisan, cette église recèle la fameuse **chaire★★** exécutée entre 1298 et 1308 par Giovanni Pisano dans une manière dramatique et pleine de vie : sur les panneaux de la cuve sont représentées cinq scènes de la vie du Christ. Admirer aussi le beau **crucifix★** en bois doré de Giovanni Pisano *(dans une niche après le 1er autel à droite).*

Chiesa di San Giovanni Forcivitas – Élevée du 12e s. au 14e s., elle offre un long et spectaculaire **flanc Nord★** en style roman pisan. A l'intérieur, **chaire★** (1270) de Fra Guglielmo de Pise, polyptyque de Taddeo Gaddi *(à gauche de l'autel)* et ***Visitation★★***, admirable terre cuite vernissée de Luca della Robbia.

ENVIRONS

★ **Vinci** – *24 km au Sud.* C'est la **patrie** de Léonard. Le château abrite le **Museo Leonardiano** ⓥ.
A 2 km au Nord de la localité, on peut visiter la **maison natale** ⓥ de l'artiste, perdue au milieu des oliviers et baignant dans une douce lumière transparente.

Golfo di POLICASTRO★★

Golfe de POLICASTRO – Campanie – Basilicate – Calabre

Carte Michelin n° 988 pli 38 ou 431 G 28

De la pointe d'Infreschi à Praia a Mare, ce magnifique golfe est encastré dans des montagnes dont les sommets se dressent parfois comme des aiguilles ; les pentes sont couvertes, en bas, de cultures de céréales et d'oliviers, plus haut, de futaies et de châtaigniers. De Sapri à Praia a Mare, la route en corniche surplombe une mer d'émeraude où s'ouvrent de nombreuses et charmantes criques. De petites localités se succèdent dans un cadre enchanteur.

Maratea – Cette station balnéaire aux nombreuses plages et criques dissimule villas et hôtels dans une végétation luxuriante. Le village se développe sur les pentes du mont Biagio, au sommet duquel se dressent la basilique de San Biagio et la statue, masse blanche de 22 m de haut, du Rédempteur, par Innocenti (1965). De là, on bénéficie d'un superbe **panorama★★** sur le golfe de Policastro et la côte calabraise.

POMPEI★★★

Campanie – 25 173 habitants

Carte Michelin n° 988 pli 27 ou 431 E 25 – Schéma à Golfo di NAPOLI

Pompéi, ville somptueuse ensevelie en 79 après J.-C. par une énorme éruption du Vésuve, constitue un document capital sur l'Antiquité. Par leur ampleur et leur variété, par la beauté du paysage environnant, les ruines de Pompéi procurent une vision grandiose et émouvante de ce que pouvait être une cité romaine de l'époque impériale.

UN PEU D'HISTOIRE

Fondée au 8e s. avant J.-C. par les Osques, Pompéi subit au 6e s. une influence hellénistique par l'intermédiaire de Cumes, alors puissante colonie grecque. Devenue samnite à la fin du 5e s., la cité vécut une période prospère jusqu'au début du 1er siècle : constructions urbaines et activités artistiques s'y développèrent. En 80 avant J.-C., la ville tomba sous la domination de Rome et devint un séjour apprécié des riches familles romaines qui y établirent leur langue, leurs mœurs, leur organisation et imposèrent leur mode de construire et de décorer. A la veille de l'éruption du Vésuve, Pompéi était donc une ville aisée comptant quelque 25 000 habitants. Au cœur d'une région fertile, elle pratiquait le commerce et la petite industrie, possédait un port sur la mer. Les nombreuses boutiques et ateliers qu'on y a découverts, la largeur imposante des rues et les ornières creusées par les chars suffisent à suggérer l'activité intense qui devait y régner. Pourtant, les Pompéiens appréciaient également les spectacles, jeux et affrontements politiques. En 62 après J.-C., un tremblement de terre avait déjà fortement endommagé la ville et les travaux de restauration n'étaient pas achevés, quand, un jour d'août 79, se déclencha la terrible éruption qui détruisit également Herculanum et Stabiae. En deux jours, Pompéi fut recouverte d'une couche de cendre atteignant 6 à 7 m d'épaisseur. Ce n'est qu'au 18e s. que commencèrent de vraies fouilles officielles et systématiques, sous le règne de Charles de Bourbon. La découverte eut un retentissement énorme dans toute l'Europe au point que quelques années plus tard on vit naître une mode pompéienne.

ARCHITECTURE ET DÉCORATION

Les modes de construction - Pompéi présente une grande diversité dans la nature des matériaux utilisés et dans leur mode d'agencement pour la construction des ouvrages. On distingue quatre grands procédés : l'**opus quadratum** (gros blocs de pierre de taille empilés sans liaison de mortier) ; l'**opus incertum** (éléments en tuf ou en lave, de taille indifférente, amalgamés dans du mortier) ; l'**opus reticulatum** (constitué de petits blocs carrés en calcaire ou en tuf, disposés en losanges de manière à former une sorte de réseau décoratif) ; l'**opus testaceum** (revêtement de briques triangulaires posées à plat, la pointe à l'intérieur). En outre, les murs recevaient souvent un revêtement supplémentaire de plâtre ou de marbre. On trouve à Pompéi presque tous les types de maisons antiques : sobres et sévères à l'époque des Samnites, beaucoup plus vastes et plus richement décorées dès que la ville subit l'influence hellénistique. Avec l'arrivée des Romains et l'accroissement important de la population, on compensa la limitation de l'espace par le faste de la décoration.

La peinture pompéienne - La plupart des peintures qui ornaient les parois des maisons pompéiennes ont été transportées au musée archéologique de Naples. Néanmoins, la visite des ruines permet de se faire une large idée de la richesse de cette décoration picturale, dans l'histoire de laquelle on distingue quatre **styles.** Le premier se caractérise par une peinture sans sujet, imitant par un jeu de relief et de légères touches de couleur un placage de marbre. Le deuxième style, le plus beau d'entre tous, couvre les murs d'architectures graciles, colonnes feintes surmontées de frontons ou couronnées de petits temples, fausses ouvertures destinées à provoquer des illusions de perspectives ; l'utilisation du fameux « rouge pompéien » obtenu à partir du sulfure de mercure, le cinabre, opposé à un noir éclatant, donne à ces peintures leur éclat particulier. Le troisième style remplace le trompe-l'œil par des saynètes ou des paysages brossés avec légèreté dans des couleurs pastel. Le quatrième style, le plus fréquent à Pompéi, reprend certains éléments du deuxième style pour les combiner, dans des compositions opulentes, à ceux du troisième.

LA VILLE MORTE

visite : prévoir une journée. Il existe plusieurs entrées, ce qui permet d'envisager des visites sans revenir sur ses pas.

Porta Marina - La route descendant vers la mer franchissait cette porte. Des passages distincts pour les animaux et les piétons y sont ménagés.

★★ **Antiquarium** - Documentation sur le développement historique de la ville, objets de la vie quotidienne, reconstitution de moulins. Moulages d'hommes et d'animaux dans les attitudes qu'ils prirent au moment de leur mort.

Les rues - Elles sont rectilignes et se coupent à angle droit. Encaissées entre de hauts trottoirs, elles sont fréquemment interrompues par des blocs de pierre qui permettaient aux piétons de traverser sans descendre du trottoir et qui étaient particulièrement utiles les jours de pluie, lorsque la chaussée se transformait en ruisseau ; ces bornes étaient placées de façon à laisser les espaces nécessaires au passage des chars. Les fontaines, de forme très simple, étaient toutes construites sur le même modèle à bassin carré.

★★★ **Forum** - C'était le centre de la vie publique. Aussi, la plupart des grands édifices s'y trouvent-ils rassemblés. On y célébrait les cérémonies religieuses, on y faisait du commerce, on y rendait la justice.

La place, immense, était pavée de grandes dalles de marbre et ornée de statues d'empereurs. Un portique surmonté d'une terrasse l'entourait sur trois côtés.

La **basilique**★★ (basilica), édifice le plus grand de Pompéi, mesure 67 m sur 25. Les affaires commerciales et judiciaires s'y réglaient.

Le **temple d'Apollon**★★ (Tempio di Apollo) a pour fond la silhouette majestueuse du Vésuve. Devant les marches qui conduisaient à la cella se trouve l'autel. Se faisant face, copies des statues d'Apollon et de Diane retrouvées à cet endroit (originaux au musée de Naples). Dans l'horreum, probablement magasin de céréales, musée lapidaire.

Le **temple de Jupiter★★** (Tempio di Giove), à l'emplacement d'honneur, est encadré par deux arcs de triomphe, autrefois recouverts de marbre.

Le **macellum** était le grand marché couvert. Il était bordé de nombreuses boutiques. Au centre, un édicule à coupole entouré de colonnes renfermait un bassin.

Le **temple de Vespasien** (Tempio di Vespasiano) possédait un autel en marbre orné d'une scène de sacrifice.

Un beau portail, à encadrement en marbre sculpté de motifs végétaux, donnait accès à l'**Édifice d'Eumachie** (Edificio di Eumachia), construit par les soins de cette prêtresse pour la puissante corporation des fullones *(voir ci-dessous)*, dont elle était la patronne.

★ **Foro Triangolare** – Un majestueux propylée, dont on peut voir encore plusieurs colonnes ioniques, précédait ce forum triangulaire. Son petit **temple dorique**, dont quelques vestiges émergent du sol, est l'un des rares témoignages de l'existence de la ville au 6e s. avant J.-C.

★ **Teatro Grande** – Élevé au 5e s. avant notre ère, puis remanié à l'époque hellénistique (entre 200 et 150 avant J.-C.), il se présente tel qu'il avait été une nouvelle fois transformé par les Romains au 1er s. après J.-C. C'était un théâtre découvert, qui pouvait recevoir un vélum. Sa capacité était de 5 000 spectateurs.

Caserma dei Gladiatori – Cette grande esplanade limitée par un portique, et dite Caserne des Gladiateurs, était utilisée à l'origine comme foyer des théâtres.

★★ **Odeon** – Les odéons, ou théâtres couverts, étaient utilisés pour les concerts, les séances de déclamation, les ballets. Celui-ci pouvait accueillir 800 spectateurs. Il était surmonté d'un toit en bois. Sa construction date du début de la colonisation romaine.

★ **Tempio d'Iside** – Ce petit édifice est dédié à la déesse égyptienne Isis qu'adoptèrent les Romains, très libéraux dans le choix de leurs dieux.

Casa di Lucius Ceius Secundus – Intéressante pour sa façade couverte de stuc imitant un revêtement de pierre, dans la manière du 1er style, et pour son joli petit atrium.

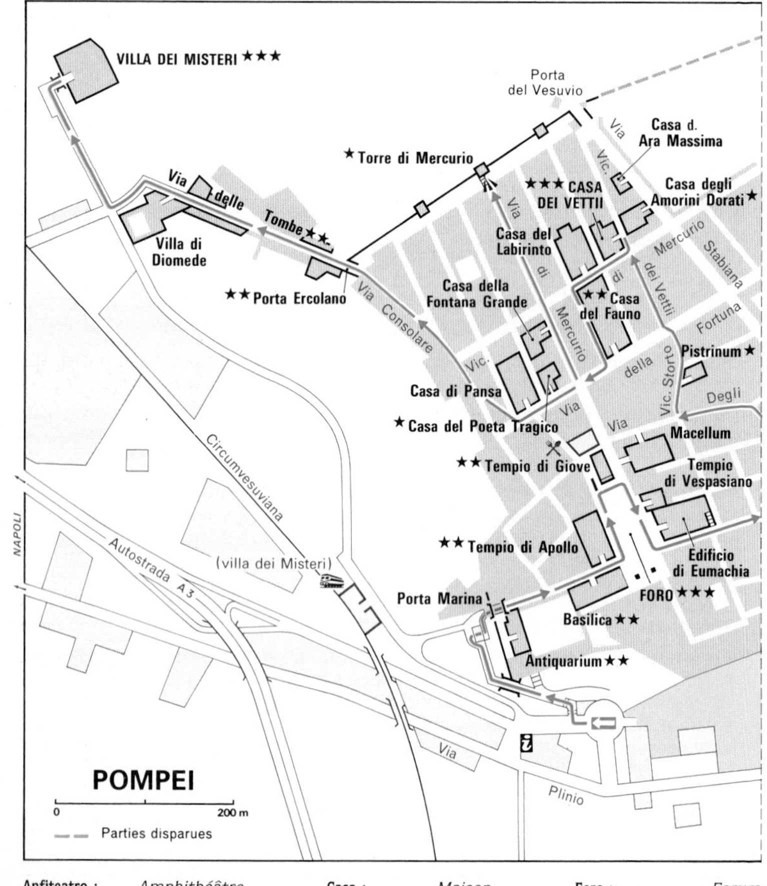

Anfiteatro :	*Amphithéâtre*	**Casa :**	*Maison*	**Foro :**	*Forum*
Basilica :	*Basilique*	**Edificio :**	*Édifice*	**Necropoli :**	*Nécropole*

★★ **Casa del Menandro** – Cette grande demeure patricienne, richement décorée de peintures (4e style) et de mosaïques, possédait ses propres installations pour le bain. Un corps de bâtiment était réservé au logement des domestiques. On note, dans un angle de l'atrium, un laraire en forme de petit temple. Remarquable péristyle à colonnes doriques recouvertes de stuc, entre lesquelles court une cloison basse décorée de plantes et d'animaux.

On débouche dans la **via dell' Abbondanza**★★, l'une des rues commerçantes de Pompéi, et aujourd'hui l'une des plus suggestives, bordée de boutiques et de maisons.

Casa del Criptoportico – *N° 2.* Après avoir traversé le péristyle (peinture laraire : Mercure, avec un paon, des serpents et de fins feuillages), on descend dans le cryptoportique, grand couloir souterrain surmonté d'une belle voûte en berceau et prenant jour par des soupiraux. Ce type de couloir, à l'honneur dans les villas romaines de l'époque impériale, constituait un passage et un lieu de promenade, à l'abri du soleil et des intempéries.

★★ **Fullonica Stephani** – *N° 7.* Exemple d'une maison d'habitation transformée en atelier. L'industrie du vêtement était prospère chez les Romains, dont le costume à l'abondant drapé nécessitait une grande quantité de tissu. Dans les fullonicae, on nettoyait les étoffes neuves, qui recevaient là leur traitement de finition, et les vêtements ayant déjà servi. Les **fullones** (foulons) y lavaient les étoffes en les foulant aux pieds dans des cuves remplies d'un mélange d'eau et de soude ou bien d'urine. Plusieurs de ces ateliers ont été retrouvés à Pompéi.

Termopolio di Asellina – Le thermopolium était le débit de boissons où l'on vendait aussi des plats préparés. Un comptoir en maçonnerie donnant sur la rue formait la devanture ; les jarres qui y étaient encastrées contenaient les produits à vendre.

★ **Termopolio Grande** – Boutique semblable à la précédente, avec laraire peint.

Casa di Trebius Valens – Inscriptions, en façade, qui tenaient lieu d'affiches électorales. Au fond du péristyle, amusante fresque polychrome imitant un mur de pierre.

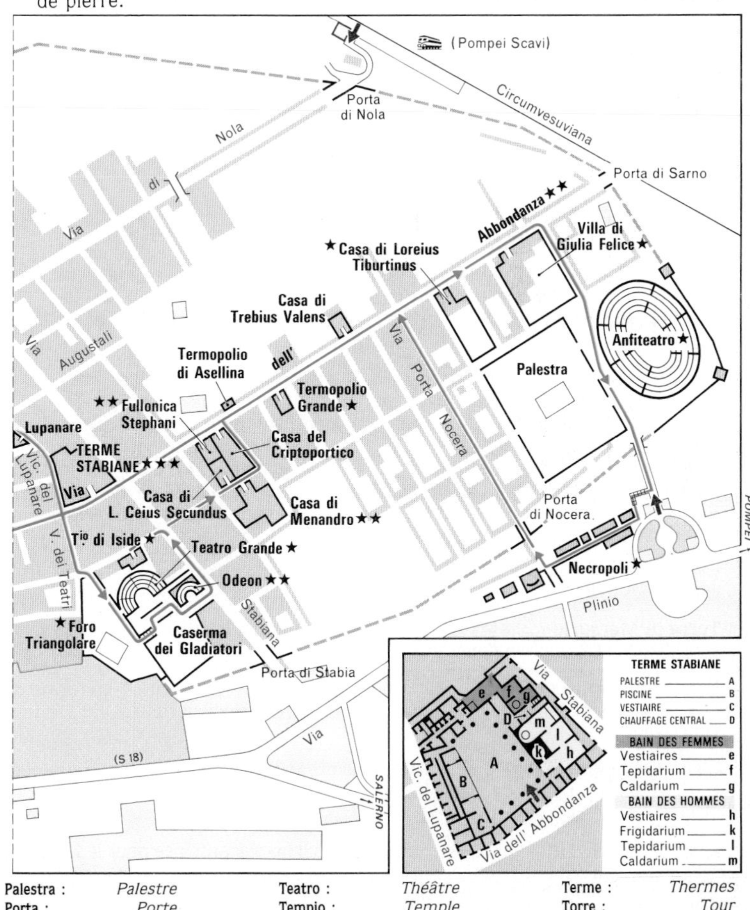

Palestra :	*Palestre*	**Teatro :**	*Théâtre*	**Terme :**	*Thermes*
Porta :	*Porte*	**Tempio :**	*Temple*	**Torre :**	*Tour*

★ **Casa di Loreius Tiburtinus** – A en juger par le bel impluvium en marbre, le triclinium orné de fresques, la **décoration**★ de l'une des pièces offrant sur fond blanc l'un des plus beaux exemples de peinture du 4e style, il s'agissait d'une riche demeure. Son plus bel ornement réside pourtant dans son **jardin**★ aménagé pour les jeux d'eau.

★ **Villa di Giulia Felice** – Bâtie à la limite de la ville, elle s'ordonne originalement en trois corps : la partie réservée à l'habitation ; des bains, que la propriétaire avait ouverts au public ; un ensemble destiné à la location, comprenant une hôtellerie et des boutiques. Le vaste jardin, bordé d'un beau **portique**★, est agrémenté d'une suite de bassins.

★ **Anfiteatro** – C'est le plus ancien amphithéâtre romain qu'on connaisse (80 avant J.-C.). A côté, la grande **palestre** servait à l'entraînement des athlètes.

★ **Nécropole de la Porta di Nocera** – Elle aligne ses tombeaux, selon la coutume, le long de l'une des routes qui sortaient de la ville.

Par la via di Porta Nocera revenir à la via dell'Abbondanza que l'on suit à gauche.

★★★ **Terme Stabiane** – *Entrée Via dell' Abbondanza.* Cet établissement de bains, le plus complet de Pompéi, comprend une section pour les femmes et une section pour les hommes. On pénètre dans la palestre pour les jeux athlétiques, à gauche de laquelle se trouvent une piscine et un vestiaire. Au fond, à droite, commence le **bain des femmes** : vestiaires avec cases à vêtements ; à côté, se trouvaient le tepidarium tiède et le caldarium chaud. L'installation du chauffage central sépare le bain des femmes du **bain des hommes**, comportant vestiaires vastes et bien conservés, frigidarium, tepidarium, caldarium ; belle décoration de stucs, en caissons.

Lupanare – La décoration en est fort libre.

★ **Pistrinum** – Four de boulanger, avec ses meules à farine.

★★ **Casa del Fauno** – C'était une demeure d'un faste exceptionnel. De proportions grandioses, elle occupait l'espace de tout un pâté de maisons et comptait deux atriums, deux péristyles et des salles à manger pour toutes les saisons. L'original de la statuette de faune en bronze qui ornait l'un des impluviums est au musée de Naples. Les pièces renfermaient d'admirables mosaïques dont la fameuse *Bataille d'Alexandre* (musée de Naples), qui couvrait le sol entre les deux péristyles.

Casa del Labirinto – Dans une des pièces s'ouvrant au fond du péristyle, mosaïque figurant un labyrinthe avec Thésée tuant le Minotaure.

★★★ **Casa dei Vettii** – Les frères Vettius étaient des riches marchands. Leur demeure qui, pour la décoration, surpasse en somptuosité toutes les autres, représente l'exemple le plus célèbre de maison et de jardin fidèlement reconstitués. L'atrium, dont le toit a été rétabli, donne directement sur le péristyle entourant un délicieux jardin embelli de statuettes, de vasques, de jets d'eau.
Les **fresques** du triclinium (à droite du péristyle), représentant des scènes mythologiques et des frises d'amours occupés aux tâches domestiques, sont parmi les plus belles de l'Antiquité.

★ **Casa degli Amorini dorati** – Elle dénote le goût raffiné de son propriétaire, qui vécut probablement sous Néron, et son penchant pour ce qui avait trait au théâtre. Les médaillons en verre et en or représentant des amours, qui ont donné son nom à la villa, ont été détériorés. Mais l'ensemble, avec un remarquable péristyle dont une aile est surélevée à la façon d'une scène, reste bien conservé. Remarquer le miroir en obsidienne incrusté dans le mur, près du passage entre le péristyle et l'atrium.

Casa dell'Ara Massima – **Peintures**★ (dont une en trompe l'œil) très bien conservées.

★ **Torre di Mercurio** – C'est l'une des tours carrées qui jalonnaient l'enceinte. Du sommet, **vue**★★ sur les fouilles.

Casa della Fontana Grande – Sa principale parure est sa **fontaine**★ en forme de niche tapissée de mosaïques et de fragments de verres polychromes, dans le goût égyptien.

★ **Casa del Poeta Tragico** – Cette maison doit son nom à une mosaïque, aujourd'hui au musée de Naples. Sur le seuil, chien de garde en mosaïque et inscription « Cave Canem ».

Casa di Pansa – Immense, elle avait été en partie transformée pour la location.

★★ **Porta Ercolano** – C'est la plus importante de Pompéi, avec deux passages pour piétons et un pour les chars.

★★ **Via dei Sepolcri** – De cette voie bordée de tombes monumentales et de cyprès se dégage une grande mélancolie. Toutes les formes de l'architecture funéraire gréco-romaine s'offrent ici : tombes à niches, petits temples de plan circulaire ou carré, autels reposant sur un socle, mausolées en forme de tambour, simples bancs semi-circulaires (ou exèdres).

Villa di Diomede – Important ensemble avec loggia surplombant un jardin et une piscine.

★★★ **Villa dei Misteri** – *Accès possible en voiture.* Située à l'écart de la ville, cette ancienne villa patricienne qui avait, après le tremblement de terre, perdu de son raffinement, comptait un nombre considérable de pièces. Près de l'entrée actuelle se trouvaient les dépendances *(en partie fouillées)*, réservées aux travaux domestiques et agricoles et au logement des serviteurs. Dans le quartier d'habitation des maîtres, une salle (à droite) renferme la splendide **fresque** à laquelle la villa doit sa célébrité : autour de la pièce, sur fond rouge pompéien, se déroule une grande composition qui représenterait l'initiation d'une jeune épouse aux mystères dionysiaques (lecture, par un enfant, du texte rituel : scène d'offrandes et de sacrifices ; flagellation ; noces d'Ariane et de Dionysos ; bacchante dansant ; toilette de l'épouse). Le culte de Dionysos, dont la maîtresse de céans aurait été prêtresse, était alors en grande faveur en Italie méridionale. Beau péristyle et cryptoportique.

Abbazia di POMPOSA★★

Abbaye de POMPOSA – Émilie-Romagne

Carte Michelin n° 988 pli 15 ou 429 H 18

49 km à l'Est de Ferrare

Abbaye Ⓥ bénédictine fondée au 6e s., dont le rayonnement fut immense, particulièrement du 10e au 12e s., époque à laquelle saint Guido de Ravenne, son abbé, et Guido d'Arezzo, inventeur de la gamme musicale, l'illustrèrent.

La très belle **église**★★ préromane, de style ravennate, est précédée d'un narthex dont la décoration marque le style byzantin. A sa gauche, un admirable campanile roman (1063) s'élance vers le ciel ; remarquer, d'une part, la progression du nombre et de la taille de ses baies, d'autre part, la sobriété élégante des bandes et arcatures lombardes qui décorent ses neuf étages, enfin la variété du décor géométrique obtenu par l'emploi des briques.
La nef a gardé partiellement son magnifique **pavement** de mosaïques et deux bénitiers, l'un roman, l'autre de style byzantin. Les murs sont revêtus d'un exceptionnel ensemble de **fresques** du 14e s. inspirées des miniatures ; on lit de droite à gauche, au registre supérieur, des épisodes de l'Ancien Testament, au registre inférieur, des scènes de la vie du Christ ; dans les écoinçons des arcades, scènes de l'Apocalypse ; au revers de la façade, *Jugement dernier ;* dans la chapelle absidiale, *Christ en majesté.*
Devant l'église s'élève le Palazzo della Ragione, où l'abbé rendait la justice.

Promontorio di PORTOFINO★★★

Promontoire de PORTOFINO – Ligurie

Carte Michelin n° 988 pli 13 ou 428 J 9

S'avançant en promontoire rocheux et tourmenté, la presqu'île de Portofino constitue l'un des paysages les plus séduisants de la Riviera ligure, grâce notamment à sa lumière tamisée qui baigne le littoral découpé et les petits ports qui s'y sont blottis. La péninsule a été en partie instituée **parc naturel**, zone dans laquelle faune et flore sont protégées. Quelques routes en corniche et de nombreux itinéraires pédestres permettent de mieux découvrir les secrets de sa beauté.

★★★ PORTOFINO

On y accède, à partir de **Santa Margherita Ligure**⩋⩋ *(5 km)*, élégante station balnéaire chère à Valéry Larbaud, par une **route de corniche**★★ (Strada Panoramica) ménageant de très belles vues sur la côte rocheuse de la péninsule.
Petit village de pêcheurs, Portofino groupe ses maisonnettes colorées au fond d'une crique naturelle. La **promenade au phare**★★★ *(1 h AR à pied)* offre de magnifiques points de vue au cœur d'une végétation faite d'oliviers, d'ifs et de pins. L'effectuer de préférence à la tombée du jour, lorsque le soleil éclaire le golfe de Rapallo.

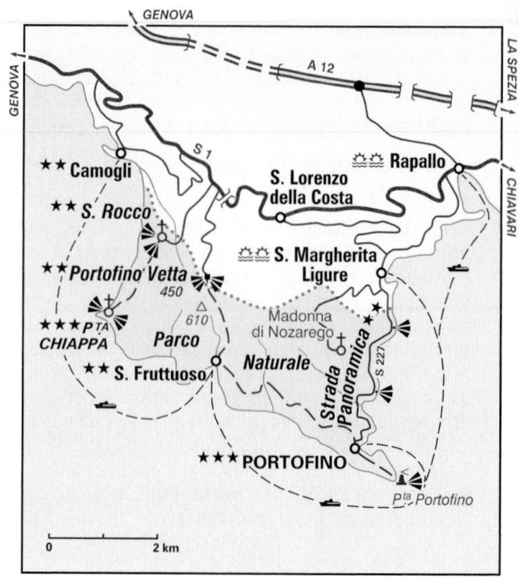

Du **château** ⓥ - anciennement Castello San Giorgio *(accès par les escaliers partant du port et la petite église San Giorgio)* -, splendides **vues**★★★ sur Portofino et le golfe de Rapallo ; en continuant le sentier jusqu'au phare, la vue embrasse toute la côte jusqu'à La Spezia.

ENVIRONS

San Lorenzo della Costa - *10 km.* A Santa Margherita Ligure, prendre la **route panoramique**★★ qui offre une succession de belles vues sur le golfe de Rapallo. Dans l'**église** de San Lorenzo, remarquer le **triptyque**★ d'un maître brugeois (1499) ; peut-être ce triptyque est-il l'œuvre de Gérard David, qui séjourna à Gênes.

★★ **Portofino Vetta** - *14 km. Accès par une route à péage* ⓥ. De ce promontoire (450 m), on découvre une très belle vue sur la péninsule et la côte ligure.

★★ **San Fruttuoso** - **Accès à pied :** *de Portofino, sentier signalisé, 4 h 1/2 AR ; de Portofino Vetta, sentier difficile en fin de parcours, 3 h AR.* **Accès en bateau** ⓥ : *de Rapallo, Santa Margherita Ligure, Portofino ou Camogli.*
Ce délicieux village de pêcheurs, auquel n'aboutit aucune route carrossable, est logé au fond d'une anse étroite sous le mont Portofino.

★★ **Belvedere di San Rocco** - *13 km.* De la terrasse de l'église, vue sur Camogli et la côte, de la pointe de la Chiappa jusqu'à Gênes. On peut gagner la **pointe de la Chiappa**★★★ *(2 h 1/2 à pied AR par un sentier en escalier partant à droite de l'église) :* vues inoubliables sur la péninsule de Portofino et, de la chapelle, sur la côte génoise.

★★ **Camogli** - *15 km.* De hautes maisons se pressant autour d'un antique petit port composent le cadre de Camogli.

PORTOGRUARO★

Vénétie - 24 733 habitants

Carte Michelin n° 988 pli 5 ou n° 429 E 20

La ville se développa à partir du 11e s. autour du fleuve Lemene, voie commerciale à l'origine de sa richesse. Deux belles artères, longées d'agréables portiques, doublent le cours d'eau de part et d'autre : de nombreux palais de caractère typiquement vénitien, datant de la fin du Moyen Âge et de la Renaissance (14e-16e s.), s'y succèdent. Sur le **Corso Martiri della Libertà**★★ (l'artère la plus commerçante) se dresse, non loin de la cathédrale (19e s.) et de son campanile roman penché, le curieux **Palazzo Municipale**★ de style gothique tardif (14e s.) à la façade crénelée de merlons gibelins. Derrière le palais, on découvre le fleuve (sur lequel on aperçoit à droite deux moulins du 15e s. restaurés) et un petit **oratoire de pêcheur** (17e s.) avec son propre embarcadère. Via del Seminario (principale rue de la rive opposée), le **museo nazionale Concordiese** ⓥ *(au n° 22)* possède des collections romaines (petit bronze de Diane chasseresse) et paléochrétiennes provenant de Concordia Sagittaria *(3 km au Sud)*, colonie romaine fondée en 40 avant J.-C.

Certains hôtels possèdent leur court de tennis, leur piscine, leur plage aménagée, leur jardin de repos : consultez le guide Rouge Michelin Italia de l'année.

POTENZA

Basilicate – 65 577 habitants

Carte Michelin n° 988 pli 28 ou 431 F 29
Plans dans le guide Rouge Michelin Italia

Potenza domine la haute vallée du Basento, dans un beau paysage ouvert de montagnes. Fondée par les Romains, la cité connut une période florissante. Aujourd'hui, c'est une ville active dont le développement a été favorisé par l'aménagement de réseaux ferroviaires et routiers ; elle surprend par ses hauts bâtiments modernes alignés en gradins qui composent, de nuit, un spectacle féerique. La vieille ville, fortement endommagée par le tremblement de terre de 1980, présente quelques monuments intéressants, notamment l'**église San Francesco** (13e s.) s'ouvrant par une belle **porte★** en bois Renaissance ; à l'intérieur, tombeau Renaissance, en marbre, et Madone du 13e s. Tout autour de la ville s'étendent les paysages de Lucanie, creusés par l'érosion et d'une inexprimable sauvagerie.

POZZUOLI★

POUZZOLES – Campanie – 75 002 habitants

Carte Michelin n° 988 pli 27 ou 431 E 24 – 16 km à l'Ouest de Naples
Schéma à la rubrique Golfe de Naples

Fondée par les Grecs, Pouzzoles fut aménagée en port maritime à l'époque romaine. Située au cœur de la zone volcanique des Champs phlégréens, elle souffre irrémédiablement des modifications du niveau du sol dues au bradisisme qui affecte la région : le centre-ville a été évacué.
La ville a, en outre, donné son nom à la pouzzolane, roche siliceuse d'origine éruptive, utilisée dans la composition de certains ciments.

★★ **Anfiteatro Flavio** ⓥ – *Corso Terracciano.* Datant de l'époque de Vespasien, c'est l'un des plus grands amphithéâtres d'Italie : il pouvait contenir 40 000 spectateurs. Bâti en brique et en pierre, il est assez bien conservé : on voit notamment ses enceintes, ses entrées et les **souterrains★★**, pratiquement intacts.

★ **Tempio di Serapide** – *En retrait de la via Roma.* Situé près de la mer, c'est en fait l'antique marché dont le périmètre était occupé par des boutiques. Dans une abside de la paroi du fond se trouvait autrefois la statue de Sérapis, dieu protecteur des commerçants. La corrosion marine que présentent jusqu'à 5,70 m au-dessus du sol les colonnes subsistant du pavillon central montre que celles-ci furent à certaines époques immergées.

★ **Tempio di Augusto** – Au sommet de la ville, ce temple datant des premières années de l'Empire a été transformé au 11e s. en église chrétienne. Un récent incendie a permis de retrouver une grandiose colonnade de marbre.

★★ **Solfatara** ⓥ – *2 km au Nord-Est par la route de Naples.* Il s'agit du cratère d'un ancien volcan éteint où subsistent néanmoins d'impressionnants phénomènes, tels que fumerolles d'anhydride sulfureux dégageant une forte odeur et laissant des dépôts jaunes, volcans en miniature crachant de la boue, et jets de sable bouillonnant. Le sol, dont la surface est chaude, sonne creux quand on le frappe. Les émanations de soufre ont été utilisées dès l'époque romaine à des fins thérapeutiques.

PRATO★★

Toscane – 165 735 habitants

Carte Michelin n° 988 pli 14 ou 429, 430 K 15

Malgré son atmosphère paisible et l'allure provinciale de ses quartiers historiques, Prato est une ville importante et active qui doit son essor à l'industrie textile qu'elle pratiqua dès le 13e s. Longtemps opposée à Florence, elle passa en 1351 sous l'influence de son illustre voisine dont elle suivit le destin jusqu'au 18e s. Les principales curiosités de la ville sont rassemblées à l'intérieur de l'hexagone formé par l'enceinte fortifiée construite au 14e s.

★ **Duomo** (**B**) – Édifié aux 12e et 13e s., avec adjonctions aux siècles suivants, il allie harmonieusement les styles roman et gothique. La façade, partiellement revêtue de marbre vert et de pierre blanche, tire son élégance de sa haute partie centrale, de sa fine décoration sculptée et de la gracieuse chaire circulaire surmontée d'un auvent, œuvre de Michelozzo (15e s.). Le flanc droit est animé d'arcatures aveugles dans le style pisan. Le campanile a un couronnement gothique.

L'intérieur, sobre, aux massives colonnes de marbre vert, contient de nombreuses œuvres d'art : la **chapelle de la Sainte Ceinture** qui abrite l'insigne relique – donnée selon la légende par la Vierge à saint Thomas comme preuve de son Assomption, et transférée au 12e s. de Jérusalem à Prato par un habitant de la ville – est fermée par deux **grilles★** en bronze, élégamment travaillées : à l'intérieur, fresques d'A. Gaddi et ses élèves (1392-1395) et ***Vierge à l'Enfant★*** (1317), sculpture de Giovanni Pisano. Dans la chapelle axiale, on peut admirer les **fresques★★** de **Filippo Lippi**, évoquant les vies de saint Étienne et de saint Jean-Baptiste ; de 1452 à 1465, ce moine peintre, qui défraya la chronique en raison de la légèreté de ses mœurs, réalisa ici un chef-d'œuvre de fraîcheur dans le coloris et de spontanéité dans les attitudes : le ***Banquet d'Hérode★★★***, avec la danse de Salomé, annonce la grâce mélancolique des figures féminines du plus illustre de ses élèves, Botticelli. La chapelle à droite de l'autel porte sur ses murs des **fresques★** commencées par Paolo Uccello et terminées par Andrea di Giusto.

Il faut encore remarquer la **chaire★** en marbre, au dessin original en forme de calice et, dans une niche, la touchante ***Vierge à l'Olive★***, en terre cuite, due à Benedetto da Maiano (1480).

LARA PESSINA

Chaire de Michelozzo à l'extérieur du Duomo

Museo dell'Opera del Duomo (**B**) ⓥ – Il réunit, dans des salles donnant sur une cour ravissante, les sept **panneaux★** sculptés entre 1428 et 1438 par Donatello pour la chaire de la Sainte Ceinture placée à l'angle de la façade de la cathédrale, quelques pièces d'orfèvrerie et des peintures de Filippino Lippi – fils de Filippo, né à Prato vers 1457 – et de Carlo Dolci (1616-1686).

★ **Palazzo Pretorio** (**A**) – D'architecture en partie romane, en partie gothique, il dresse sa masse austère sur une charmante petite place, la **piazza del Comune**, ornée d'une gracieuse fontaine en bronze due à Tacca (1659). À l'intérieur, la **Galleria Comunale** rassemble des œuvres de l'école toscane des 14e et 15e s., notamment une importante collection de **polyptyques★**, par Bernardo Daddi, Lorenzo Monaco, Filippo Lippi, etc. Œuvres du Napolitain Caracciolo (17e s.) et du Hollandais Van Wittel père.

Castello dell'Imperatore (**B**) – Rare exemple subsistant, en Italie du Centre et du Nord, d'un édifice construit par l'empereur Frédéric II de Hohenstaufen. Cette construction carrée aux murs presque aveugles est jalonnée d'énormes tours en saillie, selon un modèle que l'on retrouve dans le Sud, à Castel del Monte. Le couronnement de merlons gibelins rappelle la volonté de l'empereur qui entendait faire de la ville un jalon fortifié sur la route menant de l'Empire germanique au royaume de Sicile, sur lesquels il régnait.

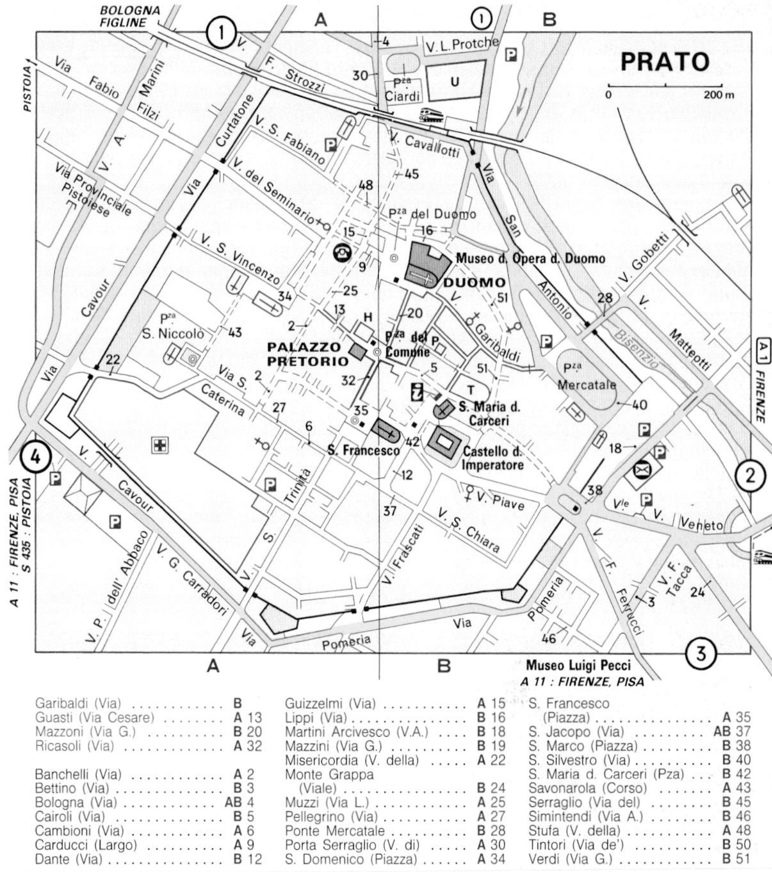

Santa Maria delle Carceri (**B**) – Belle construction datant de la fin du 15e s. et due à l'architecte Giuliano da Sangallo. L'**intérieur** du bâtiment présente les caractères nobles et sévères de l'architecture florentine inspirée par l'exemple de Brunelleschi.

Chiesa di San Francesco (**AB**) – Édifice construit du 13e au 15e s. Dans la salle capitulaire, **fresques★** par Nicolò di Pietro Gerini, Florentin influencé par Giotto.

PUGLIA★

La POUILLE

Carte Michelin n° 988 plis 28, 29, 30

Cette région, dont le nom dérive de l'ancienne Apulie romaine, s'étend de l'éperon au talon de la botte, le long de la côte méridionale de l'Adriatique. A l'exception du promontoire du Gargano et des collines calcaires des Murge qui se profilent derrière Bari, c'est un pays de plaine où l'on cultive céréales, oliviers et vignes, ou de pâture.
A l'écart des grandes migrations touristiques, la Pouille offre au visiteur la beauté sévère de ses paysages, ses plages relativement peu fréquentées et quelques merveilles d'architecture religieuse et militaire.

UN PEU D'HISTOIRE

Dès la fin du 8e s. avant J.-C., des Grecs de Laconie et de Sparte fondent sur les rivages de la Pouille les villes de Gallipoli, Otrante et, surtout, Tarente, qui fut aux 5e et 4e s. avant J.-C. le centre le plus florissant de la Grande Grèce. Les populations autochtones, les Lapyges, opposèrent une résistance farouche à la colonisation grecque ; mais plus tard, au 3e s., cités grecques et peuples italiotes durent se soumettre à la puissance romaine. Tarente déclina alors au profit de Brindisi, reliée à Rome grâce à la Via Appia prolongée par Trajan, port ouvert sur la Méditerranée orientale. Tant sur le plan des voies de communication que sur celui de l'organisation politique, l'Apulie profita largement de la colonisation romaine.

Le christianisme, implanté dès le 3e s. dans la région, s'affirma au 5e s. grâce à l'apparition de l'archange saint Michel à Monte Sant'Angelo. Puis, successivement occupée par les Byzantins, les Lombards et les musulmans, au 11e s., la Pouille fit appel aux Normands qui établirent leur domination sur tout le territoire. Grâce aux premières croisades qui partaient des ports de la côte apulienne et au règne de Roger II, la Pouille accrut considérablement sa fortune commerciale et son patrimoine architectural.

C'est pourtant avec l'arrivée de Frédéric II de Souabe, étonnant personnage autoritaire et cruel, athée, mais cultivé et d'une très haute intelligence, que la région connut dans la première moitié du 13e s. l'apogée de sa splendeur : le souverain, qui aimait le pays et l'habita, en favorisa l'essor économique, le réunifia et le dota d'une administration. Son œuvre fut poursuivie par son fils Manfred, qui dut se soumettre à Charles d'Anjou en 1266. Les Français se désintéressèrent de la région qui perdit bientôt de son prestige et de sa vitalité. La Pouille passa ensuite sous la domination des Aragon qui, en l'isolant, contribuèrent très largement à l'appauvrir.

Après une brève période de domination autrichienne, le règne des Bourbons de Naples améliora quelque peu les conditions d'immobilisme et de misère auxquelles les Espagnols avaient réduit le pays. Ce fut également le souci de la brève période napoléonienne. En 1860, la Pouille se ralliait massivement à l'Italie unifiée. Au cours du 20e s., elle s'est progressivement dégagée de cette difficile situation d'infériorité qu'elle partage avec tout le « Mezzogiorno » italien : elle a su gagner une indépendance dont témoignent des villes industrielles comme Tarente ou Lecce, la foire de Bari et les universités qui se sont créées dans les principaux centres de la région.

Everts/RAPHO

Pouille - Trulli à Alberobello

SITES ET LOCALITÉS

★★★ **Grotte di Castellana** ⓥ - *A Castellana-Grotte (40 km au Sud-Est de Bari).* Creusée par les rivières souterraines qui sillonnent le sous-sol calcaire des Murge, une immense galerie abandonnée par les eaux a révélé en 1938 de magnifiques concrétions d'une infinie diversité : draperies, stalactites et stalagmites aux riches coloris. A 70 m de profondeur, la **Grotte Blanche** étincelle grâce à ses cristaux de calcite.

★★★ **Promontoire du Gargano** - *Voir à ce nom.*

★★★ **Région des Trulli et Alberobello** - *Voir à Terra dei TRULLI.*

★★ **Castel del Monte** ⓥ - *29 km au Sud-Est de Barletta.* Au sommet d'une éminence des Murge, ce puissant château hautain et solitaire, élevé vers 1240 par Frédéric II de Souabe, domine la plaine environnante. Par son plan original, le Castel del Monte fait exception dans une série de quelque deux cents châteaux en forme de quadrilatère que ce souverain fit construire en Italie à son retour de croisade. En effet, bâti en pierre blonde, cet ouvrage présente un plan octogonal garni de huit tours d'angle de 24 m de haut, elles-mêmes octogonales.

Un superbe portail en arc de triomphe d'époque gothique mais d'inspiration antique ouvre sur la cour intérieure, autour de laquelle se succèdent huit pièces en trapèze à voûtes d'ogives. A l'étage supérieur, huit pièces identiques sont éclairées par des baies finement décorées. L'aménagement des conduites d'eau était très raffiné : l'eau tombée sur les toits et dans les citernes des tours était ensuite canalisée vers les différentes pièces.

≙ **Gallipoli** - La vieille cité, blottie sur une île, est reliée à la ville moderne par un pont et possède un ravissant petit port. On y voit une **fontaine hellénistique** *(près de l'entrée du pont, à gauche)* à fronton baroque, un château angevin, une cathédrale à la façade baroque qui rappelle le style de Lecce et, toute proche, l'église baroque de Santa Teresa. L'**église de la Purissima** possède un **intérieur**★ décoré comme un fastueux salon.

★★ **Lecce** - *Voir à ce nom.*

Locorotondo - *36 km au Nord de Tarente.* Cette ville est bâtie sur une colline autour de laquelle s'enroulent des ruelles concentriques, d'où son nom (loco rotondo : lieu rond). En arrivant de Martina Franca, on a une **vue**★ étonnante sur ses constructions blanches à toits pointus. La route de Martina Franca à Locorotondo traverse la **vallée d'Itria**★★, fertile et vaste plaine cultivée de vignes et d'oliviers et parsemée de trulli.

★ **Martina Franca** - Cette cité toute blanche occupe une colline des Murge. Au sommet, la vieille ville, entourée de remparts, forme un pittoresque ensemble baroque et rococo. Sur l'agréable **piazza Roma** s'élève l'ancien palais ducal (1668). La **collégiale San Martino**, à la belle façade ornée d'un haut relief, est le principal ornement de la piazza Plebiscito. Il faut parcourir la **via Cavour**★ bordée de nombreux palais baroques.

★ **Monte Sant'Angelo** - *Voir à ce nom.*

★ **Ostuni** - *35 km à l'Ouest de Brindisi.* Ce gros bourg occupant plusieurs collines possède une vieille cité encerclée de remparts qui enroule ses ruelles blanches au pied de la **cathédrale**. Celle-ci, édifiée à la fin du 15e s., est d'un style gothique tardif. Sa **façade**★ est couronnée d'un insolite pignon ondulé qui annonce l'âge baroque.

★ **Tarente** - *Voir à TARANTO.*

★ **Tremiti (Îles)** - *Voir à ce nom.*

Altamura - Ce gros bourg des Murge possède un noyau ancien qui se serre sur une butte. Au sommet de la rue principale s'élève la **cathédrale**, construite au 13e s. dans un style de transition roman-gothique. Sa façade, couronnée de deux clochers à bulbe ajoutés au 16e s., s'orne d'une **rosace**★ finement décorée (13e s.) et d'un **portail**★ richement sculpté (14e-15e).

Bari - *Voir à ce nom.*

≙ **Barletta** - *Voir à ce nom.*

Bitonto - *17 km au Sud-Ouest de Bari.* Entourée d'une mer d'oliviers, cette petite ville ancienne possède une belle **cathédrale**★ (Cattedrale) dérivée de celles de Trani et de Bari. La façade tripartite est animée de larges ouvertures richement sculptées ; sur le flanc droit court une élégante galerie à colonnettes supportée par de hautes arcades. A l'intérieur, des colonnes à beaux chapiteaux soutiennent une galerie à triplets ; remarquable chaire de 1229.

Brindisi - *Voir à ce nom.*

Canosa di Puglia - *23 km au Sud-Ouest de Barletta.* Antique cité grecque, puis romaine, dont les habitants produisaient des vases en céramique (askoi), elle a conservé une **cathédrale** romane du 11e s. qui présente des influences byzantines et qui a été remaniée au 17e s. après un tremblement de terre. La façade a été refaite au 19e s. Remarquer à l'intérieur le trône épiscopal (11e s.) et le **tombeau**★ de Bohémond, fils de Robert Guiscard, mort en 1111, curieux mausolée cubique surmonté d'une coupole. Via Cadorna, on peut visiter trois **hypogées** (Ipogei Lagrasta) ⏲ du 4e s. avant J.-C. et, à droite de la route d'Andria, les vestiges de la basilique paléochrétienne de **San Leucio**, édifiée sur un temple romain.

Foggia - *Plans dans le guide Rouge Michelin Italia.* Situé au cœur du Tavoliere, vaste plateau cultivé de céréales, cet actuel centre industriel et commercial fut fondé vers 1050 par le Normand Robert Guiscard. Frédéric II de Souabe y bâtit un château en 1223, aujourd'hui détruit.
De l'édifice élevé en 1172, la **cathédrale** conserve la partie inférieure, avec une rangée d'arcatures aveugles surmontée d'une corniche sculptée, et la crypte ; le reste fut détruit par le tremblement de terre de 1731.

Galatina - Centre artisanal et vinicole du Salento, péninsule plate et caillouteuse, Galatina possède une cathédrale dont la façade baroque rappelle le style gracieux de Lecce.

L'église **Santa Caterina di Alessandria**★ (14e s.) abrite un merveilleux cycle de **fresques**★ dues à plusieurs artistes du 15e s. Dans le cloître, fresques du 18e s.

Galatone - *24 km au Sud-Ouest de Lecce.* L'**église du Crocifisso della Pietà** présente une belle **façade**★ dorée d'un style baroque typique de la région de Lecce. Fastueux intérieur de stucs et d'ors.

Lucera - Cité importante sous l'Empire romain, affectée aux Sarrasins de Sicile par Frédéric II de Souabe que Charles II d'Anjou chassa, Lucera conserve un **château**★ imposant construit par les Angevins au 13e s., une **cathédrale** (Duomo) édifiée en 1300 et un **amphithéâtre romain** construit sous Auguste. Son **musée** (Museo Civico G. Fiorelli ⓥ) abrite une ***Vénus***★ de marbre, copie romaine d'un modèle de l'école de Praxitèle.

Manfredonia - Fondé au 13e s. par Manfred, fils de Frédéric II, ce port est protégé par un beau **château** du 13e s. De Manfredonia, on peut se rendre *(3 km au Sud par la route S 89)* à **Santa Maria di Siponto**★, élégante église romane du 11e s. qui mêle des influences orientales (plan carré, toit en terrasse dissimulant une coupole) et pisanes (arcades aveugles reposant sur des colonnes et renfermant des losanges).
L'**église San Leonardo** *(au-delà de Santa Maria, prendre à droite vers Foggia)*, de la fin du 11e s., s'orne d'un beau **portail**★ finement sculpté (début du 13e s.).

Otrante - *Voir à OTRANTO.*

Ruvo di Puglia - *34 km à l'Ouest de Bari.* Aux confins de la région des Murge, Ruvo possède une **cathédrale**★ de style roman apulien dont la sobre façade est rehaussée d'une rosace, d'une baie géminée, d'un beau portail sculpté et, au sommet, d'une frise d'arcs. A l'intérieur, la nef très élevée est scandée par de hautes arcades que surmonte une épaisse corniche soutenue par des consoles sculptées. Le **musée archéologique Jatta** ⓥ abrite notamment un superbe vase noir à figures rouges, le **cratère de Talos**★★.

Trani - Important marché vinicole possédant un port antique entouré de vieilles maisons, Trani s'enorgueillit de sa **cathédrale**★★ romane, une des plus belles de la Pouille. Dédiée à saint Nicolas le Pèlerin, humble berger grec qui serait arrivé à Trani sur le dos d'un dauphin, elle fut construite entre le 11e et le 13e s. Entourée d'arcatures aveugles, sa belle **porte de bronze**★ a été fondue vers 1180. Le transept, très élevé, précède le chevet percé d'une fenêtre finement décorée. L'intérieur est marqué par des influences normandes. Légèrement surélevées, les nefs sont bâties sur deux immenses cryptes dont la plus basse est peuplée d'une forêt de colonnes antiques. L'église supérieure, claire et sobre, présente de fines colonnes géminées soutenant les grandes arcades et l'élégante galerie à triplets (baies à trois ouvertures).
Du **jardin public**★, situé à l'Est du port, on a une jolie vue sur la vieille ville et sa haute cathédrale. Le **château**, au bord de la mer, fut édifié par Frédéric II de Souabe.

Troia - *17 km au Sud-Ouest de Foggia.* Bien situé sur une colline dominant la plaine du Tavoliere, ce centre agricole possède une belle **cathédrale** de style roman apulien, commencée au 11e s., et achevée au 13e s. Sa façade est ornée d'arcatures et d'une **rosace**★ asymétrique. Une belle **porte de bronze**★ du 12e s. de style byzantin, s'ouvre sur un intérieur à trois nefs séparées par des colonnes à beaux chapiteaux. A l'extérieur, sur le flanc gauche, la porte est surmontée d'un **tympan** sculpté où figure le Christ entre deux anges.

RAVELLO★★★

Campanie - 2 424 habitants

Carte Michelin n° 988 Sud du pli 27 ou 431 F 25
Schéma à la rubrique Amalfi

Ravello, suspendue entre ciel et mer, accroche ses ruelles, escaliers, passages voûtés, aux pentes abruptes de la colline du Dragon. L'ensemble compose un **site**★★★ inoubliable. La route venant d'Amalfi monte en lacet le long de l'étroite vallée du Dragon, plantée de vignes et d'oliviers.

★★★ **Villa Rufolo** ⓥ - *Piazza Vescovado, où s'élève la cathédrale.* Bâtie au 13e s. par les Rufolo, riche famille de Ravello, elle servit de résidence à plusieurs papes, à Charles d'Anjou, et, en 1880, à Wagner. On y pénètre par une belle allée ombragée ; ayant franchi la tour gothique de l'entrée, on parvient à la « cour mauresque » aux arcatures très aiguës, de style siculo-normand, surmontées d'entrelacs : il s'agit en fait d'un ancien cloître du 11e s. Une puissante tour, également du 11e s., domine les jardins somptueusement fleuris et l'architecture tout en décrochements de cette élégante villa. Des terrasses, splendide **panorama★★★** sur des sommets découpés jusqu'au cap d'Orso, la baie de Maiori et le golfe de Salerne. Au premier plan : coupoles de l'église de l'Annunziata.

★★★ **Villa Cimbrone** ⓥ – Une ravissante **ruelle★** conduit de la piazza Vescovado à la villa, en passant sous le porche gothique du couvent San Francesco, fondé par saint François en 1222 (cloître). Pénétrant dans l'enceinte de la villa, on visite d'abord un charmant cloître et une belle salle voûtée d'ogives (remarquer les curieuses grilles). Une grande allée traversant de beaux jardins mène au belvédère dont la terrasse est jalonnée de bustes de marbre : le **panorama★★★** dont on bénéficie sur les collines couvertes de cultures en terrasses, Maiori, le cap d'Orso et le golfe de Salerne est vertigineux.

Duomo – Fondé en 1086, puis transformé au 18e s., il conserve un campanile du 13e s. On y pénètre par une **porte de bronze★** signée Barisanus de Trani, 1179, avec des figures en relief. La nef centrale, dont les colonnes antiques ont été dégagées, conserve une magnifique **chaire★★** couverte de mosaïques à motifs et animaux fantastiques d'une extrême variété (1272). A gauche, un élégant **ambon** du 12e s. porte des mosaïques vertes représentant Jonas avalé et recraché par la baleine. La crypte abrite un petit **musée** ⓥ qui réunit des fragments de sculptures, des mosaïques et une **tête-reliquaire** en argent contenant les reliques de sainte Barbara.

★ **Chiesa di San Giovanni del Toro** – Cette petite église du 11e s. a été restaurée au 18e s. A l'intérieur, les arcades reposent sur des colonnes antiques. Elle abrite une **chaire★** du 11e s. richement décorée, un sarcophage romain (nef droite) et des fresques du 14e s. (crypte).

RAVENNA★★★

RAVENNE – Émilie-Romagne – 135 807 habitants

Carte Michelin no 988 pli 15 ou 429, 430 I 18

Paisible ville d'allure provinciale, Ravenne a conservé, à l'intérieur de constructions à l'architecture sobre, d'éblouissants trésors accumulés au cours des périodes où elle fut successivement capitale de l'Empire d'Occident et siège d'un exarchat byzantin. En effet, les mosaïques qui couvrent les murs des édifices religieux de Ravenne constituent l'ensemble le plus saisissant d'Europe, par l'éclat des couleurs, la richesse du décor et un puissant symbolisme, évocateur d'une grande spiritualité. C'est en 404 qu'Honorius, abandonnant définitivement Rome, déjà affaiblie par le partage de l'Empire réalisé par Théodose en 395, choisit Ravenne comme siège de la puissance impériale. **Galla Placidia**, sœur d'Honorius, régna avec un faste romain sur la ville avant que les rois goths Odoacre (476-493) et **Théodoric** (493-526) ne la conquièrent et ne l'embellissent à leur tour. La situation privilégiée de son port, Classis, sur l'Adriatique, ouverture sur le monde grec, a inévitablement conduit Ravenne à entrer en rapport avec Byzance où s'était déplacée la capitale de l'Empire en 476. Passée sous la domination byzantine, la ville devint le siège d'un exarchat sous l'empereur Justinien. Dès lors, elle exerça son influence sur toute l'Italie du Nord et même au-delà.

★★★ LES MOSAÏQUES

visite : une journée

Les mosaïques les plus anciennes sont celles qui ornent le baptistère néonien et le mausolée de Galla Placidia (5e s.) ; puis viennent, dans l'ordre chronologique, celles qui décorent le baptistère des Ariens, S. Apollinare Nuovo, S. Vitale et enfin S. Apollinare in Classe (6e s.).

GIRAUDON

Église Saint-Vital : Theodora

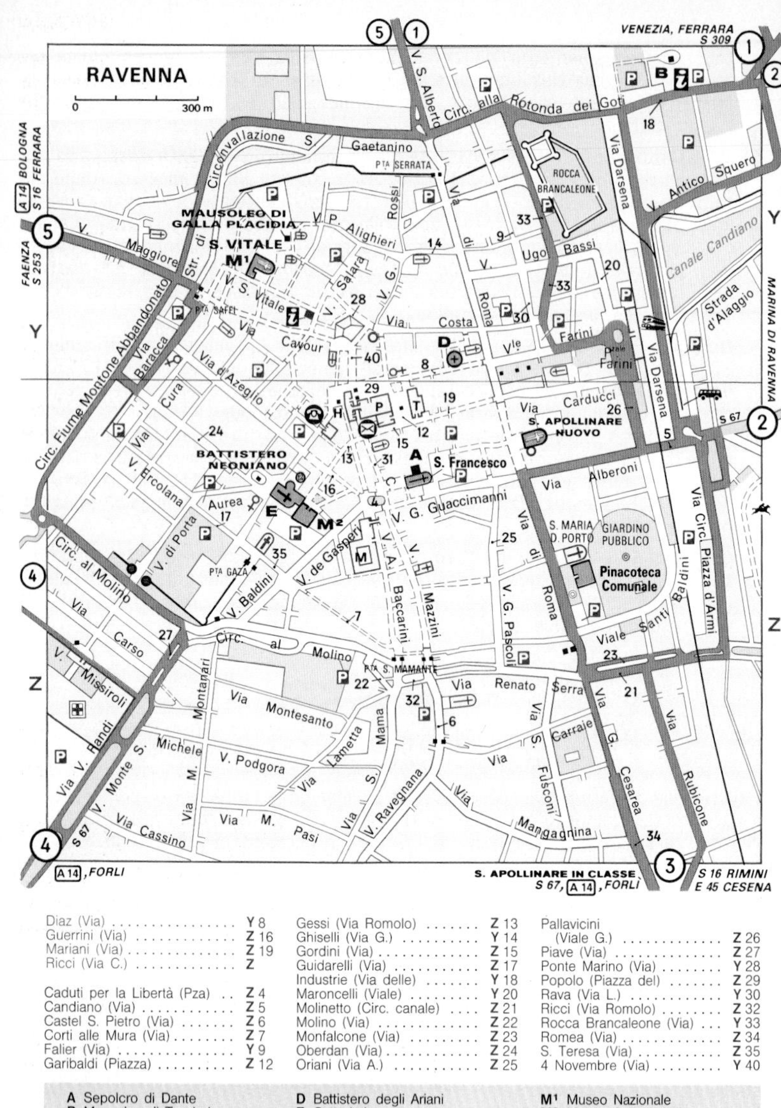

Diaz (Via) .... Y 8
Guerrini (Via) .... Z 16
Mariani (Via) .... Z 19
Ricci (Via C.) .... Z

Caduti per la Libertà (Pza) .. Z 4
Candiano (Via) .... Z 5
Castel S. Pietro (Via) .... Z 6
Corti alle Mura (Via) .... Z 7
Falier (Via) .... Y 9
Garibaldi (Piazza) .... Z 12
Gessi (Via Romolo) .... Z 13
Ghiselli (Via G.) .... Y 14
Gordini (Via) .... Z 15
Guidarelli (Via) .... Z 17
Industrie (Via delle) .... Y 18
Maroncelli (Viale) .... Y 20
Molinetto (Circ. canale) .... Z 21
Molino (Via) .... Z 22
Monfalcone (Via) .... Z 23
Oberdan (Via) .... Z 24
Oriani (Via A.) .... Z 25
Pallavicini
(Viale G.) .... Z 26
Piave (Via) .... Z 27
Ponte Marino (Via) .... Y 28
Popolo (Piazza del) .... Z 29
Rava (Via L.) .... Y 30
Ricci (Via Romolo) .... Z 32
Rocca Brancaleone (Via) ... Y 33
Romea (Via) .... Z 34
S. Teresa (Via) .... Z 35
4 Novembre (Via) .... Y 40

A Sepolcro di Dante
B Mausoleo di Teodorico
D Battistero degli Ariani
E Cattedrale
M¹ Museo Nazionale
M² Museo Arcivescovile

★★★ **Mausoleo di Galla Placidia** (Y) ⓥ – Élevée au 5ᵉ s., cette admirable construction en forme de croix latine d'une grande harmonie architecturale est ornée de merveilleuses mosaïques. Les voûtes, scintillant de motifs stellaires et floraux, et la coupole sont peintes d'un bleu profond. Aux tympans et aux pendentifs, scènes d'un symbolisme serein, notamment le Bon Pasteur, au revers de l'entrée. Les sarcophages qui occupent chacun des bras du mausolée seraient les tombeaux de Galla Placidia et de sa famille.

★★ **Basilica di San Vitale** (Y) ⓥ – Consacrée en 547 par l'archevêque Maximien, c'est un chef-d'œuvre d'architecture où s'expriment le goût du faste, l'invention, la recherche de lumières variées, propres à l'art antique finissant. De plan octogonal, sur deux étages d'exèdres concaves, cernées par un déambulatoire et une abside profonde, l'intérieur surprend par la richesse de sa décoration : marbres précieux, chapiteaux byzantins admirablement ciselés, fresques et, surtout, **mosaïques** de l'abside, d'un coloris éclatant. Sur les côtés et en avant du chœur, scènes de l'Ancien Testament ; sur les murs latéraux du chœur, groupes de **Théodora** avec sa suite et de **Justinien** accompagné de sa cour. On retrouve dans ces œuvres le faste, la puissance hiératique et l'écriture nettement affirmée du style byzantin. A la voûte, le ***Christ en majesté*** est assis entre saint Vital et l'évêque Ecclesio, fondateur de l'église. A gauche de Saint-Vital se trouve le **musée national** (Museo nazionale) (**Y M¹**) ⓥ : œuvres romaines, orientales, byzantines, romanes et Renaissance.

★ **Battistero Neoniano** (Z) ⓥ – Construit au 6ᵉ s. par l'évêque Néon, ce baptistère, également dit des Orthodoxes, est orné de superbes mosaïques aux couleurs violentes et contrastées : motifs décoratifs sur les arcs surmontant les baies et, à la coupole, ***Baptême du Christ*** accompagné du cortège des apôtres ; au-dessus des arcades du rond-point, sculptures byzantines en méplats (prophètes). Attenante au baptistère, la cathédrale (**E**) du 18e s. possède un campanile cylindrique des 10-11e s. et un ambon du 6e s. décoré d'animaux symboliques.

★ **Basilica di Sant'Apollinare Nuovo** (**Z**) ⏱ – Élevée en 519 par Théodoric, cette belle église à trois nefs séparées par des colonnes corinthiennes est ornée d'une série d'éblouissantes **mosaïques** à fond d'or. Au registre supérieur, scènes de la vie du Christ, puis saints et prophètes ; au-dessous, la fameuse **théorie des saintes** sortant de la ville et du port, portant, à la suite des Rois Mages, des offrandes à la Vierge. En face, une procession de vingt-six martyrs, partis du palais de Théodoric, se dirige vers le Christ en majesté, entouré d'anges.

Battistero degli Ariani (**Y D**) ⏱ – Construit au 6e s., vraisemblablement par Théodoric. Sa coupole est décorée de belles **mosaïques** représentant le baptême du Christ et, dans le bandeau, les apôtres et le trône crucifère.

★★ **Basilica di Sant'Apollinare in Classe** ⏱ – *5 km au Sud. Sortir par ③ du plan, route S 16.* Elle se dresse dans la campagne, non loin de la mer ; commencée en 534, consacrée en 549, elle a été complétée d'un campanile cylindrique séparé de la construction, au 11e s. L'intérieur, majestueux, est à trois nefs séparées par vingt-six arcades supportées par des colonnes de marbre. Dans les nefs latérales, on peut admirer de superbes sarcophages chrétiens primitifs, sculptés de symboles (5e au 8e s.). L'arc triomphal et le chœur sont ornés de magnifiques **mosaïques** (6e et 7e s.), d'une grande simplicité de composition et d'une belle harmonie de couleurs ; elles représentent, avec un symbolisme appuyé, le Christ sauveur et la Transfiguration.

AUTRES CURIOSITÉS

★ **Mausoleo di Teodorico** (**Y B**) ⏱ – Curieux monument élevé vers 520 par Théodoric lui-même. En pierres de taille énormes, assemblées sans liaison, il est constitué de deux étages et recouvert d'une étonnante coupole monolithe en pierre d'Istrie de 11 m de diamètre. A l'intérieur, d'une grande sobriété, bassin roman de porphyre transformé en sarcophage.

Museo arcivescovile (**Z M²**) ⏱ – Outre une petite collection lapidaire, il conserve la **chaire**★★ de l'archevêque Maximien (6e s.), chef-d'œuvre de sculpture sur ivoire. La **chapelle St-André** (Sant'Andrea)★★ recèle de remarquables mosaïques.

Pinacoteca comunale (**Z**) ⏱ – Ensemble de peintures des écoles italiennes, du 14e s. au 20e s. Beau **gisant**★ du chevalier Guidarello Guidarelli, par Tullio Lombardo (1526).

Sepolcro di Dante (**Z A**) – Exilé de Florence, Dante est mort à Ravenne en 1321. Sa tombe est surmontée d'un monument classique construit en 1780.

Chiesa di San Francesco (**Z**) – Église romane datant du 10e s., flanquée d'un campanile de la même époque et remaniée après la Seconde Guerre mondiale. Belles colonnes de marbre grec, maître-autel du 5e s. et crypte des 9e-10e s.

REGGIO DI CALABRIA

Calabre – 177 756 habitants

Carte Michelin n° 988 pli 39 ou 431 M 28 – Plan dans le guide Rouge Michelin Italia

Agréablement située le long du détroit de Messine, appuyée à l'Aspromonte, Reggio est une ville d'aspect moderne qui a été entièrement reconstruite après le tremblement de terre de 1908. Elle est entourée de cultures d'oliviers, de vignes, d'orangers, de citronniers et de fleurs utilisées en parfumerie : près de la moitié de la production mondiale de bergamote provient des environs de la ville.
De Reggio di Calabria, on peut passer quotidiennement en Sicile, grâce à de multiples services de bateaux et de bacs transportant les automobiles *(voir le guide Rouge Michelin Italia).*

★ **Lungomare** – Longue et élégante promenade de bord de mer, plantée de magnifiques palmiers et de magnolias. On y jouit d'une vue magnifique sur les côtes siciliennes et l'Etna.

★★ **Museo nazionale** ⏱ – Situé au centre-ville, ce musée moderne réunit une importante collection archéologique concernant l'histoire de la Grande Grèce, ainsi qu'une intéressante pinacothèque.
Néanmoins, depuis quelques années, sa réputation s'est élargie grâce aux deux **Guerriers de Riace**★★★, statues en bronze datant probablement du 5e s. avant J.-C., découvertes en 1972 au fond de la mer ; exposés au sous-sol de la **section archéologique**, ils frappent par leur exceptionnel état de conservation, leur prestance,

l'harmonie de leurs proportions et le raffinement des détails ; le mystère concernant leur auteur et leur origine reste entier. Au rez-de-chaussée sont conservés des documents relatifs à la préhistoire régionale, des objets évoquant la Grande Grèce (en particulier les fouilles de Locri, qui ont permis de mettre au jour des céramiques grecques et indigènes, des tablettes votives en terre cuite, un groupe de marbre, etc.). Au 1er étage, autres pièces hellénistiques et salle de numismatique.
Au 2e étage, la **pinacothèque** abrite deux œuvres remarquables d'**Antonello de Messine** : *Saint Jérôme* et *Les trois anges apparus à Abraham.*

ENVIRONS

★ **Aspromonte** – *Du « bivio Brandano » (embranchement des routes S 112 et S 183) à Melito di Porto Salvo sur la côte méridionale, la S 183 traverse l'Aspromonte du Nord au Sud, permettant d'en découvrir les aspects les plus variés. Description à la rubrique CALABRIA.*

REGGIO NELL'EMILIA

Émilie-Romagne – 131 853 habitants

Carte Michelin n° 988 pli 14 ou 428, 429 H 13 – Plan dans le guide Rouge Michelin Italia

Riche centre industriel et commercial sur la Via Emilia, Reggio est la ville natale de l'Arioste. Comme Modène et Ferrare, Reggio appartint à la famille d'Este de 1409 à 1776. Le centre de la ville est constitué par la piazza Prampolini et la piazza Cavour que domine le théâtre municipal (19e s.).

★ **Galleria Parmeggiani** ⓥ – *2, corso Cairoli.* Collections d'orfèvreries, de tissus, de costumes, d'armes, de meubles et de peintures : œuvres du Greco et de Ribera, peintures flamandes et toiles de maniéristes italiens.

Madonna della Ghiara ⓥ – *Corso Garibaldi.* Belle église du 17e s. coiffée d'une coupole. L'intérieur présente une riche décoration peinte par l'école bolonaise.

ENVIRONS

Brescello – *28 km au Nord-Ouest.* Elle doit son nom (Brixellum) aux Celtes installés dans la plaine du Pô qui déjà fondèrent sur leur passage Bressanone (Brixen) et Brescia (Brixia). Mais la notoriété récente de Brescello est liée à la série des films mettant en scène **Don Camillo** et **Peppone** remarquablement interprétés par Fernandel et Gino Cervi. Outre les lieux restés intacts, on retrouve dans l'église *(1re chapelle à droite)* le crucifix qui parlait à Don Camillo, à la sortie du village la chapelle de la Vierge que Peppone voulait détruire et, à quelques mètres de la place centrale, un **musée** ⓥ où sont rassemblés articles et affiches relatifs aux films et les objets utilisés lors des tournages.

Château de Canossa – *32 km au Sud-Ouest. Suivre la route de San Polo d'Enza, et, de là, bifurquer à gauche en direction de Canossa.* Il ne reste plus que les ruines romantiques, perchées sur un rocher, de cet imposant château où la « grande comtesse de Toscane », Mathilde, soutint une lutte de 30 ans contre l'empereur et en faveur du pape, lors de la querelle des Investitures. L'empereur d'Allemagne Henri IV y vint, en chemise, pieds nus dans la neige, faire amende honorable au pape Grégoire VII en 1077 ; il dut attendre trois jours avant d'obtenir le pardon de ses fautes ; de là l'expression « aller à Canossa », c'est-à-dire s'humilier après avoir résisté à quelqu'un.

RIETI

Latium – 43 090 habitants

Carte Michelin n° 988 pli 26 ou 430 O 20 – 37 km au Sud-Est de Terni

Située à un carrefour de vallées, au cœur d'un bassin cultivé, Rieti est le centre géographique de l'Italie. C'est également un bon point de départ pour les excursions permettant de suivre les pas de saint François qui vécut et exerça son ministère dans les proches environs.

Piazza Cesare Battisti – Elle constitue le centre monumental de la ville. Par la grille située à droite du Palazzo del Governo (16e-17e s.) et de son élégante loggia, on pénètre dans l'agréable **jardin public**★ (belle vue sur la ville et les environs).

Duomo – Porche du 15e s. et un beau campanile roman de 1252. A l'intérieur, fresque de 1494 représentant la Madone. **Crypte** du 12e s.

Palazzo vescovile – *Derrière la cathédrale.* Construit au 13e s., il possède d'imposantes **voûtes**★ à bandeaux épais, délimitant deux vastes nefs (servant aujourd'hui de garage).

EXCURSIONS

Convento di Fonte Colombo ⓥ – *5 km au Sud-Ouest. Suivre la route de Contigliano pendant 3 km, puis prendre à gauche.* Dans l'ancien ermitage, saint François subit une opération des yeux ; dans la grotte, il dicta la règle franciscaine après avoir jeûné 40 jours. La chapelle Ste-Madeleine, du 12e, est ornée de fresques où apparaît le « T », emblème de la croix dessiné par le « Poverello ». On peut voir également la chapelle St-Michel, la grotte où il jeûna, le tronc d'arbre où Jésus lui apparut, l'ancien ermitage et l'église du 15e s.

★ **Convento di Greccio** ⓥ – *15 km au Nord-Ouest. Se rendre à Greccio par Contigliano. Après 2 km, laisser la voiture sur une esplanade au pied du couvent.* Accroché à un surplomb du rocher, à 638 m d'altitude, ce monastère est formé de bâtiments datant du 13e s. C'est ici que saint François institua la tradition de la crèche de Noël (« presepio »). On visite la chapelle de la Crèche (fresques de l'école de Giotto), les lieux où vécut le saint et, à l'étage supérieur, l'église primitive érigée en 1228 et qui a gardé son mobilier d'origine.

Convento di Poggio Bustone ⓥ – *10 km au Nord par la route de Terni.* Perché à 818 m d'altitude, dans un site verdoyant, ce couvent comprend une église du 14e s., très remaniée, qui a conservé des fresques datant des 15e, 16e et 17e s., un charmant petit cloître des 15-16e, un réfectoire du 14e s. et deux grottes qu'habita saint François.

Convento La Foresta ⓥ – *5 km au Nord.* C'est là que saint François composa le Cantique des Créatures et accomplit le miracle de la vigne. On visite le cellier avec la cuve qu'emplit le raisin miraculeux, et la grotte où vécut le saint.

RIMINI

Émilie-Romagne – 127 884 habitants

Carte Michelin n° 988 pli 15 ou 429, 430 J 19

Plan dans le guide Rouge Michelin Italia

A côté de sa station balnéaire, internationalement réputée, dotée d'équipements hôteliers modernes, d'un port de plaisance, d'un aéroport et surtout d'une immense plage de sable fin, Rimini possède un noyau ancien riche de monuments.
Grâce à sa situation au carrefour des voies romaines Emilia et Flaminia, cette antique colonie ombrienne et gauloise s'épanouit sous l'Empire.
Au 13e s., la famille des **Malatesta** porta la renommée de la ville à son comble. Ses membres se distinguèrent par un mélange de cruauté et de raffinement : Dante a raconté dans *La Divine Comédie* le meurtre de Paolo Malatesta et de Francesca da Rimini par leur frère et époux Gianni Malatesta ; plus tard, Sigismond Ier, tout en encourageant les arts et en protégeant les humanistes, répudia, empoisonna ou étouffa ses trois premières femmes avant d'épouser sa maîtresse. Après la chute de cette famille, la cité devint la propriété du pape.
Rimini est également la patrie du grand cinéaste Federico Fellini (1920-1993).

★ **Tempio Malatestiano** – Construite au 13e s. par les Franciscains et devenue mausolée des Malatesta dès le 14e s., cette église fut transformée à partir de 1447 par Leon Battista Alberti à la demande de Sigismond Ier. Conforté par l'idée que l'église devait glorifier le tyran et sa dernière épouse Isotta en abritant leurs tombeaux, l'architecte florentin n'hésita pas à adopter le modèle antique de l'arc de triomphe (en s'inspirant de l'arc d'Auguste voisin) pour habiller et structurer la façade, qu'il coiffa d'un grand fronton où s'ouvre une fenêtre. Bien qu'inachevé, le « temple » Renaissance de Rimini inaugure ainsi, avec son décor à l'antique, un nouveau type de façade d'édifice religieux.
L'intérieur, de proportions vastes et imposantes, conserve une décoration allégorique sculptée d'une grâce et d'une finesse exquises, due en grande partie à Agostino di Duccio : on retrouve ces motifs également dans les chapelles latérales. Dans la chapelle des Reliques, à droite, **portrait de Sigismond Malatesta**★, peinture de Piero della Francesca ; dans la chapelle suivante, tombeau d'Isotta face à un **crucifix peint**★ du 14e s. (école de Rimini). Dans la 1re chapelle de gauche, cénotaphe des ancêtres de Sigismond Malatesta, orné de bas-reliefs.

Arco d'Augusto - *Piazzale Giulio Cesare.* Élevé en 27 avant J.-C., il offre un aspect majestueux grâce, notamment, à ses belles colonnes cannelées à chapiteaux corinthiens.

Ponte di Tiberio - Commencé sous Auguste, ce pont fut achevé en 21 après J.-C., sous Tibère. Son appareil est formé de pierres massives provenant d'Istrie.

ENVIRONS

Italia in Miniatura - *8 km au Nord-Ouest de Rimini sur la SS 16 direction Rivabella.* Ce parc reproduit sous forme de jardin la botte italienne (contours et relief), où il présente ses richesses architecturales et ses sites grâce à environ 200 maquettes. S'y ajoutent une rapide évocation de l'Europe et un espace de jeux et d'attractions.

La RIVIERA★★

Ligurie

Carte Michelin n° 988 plis 12, 13, 115 plis 19, 20, 29 ou 428 plis 24, 25, 32 à 36

De Vintimille à La Spezia, au pied des Alpes et de l'Apennin ligure, et donc protégée des vents, s'étend une côte dessinant un ample arc dont le centre est occupé par la ville de Gênes.
A l'instar de la Côte d'Azur française, la Riviera ligure est le paradis des vacanciers. Son climat particulièrement doux y rend agréables les séjours en hiver également. Les bords de mer sont jalonnés de stations fréquentées et bien aménagées du point de vue hôtelier ; mais l'arrière-pays procure aux amoureux de promenades solitaires de nombreuses possibilités.

Visite - Les schémas ci-après situent, outre les localités et sites décrits, d'autres lieux particulièrement pittoresques (indiqués dans le plus petit caractère noir).

★ 1 RIVIERA DU PONANT

De Vintimille à Gênes *175 km - compter une journée*

L'antique voie romaine Aurelia constitue aujourd'hui encore le principal axe routier. Difficile en raison de son parcours sinueux, de son étroitesse et du trafic intense qui l'emprunte, cette route offre néanmoins de fréquents points de vue remarquables, qu'elle s'élève en corniche, ou qu'elle longe de près la mer. La magnifique autoroute A 10, où alternent viaducs et tunnels, la double. Tantôt d'innombrables stations de villégiature et villas se succèdent au cœur d'une végétation abondante et variée, tantôt l'Aurelia traverse des plaines deltaïques, débouchés des nombreux torrents provenant de la montagne. L'exposition solaire de la Riviera du Ponant, exceptionnelle, a favorisé la culture des fleurs, produites tout au long de l'année dans les serres qui occupent les collines.
L'arrière-pays, qui s'élève aussitôt derrière le littoral, contraste violemment avec celui-ci par le silence et la sauvagerie de ses espaces boisés.

Ventimiglia - *Plan dans le guide Rouge Michelin Italia.* Toute proche de la frontière française, **Vintimille** a gardé sa ville haute médiévale (Città Vecchia), constituée d'un lacis de ruelles étroites où s'élèvent une cathédrale (Duomo) des 11e et 12e s., un baptistère octogonal du 11e s., l'église San Michele (11e-12e s.) et l'oratoire des Neri (17e s.). A **Mortola Inferiore**, les **jardins Hanbury**★★ ⌚ *(6 km à l'Ouest, en direction de la frontière française)*, disposés en terrasses au-dessus de la mer, réunissent une végétation exotique très variée.

⌂⌂ **Bordighera** - Célèbre station balnéaire aux nombreuses villas et hôtels disséminés parmi des jardins fleuris qu'ombragent de superbes palmiers. La vieille ville aux ruelles tortueuses possède encore ses portes d'enceinte.

⌂⌂ **San Remo** - *Voir à ce nom.*

★ **Taggia** - Ce gros bourg situé au milieu des vergers, vignobles et oliveraies commande la vallée de l'Argentina. Taggia fut, aux 15e et 16e s., un important centre artistique qui rassemblait des peintres tels que le Niçois Louis Brea, le Piémontais Canavese, les Génois Perin del Vaga et Luca Cambiaso. L'**église St-Dominique** (San Domenico) recèle un bel ensemble de **peintures**★ de Louis Brea : *Vierge de miséricorde, Baptême du Christ.*

⌂ **Diano Marina** - De là, on peut gagner le bourg fortifié de **Diano Castello** dont la chapelle des Chevaliers de Malte (12e s.) est couverte d'un toit en bois polychrome.

Albenga - Située légèrement en retrait de la mer, dans une fertile plaine d'alluvions riche en cultures maraîchères, Albenga possède une **vieille ville**★ médiévale qui groupe ses ruelles autour de la **cathédrale** (Cattedrale). Celle-ci est dominée par un imposant campanile de la fin du 14e s. et présente à la nef une belle voûte peinte à fresque, en trompe l'œil. Un baptistère du 5e s., de plan octogonal, conserve une cuve baptismale et une ravissante mosaïque paléochrétienne de style ravennate.

Finale Ligure - A **Finale Marina**, une basilique offre une fantaisiste façade baroque. A **Finale Pia**, l'église abbatiale est flanquée d'un élégant campanile de la fin du 13e s. A 2 km à l'intérieur des terres, le vieux bourg de **Finale Borgo**★ a conservé son enceinte fortifiée et sa collégiale San Biagio à l'élégant campanile polygonal du 13e s. ; à l'intérieur, polyptyque de sainte Catherine (1533) et tableau du 16e s. représentant saint Blaise entouré de saints.
Du **Castello San Giovanni** *(1 h à pied AR au départ de la via del Municipio)*, **vue**★ sur Finale Ligure, la mer et l'arrière-pays ; plus haut, le **Castel Gavone** conserve une belle tour ronde du 15e s. à bossages en pointes de diamant.

★ **Noli** - Village de pêcheurs ayant conservé des maisons anciennes, des tours du 13e s. et une église romane abritant un Christ en bois, également roman.

Savona - *Plans dans le guide Rouge Michelin Italia.* Septième port d'Italie, assurant le fret de pétrole, charbon et cellulose, ainsi que le transport des automobiles italiennes en direction de l'Angleterre et des États-Unis. La vieille ville conserve quelques palais Renaissance, une cathédrale (Duomo) du 16e s. et, en bordure de mer, la **forteresse Priamar** (16e s.) où le patriote Mazzini fut emprisonné en 1830.

Albissola Marina - La production artisanale de céramiques perpétue une tradition née au 13e s. A la fin du 16e s., Louis de Gonzague, duc de Nevers, fit venir à Nevers les frères Conrade d'Abissola pour y fonder la célèbre fabrique de faïences. La **villa Faraggiana** (18e s.) ⌚, entourée d'un beau **parc**★ exotique, abrite le Centre ligure de l'histoire de la céramique : riche mobilier Empire, pavements de céramique et superbe **salle de bal**★ revêtue de fresques et de stucs.

★★ **Gênes** - *Voir à GENOVA.*

★★★ 2 RIVIERA DU LEVANT

De Gênes à La Spezia *173 km - compter une journée*

Cette côte présente plus de caractère et de sauvagerie que la Riviera du Ponant : des promontoires aigus avançant dans la mer, de petites anses abritées des vents où se blottissent de minuscules ports de pêche, de grandes baies lumineuses, des falaises, des bois de pins et d'oliviers occupant les collines de l'arrière-pays, constituent le charme de ce paysage. La route, sinueuse, accidentée, est toutefois rarement en corniche et s'éloigne souvent du rivage.

★★ **Gênes** - *Voir à GENOVA.*

★★★ **Portofino** - *Voir à ce nom.*

Rapallo - *Plan dans le guide Rouge Michelin Italia.* Élégante station balnéaire admirablement située au fond d'un golfe, à la base de la péninsule de Portofino. Une jolie **promenade**★ (lungomare Vittorio Veneto) ombragée de palmiers longe la mer.

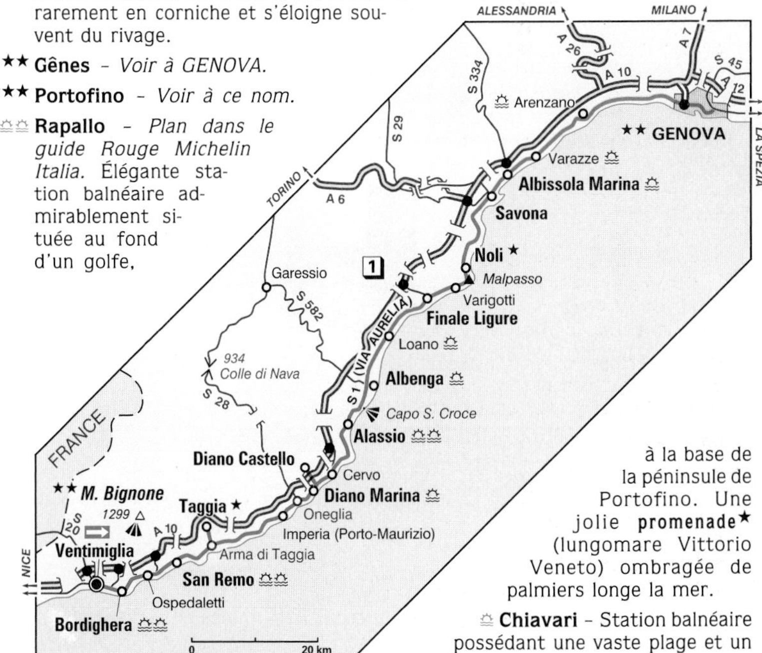

Chiavari - Station balnéaire possédant une vaste plage et un port de plaisance.

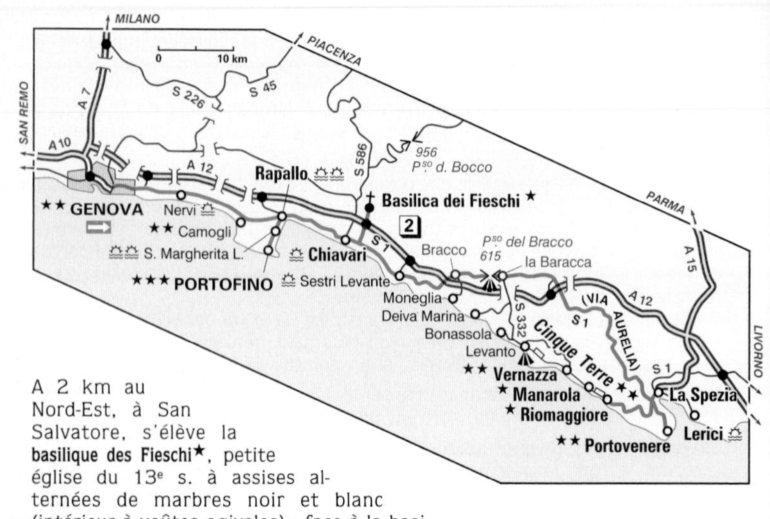

A 2 km au Nord-Est, à San Salvatore, s'élève la **basilique des Fieschi★**, petite église du 13e s. à assises alternées de marbres noir et blanc (intérieur à voûtes ogivales) ; face à la basilique, le palais Fieschi est un élégant édifice de style gothique génois (13e s.).

★★ **Cinque Terre** – *Voir à ce nom.*

La Spezia – *Plan dans le guide Rouge Michelin Italia.* Base navale et port marchand, La Spezia possède l'arsenal le plus important d'Italie et se consacre aussi à l'industrie des armes. On peut visiter le **musée naval** ⓥ : souvenirs, armes, maquettes.

★★ **Portovenere** – Cette petite ville d'aspect sévère, dominée par une imposante citadelle des 12e-16e s., a gardé de très anciennes maisons dont certaines datent du 12e s. et dont quelques-unes furent jadis fortifiées par les Génois. L'église San Lorenzo a été édifiée au 12e s., l'église San Pietro conserve des vestiges du 6e s. : de la terrasse, très belle vue sur le golfe de La Spezia et les Cinque Terre.

Lerici – Petit port et station balnéaire retirée au fond d'une anse bien abritée : imposant château (Castello) bâti au 13e s. et reconstruit par les Génois au 16e s.

ROMA★★★

ROME – Latium – 2 773 889 habitants

Carte Michelin n° 988 pli 26 ou 430 Q 19
Plan d'ensemble dans le guide Rouge Michelin Italia

« Ville Éternelle », emblème du christianisme, dans laquelle triomphèrent le maniérisme et le baroque, mais où se mêlent avec un nonchalant bonheur toutes les époques de l'art, Rome, capitale de l'Italie dès 1870, réserve les plus agréables surprises non seulement à l'amateur d'art mais aussi au visiteur amoureux de l'Italie.

Pour une visite approfondie de la ville, il est recommandé de se procurer le guide Vert Michelin Rome.

UN PEU D'HISTOIRE

Rome possède une origine mythique qu'ont créée et alimentée les poètes et les historiens latins, notamment Virgile dans son long poème de l'Énéide et Tite-Live dans les livres de son Histoire romaine. C'est ainsi que l'on apprend que le héros troyen Énée, de souche divine, fuyant sa patrie, aurait abordé à l'embouchure du Tibre afin d'y fonder une nouvelle Troie ; ayant vaincu les rois locaux, il jeta les bases de Lavinium. Son fils Ascagne (Iule) fonda Albe-la-Longue où naquirent les jumeaux Remus et Romulus, issus de l'union de Mars avec une Vestale. Livrés au Tibre, les deux enfants furent rejetés par le fleuve sur le rivage du Palatin où une louve les nourrit. Plus tard, Romulus traça à cet endroit un sillon où devait s'élever la nouvelle cité ; son frère Remus, ayant franchi l'enceinte sacrée par jeu, fut tué.
Pour peupler son village, Romulus attira des hors-la-loi qui s'installèrent sur le Capitole et leur donna pour épouses les Sabines. Il s'ensuivit une alliance entre les deux peuples et une succession de rois alternativement Sabins et Latins, avant l'arrivée des Étrusques. Les historiens modernes pensent quant à eux que ce sont les avantages stratégiques des collines romaines, notamment du Palatin, qui constituait une étape idéale sur la voie du sel (la Via Salaria), qui ont déterminé les populations voisines à se fixer à cet endroit dès le 8e s. avant J.-C.
Deux siècles plus tard, les Étrusques transformèrent ce village de cabanes en une véritable ville organisée et installèrent une citadelle sur la colline du Capitole. A la suite d'une royauté étrusque, dont Tarquin le Superbe fut le dernier représentant (509 avant J.-C.), Rome institua le Consulat, puis une république ambitieuse et expansionniste. Au cours des 2e et 1er s., le régime républicain sombra dans les guerres civiles ; il fallut attendre l'avènement d'un homme habile et volontaire pour que Rome, déchirée par les rivalités politiques, fût à nouveau en mesure de dominer efficacement les nouveaux territoires conquis. **Jules César** (101-44 avant J.-C.) s'imposa à ses adversaires par son audace de stratège (il soumit la Gaule en 51), son intelligence des affaires politiques, ses talents d'orateur et son ambition sans mesure ; nommé consul et dictateur à vie, il mourut assassiné aux Ides de Mars (le 15 mars) de l'année 44 avant J.-C. Lui succéda **Octave**, son neveu, de santé fragile et sans gloire militaire, mais doué d'une ténacité et d'un génie politique incomparables, qui se débarrassa habilement de ses adversaires à la succession ; en 27 avant J.-C. le Sénat lui décerna le titre d'**Auguste**, lui conférant un caractère de sainteté ; accumulant toutes les fonctions, politiques aussi bien que judiciaires et religieuses, Auguste devint bientôt le premier empereur romain ; son œuvre fut considérable : il étendit la domination de Rome à l'ensemble du bassin méditerranéen, mais il lui donna également la paix.
A la mort d'Auguste se succédèrent une longue liste d'empereurs dont certains, comme Caligula, Néron et Domitien, se signalèrent par des actes de folie et de cruauté ; d'autres, comme Vespasien (bon administrateur), Titus (surnommé « le délice du genre humain », Trajan (« le meilleur des empereurs », inlassable constructeur) et Hadrien (voyageur infatigable, épris d'hellénisme) continuèrent l'œuvre de civilisation romaine.

Le christianisme – Alors que le monde antique s'affaiblit, miné par la misère, la concentration du pouvoir dans les mains d'un seul homme et les attaques répétées des Barbares, une nouvelle puissance, apparue dès l'époque d'Auguste, s'affirme. En effet, venue de Palestine et de Syrie, la religion de Jésus, diffusée dans le monde païen par ses disciples, avait gagné Rome. A un monde alors en plein désarroi, le christianisme proposait l'espérance dans l'Au-delà et l'amour fraternel. Dès la fin du 1er siècle et le début du 2e s. après J.-C., l'Église chrétienne était organisée, mais elle se heurta aussitôt au pouvoir des empereurs. Il fallut attendre l'**édit de Milan** (en 313) tolérant la pratique du culte chrétien, et la conversion de l'empereur **Constantin**, pour que les églises puissent s'édifier en plein jour.
Aux premiers temps du christianisme, le représentant du Christ sur terre était l'évêque. L'évêque de Rome, siégeant dans la capitale traditionnelle de l'Empire, revendiqua le premier rang dans la hiérarchie ecclésiastique. C'est ainsi que sous le nom de **Pape** (du bas latin « papa » : père), les chefs de la chrétienté déterminèrent

l'histoire de l'Église et façonnèrent le visage particulier de la Ville Éternelle. Au XIe s., **Grégoire VII** restaura une situation de désordre au sein de l'Église qui ne lui faisait guère honneur, combattit le trafic des biens ecclésiastiques et le mariage des prêtres ; il déclencha la fameuse querelle des Investitures qui opposa le souverain pontife à l'empereur. Au cours de la Renaissance, de nombreux papes, érudits, actifs mécènes, et ambitieux, contribuèrent largement, en attirant à la cour de prestigieux artistes comme Raphaël et Michel-Ange, à l'embellissement de la capitale. Parmi eux, il faut rappeler le nom de Pie II, Sixte IV (bâtisseur de la chapelle Sixtine, de Sainte-Marie-de-la-Paix et Santa Maria del Popolo), Jules II (qui confia à Michel-Ange le décor des plafonds de la Sixtine), Léon X (immensément riche, il nomma Raphaël intendant des arts), Clément VII, Sixte Quint qui fut un infatigable bâtisseur, et Paul III qui fit élever le palais Farnèse.

ROME AUJOURD'HUI

Aucune ville au monde ne mêle avec autant d'harmonie et de liberté autant de témoignages divers du passé (vestiges antiques, édifices médiévaux, palais Renaissance, églises baroques). Loin de se nuire, les époques composent ici une manière de continuité logique où les reprises, les influences, les contrastes sont autant de nuances du génie des architectes et constructeurs romains. Certes, les ruines d'aujourd'hui n'ont plus la splendeur qu'elles devaient avoir quand elles étaient encore recouvertes de marbres, à l'époque impériale ; sans doute, un bon nombre de palais ont-ils perdu leur décoration peinte en façade ; et, c'est vrai que le trafic intense et les bouleversements liés à la modernisation d'une capitale ont profondément modifié l'aspect de la Rome que découvrirent Goethe ou Stendhal.
Il n'empêche que le visiteur contemporain ne pourra manquer d'être séduit par la grandeur du projet urbanistique qui régit la capitale. C'est des belvédères du Janicule (Gianicolo – **AY**), de l'Aventin (Aventino – **CZ**) ou du Pincio (**BV**), que l'on mesure le mieux l'ampleur du plan qui occupe les sept collines principales. Le voyageur y découvrira, vers la fin du jour, dans une lumière dorée particulière à la ville, les taches vert sombre des jardins, la silhouette des pins parasols coiffant les champs de ruines, ainsi que les innombrables coupoles et clochers qui émergent des toits de tuile rose.
Rome est en effet la ville des églises : on en dénombre environ 300, certaines se faisant face dans la même rue. Leurs façades, qu'il est souvent difficile d'observer avec beaucoup de recul, compensent ce défaut par la richesse de leur décor et l'artifice du trompe-l'œil. La plupart du temps, l'intérieur procure un étonnement renouvelé grâce à l'invention et à l'audace des solutions adoptées ou par le silence et la lumière qui y règnent. Dans la « Vecchia Roma », autour du Panthéon (**BX**), de la piazza Navona (**BX**) ou du Campo dei Fiori (**BY**), les palais succèdent aux palais. Pour celui qui s'aventure dans ces quartiers, il n'est pas rare d'apercevoir, entre les façades aux teintes ocre, une place où se tient un marché, une enfilade d'escaliers au pied desquels coule une fontaine. Les promenades nocturnes dans ces rues, éclairées par des lampadaires haut placés diffusant une lumière féerique, ont un charme que l'animation des principales artères ne laisse guère présager.
Le commerce de luxe est localisé entre la piazza del Popolo (**BV**), la via del Corso (**BCX**), la piazza di Spagna (**CX**) et les rues perpendiculaires qui les joignent. La via Veneto (**CX**) est bordée, dans sa partie supérieure, de luxueux hôtels et de terrasses de cafés où se rassemble le tourisme international. La piazza Navona est un lieu de rendez-vous à la mode, le **Trastevere** (**BY**), ancien quartier populaire, offre de nombreux restaurants ; la via dei Coronari (**BX 25**) réunit antiquaires et brocanteurs.

VISITE

Pour ceux qui, effectuant un itinéraire en Italie, souhaitent faire une halte de 2 ou 3 jours à Rome, les quelques paragraphes qui suivent donnent des indications générales sur une vingtaine de centres de grand intérêt, classés par ordre alphabétique. Sous le titre « Autres curiosités » sont mentionnés, par genre, d'autres monuments importants, sites ou musées qui mettront en évidence la richesse exceptionnelle de la ville.

★★★ CAMPIDOGLIO (CAPITOLE – CY)

Sur l'antique colline qui symbolisa la puissance de Rome et où siège aujourd'hui la municipalité de la ville ont pris place l'église Santa Maria d'Aracoeli, la place du Capitole et ses palais, et d'agréables jardins.

★★ **Chiesa di Santa Maria d'Aracoeli** (**A**) – Précédée de son bel escalier construit en ex-voto après la peste de 1346, elle présente une façade plate et austère. Elle fut élevée en 1250 à l'endroit où la Sibylle de Tibur annonça à Auguste la venue du Christ. A l'intérieur, 1re chapelle à droite décorée de **fresques**★ par Pinturicchio vers 1485.

★★★ **Piazza del Campidoglio** (**17**) – Son aménagement fut conçu et en partie réalisé par Michel-Ange à partir de 1536. Elle est cernée par trois palais et une balustrade où dominent les statues des Dioscures ; au centre, Michel-Ange avait installé la statue de Marc-Aurèle, aujourd'hui au musée Capitolin.

Le **Palazzo dei Conservatori**★★★ (**M1**) ⓥ, construit au 15e s. et transformé en 1568 par Giocomo della Porta, abrite un **musée**★★★ d'œuvres antiques où l'on peut admirer la ***Louve***★★★ (6e-5e s. avant J.-C.), le ***Tireur d'épine***★★, original grec ou très bonne réplique du Ier s. avant J.-C., le **buste de Junius Brutus**★★, remarquable tête du 3e s. avant J.-C. placée sur un buste à la Renaissance. La **pinacothèque**★ *(2e étage)* renferme des peintures du 14e s. au 17e s. (Titien, Caravage, Rubens, Guerchin, Reni).
Le **Palazzo Nuovo**★★★ (**M2**), construit en 1655 par Girolamo Rainaldi, abrite le **museo Capitolino**★★ ⓥ où il faut voir la statue **équestre de Marc-Aurèle**★★ (fin du 2e s.), le ***Galate mourant***★★★, sculpture romaine qui imita une œuvre en bronze de l'école de Pergame (3e-2e s. avant J.-C.) : la **salle des Empereurs**★★ qui renferme les portraits de tous les empereurs ; la ***Vénus du Capitole***★★, copie romaine dérivée de la Vénus de Cnide de Praxitèle ; la **mosaïque des Colombes**★★ provenant de la villa d'Hadrien à Tivoli.
Le **palazzo Senatorio**★★★ (**H**) ⓥ est un édifice du 12e s., retouché de 1582 à 1602 par Giocomo della Porta et Girolamo Rainaldi.
Vue★★★ sur les ruines du Forum romain depuis la via del Campidoglio (**19**).

★★★ Terme di CARACALLA (CZ) ⓥ

Bâtis par Caracalla en 212, ces établissements de bains couvraient plus de 11 ha et pouvaient accueillir 1 600 baigneurs à la fois.
Dans les ruines du caldarium, salle circulaire de 34 m de diamètre réservée au bain très chaud, sont données, l'été, des représentations d'opéra.

★★★ CATACOMBE

Sortir par la via di Porta S. Sebastiano (**DZ**)*, puis voir plan d'ensemble dans le guide Rouge Michelin Italia.*

Ces cimetières souterrains utilisés à l'époque chrétienne sont nombreux aux abords de la **Via Appia Antica**★★. En usage à partir du 2e s., les catacombes furent découvertes au 16e et au 19e s. Elles consistent en longues galeries développées à partir d'un hypogée, ou tombeau souterrain, appartenant à une famille noble qui, convertie au christianisme, mettait son domaine à la disposition des chrétiens.
Les décorations des catacombes constituent les premiers exemples d'art chrétien et consistent en gravures ou peintures de motifs symboliques.
Le touriste pressé devra se limiter à la visite des **catacombes de San Callisto**★★★ ⓥ et **de San Sebastiano**★★★ ⓥ, situées sur la Via Appia, et à celles **de Domitilla**★★★ ⓥ, au no 282 de la via delle Sette Chiese.

★★★ CASTEL SANT'ANGELO (ABX) ⓥ

Cette imposante bâtisse fut construite en 135 comme mausolée de l'empereur Hadrien et de sa famille. Grégoire le Grand, au 6e s., bâtit une chapelle sur le mausolée pour commémorer l'apparition d'un ange qui, remettant son épée au fourreau, signifia la fin d'une épidémie de peste. Au 15e s., Nicolas V dota le bâtiment d'un étage en briques et pourvut de donjons les angles de l'enceinte. Alexandre VI (1492-1503) fit ajouter les bastions octogonaux. En 1527, lors du sac de Rome, Clément VII s'y réfugia, dans un appartement plus tard embelli par Paul III. Isolé au sommet de la forteresse, l'**appartement pontifical**★ témoigne de la vie raffinée des papes d'alors. Un long passage relie la forteresse aux palais du Vatican. On pénètre dans le château par une belle rampe hélicoïdale, datant de l'Antiquité. De la terrasse du sommet, magnifique **panorama**★★★ sur toute la ville. Le château St-Ange est relié à la rive gauche du Tibre par le joli **ponte Sant'Angelo**★ (**BX 57**) orné d'anges baroques sculptés par Le Bernin et des statues des saints Pierre et Paul (16e s.).

★★★ COLOSSEO (CY) ⓥ

Cet amphithéâtre, inauguré en 80, est aussi appelé amphithéâtre Flavien, du nom du premier des empereurs Flaviens (Vespasien), qui fit entreprendre sa construction. Avec ses trois ordres classiques superposés (dorique, ionique, corinthien), il est un chef-d'œuvre d'architecture antique.
Des combats d'hommes et d'animaux, des duels de gladiateurs, des courses, des simulations de combats navals s'y déroulaient.
Aujourd'hui indissociable du décor du Colisée, l'**arc de Constantin**★★★ fut élevé en 315 pour commémorer la victoire de Constantin sur Maxence. Certains bas-reliefs ont été prélevés sur des monuments du 2e s.

★★★ FORI IMPERIALI (CY)

Ils furent construits par César, Auguste, Trajan, Nerva et Vespasien ; de ces deux derniers ensembles, il ne reste presque rien. La via dei Fori Imperiali, ouverte en 1932 par Mussolini, a divisé les forums impériaux.

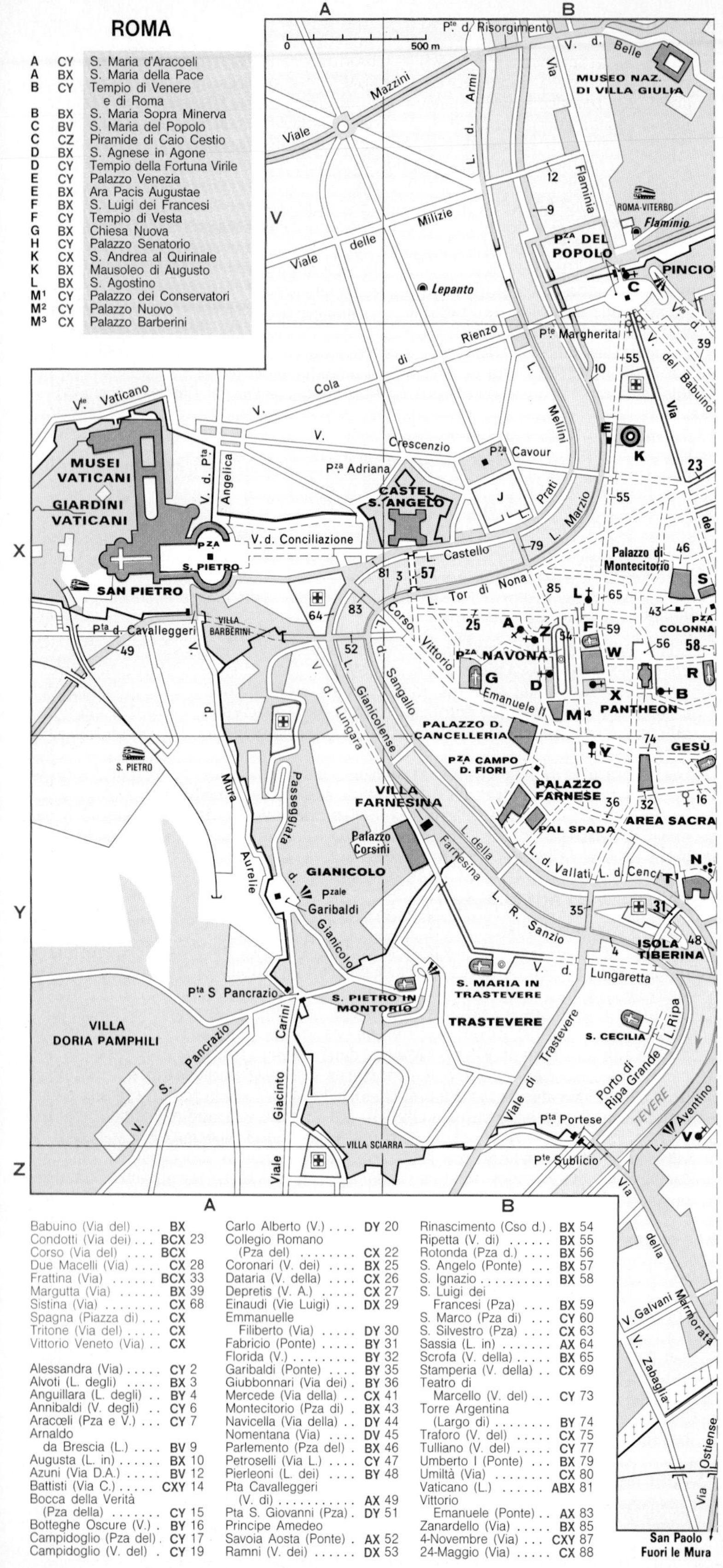

Babuino (Via del) .... BX
Condotti (Via dei) ... BCX 23
Corso (Via del) .... BCX
Due Macelli (Via) .... CX 28
Frattina (Via) ...... BCX 33
Margutta (Via) ...... BX 39
Sistina (Via) ...... CX 68
Spagna (Piazza di) ... CX
Tritone (Via del) CX
Vittorio Veneto (Via) .. CX

Alessandra (Via) ..... CY 2
Alvoti (L. degli) ..... BX 3
Anguillara (L. degli) .. BY 4
Annibaldi (V. degli) .. CY 6
Aracœli (Pza e V.) ... CY 7
Arnaldo da Brescia (L.) .... BV 9
Augusta (L. in) ...... BX 10
Azuni (Via D.A.) ..... BV 12
Battisti (Via C.) ..... CXY 14
Bocca della Verità (Pza della) .... CY 15
Botteghe Oscure (V.) . BY 16
Campidoglio (Pza del) . CY 17
Campidoglio (V. del) . CY 19
Carlo Alberto (V.) .... DY 20
Collegio Romano (Pza del) .... CX 22
Coronari (V. dei) .... BX 25
Dataria (V. della) .... CX 26
Depretis (V. A.) ..... CX 27
Einaudi (Vie Luigi) ... DX 29
Emmanuelle Filiberto (Via) ..... DY 30
Fabricio (Ponte) ..... BY 31
Florida (V.) .... BY 32
Garibaldi (Ponte) .... BY 35
Giubbonnari (Via dei) . BY 36
Mercede (Via della) .. CX 41
Montecitorio (Pza di) . BX 43
Navicella (Via della) .. DY 44
Nomentana (Via) .... DV 45
Parlemento (Pza del) . BX 46
Petroselli (Via L.) .... CY 47
Pierleoni (L. dei) .... BY 48
Pta Cavalleggeri (V. di) .... AX 49
Pta S. Giovanni (Pza) . DY 51
Principe Amedeo Savoia Aosta (Ponte) . AX 52
Ramni (V. dei) ...... DX 53
Rinascimento (Cso d.) . BX 54
Ripetta (V. di) ...... BX 55
Rotonda (Pza d.) .... BX 56
S. Angelo (Ponte) ... BX 57
S. Ignazio .... BX 58
S. Luigi dei Francesi (Pza) .... BX 59
S. Marco (Pza di) .... CY 60
S. Silvestro (Pza) .... CX 63
Sassia (L. in) .... AX 64
Scrofa (V. della) ..... BX 65
Stamperia (V. della) .. CX 69
Teatro di Marcello (V. del) ... CY 73
Torre Argentina (Largo di) .... BY 74
Traforo (V. del) ...... CX 75
Tulliano (V. del) ..... CY 77
Umberto I (Ponte) ... BX 79
Umiltà (Via) .... CX 80
Vaticano (L.) .... ABX 81
Vittorio Emanuele (Ponte) .. AX 83
Zanardello (Via) ..... BX 85
4-Novembre (Via) ... CXY 87
24-Maggio (Via) ..... CX 88

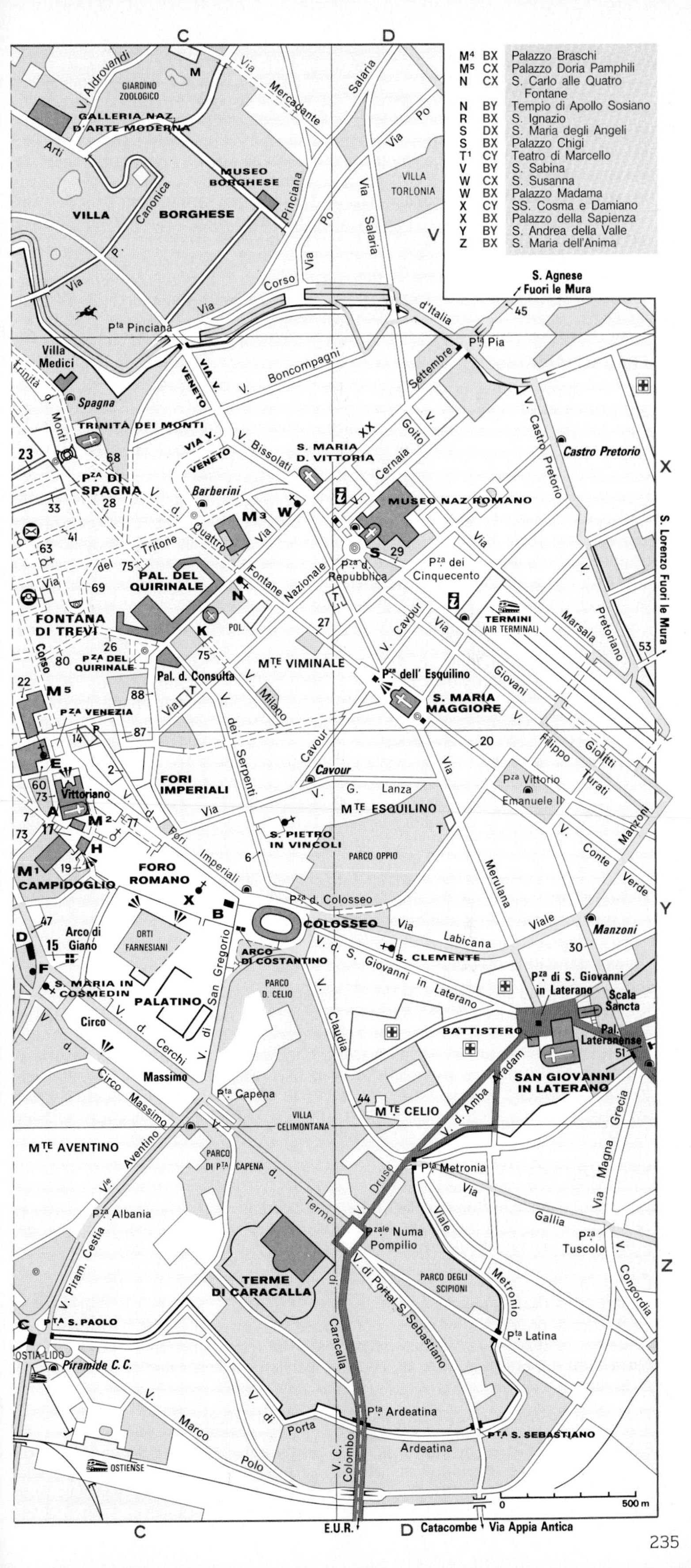
M4 BX Palazzo Braschi
M5 CX Palazzo Doria Pamphili
N CX S. Carlo alle Quatro Fontane
N BY Tempio di Apollo Sosiano
R BX S. Ignazio
S DX S. Maria degli Angeli
S BX Palazzo Chigi
T1 CY Teatro di Marcello
V BY S. Sabina
W CX S. Susanna
W BX Palazzo Madama
X CY SS. Cosma e Damiano
X BX Palazzo della Sapienza
Y BY S. Andrea della Valle
Z BX S. Maria dell'Anima
C
D
V
X
Y
Z
GIARDINO ZOOLOGICO
GALLERIA NAZ. D'ARTE MODERNA
MUSEO BORGHESE
VILLA BORGHESE
VILLA TORLONIA
S. Agnese Fuori le Mura
Pta Pinciana
Pta Pia
Villa Medici
Spagna
TRINITÀ DEI MONTI
PZA DI SPAGNA
VIA V. VENETO
Barberini
S. MARIA D. VITTORIA
MUSEO NAZ. ROMANO
Castro Pretorio
S. Lorenzo Fuori le Mura
Pza d. Repubblica
Pza dei Cinquecento
TERMINI (AIR TERMINAL)
PAL. DEL QUIRINALE
FONTANA DI TREVI
PZA DEL QUIRINALE
Pal. d. Consulta
MTE VIMINALE
Pza dell' Esquilino
S. MARIA MAGGIORE
PZA VENEZIA
Vittoriano
FORI IMPERIALI
Cavour
MTE ESQUILINO
Pza Vittorio Emanuele II
S. PIETRO IN VINCOLI
PARCO OPPIO
CAMPIDOGLIO
FORO ROMANO
Pza d. Colosseo
COLOSSEO
ORTI FARNESIANI
Arco di Giano
ARCO DI COSTANTINO
S. CLEMENTE
Manzoni
S. MARIA IN COSMEDIN
PALATINO
PARCO D. CELIO
Pza di S. Giovanni in Laterano
Scala Sancta
BATTISTERO
Pal. Lateranense
SAN GIOVANNI IN LATERANO
Circo Massimo
Pta Capena
MTE CELIO
VILLA CELIMONTANA
MTE AVENTINO
PARCO DI PTA CAPENA
Pta Metronia
Pza Albania
Pzale Numa Pompilio
Pza Tuscolo
TERME DI CARACALLA
PARCO DEGLI SCIPIONI
PTA S. PAOLO
Pta Latina
OSTIA-LIDO
Piramide C.C.
Pta Ardeatina
PTA S. SEBASTIANO
OSTIENSE
0
500 m
E.U.R.
Catacombe
Via Appia Antica

Du **forum de César★★** *(l'observer de la via del Tulliano* – **CY 77***)*, il reste trois belles colonnes du temple de Vénus Genitrix. Du **forum d'Auguste★★** *(l'observer de la via Alessandrina* – **CY 2***)*, on voit quelques colonnes du temple de Mars vengeur, des vestiges de son escalier d'accès et le mur fermant le forum (derrière le temple). La maison des Chevaliers de Rhodes, construite au Moyen Âge sur des vestiges antiques, reconstruite au 15e s., domine l'ensemble.
Du **forum de Trajan★★★**, la **colonne Trajane★★★**, où sont racontés en plus de cent scènes les épisodes de la guerre de Trajan contre les Daces, est un chef-d'œuvre jamais égalé ; les **Mercati Traianei★★** ⓥ *(entrée via 4 Novembre* – **CXY 87***)*, marchés composés d'environ 150 boutiques, ont conservé leur façade en hémicycle : lieu de vente au détail, ils étaient également un centre d'approvisionnement et de redistribution des produits. La **tour des Milices★** est un reste d'une forteresse érigée au 13e s.

★★★ FORO ROMANO (CY) ⓥ

Les meilleures vues sur les ruines s'offrent de la terrasse du Capitole et des Jardins Farnèse sur le Palatin.

Les vestiges du Forum romain, centre religieux, politique et commerçant de la Rome antique, sont le reflet des douze siècles d'histoire qui ont forgé la civilisation romaine. Le Forum fut fouillé aux 19e et 20e s.
En empruntant la **via Sacra★**, qui vit défiler les triomphes des généraux vainqueurs, on rejoint la **curie★★** reconstruite au 3e s. par Dioclétien ; cet édifice abrita les séances du Sénat et renferme aujourd'hui les **bas-reliefs de Trajan★★**, panneaux sculptés au 2e s. de scènes de la vie impériale et d'animaux conduits au sacrifice. A proximité, le bel **arc de Septime-Sévère★★** fut élevé en 203, après les victoires de l'empereur sur les Parthes. Au pied du Capitole se dressait un ensemble de monuments particulièrement remarquables : le **temple de Vespasien★★** (fin du 1er s.) dont subsistent trois élégantes colonnes corinthiennes, le **temple de Saturne★★★**, dont il reste huit colonnes du 4e s., et le **portique des Dieux Conseillers★**, ensemble de colonnes à chapiteaux corinthiens datant d'une restauration de 367 (le portique était dédié aux douze dieux principaux du panthéon romain). La **colonne de Phocas★** fut érigée en 608 en l'honneur de Phocas, empereur d'Orient, qui donna le Panthéon au pape Boniface IV. La **basilique Julienne★★**, divisée en cinq nefs, fut élevée par César, achevée par Auguste et destinée au commerce et à la justice. Le **temple de Castor et Pollux★★★** dresse encore trois belles colonnes à chapiteaux corinthiens. Circulaire, le **temple de Vesta★★★** avoisine la **maison des Vestales★★★** (gardiennes du feu sacré). Le **temple d'Antonin et Faustine★★** était dédié à l'empereur Antonin le Pieux et à son épouse ; les colonnes de son pronaos sont monolithes.
La grandiose **basilique de Maxence★★★** fut achevée par Constantin. L'**arc de triomphe de Titus★★** fut élevé en 81 pour commémorer la prise de Jérusalem par cet empereur qui ne régna que deux ans.

★★★ Chiesa del GESÙ (BY)

Église principale des jésuites à Rome, construite par Vignola en 1568, elle est le modèle des édifices de la Contre-Réforme. En façade, les colonnes engagées ont remplacé les pilastres plats de la Renaissance ; des décrochements et des jeux d'ombre et de lumière apparaissent. L'intérieur, très ample pour favoriser la prédication, fut paré d'une somptueuse décoration baroque : à la voûte, les **fresques de Baciccia★★** illustrent le *Triomphe du nom de Jésus* (1679) ; la **chapelle St-Ignace★★★** *(croisillon gauche)*, œuvre du frère jésuite Andrea Pozzo (1696-1700), est d'une richesse incomparable.

★★★ PALATINO (CY)

Des sept collines de Rome, celle du Palatin, berceau de la ville Éternelle, suscite certainement le plus d'émotion chez le visiteur. D'un intérêt archéologique de première importance, elle constitue en outre un lieu de promenade particulièrement agréable, fleuri et ombragé de beaux arbres depuis la Renaissance.
Sur cette colline, où furent recueillis Remus et Romulus, Domitien bâtit le palais impérial : la **Domus Flavia★** où se déroulait la vie officielle, la **Domus Augustana★★** ou résidence privée des empereurs et le **stade★**. La **maison de Livie★★** fut peut-être la demeure d'Auguste (beaux restes de peintures). Des **jardins Farnèse** (Orti Farnesani) qui ont recouvert au 16e s. le palais de Tibère, **vue★★** sur le Forum et la ville.

Quitter le Palatin par la porte voisine de l'arc de Titus.

★ Temple de Vénus et de Rome (**CY B**) – Édifié entre 121 et 136 par Hadrien, il fut le plus vaste des temples de Rome (110 m par 53 m). Il se distinguait par deux cellae à absides adossées : l'une abritait la déesse Rome et regardait vers le Forum, l'autre, dédiée à Vénus, était orientée vers le Colisée.

★★★ PANTHEON (BX) ⓥ

Édifice antique parfaitement conservé, le Panthéon élevé par Agrippa en 27 avant J.-C., reconstruit par Hadrien (117-125), fut un temple transformé en église au 7e s. On y entre par un porche à seize colonnes de granit, monolithes, antiques à l'exception des trois du côté gauche. La porte serait encore pourvue de ses battants antiques. L'**intérieur**★★★, chef-d'œuvre d'harmonie et de grandeur, est dominé par la **coupole antique**★★★ de diamètre égal à la hauteur à laquelle elle s'élève. Les chapelles latérales sont garnies de frontons alternativement courbes et triangulaires ; elles abritent les tombeaux des rois d'Italie et de Raphaël *(à gauche).*

★★ PIAZZA DEL POPOLO et PINCIO (BV)

La piazza del Popolo a été aménagée par Giuseppe Valadier (1762-1839). On y remarque la **Porta del Popolo**★, porte ouverte dans l'enceinte d'Aurélien au 3e s. et érigée au 16e s. (façade extérieure) et au 17e s. (façade intérieure, par Le Bernin). L'**église Santa Maria del Popolo**★★ (**C**), de style Renaissance, modifiée à l'époque baroque, renferme des **fresques**★ exécutées au 15e s. par Pinturicchio *(1re chapelle à droite)*, deux **tombeaux**★ par Andrea Sansovino *(dans le chœur)*, et deux **tableaux de Caravage**★★★ - *Le Martyre de saint Pierre* et *La Conversion de saint Paul - (1re chapelle à gauche du chœur) ;* la **chapelle Chigi**★ *(2e à gauche)* a été élevée par Raphaël. L'obélisque central fut transporté d'Égypte à l'époque d'Auguste et érigé ici au 16e s. par Sixte Quint.
De la piazza del Popolo se détache la **via del Corso** (**BCX**), bordée de palais et de boutiques, principale rue du centre de Rome.

Pincio - Ce beau parc public aménagé au 19e s. par Giuseppe Valadier offre une **vue**★★★ particulièrement somptueuse au crépuscule lorsque celui-ci met en valeur la lumière dorée caractéristique de Rome.
Du Pincio part le viale della Trinità dei Monte (**BCVX**) où se dresse la **Villa Médicis** (**CX**), siège de l'Académie de France à Rome.

★★★ PIAZZA DI SPAGNA (CX)

Cette place prit son nom au 17e s. quand l'ambassade d'Espagne s'installa au Palazzo di Spagna. Elle est dominée par le majestueux **escalier de la Trinità dei Monti**★★★, construit au 18e s. par De Sanctis et Specchi, héritiers du goût baroque pour les perspectives et le trompe-l'œil ; au pied de l'escalier, **fontaine de la Barcaccia**★, œuvre de Pietro Bernini (17e s.).
Au sommet, l'**église de la Trinità dei Monti**★ (**CX**) est une possession française édifiée au 16e s., restaurée au 19e s. ; à l'intérieur, ***Déposition de Croix***★ (1541) par Daniele da Volterra, admirateur de Michel-Ange *(2e chapelle à gauche).*
De la piazza di Spagna part la **via dei Condotti** (**BCX 23**), bordée de boutiques luxueuses ; le « caffè Greco », fondé en 1760 et fréquenté par d'illustres hôtes (Goethe, Berlioz, Wagner, Stendhal, etc.), la rendit célèbre dans le monde entier.

★★★ PIAZZA NAVONA (BX)

Elle a conservé la forme du stade de Domitien dont elle occupe l'emplacement. Réservée aux piétons, elle est un lieu de rendez-vous agréable et animé. Au centre se dresse la **fontaine des Fleuves**★★★, chef-d'œuvre baroque dû au Bernin, achevée en 1651. Les statues représentent les quatre fleuves (le Danube, le Gange, le Rio de la Plata et le Nil), symboles des quatre parties du monde.
Parmi les églises et les palais qui la bordent, remarquer **Sant'Agnese in Agone**★★ (**D**) dont la façade baroque est l'œuvre de Borromini (séduisant **intérieur**★ sur plan en croix grecque) et le **Palazzo Pamphili**, contigu (17e s.).

★ PIAZZA VENEZIA (CXY)

Au centre de Rome et bordée de palais : Palazzo Venezia, palais Bonaparte où la mère de Napoléon mourut en 1836, Palazzo delle Assicurazioni Generali di Venezia élevé au début du 20e s.

★ **Palazzo Venezia** (**CY E**) ⓥ - Élevé par le pape Paul II (1464-1471), il fut un des premiers édifices de la Renaissance. Au 1er étage, un **musée** expose des collections d'art médiéval (ivoires, émaux byzantins et limousins, peintures primitives italiennes sur bois, orfèvrerie), ainsi que des céramiques et des petits bronzes (15e au 17e s.).
La **basilica di San Marco**, incluse dans le palais au 15e s., présente une jolie **façade**★ Renaissance sur la piazza di San Marco (**CY 60**).

Monument à Vittorio Emanuele II (Vittoriano) (**CY**) - Élevé en 1885 par Giuseppe Sacconi à la gloire du premier roi de l'Italie unifiée, il écrase les autres monuments de Rome par sa taille et sa couleur trop blanche. Il permet une **vue**★★ sur la ville.

★★★ SAN GIOVANNI IN LATERANO (DY) ⓥ

St-Jean-de-Latran, l'une des quatre basiliques majeures, assume le rôle de cathédrale de Rome, et le président de la République française appartient de droit à son chapitre *(le 13 décembre, une messe y est célébrée pour la France).* Constantin édifia la première basilique du Latran avant Saint-Pierre au Vatican. Mais elle fut reconstruite à l'époque baroque par Borromini et, plus tard, au 18e s. La façade principale d'Alessandro Galilei date du 18e s. et la porte centrale est pourvue des battants de bronze de la curie du Forum romain (modifiés au 17e s.). A l'intérieur, d'une ampleur solennelle, le **plafond**★★ est une œuvre du 16e s., restaurée au 18e s. Dans la nef centrale, les **statues des apôtres**★, dues à des élèves du Bernin, sont placées dans des niches aménagées par Borromini. La **chapelle Corsini**★ *(1re à gauche)* est l'œuvre raffinée d'Alessandro Galilei. Le **plafond**★★ du transept date de la fin du 16e s. Dans la **chapelle du St-Sacrement** *(croisillon gauche)*, belles **colonnes**★ antiques en bronze doré. Le **cloître**★ est une jolie réalisation des Vassalletto (13e s.), marbriers associés aux Cosmates. Dans le **baptistère**★, fondé au 4e s., belles mosaïques des 5e et 7e s.
Sur la **piazza di San Giovanni in Laterano** s'élève un obélisque égyptien, le plus haut de Rome, du 15e s. avant J.-C. Le **Palazzo Lateranense**, reconstruit en 1586, fut le palais des papes jusqu'à leur retour d'Avignon. Du palais médiéval subsiste la **Scala sancta**, escalier traditionnellement identifié avec celui que le Christ emprunta dans le palais de Ponce Pilate ; les fidèles en gravissent les marches à genoux ; au sommet, la chapelle privée des papes est appelée « Sancta Sanctorum » en raison des précieuses reliques qu'elle renferma.

★★ SAN PAOLO FUORI LE MURA ⓥ

Sortir par la via Ostiense (**BZ**), *puis voir le plan d'ensemble dans le guide Rouge Michelin Italia.*

Une des quatre basiliques majeures. Constantin la fit édifier au 4e s. sur la tombe de saint Paul. Elle fut reconstruite au 19e s. après l'incendie de 1823. Son plan basilical est celui des premiers édifices chrétiens.
L'**intérieur**★★★, saisissant de grandeur, renferme la porte de bronze du 11e s. exécutée à Constantinople *(au bas de la 1re nef droite)*, et le **ciborium**★★★ gothique d'Arnolfo di Cambio (1285) placé sur l'autel, lui-même disposé au-dessus de la plaque de marbre gravée au nom de Paul et datée du 4e s. Dans la **chapelle du St-Sacrement**★ *(à gauche du chœur)*, Christ en bois du 14e s. attribué à Pietro Cavallini, statue de sainte Brigitte agenouillée par Stefano Maderno (17e s.), et statue de saint Paul (14e ou 15e s.) ; le **chandelier pascal**★★ est une œuvre de l'art romain du 12e s., due aux Vassalletto.
Le **cloître**★ est probablement en partie l'œuvre de cette même famille d'artistes.

★★★ SANTA MARIA MAGGIORE (DX) ⓥ

Une des quatre basiliques majeures de Rome, dont l'origine remonte au pape Sixte III (432-440). Campanile du 14e s., façade du 18e s.
L'**intérieur**★★★, majestueux, renferme un remarquable ensemble de **mosaïques**★★★ : dans la nef centrale, au-dessus de l'entablement, elles comptent parmi les plus anciennes mosaïques chrétiennes de Rome (5e s.) et illustrent des scènes de l'Ancien Testament ; à l'arc triomphal, du 5e s. également, scènes du Nouveau Testament ; à l'abside, elles sont composées d'éléments du 5e s. mais furent refaites au 13e s.
Le **plafond**★ est à caissons, dorés, dit-on, avec le premier or venu du Pérou.
Sortir de la basilique par la porte au fond de la nef droite.
De la **piazza dell'Esquilino** (obélisque égyptien), **vue**★★ sur l'imposant chevet du 17e s.

★★★ Fontana di TREVI (CX)

Ce grandiose monument du baroque finissant fut conçu en 1762, à la demande du pape Clément XIII, par Nicola Salvi qui lui donna les dimensions du palais auquel il est adossé et l'allure d'un arc de triomphe. De sa niche centrale jaillit la figure de l'Océan, juchée sur un char guidé par deux chevaux marins et deux tritons. La tradition veut que tout visiteur jette dans la vasque, en lui tournant le dos, deux pièces de monnaie : l'une doit assurer son retour à Rome, l'autre lui permettre de réaliser un vœu.

VATICANO (AX) ⓥ

La cité du Vatican est limitée par l'enceinte qui surplombe le viale Vaticano et, à l'Est, par la colonnade de la place St-Pierre. Elle constitue la plus grande partie de l'État du Vatican, défini en 1929 par les accords du Latran. Réduit à 44 ha et à moins d'un millier d'habitants, l'État du Vatican, le plus petit du monde, est issu des États de l'Église nés au 8e s. à la suite de la donation de

Quiersy-sur-Oise et disparus en 1870 lorsque l'Italie devint un royaume unifié avec Rome pour capitale. L'État du Vatican, dont le pape est le chef, a son propre drapeau, son hymne, émet ses propres timbres, frappe sa monnaie qui a libre cours en Italie ; les corps armés ont été dissous par Paul VI en 1970 ; seul subsiste le corps des Gardes suisses, habillés d'un pittoresque uniforme dessiné, dit-on, par Michel-Ange.

Chef d'État, le pape est aussi le chef suprême de l'Église universelle, et à travers sa personne s'exerce partout dans le monde le rayonnement spirituel de l'Église.

Lorsqu'il séjourne à Rome, le Saint-Père accorde des **audiences publiques** ⓥ.

Les cérémonies religieuses - Vendredi Saint : Chemin de croix nocturne entre le Colisée et le Palatin. **Pâques** : A midi sur la place St-Pierre, le pape donne la bénédiction « Urbi et Orbi ». **28 et 29 juin** : Offices à St-Pierre à l'occasion de la fête des saints Pierre et Paul, la plus prestigieuse des fêtes religieuses romaines.

★★★ PIAZZA SAN PIETRO (AX) ⓥ

Cernée par les deux bras en arc de cercle de la colonnade, sobre et solennelle, elle fut commencée en 1656 par Le Bernin, le maître du baroque. Au centre se dresse l'obélisque, du Ier s. avant J.-C., transporté d'Héliopolis à Rome en 37, sur l'ordre de Caligula. Il fut érigé ici en 1585, à l'initiative de Sixte Quint, par Domenico Fontana.

Gould/SCOPE

Rome - La place Saint-Pierre

★★★ BASILICA DI SAN PIETRO (AX)

C'est Constantin, le premier empereur chrétien, qui décida en 324 la construction d'une basilique là où saint Pierre avait été déposé après avoir été martyrisé dans le cirque de Néron. Au 15e s., la réfection de l'édifice s'imposa. Pendant deux siècles, le plan de la nouvelle basilique ne cessa d'être remis en question. Le plan en croix grecque surmonté d'une coupole, conçu par Bramante et repris par Michel-Ange, se transforma en croix latine, en 1606, à l'initiative de Paul V qui chargea Carlo Maderna d'ajouter deux travées et une façade au plan carré de Michel-Ange. Le Bernin, à partir de 1629, para la basilique d'une somptueuse décoration baroque.

La **façade**, achevée par C. Maderna en 1614, avec ses 115 m de largeur et ses 45 m de hauteur, masque la coupole. De la loggia centrale, le pape donne sa bénédiction « urbi et orbi ».

Sous le **porche**, remarquer la première porte à gauche, aux battants de bronze sculptés par Giacomo Manzù (1964) ; la porte centrale en bronze, Renaissance (1455) ; à droite la Porte sainte, que seul le pape a le droit d'ouvrir et de fermer pour marquer le début et la fin d'une Année sainte.

A l'intérieur, s'avancer près des bénitiers de la nef centrale : leur taille, normale en apparence, s'avère immense et permet d'apprécier les dimensions gigantesques de la basilique et la justesse de ses proportions. On peut comparer la longueur de Saint-Pierre à celle des autres grandes églises du monde grâce à des repères placés au sol de la nef.

La première chapelle à droite abrite la ***Pietà***★★★, chef-d'œuvre de Michel-Ange, sculpté en 1499-1500 ; cette œuvre de jeunesse qui allie maîtrise technique, puissance créatrice et émotion spirituelle fut saluée comme la révélation d'un génie.

Dans la nef droite, après la chapelle du St-Sacrement, le **monument funéraire de Grégoire XIII**★ porte un bas-relief illustrant l'institution du calendrier grégorien, œuvre de ce pape. Aussitôt après le croisillon droit, **monument funéraire de Clément XIII**★★★, œuvre néo-classique de Canova (1792). L'abside est dominée par la **« chaire de Saint-Pierre »**★★★ du Bernin (1666), grand trône de bronze sculpté abritant un siège épiscopal du 4e s., attribué symboliquement à saint Pierre et surmonté d'une « gloire » en stuc doré. Cette œuvre, achevée en 1666 alors que Bernin était presque septuagénaire, constitue le couronnement de son art étourdissant de mouvement et de lumière. Dans le chœur à droite, **monument d'Urbain VIII**★★★, du Bernin (1647), chef-d'œuvre de l'art funéraire ; à gauche, **monument de Paul III**★★★ par Guglielmo della Porta (16e s.), disciple de Michel-Ange.

A l'**autel de St-Léon-le-Grand** *(chapelle à gauche du chœur)*, beau **retable**★ baroque sculpté en haut-relief par l'Algarde. A côté, **monument d'Alexandre VII**★, œuvre tardive du Bernin (1678) aidé de ses élèves, excessivement mouvementée.

Le **baldaquin**★★★ qui surmonte l'autel pontifical, d'une hauteur de 29 m (égale à celle du palais Farnèse), valut au Bernin de vives critiques ; exécuté avec le bronze prélevé au Panthéon et taxé de procédé théâtral, il s'intègre pourtant parfaitement à l'élan général de l'architecture.

La **coupole**★★★, conçue par Michel-Ange, fut élevée par lui-même jusqu'au lanternon, puis achevée en 1593 par Giacomo della Porta et Domenico Fontana. Du **sommet de la coupole** ⓥ *(accès en sortant à droite de la basilique) :* **vue**★★★ sur la place St-Pierre, la cité du Vatican et Rome, du Janicule au Monte Mario.

La **statue de St-Pierre**★★, en haut de la nef centrale, est une œuvre en bronze du 13e s. attribuée à Arnolfo di Cambio et très vénérée des pèlerins qui viennent baiser son pied. Le **monument d'Innocent VIII**★★★ *(nef gauche, entre la 2e et la 3e travée)* date de la Renaissance et est dû à Antonio del Pollaiolo (1498). Au **monument des Stuarts** *(nef gauche, entre la 1re et la 2e travée)*, sculpté par Canova, beaux **anges**★ en bas-relief.

Le **museo Storico**★ ⓥ *(entrée dans la nef gauche, face au monument des Stuarts)* abritent le trésor de St-Pierre.

★★★ MUSEI VATICANI (AX) ⓥ

Accès : viale Vaticano.

Les musées du Vatican occupent une partie des palais construits par les papes à partir du 13e s., agrandis et embellis jusqu'à nos jours.

Parmi leurs nombreux départements, sont très vivement recommandés : au 1er étage, le **musée Pio-Clementino**★★★ (antiquités grecques et romaines) avec le ***Torse du Belvédère***★★★ (Ier s. avant J.-C.), très admiré de Michel-Ange, la ***Vénus de Cnide***★★, copie romaine de la Vénus de Praxitèle, le **groupe de Laocoon**★★★, œuvre hellénistique du 1er s. avant J.-C., l'***Apollon du Belvédère***★★★, copie romaine du 2e s., le ***Persée***★★, œuvre néo-classique de Canova, qui fut acheté à l'artiste après que le traité de Tolentino (1797) eut dépouillé le musée, l'***Hermès***★★★, œuvre romaine du 2e s. dérivée de Praxitèle, l'***Apoxyomène***★★★, athlète nettoyant sa peau, copie romaine du 1er s. d'après Lysippe.

Au 2e étage, le **musée étrusque**★ renferme une remarquable **fibule**★★ en or (7e s. avant J.-C.) ornée de lions et de canetons en haut relief (salle II) et le fameux ***Mars***★★ de Todi, rare exemplaire de statue de bronze du 5e s. avant J.-C. (salle III).

La **salle du Bige** doit son nom à un **char à deux chevaux**★★ (bige), œuvre romaine du 1er s., reconstituée au 18e s. Les **Chambres (ou Stanze) de Raphaël**★★★ sont quatre pièces de l'appartement de Jules II, décorées par Raphaël et ses élèves de 1508 à 1517 ; on y admire les fresques de *L'incendie du Borgo, L'École d'Athènes, Le Parnasse, Héliodore chassé du temple, Le Miracle de Bolsena, La Délivrance de saint Pierre ;* elles constituent un chef-d'œuvre de la Renaissance. La **collection d'art religieux moderne**★★, réunie par Paul VI, est en partie installée dans l'appartement d'Alexandre VI. De nouveau au Ier étage, la **chapelle Sixtine**★★★ attire les visiteurs du monde entier, venus admirer la voûte peinte par Michel-Ange de 1508 à 1512, illustrant la Bible, de la Création du monde au Déluge, et le *Jugement dernier* peint au-dessus de l'autel par le même artiste à partir de 1534. Au registre inférieur des parois latérales, compositions du Pérugin, de Pinturicchio et Botticelli. La **pinacothèque**★★★ renferme quelques tableaux de premier ordre : trois **œuvres de Raphaël**★★★ *(Couronnement de la Vierge, Madone de Foligno, Transfiguration)* (salle VIII), un ***Saint Jérôme***★★ de Léonard de Vinci (salle IX), et la ***Descente de Croix***★★ du Caravage (salle XII).

AUTRES CURIOSITÉS

Églises

★ **Chiesa Nuova** (**BX G**) – Église de la Contre-Réforme, à laquelle fait suite l'**Oratorio dei Filippini** à la **façade★** dessinée par Borromini.

★★ **S. Andrea al Quirinale** (**CX K**) – Chef-d'œuvre du **Bernin**, dont l'**intérieur★★** présente un plan elliptique.

★ **S. Andrea della Valle** (**BY Y**) – Début 17e s. **Façade★★** par Rainaldi (17e s.) ; belle et immense **coupole★★** de C. Maderna, décorée par Lanfranco ; **abside★** décorée par Le Dominiquin.

★ **S. Agnese fuori le Mura** – *Accès par la via Nomentana* (**DV**), *puis voir plan du guide Rouge Michelin Italia.* 7e s. **Mosaïques★** de l'abside. L'église **S. Constanza★**, ancien mausolée du 4e s., possède de belles **mosaïques★**.

★ **S. Agostino** (**BX L**) – Elle renferme la ***Madonna del Parto★*** de J. Sansovino, la fresque du **prophète Isaïe★** de Raphaël et la ***Madone des Pèlerins★★★*** de Caravage.

★★ **S. Carlo alle Quattro Fontane** (**CX N**) – Chef-d'œuvre de **Borromini** ; façade tourmentée et **intérieur★★** en forme d'ellipse.

★ **S. Cecilia** (**BY**) ⓥ – 9e s., remaniée. ***Sainte Cécile★*** par Stefano Maderno (1599), ***Jugement dernier★★★*** de Pietro Cavallini (vers 1293).

★★ **S. Clemente** (**DY**) – Basilique à plusieurs étages. **Mosaïque★★★** de l'abside (12e s.), **fresques★** de Masolino.

★★ **S. Ignazio** (**BX R**) – 17e s. Façade et **fresques★★** de la voûte dues à **A. Pozzo**.

★★ **S. Lorenzo fuori le Mura** – *Accès par la via dei Ramni* (**DX 53**), *puis voir plan du guide Rouge Michelin Italia.* Du 6e s. et du 13e s. **Sarcophage des vendanges★** (5e-6e s.), **ambon★** (13e s.), **chaire pontificale★** (13e s.).

S. Luigi dei Francesi (**BX F**) – Église des Français à Rome. **Fresques★** du Dominiquin, **tableaux★★★** du Caravage évoquant la vie de saint Matthieu.

★★ **S. Maria degli Angeli** (**DX S**) – Construite au centre des thermes de Dioclétien : son **transept★** permet d'imaginer l'ampleur des salles antiques.

S. Maria dell'Anima (**BX Z**) – Un des rares intérieurs gothiques de Rome.

★★ **S. Maria in Cosmedin** (**CY**) – Élégant **campanile★** du 12e s. Sous le porche se trouve la fameuse « **Bocca della Verità** ».

★★ **S. Maria sopra Minerva** (**BX B**) – Nombreuses œuvres d'art. **Fresques★** de Filippino Lippi. **Tombeaux★** gothiques et baroques.

★ **S. Maria della Pace** (**BX A**) – ***Sibylles★*** par Raphaël.

★★ **S. Maria in Trastevere** (**BY**) – 12e s. **Mosaïques★★★** du chœur (12e-13e s.).

★★ **S. Maria della Vittoria** (**CX**) – Chef-d'œuvre de Carlo Maderna. L'**intérieur★★★**, fastueux, recèle l'***Extase de sainte Thérèse★★★*** du Bernin (1652).

★ **S. Pietro in Montorio** (**BY**) – 15e s. ***Flagellation★*** de **Sebastiano del Piombo** ; dans la cour, « **tempietto** »★ de Bramante (1499). De l'esplanade, **vue★★★** sur Rome.

★ **S. Pietro in Vincoli** (**CY**) – Mausolée de Jules II et ***Moïse★★★*** par Michel-Ange.

★★ **S. Sabina** (**BY V**) – 5e s. L'une des plus anciennes basiliques de Rome. **Porte★★** en cyprès du 5e s. **Intérieur★★** d'une belle harmonie architecturale, et lumineuse.

★★ **S. Suzanna** (**CX W**) – 9e-16e s. Remarquable **façade★★** de Carlo Maderna.

SS. Cosma e Damiano (**CY X**) – 5e s. **Plafond★** à caissons du 16e s., **mosaïques★** des 6e et 7e s.

Monuments antiques

★★ **Ara Pacis Augustae** (**BX E**) – Œuvre majeure du siècle d'or d'Auguste, ornée de magnifiques **bas-reliefs** sculptés.

Arco di Giano (**CY**) – L'arc de Janus était une porte publique, sous laquelle passaient autrefois les voies les plus fréquentées.

★★ **Area Sacra del Largo Argentina** (**BY**) – Ruines de quatre temples datant de l'époque de la République.

Circo Massimo (**CY**) – Le plus grand cirque de Rome réservé aux courses de char.

Mausoleo d'Augusto (**BX K**) – Son architecture reprend celle des tumuli étrusques.

★ **Piramide di Caio Cestio** (**CZ C**) – Original mausolée élevé par un riche particulier en 12 avant J.-C.

★★ **Teatro di Marcello** (**BY T**[1]) – L'un des plus grands théâtres de Rome, inauguré par Auguste en 11 avant J.-C.

★★ **Tempio di Apollo Sosiano** (BY N) - Dédié à Apollon guérisseur, il présente encore trois élégantes **colonnes**★★ cannelées.

★ **Tempio della Fortuna Virile** (CY D) - Austère construction rectangulaire de la fin du 2e s. avant J.-C.

★ **Tempio di Vesta** (CY F) - Élégant édifice circulaire datant du règne d'Auguste.

★ **Tomba di Cecilia Metella** (DZ) - Exemple de sépulture patricienne (1er s. avant J.-C.).

Musées et palais

★ **Galleria Nazionale d'Arte moderna** (CV) ⓥ - Peinture et sculpture italiennes des 19e et 20e s.

★★★ **Museo Borghese** (CV) ⓥ - Sculptures par Canova et Le Bernin ; peintures de Raphaël, Corrège, Titien, Caravage, etc.

★★★ **Museo nazionale romano** (DX) ⓥ - Antiquités grecques et romaines ; peintures provenant des villas romaines.

★★★ **Museo nazionale di Villa Giulia** (BV) ⓥ - Exceptionnelle réunion d'œuvres relatives à la civilisation étrusque.

★★ **Palazzo Barberini** (CX M3) - Palais baroque qui abrite une remarquable **galerie de peintures**★★ ⓥ (Raphaël, Titien, Tintoret, Caravage, Holbein, Quentin Metsys, etc.).

★ **Palazzo Braschi** (BX M4) - 18e s. **Musée**★ ⓥ évoquant l'histoire de la ville depuis le Moyen Âge.

★★ **Palazzo della Cancelleria** (BXY) - Élégant palais édifié de 1483 à 1513. Harmonieuse cour intérieure.

Palazzo Chigi (BX S) - Élevé au 16e s., il abrite la présidence du Conseil des ministres.

Palazzo della Consulta (CX) - **Façade**★ de F. Fuga (18e s.). Siège de la cour constitutionnelle.

Palazzo Corsini (ABY) - Palais du 15e s. rebâti au 18e s. **Galerie de peinture** ⓥ (Fra Angelico, Caravage).

★ **Palazzo Doria Pamphili** (CX M5) - Beau palais élevé au 16e s., abritant une **galerie**★ ⓥ de peintures (Caravage, Velasquez, Carrache, etc.).

★★ **Palazzo Farnese** (BY) ⓥ - Siège de l'ambassade de France. Construit à partir de 1515 par Antonio da Sangallo il Giovane, Michel-Ange (corniche supérieure de la façade, blason des Farnèse au-dessus du balcon central et 2e étage de la cour intérieure), Vignola (qui collabora à la cour intérieure et érigea la façade postérieure), et enfin Giacomo della Porta (loggia de cette même façade).

Palazzo Madama (BX W) - 16e s. Siège du Sénat.

Palazzo di Montecitorio (BX) - 17e s. Chambre des députés.

★★ **Palazzo del Quirinale** (CX) - Beau palais élevé au 16e s. pour servir de résidence estivale aux papes, aujourd'hui siège du gouvernement italien.

Palazzo della Sapienza (BX X) - 16e s. A l'intérieur de la cour, **église S. Ivo**★, chef-d'œuvre de Borromini (clocher).

★ **Palazzo Spada** (BY) ⓥ - Collection particulière du cardinal Spada (17e s.). **Galerie de peinture**★.

★★ **Villa Farnesina** (ABY) ⓥ - Résidence construite de 1508 à 1511 pour Agostino Chigi, qui fit appel à Raphaël et ses élèves pour la décoration des salles.

Places, rues, sites, parcs et jardins

★ **Piazza Bocca della Verità** (CY 15) - Des monuments antiques (arc de Janus, temple de la Fortune virile, temple rond dit de Vesta), médiévaux (S. Maria in Cosmedin) et baroques y composent un tableau caractéristique du paysage romain.

★ **Piazza Campo dei Fiori** (BY) - Sur cette célèbre place, l'une des plus populaires de Rome, se tient chaque matin un pittoresque marché.

★ **Piazza Colonna** (BX) - Place animée sur laquelle se dresse la **colonne de Marc-Aurèle**★ (2e s.).

★★ **Piazza del Quirinale** (CX) - Élégante place inclinée, ornée d'une fontaine, d'un obélisque et des deux statues des Dioscures. Les palais du Quirinal et de la Consulta *(ci-dessus)* s'y font face.

★ **Piazza S. Ignazio** (BX 58) - Ravissante petite place suggérant la scène et les coulisses d'un théâtre.

★ **Porta San Paolo** (**CZ**) - Point de départ de la via Ostiense qui conduit à la basilique St-Paul, d'où son nom.

★ **Porta di San Sebastiano** (**DZ**) - La plus spectaculaire des portes de Rome (3e s.).

★ **Via dei Coronari** (**BX 25**) - Bordée de palais aux façades ocre et bistre, c'est la rue des brocanteurs et des antiquaires.

★ **E.U.R.** - *Accès par la via C. Colombo* (**DZ**), *puis voir plan d'ensemble dans le guide Rouge Michelin Italia.* Ce quartier moderne (1939) aux architectures colossales abrite d'intéressants musées, dont le **Museo della Civiltà Romana**★★ ⓥ.

★ **Isola Tiberina** (**BY**) - Île paisible, reliée à la rive par le **Ponte Fabricio**★ (**BY 31**), le seul pont antique qui ait été conservé à Rome.

★ **Gianicolo** (**AY**) - Belle promenade d'où l'on découvre des **vues**★★★ étendues sur la ville.

★★★ **Giardini Vaticani** ⓥ (**AX**) - Les jardins du Vatican permettent d'admirer la coupole de la basilique St-Pierre dans toute sa majesté.

★★ **Villa Borghese** (**CV**) - C'est le plus vaste parc public de Rome.

SABBIONETA

Lombardie - 4 438 habitants

Carte n° 988 pli 14 ou 428, 429 H 13 - 33 km au Sud-Ouest de Mantoue

Cette petite ville encore entourée de son enceinte constitue un **ensemble urbain**★ ⓥ du 16e s. curieux et suggestif. Le cadet de la famille des Gonzague, Vespasien (1531-1591), y attira une cour raffinée qui valut à Sabbioneta le surnom de « petite Athènes ». Le **palazzo Ducale** contient les statues équestres des Gonzague et de beaux plafonds en bois sculpté et à caissons.
Le **teatro Olimpico**★, chef-d'œuvre de Scamozzi (1552-1616), est l'un des plus anciens d'Europe. Il comporte une tribune ducale à colonnades, des statues de dieux et des fresques de l'école de Véronèse.
L'ancien **Palazzo del Giardino** était destiné aux fêtes ; la vaste **galerie des Antiquités**★ a été entièrement décorée de fresques par l'école des Campi.
Vespasien Gonzague est enterré dans l'**église de l'Incoronata**★, de plan octogonal et ornée de surprenants trompe-l'œil ; remarquable **mausolée**★ par Leone Leoni.

SACRA DI SAN MICHELE★★★

Piémont

Carte Michelin n° 988 pli 12 ou 428 G 4 - 37 km à l'Ouest de Turin

Perchée sur un piton rocheux à 962 m d'altitude, cette **abbaye bénédictine** ⓥ comptait au 13e s. plus de cent religieux et commandait à cent quarante monastères. Édifiée dès la fin du 10e s. par un Auvergnat, Hugues de Montboissier, elle rappelle sur son plan général l'abbaye du Mont-St-Michel. Après avoir franchi les portes de fer du châtelet d'entrée, on gravit le grand escalier qui conduit à la **porte du Zodiaque**, dont les pilastres et les chapiteaux sont ornés de sculptures du « maestro Nicolò » (1135). Au sommet de la pointe rocheuse, l'**église abbatiale**, de style roman-gothique, est décorée de fresques du 16e s. Au maître-autel, triptyque dû à Defendente Ferrari (début 16e s.). Remarquables chapiteaux sculptés.
De l'esplanade, belle **vue**★★★ sur les montagnes, la vallée de la Doire, la plaine du Pô et de Turin.

SALERNO★

SALERNE - Campanie - 148 969 habitants

Carte Michelin n° 988 pli 28 ou 431 E/F 26 - Schéma à AMALFI

Le long de la courbe harmonieuse de son golfe, Salerne conserve un quartier médiéval, sur les pentes d'une colline couronnée d'un château. C'est un port actif, un centre industriel dont les environs se consacrent à la culture des primeurs.
D'abord dominée par les Étrusques, puis par les Romains, Salerne fut érigée en principauté par les Lombards. Le Normand Robert Guiscard en fit sa capitale en 1077. Riche cité commerçante, elle acquit un vaste renom intellectuel en Europe grâce à son université et notamment à son école de médecine qui rayonna surtout du 11e s. au 13e s. et lui valut le surnom de « cité hippocratique ». A l'arrivée des rois d'Anjou, Salerne perdit de son importance au profit de sa voisine et rivale, Naples.
C'est près de Salerne que débarqua la Ve armée américaine, le 9 septembre 1943.

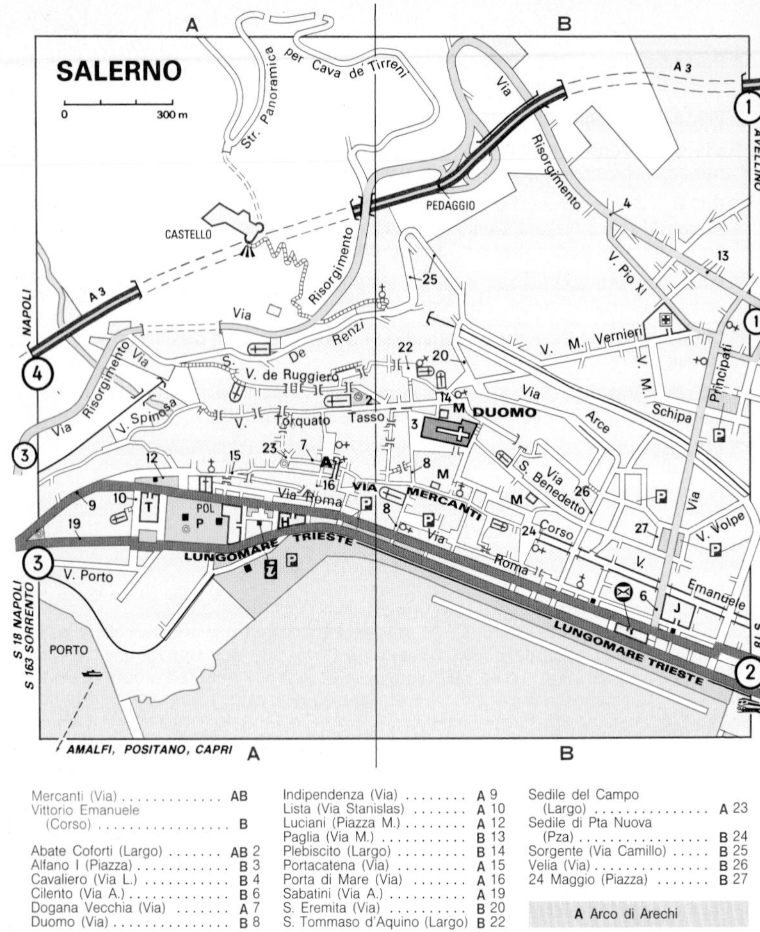

Mercanti (Via) . . . . AB
Vittorio Emanuele (Corso) . . . . B

Abate Coforti (Largo) . . . . AB 2
Alfano I (Piazza) . . . . B 3
Cavaliero (Via L.) . . . . B 4
Cilento (Via A.) . . . . B 6
Dogana Vecchia (Via) . . . . A 7
Duomo (Via) . . . . B 8
Indipendenza (Via) . . . . A 9
Lista (Via Stanislas) . . . . A 10
Luciani (Piazza M.) . . . . A 12
Paglia (Via M.) . . . . B 13
Plebiscito (Largo) . . . . B 14
Portacatena (Via) . . . . A 15
Porta di Mare (Via) . . . . A 16
Sabatini (Via A.) . . . . A 19
S. Eremita (Via) . . . . B 20
S. Tommaso d'Aquino (Largo) B 22
Sedile del Campo (Largo) . . . . A 23
Sedile di Pta Nuova (Pza) . . . . B 24
Sorgente (Via Camillo) . . . . . B 25
Velia (Via) . . . . B 26
24 Maggio (Piazza) . . . . B 27

A Arco di Arechi

★★ **Duomo** (**B**) – Dédié à saint Matthieu dont le corps se trouve dans la crypte, il fut construit sous l'impulsion de Robert Guiscard et consacré par le pape Grégoire VII en 1085 ; de style normand, il a été remanié au 18ᵉ s., et le séisme de 1980 l'a fortement ébranlé. On parvient à la porte des Lions (11ᵉ s.) par un escalier. L'**atrium** carré à appareil de pierre polychrome, colonnes antiques et arcades, précède l'église proprement dite ; à droite, tour carrée du 12ᵉ s. Le portail central a des portes de bronze du 11ᵉ s. provenant de Constantinople. A l'intérieur, de dimensions imposantes, les deux **ambons**★★, richement ornés de mosaïques et reposant sur de fines colonnes à chapiteaux merveilleusement sculptés, forment avec le **chandelier pascal** un ensemble exceptionnel (12ᵉ-13ᵉ s.). Dans l'abside orientée de droite, s'ouvre la chapelle des Croisés où ceux-ci venaient faire bénir leurs armes. Sous l'autel, tombeau de Grégoire VII, mort en exil à Salerne. Dans la nef gauche, tombeau (15ᵉ s.) de Marguerite de Duras (Durazzo), femme de Charles III d'Anjou.

★ **Via Mercanti** (**AB**) – Pittoresque rue du vieux Salerne avec des boutiques, maisons anciennes, oratoires ; elle se termine par l'**arc d'Arechi** (**A A**) construit au 8ᵉ s. par les Lombards.

★ **Lungomare Trieste** (**AB**) – De cette belle promenade agrémentée de palmiers et de tamaris, on découvre une large vue sur le golfe.

Abbazia di SAN CLEMENTE A CASAURIA★★

Abruzzes

Carte Michelin n° 988 pli 27 ou 430 P 23 – 40 km au Sud-Ouest de Pescara
Accès : par l'autoroute A 25, sortie Torre de Passeri

L'abbaye, fondée en 871, a été reconstruite au 12e s. par les cisterciens en style de transition roman-gothique. Elle est aujourd'hui réduite à son église, désaffectée.

Église – La façade est remarquable : un profond portique présente trois arcs reposant sur de beaux chapiteaux ; le portail principal est orné d'une exceptionnelle décoration sculptée, notamment aux piédroits, tympan et linteau (porte de bronze fondue en 1191). A l'intérieur, à trois nefs et abside semi-circulaire, on remarque la sobriété architecturale chère à saint Bernard. Noter la chaire monumentale du 13e s. et le chandelier pascal. Un étonnant **ciborium★★★** roman, finement sculpté, surmonte le maître-autel. La crypte du 9e s., dont les voûtes reposent sur des colonnes antiques, est un vestige de la construction primitive.

SAN GIMIGNANO★★★

Toscane – 6 945 habitants

Carte Michelin n° 988 pli 14 ou 430 L 15

Au cœur de la campagne toscane vallonnée où croissent la vigne et l'olivier, San Gimignano dresse au sommet d'une colline ses nombreuses tours médiévales qui lui ont valu le surnom de « San Gimignano dalle belle torri ».
Commune libre au 12e s., cette bourgade ne cessa de prospérer pendant deux siècles. Les nombreuses **tours féodales** sont depuis longtemps interprétées comme moyen de défense et signe de puissance des familles nobles d'alors divisées par la lutte qui opposaient les partisans de l'empereur, les gibelins, aux partisans du pape, les guelfes ; les trous dans les murs auraient servi à fixer un réseau de passerelles dressées entre les tours des familles alliées qui pouvaient ainsi se réunir rapidement en cas d'alerte. Plus prosaïquement, ces constructions pourraient témoigner du prestigieux passé économique de la ville, grand centre textile détenteur du secret de la teinture jaune au safran pendant le Moyen Âge. Afin de colorer à l'abri de la poussière et du soleil les précieuses pièces de tissu dont la valeur était proportionnelle à la longueur, les riches fabricants auraient été contraints de construire ces hautes tours faute de pouvoir s'installer à l'horizontale en raison de la topographie du village ; les escaliers étaient fixés à l'extérieur dans les trous toujours visibles afin de ne pas réduire l'espace intérieur utile.

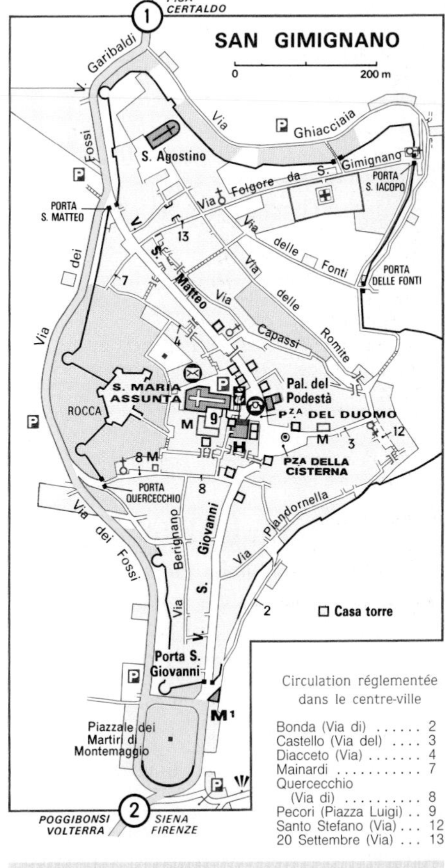

★★ **Piazza della Cisterna** – Pavée de briques posées de chant et en arête de poisson, cette place doit son nom au puits (cisterna) du 13e s. qui en occupe le centre. Les hautes tours et les demeures austères des 13e et 14e s. qui l'entourent en font un des lieux les plus suggestifs d'Italie.

★★ **Piazza del Duomo** – La collégiale, des palais et sept tours nobles lui font un cadre majestueux.

★ **Collegiata di Santa Maria Assunta** – C'est un édifice roman du 12e s., mais agrandi au 15e s. par Giuliano da Maiano. La façade a été restaurée au 19e s. A l'intérieur, ***Martyre de saint Sébastien*** (1465) de Benozzo Gozzoli et ***Annonciation*** en bois sculpté de Jacopo della Quercia *(au revers de la façade)* ; au mur du bas-côté gauche, **fresques★** illustrant des scènes de l'Ancien Testament par Bartolo di Fredi (14e s.) ; le long du bas-côté droit, **fresques★★** dues à Barna da Siena (vers 1350) : dans ses récits de la vie du Christ *(les lire en partant du haut)*, l'élégance du dessin se mêle à la délicatesse des couleurs. A l'intérieur de la **chapelle Santa Fina** ⓥ (fermée de grilles), due à Giuliano da Maiano, harmonieux **autel★** de Benedetto da Maiano et **fresques★** de D. Ghirlandaio (1475). Longeant le bas-côté gauche de la collégiale, la charmante petite **Piazza Luigi Pecori** (**9**) abrite au fond d'un portique une gracieuse *Annonciation* de Ghirlandaio.

★ **Palazzo del Popolo (H)** ⓥ - Il date des 13e-14e s. Une haute **tour** le domine, du haut de laquelle se révèle une curieuse **vue★★** sur les tours et les toits couleur de pain brûlé.

La salle du Conseil renferme une remarquable ***Maestà★*** de Lippo Memmi (1317), restaurée vers 1467 par Benozzo Gozzoli. Au 2e étage, le **musée municipal★** (Museo Civico) abrite des peintures des écoles florentine et siennoise du 12e au 15e s.

Palazzo del Podestà - Construit au 13e s., il s'ouvre par un vaste porche ; une tour de 51 m, dite la Rognosa, le domine. A côté, palais Chigi (13e s.).

Chiesa di Sant'Agostino - Bâtie au 13e s., cette église abrite dans son chœur une série de dix-sept **fresques★★** exécutées entre 1463 et 1467 par Benozzo Gozzoli. Avec la fraîcheur de coloris, le sens de la perspective et le goût du détail qui le caractérisent, l'artiste a évoqué la vie d'Augustin, célèbre Père de l'Église. Au fond, à gauche de l'entrée, **tombeau★** de saint Bartolo par Benedetto da Maiano (15e s.).

ENVIRONS

★★ **Volterra** - *29 km au Sud-Ouest. Voir à ce nom.*

★ **San Vivaldo** ⓥ - *17 km au Nord-Ouest.* En 1500, des Franciscains s'installent en ces lieux pour honorer le corps de saint Vivaldo mort ici en 1320. En quinze ans, ils construisent un couvent et, profitant de la configuration des lieux, une série de chapelles (dont dix-sept seulement subsistent) reproduisant en miniature les sanctuaires de Jérusalem. Les chapelles du **sacro monte** abritent en effet des terres cuites peintes représentant presque grandeur nature les scènes évangéliques de la Passion à la Pentecôte.

Certaldo - *13 km au Nord.* Bâti en brique rose dans l'attirante vallée de l'Elsa, ce vieux bourg a peut-être vu naître, et en tout cas vieillir et mourir **Giovanni Boccacio**, un des pères de la littérature et de la langue italienne. Dans la ville haute, on visite la **casa del Boccacio** ⓥ transformée en musée, l'église S. Jacopo où l'écrivain fut enterré, et le **Palazzo Pretorio** ⓥ, reconstruit au 16e s.

Repubblica di SAN MARINO★

République de SAINT-MARIN - 23 372 habitants

Carte n° 988 pli 15 ou 429, 430 K 19
Plan dans le guide Rouge Michelin Italia

Dans un **site★★★** admirable, l'un des plus petits États du monde (61 km^2) occupe les pentes du mont Titano, arête de grès déchiqueté. Cette très ancienne république bat monnaie, émet des timbres, possède ses propres corps de troupes et de gendarmes. Saint-Marin aurait été fondé au 4e s. par un pieux maçon fuyant les persécutions de Dioclétien. Le système politique qui régit la petite république a peu changé depuis neuf siècles. Deux capitaines-régents choisis parmi les soixante membres du Conseil sont investis tous les six mois de la charge de chef d'État, au cours d'une grande fête *(voir le chapitre Principales manifestations, en fin de volume)*. La vie économique est entretenue par le tourisme, le commerce, la philatélie, l'artisanat et l'agriculture. On savoure à Saint-Marin un vin « moscato » très agréable.

CURIOSITÉS

Palazzo del Governo ⓥ - *Piazza della Libertà.* Reconstruit à la fin du 19e s. en style gothique (voir notamment la salle du Grand Conseil).

Basilica di San Marino - *Piazzale Domus Plebis.* Reliques du saint.
A l'intérieur de l'église San Pietro, contiguë, niches taillées dans le roc ayant servi de lits à saint Marin et saint Leo.

« **Roche** » **(Guaita, Cesta ou della Fratta, Montale)** - Ces trois pitons sont couronnés par trois « torri » qu'un chemin de ronde relie. **Vues**★★★ magnifiques sur les Apennins, la plaine, Rimini et la mer jusqu'à la côte dalmate. Dans la torre Cesta, le **Museo delle Armi Antiche** ⓥ présente une collection d'armes du 13e s. à la fin du Moyen Âge, et du temps de l'artillerie à poudre, fusils et pistolets du 16e au 18e s.

Museo-Pinacoteca ⓥ - Abrite de nombreux tableaux (Strozzi, Ribera, Guerchin, Dominiquin) ; objets d'art égyptien et étrusque ; monnaies et statuettes romaines.

Museo di San Francesco ⓥ - Peintures du 12e au 17e s., et modernes (20e s.). Poteries étrusques et objets de culte.

Museo filatelico e numismatico ⓥ - *A Borgo Maggiore.* Collection de timbres et de monnaies émis par la République depuis le milieu du 19e s.

ENVIRONS

★★ **San Leo** - *16 km au Sud-Ouest. Sortir par le Nord, puis emprunter à gauche la route vers la vallée de la Marecchia : avant Pietracuta et la S 258, prendre à gauche.*
Une route escarpée et sinueuse permet d'accéder au sommet de l'énorme rocher calcaire (alt. 639 m) au **site**★★ impressionnant, déjà célébré par Dante dans sa *Divine Comédie*, où sont juchés le vieux bourg historique de San Leo et sa **forteresse**★ (Forte) du 15e s., bâtie en à-pic, où mourut captif Cagliostro. Un **museo-pinacoteca** ⓥ y a été aménagé : armes et meubles anciens, peintures du 15e au 18e s. Immense **panorama**★★★ sur la vallée de la Marecchia, Montefeltro et Saint-Marin.
La cathédrale, de style roman-lombard (1173), et l'église paroissiale préromane (restaurée) méritent attention.

SAN REMO

Ligurie - 56 035 habitants

Carte Michelin n° 988 pli 12, 115 pli 20 ou 428 K 5
Schéma à la rubrique Riviera
Plan dans le guide Rouge Michelin Italia

Coincée entre mer et montagne, le long d'une ample baie délimitée par le Cap Noir et le Cap Vert, la luxueuse capitale de la Riviera du Ponant jouit d'une délicieuse température tout au long de l'année et du plus fort ensoleillement de la Ligurie. En plus de ces avantages, elle offre de nombreux hôtels et établissements de bains, ainsi que port de plaisance, casino, hippodrome, fêtes brillantes, manifestations culturelles et sportives.
San Remo est le principal centre du commerce des fleurs d'Italie : des millions de roses, œillets, mimosas, etc., sont expédiés dans le monde entier (d'octobre à juin, entre 6 et 8 h, caractéristique marché aux fleurs).

Corso Imperatrice - Célèbre pour ses palmiers des Canaries, cette promenade le long de la mer est l'une des plus élégantes de la Ligurie.

★ **La Pigna** - C'est le nom donné à la ville haute à cause de sa forme pointue (pigna : « bec »). D'aspect moyenâgeux, elle est sillonnée d'un lacis de ruelles bordées de hautes et étroites maisons. De piazza Castello, monter au sanctuaire baroque de la Madonna della Costa : jolie **vue**★ sur la ville et la baie.

★★ **Monte Bignone** (alt. 1 299 m) - *13 km au Nord.* Couvert de pins, ce sommet offre un splendide **panorama**★★ s'étendant jusqu'à Cannes.

Vous aimez les nuits calmes, les séjours reposants...
chaque année,
le guide Rouge Michelin Italia (hôtels et restaurants)
vous propose un choix d'hôtels tranquilles et bien situés.

SANSEPOLCRO★

Toscane – 15 670 habitants

Carte Michelin n° 988 pli 15 ou 430 L 18

Cette petite ville industrielle (pâtes) a conservé ses remparts et de nombreuses **demeures anciennes★** du Moyen Âge au 18e s., témoignage de sa précoce et durable prospérité : les deux plus belles rues sont à cet égard la **via XX Settembre** et la **via Matteotti** où s'élève aussi une sobre cathédrale romano-gothique. Le titre de gloire de Sansepolcro reste pourtant d'avoir donné le jour, vers 1415, au plus grand peintre italien du Quattrocento, **Piero della Francesca.** *Voir aussi le chapitre Principales manifestations, en fin de volume.*

★★ **Museo civico** ⓥ – *65, via Aggiunti.* Son atout majeur est de conserver plusieurs **œuvres★★★** admirables de **Piero della Francesca :** une *Résurrection* – impressionnant témoignage d'un art parvenu à sa maturité –, le très beau polyptyque de la *Vierge de Miséricorde* et deux fragments de fresques, un *Saint Julien* et un *Saint Ludovic.* On admire aussi des œuvres de Bassano, de Signorelli, de l'école des Della Robbia..., des estampes et quelques ornements de culte. A l'étage, belle vue sur la via Matteotti et fragments de fresques et de sinopies du 14e s. Au sous-sol : sculptures et ornements architecturaux du 13e au 18e s.

Chiesa di San Lorenzo – Elle conserve une belle ***Descente de croix*★** du maniériste Rosso Fiorentino.

ENVIRONS

★★ **Camaldoli** – *76 km au Nord-Ouest.* Berceau de l'ordre des camaldules fondé au 11e s. par saint Romuald qui imposa une règle sévère, Camaldoli est situé au cœur de la montagne et d'une immense forêt.

Le couvent, reconstruit au 13e s., se dresse au fond d'une sombre vallée à plus de 800 m d'altitude.

Au-dessus, dans un site austère et retiré, se trouve l'**Ermitage★** ⓥ (Eremo), véritable village de moines, entouré de murailles : cellule de saint Romuald et belle église du 18e s.

★ **Couvent de la Verna** – *36 km au Nord-Ouest.* Retiré au milieu d'une futaie de pins, de sapins et de hêtres, ce couvent fut fondé en 1213, et dix ans plus tard saint François y recevait les stigmates. On peut y voir la chapelle des Stigmates, le lit du saint et l'énorme roche en surplomb sous laquelle il priait. Dans la basilique et la petite église S. Maria degli Angeli, terres cuites d'Andrea della Robbia.

S. Chirol

Château de Poppi

★ **Poppi** – *61 km au Nord-Ouest.* Cette fière et pittoresque cité, ancienne capitale du Casentino, domine le Val d'Arno. Elle est elle-même couronnée par l'altier **castel des comtes Guidi**★ ⓥ, palais gothique du 13ᵉ s. qui conserve châtelet, donjon, merlons et possède une curieuse **cour**★ décorée de blasons.

Monterchi – *17 km au Sud.* Un local spécialement aménagé abrite une œuvre d'un étrange pouvoir méditatif de Piero della Francesca, la ***Madonna del Parto***★ *(Vierge de l'Enfantement)*, fresque autrefois placée au-dessus de l'autel de la chapelle du cimetière.

SIENA★★★

SIENNE – Toscane – 56 842 habitants

Carte Michelin n° 988 pli 15 ou 430 M 15/16
Plan d'ensemble dans le guide Rouge Michelin Italia

Ville ocre, ville gothique construite sur trois collines au cœur du haut plateau toscan, Sienne est une cité d'art dont le plan serpentin, inscrit à l'intérieur de remparts d'une ampleur surprenante, et les rues bordées de multiples palais convergeant vers la célèbre piazza del Campo suggèrent mieux que partout ailleurs la réalité d'une cité médiévale. Pour une visite approfondie de la ville, il est recommandé de se procurer le guide Vert Michelin Florence et la Toscane.

Pour une visite approfondie de la ville, il est recommandé de se procurer le guide Vert Michelin Florence et la Toscane.

UN PEU D'HISTOIRE

La richesse de Sienne date des 13ᵉ et 14ᵉ s., au cours desquels cette république indépendante, aux structures fortement organisées, devint prospère grâce à ses marchands et à ses banquiers.
Dans la lutte qui divisait les cités italiennes guelfes et gibelines, Sienne s'opposa à sa puissante voisine Florence et entretint avec elle une longue lutte dont l'épisode le plus mémorable fut, en 1260, la cuisante défaite infligée par les gibelins siennois aux guelfes florentins à Montaperti. Cependant, c'est au cours de cette période troublée que la ville se dota de ses monuments les plus prestigieux et que prit naissance l'école siennoise de peinture, appelée à jouer un rôle primordial dans l'évolution de l'art italien. La peste de 1348, qui décima sa population, amorça le déclin de la cité que vinrent confirmer de furieuses dissensions entre factions rivales. Au début du 15ᵉ s. l'époque de la splendeur de Sienne était achevée.
Sienne est également une cité mystique. Elle donna naissance, en 1347, à **sainte Catherine** qui, ayant décidé, à 7 ans, de n'avoir d'autre époux que le Christ, embrassa la règle dominicaine à 16 ans, connut de nombreuses visions et extases, reçut les stigmates à Pise et, en 1377, contribua au retour à Rome de la cour pontificale, déplacée depuis 1309 en Avignon.
Une autre figure très vénérée des Siennois est celle de **saint Bernardin** (1380-1444), qui abandonna ses études pour assister les pestiférés de Sienne, revêtit à 22 ans la bure franciscaine et fonda la congrégation des frères de l'Observance fidèle à la règle de saint François ; orateur redouté, il dispensa son enseignement dans toute l'Italie.

L'ART SIENNOIS

Sienne ne fut pas seulement opposée à Florence sur le plan politique. En effet, alors que dans la cité de Dante s'affirmait, au travers de peintres tels que Cimabue et Giotto, la manière « romaine » soucieuse d'équilibre et de réalisme, qui devait conduire à la plénitude des formes de la Renaissance, Sienne de son côté s'attachait à perpétuer la manière grecque ou « byzantine ». Dans celle-ci, l'arabesque de la ligne et la préciosité des couleurs assurent aux images cette élégance chatoyante qui constitue l'un des principaux charmes de la peinture gothique.

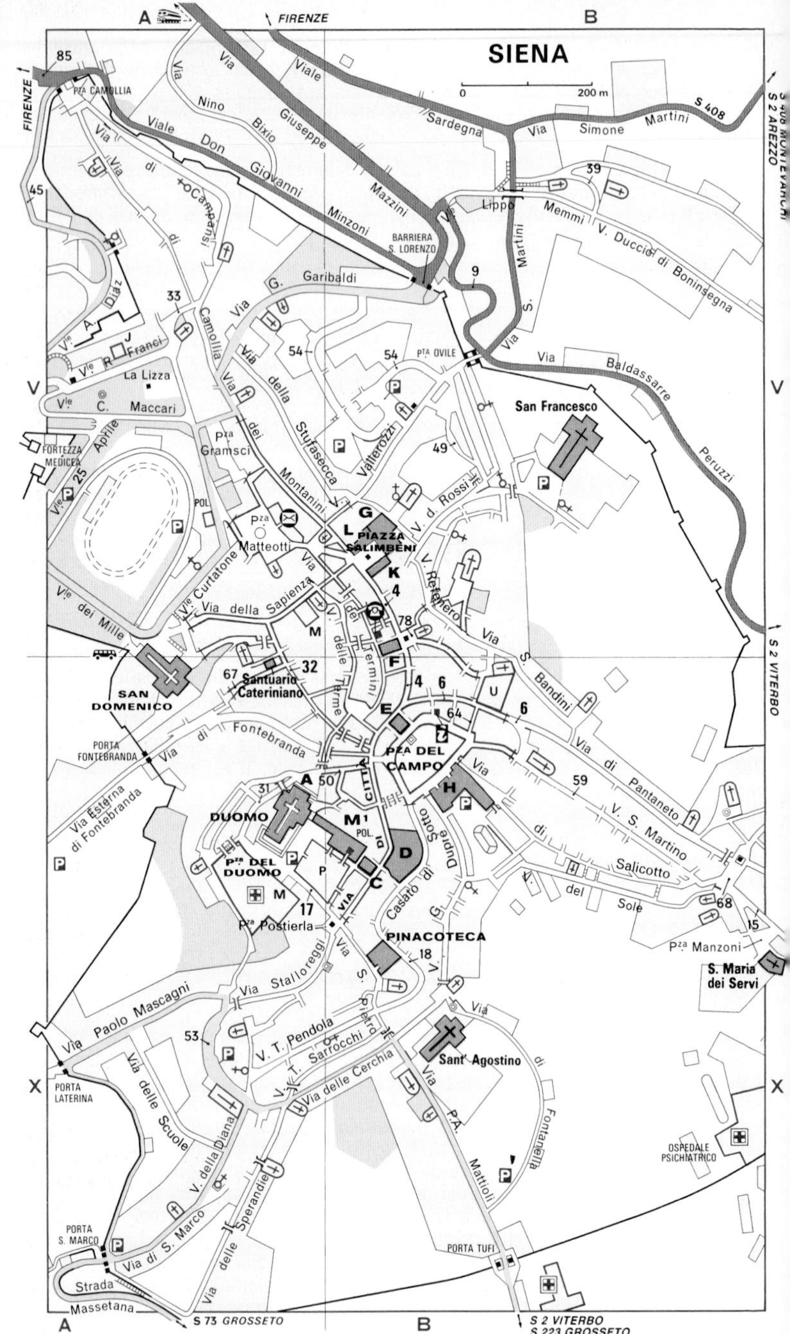

Circulation réglementée dans le centre-ville

Banchi di Sopra (Via) .... BVX 4
Banchi di Sotto (Via) ...... BX 6
Città (Via di) .... BX
Montanini (Via dei) .... AV

Beccafumi (Via D.) .... BV 9
Cantine (Via delle) .... BX 15
Capitano (Via del) .... AX 17
Casato di Sopra .... BX 18
Fusari (Via) .... AX 31
Galluzza (Via della) .... AX 32
Gazzani (Via) .... AV 33
Maitani (Via L.) .... BV 39
Montluc (Via Biagio di) ... AV 45
Orti (Via degli) .... BV 49
Pellegrini (Via dei) .... BX 50
Pian dei Mantellini .... AX 53
Pian d'Ovile .... ABV 54
Porrione (Via del) .... BX 59
Rinaldini (Via) .... BX 64
S. Caterina (Via di) ...... AX 67
S. Girolamo (Via) .... BX 68
Tolomei (Piazza) .... BV 78
Vittorio Emanuele II (Viale) . AV 85

A Battistero S. Giovanni
C Palazzo Piccolomini
D Palazzo Chigi-Saracini
E Loggia dei Mercanti
F Palazzo Tolomei
G Palazzo Salimbeni
H Palazzo Pubblico
K Palazzo Spannocchi
L Palazzo Tantucci
M[1] Museo dell'Opera Metropolitana

Dans ce guide, les plans de villes indiquent essentiellement les rues principales et les accès aux curiosités,
les schémas mettent en évidence les grandes routes et l'itinéraire de visite.

Duccio di Buoninsegna (vers 1255-1318), le premier, inventa cette nouvelle sensibilité alliant concentration intérieure, attention aux données de l'espace et de la composition, et chromatisme resplendissant.
Son exemple fut décisif auprès de **Simone Martini** (vers 1285 - mort en Avignon en 1344) qui orienta le lyrisme de cette leçon vers plus de naturel, mais dans un suprême raffinement de couleurs et de détails.
Les frères **Lorenzetti**, Pietro et Ambrogio, chacun avec sa personnalité propre, donnèrent à la tradition siennoise un ton plus inquiet, plus proche de la réalité, tout en restant fidèles à la ductilité linéaire de leurs aînés. Le thème privilégié de l'école de Sienne fut la représentation de la Vierge à l'Enfant. Au cours du Quattrocento, l'art siennois continua de manifester un attachement fondamental aux valeurs gothiques : alors que Florence s'adonnait passionnément à la redécouverte de l'Antiquité et de ses mythes, des peintres comme **Lorenzo Monaco, Giovanni di Paolo** et **Sassetta** accentuèrent encore la préciosité des images, la flexibilité des lignes et la subtilité des rythmes colorés, faisant de Sienne le refuge idéal de la sensibilité gothique.
Dans le domaine de l'architecture civile, le style gothique revêtit à Sienne un caractère particulier, avec l'apparition d'éléments tendant à une plus grande légèreté : association de la pierre et de la brique au niveau inférieur des édifices, abondance des ouvertures, notamment de ces fenêtres à arc double (arc aigu sous-tendu par un arc surbaissé) dit « siennois ». C'est toutefois autour du chantier de la cathédrale, dont la construction et les tentatives de transformation durèrent plus de deux siècles, que se concentra essentiellement l'activité architecturale ; là encore, dans la façade, s'affirme pleinement l'originalité du gothique siennois, avec le passage du style roman au gothique flamboyant dans une interprétation tout empreinte de préciosité.
La sculpture, également liée au chantier de la cathédrale, bénéficia de l'apport capital des Pisans Nicola et Giovanni Pisano ; ce dernier, qui orna la façade de la cathédrale de figures d'une formidable expressivité, influença **Tino di Camaino**, né à Sienne vers 1280, et qui acheva sa vie auprès de la cour angevine de Naples. Pourtant, la grande figure de la sculpture proprement siennoise fut **Jacopo della Quercia** (1371-1438) qui parvint à mêler harmonieusement dans son œuvre la tradition gothique et la manière florentine de la Renaissance.

★★★ PIAZZA DEL CAMPO (BX) *visite : 1 h 1/4*

C'est l'une des plus belles places du monde : en forme de coquille ou d'éventail, elle est en pente légère, pavée de briques que cerne un anneau de pierre.
A sa base se déploie, mariant également la brique et la pierre, la longue façade du Palazzo Pubblico. De là rayonnent huit lignes blanches divisant le Campo en neuf parties, symboles de l'un des gouvernements de Sienne, formé de neuf membres issus de la petite bourgeoisie des artisans et des banquiers qui, de la fin du 13e s. jusqu'au milieu du 14e s., fit connaître à la ville sa plus grande prospérité.
Dans le haut de la place, la **Fonte Gaia** (fontaine de la Joie), ainsi nommée en raison de la liesse que déchaîna en 1348 son inauguration (les fontaines étaient, à cette époque, le signe de la puissance de la cité), reçut en 1419 des panneaux sculptés par Jacopo della Quercia ; ceux-ci, très détériorés, ont été remplacés par des copies.
Sur la piazza del Campo se déroule, deux fois par an *(voir le chapitre Principales manifestations, en fin de volume)*, le célèbre « **Palio delle Contrade** ». Cette fête, à la préparation de laquelle participe durant plusieurs semaines la ville tout entière, reflète dans son organisation l'administration médiévale de la cité, divisée en trois grands quartiers, eux-mêmes scindés en paroisses (« contrade »). Celles-ci s'affrontent, aujourd'hui encore, au terme d'un défilé haut en couleur, dans une folle course de chevaux montés à cru ; la cavalcade autour de la place se joue en quelques minutes, au cours desquelles tous les coups sont permis. L'honneur de la victoire est entretenu par de nombreux parieurs. Au vainqueur est remis le « palio », bannière à l'effigie de la Vierge, protectrice de la ville à qui est dédié le tournoi.

★★★ **Palazzo Pubblico** (**BX H**) ⓥ - Élevé en style gothique, entre la fin du 13e s. et le milieu du siècle suivant, c'est un édifice d'une rare élégance avec les multiples fenêtres à triples baies qui ajourent sa façade parcourue d'un léger mouvement incurvé. Au centre du corps principal flamboie un grand cercle de cuivre portant le trigramme IHS (Iesus Hominum Salvator : Jésus sauveur des hommes) qu'arborait saint Bernardin. De l'une des extrémités du palais jaillit la svelte **Torre del Mangia**, haute tour de 88 m, dessinée par Lippo Memmi. Au pied de la tour, la **Cappella di Piazza**, chapelle en forme de loggia construite en 1352 au lendemain de la terrible peste, fut transformée un siècle plus tard, dans le style Renaissance. Le palais, siège des gouvernements successifs de Sienne, fut décoré par la plupart des grands peintres de l'école siennoise.
Salle des Prieurs : fresques de Spinello Aretino (1407) narrant la lutte du pape Alexandre III contre Frédéric Barberousse.

★ **Chapelle** : fermée par une très belle **grille**★, elle contient des fresques de Taddeo di Bartolo contant la vie de la Vierge, et de splendides **stalles**★★ du début du 15e s. illustrant le Credo. A l'autel, *Sainte Famille* par Sodoma.

★★ **Salle de la Mappemonde** : admirable ***Vierge en majesté***★★ (1315), première œuvre connue de Simone Martini. En face, le fameux **portrait équestre de Guidoriccio da Fogliano**★★, œuvre du même artiste, présente un curieux contraste entre le réalisme avec lequel est traité le personnage et l'irréalité du fond de paysage sur lequel celui-ci se détache.

★★ **Salle de la Paix** : on y voit les précieuses peintures, malheureusement très abîmées pour certaines, qu'y exécuta entre 1335 et 1340 Ambrogio Lorenzetti ; pour évoquer les ***Effets du bon et du mauvais gouvernement***★★, l'artiste a mêlé avec verve et naturel le ton noble et doctrinal de l'allégorie et celui, plus léger, de la narration minutieuse.

Tour ⓥ : du sommet, superbe **panorama**★★ sur la ville avec le stupéfiant enchevêtrement de ses toits couleur de pain brûlé, et sur la campagne siennoise doucement vallonnée.

Piazza del Campo

★★★ ENSEMBLE MONUMENTAL DU DUOMO *visite : 1 h 1/2*

★★★ **Duomo** (**AX**) – Sa riche façade, commencée à la fin du 13e s. par Giovanni Pisano qui l'orna de nombreuses statues d'une remarquable expressivité, a été achevée dans sa partie supérieure sur le modèle de celle d'Orvieto. Le sobre campanile roman date de 1313.

L'**intérieur** ⓥ, à assises alternées de marbres clair et sombre, offre, grâce à la multitude des piliers, de surprenants effets de perspective. Le **pavement**★★★ des 15e et 16e s. est unique au monde : à la réalisation de ses 56 panneaux de marbre portant, exécutés en graffiti ou en marqueterie, des personnages mythiques tels que sibylles, vertus, allégories, ainsi que des scènes de l'Ancien Testament prodigieuses de finesse et de vie, travaillèrent une quarantaine d'artistes dont **Beccafumi**. Dans le chœur, tabernacle en bronze par Vecchietta (15e s.) et **stalles**★★ richement décorées (14e et 16e s.). A l'entrée du transept gauche se trouve la célèbre **chaire**★★★ exécutée entre 1266 et 1268 par **Nicola Pisano**, qui y a conté en sept panneaux, avec un sens de la grandeur et une puissance dramatique exceptionnels, la vie du Christ. Dans le bas-côté gauche, un charmant portail donne accès à la fameuse **Libreria Piccolomini** ⓥ : les **fresques**★★ relatant des épisodes de la vie du pape Pie II Piccolomini dont, de 1502 à 1509, **Pinturicchio** couvrit ses murs, ont une finesse de dessin propre aux œuvres des miniaturistes et l'éclat de couleur des enluminures ; au centre de la salle, les *Trois Grâces*, élégante sculpture romaine (mutilée) d'influence hellénistique (3e s.).

★★ **Museo dell'Opera Metropolitana** (**ABX M**[1]) ⓥ – Il est installé dans les restes de l'immense cathédrale projetée en 1339, dont l'actuel édifice ne devait constituer que le transept ; en raison de difficultés techniques au niveau des soubassements et surtout de la terrible peste de 1348, les travaux furent abandonnés. Le musée abrite les sculptures originales de la façade dues à Giovanni Pisano, un bas-relief de Jacopo della Quercia, et surtout la célèbre ***Maestà*** *(Vierge en majesté)* de **Duccio**, retable peint sur ses deux faces (aujourd'hui séparées) et dont le revers, divisé en de nombreux panneaux, relate avec une exceptionnelle richesse narrative des scènes de la Passion du Christ.

★ **Battistero di San Giovanni** (**AX A**) ⓥ – Situé en contrebas de la cathédrale, sous le prolongement du chœur de celle-ci, il date du 14e s. Sa façade, commencée en style gothique, est restée inachevée. L'intérieur, orné de fresques du 15e s., abrite des **fonts baptismaux**★★ dont le dessin est attribué à Jacopo della Quercia ; les panneaux en bronze de la cuve sont dus au ciseau de plusieurs maîtres de la Renaissance toscane, tels Lorenzo Ghiberti et Donatello dont on admire particulièrement le Festin d'Hérode.

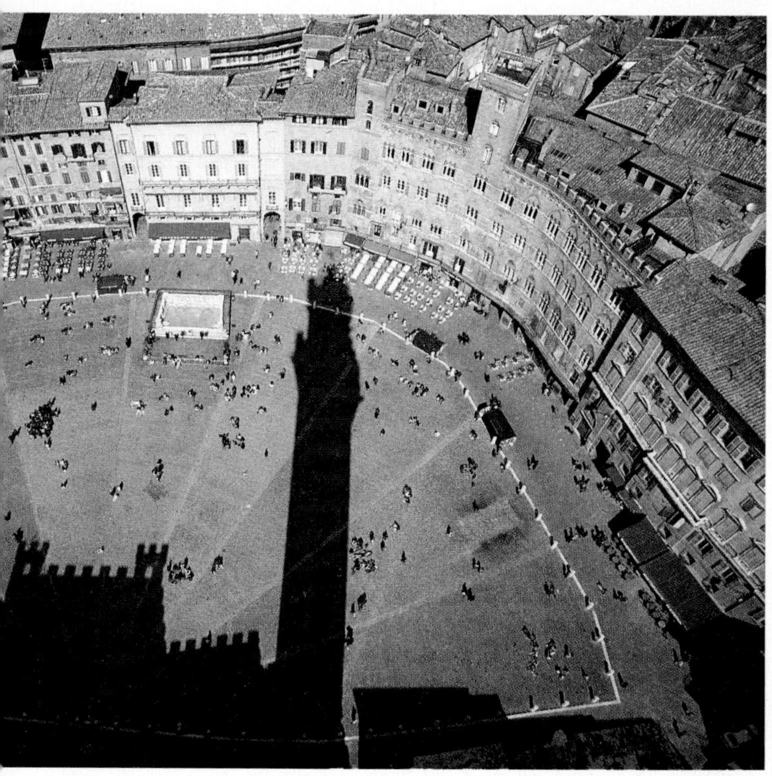

S. Chirol

AUTRES CURIOSITÉS

★★ **Pinacoteca nazionale** (**BX**) ⓥ – Aménagée dans le **palais Buonsignori★** du 15ᵉ s., elle présente un intérêt exceptionnel pour la connaissance de la peinture siennoise du 13ᵉ au 16ᵉ s.

La très riche collection de **Primitifs** occupe le 2ᵉ étage. Après la série des crucifix peints (fin 12ᵉ, début 13ᵉ s.) et les œuvres du premier peintre local connu, Guido da Siena, on aborde la grande peinture siennoise avec Duccio dont l'une des œuvres de jeunesse, la délicate petite ***Madone des Franciscains*** (salle 4) annonce déjà la manière souple et tout empreinte de grâce qui caractérisera l'école de Sienne. De Simone Martini, seule est présente une ***Vierge à l'Enfant*** (salle 6), d'une douceur et d'une pureté rarement égalées. La salle nº 7 revêt une particulière importance par le nombre d'œuvres des frères Lorenzetti qu'elle renferme, notamment la ***Pala del Carmine***, grand retable dans lequel l'aîné, Pietro, témoigne d'un sens très vif de la narration (scènes de la prédelle). La petite ***Vierge de l'Humilité*** (salle 13), à la silhouette longue et sinueuse et qu'un poétique rideau de rosiers sépare d'un fond de paysage aux notations minutieuses et naïves, est une œuvre exquise de Giovanni di Paolo.

Au 1ᵉʳ étage, on note des toiles de Pinturicchio, et, dans la salle nº 31, une ***Naissance de la Vierge*** de Beccafumi, aux audacieux dégradés de couleurs, ainsi qu'un pathétique ***Christ à la Colonne*** par Sodoma.

★ **Via di Città** (**BX**), **via Banchi di Sopra** (**BVX 4**) – Ces rues animées et étroites, sans trottoirs et dallées, sont bordées de remarquables **palais★**.

Venant de la via San Pietro, on rencontre dans la via di Città, à gauche, le **palazzo Piccolomini** ou « delle Papesse » (**C**) du 15ᵉ s., avec une façade dont la partie inférieure est à bossages, dans le style de la Renaissance florentine. Presque en face se déploie, légèrement incurvée, la longue façade gothique du **palazzo Chigi-Saracini** (**D**), siège de l'académie de Musique. Plus loin, à droite, la **Loggia dei Mercanti** ou des Marchands (**E**), de style transition gothique-Renaissance, servait de siège au tribunal de Commerce ; l'étage supérieur a été ajouté au 17ᵉ s.

Plus avant encore, à gauche, le **palazzo Tolomei** (**F**), du 13ᵉ s., est empreint d'austérité mais aussi d'élégance ; Robert d'Anjou, roi de Naples, y logea en 1310. La **piazza Salimbeni★** (**BV**) est close sur trois côtés par trois édifices dont l'architecture marque trois styles : les **palais Salimbeni** (**G**), du 14ᵉ s., au fond, gothique ; **Spannocchi** (**K**), du 15ᵉ s., à droite, Renaissance ; **Tantucci** (**L**), du 16ᵉ s., à gauche, baroque.

★ **Basilica di San Domenico** (**AVX**) – C'est dans cette église conventuelle gothique (13e-15e s.) que sainte Catherine eut ses extases. Elle renferme un portrait authentique de la sainte par Andrea Vanni qui fut son contemporain.
A l'intérieur de la chapelle Ste-Catherine (vers le milieu de la nef, à droite), dans un beau **tabernacle**★ Renaissance en marbre sculpté par Giovanni di Stefano, est conservée la tête de la sainte ; aux murs, **fresques**★ de Sodoma représentant des épisodes de sa vie.

Santuario Cateriniano (**AX**) – *Entrée via Santa Caterina.* La maison natale de sainte Catherine forme un ensemble d'oratoires superposés. On voit encore, à l'étage inférieur, la cellule où vécut la sainte ; à l'étage supérieur est vénéré le crucifix peint (13e s.) devant lequel elle aurait reçu les stigmates.

Chiesa di Sant'Agostino (**BX**) – Élevée au 13e s., elle possède un intérieur baroque. On y admire une ***Adoration du crucifix***★ par Pérugin et, dans la chapelle du St-Sacrement, des **œuvres**★ d'Ambrogio Lorenzetti, Matteo di Giovanni et Sodoma.

SORRENTO★★

SORRENTE – Campanie – 16 455 habitants

Carte Michelin n° 988 pli 27 ou 431 F 25 – Schéma à AMALFI

Plan dans le guide Rouge Michelin Italia

Cette importante villégiature du Sud de l'Italie, dont les hôtels et les villas se dissimulent parmi les jardins merveilleusement fleuris, domine une vaste baie. D'exubérantes plantations d'orangers et de citronniers envahissent la ville et la campagne. Les artisans locaux produisent des objets en bois marqueté. Enfin Sorrente a vu naître, en 1544, le poète **Le Tasse.**

Chiesa di San Francesco – Cette église baroque, surmontée d'un clocher à bulbe, dissimule un charmant **cloître**★ du 13e s. dont les chapiteaux décorés de feuilles aquatiques supportent des arcs entrecroisés de style siculo-arabe. Juste à côté, les jardins publics de la **Villa Comunale** offrent un magnifique **point de vue**★★ sur la baie de Naples.

★ **Museo Correale di Terranova** ⓥ – Installé dans un palais du 18e s., il abrite des souvenirs du Tasse, une petite collection archéologique et, surtout, un bel ensemble de meubles des 17e et 18e s. Au-delà du musée et de son jardin d'orangers, une terrasse permet de jouir d'une très belle **vue**★★ sur le golfe.

★★ **Presqu'île de Sorrente** (**Penisola Sorrentina**) – *Circuit de 33 km. Quitter Sorrente par la route S 145 en direction de l'Ouest et, à une bifurcation, prendre à droite la route de Massa Lubrense.*
La petite route sinueuse qui, de Sorrente, permet de faire le tour de la presqu'île procure des vues magnifiques sur les collines verdoyantes, couvertes d'oliviers, d'orangers et de citronniers, auxquels se mêle la vigne ; celle-ci grimpe à l'assaut de curieux treillis où sont empilés des nattes destinées à protéger les agrumes du froid de l'hiver.
De **Punta del Capo di Sorrento** *(accès à pied, à partir de l'église de Capo di Sorrento, par une route à droite puis, au-delà d'un collège, un chemin pavé, 1 h AR)*, on jouit d'une **vue**★★ superbe sur Sorrente.
Après **Sant'Agata sui Due Golfi**, bâtie sur une crête entre les golfes de Naples et de Salerne, la descente vers Colli di San Pietro, extrêmement rapide, est spectaculaire. Le retour à Sorrente par la route S 163 offre, dans sa descente vers la ville, de superbes **vues**★★ sur le golfe de Naples.

SPOLETO★

SPOLÈTE – Ombrie – 37 742 habitants

Carte Michelin n° 988 pli 26 ou 430 N 20

Plan dans le guide Rouge Michelin Italia

Ancien municipe romain, puis siège, aux 6e et 8e s. d'un important duché lombard, Spolète étage ses constructions sur les pentes d'une colline couronnée par la Rocca des Papes. Le caractère austère de la cité, chère à saint François qui y séjourna, est tempéré par la grâce des ruelles étroites et tortueuses, des palais et des nombreux monuments médiévaux qui en constituent l'ornement.
Chaque été, le **Festival dei Due Mondi** attire de nombreux spectateurs *(voir le chapitre Principales manifestations, en fin de volume).*

★★ **Duomo** – Flanqué d'un baptistère, il ferme l'harmonieuse et tranquille **piazza del Duomo★**. Sa façade s'orne d'un beau portique Renaissance, d'une rosace et d'une mosaïque du 13e s. A l'intérieur, on admire des fresques de Pinturicchio (1re chapelle droite), le tombeau de Fra Filippo Lippi (transept droit) édifié par Laurent le Magnifique et surtout, dans l'abside, des **fresques** dues à ce peintre et à ses aides représentant la vie de la Vierge.

★★ **Ponte delle Torri** – Il surmonte l'aqueduc romain qui servit de base à sa construction (13e s.). Formé de dix arches gothiques, il se termine par une forteresse chargée de protéger son accès.

★ **Basilica di San Salvatore** – Il s'agit d'une des premières églises chrétiennes d'Italie, élevée au 4e s. par des moines venus d'Orient et modifiée au 9e s. On y distingue de nombreux matériaux romains en réemploi.

★ **Chiesa di San Gregorio Maggiore** – Église romane du 12e s., modifiée au 14e s. A gauche du portique d'entrée, le baptistère (14e s.) a ses murs couverts de fresques *(Massacre des Innocents)*. Le campanile est formé de blocs provenant d'édifices antiques. Trois nefs sobres et austères reposent sur de lourdes colonnes à chapiteaux épannelés. Dans le chœur, fresque du 15e s. et armoire en pierre sculptée de la même époque.

Arco di Druso – Érigé en 23 après J.-C. en l'honneur du fils de Tibère, Drusus.

Chiesa di San Domenico – Belle église des 13e et 14e s., aux murs de pierre blanche et rose en couches alternées. Dans l'unique nef, fresques des 14e et 15e s. et, dans le croisillon droit, toile de Lanfranco.

ENVIRONS

★ **Route du Monteluco** – *8 km à l'Est.* Cette jolie route en lacet conduit au **Monteluco★** (850 m), lieu d'un culte antique, aujourd'hui station climatique où l'on peut encore admirer un couvent fondé par saint François. Au début de la montée, l'**église St-Pierre** (San Pietro) offre une belle et intéressante **façade★** romane du 13e s. à reliefs sculptés.

★ **Fonti del Clitunno** – *13 km au Nord.* Les sources du Clitumne aux eaux transparentes qui surgissent au milieu d'une végétation aquatique étaient sacrées aux yeux des Romains : ils y plongeaient les animaux destinés aux sacrifices afin de les purifier. A 1 km en contrebas s'élève le **temple★** ⓥ de Clitumne, minuscule édifice paléochrétien du 5e s., à colonnes et à fronton sculpté.

SUBIACO

Latium – 8 999 habitants

Carte Michelin n° 988 pli 26 ou 430 Q 21

Saint Benoît de Nursie, fondateur de la règle bénédictine, s'y retira au 5e s. avec sa sœur jumelle Scholastique et y construisit douze petits monastères avant de gagner le Mont-Cassin.
Accès aux monastères de Ste-Scholastique et de St-Benoît : 3 km par la route de Frosinone, puis à gauche peu avant le pont sur l'Aniene.

Monastero di Santa Scolastica ⓥ – Dominant les gorges de l'Aniene, il a conservé un majestueux campanile du 11e s., une église remaniée au 18e s. et trois cloîtres dont le troisième est une œuvre des Cosmates, admirable de simplicité.

★ **Monastero di San Benedetto** ⓥ – Au-dessus du monastère de Ste-Scholastique, dans un site sauvage, à flanc de rocher, se trouvent les constructions du couvent et de l'église, remontant aux 13e et 14e s.
L'église comporte deux étages : l'**église supérieure** est ornée de fresques de l'école siennoise du 14e s. et de l'école ombrienne du 15e s. ; l'**église inférieure**, elle-même à deux niveaux, a ses murs couverts de fresques dues au Magister Consolus, peintre de l'école romaine du 13e s.
On pénètre dans le **Sacro Speco**, grotte dans laquelle saint Benoît se retira pendant trois ans. Par un escalier en colimaçon, on peut monter à une chapelle où est conservé le premier portrait de saint François (représenté sans stigmates et sans auréole), témoignant de sa visite au sanctuaire. La **Scala Santa** permet de descendre dans la chapelle de la Vierge (fresques de l'école siennoise) et dans la grotte des Bergers. On voit enfin la roseraie où saint Benoît se jeta sur les ronces afin de résister à la tentation.

SULMONA★

Abruzzes – 25 484 habitants

Carte Michelin n° 988 pli 27 ou 430 P 23 – Schéma à Appennnino ABRUZZESE

Occupant le fond d'un riche bassin dans un majestueux cadre de montagnes, Sulmona, patrie du poète latin **Ovide**, auteur des *Métamorphoses*, a conservé son caractère médiéval.

★★ **Palazzo dell'Annunziata** – Construit par une confrérie de Pénitents, il présente une façade originale et variée : le portail de gauche, gothique, avec la Vierge et saint Michel, la baie à triple arcature et les statues des quatre docteurs de l'Église datent de 1415 ; la partie centrale et celle de droite sont en revanche postérieures (1483 et 1522). A mi-hauteur de la façade, court une étonnante frise sculptée. La sobre façade de l'église contiguë est due à Pietro Fontana (1710).

★ **Porta Napoli** – *A l'entrée de la ville, au Sud.* Cette porte gothique aux chapiteaux historiés (14e s.) présente sur le côté extérieur une singulière décoration (baie, bossage et rosaces).

Piazza Garibaldi – Elle accueille chaque mercredi et samedi un important marché coloré. Bordée sur deux côtés par un aqueduc médiéval, on y admire également le portail gothique de l'église St-Martin et la **fontaine du Vieillard** (Fontana del Vecchio), Renaissance.
Le dimanche de Pâques se déroule sur la place Garibaldi la **fête de la « Madonna che scappa in piazza »** : la statue de la Vierge est portée à la rencontre de celle du Christ ressuscité ; quittant ses vêtements de deuil à la vue de celui-ci, elle apparaît dans une robe d'un vert éblouissant et s'élance à sa rencontre.

TARANTO★

TARENTE – Pouille – 231 350 habitants

Carte Michelin n° 988 pli 29 ou 431 F 33 – Plans dans le guide Rouge Michelin Italia

Port militaire bien défendu, Tarente occupe le fond d'une vaste rade fermée par deux îles fortifiées. Fondée au 7e s. avant J.-C., ce fut une des plus importantes cités de la Grande Grèce. Le quartier ancien occupe une île reliée à la ville moderne par un pont tournant.
La Semaine sainte donne lieu à des cérémonies impressionnantes : le jeudi et le vendredi, plusieurs processions dont l'une dure 24 heures, l'autre 17 heures, parcourent la ville, allant d'église en église, avec une indescriptible lenteur.

★★ **Museo nazionale** ⓥ – Il évoque, grâce à un matériel archéologique recueilli dans la région de Tarente, l'histoire de la Grande Grèce. Le 1er étage rassemble, outre des sculptures, des fragments architectoniques et des objets provenant de tombes, une exceptionnelle **collection de céramiques★★★** où l'on peut admirer des vases de style corinthien, attique, proto-italiote et apulien. De même, une **salle des Ors★★★** rassemble de remarquables bijoux de la période hellénistique des 4e et 3e s., retrouvés dans les tombes de la région.

★★ **Lungomare Vittorio Emanuele** – Face à la mer, superbe promenade plantée de palmiers et de lauriers-roses.

★ **Giardini comunali** – Embellis par une végétation exotique et luxuriante, ces jardins publics procurent une vue magnifique sur le bassin intérieur du port (Mare Piccolo).

Duomo – Datant des 11e s. et 12e s., cet édifice remanié (façade baroque) présente un intérieur à trois nefs séparées par des colonnes antiques à chapiteaux romains ou byzantins, un plafond du 17e s. et la **chapelle de San Cataldo★** revêtue de marbres polychromes et ornée de statues au 18e s.

TARQUINIA★

Latium – 14 052 habitants

Carte Michelin n° 988 pli 25 ou 430 P 17 – 21 km au Nord-Ouest de Civitavecchia

La ville couronne un plateau rocheux, face à la mer, parmi les champs d'orge, de blé et les oliveraies. Son renom lui vient de sa nécropole étrusque située à quelques kilomètres. La fondation légendaire de la ville remonte au 12e ou 13e s. avant J.-C. Les archéologues ont retrouvé des vestiges du 9e s. avant notre ère, appartenant à la civilisation villanovienne qui se développa vers l'an 1000 avant J.-C. dans la plaine du Pô, en Toscane et dans le Nord du Latium, là où s'établirent plus tard les Étrusques. Port très actif grâce au fleuve Marta, Tarquinia dominait au 6e s. toute l'Étrurie maritime. Placée dans l'orbite de Rome au 4e s. avant J.-C., décimée par la malaria, elle reçut un coup fatal au 7e s. de notre ère, lors des invasions lombardes, et ses habitants durent l'abandonner pour se réfugier à l'emplacement de la ville actuelle.

★★ **Necropoli etrusca** ⓥ – *4 km au Sud-Est.* La nécropole se trouve sur un plateau désert parallèle à celui qu'occupait la cité antique de Tarquinia. S'étendant sur 5 km de long et presque 1 km de large, elle comprend environ six cents tombes datant du 6e s. au 1er s. avant J.-C.
Aucune architecture extérieure n'est visible (comme à Cerveteri, par exemple), mais en descendant sous terre on découvre aux parois des chambres funéraires un remarquable ensemble de **peintures**★★★, colorées et vives, d'un intérêt capital pour la connaissance de la civilisation étrusque.
Parmi les plus importantes de ces tombes, on admire tout particulièrement : la **tombe du Baron**, du 6e s. avant J.-C. ; la **tombe des Léopards** (5e s. avant J.-C.), l'une des plus belles de la nécropole, où sont représentées, outre ces animaux, des scènes de danse et de banquet ; la **tombe des Taureaux** (6e s. avant J.-C.), illustrée de scènes érotiques ; la **tombe des Lionnes** datée de 530-520 environ ; la **tombe Giglioli** (4e s. avant J.-C.) ornée de costumes et d'armes figurés en trompe l'œil ; la **tombe de la Chasse et de la Pêche** (fin 6e s. avant J.-C.) constituée de deux salles où apparaissent un retour de chasse et des scènes de banquet et de pêche.

★ **Museo nazionale Tarquiniese** ⓥ – Installé dans le **Palazzo Vitelleschi**★ édifié en 1439, il abrite une remarquable collection étrusque d'œuvres provenant des fouilles de la nécropole : on y voit des sarcophages, des céramiques, des ivoires, des ex-voto, des cratères et des amphores attiques du 6e s. avant J.-C. On notera particulièrement deux admirables **chevaux ailés**★★★ en terre cuite et, au second étage, un certain nombre de tombes reconstituées, notamment la **tombe du Lit funèbre** (460 avant J.-C.) et celle du **Triclinium** (480-470 avant J.-C.) qui fut l'une des plus belles découvertes de cette « cité des morts » souterraine.

Ross/RAPHO

Tarquinia – Les chevaux ailés

★ **Chiesa di santa Maria in Castello** ⓥ – *Accès par la via Mazzini, puis via di Porta Castello, au-delà de l'enceinte.* Proche d'une haute tour noble du Moyen Âge, cette église romane (1121-1208) est incluse dans la citadelle fortifiée qui protégeait la ville. Elle présente un élégant portail et un intérieur majestueux.

TERNI

Ombrie – 108 247 habitants

Carte Michelin n° 988 pli 26 ou 430 O 19
Plan dans le guide Rouge Michelin Italia

Terni est un centre industriel important qui a conservé un noyau ancien où l'on peut admirer quelques beaux palais, l'église St-François avec son clocher du 15e s. et l'église St-Sauveur, d'origine paléochrétienne (5e s.). La piazza della Repubblica et la via Roma en constituent le centre animé.

ENVIRONS

★★ **Cascata delle Marmore** ⓥ – Cette chute d'eau artificielle créée par les Romains effectue trois bonds successifs dans des abrupts de marbre, avant de disparaître au fond d'un ravin boisé. *On peut s'y rendre soit par la route de Macerata, S 209 (7 km à l'Est de Terni) ; soit par celle de Rieti, S 79 (9 km à l'Est, plus 1/2 h à pied AR).*

Ruines romaines de Carsulae – *16 km au Nord-Ouest. Accès par S. Gemini et S. Gemini Fonte.* Vestiges d'une ville romaine détruite au 9e s.

Ferentillo – *18 km au Nord-Est.* Village pittoresque dominé par deux châteaux ruinés. De là *(5 km en direction du Nord, puis 2 km de route privée médiocre),* on peut atteindre la solitaire **abbaye de S. Pietro in Valle** ⓥ, fondée au 7e s. et reconstruite au 12e s. Cloître, fresques du 12e s., sarcophages romains.

TERRACINA☼

Latium – 37 044 habitants

Carte Michelin n° 988 pli 26 ou 430 S 21

Agréablement située au bord d'un joli golfe et au pied d'une falaise calcaire, Terracina, qui fut à l'époque romaine déjà une élégante station de villégiature, a gardé une partie de son enceinte médiévale et quelques vestiges romains.

Duomo – Il se dresse sur la jolie **piazza del Municipio** qui a conservé les dalles de l'ancien forum romain. Consacré en 1075, il est précédé d'un portique à colonnes antiques supportant une frise de mosaïques du 12e s. Le campanile à colonnettes est de transition roman-gothique. A l'intérieur, on peut voir une **chaire** et un **chandelier pascal**★, beau travail cosmatesque du 13e s.

★ **Tempio di Giove Anxur** – *4 km, plus 1/4 h à pied AR, par la via San Francesco Nuovo.* Bien qu'il n'en reste plus que le soubassement, une galerie voûtée et un cryptoportique, sa visite vaut par la beauté du lieu où il s'élève et d'où l'on jouit d'un large **panorama**★★ sur la ville, ses canaux et son port, le mont Circeo et les marais Pontins, la plaine de Fondi et ses lacs, la côte jusqu'à Gaète.

ENVIRONS

★ **Parco nazionale del Circeo** – Fondé en 1934, ce parc s'étire sur une étroite bande côtière entre Anzio et Terracina et englobe une partie des anciens marais Pontins. Parmi ses plus beaux sites : le **mont Circeo**, refuge de la magicienne Circé qui retint Ulysse et ses compagnons ; le **lac de Sabaudia** que l'on peut approcher par le pont menant à **Sabaudia**☼, villégiature appréciée ; la **route panoramique** *(5 km, de S. Felice à Torre Cervia)*, bordée de villas cossues, de fleurs et de plantes typiquement méditerranéennes.

TIRANO

Lombardie – 8 914 habitants

Carte Michelin n° 988 plis 3 et 4, ou 428, 429 D 12

Le sanctuaire de **Madonna di Tirano** fut construit, à partir de 1505, sur le lieu d'une apparition de la Vierge. L'église à trois nefs, dont la façade date de 1676, présente une somptueuse décoration baroque où l'on remarque des fresques de Cipriano Valorsa di Grosio (1575-1578), surnommé le « Raphaël de la Valtellina » *(partie haute de la nef centrale)*, une fresque de l'Apparition, de 1513 *(à gauche au-dessus du confessional)*, des toiles d'un élève de Morazzone *(chœur)* et un **orgue** grandiose du 17e s., richement décoré : le buffet est dû à Giuseppe Bulgarini et les panneaux du balcon, représentant la *Naissance de l'Enfant Jésus*, l'*Adoration des Mages* et la *Circoncision*, à G.B. Salmoiraghi (1638).

TIVOLI★★★

Latium – 52 392 habitants

Carte Michelin n° 988 pli 26 ou 430 Q 20 – 31 km à l'Est de Rome

Plan dans le guide Rouge Michelin Italia

Cette petite ville perchée là où la rivière Aniene, surgie des dernières pentes des Apennins, se déverse en cascade dans la campagne romaine fut un lieu de villégiature autant à l'époque romaine qu'à la Renaissance, comme en témoignent ses villas. Dans l'ancienne Tibur, soumise par les Romains au 4e s. avant J.-C., professait une sibylle qui prédit à l'empereur Auguste la venue de Jésus-Christ.

★★★ VILLA D'ESTE *visite : 2 h*

Voir plan détaillé de la villa dans le guide Vert Michelin Rome.

En 1550, le cardinal Hippolyte d'Este, élevé à de grands honneurs par François Ier, mais tombé en disgrâce auprès du fils de celui-ci, Henri II, décida de se retirer à Tivoli et d'y faire construire une villa là où s'élevait un couvent de bénédictins. Il en confia les plans à l'architecte napolitain Pirro Ligorio qui agrémenta la demeure de somptueux jardins où les jeux d'eaux, les fontaines et les statues composent un décor caractéristique de la grâce du maniérisme.

A gauche de l'entrée de la villa s'élève l'**église Ste-Marie-Majeure** pourvue d'une jolie façade gothique. A l'intérieur, dans le chœur, deux triptyques du 15e s. et, au-dessus de celui de gauche, *Vierge* de Jacopo Torriti, peintre et mosaïste de la fin du 13e s.

★★★ **Palais et jardins** ⏲ – On entre dans le cloître de l'ancien couvent, puis on descend à travers les anciens appartements, finement décorés. Parvenu au rez-de-chaussée, après avoir joui d'une **vue**★ agréable sur les jardins et sur Tivoli, on gagne, par l'escalier à double rampe, l'allée supérieure des jardins. On rencontre tout d'abord la **fontaine du Bicchierone**, en forme de coquille, dont le dessin est attribué au Bernin. En prenant à gauche on aboutit à la « **Rometta** », fontaine où sont reproduits plusieurs monuments de la Rome antique. De là, la merveilleuse **allée aux Cent Fontaines**★★★ (viale delle Cento Fontane) aboutit à la **fontaine de l'Ovato**★★★ que domine une statue de Sibylle ; plus bas, surplombant l'esplanade des **Viviers** (le Pescherie), la **fontaine de l'Orgue**★★★ (Fontana dell'Organo) émettait autrefois des sons musicaux produits par un orgue mû grâce à la force de l'eau. Tout en bas du jardin, on voit la **fontaine de la Nature** ornée d'une statue de Diane d'Éphèse. En remontant par le centre on admire la **fontaine des Dragons** (Fontana dei Draghi) élevée en 1572 en l'honneur du pape Grégoire XIII et, en revenant par la droite, la **fontaine des Oiseaux** (Fontana della Civetta) qui émettait des chants d'oiseaux, et la **fontaine de Proserpine**, modernisée.

★★ VILLA ADRIANA

visite : 2 h 1/2 ⏲

A 6 km au Sud-Ouest par la route de Rome (S 5), puis une petite route prenant à gauche, à 4,5 km de Tivoli.

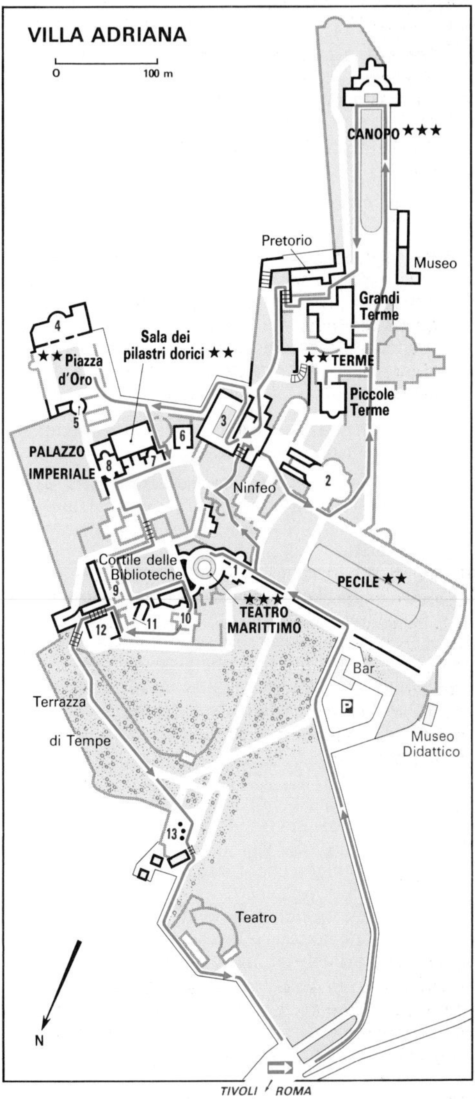

Museo :	*Musée*	**Pretorio :**	*Prétoire*
Ninfeo :	*Nymphée*	**Teatro :**	*Théâtre*
Palazzo :	*Palais*	**Terme :**	*Thermes*

Née de l'imagination de l'empereur Hadrien (76-138) qui visita tout l'Empire, elle fut sans doute l'ensemble monumental le plus riche de l'Antiquité. Passionné d'art et d'architecture, ce prince voulut que soient évoqués les ouvrages et les sites qu'il avait visités au cours de ses voyages. La villa était pratiquement achevée en 134 ; mais Hadrien, malade et affecté par la disparition de son favori Antinoüs, mourut quatre ans plus tard. Si les empereurs qui lui succédèrent continuèrent à se rendre à Tivoli, la villa fut bientôt oubliée et tomba en ruine. Explorée du 15ᵉ au 19ᵉ s., elle fut dépouillée de ses œuvres d'art qui rejoignirent les collections publiques et privées. Ce n'est qu'à partir de 1870 que l'État italien entreprit des fouilles qui révélèrent l'admirable ensemble.

Avant de commencer la visite, se rendre dans une salle voisine du bar où est exposée une maquette de la villa. *Puis suivre l'itinéraire indiqué sur le plan.*

★★ **Pecile** – Il évoque un portique d'Athènes ; ce grand rectangle rempli d'eau, aux petits côtés arrondis, était bordé de portiques dont la disposition avait été calculée afin qu'il y ait toujours un côté protégé par l'ombre. La salle à abside, appelée « **salle des Philosophes** » (**1**), fut peut-être une salle de lecture.

★★★ **Teatro Marittimo** – Construction circulaire formée d'un portique et d'un édifice central séparés par un canal, et où l'empereur, devenu misanthrope, aimait sans doute à s'isoler. En se dirigeant vers le Sud, on aperçoit les restes d'un **nymphée**, et de grandes colonnes qui appartenaient à un ensemble formé de trois salles semi-circulaires s'ouvrant sur une cour (**2**).

★★ **Terme** – La disposition des thermes illustre le raffinement architectural que dut atteindre la villa. On distingue les Petits Thermes, et les Grands Thermes dont la salle est pourvue d'une abside et d'une voûte superbe.
La construction en hauteur appelée **prétoire** abrita sans doute des entrepôts.

★★★ **Canopo** – Après avoir dépassé le **musée** qui renferme quelques œuvres récemment découvertes, on aboutit à l'admirable restitution du site égyptien de Canope, accessible par un canal bordé de temples et de jardins. A l'extrémité Sud, un édifice évoque le temple de Sérapis.

Après avoir gagné les vestiges qui dominent le nymphée et obliqué vers la droite, on longe un grand **vivier** entouré d'un portique (**3**).

Palazzo imperiale – Il s'étendait de la piazza d'Oro aux bibliothèques.

★★ **Piazza d'Oro** – Cette place rectangulaire, entourée d'un double portique, fut un caprice d'esthète, dénué de toute utilité. Au fond de la place, on voit les vestiges d'une salle octogonale (**4**) et, de l'autre côté, ceux d'une salle couverte d'une coupole (**5**).

★★ **Sala dei Pilastri Dorici** – Salle ainsi nommée parce qu'elle était bordée d'un portique à pilastres dont les chapiteaux et les bases étaient doriques.

On peut encore voir la **caserne des pompiers** (**6**), les vestiges d'une salle à manger d'été (**7**), d'un nymphée (**8**). Ces constructions donnaient sur une cour séparée de la **cour des Bibliothèques** par un des nombreux cryptoportiques de la villa. Les dix petites salles situées à côté de la cour des Bibliothèques (Cortile delle Biblioteche) constituaient une infirmerie (**9**) ; beau **parterre**★ de mosaïques. Les **bibliothèques** sont réparties, selon l'usage de l'époque, en une bibliothèque grecque (**10**) et l'autre latine (**11**). En direction de la **terrasse de Tempé**, on traverse un groupe de salles pavées de mosaïques qui appartenaient sans doute à une salle à manger (**12**). Du frais bosquet de Tempé qui domine la vallée, on rejoint l'entrée de la villa en passant devant un petit **temple circulaire** (**13**) attribué à Vénus ; puis, sur la gauche, on devine l'emplacement d'un **théâtre**.

AUTRE CURIOSITÉ

★ **Villa Gregoriana** ⓥ – C'est un vaste parc boisé, sillonné de sentiers qui permettent de franchir l'Aniene à l'endroit où la rivière coule dans un ravin étroit et tombe en cascade. L'eau s'y déverse à la **Grande Cascade**★★, à la **grotte de la Sirène** et à celle de **Neptune**.
Après être remonté le long du versant opposé du ravin, on sort de la Villa Gregoriana au **temple de la Sibylle** ou de Vesta, élégante construction circulaire de style corinthien datant de la fin de la République. A côté s'élève un temple ionique.

TODI★★

Ombrie – 16 699 habitants

Carte Michelin n° 988 plis 25, 26 ou 430 N 19

Ville ancienne, perchée dans un joli **site**, Todi conserve trois enceintes concentriques : l'étrusque (porte Marzia), la romaine et la médiévale.

★★ **Piazza del Popolo** – Cette place centrale est entourée de monuments qui illustrent la vitalité de la vie communale au Moyen Âge.
Le **palais des Prieurs**★ (13e s.), gothique, est l'ancien siège du podestat ; ses baies ont été refaites à la Renaissance ; une curieuse tour trapézoïdale du 14e s. le domine.
Le **palais du Capitaine**★ ⓥ, datant du 13e s. également, s'orne de baies à colonnettes et repose sur de puissants piliers surmontés d'arcs en plein cintre.
Relié au précédent et également sur arcades, le **palais du Peuple**★ ⓥ est l'un des plus anciens palais communaux d'Italie (1213) ; il abrite un musée lapidaire, une pinacothèque, ainsi qu'un musée étrusque et romain.

★★ **Chiesa di San Fortunato** - *Piazza della Repubblica.* Élevée de 1292 à 1460, elle mêle des éléments gothiques au style Renaissance. Son **portail central**★★ est remarquable par la richesse et la finesse de son décor sculpté.
A l'intérieur, clair et élancé, **fresques** de Masolino (1432) dans la 4e chapelle à droite, et tombeau de Jacopone da Todi (1230-1307), frère franciscain et poète, auteur du « Stabat Mater ».

★ **Duomo** - C'est un important édifice, élevé au début du 12e s. : un majestueux escalier précède son harmonieuse façade en marbres rose et blanc ornée d'une grande rosace. Contourner l'édifice pour admirer l'abside romane. L'intérieur recèle des chapiteaux gothiques, des fonts baptismaux Renaissance et de belles stalles en marqueterie (1530).

Piazza Garibaldi - Contiguë à la piazza del Popolo, cette place est ornée d'un monument à la gloire du grand homme ; de la terrasse, très jolie **vue**★★ sur la vallée et les lointains de collines.

Rocca - En passant à droite de San Fortunato, on monte aux ruines de la Rocca du 14e s. Agréable jardin public, ombragé.

★ **Chiesa di Santa Maria della Consolazione** - *1 km à l'Ouest, sur la route d'Orvieto.* Cette église de la Renaissance a été bâtie, de 1508 à 1609, en pierre blonde, par plusieurs architectes, d'après un dessin de Bramante. Sur plan en croix grecque, elle comporte quatre absides polygonales renforcées par des pilastres à chapiteaux composites. Sur une terrasse s'élève la coupole dont le tambour est conçu selon la fameuse « travée rythmique » de Bramante. L'intérieur est lumineux et sobre ; la coupole a été décorée au 16e s. ; les douze statues d'apôtres ont été exécutées par Scalza (16e s.).

TOLENTINO

Marches - 18 293 habitants

Carte Michelin n° 988 pli 16 ou 430 M 21

Petite ville des Marches où Bonaparte et Pie VI signèrent en 1797 le traité de Tolentino, ratifiant le retour d'Avignon à la France. Mais Tolentino est avant tout connue pour sa basilique St-Nicolas, but de nombreux pèlerinages : on attribue en effet divers miracles à ce saint, moine augustin mort à Tolentino en 1305.

★★ BASILICA DI SAN NICOLA *visite : 1 h*

L'aspect extérieur, composite, de cette église reflète les différentes étapes de sa construction qui s'échelonnèrent de 1305 au 18e s. La façade, refaite au 17e s. dans le goût baroque, a cependant gardé un élégant portail de style gothique tardif, dû à Nino di Bartolo (15e s.).

Intérieur - La vaste nef rectangulaire frappe par son ordonnance rigoureuse, la somptuosité de son décor de marbres, ors et stucs, et par son magnifique plafond à caissons (1628). Les chapelles latérales abritent de nombreuses œuvres d'art : la 1re à droite, une admirable toile du Guerchin (1640), la 4e, une *Madone gisante* en bois polychrome du 14e s. et l'effigie de sainte Lorenzina.

★ **Chapelle des Sts-Bras** - *A droite du chœur.* Elle éblouit par la richesse de sa décoration ; remarquer le maître-autel et ses marches en argent ciselé.

★★ **Chapelle du Cappellone** - Faisant office de croisillon droit, c'est la partie la plus célèbre du sanctuaire, en raison des **fresques** du 14e s., dues à un maître anonyme de l'école de Rimini, qui recouvraient entièrement ses murs et ses voûtes : le cycle inférieur relate des épisodes de la vie de saint Nicolas de Tolentino, celui des voûtes, la vie du Christ.

Grand cloître - Des 13e et 14e s. Ses galeries et l'ancien oratoire attenant sont décorés de fresques baroques illustrant la vie du saint (17e s.).

Crypte - *Retraverser la chapelle du Cappellone.* Achevée en 1932, elle abrite les restes de saint Nicolas de Tolentino reposant dans un cercueil-reliquaire.

Musées - Ils comprennent une galerie d'ex-voto, une salle de céramiques et des vestiges lapidaires, poteries, objets romains (musée municipal).

TORINO★★

TURIN – Piémont – 961 512 habitants

Carte Michelin n° 988 pli 12 ou 428 G 4/5

Plan p. 264-265 – Plan d'ensemble dans le guide Rouge Michelin Italia

Située au confluent de la Dora Riparia et du Pô, au débouché des grandes routes alpines venant de France et de Suisse, la capitale du Piémont est une ville élégante, prospère et vivante. Son plan remonte essentiellement aux 17e et 18e s. : régulier, il offre de larges artères, de places spacieuses et de nombreux espaces verts.

UN PEU D'HISTOIRE

Au 1er siècle, la capitale des Taurini (tribu celte) fut transformée par les Romains en colonie militaire, sous le nom d'Augusta Taurinorum. Christianisée, elle devint le siège d'un évêché au début du 5e s. Au 6e s., elle fut confiée à un duc lombard, et passa plus tard sous la domination des Francs. A partir du 11e s. et pendant presque neuf cents ans, Turin eut son sort lié à celui de la **maison de Savoie** et en partagea les vicissitudes. Issue de Hubert aux Blanches Mains, mort en 1056, cette dynastie régna en effet sur la Savoie et le Piémont, puis sur la Sardaigne et l'Italie – à qui elle donna des rois de 1861 à 1946. Les Savoie, gouvernant avec habileté, prenant tantôt le parti du pape, tantôt celui de l'empereur, sachant maintenir plus tard un équilibre entre la France et les ducs de Milan, étendirent peu à peu leur domination sur la région. C'est au début du 18e s. que Charles-Emmanuel II et Victor-Amédée II dotèrent la ville de riches monuments en faisant appel aux architectes Guarini et Juvara. Charles-Emmanuel III renforça encore l'importance de Turin au cours de son règne (1732-1773), en réformant l'administration de son royaume et en instaurant dans la capitale une cour à l'étiquette rigide qui rappelait celle de Versailles. En 1798, les troupes françaises chassèrent Charles-Emmanuel IV de Turin afin d'imposer un régime issu des principes révolutionnaires de 1789. Mais, à la chute de Napoléon, Victor-Emmanuel I, revenu sans difficultés à la tête de son royaume, instaura une politique hostile à toute ingérence étrangère dans les affaires piémontaises. Turin devint alors le foyer des luttes contre l'Autriche et le centre de l'unification italienne.

A la suite des efforts de son ministre Cavour pour réorganiser l'État piémontais, de l'alliance France-Piémont contre l'Autriche, des victoires de Magenta et de Solferino (1859), Victor-Emmanuel II fut proclamé premier roi d'Italie et Turin fut la première ville à accueillir un gouvernement italien. La maison de Savoie régna sur la péninsule jusqu'à la proclamation de la République italienne en 1946.

ÉCONOMIE

L'activité intense de sa banlieue a fait de Turin la métropole italienne de la mécanique, domaine dans lequel les Turinois font montre d'un véritable génie. L'université de Turin voit sortir de son « Politecnico » un grand nombre d'ingénieurs spécialisés dans la technique automobile, et c'est dans la capitale piémontaise qu'est née, en Italie, cette industrie, représentée par les firmes Fiat et Lancia. De Turin, sortent environ 77 % de la production nationale. Une grande partie des modernes installations de la Fiat est implantée dans les faubourgs Sud de la ville (Mirafiori). D'importantes usines de pneumatiques et plusieurs maîtres carrossiers de réputation mondiale (l'un des plus célèbres fut le maître Pinin Farina) concourent à la prospérité de l'automobile turinoise qu'illustre tous les deux ans le salon de l'Automobile.

L'industrie textile et celle de la confection sont également très perfectionnées.

LA VIE A TURIN

L'animation se concentre plus particulièrement sur la via Roma (**CXY**), la piazza San Carlo, la via Po (**DXY**) qui conduit à l'immense piazza Vittorio Veneto (**DY**), de style classique.

La via Roma, d'aspect très moderne, est bordée d'arcades sous lesquelles s'ouvrent de luxueuses vitrines où sont présentés avec raffinement les articles de Turin, très réputés, notamment pour la soierie, les cuirs et la mode.

A moitié de la via Roma, la piazza San Carlo est le rendez-vous des élégantes, tandis que les amateurs s'attardent chez les antiquaires et les libraires. Sur la via Po donnent de beaux cafés de stylo néo-classique, qui eurent un rôle politique au 19e s. Le touriste français ne se sentira pas dépaysé à Turin, où le dialecte local se rapproche de sa langue. L'ambiance courtoise et cultivée est celle d'un centre culturel que marquent de nombreuses maisons d'édition, des journaux réputés (Stampa), un conservatoire de Musique renommé et une importante université.

Mais la ville a d'autres ressources, et les Turinois, mis en appétit par leurs célèbres vermouths, ne dédaignent pas la bonne cuisine : « cardi in bagna cauda » (cardons en sauce) et « tartufi bianchi » (truffes blanches) sont des spécialités qu'on accompagne de gressins et des délectables vins de la région. Les friandises, nougat (« torrone piemontese »), chocolats et bonbons fourrés sont également excellents.

LE CENTRE MONUMENTAL

★★ **Piazza San Carlo** (CXY) – Cette place, aux bâtiments harmonieusement distribués, constitue un bel ensemble d'architecture urbaine. Au Sud, les églises **San Carlo** et **Santa Cristina** encadrent la via Roma : l'amusante façade de Santa Cristina, surmontée de candélabres, a été dessinée par Juvara (1678-1736), le fameux architecte d'origine sicilienne à qui Turin doit quelques-unes de ses plus belles réalisations. A l'Est, le palais du 17e s., occupé par l'académie philharmonique, fut le siège des ambassadeurs de France de 1771 à 1789. Au milieu de la place s'élève la statue d'Emmanuel-Philibert de Savoie qui, vainqueur des Français à Saint-Quentin en 1557, put recouvrer ses États après une absence de 25 ans (traité de Cateau-Cambrésis, 1559).

Palazzo dell'Accademia delle Scienze (CX M[1]) – Ce palais, élevé au 17e s. d'après les plans de Guarini, abrite deux musées exceptionnels.

★★ **Museo egizio** ⓥ – *Rez-de-chaussée et 1er étage.* C'est l'un des plus riches musées égyptiens d'Europe. Dans les souterrains sont exposées les fouilles réalisées en 1911 par les deux archéologues italiens Schiaparelli et Farina.
Au rez-de-chaussée, la **section d'Art statuaire** rassemble, outre une vingtaine de statues, assises ou debout, de la déesse Sakmis de Karnach, à tête de lion, une importante **collection de statues de pharaons** appartenant au Nouvel Empire (1580-1100 avant J.-C.), âge d'or de l'Égypte. Dans une pièce à part, le **temple rupestre de Thoutmès III** (vers 1450 avant J.-C.), don de la République arabe unie, a été transporté d'Elessiya (200 km au Sud d'Assouan) et recomposé.
Le 1er étage rassemble des collections évoquant tous les aspects de la civilisation de l'Ancienne Égypte. On retiendra : la série des **sarcophages**, simples coffres durant le Moyen Empire (2100-1580 avant J.-C.), sculptés sous le Nouvel Empire ; un intéressant ensemble de **canopes** (vases funéraires qui servaient à recueillir les viscères des morts) ; une importante collection de momies, accompagnées notamment de rouleaux de papyrus (les fameux **livres des morts**). Aux **chambres funéraires** reconstituées (Guizèh – 2500 avant J.-C.) s'ajoute une exceptionnelle collection de **stèles funéraires** (Moyen et Nouvel Empire). Bijoux et céramiques datent de l'Égypte prédynastique (« civilisations nagadiennes », 4000 à 3000 avant J.-C.).
A partir du 4e s. avant J.-C. (conquête d'Alexandre le Grand), l'influence hellénique se fait sentir (masques, statuettes) puis, à partir de 30 avant J.-C., l'influence romaine (vases de bronze). Une salle est consacrée aux **inscriptions** ; hiéroglyphes (déchiffrés par Champollion en 1824) et « écriture hiératique » (tracé cursif des hiéroglyphes) sur papyrus, morceaux de calcaire, tessons de poterie.

★★ **Galleria Sabauda** ⓥ – *Entrée au 2e étage.* Disposée sur deux étages, la galerie abrite les **collections de la maison de Savoie** et cinq sections de peinture : école vénitienne, le mouvement académique (« maniera internazionale » fin 15e s.-début 16e s.), école lombarde, les Caravagesques, l'école flamande et hollandaise et ses influences.
A remarquer : *L'Assomption* (1623) de Gentilleschi, au réalisme violent, les œuvres de l'Albane (Bologne 1578-1660), du Tintoret et de Véronèse *(Repas chez Simon)*, les grandes toiles de Bassano annonçant Caravage par les contrastes d'ombre et de lumière, le *Triomphe d'Aurélien* de Tiepolo, une belle *Madone* à l'expression songeuse, caractéristique du Padouan Mantegna qui influença la peinture vénitienne de la Renaissance. Importantes séries de portraits officiels de Van Dyck, dont les célèbres *Fils de Charles Ier d'Angleterre.* On note par ailleurs *Philippe IV d'Espagne* par Vélasquez. La galerie abrite également des œuvres de Rubens, le Guerchin, Guido Reni, Le Lorrain, Poussin, Salvator Rosa dont la brillante vision de la nature inspira les pré-romantiques.

★ **Palazzo Madama** (CX A) – S'élevant au milieu de la piazza Castello, ce palais doit son nom au séjour qu'y fit la veuve de Charles-Emmanuel II, « Madame Reale », Marie-Christine de France. La Porta Decumana des anciens remparts d'Auguste est à son origine. La partie orientale, en briques, est médiévale (15e s.) ; la façade occidentale, en pierres de taille, a été dessinée au 18e s. par Juvara dans un style plein de noblesse.
Un **musée d'Art ancien**★ (Museo d'Arte antica) ⓥ est aménagé au rez-de-chaussée. On y remarque des sculptures gothiques, des stalles de la fin du 15e s., des peintures (15e-16e s.) de l'école piémontaise (Gian Martino Spanzotti, Macrino d'Alba, Defendente et Gaudenzio Ferrari), un *Portrait d'homme* (1475) par Antonello de Messine et une *Madone* par Barnaba da Modena (14e s.). La section des arts décoratifs regroupe des pièces d'orfèvrerie grecque, barbare et romane, des émaux, des ivoires, des coffres en bois, diverses céramiques, une importante collection de verre gravé et du mobilier du 15e s.

Au fond de la piazza Castello, s'élève l'église **San Lorenzo** (**CX**) que Guarini dota d'une coupole et d'un couronnement audacieux. Dans le palais Chiablese, attenant, a été installé le **Museo nazionale del Cinema** (**CX M³**) ⓥ *(entrée : 2 piazza San Giovanni).*

★ **Palazzo Reale** (**CDVX**) – Dans ce sobre édifice résidèrent les princes de la maison de Savoie jusqu'en 1865. Les **appartamenti** ⓥ *(1er étage)* présentent une somptueuse décoration baroque. En outre, le palais abrite l'**Armeria Reale**★ ⓥ qui réunit une belle collection d'armes, d'armures et de souvenirs militaires.

Palazzo Carignano (**CX M²**) – Dans ce grand palais (1680) qui présente une imposante façade baroque de Guarini, est née Victor-Emmanuel II (1820-1878), créateur de l'unité italienne, premier roi d'Italie (1861). Un intéressant **musée du Risorgimento**★ ⓥ y a été installé : il rassemble des documents illustrant les faits marquants de l'histoire de l'Italie au 19e s.

★ **Duomo San Giovanni** (**CX**) – Cet édifice Renaissance fut construit à la fin du 15e s. par le cardinal Della Rovere. Sa façade possède trois portails finement sculptés. Le campanile de brique a été couronné en 1720 par Juvara. A l'intérieur, au-dessus de l'abside *(accès par l'escalier à droite du chœur)*, la **chapelle du St-Suaire** (Cappella Della Sacra Sindone), en rotonde et surmontée d'une haute coupole, est l'œuvre de Guarini (17e s.). Sur l'autel, une urne contient la précieuse et contestée **relique du Saint-Suaire**★★★, dans lequel le Christ aurait été enveloppé après la descente de la croix. La relique est visible en de très rares occasions ; en revanche, une série de photographies est présentée à côté de l'autel.

★ **Mole Antonelliana** (**DX**) ⓥ – Emblème de Turin, ce singulier édifice d'une hauteur de 167 m fut construit de 1863 à 1890. Du sommet, vaste **panorama**★★ sur la ville.

TORINO

Carlo Felice (Piazza) .... CY 16
Roma (Via) .... CXY
S. Carlo (Piazza) ...... CXY

Alfieri (Via) .... CY 6
Cadorna (Lungo Po L.) .. DY 10
Carignano (Piazza) ..... CX 12
Carlo Emanuele II (Piazza) .... DY 13
Casale (Corso) .... DY 18
Castello (Piazza) .... CX 19
Cesare Augusto (Piazza) .... CV 23
Claudio (Corso Appio) .. BV 26

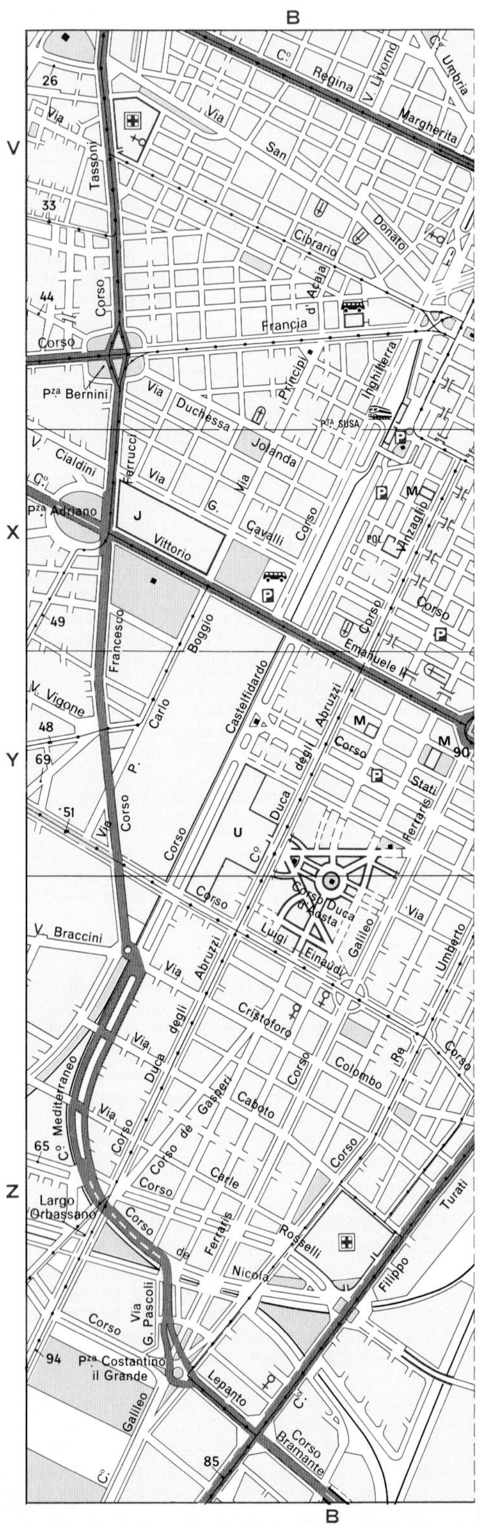

Consolata (Via della) ..... **CV** 27
Diaz (Lungo Po A.) ...... **DY** 32
Fabrizi (Via Nicola) ...... **BV** 33
Gran Madre di Dio (Piazza) .... **DY** 38
Medici (Via G.) .... **BV** 44
Milano (Via) .... **CV** 46
Monginevro (Via) .... **BY** 48
Nanni (Via Di) .... **BX** 49
Napoli (Lungo Dora) ..... **CV** 50
Peschiera (Corso) .... **BY** 51
Ponte Isabella .... **CZ** 52
Ponte Umberto I .... **DZ** 54
Ponte Vittorio Emanuele I . **DY** 55
Repubblica (Pza della) .... **CV** 62
Rosselli (Corso) .... **BZ** 65
S. Francesco d'Assisi (Via) **CX** 66
S. Paolo (Via) .... **BY** 69
Solferino (Piazza) .... **CX** 75
Unione Sovietica (Corso) .. **BZ** 85
Vittorio Emanuele II (Largo) **BCY** 90
4 Marzo (Via) .... **CX** 93
4 Novembre (Corso) ..... **BZ** 94
20 Settembre (Via) ...... **CXY** 96

Circulation réglementée dans le centre ville

A Palazzo Madama
M¹ Palazzo dell' Accademia delle Scienze
M² Palazzo Carignano
M³ Museo Nazionale del Cinema

Musée de l'Automobile Carlo Biscaretti di Ruffia

AUTRES CURIOSITÉS

★ **Museo dell'Automobile Carlo Biscaretti di Ruffia** ⏲ – *Au Sud de la ville. Accès par le corso Massimo d'Azeglio* (**CZ**). *Puis voir le plan d'ensemble du guide Rouge Michelin Italia. Le musée se trouve au nº 40 du corso Unità d'Italia.* Dans un vaste bâtiment est exposée une très riche collection de véhicules ainsi que des châssis, des moteurs et documents graphiques retraçant l'histoire de l'automobile depuis les origines jusqu'au seuil des vingt dernières années en cours. Une salle historique du pneu présente également la prodigieuse évolution des matériaux, de la structure, de la technicité et de la recherche en matière de pneumatiques (évocation des grandes courses, rappel des divers types de véhicules chaussés : du vélocipède à l'avion, etc.). Une bibliothèque et des archives *(visibles sur rendez-vous)* complètent le musée.

Parco del Valentino (**CDZ**) – S'étendant le long du Pô sur 1,5 km environ, ce parc boisé offre une agréable promenade en bordure du fleuve. Au Nord se trouve le **Castello del Valentino**, construit en 1688 pour la duchesse Marie-Christine de France. On y voit également le palais des Expositions, le Teatro Nuovo (**T**) et le **Borgo Medioevale**★ ⏲, amusante reconstitution d'un ensemble urbain du Moyen Âge et d'un château.

ENVIRONS

Voir le plan d'ensemble de Turin dans le guide Rouge Michelin Italia.

★ **Basilica di Superga** – *10 km à l'Est.* Bâti au sommet d'une colline de 670 m d'altitude, cet imposant édifice construit de 1717 à 1731 est le chef-d'œuvre de l'architecte Juvara. De plan circulaire, coiffé d'un dôme, il est surtout remarquable par sa monumentale façade, ses colonnes et pilastres imposants. Dans le chœur, la chapelle dédiée à la Vierge est un lieu de pèlerinage. Mais la basilique est avant tout le « Panthéon » des rois de Sardaigne.

★ **Tombe dei Reali** ⏲ – La crypte renferme les tombeaux de Victor-Amédée II, qui fit construire la basilique pour commémorer, dit-on, la levée du siège de Turin par les troupes franco-espagnoles en 1706, de Charles-Albert et de nombreux princes de la maison de Savoie.
De l'esplanade, admirable **vue**★★★ sur Turin, la plaine du Pô et les Alpes.

★ **Circuit de la Maddalena**– *32 km à l'Est.*
De Superga, la jolie route de Pino Torinese offre de larges **vues**★★ sur Turin. De Pino Torinese on peut gagner la **colline de la Maddalena** (Colle della Maddalena) où a été aménagé, en souvenir des morts de la Première Guerre mondiale, le **Parco della Rimembranza**, grand parc public très fréquenté.
La descente sur Turin offre de belles **perspectives**★ ; à Cavoretto, le **parc Europa** domine la partie Sud de la ville.

★ **Palazzina di caccia di Stupinigi** (**ou Palazzina Mauriziana**) ⏲ – *11 km au Sud-Ouest.* Cette immense construction, édifiée par Juvara pour Victor-Amédée II de Savoie, est en fait un pavillon de chasse. Napoléon y résida avant de se faire couronner roi d'Italie. Le palais abrite aujourd'hui un **musée d'Art et du Mobilier** où l'on peut visiter des appartements richement décorés, dans le goût rococo du 18ᵉ s. Un vaste parc entoure la Palazzina.

Castello di Rivoli ⏲ - *14 km à l'Ouest.* Œuvre baroque de Juvara (18e s.), cette résidence d'agrément, que Victor-Amédée II de Savoie voulut grandiose, resta inachevée. Seules l'aile gauche (décorée dans certaines pièces) et la partie basse du pavillon central ont été bâties. Un **musée d'art contemporain** y a été installé (œuvres des années 60 à nos jours).

★ MONTFERRATO

L'itinéraire proposé ci-dessous dans le Montferrat *(150 km - compter une journée)* permet de traverser cette agréable région de collines calcaires, défendue par de nombreux châteaux forts et produisant la plus grande partie des vins piémontais dont plusieurs sont renommés, et dont le plus célèbre est celui d'Asti.

Sortir de Turin à l'Est par la route S 10.

Chieri - Vieille ville connue pour sa gastronomie. Elle possède un arc de triomphe (1580), une cathédrale gothique (15e s.) et une église (San Domenico) des 13e-15e s. dotée d'un beau campanile.

Asti - *Plan dans le guide Rouge Michelin Italia.* La patrie du poète tragique Vittorio Alfieri s'anime chaque année pour la fête du vin et pour la course du Palio précédée d'un défilé de près d'un millier de personnages en costumes des 14e et 15e s. *(voir le chapitre Principales manifestations, en fin de volume).* Le **baptistère San Pietro★**, du 12e s., forme avec l'ancienne église St-Pierre du 15e s. et le cloître gothique un ensemble harmonieux. Au cœur d'un pittoresque vieux quartier, **cathédrale** (Cattedrale) gothique du 14e s. ornée de peintures baroques.

Gagner Ovada par les routes S 231 puis S 456.

★ **Route des châteaux du Haut-Montferrat** - D'Ovada à Serravalle Scrivia, cette route panoramique, appelée aussi route du vin, emprunte la ligne de crêtes des coteaux plantés de vignobles et traverse une série de villages perchés, dotés de châteaux forts.

Isole TREMITI★

Îles TREMITI - Pouille - 365 habitants

Carte Michelin n° 988 pli 28 ou 431 A 28 - Accès : voir le guide Rouge Michelin Italia

Au large du promontoire du Gargano dont il partage la nature géologique, ce minuscule archipel, le seul de la côte adriatique, comprend deux îles principales, San Nicola et San Domino, ainsi que deux îlots inhabités, Capraia et la lointaine Pianosa. Le trajet en bateau au départ de Manfredonia offre des **vues★★★** inoubliables sur le littoral du Gargano et ses hautes falaises calcaires d'un blanc lumineux. L'approche pittoresque de Vieste, Peschici et Rodi Garganico qui occupent des sites escarpés ajoute à la splendeur du parcours. Sur les pointes rocheuses, on aperçoit le traditionnel « Trabocco », plate-forme aménagée pour la pêche et munie de perches auxquelles sont fixés les carrelets (grands filets carrés).

★ **San Nicola** - Au sommet d'une falaise abrupte se dresse l'abbaye de **Santa Maria al Mare** ⏲, fondée au 9e s. par les moines bénédictins. On accède à celle-ci par une rampe fortifiée. A l'intérieur, on voit les vestiges d'un pavement de mosaïque du 11e s., un polyptyque gothique du 15e s. et un crucifix byzantin du 13e s. Des cloîtres, on bénéficie de beaux aperçus sur San Domino.

★ **San Domino** ⏲ - Une promenade en bateau permet de découvrir les côtes rocheuses très découpées de cette île sauvage couverte d'une pinède.

TRENTO★

TRENTE - Trentin-Haut-Adige - 101 624 habitants

Carte Michelin n° 988 pli 4 ou 429 D 15 - Plan dans le guide Rouge Michelin Italia

Trente, capitale du Trentin, est située sur l'Adige dans un cirque de montagnes pelées, de coteaux et de vallons, à proximité du massif de Brenta. Point de rencontre des influences germaniques et italiennes, cet important nœud de communications au carrefour des routes du Brenner, de Brescia et de Venise est un centre à la fois agricole et industriel.

UN PEU D'HISTOIRE

Colonie romaine sous l'Empire, puis siège d'un évêché dès le 4e s., Trente fut occupée par les Ostrogoths de Théodoric, puis au 6e s. par les Lombards avant d'être réunie au Saint Empire germanique à la fin du 10e s. De 1004 à 1801, elle fut gouvernée par des princes-évêques.

La ville accueillit le fameux **concile de Trente** (1545-1563) qui chercha à s'opposer à la montée du protestantisme et marqua le début de la Contre-Réforme, mouvement qui changea la face de l'Église. Ses principales décisions, notamment l'obligation de résidence des évêques et la répression du trafic des indulgences, s'efforçaient de relever la crédibilité de l'Église et son autorité.
Au 19e s., après avoir subi le joug napoléonien, Trente fut donnée à l'Autriche en 1814. Ce n'est qu'à la suite de luttes acharnées que la ville et sa région furent libérées en 1918 par les troupes italiennes.

★ LA CITÉ DES PRINCES-ÉVÊQUES *visite : 2 h*

★ **Piazza del Duomo** – Entourée par la cathédrale, le palais Pretorio (13e s., restauré), le beffroi et les maisons Rella couvertes de fresques au 16e s., elle forme le centre de la ville.

★ **Duomo** – Ce majestueux édifice fut élevé aux 12e-13e s. dans le style roman lombard. La façade du transept Nord est percée d'une baie où figure l'allégorie de la Fortune, présidant à la destinée des hommes.
A l'intérieur, on remarque les originales montées d'escalier conduisant aux tours. A droite, la chapelle du Crucifix (17e s.) abrite un grand Christ devant lequel furent proclamés les décrets du concile ; dans le transept droit, pierre tombale de Sanseverino, condottiere vénitien tué en 1486.
Sous le chœur ont été dégagés les restes d'une **basilique paléochrétienne** ⌚ (5e s.).

★ **Museo diocesano** ⌚ – Installé dans le palais Pretorio, il rassemble les objets les plus remarquables du trésor de la cathédrale, tableaux, **panneaux de bois★** sculptés, **retable★**, et huit **tapisseries★** bruxelloises exécutées au début du 16e s. par Pierre van Aelst.

Via Belenzani – Sévère et noble, elle est bordée de palais de style vénitien. En face du palais communal (16e s.), maisons aux murs peints de fresques.

Via Manci – Cette rue mêle les styles vénitien (loggias et fresques) et montagnard (toits débordants) : au no 63, palais Galazzo (17e s.).

★ **Castello del Buon Consiglio** ⌚ – Jadis résidence des princes-évêques, le château est aujourd'hui siège du Musée provincial d'Art de Trente. A gauche, le Castelvecchio (13e s.) et la « Torre Grande » (dite d'Auguste), au centre le « Palazzo Magno » (16e s.), Renaissance, où habitaient les évêques, et la tour de l'Aquila (l'Aigle), carrée, à l'extrémité droite.
A l'intérieur, le château semble constitué d'un dédale de cours, d'escaliers, de passages et de bâtiments divers. Le Castelvecchio comporte une très belle cour de style gothique vénitien à quatre étages de galeries ornées de fresques avec les portraits des princes-évêques. Du « Palazzo Magno », on gagne la Loggia de Romanino aux fresques du 16e s. ; elle donne sur la charmante cour des Lions, Renaissance. Les appartements des princes-évêques, aux plafonds à caissons décorés de stucs et de fresques, abritent des collections de peintures (16e-18e s.), du mobilier, des céramiques...

AUTRES CURIOSITÉS

★ **Palazzo Tabarelli** – Remarquable édifice de style vénitien Renaissance, à pilastres, colonnettes de marbre rose et médaillons.

Chiesa di Santa Maria Maggiore – De nombreuses séances du concile s'y tinrent. Cet édifice Renaissance a conservé un campanile roman. Dans le chœur, élégante tribune d'orgues en marbre sculpté de Vincenzo et Gerolamo Grandi (1534). Au 2e autel de droite, dans la nef, se trouve un retable, *Madone et saints*, dû à Moroni (16e s.).

Chiesa di Sant'Apollinare – Petite église d'origine romane, sur la rive droite de l'Adige. Une curieuse toiture pointue recouvre deux voûtes gothiques bombées.

★★★ GRUPPO DI BRENTA

Circuit au départ de Trente *233 km – compter 2 jours*

Ce massif calcaire et sauvage prolonge les Dolomites au-delà de la vallée de l'Adige. Son paysage est composé de profondes vallées au fond desquelles reposent des lacs solitaires, ainsi que de rocs abrupts déchiquetés par l'érosion.

Visite – Le schéma situe, outre les localités et sites décrits, d'autres lieux particulièrement pittoresques (indiqués dans le plus petit caractère noir).
Prendre la route S 45 bis vers Vezzano.

★ **Lago di Toblino** – Charmant lac qui surgit au milieu des herbes aquatiques, sur un fond de murailles rocheuses. Sur la presqu'île se dresse un castel, ancienne résidence des princes-évêques de Trente.

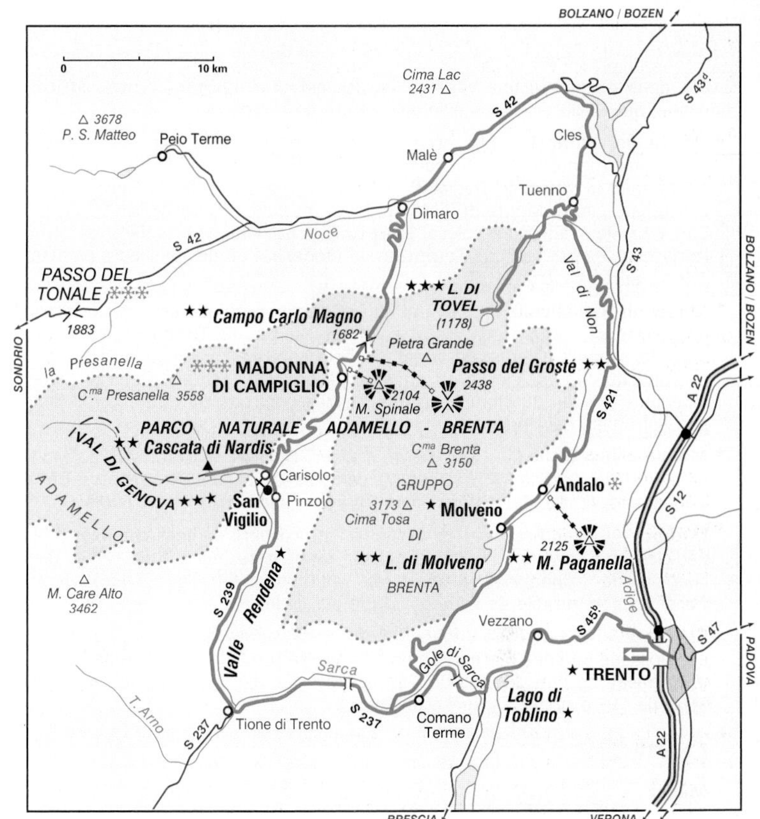

★ **Valle Rendena** – Ample val boisé de sapins et de mélèzes, peuplé de riants villages dont les églises sont couvertes de fresques et protégées par des toits débordants.

Près de Pinzolo, **l'église de San Vigilio** porte une remarquable Danse macabre (1539), œuvre de S. Baschenis.

★★★ **Valle di Genova** – Taillée dans les granits de l'Adamello, cette vallée est célèbre par sa grandeur sauvage. La route, longeant un torrent qui bouillonne parmi les rocs, aboutit à la **cascade de Nardis**★★ qui tombe d'une falaise de 100 m de haut.

✻✻✻ **Madonna di Campiglio** – Agréable station de villégiature (hiver et été), réputée pour ses hôtels et ses nombreuses possibilités d'excursions.

★★ **Campo Carlo Magno** – C'est un hypothétique passage de Charlemagne qui a donné son nom à cet endroit boisé où l'on pratique aujourd'hui les sports d'hiver. Du **col** (Passo) **du Grosté** ⊙ *(accès par télécabine, puis à pied)*, on jouit d'un **panorama**★★ complet sur le massif de Brenta.

Gagner Dimaro puis Malè et, à Cles, prendre à droite vers Tuenno.

★★★ **Lago di Tovel** – Protégé par des gorges sauvages, ce lac solitaire aux versants couverts de forêts prend parfois, lors des grandes chaleurs, une teinte rouge due à la présence d'une algue microscopique.

✻ **Andalo** – Petite station de villégiature située dans un paysage majestueux, au cœur d'immenses forêts de conifères, et dominée par les crêtes du massif de Brenta. Du **mont Paganella** *(accès par téléphérique)* ⊙, à 2 125 m d'altitude, on découvre un splendide **panorama**★★ sur toute la région.

★ **Molveno** – Situé au milieu de prairies en pente douce et à l'extrémité d'un **lac**★★ posé au fond d'un cirque, c'est un lieu de séjour recherché.

TREVISO★

TRÉVISE – Vénétie – 83 315 habitants

Carte Michelin n° 988 pli 5 ou 429 E/F 18 – Plan dans le guide Rouge Michelin Italia

Située dans la riche plaine vénète, Trévise est un important centre agricole et industriel qui a conservé sa vieille ville ceinte de remparts.

★ **Piazza dei Signori** – Elle occupe le cœur de la vieille ville et s'entoure de nombreux monuments : le palais du Podestat, surmonté d'un haut beffroi communal, le **palazzo dei Trecento**★ (1207), le palazzo Pretorio, Renaissance. En contrebas (piazza Monte di Pietà) se trouvent l'ancien **Mont-de-Piété** ⓥ et, piazza San Vito, deux églises accolées, **Santa Lucia** et **San Vito** ; la première est ornée de remarquables **fresques**★ de Tommaso da Modena, l'un des meilleurs peintres du 14e s., après Giotto.

★ **Chiesa di San Nicolò** – Ce grand édifice roman-gothique est orné de fresques intéressantes, notamment, aux colonnes, celles de Tommaso da Modena ; dans la chapelle Onigo, portraits de Trévisans par Lorenzo Lotto (16e s.) ; au fond du chœur, Vierge en majesté de Savoldo (16e s.). Dans le **couvent** ⓥ attenant, la salle du chapitre renferme des portraits de dominicains illustrés par Tommaso da Modena.

★ **Museo civico Bailo** ⓥ – *22, borgo Cavour.* Œuvres de Tommaso da Modena, Girolamo da Treviso (15e s.) et de peintres de l'école vénitienne : Cima da Conegliano, G. Bellini, Titien, Pâris Bordone, Jacopo Bassano, Lotto.

Duomo – Cet édifice des 15e et 16e s. est couvert de sept coupoles ; façade néo-classique, crypte romane. A gauche, baptistère des 11e et 12e s. Dans la chapelle de l'Annonciation (à droite du chœur), fresques maniéristes de Pordenone et retable de l'*Annonciation* par Titien.

Chiesa di San Francesco – *Viale S. Antonio da Padova.* De style roman-gothique, elle possède un beau plafond de bois, la pierre tombale de la fille de Pétrarque, le tombeau de l'un des fils de Dante, ainsi que des fresques de Tommaso da Modena (1re chapelle à gauche du cœur).

ENVIRONS

Maser ⓥ – *29 km au Nord-Ouest, par la route S 348.* Cette petite cité agricole s'enorgueillit d'une célèbre **villa**★★★ construite en 1560 par Palladio pour les frères Barbaro, Daniele, patriarche d'Aquileia, et Marcantonio, ambassadeur de la république de Venise. L'intérieur a été orné entre 1566 et 1568 d'un admirable ensemble de **fresques**★★★ par Véronèse qui a déployé ici toutes les ressources de sa science des perspectives, trompe-l'œil et raccourcis, ainsi que son sens du mouvement et des couleurs. Non loin de la villa se trouve le **Tempietto**, gracieuse chapelle de plan circulaire, coiffée d'une coupole, également due à Palladio.

Vittorio Veneto – *41 km au Nord.* Son nom évoque la victoire des Italiens sur les Autrichiens en 1918 : documents au **musée de la Bataille** ⓥ situé à Ceneda, au Sud de la ville, dans la loggia de Sansovino (ou Loggia Cenedese), du 16e s., ornée d'un portique à fresques. Au Nord, le quartier de Serravalle a conservé son cachet ancien. L'**église San Giovanni** *(accès par via Roma puis via Mazzini)* renferme d'intéressantes **fresques**★ attribuées à Jacobello del Fiore et à Gentile da Fabriano (15e s.).

TRIESTE★

Frioul – Vénétie Julienne – 230 644 habitants

Carte Michelin n° 988 pli 6 ou 429 F 23

Plan d'ensemble dans le guide Rouge Michelin Italia

Trieste est une ville moderne qui s'allonge, au fond du golfe du même nom, au pied du plateau du Karst dont le rebord forme au Nord, jusqu'à Duino, une côte escarpée aux magnifiques falaises blanches. C'est le port le plus important de l'Adriatique. Ses vastes installations (12 km de quais) s'étirent jusqu'à la frontière avec l'ex-Yougoslavie. Un oléoduc le relie aux raffineries d'Autriche et de Bavière. De puissants chantiers navals, spécialisés dans la construction de gros navires, contribuent à son activité.

UN PEU D'HISTOIRE

L'origine de la ville est fort ancienne : les Celtes et les Illyriens se la disputaient avant que les Romains ne la colonisent sous le nom de Tergeste qui devint, dès lors, un centre commercial actif et une place forte protégeant les frontières orientales de l'Empire. Au Moyen Âge, après avoir été placée sous la dépendance du patriarche d'Aquileia, la ville fut rattachée à Venise en 1202 ; mais, en rébellion contre la domination de la Sérénissime, elle se mit en 1382 sous la protection de l'Autriche

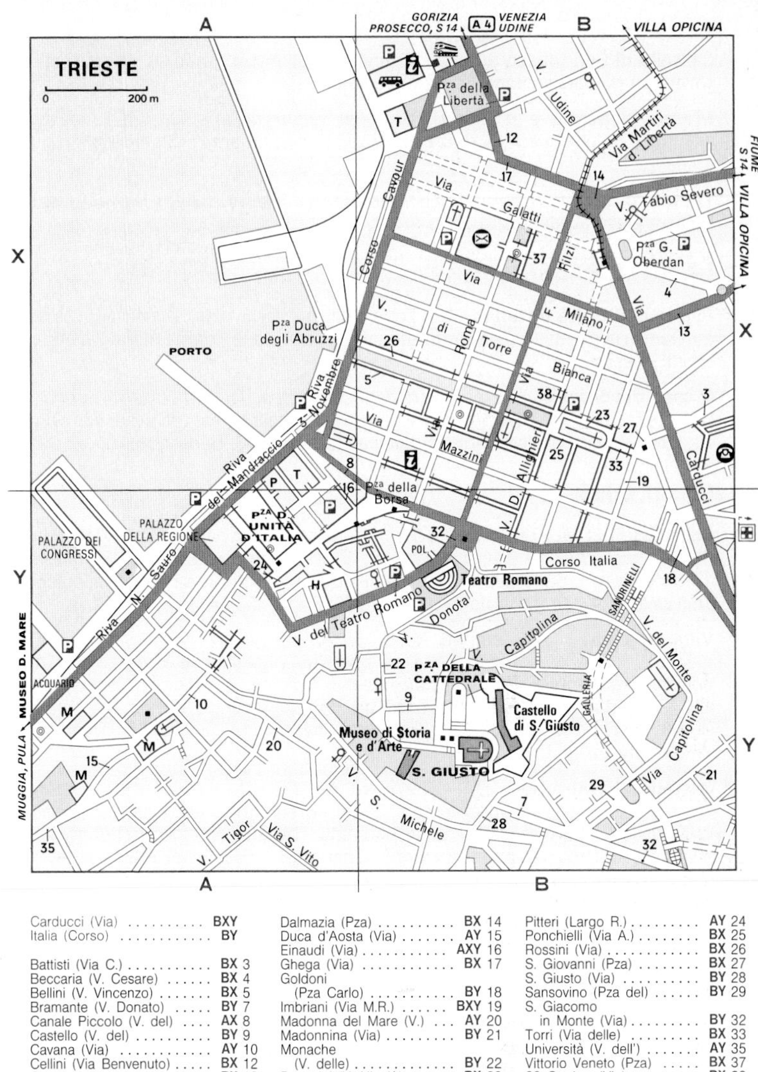

Carducci (Via)	BXY	Dalmazia (Pza)	BX 14	Pitteri (Largo R.)	AY 24
Italia (Corso)	BY	Duca d'Aosta (Via)	AY 15	Ponchielli (Via A.)	BX 25
		Einaudi (Via)	AXY 16	Rossini (Via)	BX 26
Battisti (Via C.)	BX 3	Ghega (Via)	BX 17	S. Giovanni (Pza)	BX 27
Beccaria (V. Cesare)	BX 4	Goldoni (Pza Carlo)	BY 18	S. Giusto (Via)	BY 28
Bellini (V. Vincenzo)	BX 5	Imbriani (Via M.R.)	BXY 19	Sansovino (Pza del)	BY 29
Bramante (V. Donato)	BY 7	Madonna del Mare (V.)	AY 20	S. Giacomo in Monte (Via)	BY 32
Canale Piccolo (V. del)	AX 8	Madonnina (Via)	BY 21	Torri (Via delle)	BX 33
Castello (V. del)	BY 9	Monache (V. delle)	BY 22	Università (V. dell')	AY 35
Cavana (Via)	AY 10	Paganini (V. Nicolò)	BX 23	Vittorio Veneto (Pza)	BX 37
Cellini (Via Benvenuto)	BX 12			30 Ottobre (Via)	BX 38
Coroneo (V. del)	BX 13				

et joua un rôle d'intermédiaire entre les deux puissances jusqu'au 15e s. En 1719 Charles VI la déclara « port franc » et en fit le siège de la Compagnie d'Orient et du Levant ; la cité connut alors une nouvelle période de prospérité, s'enrichit de multiples édifices et servit de refuge à de nombreux exilés. Trieste ne fut rattachée qu'en 1919 au royaume d'Italie, après de farouches combats. La ville a connu, au début du siècle, une activité littéraire, grâce au romancier Italo Svevo et au poète Umberto Saba.

★★ COLLE SAN GIUSTO *visite : 1 h*

Au sommet de la ville, à l'emplacement de l'antique Tergeste installée sur cette colline, la **piazza della Cattedrale★** (**BY**) rassemble les restes d'une basilique romaine que domine le château (15e-16e s.), une colonne vénitienne datant de 1560, l'autel de la IIIe armée (1929) et la basilique St-Just.

★ **Basilica di San Giusto** (**BY**) - Elle a été fondée au 5e s. à l'emplacement d'un édifice romain, mais les bâtiments actuels datent en grande partie du 14e s. Sa façade, percée d'une belle rose gothique, est décorée d'un bas-relief et de bustes en bronze. Le robuste campanile porte, incorporés dans sa partie inférieure, des fragments de colonnes romaines, et s'orne d'une statue de saint Just (14e s.). De son sommet, jolie **vue★** sur Trieste.
L'**intérieur★** comprend cinq nefs dont les quatre latérales appartenaient à deux basiliques primitives reliées entre elles au 14e s. par la construction de la nef centrale. Dans l'abside droite, on remarque une belle mosaïque du 13e s. et des fresques du 11e s. évoquant la vie de saint Just. Dans l'abside gauche, magnifique **mosaïque★★** du 12e s., montrant la Vierge en majesté, les archanges Michel et Gabriel, et les apôtres.

Castello di San Giusto (**BY**) – Il renferme un **musée** : mobilier et remarquable collection d'**armes anciennes★**.

Museo di Storia e d'Arte (**BY**) – Il réunit notamment un remarquable ensemble de **vases grecs★** à figures rouges et de ravissants **petits bronzes★** romains archaïques.

Teatro romano (**BY**) – Au pied de la colline St-Just subsistent les vestiges d'un théâtre élevé au début du 2e s.

LA VILLE BASSE *visite : 1 h*

★ **Piazza dell'Unità d'Italia** (**AY**) – Trois palais de style 1900 s'y élèvent : le palais du Gouvernement, le palais communal, et celui de la compagnie de navigation Lloyd Triestino.

★ **Museo del Mare** – *Via A. Ottaviano. Accès par la Riva Nazario Sauro* (**AY**). Dans ce musée de la mer, l'histoire générale du navire y est retracée, des origines au 18e s. La **section de la pêche★★** est particulièrement remarquable.

ENVIRONS

Santuario del Monte Grisa – *10 km au Nord. Sortir par la piazza della Libertà* (**BX**) *en direction de Prosecco puis de Villa Opicina, et suivre la signalisation « Monte Grisa ».* Sanctuaire moderne dédié à la Vierge. De sa terrasse, splendide **panorama★★** sur le golfe de Trieste.

Villa Opicina – *9 km au Nord. Sortir par la via Fabio Severo* (**BX**). *A 4,5 km, quitter la route S 14 et prendre à gauche la route S 58. Accès possible également par funiculaire, au départ de la piazza Oberdan.* Située à 348 m d'altitude, sur le rebord du haut-plateau du Karst. Du belvédère signalé par un obélisque, se découvre une magnifique **vue★★** étendue sur Trieste et son golfe.

★ **Castello di Miramare** – *8 km au Nord-Ouest, par la route côtière.* A l'extrémité d'un promontoire, ce château agrémenté d'un ravissant **jardin★** en terrasses fut bâti en 1860 pour l'archiduc Maximilien d'Autriche, fusillé au Mexique en 1867, et pour sa femme Charlotte de Belgique, morte folle.

★ **Grotta Gigante** – *13 km au Nord. Même route que pour Villa Opicina. A Opicina, poursuivre à gauche en direction de Borgo Grotta Gigante.* Un impressionnant escalier permet de descendre dans cette grotte formée d'une salle unique aux dimensions gigantesques, et de se promener parmi les magnifiques concrétions.
Un **musée de Spéléologie** a été aménagé à l'entrée de la grotte.

Muggia – *14 km au Sud. Sortir par la Riva Nazario Sauro* (**AY**). Face à Trieste, cette petite ville de style vénitien possède une cathédrale (Duomo) gothique du 15e s. au joli campanile pointu et à l'élégante façade en calcaire d'Istrie.

Terra dei TRULLI★★★

Région des TRULLI – Pouille

Carte Michelin n° 988 pli 29 ou 431 E 33

Entre Fasano, Ostuni, Martina Franca et Alberobello s'étend une région dont le nom vient des curieuses habitations qui la couvrent, les « trulli ». Ces maisons, dont les murs et la pierre de faîte sont peints à la chaux et dont le toit conique est couvert de pierres plates, grises, disposées en assises concentriques, correspondent chacune à une pièce d'habitation ; aussi sont-elles groupées par trois ou quatre. Sur le côté s'élève une haute cheminée ; un escalier extérieur conduit aux greniers ; un arc avec gâble souligne la porte ; l'intérieur est couvert d'une coupole.

★★★ **Alberobello** – Cette petite ville possède un important quartier de trulli, souvent accolés les uns aux autres ; ils s'échelonnent sur une colline au Sud de la ville (Zona Monumentale). Au sommet s'élève l'**église Sant'Antonio**, elle-même imitée des trulli *(accès par la via Monte Sant'Angelo)* ; à l'intérieur, la croisée du transept est surmontée d'une coupole identique à celle que l'on voit dans les habitations particulières.
Il est possible de visiter de nombreux trulli à Alberobello ; de leurs toits on jouit d'une belle vue sur l'ensemble de l'agglomération. Près de l'église principale, piazza Sacramento, s'élève le **Trullo Sovrano★**, le plus grand de la ville, à deux étages.

TUSCANIA★

Latium – 7 732 habitants

Carte Michelin n° 988 pli 25 ou 430 O 17
24 km à l'Ouest de Viterbe

Puissante ville étrusque, municipe romain, important centre médiéval, Tuscania a conservé des vestiges de son enceinte et deux superbes églises, situées un peu en dehors de la ville. Le tremblement de terre de février 1971 a considérablement endommagé son patrimoine artistique.

★★ **Chiesa di San Pietro** – Au fond d'une place déserte s'élève la façade dorée de San Pietro qui occupe l'emplacement de l'acropole étruque. A gauche, deux tours médiévales, à droite, l'ancien palais épiscopal encadrent la perspective.
Cette façade, très équilibrée, est du début du 13e s. ; les symboles évangéliques entourent une rosace probablement d'école ombrienne ; plus bas, un atlante (ou un danseur ?) et un homme (Laocoon ?) étouffé par un serpent proviennent sans doute des monuments étrusques. L'intérieur remonte au 11e s. et a été bâti par des maîtres lombards. Des colonnes massives aux admirables chapiteaux soutiennent de curieuses arcades à denticules. La nef centrale a conservé son pavement original très décoratif. A l'abside en cul-de-four, fresques du 12e s. La **crypte**★★ ⓥ comprend une forêt de petites colonnes, toutes différentes et d'époques variées (romaines, préromanes, romanes), portant des voûtes d'arêtes.

★ **Chiesa di Santa Maria Maggiore** – Bâtie à la fin du 12e s., l'église reprend les principaux éléments de St-Pierre. Il faut remarquer principalement les **portails**★★ romans du 13e s., sculptés avec maîtrise.
A l'intérieur, l'ambon est formé de fragments des 8e, 9e et 12e s. Au-dessus de l'arc triomphal, une fresque du 14e s., de facture réaliste, montre le Jugement dernier.

UDINE★

Frioul – Vénétie Julienne – 98 882 habitants

Carte Michelin n° 988 pli 6 ou 429 D 21
Plan dans le guide Rouge Michelin Italia

Cette charmante ville fut le siège des patriarches d'Aquileia de 1238 à 1420, avant de passer sous la domination de Venise. Elle se groupe autour d'une colline (circonscrite par le pittoresque vicolo Sottomonte) dont le sommet porte un château. Son charme réside dans ses monuments gothiques et Renaissance, ses places retirées, ses rues étroites souvent bordées d'arcades. Udine a fortement souffert du tremblement de terre qui affecta tout le Frioul en 1976.

★★ **Piazza della Libertà** – Autour de cette harmonieuse place d'aspect Renaissance s'élèvent plusieurs édifices. La **Loggia del Lionello**, ancien palais communal, tient son nom de l'architecte qui l'éleva en 1457 ; son style gothique vénitien se reconnaît dans la légèreté de ses arcades et son appareil de pierre blanche et rose. En face, sur la place surélevée, la **Loggia di San Giovanni** (16e s.) est un portique Renaissance surmonté par la tour de l'Horloge (16e s.) à jacquemarts maures. Devant elle, colonnes de St-Marc et de la Justice, statues d'Hercule et de Cacus, jolie fontaine du 16e s.

Castello ⓥ – Cette imposante bâtisse du 16e s., précédée d'une esplanade d'où l'on jouit d'une belle vue sur la ville et le Frioul, fut le siège des représentants de la sérénissime république.
Juste à côté se dresse l'**église Santa Maria del Castello** du 13e s., avec façade et campanile du 16e s. portant à son sommet l'archange Gabriel, et renfermant une *Déposition*, fresque peinte au 13e s.

Duomo – Édifice gothique du 14e s., remanié au 18e s., dont la façade s'orne d'un beau portail gothique flamboyant. Son robuste campanile présente, sur l'une de ses faces, les statues de l'ange de l'Annonciation et de l'archange Gabriel (14e s.). A l'intérieur, belle **décoration baroque**★ : buffets d'orgue, chaire, tombeaux, retables et stalles historiées. Dans la chapelle du Saint Sacrement, Tiepolo a peint à la voûte des fresques en trompe l'œil.
A droite de la cathédrale, l'**oratoire de la Pureté** (Oratorio della Purità) ⓥ possède un plafond peint *(Assomption)* en 1757 par Tiepolo.

Palazzo Arcivescovile ⓥ – 16e-18e s. Le palais archiépiscopal s'enrichit de **fresques**★ exécutées par Tiepolo : à la voûte du grand escalier, *Chute des anges* ; dans les appartements, splendides compositions illustrant des scènes de l'Ancien Testament.

Piazza Matteotti – Cette jolie place carrée, où se tient le marché, est entourée de maisons à arcades. On y voit également l'élégante église baroque de San Giacomo (16e s.), une fontaine du 16e s. et une colonne de la Vierge du 15e s. On peut flâner dans les pittoresques via Mercato Vecchio et via Vittorio Veneto, où les boutiques se succèdent sous les arcades.

ENVIRONS

★★ **Villa Manin** ⓥ – *30 km au Sud-Ouest : à Passariano.* Installés depuis le 13e s. dans le Frioul (territoire sous contrôle vénitien), les Manin occupèrent de très hautes charges au service de la Sérénissime. Résidence d'été faisant pendant à leur palais du Grand Canal, la villa du 16e s. fut reconstruite au 17e s., rapidement complétée par deux ailes en retour imitant la grandeur de Versailles, et enfin prolongée par des communs semi-circulaires inspirés de la place St-Pierre de Rome. Cet ensemble grandiose fut choisi par Bonaparte pour préparer le **traité de Campoformio** *(8 km au Sud-Ouest d'Udine)* qui, ironie de l'histoire, fut signé (sans être débaptisé, et alors qu'il mettait fin à la République de Venise) dans la demeure même du dernier doge, Ludovico Manin.
On peut voir dans l'aile droite la magnifique chapelle et sa sacristie, l'écurie abritant des carrosses et voitures des 18e et 19e s., et la salle d'arme (pièces du 15e au 18e s.). La villa elle-même abrite des expositions temporaires chaque été, ce qui permet de découvrir le riche décor à fresque de ses vastes salles. Beau parc orné de statues.

URBINO★★

URBIN – Marches – 15 111 habitants

Carte n° 988 plis 15, 16 ou 429, 430 K 19

Plan dans le guide Rouge Michelin Italia

Bâtie en brique rose sur deux collines et entourée de ses remparts, Urbino ⓥ domine un paysage vallonné baigné d'une lumière dorée. Soumise à la famille des Montefeltro dès le 12e s., la ville connut son époque de splendeur sous le règne du duc **Federico da Montefeltro** (1444-1482), condottiere avisé, fin lettré, collectionneur et mécène. Raffaello Sanzio, plus connu sous le nom de **Raphaël** (1483-1520) y naquit.

★★★ PALAZZO DUCALE *visite : 1 h 1/2*

Chef-d'œuvre d'équilibre et de goût, il fut élevé, entre 1444 et 1472 sur ordre du duc Federico, par l'architecte dalmate Luciano Laurana, auquel succéda le Siennois Francesco di Giorgio Martini. Conçu en fonction du panorama qui s'étend à l'Ouest de la vieille ville, le palais présente, face à la vallée, une haute façade percée de loggias superposées qu'encadrent deux tours rondes élancées constituant un ensemble d'une élégante originalité. A l'Est, en revanche, le palais offre un aspect sévère : une longue façade, aux ouvertures irrégulières, longe la piazza Rinascimento, tandis qu'en retour la façade Nord présente un agencement d'une rigoureuse majesté en intercalant ses trois grandes portes du rez-de-chaussée aux quatre fenêtres rectangulaires de l'étage. La cour du palais, inspirée des récentes créations florentines, est un modèle d'harmonie Renaissance par la pureté et la légèreté de ses lignes, la sérénité de ses rythmes architecturaux et le doux mariage des tons rose et blanc de la brique et du marbre.
Au rez-de-chaussée : **musée archéologique** (fragments lapidaires : inscriptions, stelles, éléments architecturaux...), **bibliothèque du Duc** et **caves** du palais.

★★ **Galleria nazionale delle Marche** ⓥ – Les salles du premier étage, qui conservent leur décoration d'origine, abritent quelques très grands **chefs-d'œuvre**★★★ comme la prédelle de la *Profanation de l'hostie* (1465-1469) de Paolo Uccello, la *Madone de Senigallia* et une étonnante *Flagellation* de Piero della Francesca, la *Cité idéale* de Laurana et un célèbre portrait de femme, dit *La Muette*, par Raphaël. Le **studiolo**★★★, où le duc Federico se retirait pour s'adonner à sa passion de la lecture, est orné de magnifiques panneaux marquetés.
Le deuxième étage présente une collection de peintures italiennes des 16e et 17e s. et des majoliques des 17e et 18e s.
Au Nord du palais s'élève la cathédrale construite au 19e s. par Valadier.

AUTRES CURIOSITÉS

★ **Casa di Raffaello** ⓥ – *57, via Raffaello*. Le peintre vécut jusqu'à l'âge de quatorze ans dans cette typique maison bourgeoise du 15e s. qui appartenait à son père, Giovanni Sanzio ou Santi. Souvenirs et mobilier d'époque.

Chiese-oratorio di San Giovanni Battista e San Giuseppe ⓥ – *Via Barocci*. De ces deux sanctuaires voisins, le premier (14e s.) abrite de curieuses **fresques**★ des Salimbeni évoquant la vie de saint Jean-Baptiste ; le second, du 16e s., renferme dans la nef une statue colossale de saint Joseph (18e s.) peinte en grisaille, quatre grandes toiles de Carlo Roncalli (17e-18e s.) et une fort belle **crèche**★ en stuc, grandeur nature, œuvre de Federico Brandani (1522-1575).

★★ **Strada Panoramica** – Partant de la piazza Roma, la route longe une colline. On découvre des **vues**★★ admirables sur les remparts, la ville basse, le palais ducal et la cathédrale, formant un ravissant camaïeu de briques roses.

VELIA★

Campanie

Carte Michelin n° 988 pli 38 ou 431 G 27. 14 km au Nord-Ouest de Pisciotta

Couvrant une surface immense, les ruines de l'antique cité de Velia ⓥ, à proximité de Castellammare di Velia dans la région du Cilento, n'ont été que partiellement dégagées. Cette colonie fut fondée en 535 avant J.-C. par des Phocéens chassés de Grèce par les Perses et réfugiés à Marseille après s'être installés en Corse à Alalia (Aléria) où ils avaient vaincu Carthaginois et Étrusques lors d'une célèbre bataille navale (vers 538). Port actif et prospère, Velia – longtemps nommés Elea (Elée) – est restée célèbre grâce à son école de philosophie au sein de laquelle se distinguèrent, au 5e s. avant J.-C., Parménide et son disciple Zénon.

La ville basse – *Pour y accéder, passer sous la voie ferrée.* De l'entrée des fouilles, on a une intéressante vue d'ensemble sur les ruines formées par les vestiges de l'ancien phare du port, la muraille du 4e s. avant J.-C., les thermes et la porte Marine Sud à l'opposé de laquelle se trouve la **porte Rose**★, belle construction en tuf du milieu du 4e s. avant J.-C.

Acropole – Un château médiéval s'appuie sur les vestiges d'un temple grec du 5e s. avant J.-C. A ses pieds s'étendent les ruines d'un amphithéâtre. Un petit **musée** doit recueillir les statues de Parménide, Zénon et Esculape exhumées lors des fouilles.

VENEZIA★★★

VENISE – Vénétie – 309 041 habitants

Carte Michelin n° 988 pli 5 ou 429 F 18/19

Fascinante, entre ciel et mer, telle Vénus surgie de l'onde, Venise accueille les touristes du monde entier, attirés par les sortilèges de l'eau et d'une lumière divine tamisée par l'air marin, et par les jouissances intellectuelles dues aux chefs-d'œuvre qu'elle possède, témoignant de la fusion entre l'Orient et l'Occident.
Sa grandeur évanouie a donné naissance au mythe de Venise, artificielle, voluptueuse et tragique, lieu d'intrigues ourdies dans une ambiance de décomposition où les rêves deviennent cauchemars. Les Romantiques, Barrès dans *La Mort de Venise*, et Thomas Mann avec *La Mort à Venise* admirablement mis en scène par le cinéaste Luchino Visconti ont évoqué cette atmosphère inquiétante et attirante à la fois.

Accès – L'arrivée classique (① du plan) se fait par Mestre et le pont route-fer de 4 km. La traversée de la lagune est quelque peu gâtée par la vision des fumées du port de Marghera et de ses usines. Le pont débouche sur le piazzale Roma (**AT**) : là, il faut abandonner la voiture dans l'un des **garages payants** (Autorimesse) ⓥ qui occupent la place, ou encore dans l'île artificielle du Tronchetto, toute proche, où des parkings sont aménagés.

Transports – Du piazzale Roma, le meilleur moyen de prendre contact avec Venise est d'utiliser le « **vaporetto** » ⓥ : l'« accelerato » (ligne n° 1 – service omnibus), qui conduit en 1/2 h à San Marco par le Grand Canal en s'arrêtant alternativement sur les deux rives, ou la ligne n° 2, plus rapide, qui effectue le trajet en 1/4 h en empruntant le raccourci du Rio Nuovo (**ATU**). Les gondoles (1 h de trajet) sont très agréables, mais il est préférable de convenir à l'avance du prix avec le gondolier, comme on le fera avec le « facchino » (porteur).

Saisons – Les meilleures, pour le climat et la tranquillité, sont le printemps et l'automne, même si l'hiver est animé par le traditionnel Carnaval et l'été, l'époque où se déroulent de somptueuses fêtes : fête du Rédempteur à la Giudecca, régate historique sur le Grand Canal ; la saison chaude est également l'occasion d'une biennale des Arts, qui rassemble les années paires les œuvres de l'élite artistique mondiale ; en septembre, ont lieu le festival international du cinéma au Lido (fin de l'été) et des concerts dans différentes églises. *Voir le chapitre Principales manifestations, en fin de volume.*

Pour une visite approfondie de la ville, il est recommandé de se procurer le guide Vert Michelin Venise.

ASPECTS DE VENISE

Venise est bâtie sur 117 îles ; 150 canaux et 400 ponts y ont été décomptés. Un canal se nomme « rio », une place « campo », une rue « calle » ou « salizzada », un quai « riva » ou « fondamenta », un canal comblé « rio Terrà », un passage sous une maison « sottoportego », une cour « corte », une placette « campiello ».
Les rues, étroites, aux noms évocateurs, sont dallées et sans trottoirs : balcons fleuris, madones, enseignes, lanternes les jalonnent ; boutiques d'artisans et palais s'y côtoient. Les places sont charmantes avec leur puits à margelle sculptée dite « vera da pozzo ».

VISUEL

Venise – Gondoles

Le centre de la vie publique est la piazza San Marco où touristes et autochtones viennent s'asseoir aux terrasses des célèbres cafés Florian et Quadri pour écouter la musique, rêver et admirer les mosaïques de la basilique St-Marc illuminées par les rayons du soleil couchant. Le Quadri est le plus fréquenté, mais le Florian est le plus connu : fondé en 1720, il reçut, dans ses salons décorés de miroirs et d'allégories, Byron, Goethe, George Sand et Musset, Henri de Régnier et Wagner. De la place St-Marc où de somptueuses vitrines exposent dentelles, bijoux, miroirs de la célèbre verrerie de Murano, on suit les Mercerie (**EU**), rues commerçantes. Elles conduisent au Rialto ; de l'autre côté du pont se pressent les éventaires des marchands de légumes (Erberia) et des poissonniers (Pescheria) que viennent alimenter d'innombrables barques de charge.

Au-delà de ces axes fréquentés, les quartiers des **Frari** (**BU**) et de **Santa Maria Formosa** (**FTU**) offrent le charme paisible de leurs façades en briques roses et de leurs canaux silencieux. De même, on peut découvrir la Venise des Vénitiens dès que l'on s'éloigne des flux qui convergent vers San Marco ou le Rialto.

Les repas dans les « trattorie » sont un des plaisirs de la vie vénitienne ; on y consomme surtout des poissons et des fruits de mer : filets de saint-pierre, calmars (calamaretti), seiches, anguilles, moules à la vénitienne ; mais aussi le foie de veau à la vénitienne, préparé avec des oignons. Ces mets sont arrosés d'agréables vins, produits dans les régions voisines de Venise : Valpolicella, Bardolino, Amarone pour les rouges ; Soave et Prosecco pour les blancs.

Gondoles et gondoliers – Les gondoles sont inséparables de l'image de Venise : gondoles dansant sur le ressac, amarrées aux pieux appelés « pali » près du **ponte della Paglia** où se trouve la Madone des gondoliers, gondoles-sérénade illuminées de lanternes, parcourant de nuit les petits canaux, gondoles de la police, des éboueurs, des pompiers, des livreurs, et gondoles funéraires à pompons noirs. Quant aux gondoliers, vêtus d'une marinière, coiffés d'un chapeau de paille à ruban de couleur, ils susurrent « gondola, gondola... » et font glisser leur esquif avec une seule rame, en fredonnant des chansons.

Les Vénitiens – Ils ont le teint clair et parlent, en zézayant légèrement, le vénitien qui est un dialecte très vivace et qui supplante l'italien même dans la toponimie. Leur sens de l'intrigue et leur subtilité s'exerçaient aussi bien en amour qu'en politique : les entremetteuses, les espions et les ambassadeurs vénitiens étaient justement réputés pour leur habileté. A Venise même, le loup (la « **bautta** ») et le **domino** (large manteau à capuche) permettaient le secret.

Noces de Venise et de la Mer – Une somptueuse cérémonie, célébrant depuis l'an Mille (avec quelques interruptions) la conquête sur les pirates des villes d'Istrie et de Dalmatie, exprime admirablement le lien qui unit Venise à la mer faisant pendant de longs siècles sa grandeur et encore aujourd'hui sa beauté.

En souvenir, chaque année le jour de l'Ascension ou « **Sensa** » en vénitien, le doge, vêtu de drap d'or, embarquait sur le Bucentaure, sa galère de parade toute dorée, et allait jeter un anneau à la mer en disant : « Nous t'épousons, ô notre mer, en signe de réelle et perpétuelle domination. »

UN PEU D'HISTOIRE

Venise fut fondée en 811 par les habitants de Malamocco, près du Lido, qui, fuyant les Francs, s'établirent sur les îles plus sûres du Rivo Alto, aujourd'hui Rialto. Placée dès 828 sous la protection de saint Marc, dont le corps avait été ramené d'Alexandrie, Venise s'organisa rapidement en république gouvernée par un doge, mot dérivé du latin « dux » (chef).

L'empire vénitien – Du 9e au 13e s., Venise va exploiter sa position privilégiée entre l'Orient et l'Occident. Sa puissance maritime et commerciale lui permettra de conquérir des marchés importants en Istrie et en Dalmatie. En 1204, grâce à la ruse habile de son doge Dandolo, elle conquiert Constantinople avec l'aide des croisés. Les produits du pillage affluent à Venise, tandis que prospère le commerce des denrées précieuses. **Marco Polo** (1254-1324) revient de Chine avec des richesses fabuleuses et éblouit l'Europe par les récits de ses voyages, le *Livre des merveilles du monde*, rédigés en français. De la rivalité qui l'oppose longtemps à Gênes, jalouse de son hégémonie maritime, la république sort victorieuse en 1381.

Apogée – La 1re moitié du 15e s. voit le maximum de la puissance vénitienne. Les Turcs sont battus à Gallipoli en 1416 et les Vénitiens tiennent en Orient les royaumes de Morée, de Chypre, de Candie. En Italie, ils s'emparent, entre 1414 et 1428, de Vérone, Vicence, Padoue, Udine, puis Brescia et Bergame. L'Adriatique est « mare Veneziano », de Corfou au Pô.

Déclin – La prise de Constantinople par les Turcs en 1453 annonce la décadence. La découverte de l'Amérique déplace les courants commerciaux, Venise est obligée de soutenir une lutte épuisante contre les Turcs qui s'emparent de Chypre en 1500, mais seront défaits en 1571 à la bataille navale de **Lépante** à laquelle les Vénitiens prennent une part importante. Au 17e s., la décadence s'affirme après que les Turcs eurent conquis Candie, à la suite d'un siège de 25 ans.

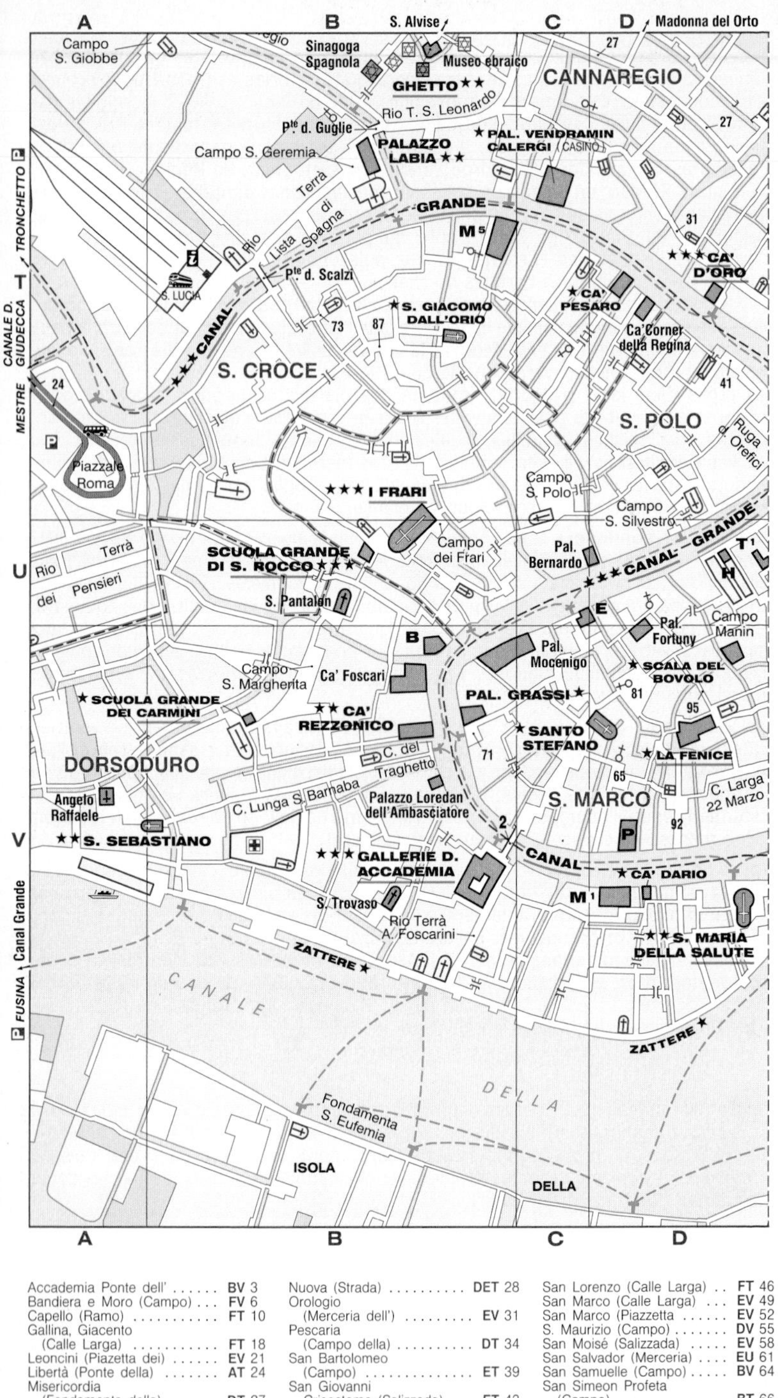

Accademia Ponte dell' ...... **BV** 3
Bandiera e Moro (Campo) ... **FV** 6
Capello (Ramo) .... **FT** 10
Gallina, Giacento
(Calle Larga) .... **FT** 18
Leoncini (Piazzetta dei) ...... **EV** 21
Libertà (Ponte della) .... **AT** 24
Misericordia
(Fondamenta della) .... **DT** 27
Nuova (Strada) .... **DET** 28
Orologio
(Merceria dell') .... **EV** 31
Pescaria
(Campo della) .... **DT** 34
San Bartolomeo
(Campo) .... **ET** 39
San Giovanni
Crisostomo (Salizzada) ... **ET** 43
San Lorenzo (Calle Larga) .. **FT** 46
San Marco (Calle Larga) ... **EV** 49
San Marco (Piazzetta ...... **EV** 52
S. Maurizio (Campo) .... **DV** 55
San Moisé (Salizzada) ..... **EV** 58
San Salvador (Merceria) .... **EU** 61
San Samuelle (Campo) ..... **BV** 64
San Simeon Profeta
(Campo) .... **BT** 66

En 1797, c'est la mort de la république sérénissime : Napoléon pénètre à Venise et abolit une constitution vieille de dix siècles. Puis avec le **traité de Campoformio**, il cède la ville à l'Autriche. Venise et la Vénétie seront unis à l'Italie en 1866.

Une oligarchie durable – L'organisation de la république de Venise s'efforça, dès les origines, d'éviter la prise de pouvoir par un seul homme ; de telle sorte que la fonction suprême assumée par le doge fut rapidement soumise à la surveillance de plusieurs conseils : le Maggior Consiglio élaborait les lois ; le Sénat était chargé de la politique étrangère, des affaires militaires et économiques ; le conseil des Dix assurait la sécurité de l'État et disposait d'un réseau de policiers et de délateurs qui entretenaient un climat de méfiance dans la ville.

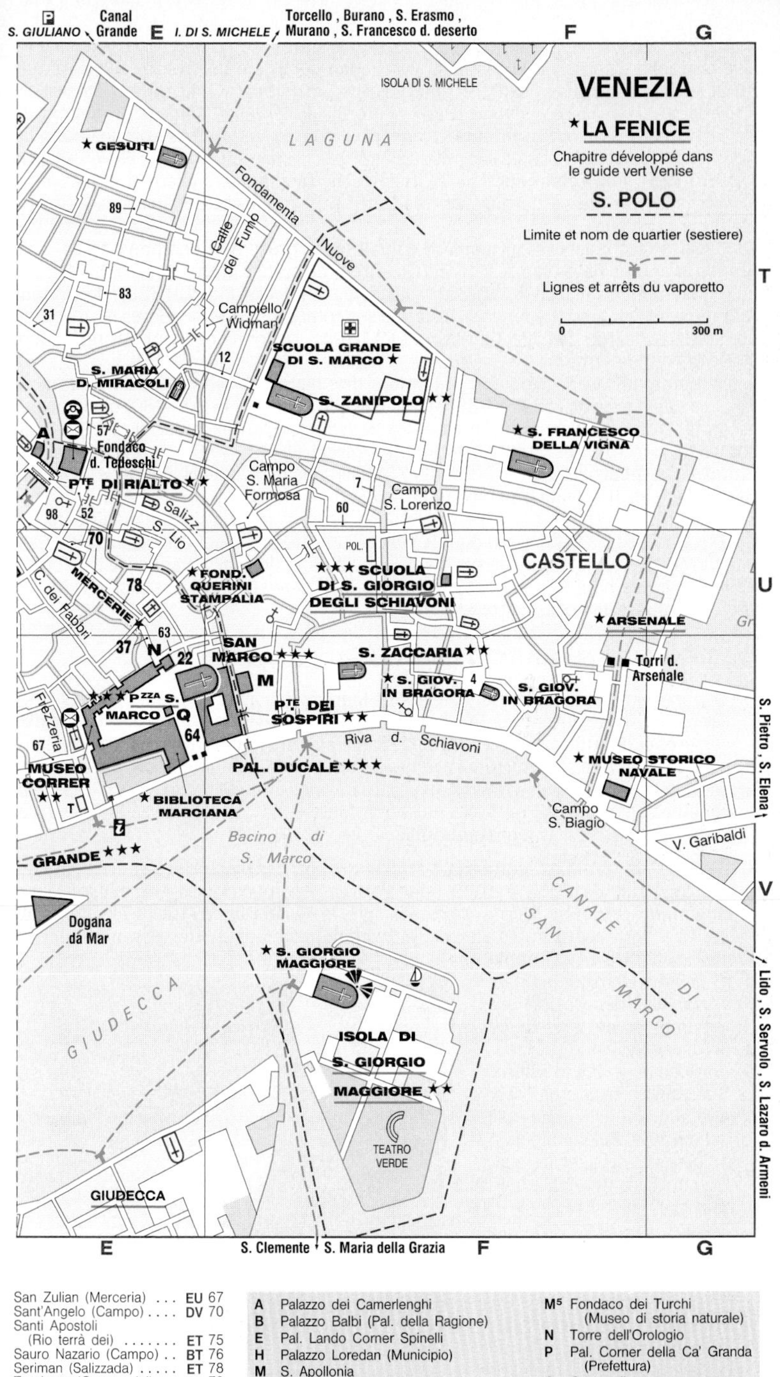

San Zulian (Merceria)	EU	67
Sant'Angelo (Campo)	DV	70
Santi Apostoli (Rio terrà dei)	ET	75
Sauro Nazario (Campo)	BT	76
Seriman (Salizzada)	ET	78
Traghetto (Campo dei)	DV	79
Verona (Calle della)	DV	82
2 Aprille (Via)	ET	85

A	Palazzo dei Camerlenghi
B	Palazzo Balbi (Pal. della Ragione)
E	Pal. Lando Corner Spinelli
H	Palazzo Loredan (Municipio)
M	S. Apollonia
M¹	Pal. Leoni (Coll. Peggy Guggenheim★)
M⁵	Fondaco dei Turchi (Museo di storia naturale)
N	Torre dell'Orologio
P	Pal. Corner della Ca' Granda (Prefettura)
Q	Campanile
T¹	Teatro Goldoni

LA PEINTURE VÉNITIENNE

Voir le tableau « Peintres italiens de la Renaissance » en introduction.

L'école de Venise se caractérise par une sensualité affirmée qui se traduit par la primauté donnée à la couleur sur le dessin, et par un sens inné de la lumière qui se manifeste dans des paysages baignés d'une atmosphère voilée atténuant les contours. Les historiens ont souvent opposé à l'art savant et idéaliste des Florentins la manière plus spontanée et plus libre des peintres vénitiens, dont l'exemple s'est perpétué jusqu'aux impressionnistes.

Les véritables débuts de la peinture vénitienne commencent avec la dynastie des **Bellini** : Jacopo, le père, son fils aîné Gentile, mais surtout le cadet, **Giovanni** ou **Giambellino** (1430-1516), artiste d'une profonde spiritualité, l'un des premiers de la Renaissance à avoir su intégrer avec naturel le paysage à ses compositions de figures. Parallèlement se développe l'œuvre de chroniqueur de leur élève **Carpaccio** (1455-1525), à la fois minutieux et imaginatif, tandis que s'exerce l'influence de **Giorgione**. L'élève de ce dernier, **Lorenzo Lotto**, sait accepter également la leçon du réalisme nordique.
La Renaissance s'achève de manière éblouissante grâce à la personnalité de trois grands artistes : **Titien** (vers 1490-1576), auteur de scènes dramatiques où la science du mouvement rivalise avec le génie de la couleur ; **Véronèse** (1528-1588), décorateur fastueux qui sait traduire par la richesse de ses coloris et de ses matières la splendeur de la Sérénissime ; enfin **Tintoret** (1518-1594), visionnaire dont la technique, violente, rapide, traduit l'inquiétude intérieure.
Les artistes du 18e s. évoquent la lumière gris bleuté, irisée, un peu voilée, de la ville : ce sont **Canaletto** (1697-1768) et son disciple Bellotto (1720-1780) qui trouvent essentiellement leur inspiration dans les paysages, Francesco **Guardi** (1712-1793) qui peint par touches lumineuses, Pietro **Longhi** (1702-1758), auteur de scènes intimes, Giambattista **Tiepolo** (1696-1770), virtuose de fresques légères et transparentes, et son fils Giandomenico (1727-1804).
Les qualités de spontanéité et de couleur propres à la peinture vénitienne se retrouvent chez les musiciens, dont le plus célèbre reste Antonio **Vivaldi** (1678-1741) qui, durant de longues années fut maître de violon et de viole à l'anglaise à l'Hôpital de la Piété (les hôpitaux étaient des institutions caritatives et des orphelinats qui servaient aussi de conservatoires).

★★★ PIAZZA SAN MARCO (EV) *visite : 1/2 journée*

Célèbre dans le monde entier, la place St-Marc forme un grand « salon de marbre » sans toit. Tout autour de la place, les galeries des procuraties abritent cafés célèbres et boutiques de luxe. Devant la basilique se dressent trois mâts de pavillon, qui symbolisaient les royaumes vénitiens de Chypre, de Candie, de Morée.
La place s'ouvre sur le Grand Canal par la ravissante « **Piazzetta** » (**64**). Les deux colonnes de granit, surmontées du lion St-Marc et de la statue de saint Théodore, furent rapportées de Constantinople.

★★★ **Basilica** ⓥ – St-Marc, édifice où se mêlent influences byzantines et occidentales, fut construit de 1063 à 1073 pour abriter le tombeau de l'évangéliste Marc. Des modifications y furent apportées sous la Renaissance et au 17e s. Tous les styles y sont représentés : byzantin, roman, gothique et Renaissance, concourant à en faire un ensemble à la fois harmonieux et varié. La décoration de marbres et de mosaïques à fond d'or est d'une magnificence extraordinaire. Sur plan en forme de croix grecque, la basilique est surmontée d'une coupole à bulbe au centre, et de quatre coupoles d'inégale hauteur sur les bras.

Façade – Elle s'ouvre par cinq portails décorés de marbres et de sculptures. Le portail central, dont les voussures et l'archivolte portent une admirable décoration sculptée des 13e et 14e s., est surmonté par les copies des quatre célèbres **Chevaux de bronze** *(originaux dans la Galerie de la basilique : voir ci-dessous)*. Des vantaux de bronze de style byzantin composent la porte.
Aux portails latéraux, des mosaïques retracent la translation du corps de saint Marc : sur la dernière à gauche, on voit la basilique dans son aspect primitif.

S. Chirol

Place St-Marc

A droite de la façade, près du palais des Doges, est exposé le groupe dit des ***Tétrarques*** (4e s.), en porphyre ; à l'angle se trouve la « pietra del bando », pierre du ban, d'où les lois étaient proclamées. A gauche de la façade s'étend la jolie piazzetta dei Leoncini ou place des Lionceaux (**22**).

Narthex – Le narthex est revêtu de marbres polychromes, de mosaïques, et couvert de six petites coupoles. Les **mosaïques**★★, du 13e s., riches de détails fidèlement rendus évoquent des scènes de l'Ancien Testament.

Intérieur – La décoration, éblouissante, est faite de marbres rares, de porphyres, de **mosaïques**★★★ d'inspiration byzantine (12e et 13e s.) et Renaissance (16e s.) sur fond or, s'accordant admirablement avec l'architecture. Le pavement du 12e s. est d'un effet décoratif remarquable.

Dans la nef centrale, au revers du tympan du portail principal, une mosaïque du 13e s. montre le Christ, la Vierge, et saint Marc. Au-dessus du narthex, la « voûte du Paradis » est ornée de mosaïques représentant le Jugement dernier (16e s.) d'après des cartons du Tintoret. La mosaïque (début 12e s.) de la 1re coupole au-dessus de la nef symbolise la Pentecôte. Le Christ et la Vierge entourés de prophètes figurent sur les mosaïques byzantines des parois. Sur l'arc séparant la coupole de la nef de la coupole centrale, belle Crucifixion de style byzantin, en mosaïques (13e s.).

Du bas-côté droit, on pénètre dans le **baptistère** orné de mosaïques du 14e s. relatant la vie du Christ et celle de saint Jean-Baptiste. Il abrite les fonts baptismaux de Sansovino (1545) et des tombeaux de doges. A côté, la chapelle Zen, décorée d'intéressantes mosaïques (13e s.) évoquant la vie de saint Marc, occupe une partie du narthex.

Dans le bas-côté gauche s'élève le « capitello », petit édifice en marbre avec, au sommet, une grosse agate d'Orient. Le transept gauche possède d'intéressantes mosaïques (épisodes de la vie de saint Jean l'Évangéliste, Cène, et Miracles de Jésus) d'après Véronèse et Tintoret. Sur la coupole située à la croisée du transept, l'Ascension date du 13e s. Une iconostase précède le chœur ; exécutée en 1394, elle supporte de belles statues du Christ en croix, de la Vierge et des apôtres.

Le **chœur** ⓥ est couvert d'une coupole dont les mosaïques byzantines représentent le Christ et la Vierge au milieu des prophètes. A la voûte de droite, une autre mosaïque intéressante montre la translation des reliques de saint Marc. L'évangéliste est enterré sous le maître-autel, que surmonte un baldaquin de marbre vert porté par de superbes colonnes d'albâtre sculptées de scènes évangéliques ; la célèbre ***« Pala d'Oro »***★★★, retable fait d'un assemblage merveilleux d'or, d'argent, d'émaux, de pierreries, fut exécutée à Constantinople en 976, et restaurée par deux fois à Venise en 1105 et en 1345.

Par le bras droit du transept, on accède au riche **trésor**★★ ⓥ formé en partie de reliques et d'objets provenant du pillage de Constantinople par les croisés en 1204. Dans le fond du chœur, on remarque de merveilleuses **colonnes d'albâtre**★★ translucides, et, à gauche, une porte en bronze de Sansovino (16e s.) donnant sur la sacristie.

Les **tribunes** *(accès par le narthex)* sont occupées par un musée ou **Galerie de la basilique** ⓥ, où l'on admire les **Chevaux de bronze**★★★ qui ornaient autrefois la façade : ces chefs-d'œuvre de la sculpture gréco-romaine furent rapportés de Constantinople en 1204 par le doge Dandolo ; emportés par Bonaparte, ils furent placés au sommet de l'arc du Carrousel à Paris, où ils demeurèrent jusqu'à la chute de l'Empire.

De la plate-forme des Chevaux, on jouit d'une jolie vue d'ensemble sur la place St-Marc.

★★ **Campanile** (**Q**) ⓥ – C'est un clocher-beffroi de 99 m de hauteur, du sommet duquel on découvre un très beau **panorama**★★ sur Venise. S'étant écroulé en 1902, il fut reconstruit pierre par pierre.

A sa base, la **loggetta**★★ est de lignes très pures ; on remarque ses jolies portes en bronze du 18e s. ; dans les niches, les statues de Minerve, Apollon, Mercure, la Paix, œuvres de Sansovino ; à l'intérieur se trouve une délicieuse Madone du même sculpteur.

★★ **Palazzo Ducale** ⓥ – Symbole de la gloire et de la puissance vénitienne, c'était la résidence des doges et le siège du gouvernement, une cour de justice et une prison d'État. Construit au 12e s. il fit, entre la fin du 13e et le 16e s., l'objet de radicales transformations.

Un joli décor géométrique, fait de marbres blanc et rose, donne beaucoup de charme aux deux **façades**. Le portique du rez-de-chaussée repose sur trente-six colonnes aux exquis chapiteaux historiés des 14e et 15e s. Aux angles du palais, des groupes représentent, de gauche à droite, le ***Jugement de Salomon*** (attribué à Jacopo della Quercia), Adam et Ève, et l'***Ivresse de Noé*** (sculptures gothiques des 14e et 15e s.). La loggia supérieure, à jour, comporte 71 colonnes surmontées d'oculi quadrilobés. L'entrée principale est la **porte de la Carta**★★, ainsi appelée parce qu'on y affichait les décrets. De style gothique flamboyant (1442), elle présente au tympan un lion de St-Marc, devant lequel s'agenouille le doge Foscari (copie exécutée au 19e s.) ; dans les niches des piédroits, Force et Prudence (à droite), Tempérance et Charité (à gauche).

La cour – La façade principale, richement ornée de sculptures, est un splendide exemple de style Renaissance particulièrement remarquable par son alternance de travées rythmiques et d'arcades, sa décoration de pilastres et de frise, d'oculi, de mufles de lion.
Les puits à margelle de bronze datent du 16ᵉ s.
Adossée au portique Foscari, la petite façade de l'Horloge a été exécutée en 1615 par B. Monopola tandis qu'à côté se dresse, au-dessus du portique, un curieux édifice du 15ᵉ s. couronné de pinacles agrémentés des statues allégoriques des Arts. Au bout du portique s'amorce le fameux **escalier des Géants★★★** avec Mars et Neptune, dont les effigies sont l'œuvre de Sansovino.

Intérieur – Par le célèbre **escalier d'Or★★★** (*Scala d'Oro* de Sansovino), qui part de la galerie du 1ᵉʳ étage, on accède, à droite, aux **appartements des Doges** : une pinacothèque y rassemble des œuvres de Giovanni Bellini, Carpaccio et Jérôme Bosch.

Suivre la rampe qui mène au 2ᵉ étage.

Le **vestibule carré** a un plafond doré, avec peintures de Tintoret.
La **salle des Quatre portes**, élégante, abrite **Le doge Grimani adorant la Foi★** du Titien.
La **salle de l'Anticollège** est une salle d'attente. On y voit une belle cheminée à atlantes. Sur le mur de droite, l'***Enlèvement d'Europe***★★ est une œuvre célèbre de Véronèse. Sur les autres parois, Tintoret a exécuté un ensemble exceptionnel de **peintures mythologiques★**.
La **salle du Collège** était la salle de réunion du doge et de ses conseillers. On y signait traités et accords. Le plafond est orné de onze peintures de Véronèse et ses élèves (1577). Au-dessus du trône ducal, l'artiste a peint **Le doge Sebastiano Venier remerciant le Christ de la victoire de Lépante★**. Sur les autres parois de la pièce, allégories de Tintoret où sont représentés plusieurs doges.
Le plafond de la **salle du Sénat** a été décoré d'un splendide ***Triomphe de Venise***★★★ par **Tintoret**, également auteur de la *Déposition de Croix*.
La **salle du Conseil des Dix** présente un superbe plafond à caissons peints : le *Vieil Oriental avec une jeune femme* et *Junon offrant à Venise la coiffure de doge* sont deux œuvres de jeunesse de Véronèse.
On traverse la salle de la Bussola, la salle d'armes et le vestibule du Grand Conseil pour atteindre la **salle du Grand Conseil★★★**, la plus belle du palais avec ses 52 m sur 23. Les murs sont garnis de peintures relatant l'histoire de Venise.
Au-dessus du trône du doge, **Tintoret** a exécuté le ***Paradis***★★★, une des plus vastes compositions du monde (22 m sur 7). Au plafond *(du côté du trône)*, **Véronèse** peignit l'***Apothéose de Venise***★★★. La corniche porte les portraits des 76 premiers doges : le cadre du doge Faliero, traître à la république, est occupé par un voile noir avec la sentence de sa condamnation. Henri III, rentrant de Pologne, banqueta dans cette salle et dit : « Si je n'étais roi de France, je voudrais être citoyen de Venise. »
La **salle du Scrutin★★★** s'orne de peintures se rapportant aux grandes victoires navales de Venise.

★★ **Ponte dei Sospiri** (**FV**) – Le pont des Soupirs relie le palais des Doges aux **Prisons** où fut enfermé Casanova qui s'en échappa de façon rocambolesque. Il date du 17ᵉ s. et doit son nom aux gémissements qu'y poussaient les prisonniers, conduits des prisons vers le lieu de leur exécution.

★★ **Procuratie** ⓥ – Avec leurs galeries et leurs colonnes, elles font un cadre harmonieux à la place. La **tour de l'Horloge★** (**N**) est de la fin du 15ᵉ s. ; elle porte un splendide cadran avec les signes du Zodiaque ; au sommet, les fameux « Mori » de bronze frappent les heures depuis 500 ans. A gauche de la tour, les **Procuratie Vecchie**, du début du 16ᵉ s., servaient de résidence aux procurateurs chargés de l'entretien de la basilique. En face, les **Procuratie Nuove** datent du 17ᵉ s. Le célèbre café Florian s'ouvre sous les arcades.
Fermant la place, l'« **Ala Napoleonica** » a été élevée en 1810 sur l'ordre de Napoléon. Sous ses arcades, s'ouvre l'entrée du **musée Correr★★** ⓥ : collections historiques et artistiques de la ville. La pinacothèque *(2ᵉ étage)* possède notamment la *Pietà* d'Antonello de Messine, une *Pietà* de C. Tura ; mais surtout, par Giovanni Bellini, la ***Pietà*** et la ***Madone*** ; enfin, les célèbres ***Courtisanes*** de Carpaccio.

★ **Libreria Sansoviniana** – C'est un harmonieux et noble bâtiment dû à Sansovino (1553) qui abrite au nº 7 la **Biblioteca Nazionale Marciana** où sont conservés d'admirables miniatures et le Bréviaire Grimani (école flamande des 15ᵉ-16ᵉ s.).

★★★ CANAL GRANDE *durée : 1/2 journée, visites comprises*

Déployant sa courbe sinueuse de la gare au bassin de St-Marc, ce canal, le plus large de Venise, est orné de somptueux palais de tous les styles où habitaient les patriciens de la république. « La plus belle rue que je croy qui soit en tout le monde et la mieux maisonnée », écrivait à son propos Comines, ambassadeur à Venise du roi de France Charles VIII.
En parcourant le Grand Canal au départ de St-Marc, on admire particulièrement :

★★ Ponte di Rialto (ET)

Enjambant le Canal Grande à peu près à la moitié de son parcours, cet élégant pont fut construit de 1588 à 1592 par Antonio da Ponte, et conçu pour pouvoir donner passage à une galère armée. Au centre du quartier commercial, il est en dos d'âne très accentué avec une rue bordée de boutiques, au milieu, et des rampes avec vues sur le canal, sur les côtés.
Près du pont, le **Fondaco dei Tedeschi**, aujourd'hui poste, servit du 12e au 14e s. d'entrepôt aux marchands allemands.

Rive droite (Est) - *De la place St-Marc à la gare.*

★★ **Palazzo Grassi** (**BCV**) - Œuvre de Giorgio Massari (1740-1760). Entièrement restauré et transformé en musée en 1986 par Gae Aulenti et Antonio Foscari, il abrite de grandes expositions d'ampleur internationale.

★★ **Palazzo Lando Corner-Spinelli** (**CDU E**) - Renaissance (fin 15e-début 16e s.). Noter les splendides baies en anse de panier.

★★ **Palazzo Grimani** (**BT**) - Cet édifice blanc et majestueux, chef-d'œuvre de la fin de la Renaissance, est dû à Sanmicheli (fin 16e s.).

★★ **Ca' Loredan** (**DU H**) - « Casa-fondaco » de style vénéto-byzantin, avec des adjonctions du 16e s.

★★★ **Ca' d'Oro** (**DT**) ⏲ - De style « gothique fleuri » (1440), c'est le plus élégant palais de Venise, autrefois doré, d'où son nom. Il abrite la **galerie Franchetti**★★ (tapisseries, sculptures et bel ensemble de peintures : Mantegna, Carpaccio, Titien, Van Dyck, Guardi).

★★ **Palazzo Vendramin-Calergi** (**CT**) - Dans ce riche palais Renaissance (1509) aux admirables baies géminées, Wagner mourut en 1883.

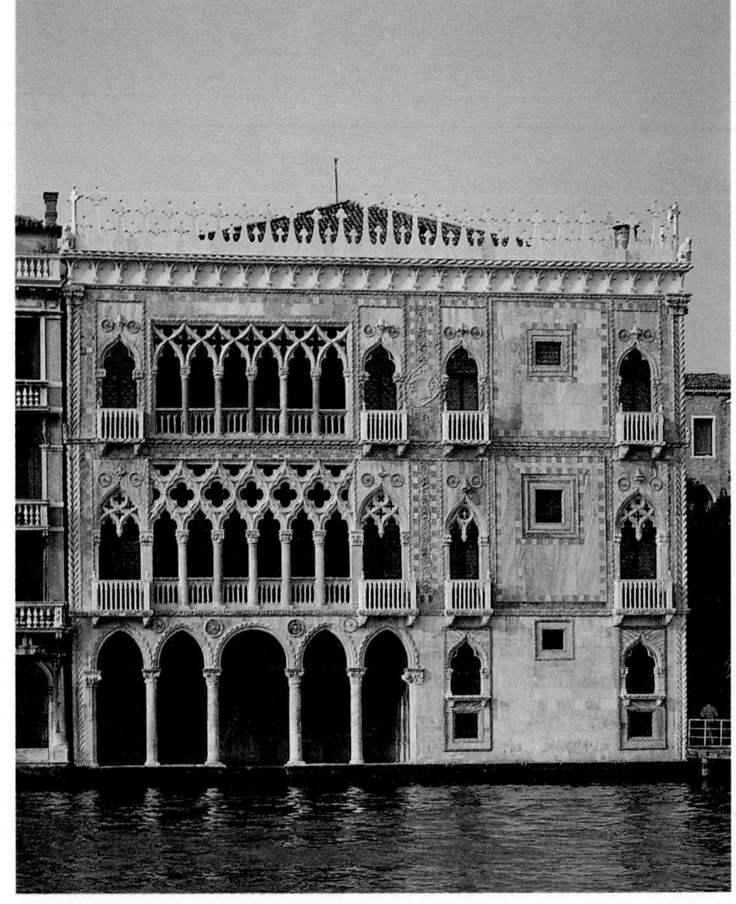
OSVALDO BÖHM

La Ca' d'Oro et sa séduisante asymétrie

Rive gauche **(Ouest)** - *De la place St-Marc à la gare.*

★★ **Chiesa di Santa Maria della Salute** (**DV**) - Élevée au 17e s.

★★ **Palazzo Dario** (**DV**) - Ravissant édifice de la première Renaissance (1487) où habita Henri de Régnier.

★★ **Ca' Rezzonico** (**BV**) - Grand édifice baroque, imposant et équilibré, élevé au 17e s. par Longhena et achevé au siècle suivant. A l'intérieur, musée du 18e s. vénitien.

★★ **Palazzo Giustinian** (**AU X**) - Formé de deux splendides édifices jumeaux du 15e s., beaux exemples du style « gothique fleuri ».

★★ **Ca' Foscari** (**BV**) - La demeure (15e s.), où, en 1457, le doge Foscari mourut, au lendemain d'avoir été déposé, est l'une des plus belles réalisations du « gothique fleuri ».

★★ **Palazzo Bernardo** (**CU**)- L'un des meilleurs exemples du style « gothique fleuri » (1442).

★★ **Palazzo dei Camerlenghi** (**ET A**) - Élégante construction blanche, de la Renaissance.

★★ **Ca' Pesaro** (**CDT**) - Chef-d'œuvre de Longhena, en style baroque ; il abrite le musée d'Art moderne.

★★★ GALLERIE DELL'ACCADEMIA (**BV**) *visite : 2 h* ⓥ

Installée dans la « **scuola** » et l'église de Santa Maria delle Carità ainsi que dans le couvent des chanoines du Latran, c'est l'une des plus belles collections de peintures d'Italie, offrant un panorama complet de l'école vénitienne, du 14e au 18e s.
La 1re salle rassemble des œuvres de quelques primitifs vénitiens comme Paolo et Lorenzo Veneziano. Dans les salles suivantes, l'époque de la Renaissance est admirablement représentée par des peintures de Giovanni Bellini (***Vierge à l'Enfant entre des saints et des anges musiciens, Vierge aux arbrisseaux***★★), de Carpaccio, de Cima da Conegliano, de Mantegna (***Saint Georges***), Piero della Francesca, Cosmé Tura, et par un élégant ***Portrait de jeune homme*** de Hans Memling. Un des joyaux du musée est sans conteste ***La Tempête***★★★, admirable composition de Giorgione dans laquelle la nature, devenue le sujet principal de l'image, semble contraindre les personnages à subir son action mystérieuse. Plus loin, on verra un très beau ***Portrait de gentilhomme***★★ de Lorenzo Lotto. Dans ***Le Repas chez Lévi***★★★, Véronèse fait preuve de son génie de décorateur ; dans la même salle sont réunis un bel ensemble de peintures de Tintoret (Miracles de saint Marc dont ***Saint Marc libérant un esclave***★★) et l'émouvante ***Pietà*** du Titien, inachevée (1576).
Les salles suivantes sont consacrées aux 17e et 18e s. : tableaux de Tiepolo, Piazzetta, Rosalba Carriera, Canaletto, Pietro Longhi, Guardi.
La salle XX abrite les célèbres ***Miracles de la Sainte Croix***★★★, série de tableaux dont trois de Gentile Bellini et un de Carpaccio ; remarquer, par Bellini, la ***Procession des reliques de la sainte Croix, place St-Marc***, document fidèle sur Venise en 1500, et, par Carpaccio, la ***Guérison d'un possédé près du Rialto.*** Dans la salle suivante, la ***Légende de sainte Ursule***★★★ est une suite de neuf tableaux (1490-1500 environ) par Carpaccio, où le peintre montre un sens du détail pittoresque et une clarté de composition remarquables.
Salle XXIV, ***Présentation de la Vierge au Temple***★★, chef-d'œuvre du Titien.

ÉGLISES PRINCIPALES

★★ **Santa Maria della Salute** (**DV**) - A l'entrée du Grand Canal, « la Salute » a été élevée au 17e s. par Longhena dans le style baroque, à la suite d'un vœu pour que cesse la terrible épidémie de peste de 1630. Elle est admirablement située au bord de l'eau. L'intérieur, monumental, est sur plan octogonal et surmonté d'une coupole centrale.
Pour la **sacristie, Tintoret** a peint les ***Noces de Cana***★★★ (1561) dans des tonalités chaudes et lumineuses. On admirera aussi, par Titien, les peintures du **plafond**★★, au-dessus de l'autel le **retable de Saint Marc**★, et les huit **médaillons des Évangélistes.** Près de la Salute s'ouvre le charmant **campo** (place) **S. Gregorio** et église gothique (beau portail du 15e s.). A l'extrémité de la pointe de la Salute se trouve la **Dogana di Mare**, douane de mer, surmontée de la statue tournante de la Fortune.

★★ **San Giorgio Maggiore** (**FV**) - Face à la place St-Marc, dans l'île San Giorgio, elle fut commencée en 1566 par Palladio et terminée en 1610 par Scamozzi, auteur de la noble façade. Le haut **campanile**★★ de brique fut érigé en 1791 sur le modèle de celui de St-Marc. L'intérieur de l'église, austère, est de proportions majestueuses. Dans le chœur, deux **œuvres de Tintoret**★★★ : la *Récolte de la manne* et la *Cène*, au remarquable clair-obscur ; splendides **stalles**★★ sculptées (16e s.). De la **terrasse du campanile** ⓥ *(accès par le transept gauche, ascenseur)*, **panorama**★★★ sur Venise et sa lagune.

★★ **SS. Giovanni e Paolo** ou **San Zanipolo** (**FT**) – Église gothique élevée par les dominicains (1234-1430) au fond d'une vaste place où l'on voit une margelle de puits du 16e s. et l'admirable **statue équestre**★★, puissante, énergique, du condottiere Bartolomeo **Colleoni**, par Verrocchio (1480).
L'intérieur de l'église est très vaste. C'est le « Panthéon » de Venise, avec de nombreux **tombeaux**★★ de doges et de patriciens. Très beau **polyptyque de saint Vincent Ferrier**★★★ peint par Giovanni Bellini (2e autel du bas-côté droit) et dans la chapelle du Rosaire *(entrée dans le bras gauche du transept)*, au **plafond**★★★, *Annonciation, Adoration des Bergers* et *Assomption de la Vierge* par **Véronèse**.
A gauche de l'église, sur la place, se trouve la **Scuola di San Marco** avec une **façade**★ Renaissance, richement ornée de sculptures, par Pietro et Tullio Lombardo. Longeant celle-ci, le pittoresque **rio dei Mendicanti**★, ou « des mendiants », a été fréquemment reproduit par Canaletto et Guardi.

★★★ **Santa Maria Gloriosa dei Frari ou I Frari** (**BTU**) ⊙ – Église franciscaine gothique, elle abrite de nombreux **tombeaux**★★ (monument à Canova et mausolée du Titien). On admirera de magnifiques retables peints et, notamment, deux célèbres **œuvres de Titien**★★★ : au maître-autel, l'*Assomption* et, dans la 4e travée à gauche depuis le fond, l'admirable *Vierge de la famille Pesaro*. Dans la sacristie est exposé le triptyque de la ***Madone et des saints***★★ de Giovanni Bellini.

★ **San Zaccaria** (**FV**) – Sur une charmante place, cette église date de la Renaissance, avec un campanile du 13e s. Dans le bas-côté gauche (2e autel) retable de la ***Vierge entourée de quatre saints***★★★ par Giovanni Bellini. Dans la chapelle San Tarasio, fresques d'Andrea del Castagno et splendides **retables**★★ d'Antonio Vivarin et de Ludovico da Forli.

SCUOLE

On appelait « scuola » l'édifice où se réunissaient les personnes qui exerçaient une même profession, ou se dédiaient à une même dévotion. Toutes ces écoles avaient un saint protecteur et un règlement. Elles étaient divisées en écoles majeures et mineures en fonction de leur nombre d'adhérents et de la magnificence de leur siège.

★★★ **Scuola grande di San Rocco** (**BU**) ⊙ – Renaissance, elle présente une élégante façade à arcs en plein cintre, colonnes cannelées et inscrustations de marbre. On y admire une exceptionnelle série de cinquante-six **toiles de Tintoret**★★★ auxquelles le peintre travailla dix-huit ans ; les meilleures sont : au rez-de-chaussée, l'*Annonciation* et le *Massacre des Innocents* ; 1er étage, dans la salle capitulaire, *Moïse faisant jaillir l'eau du rocher*, le *Châtiment des serpents*, la *Manne*, la *Cène*, la *Nativité*, l'*Ascension*, et surtout, dans la petite salle de l'Albergo, une immense *Crucifixion* d'une force dramatique telle que Tintoret la considérait comme sa meilleure œuvre. On remarquera aussi le *Christ mort* et l'admirable *Christ portant la croix* attribués à Giorgione et son école.

★ **Scuola di San Giorgio degli Schiavoni** (**FU**) ⊙ – Bâtie en 1451, elle recueillait les Dalmates, sujets de la république de Venise (surnommés « Esclavons » par les Vénitiens), et plus particulièrement les vieux matelots. L'oratoire Renaissance est orné d'exquises **œuvres de Carpaccio**★★, contant la Légende de saint Georges, le Miracle de saint Tryphon et l'Histoire de saint Jérôme ; remarquable portrait de saint Augustin dans sa cellule.

★ **Scuola Grande dei Carmini** (**BV**) ⊙ – Au plafond de la salle du 1er étage, magistral cycle de **peintures de Gian Battista Tiepolo**★★ parmi lesquelles la *Vierge du Carmel en gloire apparaissant au bienheureux Simon Stock*.

AUTRES CURIOSITÉS

★ **Collezione Peggy Guggenheim** (**DV M**[1]) ⊙ – A l'intérieur du **palais Venier dei Leoni**, élevé au 18e s. et resté inachevé, cette Américaine qui fut la muse des surréalistes a rassemblé une intéressante collection de peintures et de sculptures des meilleurs artistes du 20e s.

★ **Museo del Settecento Veneziano** (**BV**) ⊙ – Il a pour cadre le **palais Rezzonico**. Meubles baroques vénitiens, dorés et très sculptés *(1er étage)* ; scènes de genre par Pietro Longhi, ainsi que deux **chefs-d'œuvre**★★ de Guardi : le *« Ridotto »* (maison de jeux vénitienne) et le *Parloir des religieuses*. On y voit également des **fresques**★★ de Gian Domenico Tiepolo évoquant la frivolité de la société vénitienne.

★ **Palazzo Querini-Stampalia** (**FU**) ⊙ – Sa pinacothèque possède un ensemble d'œuvres de Donato et Caterio Veneziano, du Florentin Lorenzo di Credi, de Giovanni Bellini *(Présentation de Jésus au temple)*, Palma le Vieux, V. Catena, Pietro Longhi (scènes de la vie vénitienne au 18e s.).

Museo d'Arte contemporanea (**CDT**) ⊙ – Installé à l'intérieur de la **Ca'Pesaro**, il abrite, entre autres, d'intéressantes œuvres de Klinger, Chagall, Klimt, Matisse, Kandinsky, Klee, Tanguy, Moore, Mirò, Boccioni, Morandi, De Chirico.

Églises – Il y en a près de deux cents à Venise, et presque toutes intéressantes. Il faut citer : A l'Ouest du Grand Canal, **San Trovaso (BV)**, près du caractéristique « squero » (chantier de construction de gondoles), qui remonte au 9e s., mais fut reconstruite au cours des 16e et 17e s. ; à l'intérieur (où l'on entre par les deux façades), bel orgue de **Gaetano Callido** (1756), célèbre facteur d'orgue vénitien, **San Sebastiano (ABV)**, du 16e s., à la remarquable **décoration intérieure**★★ de peintures dues à Véronèse (au plafond, *Histoire de la reine Esther*) et à l'intéressant orgue de la fin du 16e s. ; toute proche, l'église de l'**Angelo Raffaele (AV)** dont le buffet d'orgue est orné de sept ravissantes petites **peintures**★ du 18e s. dues à Guardi. Non loin de la Scuola di Si. Rocco, **San Pantaleone (BU)**, au magnifique **plafond**★ (18e s.) peint en trompe l'œil.
A l'Est du Grand Canal, **Santa Maria dei Miracoli**★ **(ET)** construite en 1489, bijou Renaissance dû à P. Lombardo, décorée de marbres polychromes ; **San Francesco della Vigna (FT)** par Sansovino (16e s.) avec une façade de Palladio et un cloître classique (à l'intérieur de l'église, deux ***Vierges à l'Enfant***★, dont une de Giovanni Bellini, actuellement en restauration) ; **I Gesuiti (ET)**, l'église des Jésuites, qui surprend par la blancheur de sa façade baroque et son intérieur très riche aux tons gris-vert et or (remarquer le ***Martyre de saint Laurent***★ du Titien).

Palazzo Labia (BT) ⓥ - Ce palais du 18e s. renferme une salle ornée de **fresques**★ de Tiepolo, relatant l'histoire de Marc-Antoine et de Cléopâtre ; nombreux plafonds décorés par cet artiste.

Arsenal (FU) - Fondé en 1104, il fut refait aux 15e et 16e s. Deux tours datant de 1574 protègent l'entrée de la darse ; à leur gauche, la porte monumentale (1460) est précédée de statues baroques et de lions de provenance grecque. L'arsenal était célèbre en Europe : au temps de l'apogée de Venise, on pouvait y construire et équiper une petite galère en un jour.

Museo storico navale (FGV) ⓥ - Près de la riva San Biagio, il conserve de nombreuses maquettes de navires vénitiens du 16e au 18e s. (trirèmes, galères, galions...), un petit modèle d'un Bucentaure (navire de cérémonie du doge), ainsi que des maquettes et des uniformes qui évoquent l'histoire de la marine aux 19e et 20e s.

La Giudecca (BV-EV) - Sur cette île, des quartiers tranquilles agrémentés de jardinets entourent l'**église du Redentore** *(Fondamenta S. Giacomo)*, construite à la fin de la peste de 1576. Dans la sacristie, splendide retable de la ***Vierge à l'Enfant***★ entre deux anges musiciens, par Alvise Vivarini.

★★ **Ghetto (BT)** - Dans un secteur tout à fait différent de la toute proche Strada Nova (axe très animé qui relie le Rialto à la gare), le quartier ébraïque surprend par la tranquillité de ses rues et l'architecture peu courante de ses maisons, particulièrement insolites par leur grande hauteur. Fondé en 1516, il prit vraisemblablement le nom de « ghetto » (réutilisé par la suite pour nommer tous les quartiers juifs de résidence forcée), car le terme indiquait alors la fonderie. La visite des **synagogues** ⓥ permet d'en apprendre davantage sur l'histoire des juifs à Venise et celle du « nouveau » ghetto et de l'« ancien ».

San Michele (FT) ⓥ - C'est l'île du cimetière de Venise. Stravinski et Diaghilev y reposent. Jolie église Renaissance du 15e s. avec un cloître du 14e s.

LA LAGUNE

Voir plan des environs de Venise dans le guide Rouge Michelin Italia.

La lagune, séparée de la mer par un cordon littoral (lido), mais soumise aux marées, est agréable à parcourir en bateau. *Outre les services de bateaux réguliers (consulter le guide Rouge Michelin Italia), des excursions* ⓥ *dans les îles de la lagune sont* organisées.

⛱⛱ **Le Lido** - C'est l'une des stations les plus élégantes de l'Adriatique. Le Casino, aux lignes pures, est un des rares en Italie où les jeux de hasard soient autorisés.

★★ **Murano** - Dans une île de la lagune, cette localité, dont l'artère principale est un canal en Y bordé de maisons Renaissance, est depuis 1292 un haut lieu de la verrerie. Au 15e s., elle était aussi le siège d'une école de peinture fondée par Antonio Vivarini. En suivant le canal pour prendre l'embranchement de gauche, on trouve le palais Giustiniani (17e s.), où est installé le **musée du Verre**★★★ (Museo d'Arte Vetraria) ⓥ : collection de verreries, de l'Antiquité à nos jours (le joyau du musée est la coupe Barovier, coupe de mariage exécutée au 15e s.).
Plus loin vers la droite, l'église **SS. Maria e Donato**★★, de style vénéto-byzantin (début du 12e s.), possède un admirable **chevet** à arcatures superposées et souligné d'une balustrade de marbre blanc. A l'intérieur, splendide **pavement** de mosaïques du 12e s.

★★ **Burano** - Village de pêcheurs renommé pour ses dentelles, Burano est également célèbre pour ses maisons colorées. A l'intérieur de l'église **San Martino**, dramatique ***Crucifixion*** de Tiepolo.

★★ **Torcello** - Ce village fut à partir du 7e s. une ville importante, siège d'un évêché dont la décadence commença au début du 14e s. ; l'herbe pousse sur la **Grand-Place** où sont rassemblés les principaux monuments.

La **cathédrale** (Cattedrale) **Santa Maria Assunta**★★, de style vénéto-byzantin (9e et 11e s.) comprend trois nefs reposant sur des colonnes de marbre grec surmontées de très beaux chapiteaux corinthiens du 11e s. La nef centrale est fermée par une magnifique **iconostase** ornée de bas-reliefs byzantins des 11e et 12e s. (paons affrontés, lions et feuillages) ; à gauche de l'iconostase, remarquable ambon de marbre sculpté (10e-11e s.). La cathédrale renferme un splendide ensemble de **mosaïques**★★★ byzantines : la plus spectaculaire, au revers de la façade, représente le ***Jugement dernier*** (12e et 13e s.) ; une deuxième, du 13e s., dans l'abside, figure la Mère de Dieu, admirable de pureté et de noblesse, avec, en dessous, les apôtres ; une autre encore (à la voûte de la chapelle latérale droite) montre l'Agneau mystique se détachant sur un luxuriant décor floral.

A droite de la cathédrale, l'**église Santa Fosca**★, de style vénéto-byzantin (10e s.), construite sur plan central, est entourée d'un **portique**★★ à arcs surhaussés. A l'intérieur, superbes **colonnes**★★ en marbre grec à chapiteaux sculptés.

Chioggia - Chioggia est une antique cité maritime très animée vouée à la pêche. Il faut suivre les deux petits canaux principaux où s'alignent des barques de pêche colorées, et que franchissent des ponts en dos d'âne : le Ponte Vigo (17e s.) offre une vue pittoresque sur le **canal Vena** en bordure duquel se tient un marché au poisson, très animé.

Le **corso del Popolo**, artère principale, est bordé de quelques jolies maisons des 16e, 17e et 18e s. ; à l'une de ses extrémités, le **Duomo**★ a été reconstruit au 17e s. dans le style de Palladio (beau campanile du 14e s.). Sur son flanc s'étend la pittoresque **piazza Vescovile**, affectionnée des peintres.

★ **Riviera du Brenta** - *Voir à ce nom.*

VERONA★★★

VÉRONE - Vénétie - 255 313 habitants

Carte Michelin nº 988 pli 4 ou 428, 429 F 14/15

Plan d'ensemble dans le guide Rouge Michelin Italia

Prise dans un méandre de l'Adige, dans un site de collines, Vérone est la plus belle ville d'art de Vénétie, après Venise. La **piazza Bra** (**ABVX**), reliée au noyau ancien par la pittoresque via Mazzini (**BV**), en constitue le centre élégant. La saison lyrique et l'« Été théâtral » *(voir le chapitre Principales manifestations, en fin de volume)* attirent chaque année une foule de spectateurs.

Colonie romaine sous l'Empire, la ville fut convoitée par les Ostrogoths, les Lombards et les Francs. Sous la seigneurie des **Scaliger**, qui régnèrent pour le compte de l'empereur de 1260 à 1387, elle connut son apogée. Elle passa ensuite sous la domination des Visconti de Milan, avant de tomber en 1405 sous la tutelle de la république de Venise. Occupée par les Autrichiens en 1814, elle a été rattachée à l'Italie en 1866, avec la Vénétie.

Roméo et Juliette - Vérone forme le cadre de la tragédie de Shakespeare qui met en scène les amours contrariées de deux adolescents, issus de familles rivales : le drame eut lieu en 1302, à l'époque où la ville était en proie aux luttes intestines opposant les guelfes auxquels appartenaient les Montaigus (Montecchi) et les gibelins, parti des Capulets (Capuleti).

Pisanello et l'école véronaise - Perméables à l'influence septentrionale de la vallée du Rhin, les peintres de Vérone ont développé un art gothique alliant la souplesse de la ligne à la préciosité du détail.

Grand voyageur, peintre actif, prodigieux médailleur et inlassable dessinateur, **Pisanello** (vers 1395-vers 1450) en est le plus remarquable représentant. Sa peinture porte, par l'irréalisme des couleurs, la précision de l'observation et la souplesse du trait, à la fois la nostalgie d'un monde médiéval en train de disparaître et les prémices du réalisme propre à la Renaissance.

CURIOSITÉS

★★ **Piazza delle Erbe** (**BV**) - Ancien forum romain, c'est aujourd'hui une jolie place particulièrement colorée et animée les jours de marché.

Au milieu de celle-ci s'alignent : la colonne du Marché ; le « Capitello » ou « Tribuna » (16e s.), tribune où se lisaient les décrets et les sentences ; la fontaine de Madonna Verona surmontée d'une statue romaine personnifiant la ville ; la colonne de St-Marc (1523) portant le lion ailé, symbole de Venise.

Autour de la place, palais et maisons anciennes, dont certaines sont encore ornées de colonnes de marbre et de fresques, composent un cadre séduisant : sur le côté Nord, **palazzo Maffei** (**B**), baroque.

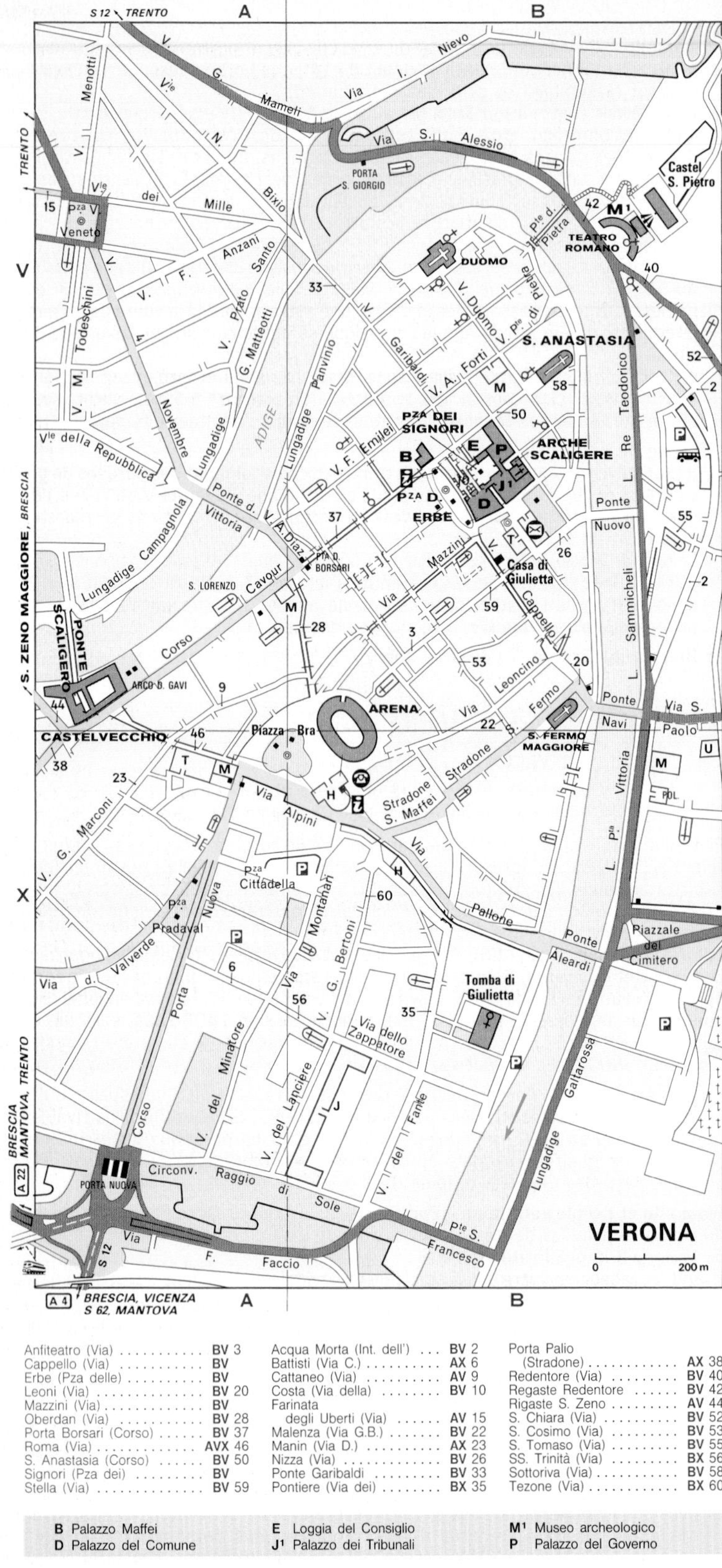

Anfiteatro (Via) . . . . BV 3
Cappello (Via) . . . . BV
Erbe (Pza delle) . . . . BV
Leoni (Via) . . . . BV 20
Mazzini (Via) . . . . BV
Oberdan (Via) . . . . BV 28
Porta Borsari (Corso) . . . . . BV 37
Roma (Via) . . . . AVX 46
S. Anastasia (Corso) . . . . . BV 50
Signori (Pza dei) . . . . BV
Stella (Via) . . . . BV 59

Acqua Morta (Int. dell') . . . BV 2
Battisti (Via C.) . . . . AX 6
Cattaneo (Via) . . . . AV 9
Costa (Via della) . . . . BV 10
Farinata degli Uberti (Via) . . . . . AV 15
Malenza (Via G.B.) . . . . BV 22
Manin (Via D.) . . . . AX 23
Nizza (Via) . . . . BV 26
Ponte Garibaldi . . . . BV 33
Pontiere (Via dei) . . . . BX 35

Porta Palio (Stradone) . . . . AX 38
Redentore (Via) . . . . BV 40
Regaste Redentore . . . . . . BV 42
Rigaste S. Zeno . . . . AV 44
S. Chiara (Via) . . . . BV 52
S. Cosimo (Via) . . . . BV 53
S. Tomaso (Via) . . . . BV 55
SS. Trinità (Via) . . . . BX 56
Sottoriva (Via) . . . . BV 58
Tezone (Via) . . . . BX 60

B Palazzo Maffei
D Palazzo del Comune
E Loggia del Consiglio
J¹ Palazzo dei Tribunali
M¹ Museo archeologico
P Palazzo del Governo

Les cartes et les plans de villes dans les guides Michelin *sont orientés le Nord en haut.*

Dans la via Cappello (au n° 23) se trouve la « **maison de Juliette** » (Casa di Giulietta) ⓥ, palais gothique qui aurait appartenu aux Capulets, avec dans la cour intérieure le « balcon de Juliette ».

★★ **Piazza dei Signori** (**BV**) – Par la vìa della Costa, on pénètre sur cette élégante place qui a l'aspect d'un salon en plein air. A droite s'élève le **Palazzo del Comune**, appelé aussi Palazzo della Ragione (**D**), du 12ᵉ s., dominé par la **tour des Lamberti** ⓥ, en briques et en pierres, avec un couronnement octogonal ; une arche le relie au **Palazzo dei Tribunali**, anciennement « del Capitano » (**J¹**), flanqué d'une massive tour en briques (« Torrione Scaligero »).
Sur le côté opposé, la **Loggia del Consiglio** (**E**) est un élégant édifice vénitien de la Renaissance.
Au fond de la place, fermant celle-ci, le **palazzo del Governo** (**P**), de la fin du 13ᵉ s., couronné de merlons et s'ouvrant par un beau portail classique (1533) dû à Sanmicheli, fut résidence des Scaliger puis des podestats vénitiens.

★★ **Arche Scaligere** (**BV**) ⓥ – Les Scaliger firent élever leurs tombeaux (ou « arche ») entre leur palais et leur église. Les sarcophages portent les blasons de la famille avec l'échelle (scala) symbolique. Ce sont d'élégants mausolées gothiques entourés d'une balustrade en marbre avec une grille en fer forgé, décorés de scènes religieuses et de statues de saints. Au-dessus de la porte de l'église romane de **Santa Maria Antica** se trouve le tombeau du populaire Cangrande Iᵉʳ (mort en 1329) juché sur un cheval *(original au musée du Castelvecchio).*

★★ **Arena** (**BVX**) ⓥ – Ce splendide amphithéâtre, l'un des plus grands du monde romain, peut contenir, sur ses 44 étages de gradins, quelque 25 000 spectateurs. Son appareillage de blocs de marbre rose, de silex et de briques agglomérés, permet de situer sa construction vers la fin du 1ᵉʳ s. Chaque été, de prestigieuses représentations lyriques y sont données.
Du sommet des gradins, ample **panorama**★★ sur la ville, son cadre de collines et, par temps clair, jusqu'aux Alpes.

★★ **Castelvecchio et Ponte Scaligero** (**AV**) – Ce bel ensemble fortifié a été construit en 1354 par Cangrande II. Le château est formé de deux parties séparées par un passage que commande un donjon.
Le Castelvecchio abrite un **museo d'Arte**★★ ⓥ, brillante œuvre de la muséologie moderne due à l'architecte Carlo Scarpa. Sa **section de peinture** permet de se faire une bonne idée de la peinture véronaise du 12ᵉ au 16ᵉ s., dans ses rapports avec Venise et le « gothique international » *(voir p. 28)*. Fresques de peintres locaux, peintures de Stefano da Verona, Pisanello, Giambono, Carlo Crivelli (splendide *Madone de la Passion*), Mantegna, Carpaccio, ainsi que des Bellini.
Les salles supérieures présentent des œuvres de l'école véronaise de la Renaissance : Morone, Liberale da Verona *(Vierge au chardonneret)*, Girolamo dai Libri et Véronèse. On voit également des œuvres vénitiennes de Tintoret, Guardi, Tiepolo et Longhi.
Le musée réunit aussi des collections d'armes, de bijoux et de sculptures.

★★ **Chiesa di San Zeno Maggiore** – *Accès par le Rigaste San Zeno* (**AV 44**)
Voir plan d'ensemble du guide Rouge Michelin Italia. Construite sur plan basilical, en style lombard, au 12ᵉ s., St-Zénon compte parmi les plus belles églises romanes d'Italie du Nord.
L'extérieur est remarquable pour son décor de bandes lombardes et d'arcatures en façade, et l'alternance sereine des assises de briques et de pierres sur les côtés et le campanile. Le porche reposant sur deux lions abrite d'admirables **portes**★★★ en bronze (11ᵉ et 12ᵉ s.) où sont figurées des scènes de l'Ancien et du Nouveau Testament. De part et d'autre du portail, bas-reliefs dus aux maîtres Nicolò et Guglielmo (12ᵉ s.) ; au tympan, statue de saint Zénon, patron de la ville.
L'intérieur impose par la nudité et la hauteur de sa nef, coiffée d'une charpente en berceau continu, flanqué de deux demi-berceaux. Le maître-autel est surmonté d'un splendide **triptyque**★★ (1459) de Mantegna, remarquable témoignage de la manière de l'artiste, dont les compositions se caractérisent par leur rigueur et le rendu scuptural de ses figures, ainsi que par leur richesse d'ornementation. Sur la clôture du chœur, statues du 14ᵉ s. et, dans l'absidiole de gauche, curieuse statue polychrome du « saint Zénon qui rit ».
Sur le flanc gauche de l'église, petit cloître roman.

★ **Chiesa di Sant'Anastasia** (**BV**) – Commencée à la fin du 13ᵉ s., achevée au 15ᵉ s., elle présente une belle façade percée d'un double portail du 14ᵉ s., décoré de fresques et de sculptures. Remarquable campanile. L'intérieur, ample et élancé, renferme plusieurs chefs-d'œuvre : quatre **effigies d'apôtres** peintes par Michele da Verona et dix-sept **terres cuites**★ de Michele da Firenze (chapelle Pellegrini, à droite du chœur) ; ***Les Guerriers Cavalli présentés à la Vierge***★ (1380), fresque du Véronais Altichiero (1ʳᵉ chapelle du transept droit) ; à l'intérieur de la **chapelle Giusti** ⓥ *(accès par le transept gauche)*, la célèbre fresque de Pisanello, ***Saint Georges délivrant la princesse de Trébizonde***★★ (1436), scène irréelle où se mêlent étrangement la précision de l'observation et le fantastique gothique.

★ **Duomo** (**BV**) - Roman du 12ᵉ pour le chœur, gothique pour la nef, il a été augmenté d'une tour classique. Remarquable portail principal, de style roman lombard, orné de sculptures et de bas-reliefs de maître Nicolò. A l'intérieur, on admire notamment les piliers de marbre rose, une *Assomption* de Titien (1ᵉʳ autel de gauche) et la clôture du chœur en marbre due à Sanmicheli (16ᵉ s.).
Le quartier des chanoines qui entoure la cathédrale est amusant à parcourir.

★ **Teatro romano** (**BV**) ⓥ - Datant d'Auguste mais très restauré, il accueille aujourd'hui encore des représentations théâtrales.
De là, on peut monter *(ascenseur)* à l'ancien **couvent San Girolamo** où est installé le petit **museo archeologico** (**M**¹) ⓥ et d'où l'on a une belle **vue** sur la ville.

Castel San Pietro (**BV**) ⓥ - *Accès par un escalier prenant sur la Regaste Redentore* (**BV 42**). Des terrasses de l'édifice, dont la construction remonterait à l'époque des Visconti et de la domination vénitienne, on découvre de splendides **vues**★★ sur Vérone.

★ **Chiesa di San Fermo Maggiore** (**BVX**) - Elle fut construite aux 11ᵉ et 12ᵉ s., puis remaniée. Sa façade juxtapose les styles roman et gothique. L'intérieur, à nef unique, est coiffé d'une jolie charpente en carène renversée à multiples ressauts. En entrant à gauche, la fresque de l'***Annonciation***★ par Pisanello encadre le mausolée Brenzoni (1430).

Tomba di Giulietta (**BX**) ⓥ - *Via del Pontiere.* Le tombeau de Juliette se trouve dans le cloître de l'église San Francesco al Corso où aurait eu lieu le mariage des deux jeunes gens.

VICENZA★★

VICENCE - Vénétie - 107 318 habitants

Carte Michelin n° 988 plis 4, 5 ou 429 F 16

Plan dans le guide Rouge Michelin Italia

Noble et fière, Vicence repose dans un joli site au pied des monts Berici. Actif centre industriel et commercial qui ajoute aux traditionnelles productions textiles le travail particulier de l'orfèvrerie, ainsi que les industries mécaniques et chimiques, Vicence est aussi un important carrefour de routes reliant la Vénétie au Trentin. La ville possède une spécialité gastronomique, la « baccalà alla Vicentina », morue en sauce accompagnée de tranches de polenta ; on la déguste avec les vins venant des monts Berici (Barbarano, Gambellara, Breganze).

UN PEU D'HISTOIRE ET D'ART

Peuplée dès la préhistoire, occupée par les Romains sous le nom de « Vicetia », la ville fut commune libre au 12ᵉ s. Après plusieurs conflits avec ses voisines, Padoue et Vérone, Vicence se mit sous la protection de la république de Venise dès le début du 15ᵉ s. Sous le gouvernement de celle-ci, Vicence s'enrichit, grâce à d'orgueilleux et généreux mécènes, d'un nombre impressionnant de palais.

Andrea Palladio - Cette activité architecturale qui lui a valu d'être surnommée la « Venise de Terre-Ferme » est principalement redevable à un artiste exceptionnel qui vécut longtemps à Vicence, Andrea Palladio. Né à Padoue en 1508, mort à Vicence en 1580, Palladio fut le dernier grand architecte de la Renaissance qui réussit, dans un art d'un équilibre suprême, la synthèse de la leçon antique et des préoccupations modernes. Encouragé par l'humaniste Trissino, il entreprit plusieurs voyages à Rome, médita l'enseignement de Vitruve et publia en 1570 le fruit de ses recherches dans le traité des ***Quatre Livres de l'Architecture*** qui fit connaître son œuvre dans l'Europe entière.
Le **style palladien** se caractérise par la rigueur du plan où les formes simples et symétriques prédominent, par l'harmonie musicale des façades qui combinent le fronton et le portique, comme à San Giorgio Maggiore de Venise. Palladio travailla pour la riche clientèle vénitienne qui souhaitait se faire construire des demeures dans la campagne voisine. A l'ordonnance rythmique du plan, à la noblesse du dessin, l'architecte ajouta, dans le cas de ces constructions isolées, une science parfaite du décor et de l'implantation, donnant de l'importance au socle, de telle sorte que ces villas surgissent comme de nouveaux temples sur les rives du Brenta ou sur les pentes des monts Berici. L'élève de Palladio, Vincenzo Scamozzi (1552-1616), acheva plusieurs œuvres du maître et continua sa manière.

★★ LA VILLE PALLADIENNE *visite : 1/2 journée*

★★ **Piazza dei Signori** - Comme la place St-Marc à Venise, elle est un lieu de réunion en plein air, survivance du forum antique ; comme sur la « piazzetta », deux colonnes y sont dressées, portant le lion de St-Marc et le Rédempteur.
Avec l'altière **Torre Bissara**★, tour-beffroi du 12e s., la **Basilica**★★ ⓥ (1549-1617) occupe un côté de la place : c'est, pour l'élévation, un chef-d'œuvre de Palladio, aux galeries superposées, d'ordres dorique et ionique, admirables de force, de proportions et de pureté ; le grand toit en carène, détruit par un bombardement, a été refait. La destination de l'édifice n'était nullement religieuse : là se rassemblaient les notables.
En face, des fresques ornent le **Mont-de-Piété** (15e s.) dont les bâtiments encadrent la façade baroque de l'église St-Vincent. A gauche, au coin de la Contrà del Monte, la **Loggia del Capitanio**★, autrefois résidence du gouverneur de Venise, fut commencée sur les plans de Palladio en 1571 et resta inachevée : elle est caractérisée par son ordre colossal à chapiteaux composites, ses statues et ses stucs évoquant la victoire de Lépante.

★★ **Teatro Olimpico** ⓥ - Ce splendide théâtre de bois et de stucs fut dessiné en 1580 par Palladio sur le modèle des théâtres antiques. L'hémicycle des gradins est surmonté d'une très belle **colonnade** dont la balustrade porte des statues. La **scène**★★★ est admirable : des niches, des colonnes, des statues s'y superposent et laissent entrevoir d'étonnantes perspectives en trompe l'œil dessinées par Scamozzi qui acheva les travaux.

★ **Corso Andrea Palladio** - C'est la grande artère de Vicence ; de nombreux palais dessinés par Palladio et ses élèves l'embellissent, ainsi que les rues avoisinantes. Au début du corso, **palazzo Chiericati**, œuvre suggestive et imposante de l'architecte ; au nº 147, **palazzo Da Schio**, de style gothique vénitien (15e s.), jadis appelé Ca' d'Oro parce qu'il était couvert de fresques à fond d'or. Dans la contrà S. Gaetano Thiene, la façade orientale du **palazzo Thiene** est une œuvre originale de Palladio ; la façade principale, Renaissance, date de la fin du 15e s. (au nº 12, contrà Porti). En face se dresse le **palazzo Porto-Barbaran**, également dessiné par Palladio. Au nº 98 du corso, le **palazzo Trissino** est une œuvre très réussie de Scamozzi (1592). Le solennel **palazzo Valmarana**, élevé par Palladio en 1566, occupe le nº 16 du corso Fogazzaro.

★ **Museo civico** ⓥ - *Au 1er étage du Palazzo Chiericati.* Primitifs vénitiens (Paolo Veneziano : Dormition de la Vierge), ***Crucifixion***★★ de Hans Memling, chef-d'œuvre du musée, toiles de Bartolomeo Montagna (élève de Giovanni Bellini très actif à Vicence), Mantegna, Carpaccio.
On voit également des œuvres vénitiennes de L. Lotto, Véronèse, Bassano, Piazzetta, Tiepolo, Tintoret, ainsi que des œuvres flamandes de Bruegel de Velours et Van Dyck.

AUTRES CURIOSITÉS

Chiesa di Santa Corona - *Contrà Santa Corona.* L'église fut bâtie au 13e s. pour abriter la Sainte Épine offerte par Saint Louis, roi de France, à l'évêque de Vicence. L'intérieur, à trois nefs ogivales et chœur Renaissance, recèle deux chefs-d'œuvre : un ***Baptême du Christ***★★ de Giovanni Bellini (5e autel de gauche) et une ***Adoration des Mages***★★ (1573) de Véronèse (3e chapelle de droite). La 4e chapelle de droite possède un beau **plafond**★ à compartiments peints et stucs dorés, et une peinture de B. Montagna : *Marie-Madeleine et saints.*

Duomo - Élevé entre le 14e et le 16e s., il présente une jolie façade bicolore gothique et un chevet Renaissance. A l'intérieur, beau **polyptyque**★ (1356) de Lorenzo Veneziano (5e chapelle de droite).

Giardino Salvi - Ce jardin qu'agrémentent statues et fontaine est entouré sur deux côtés de canaux dans lesquels se reflètent deux ravissantes loggias de style palladien des 16e et 17e s.

ENVIRONS

★★ **Villa Valmarana « ai Nani »** ⓥ - *2 km au Sud, par la route d'Este, puis 1re route à droite.* Dans cette villa du 17e s., **Gian Domenico Tiepolo** a brossé en 1757 de remarquables **fresques**★★★ pleines de verve et de saveur qui évoquent divers aspects de la vie quotidienne en Vénétie, notamment le Carnaval, thème cher à cet artiste.

★ **La Rotonda** ⓥ - *2 km au Sud-Est, par la route d'Este, puis 2e route à droite.* C'est une des œuvres les plus célèbres de Palladio. Surmontée d'une coupole, elle est bâtie sur un plan carré. Chacun des flancs s'ouvre par un fronton à colonnes qui évoque un temple antique.

★ **Basilica di Monte Berico et monti Berici** – *2 km au Sud, par le viale Venezia, puis le viale X Giugno.* Celui-ci est bordé par un portique du 18e s., avec chapelles, grimpant au sommet de la colline. Sur cette butte s'élève la basilique de style baroque, coiffée d'une coupole. De l'esplanade, vaste **panorama**★★ sur Vicence, la plaine de Vénétie et les Alpes. A l'intérieur, Pietà de B. Montagna (1500). De là, une route conduit vers le Sud à Arcugnano et à Barbarano à travers un paysage de riantes collines volcaniques parmi lesquelles on aperçoit de temps à autre des villas patriciennes parfois transformées en fermes.

Montecchio Maggiore – *13 km au Sud-Ouest, par la route S 11.* Les ruines de ces deux châteaux évoquent le souvenir de Roméo et Juliette ; on y jouit de belles **vues**★ sur la plaine du Pô et Vicence.
A la sortie de Montecchio, route de Tavernelle, la **villa Cordellina-Lombardi** ⓥ abrite un **salon**★ tout décoré de fresques de Tiepolo.

VITERBO★

VITERBE – Latium – 58 370 habitants

Carte Michelin n° 988 pli 25 ou 430 O 18 – Plan dans le guide Rouge Michelin Italia

Encore entourée de son enceinte, Viterbe a gardé un aspect médiéval, notamment dans les rues qui forment le **quartier San Pellegrino**★★, populaire et artisanal, très caractéristique avec ses voûtes, ses tours, ses escaliers extérieurs.

★★ **Piazza San Lorenzo** – Située à l'emplacement de l'acropole étrusque, cette place transporte en plein Moyen Âge : on y voit une maison du 13e s. sur soubassement étrusque *(aujourd'hui dispensaire)*, la cathédrale (1192), nantie d'un beau campanile gothique et, surtout, le **palais des Papes**★★ du 13e s., l'un des plus intéressants édifices de l'architecture civile du Moyen Âge dans le Latium. De la piazza Martiri d'Ungheria, on a une belle vue de l'ensemble.

Museo civico ⓥ – *Piazza F. Crispi.* Installé dans l'ancien couvent de S. Maria della Verità, il rassemble des témoignages des civilisations étrusque et romaine de la région : sarcophages et matériel funéraire trouvé dans les tombes. Au 1er étage, une pinacothèque abrite une terre cuite des Della Robbia et quelques tableaux (Salvatore Rosa, Sebastiano del Piombo, Pastura, peintre local des 15e-16e s.).

ENVIRONS

Santuario della Madonna della Quercia – *3 km au Nord-Est.* De style Renaissance, ce sanctuaire présente une façade à bossages ornée de tympans par Andrea della Robbia. Cloître mi-gothique, mi-Renaissance.

★★ **Villa Lante de Bagnaia** ⓥ – *5 km au Nord-Est.* Cette élégante villa du 16e s., édifiée sur un projet de Vignola, fut le séjour de nombreux papes.
Elle est ornée de jardins à l'italienne aux dessins géométriques savants et aux nombreuses fontaines.

★ **Teatro romano di Ferento** ⓥ – *9 km au Nord.* Cet édifice du 1er s., assez bien conservé, est le plus important vestige de la Ferentium romaine dont les ruines parsèment un mélancolique plateau. Serré entre la route et l'ancien Decumanus, il dresse encore son mur de scène en brique, ainsi qu'un portique en bel appareil de pierres de taille juxtaposées sans mortier, dominant treize rangées de gradins.

Bomarzo – *21 km au Nord-Est, par la route S 204.* En contrebas du bourg, le parc de la **villa Orsini** ⓥ du 16e s. (Parco dei Mostri) est une invention maniériste qui fait apparaître, au gré de la promenade, une série de **sculptures**★ de formes fantastiques.

Montefiascone – *17 km au Nord-Ouest.* Située au cœur de vignobles qui produisent le fameux vin blanc « Est, Est, Est », Montefiascone possède un imposant **Duomo**, surmonté d'une coupole due à Sanmicheli, et une curieuse église de style roman lombard formée de deux églises superposées, **San Flaviano**★ ; dans l'église inférieure, des fresques illustrent la brièveté et la vanité de l'existence *(Dict des trois morts et trois vifs)* ; en face, pierre tombale de Jean Fugger : lors d'un voyage à Rome, ce prélat allemand, très gourmand, se fit précéder d'un valet qu'il chargea de marquer les auberges où le vin était le meilleur par un « Est » (Vinum est bonum) ; arrivé à Montefiascone, le serviteur écrivit « Est, Est, Est » et son maître en but tant, tant, tant... qu'il en mourût.

★ **Lago di Vico** – *18 km au Sud-Est, par la via Santa Maria di Gradi* – Ce charmant lac solitaire occupe le fond d'un cratère dont les pentes sont couvertes de forêts (hêtres, châtaigniers, chênes et, sur les rives, noisetiers).

Civita Castellana – *36 km au Sud-Est.* La ville qui occupe l'emplacement du centre étrusque de Falerii Veteres détruit par les Romains en 241, fut reconstruite au 8e ou 9e s. Son **Duomo** est précédé d'un élégant **portique**★ de 1210 dû aux Cosmates. La **Rocca**, construite à la fin du 15e s. par Sangallo l'Ancien, fut la demeure de César Borgia.

VOLTERRA

Toscane – 12 855 habitants

Carte Michelin n° 988 pli 14 ou 430 L 14

En position dominante au cœur des collines dénudées d'une Toscane bien différente de celle qui entoure Florence, cette antique cité étrusque, romaine puis médiévale a conservé son enceinte de remparts. On y pratique le travail de l'albâtre. A l'Ouest de la ville, de vastes salines sont exploitées pour la fabrication du sel et de la soude. A 1 km au Nord-Ouest, on découvre une vue sur les « **Balze** »★, éboulements chaotiques et grandioses dus à l'érosion.

★★ **Piazza dei Priori** – Elle est entourée de palais sobres et sévères. Le palais Pretorio (13e s.), percé de baies géminées, est accompagné par la tour du Podestat, dite « del Porcellino » en raison du petit sanglier érigé sur une console dans sa partie supérieure.

En face, le palais des Prieurs, le plus ancien de Toscane, date de la première moitié du 13e s. : sa façade est ornée de nombreux blasons en terre cuite, marbre ou pierre de gouverneurs florentins.

★ **Duomo et Battistero** – Sur la pittoresque piazza San Giovanni, la cathédrale, de style roman pisan, a été plusieurs fois modifiée ; elle comporte trois nefs à colonnes monolithes et chapiteaux du 16e s. ; au 2e autel de la nef gauche, on admire une belle *Annonciation* (fin 15e s.) ; le transept abrite, dans le bras gauche, une *Vierge* de l'école siennoise du 15e s. et, dans le bras droit, une ***Déposition***★★ en bois polychrome du 13e s. ; dans la nef centrale, superbe chaire du 17e s. incorporant des bas-reliefs sculptés du 12e s. Le baptistère, octogonal, date de 1283.

Prendre la via Roma et dépasser l'arc Buomparenti.

Via dei Sarti – Elle est bordée de palais, parmi lesquels les plus intéressants sont : au n° 1, le palais Minucci-Solaini attribué à Antonio da Sangallo et abritant la pinacothèque *(ci-dessous)* ; au n° 37, le palais Incontri dont la superbe façade Renaissance a été dessinée par Ammanati.

Pinacoteca ⓥ – *1 via dei Sarti.* Elle présente des œuvres d'art sacré dues à des maîtres toscans du 14e au 17e s., notamment une belle *Annonciation* de Luca Signorelli et une *Déposition de Croix*, chef-d'œuvre du maniérisme florentin, due au peintre Rosso Fiorentino.

★ **Museo etrusco Guarnacci** ⓥ – On y voit plus de six cents urnes cinéraires étrusques en tuf, albâtre et terre cuite.

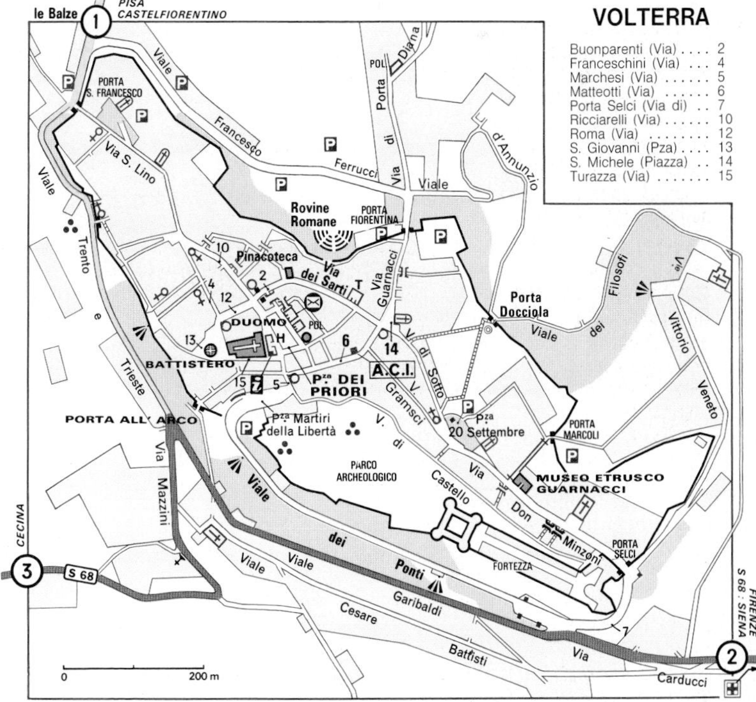

Circulation réglementée dans le centre-ville

★ **Porta all'Arco** - Porte étrusque, appareillée de blocs de pierre colossaux.

Rovine romane - A l'Ouest de la Porta Fiorentina se trouvent les ruines d'un théâtre romain du 1er s. avant J.-C.

Porta Docciola - On y accède par un très long escalier. Porte fortifiée du 13e s. Auprès d'elle, curieux lavoir médiéval.

Viale dei Ponti - Promenade favorite des Volterrans, ce « viale » offre des **vues★★** superbes sur les Collines métallifères *(voir ci-dessous)*. Au-dessus se dresse la Fortezza, aujourd'hui prison, impressionnant ensemble d'architecture militaire constitué par la Rocca Vecchia (14e s.) et la Rocca Nuova édifiée en 1472, comprenant un donjon et quatre tours d'angle.

ENVIRONS

Larderello - *33 km au Sud par ③ du plan. Au centre des* **Collines métallifères★**, ainsi appelées pour les mines de fer, de cuivre, de pyrite qui y étaient jadis exploitées, Larderello est l'une des plus singulières localités de la Toscane. La désolation de la terre, le sifflement des jets de vapeur, les fumerolles qui s'échappent des hauts fourneaux et se répandent tout autour, la rumeur des machines créent une atmosphère tout à fait particulière.

Les Balze

Sardaigne

Par sa superficie de 24 089 km², la Sardaigne (Sardegna) est la deuxième île de la Méditerranée après la Sicile. Sa population avoisine 1 650 000 habitants et son altitude maximale est de 1 834 m à la Punta La Marmora dans le massif du Gennargentu.
A plus de 200 km de la péninsule, la Sardaigne ferme la mer Tyrrhénienne à l'Ouest et s'étend au Nord en direction de la Corse, dont elle n'est séparée que par 12 km : d'ailleurs, son milieu naturel ne diffère guère de celui de l'île de Beauté. Le relief de l'île est ainsi relativement montagneux et sa végétation est formée d'un maquis de chênes verts et de plantes aromatiques, caractéristiques du bassin méditerranéen.
L'élevage étant depuis la préhistoire la principale ressource de la Sardaigne, plus de la moitié de l'île est recouverte de pâturages : les brebis fournissent le lait pour la fabrication d'un fromage nommé pecorino.
Ce sont également les mœurs pastorales qui ont influencé la gastronomie des Sardes qui cuisent volontiers les viandes à la braise, sur la broche, et utilisent le pecorino pour assaisonner de nombreux plats.

Spécialités régionales – La tradition pastorale a également influencé la gastronomie sarde, qui cuit de préférence à la braise ou en broche, et utilise le *pecorino* (fromage de brebis au goût prononcé) pour parfumer de nombreux plats. Parmi les spécialités figurent la **burrida** (roussette), le **prosciutto di cinghiale** (jambon de sanglier fumé), le **succutundu** (bouillon de viande très concentré garni de boulettes de semoule) et les **impanadas** (petites timbales de viande). Parmi les gâteaux, il faut goûter aux **seadas**, feuilletés fris fourré de fromage frais et enduits de miel amer.
On peut accompagner son repas de vins rouges ou blancs : le **nuragus** et la **vernaccia** (vin blanc sec de la région d'Oristano qui se déguste aussi en apéritif) sont les plus réputés.

Un peu d'histoire – Les débuts de l'histoire de la Sardaigne appartiennent à des âges très reculés.
Les **nuraghi**, remontant au milieu du 2e millénaire avant J.-C., en sont les premiers témoignages : construction en forme de cône tronqué constituée d'énormes blocs de pierre assemblés sans mortier, le nuraghe possède pour toute ouverture une porte basse surmontée d'un puissant linteau, et se caractérise à l'intérieur par sa voûte formant une fausse coupole faite de pierres superposées en encorbellement et se rejoignant vers le sommet ; peu à peu, le nuraghe se compliqua de tours reliées entre elles par des murs épais venant renforcer la construction primitive ; plus de 7 000 nuraghi, dont on suppose qu'ils faisaient office de maisons fortifiées pouvant accueillir les villageois en cas de péril, sont dispersés sur l'île, avec une forte concentration dans les régions s'étendant entre Porto Torres et Barumini.
De l'époque nuragique datent également les **tombes de géants**, sépultures collectives probablement destinées aux familles les plus puissantes, et dont environ 500 subsistent dans l'île ; situées à l'écart du village, elles se composaient d'une rangée de pierres dressées disposées en arc de cercle (la dalle centrale, plus haute que les autres et de forme semi-ovale, étant percée d'un petit passage) et d'une chambre funéraire, sorte de couloir fait de dalles dressées couvertes de pierres plates à la manière des dolmens.
Très tôt arrivèrent les Phéniciens, suivis des Carthaginois ; ces marins commerçants s'établirent principalement sur les côtes évitant certes la montagne mais déboisant notamment la plaine de Campidano pour la culture céréalière. Les Romains pratiquèrent en revanche une véritable colonisation agricole. Du 6e au 8e s., les Byzantins régnèrent sur la Sardaigne.
Après une relative période d'indépendance, le pays fut soumis à la domination des Pisans et des Génois avant d'être occupé par les Espagnols jusqu'en 1713, date à laquelle l'île passa aux mains de l'empereur d'Autriche qui ne tarda pas à l'échanger contre la Sicile avec les ducs de Savoie ; ces derniers prirent le titre de rois de Sardaigne.
Ces occupants successifs n'ont guère laissé de traces artistiques sur l'île, à l'exception des Pisans, dont le style se retrouve dans les églises romanes et gothiques, ainsi que des Aragonais et des Catalans.

La Sardaigne aujourd'hui – Longtemps cantonnée dans une économie agricole et pastorale, la Sardaigne a fait, ces dernières années, l'objet d'une mise en valeur touristique et industrielle. Mais la brusque industrialisation à laquelle l'île a été soumise a renforcé les contrastes entre la vie moderne des villes et la civilisation pastorale, fidèle à ses traditions. Néanmoins, les Sardes ont conservé leur sens de l'honneur et de l'hospitalité. Ils parlent encore leur langue et revêtent volontiers à l'occasion des fêtes leurs magnifiques costumes. Dans les villages, l'artisanat pratiqué par les femmes (paniers, tapis, étoffes) demeure vivace.

Accès – **Par air** : aéroports à Cagliari, Alghero et Olbia.
Par mer : voir les cartes Michelin n° 988 ou 433. Des liaisons saisonnières relient la Sardaigne à Toulon et Marseille, Trapani et Palerme. Toute l'année, on peut gagner l'île au départ de Bonifacio, Gênes, Livourne, Civitavecchia, Naples.

Visite – Une visite rapide de l'île peut se faire en cinq jours (postes d'essence assez rares sur les routes de l'Est). La carte ci-contre situe, outre les localités et sites décrits, d'autres lieux particulièrement pittoresques (indiqués dans le plus petit caractère noir).

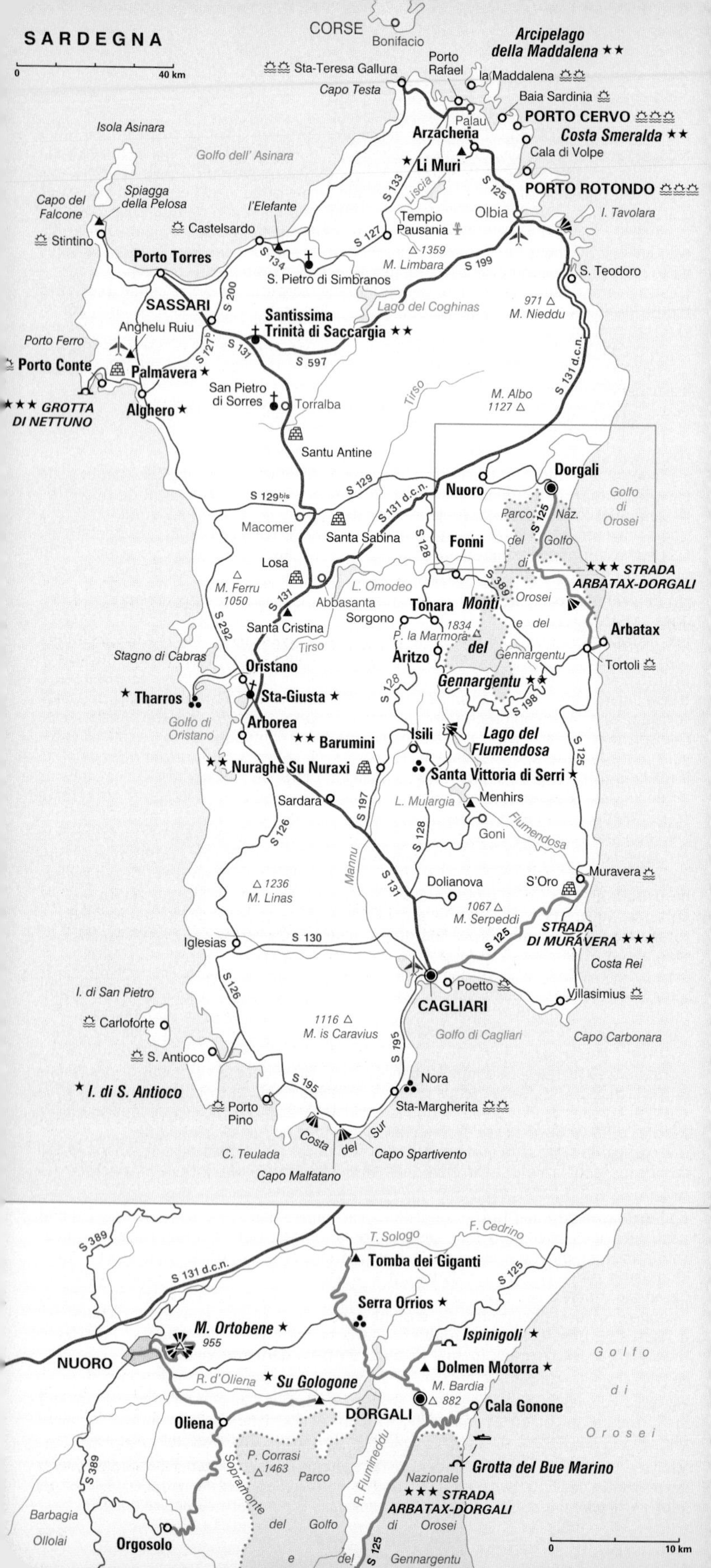

SARDEGNA
0
40 km
CORSE
Bonifacio
Arcipelago della Maddalena ★★
Sta-Teresa Gallura
Porto Rafael
la Maddalena
Capo Testa
Palau
Baia Sardinia
PORTO CERVO
Costa Smeralda ★★
Arzachena
Cala di Volpe
Isola Asinara
Golfo dell' Asinara
Li Muri
PORTO ROTONDO
Capo del Falcone
Spiaggia della Pelosa
l'Elefante
Tempio Pausania
Olbia
I. Tavolara
Stintino
Castelsardo
1359
M. Limbara
Porto Torres
S. Pietro di Simbranos
S. Teodoro
SASSARI
Santissima Trinità di Saccargia ★★
Lago del Coghinas
971
M. Nieddu
Anghelu Ruiu
Porto Ferro
Porto Conte
Palmavera ★
★★★ GROTTA DI NETTUNO
Alghero ★
San Pietro di Sorres
Torralba
M. Albo 1127
Santu Antine
Dorgali
Nuoro
Golfo di Orosei
Macomer
Santa Sabina
Parco Naz. del Golfo di Orosei
Fonni
Losa
M. Ferru 1050
L. Omodeo
Abbasanta
★★★ STRADA ARBATAX-DORGALI
Tonara
Monti e del Gennargentu
Sorgono
1834
P. la Marmora
Arbatax
Santa Cristina
Tirso
Stagno di Cabras
Oristano
Aritzo
Tortolì
★ Tharros
Sta-Giusta ★
Gennargentu ★★
Golfo di Oristano
Arborea
★★ Barumini
Isili
Lago del Flumendosa
★★ Nuraghe Su Nuraxi
Santa Vittoria di Serri ★
Sardara
L. Mulargia
Menhirs
Goni
Flumendosa
Mannu
Muravera
1236
M. Linas
Dolianova
S'Oro
1067
M. Serpeddi
STRADA DI MURAVERA ★★★
Iglesias
Costa Rei
Poetto
CAGLIARI
Villasimius
I. di San Pietro
Carloforte
1116
M. is Caravius
Golfo di Cagliari
Capo Carbonara
S. Antioco
Nora
★ I. di S. Antioco
Porto Pino
Sta-Margherita
Costa del Sur
C. Teulada
Capo Spartivento
Capo Malfatano
S 133
S 125
S 127
S 134
S 199
S 200
S 127b
S 131
S 597
S 131 d.c.n.
S 129
S 129bis
S 128
S 389
S 292
S 198
S 197
S 126
S 130
S 195
T. Sologo
F. Cedrino
Tomba dei Giganti
Serra Orrios ★
M. Ortobene ★
955
Ispinigoli ★
NUORO
Dolmen Motorra ★
R. d'Oliena
★ Su Gologone
M. Bardia
882
Cala Gonone
Oliena
DORGALI
P. Corrasi
1463
Supramonte
Parco
R. Flumineddu
Grotta del Bue Marino
Nazionale
★★★ STRADA ARBATAX-DORGALI
Barbagia Ollolai
Orgosolo
del Golfo di Orosei
e del Gennargentu
0
10 km

ALGHERO★

39 056 habitants
Carte Michelin n° 988 pli 33 ou 433 F 6

On ignore l'origine de ce charmant petit port, où se pratique encore la pêche au corail, situé au milieu des oliviers, des eucalyptus et des pins parasols. Devenue aujourd'hui une station balnéaire, Alghero, qui fut occupée en 1354 par les Catalans, évoque par son aspect l'Espagne, ce qui lui a valu le surnom de « Barcelonetta » de Sardaigne. Ses habitants ont gardé les coutumes et la langue catalanes.
Une plage de 5 km de long s'étend au Nord de la localité.

★ **Ville ancienne (Città Vecchia)** – Ses rues étroites se serrent au milieu d'une petite presqu'île que ceignent des fortifications. La **cathédrale** *(via Roma)* possède un remarquable portail et un campanile de style gothique catalan. L'**église San Francesco**, des 14e-15e s., présente un bel intérieur gothique et un charmant **cloître** en tuf doré.
Le port de pêche est situé au Nord, au pied des fortifications. De là partent les excursions en bateau pour la **grotte de Neptune**★★★ *(voir à PORTO CONTE)*.

ARBATAX

Carte Michelin n° 988 pli 34 ou 433 H 11

Ce petit port possède un nom d'origine arabe. Isolé sur la mer Tyrrhénienne, dans un beau cadre de montagnes, il reçoit les navires embarquant les bois et les lièges produits par l'île.
Près du port se dresse une petite falaise de roche porphyrique, dont on a longtemps exploité la carrière voisine. Au fond de la baie se déroule une vaste plage en pente douce.
Une **route**★★★ magnifique, déserte et longeant d'impressionnantes gorges, mène d'Arbatax à Dorgali *(71 km)*.

J.-P. Garcin/DIAF

Côte Est à Arbatax

ARZACHENA

9 429 habitants
Carte Michelin n° 988 Sud-Est du pli 23 ou 433 D 10

Ce bourg agricole, bien situé au pied des montagnes dans un beau bassin de la Gallura, est dominé par un curieux rocher érodé en forme de champignon, le « Fungo ». A 2 km à la sortie de la ville, sur la route d'Olbia, se trouve un nuraghe posé sur un rocher.
A une dizaine de kilomètres au Sud-Ouest *(par la route de Luogosanto et, au bout de 7 km, un chemin à droite que l'on suit pendant 3 km)*, la **tombe de Géants de Li Muri**★ est formée par une quinzaine de dalles dressées en arc de cercle, au sommet d'une colline.

BARUMINI★★

1 471 habitants
Carte Michelin n° 988 pli 33 ou 433 H 9

Barumini est une bourgade entourée de vestiges datant des premiers temps de l'histoire sarde.

★★ **Nuraghe Su Nuraxi** – *2 km à l'Ouest, à gauche de la route de Tuili.* Massive forteresse constituée par plusieurs tours reliées entre elles par des galeries. A l'Est s'étend un grand village nuragique.

★ **Santa Vittoria di Serri** – *38 km à l'Est, par la route de Nuoro, puis à Nurallao une route à droite.* Vestiges d'un centre religieux préhistorique. La route qui y conduit traverse le village d'**Isili**, où l'artisanat est vivace (mobilier, tissage).

S. Chirol

Ensemble nuragique

CAGLIARI

202 944 habitants
Carte Michelin n° 988 pli 33 ou 433 J 9

Capitale de l'île, Cagliari est une ville d'aspect moderne, dotée d'un port actif, ayant conservé un noyau enfermé à l'intérieur de fortifications élevées au 13e s. par les Pisans. Cagliari fut une florissante cité carthaginoise sous le nom de Karalis, avant de devenir romaine.

De la **Terrazza Umberto I°** (**Z**), on jouit d'une **vue**★★ admirable sur la ville, le port et le golfe. La **fête de Sant'Efisio**, saint patron de la Sardaigne, est l'une des plus fabuleuses qu'il soit donné de voir en Italie *(voir le chapitre Principales manifestations, en fin de volume).*

Cattedrale (**Y**) – Élevée au 13e s. en style pisan, elle fut remaniée au 17e s. L'édifice renferme deux magnifiques **chaires**★★ exécutées par Guglielmo de Pise (1162) et dont les panneaux sont sculptés de scènes de la vie du Christ remarquablement composées.

Par une petite porte à droite du chœur, on descend au **Santuario** ⓥ, crypte décorée au 17e s. qui abrite 292 dépouilles de martyrs chrétiens dans des urnes disposées le long des murs. Une porte s'ouvre à droite sur une chapelle renfermant le tombeau de Marie-Louise de Savoie, épouse du futur Louis XVIII et sœur du roi de Sardaigne.

★ **Museo nazionale archeologico** (**Y**) ⓥ – Il abrite des collections d'armes, de poteries et surtout de petits **bronzes**★★★ des premiers temps de l'histoire sarde. Les arts phénicien, punique et romain sont représentés dans les autres salles.

★ **Torre dell'Elefante** (**Y**) **et Torre San Pancrazio** (**Y**) – Datant du début du 14e s., ces deux tours sont des vestiges des fortifications pisanes.

Anfiteatro Romano (**Y**) – C'est l'édifice romain le plus important de Sardaigne.

Orto Botanico (**Y**) ⓥ – Végétation méditerranéenne et tropicale.

ENVIRONS

★★★ **Route de Muravera** – *Sortir par ① du plan.* A 30 km de Cagliari, cette route s'enfonce dans des défilés rocheux sauvages d'une belle coloration rougeâtre (granits porphyriques).

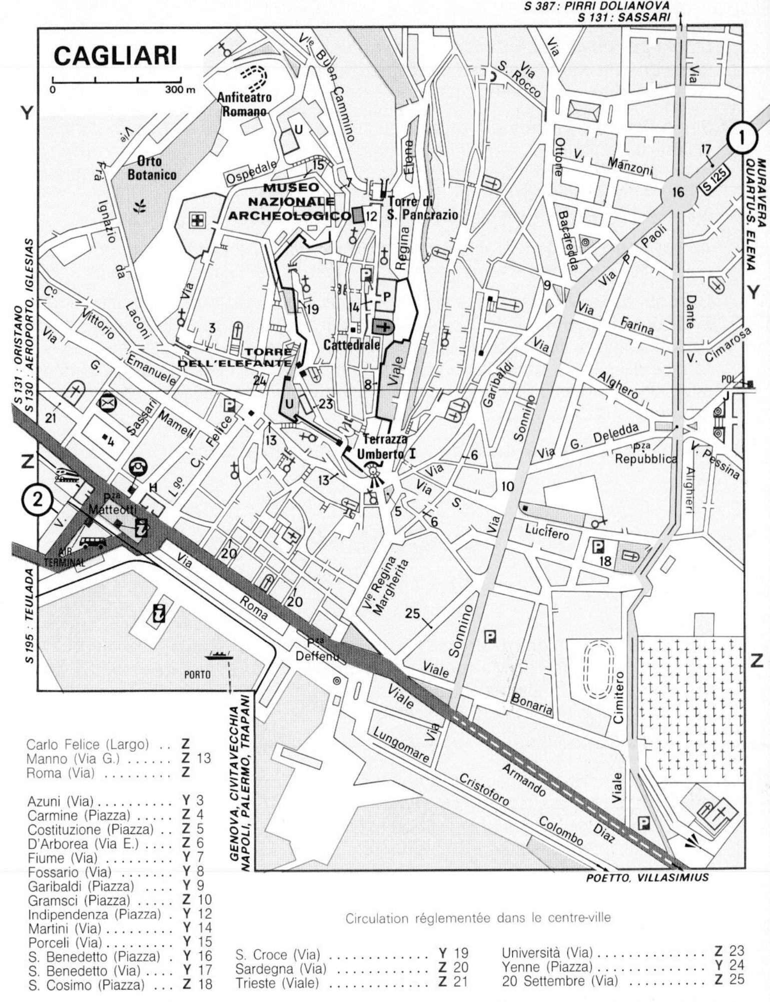

COSTA SMERALDA★★

Carte Michelin n° 988 plis 23, 24 ou 433 D 10

Au Nord-Est de la Sardaigne, la région vallonnée et sauvage de **la Gallura** possède l'une des côtes les plus découpées de l'île. Les pointes de granit rose, les crêtes boisées, les criques sablonneuses, les golfes profonds y alternent, créant un paysage marin plein de fantaisie et de couleurs et un lieu de villégiature privilégié. La mise en valeur de la zone côtière dite **Costa Smeralda** (Côte d'Émeraude) fut l'œuvre, à partir de 1961, de l'Aga Khan et d'un consortium dont il fut le président jusqu'en 1983. Cette portion de côte reçut un équipement luxueux (palaces, ports de plaisance, golf, etc.), attirant dès lors une très riche clientèle internationale. Les principaux centres sont **Porto Cervo**☼☼☼, Cala di Volpe et **Baia Sardinia**☼.

DORGALI

8 045 habitants

Carte Michelin n° 988 pli 34 ou 433 G 10

Importante bourgade agricole au pied du mont Bardia qui la sépare de la mer, Dorgali est un bon centre d'excursions, notamment vers les sites mégalithiques.

Cala Gonone – *10 km à l'Est.* Une **route**★★ en lacet conduit à ce petit port, centre de villégiature, d'où l'on peut gagner par bateau la **Grotta del Bue Marino** (du Bœuf marin) ⓥ, encore refuge des derniers phoques « moines », ultimes survivants de l'ère glaciaire ; la grotte, en galerie, s'orne de belles concrétions.

★ **Dolmen Motorra et grotta d'Ispinigoli** – *8 km au Nord par la route de Nuoro, puis, à droite, celle d'Orosei (S 125).* Le **dolmen Motorra** consiste en une belle dalle de schiste presque circulaire posée sur huit stèles. La **grotta d'Ispinigoli** *(accès par un chemin prenant un peu plus loin à droite sur la route d'Orosei, et que l'on suit sur 3 km)* est un immense abîme s'ouvrant à 400 m d'altitude, dont la voûte est soutenue par une extraordinaire **colonne**★★ de 38 m de haut.

★ **Serra Orrios et Tomba dei Giganti** – *19 km, par la route de Nuoro.* L'important village nuragique de **Serra Orrios** *(signalisation sur la droite de la route, à une dizaine de km de Dorgali)* est situé sur un plateau où croissent les asphodèles. Deux temples subsistent, l'un à l'Ouest immédiat du village, l'autre, dans la même direction, plus éloigné et entouré d'un grand mur circulaire.

Au carrefour suivant, prendre tout droit vers Lula ; à 6 km de là, après un petit col, tourner à droite en direction de la « Tomba dei Giganti » signalée à 700 m.

La **tombe Sa Ena e Tomes** laisse entrevoir sous la végétation une structure qui suit le schéma traditionnel des tombes de géants : la chambre funéraire formant un couloir couvert de dalles à la manière des dolmens, et, précédant celui-ci, une rangée de pierres dressées en arc de cercle, ces dernières étant dominées par une belle dalle centrale ovale, gravée d'une moulure et creusée d'un petit passage inférieur.

★★★ **Route de Dorgali à Arbatax** – Impressionnantes gorges *(voir à ARBATAX).*

Monti del GENNARGENTU★★

Monts du GENNARGENTU

Carte Michelin n° 988 plis 33, 34 ou 433 G/H 9

Au centre de la Sardaigne se dresse l'immense massif du Gennargentu qui culmine à 1 834 m au pic (Punta) La Marmora. Ces montagnes aux sommets arrondis, pelés et déserts, couvrent la **Barbagia**, que les Romains ne purent jamais soumettre entièrement. L'isolement relatif de cette région a contribué à maintenir le caractère farouche de ses habitants et à préserver leur particularisme de mœurs et de costumes.
Lac artificiel dont les eaux s'insinuent entre les contreforts verdoyants du Gennargentu, le **lac** (Lago) **de Flumendosa** (**vue**★★ sur celui-ci, en montant vers Villanovatulo) facilite l'irrigation de la plaine de Campidano. **Aritzo** est le principal centre de villégiature du Gennargentu. A **Tonara**, bourg occupant à 930 m d'altitude un col verdoyant, on fabrique un nougat (torrone) au miel, amandes ou noisettes. **Fonni**, situé au Nord, est le plus haut village de l'île (1 000 m).

Arcipelago della MADDALENA★★

Archipel de La MADDALENA – 10 989 habitants

Carte Michelin n° 988 pli 23, 90 pli 10 ou 433 D 10

Accès – Voir les cartes citées ci-dessus, ainsi que le guide Rouge Michelin Italia.

L'archipel de la Maddalena comprend quatorze îles et îlots rocheux qui séduisent par leur aspect sauvage. Les deux îles les plus fréquentées sont l'île de la Maddalena et l'île de Caprera, reliées entre elles par une chaussée.

★★ **Isola della Maddalena** – Cette île de moins de 20 km^2 est cernée de magnifiques côtes. Une belle route panoramique *(20 km)* permet de la parcourir.

★ **Isola di Caprera** – Peu habitée, cette petite île verdoyante est envahie par les visiteurs de la maison devenue **musée**★ ⓥ et de la tombe de Garibaldi qui y mourut en 1882.

NUORO

37 519 habitants

Carte Michelin n° 988 pli 33 ou 433 G 9/10

Situé au pied du mont Ortobene, à la lisière de la Barbagia et des monts du Gennargentu, ce gros bourg du centre de la Sardaigne a gardé ses coutumes et ses traditions folkloriques. Celles-ci se manifestent tout particulièrement le jour de la **fête du Rédempteur** (Sagra del Redentore) qui donne lieu à un grand défilé en costumes régionaux à travers la ville, et s'accompagne d'un festival du Folklore. *Voir le chapitre Principales manifestations, en fin de volume.*

★ **Museo della Vita e delle Tradizioni Popolari Sarde** ⓥ – *(56 via. A. Mereu)* Il rassemble une belle collection de vêtements typiques de toutes les régions sardes. L'écrivain Grazia Deledda (Prix Nobel en 1926) était originaire de Nuoro.

ENVIRONS

★ **Monte Ortobene** – *9 km à l'Est.* Promenade appréciée des habitants de Nuoro, la route conduit au sommet, d'où l'on jouit de beaux points de vue sur la région.

★ **Su Gologone** – *20 km au Sud-Est, par la route d'Oliena-Dorgali.* Au-delà d'**Oliena**, grosse bourgade située au pied d'un versant particulièrement escarpé du Supramonte et dont les femmes revêtent encore le costume traditionnel, on atteint *(par une petite route s'embranchant à droite, environ 6 km après cette localité)* la belle source de Su Gologone, surgissant d'une fissure rocheuse dans un site verdoyant.

Orgosolo – *20 km au Sud.* Cette grosse bourgade d'apparence tranquille est réputée comme étant le repaire de bandits et de hors-la-loi : le metteur en scène Vittorio de Seta les a popularisés dans son film *Bandits à Orgosolo* (1961).

ORISTANO

31 048 habitants

Carte Michelin n° 988 pli 33 ou 433 H 7

Principal centre de la région occidentale de l'île, Oristano, fondée en 1070 par les habitants de Tharros, opposa une lutte farouche à la domination aragonaise au 14e s.

Piazza Roma – Vaste esplanade où s'élève la Torre di San Cristoforo, tour crénelée qui faisait partie d'une muraille construite en 1291. De là part le **corso Umberto**, principale artère commerçante de la ville.

Chiesa di San Francesco – Réédifiée au 19e s., elle conserve d'intéressantes **œuvres d'art**★, dont un Christ en bois (école rhénane du 14e s.), un fragment de polyptyque *(Saint François recevant les stigmates)* par Pietro Cavaro, peintre sarde du 16e s., et une statue de saint Basile par Nino Pisano (14e s.).

ENVIRONS

★ **Basilica di Santa Giusta** – *3 km au Sud.* Dans la bourgade du même nom, groupant ses maisons sur les rives d'un étang, s'élève cet édifice du 12e s. Santa Giusta a la sobriété et l'élégance caractéristiques de ces églises sardes où se conjuguent harmonieusement les influences pisanes et lombardes : façade tripartite à la manière lombarde possédant un joli portail sculpté de type pisan. A l'intérieur, les trois nefs reposent sur des colonnes de marbre et de granit. Le chœur, surélevé, surmonte une crypte.

Arborea – *18 km au Sud.* Cette coquette petite ville a été créée de toutes pièces en 1928 dans une région de marécages assainis par le gouvernement fasciste.

PORTO CONTE

Carte Michelin n° 988 pli 33 ou 433 F 6 – 13 km au Nord-Ouest d'Alghero

C'est l'antique Portus nympharum, port des Nymphes, situé au bord d'un immense golfe.

★★★ **Grotta di Nettuno** Ⓥ – *9 km au Sud-Ouest, en partant du fond du golfe (accès également possible en bateau, au départ d'Alghero).* Une route, offrant de splendides **vues**★★ sur la côte escarpée, conduit au **capo Caccia** dans lequel s'ouvre cette grotte profonde que la mer a creusée. On y accède par un escalier de 654 marches accroché à la falaise. De superbes perspectives sur de petits lacs, une forêt de colonnes, des concrétions en forme de tuyaux d'orgue, etc., constituent les attraits de cette visite.

★ **Nuraghe Palmavera** – *A 2 km du golfe, sur la route d'Alghero, à gauche.* Ce nuraghe est entouré des restes d'un village préhistorique formé de cabanes tassées les unes contre les autres. Le nuraghe est une belle construction en calcaire blanc groupant deux tours voûtées, et possède deux entrées.

PORTO TORRES

21 231 habitants

Carte Michelin n° 988 plis 23, 33 ou 433 E 7

Cette ville, située au fond d'un vaste golfe, sert de port à Sassari. Fondée par César, elle eut une importance considérable à l'époque romaine, ainsi qu'en témoignent certains vestiges aux abords de la gare.

★ **Chiesa di San Gavino** – Bâtie à la fin du 11e s. par les Pisans (comme en témoigne la longue série d'arcatures aveugles de son flanc gauche) et modifiée peu après par des maîtres lombards qui l'agrandirent, c'est un bel exemple de l'art médiéval sarde. Entre les arcatures s'ouvre un portail du 15e s. de style gothique catalan. A l'intérieur, l'alternance de groupes de quatre colonnes avec des piliers est d'un bel effet. Une grande **crypte** abrite les reliques de saint Gavin et un beau **sarcophage**★ romain, orné de sculptures représentant les muses.

Isola di SANT'ANTIOCO★

Île de SANT'ANTIOCO – 12 290 habitants

Carte Michelin n° 988 pli 33 ou 433 J/K 7

C'est l'île la plus importante de l'archipel de Sulcis, d'origine volcanique, assez vallonnée et bordée à l'Ouest par de hautes falaises. Le centre principal de l'île, lui aussi dénommé Sant'Antioco, est relié à la côte sarde par une route.

★ **Vestiges de Sulcis** – C'est l'antique ville de Sulcis, créée par les Phéniciens, qui a donné son nom à l'archipel.
Avant de pénétrer dans la nécropole, on peut visiter un **musée** où sont rassemblés des objets provenant des fouilles, notamment une belle collection de **stèles**★.
Le **tophet**★ *(à 500 m du musée)* est le cimetière où étaient recueillies les cendres du premier-né qui, dans chaque famille phénicienne, devait être immolé en sacrifice. Dans la **nécropole** proprement dite étaient inhumés les autres défunts : soixante tombes ont été creusées dans le roc.
Les **catacombes**, situées dans le sous-sol de l'église paroissiale, sont une ancienne nécropole phénicienne transformée en cimetière chrétien à l'époque romaine.

SASSARI

122 131 habitants

Carte Michelin n° 988 pli 33 ou 433 E 7

Plan dans le guide Rouge Michelin Italia

Seconde ville de Sardaigne, Sassari présente au touriste le contraste de ses quartiers modernes, aérés, avec son noyau médiéval, serré autour de la cathédrale. La piazza d'Italia et le corso Vittorio Emanuele II sont les lieux les plus animés de la ville. De nombreuses fêtes se déroulent à Sassari, notamment la célèbre **Cavalcata sarda** : un cortège folklorique formé de groupes venus de la plupart des provinces de l'île parcourt les rues ; ce défilé, à l'occasion duquel il est donné d'admirer la beauté et l'extraordinaire variété des costumes sardes, s'achève par une cavalcade effrénée. Une autre fête importante, la **Festa dei Ceri** (cierges), instituée à la fin du 16e s. en accomplissement d'un vœu fait à la Vierge lors d'une épidémie de peste, donne lieu à un défilé des représentants des différentes corporations qui transportent à travers la ville d'énormes cierges enrubannés en bois doré ou argenté. *Voir aussi le chapitre Principales manifestations, en fin de volume.*

★ **Museo nazionale Sanna** – Il abrite de riches collections archéologiques, une intéressante section consacrée à l'ethnographie sarde, et une pinacothèque.

Duomo – De styles divers, il possède un campanile du 13e s. surmonté d'un couronnement du 17e s., une **façade**★ de style baroque espagnol (fin 17e s.) et un intérieur gothique.

ENVIRONS

★★ **Chiesa della Santissima Trinità di Saccargia** – *17 km au Sud-Est, par la route de Gagliari (S 131), puis celle d'Olbia (S 597).* Cette ancienne abbatiale d'un couvent de camaldules a été édifiée au 12e s. en assises de pierres noires et blanches, caractéristiques du style pisan. Son élégante façade, précédée d'un porche ajouté au 13e s., est flanquée d'un campanile élancé. A l'intérieur, l'abside est ornée de fresques du 13e s. à réminiscences byzantines.

THARROS★

Carte Michelin n° 988 pli 33 ou 433 H 7

1,5 km au Sud de San Giovanni di Sinis

Cette ville fondée par les Phéniciens au bord de la mer sur l'étroite presqu'île de Sinis fermant au Nord le vaste golfe d'Oristano, devint une importante escale entre Marseille et Carthage, avant d'être conquise, au 3e s. avant J.-C., par les Romains. En 1070, elle fut soudainement abandonnée par ses habitants qui s'installèrent à Oristano, et fut ensuite recouverte par les sables.

Zona archeologica – Elle s'étend près d'une colline couronnée par une tour espagnole (Torre di San Giovanni). On y voit, dans la partie basse, des quartiers d'habitation, des thermes et un baptistère paléochrétien du 5e s. ; à droite de la voie d'accès à la colline, au Nord, les vestiges d'un temple punique et d'un temple sémitique ; en haut de la colline, les restes d'un temple romain ; plus loin, un tophet ; enfin, au-delà de ceux-ci, des vestiges d'imposantes fortifications en basalte.

Necropoli – En montant au sommet du cap couronné d'un phare, on peut voir une nécropole punique (6e-4e s. avant J.-C.) dont certaines tombes rectangulaires sont creusées dans le roc et d'autres sont des hypogées (tombes souterraines).

La Sicile

La Sicile (Sicilia) est la plus grande des îles méditerranéennes : elle couvre une superficie de 25 709 km². Sa forme triangulaire lui valut le nom de Trinacrie sous la domination grecque. Près de 5 millions d'habitants occupent son sol, montagneux dans l'ensemble. Le point culminant, le volcan Etna, atteint 3 340 m.
Au cours de son histoire la Sicile eut à subir de nombreux tremblements de terre : celui de 1908 détruisit presque entièrement Messine et, récemment, celui de 1968 affecta l'Ouest de l'île.

Accès - *Voir le chapitre Renseignements Pratiques.*

Visite - Une visite rapide de l'île peut se faire en six ou sept jours. La carte des pages 234-235 situe, outre les localités et sites décrits, d'autres lieux particulièrement pittoresques (indiqués dans le plus petit caractère noir).

UN PEU D'HISTOIRE ET D'ART

La position même de la Sicile, grande île contrôlant la Méditerranée et proche du continent, lui valut d'être l'objet d'incessantes convoitises au cours des siècles. De la part des Grecs tout d'abord, qui, au 8e s. avant J.-C., la trouvent partagée en deux groupes ethniques, les **Sicanes** (les plus anciens habitants) et les **Sicules** venus d'Italie. Durant des siècles, les Grecs vont constamment s'opposer aux Carthaginois, implantés sur le littoral et qu'ils réussissent à refouler dans la partie occidentale de l'île où ils se maintiendront jusqu'au siège de Mozia par Denys l'Ancien en 397 avant J.-C.
Malgré les égarements des tyrans de Gela et de Syracuse, le 5e s. marque l'apogée de la domination grecque en Sicile. L'île se couvre de splendides monuments, les adversaires sont neutralisés, Syracuse devient la rivale d'Athènes.
Mais l'arrivée des Romains, attirés par les richesses agricoles de l'île, fait basculer cet équilibre précaire. A l'issue de la première guerre punique, en 241 avant J.-C., la Sicile est entièrement entre leurs mains. Devenue province romaine, gouvernée par un préteur, elle subit ensuite les multiples invasions barbares dont est victime tout le Sud de la péninsule.
En 535 elle devient possession byzantine, avant de connaître sous la domination arabe des Aghlabides (9e s.) une grande prospérité. Les Sarrasins sont chassés à leur tour par les Normands (11e s.) qui donnent à la Sicile, notamment à partir de **Roger II**, installé à Palerme, des années de puissance politique et de rayonnement culturel.
La grande figure de **Frédéric II** de Hohenstaufen domine le règne de la famille de Souabe à laquelle succède, en 1266, la maison d'Anjou. Dès 1282 cependant, les **Vêpres siciliennes**, dont Palerme est le théâtre, chassent Charles d'Anjou au profit de la dynastie d'Aragon : Alphonse le Magnanime, réunissant Naples à la Sicile, prend le titre de roi des Deux-Siciles (1442).
Puis l'île revient par alliance aux Bourbons de Naples qui, en 1860, lors de l'Insurrection des Mille dirigée par Garibaldi, sont à leur tour renversés.
Chacun de ces occupants a imprimé sa marque particulière sur cette terre, tant par ses mœurs que par les manifestations de son art. Les Grecs ont laissé d'admirables temples doriques, bâtis dans la belle pierre calcaire de la région, ainsi que de somptueux théâtres. Les Normands, pendant la brève période où ils dominèrent la Sicile, surent assurer sa prospérité économique et un développement artistique unique grâce à des constructions (églises, palais) qui mêlent des influences très diverses : l'architecture y est encore normande mais la décoration (les arcs outrepassés, les clochers à bulbe et les plafonds ouvragés) provient d'influences arabes, tandis que le revêtement des murs par des mosaïques étincelantes d'or dénote une provenance byzantine. Ce style, qui se manifeste à Palerme, Monreale, Cefalù et Messine, notamment, est qualifié de **siculo-arabe, siculo-normand** ou encore arabo-sicilien.
Si la Renaissance a peu marqué la Sicile, à de merveilleuses exceptions près - dont **Antonello de Messine** qui œuvra davantage sur le continent -, les Siciliens adoptèrent en revanche sans réserve à la fin du 18e s. le style baroque qu'illustrent des architectes comme **Rosario Gagliardi** à Noto et Raguse, **Vaccarini** à Catane, et **Giacomo Serpotta** qui orna maints oratoires palermitains de ses fantaisies sculptées.
La littérature sicilienne présente une grande richesse, en particulier au 19e s., grâce à **Giovanni Verga** qui renouvela le roman italien et à **Luigi Pirandello**. Parmi les nombreux écrivains de ce siècle qui ont décrit la réalité contemporaine, il faut citer **Elio Vittorini** (1908-1966) et, surtout, **Leonardo Sciascia** (1921-1989).

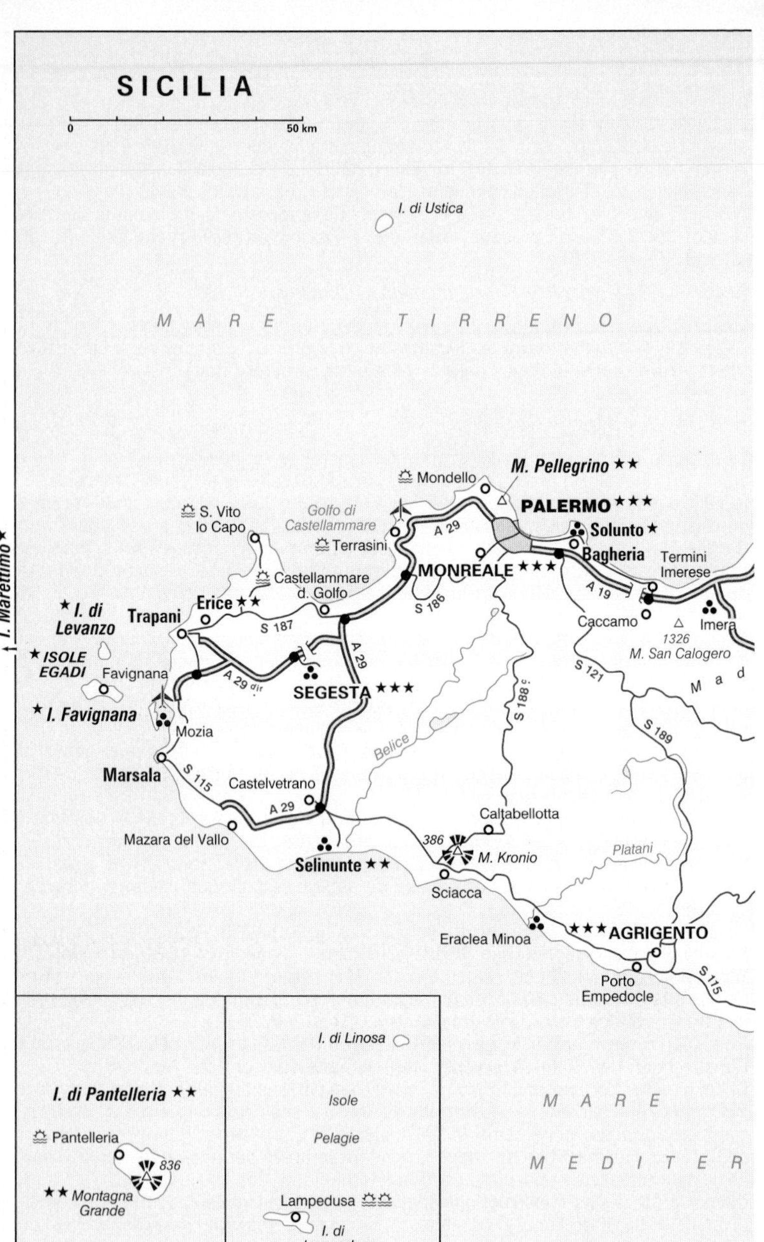

LA SICILE D'AUJOURD'HUI

En raison du relief très accidenté de l'île, les cultures d'agrumes, de vignes et d'oliviers sont concentrées sur le littoral ou dans les rares plaines comme celles de Catane et la Conca d'Oro, près de Palerme. A l'intérieur des terres, dans un paysage grandiose et désolé, on cultive presque essentiellement les céréales. Rares sont les habitations isolées, car les paysans siciliens préfèrent se regrouper dans d'immenses bourgades aux maisons serrées.

Les industries qui ont été créées ces dernières années aux abords des grandes villes ne suffisent pas à enrayer l'émigration.

La Sicile est un pays qui a fortement subi l'isolement auquel a été soumis pendant plusieurs siècles tout le Mezzogiorno italien. Ses difficultés n'ont pas été simplifiées par l'existence de la mafia, redoutable société secrète dont la règle, qui consiste à défendre ses membres au mépris de la légalité et à leur imposer la loi du silence (l'omertà), fait régner sur l'île un climat de crainte et de méfiance ; apparue au 19e s. – bien que d'origine sans doute beaucoup plus ancienne – la mafia, qui régnait

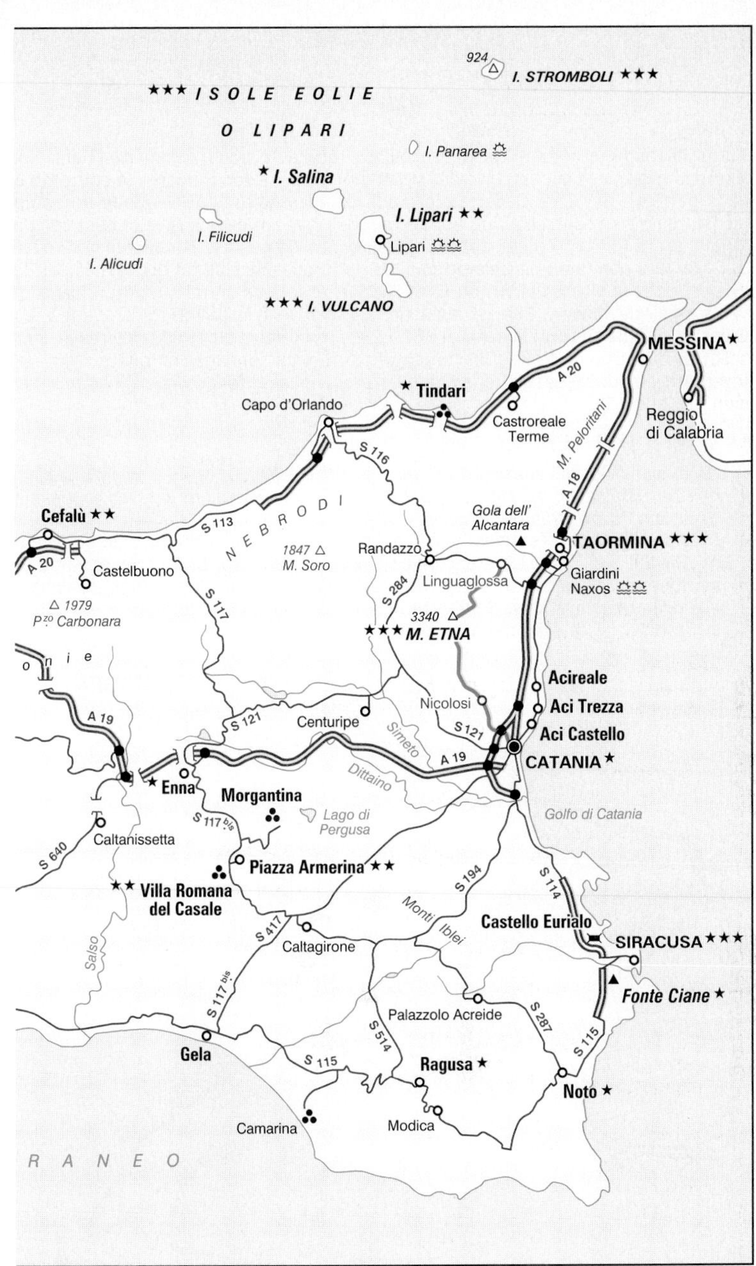

autrefois sur les campagnes, tyrannisant les paysans au profit des grands propriétaires terriens, est devenue aujourd'hui urbaine et pratique des méthodes nettement plus violentes.

Le folklore qui animait autrefois la rue a pratiquement disparu : on ne voit plus guère qu'à l'occasion des fêtes ou dans les musées les fameuses **charrettes siciliennes** merveilleusement colorées, chefs-d'œuvre de construction artisanale et prodiges d'invention décorative. En revanche, à Palerme, on peut assister encore à des représentations populaires de théâtre de marionnettes (les pupi) qui s'inspirent de la *Chanson de Roland* ou du *Roland furieux* de l'Arioste.

AGRIGENTO★★★

AGRIGENTE – 56 273 habitants

Carte Michelin n° 988 pli 36 ou 432 P 22
Plan d'ensemble dans le guide Rouge Michelin Italia

Admirablement étagée à flanc de colline, face à la mer, Agrigente, l'ancienne Akragas grecque, « la plus belle des villes mortelles » selon Pindare, se compose de deux parties : une cité médiévale précédée d'une agglomération moderne occupe les hauteurs ; en contrebas, de grandioses vestiges antiques s'échelonnent sur une longue crête improprement appelée « Vallée des Temples ». Fondée en 580 avant J.-C. par des habitants de Gela originaires de Rhodes, la ville fut gouvernée par des tyrans, dont le plus cruel fut au 6e s. **Phalaris**, et le plus grand bâtisseur **Théron** qui vécut au siècle suivant. Elle est la patrie du philosophe **Empédocle** (5e s. avant J.-C.). C'est aussi celle de **Luigi Pirandello** (1867-1936), prix Nobel en 1934, qui créa le genre théâtral moderne en Italie (Chacun sa vérité, Six personnages en quête d'auteur), inventant de nouvelles relations entre les personnages, fondées sur l'incompréhension et l'absurde.

★★★ VALLE DEI TEMPLI *visite : 1/2 journée*

Accès par l'Ouest : route S 115, puis prendre à gauche la direction du piazzale dei Templi (parking). On parcourt à pied la Via Sacra, le long de laquelle se dressent les principaux temples.

Dans la Vallée des Temples, parmi les dix élevés entre la fin du 6e s. et celle du 5e s. avant J.-C., neuf sont encore partiellement visibles. Leur écroulement a été attribué par certains aux effets des séismes, par d'autres à la rage iconoclaste des premiers chrétiens. Seul le temple de la Concorde, transformé en église à la fin du 6e s., a échappé à la ruine.

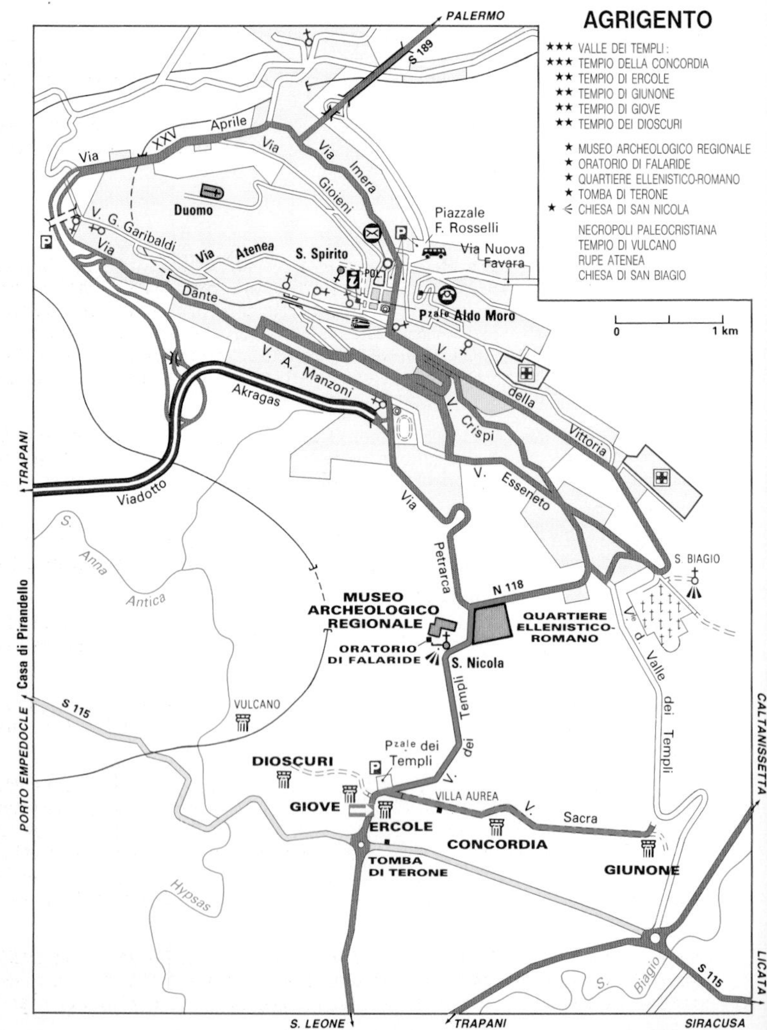

★★ **Tempio d'Ercole** – De ce temple dorique archaïque, sans doute le plus ancien d'Agrigente (520 avant J.-C.), huit colonnes ont été relevées au milieu d'un impressionnant chaos de pierres écroulées.
Un peu plus avant, à gauche, parmi la végétation, on distingue, creusée d'ornières profondes par les roues des chars, l'ancienne voie par où étaient transportés les blocs de tuf servant à l'édification des temples.

★★★ **Tempio della Concordia** – Érigé vers le milieu du 5e s. avant J.-C., c'est le plus puissant, le plus majestueux et le mieux conservé des temples doriques de Sicile. Il est entouré d'un péristyle formé de 34 colonnes en tuf calcaire. Le stuc qui recouvrait la construction a disparu.
Son nom lui vient d'une inscription romaine trouvée dans le voisinage, mais on ignore à quelle divinité il était réellement consacré. On voit encore, à l'intérieur, les aménagements datant de l'époque chrétienne.

★★ **Tempio di Giunone** – A l'extrémité de la colline, ce temple édifié en 470 avant J.-C. a conservé une partie de sa colonnade et de son architrave. Vers l'Est subsiste un autel des sacrifices et, à l'arrière du temple, une citerne.

Revenir au piazzale dei Templi.

★ **Tempio di Giove** – S'il avait été achevé, ce temple, aujourd'hui ruiné, aurait été, avec ses 113 m de longueur et ses 56 m de largeur, l'un des plus grands de l'Antiquité. Son entablement était soutenu par des colonnes de 20 m de haut entre lesquelles étaient disposés ces **télamons** ou atlantes, colossales statues dont l'une, dépassant 7,50 m, a été reconstituée et se trouve au musée archéologique : sa reproduction, gisant sur le sol au centre du temple, donne la mesure de l'ampleur du monument projeté.

★★ **Tempio dei Dioscuri** – *Situé en contrebas du précédent.* De ce temple aux Dioscures, Castor et Pollux, il ne reste que quatre colonnes supportant un fragment d'entablement sous lequel apparaît, à l'angle, une petite rose, symbole de Rhodes.
A côté s'étend une **zone sacrée** dédiée à Déméter et Korê, divinités chthoniennes ou souterraines : on y remarque deux autels des sacrifices, l'un circulaire avec un puits sacré au centre, l'autre carré.

AUTRES CURIOSITÉS

★ **Museo archeologico regionale** ⓥ – *Entrée par le cloître de l'église San Nicola.* Il abrite une collection de **vases grecs**★ (dont l'original **cratère de Persée et Andromède**, à fond blanc). Une salle est consacrée aux télamons du temple de Jupiter. On y voit également l'***Éphèbe d'Agrigente*** *(salle 10)*, statue en marbre du 5e s. avant J.-C, et le très beau **cratère de Gela**★ *(salle 15)*, orné d'une centauromachie au registre supérieur et à un combat contre des amazones au registre inférieur.

Oratorio di Falaride ⓥ – *Accès par un passage s'ouvrant dans le cloître de l'église St-Nicolas.* La légende situait à proximité le palais de Phalaris, premier tyran d'Agrigente. Le monument serait en réalité un petit temple hellénistique transformé à l'époque chrétienne.

Chiesa di San Nicola – Ce sobre édifice de transition roman-gothique abrite un magnifique **sarcophage romain**★ sur lequel est représentée la mort de Phèdre. De la terrasse, belle **vue**★ sur les temples.

★ **Quartiere ellenistico-romano** ⓥ – Cet ensemble de maisons ordonnées autour des rues principales atteste un sens développé de l'urbanisme au 4e s. avant J.-C.

★ **Tomba di Terone** – *Visible de la route de Caltagirone.* Haute de 3 m, elle porte le nom de l'un des tyrans d'Agrigente, Théron, mais daterait en fait de l'époque romaine.

La ville actuelle – L'animation de celle-ci est concentrée autour du **piazzale Aldo Moro** ombragé et à certaines heures envahi par des nuées d'oiseaux. La **via Atenea** est bordée de nombreux commerces. Au sommet de la vieille ville aux rues en escalier, s'élève le **Duomo** d'origine normande mais fortement remanié aux siècles suivants. En redescendant en direction du piazzale A. Moro, on peut visiter la petite **abbatiale de Santo Spirito** qui renferme quatre charmants **bas-reliefs**★ en stuc de Giacomo Serpotta.

Casa di Pirandello ⓥ – *6 km à l'Ouest, par la route de Porto Empedocle (S 115). Peu après le viaduc Morandi, prendre à gauche.* Dans une petite maison isolée parmi les vignes naquit Luigi Pirandello qui repose, plus loin, au pied d'un grand pin.

CATANIA★

CATANE – 333 485 habitants

Carte Michelin n° 988 pli 37 ou 432 O 27
Plan d'ensemble dans le guide Rouge Michelin Italia

Bien que détruite à plusieurs reprises par les éruptions de l'Etna. Catane est un port actif et une ville industrielle dont le développement s'est fortement accru ces dernières années. Elle présente un plan urbain constitué de longues et larges avenues rectilignes qu'enrichissent de nombreux monuments baroques dus à l'architecte **Vaccarini** qui les édifia après le tremblement de terre de 1693.

CATANIA

Etnea (Via) . . . . **DXY**
Umberto I (Via) . . . . **DEX**

Angelo Custode (Via) . . . . . **DZ** 3
Biondi (Via) . . . . **EY** 12
Bovio (Piazza G.) . . . . **EY** 15
Carlo Alberto (Piazza) . . . . . **EY** 19
Castello Ursino (Via) . . . . . . **DZ** 21
Conte di Torino (Via) . . . . . **EY** 25
Cutelli (Piazza) . . . . **EZ** 26
Dante (Piazza) . . . . **DY** 28
Giuffrida (Via Vincenzo) . . . **EX** 39
Guardie (Piazza delle) . . . . . **EY** 42
Imbriani
(Via Matteo Renato) . . . **DEX** 43
Lupo (Piazza Pietro) . . . . . . **EY** 47
Orlando (V. Vitt. E.) . . . . **EX** 60
Porticello (Via) . . . . **EZ** 68
Rabbordone (Via) . . . . **EY** 69
Rapisarda (Via Michele) . . . **EY** 70
San Francesco (Piazza) . . . **DZ** 78
San Gaetano
alle Grotte (Via) . . . . . . **DEY** 79
San Giuseppe
al Duomo (Via) . . . . **DZ** 80
Spirito Santo (Piazza) . . . . **EY** 87
Stesicoro (Piazza) . . . . **DY** 91
Teatro Massimo
(Via) . . . . **EYZ** 92
Trento (Piazza) . . . . **EX** 95
Università (Piazza dell') . . . **DZ** 96
Verga (Piazza) . . . . **EX** 98
Vittorio Emanuele III
(Piazza) . . . . **EY** 100

A Fontana dell'Elefante
H Palazzo del Municipio

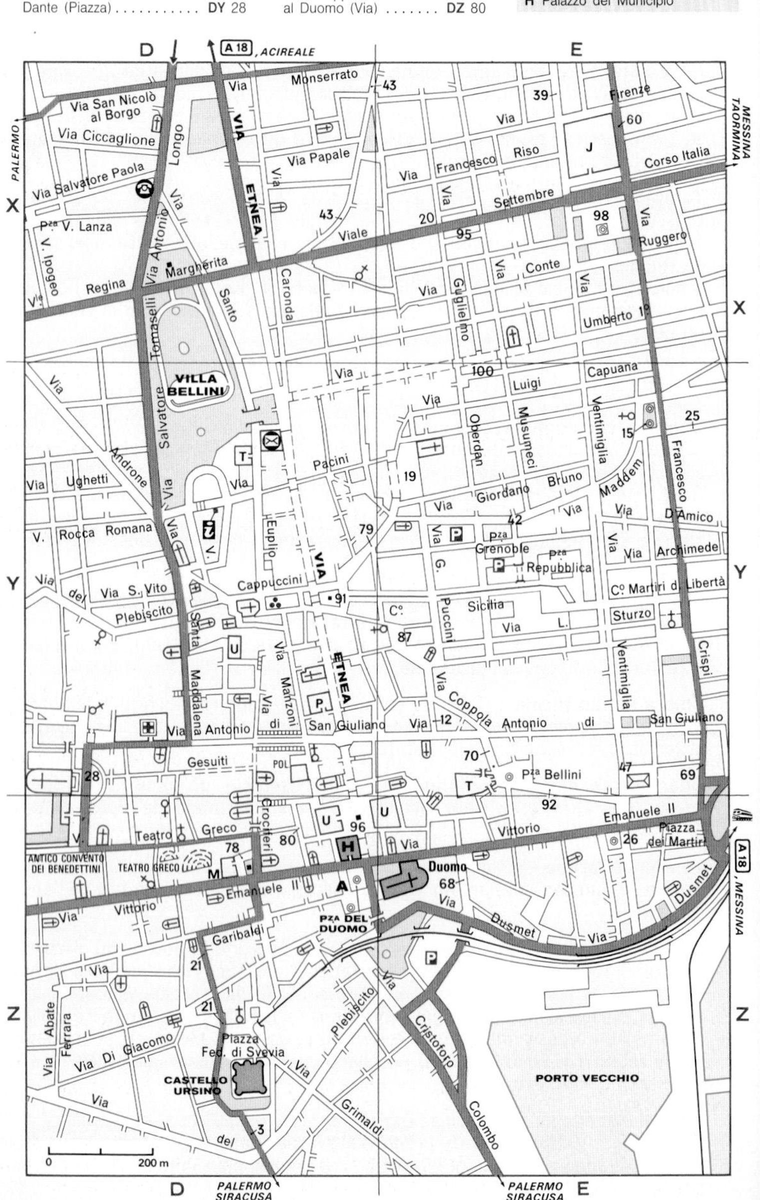

La ville a donné naissance au musicien **Vincenzo Bellini** (1801-1835), auteur de *La Norma*, et à **Giovanni Verga**.
Catane détient le record de la plus grande chaleur en Italie (plus de 40°) et celui, moins enviable, de la plus forte criminalité : elle est surnommée « le Chicago de la Sicile ».

★ **Via Etna** (**DXY**) - Cette célèbre artère mesurant plus de 3 km, animée par les principales boutiques de la ville, offre tout au long de son parcours une vue sur l'Etna. De nombreux palais et églises, et surtout les jardins dits **Villa Bellini**★ s'ouvrent sur son parcours.

★ **Piazza del Duomo** (**DZ**) - Centre monumental de Catane, cette place compose un bel ensemble baroque dû à Vaccarini : il comprend la **fontaine de l'Éléphant** (**A**), conçue par l'architecte en 1735, le **Palazzo del Municipio** (**H**) à la façade équilibrée, et le **Duomo** (**EZ**), dédié à sainte Agathe, patronne de la ville : construit à la fin du 11e s. par le Normand Roger Ier, cet édifice a été refait après le tremblement de terre de 1693.

★ **Castello Ursino** (**DZ**) ⓥ - Construction sévère et nue, due à Frédéric II de Souabe (13e s.), qui abrite un intéressant **museo civico**. Sur plan carré, il est cantonné de quatre tours.

ENVIRONS

Acireale - *17 km au Nord.* La route traverse **Aci Castello** et **Aci Trezza**, villégiatures et bourgs de pêcheurs en face desquels se dressent les **écueils du Cyclope**★ **(Faraglioni del Ciclope)**, que celui-ci aurait jetés contre la flotte d'Ulysse qui l'avait aveuglé en enfonçant un pieu dans son œil unique. La route atteint ensuite **Acireale**, ville moderne qui présente de nombreux ensembles baroques dont la **piazza del Duomo**, avec la basilique Santi Pietro e Paolo et le palais communal, ainsi que l'église **San Sebastiano** à l'harmonieuse **façade** ornée de colonnes sculptées, de niches, de frises à angelots et guirlandes.

CEFALÙ★★

13 873 habitants

Carte Michelin n° 988 pli 36 ou 432 M 24

Dans un **site**★★ exceptionnel, serrée entre la mer et un promontoire rocheux, Cefalù, petite ville de pêcheurs, s'enorgueillit de sa splendide cathédrale romane.

★★ **Cattedrale** - Sa pierre dorée se confond avec celle de la falaise. Cette cathédrale aurait été construite à la suite d'un vœu du roi normand Roger II (12e s.) sur le point de faire naufrage. Aussi l'édifice, élevé entre 1131 et 1240, a-t-il un caractère normand bien établi, dans sa haute abside flanquée de deux absidioles peu marquées et surtout dans sa façade encadrée de tours carrées. Le portique a été refait au 15e s. par un maître lombard : on y distingue les armes parlantes d'un évêque, Mgr Gatto (chat).
Les charpentes qui couvrent deux des trois nefs et les galeries du transept sont elles aussi normandes. Les colonnes aux splendides **chapiteaux**★★ de style siculo-normand supportent des arcs outrepassés de type arabe.
Le cul-de-four de l'abside centrale est couvert de **mosaïques**★★ de toute beauté, sur fond or, avec des tons d'une variété étonnante, expression admirable de l'art byzantin à son déclin (12e s.) ; on voit, en haut, le Christ Pantocrator et, au-dessous, sur trois registres, la Vierge, quatre archanges et les douze apôtres. Les anges de la voûte et les prophètes des murs latéraux du chœur datent du 13e s. Remarquer dans le chœur, à droite, le trône épiscopal et, à gauche, le trône royal, tous deux en marbre et mosaïques.

Musée Mandralisca ⓥ - Situé dans la pittoresque via Mandralisca qui s'ouvre face à la cathédrale, il renferme un beau ***Portrait d'homme*** par Antonello de Messine.

Isole EGADI★

Îles ÉGADES - 4 335 habitants

Carte Michelin n° 988 plis 34, 35 ou 432 M/N 18/19. Accès : voir la carte Michelin n° 988, ainsi que le guide Rouge Michelin Italia

Les trois îles - Favignana, Levanzo et Marettimo ⓥ - de ce petit archipel, situé au large de Trapani, séduisent par leur aspect sauvage, la beauté de leurs côtes et la transparence des eaux qui les entourent. C'est aux îles Égades (ou Égates) que fut conclu en 241 avant J.-C. le traité mettant fin à la 1re guerre punique et par lequel Carthage cédait la Sicile à Rome.

★ **Favignana** - En forme de papillon, cette île d'à peine 20 km² est parcourue dans toute sa longueur par la **Montagna Grossa**, culminant à 310 m et se terminant dans la mer par des versants déchiquetés. Les insulaires sont passés maîtres dans

la pêche au thon qu'ils pratiquent en mai-juin pendant une cinquantaine de jours : après avoir piégé les poissons dans un vaste réseau de filets, ils les ramènent dans des conditions périlleuses et les tuent au harpon.
Le chef-lieu de l'archipel, **Favignana**, est dominé par le fort Santa Catarina, ancienne tour de guet sarrasine, réédifiée par le roi normand Roger II et qui servit de prison sous les Bourbons. A l'Est du port se trouvent d'anciennes **carrières de tuf★** englouties par la mer. Des promenades en bateau ⓥ permettant de visiter les grottes, parmi lesquelles la **Grotta Azzurra★**, qui s'ouvrent le long de la côte Ouest.

★ **Levanzo** – On séjourne peu sur ce minuscule îlot (moins de 6 km²) où n'existent ni routes goudronnées ni sources. Des traces de présence humaine remontant à l'ère préhistorique y ont été découvertes en 1950, notamment dans la **Grotta del Genovese** ⓥ que l'on atteint en bateau à partir de Cala Dogana.

★ **Marettimo** – Très à l'écart des courants touristiques, Marettimo et son pittoresque petit **port★** *(qui ne possède pas d'embarcadère et dont on rejoint le quai en barque)* compte quelques restaurants, mais est dépourvue d'hôtels. Faire le **tour de l'île** ⓥ en bateau pour découvrir les nombreuses grottes qui s'ouvrent dans les parois escarpées.

ENNA★

28 277 habitants
Carte Michelin n° 988 pli 36 ou 432 O 24

D'aspect un peu farouche, Enna occupe, à 942 m d'altitude, une position isolée au centre de l'île, dans un paysage brûlé par le soleil. Son **site★★** panoramique lui a valu le nom de « Belvédère de la Sicile ».
C'est à 10 km de là, sur les rives du **lac de Pergusa**, que Pluton enleva Proserpine pour en faire la reine des mondes infernaux.

★ **Castello di Lombardia** ⓥ – Ce château médiéval a conservé six de ses vingt tours primitives. Du haut de la plus élevée, on jouit d'un exceptionnel **panorama★★★** sur le village perché de Calascibetta, l'Etna et la plupart des montagnes siciliennes.

Belvedere – *Au-delà du château.* A l'extrémité de la butte, là où s'élevait un temple dédié à Déméter, se révèle une belle **vue★** sur Calascibetta et sur Enna.

Duomo – Reconstruit en style baroque aux 16e et 17e s., il a conservé ses absides gothiques du 14e s. Belle façade classique du 16e s.

★ **Torre di Federico** – *A l'extrémité opposée de via Roma par rapport au Castello di Lombardia.* Dans le passé, Enna aurait peut-être pu être surnommée la Cité des Tours. Leur nombre élevé était lié à la fonction défensive et la position stratégique de la ville. La tour octogonale construite sous Frédéric II de Souabe se trouve en hauteur au centre d'un petit jardin public.

Isole EOLIE★★★

Îles ÉOLIENNES – 12 756 habitants
Carte Michelin n° 988 plis 36, 37 ou 432 L 25/26/27, K 27
Accès : voir la carte Michelin n° 432

Les îles Éoliennes ou **Lipari** sont ainsi appelées parce que les Anciens les croyaient habitées par Éole, dieu des Vents. L'archipel comprend sept îles principales : Lipari, Vulcano, Stromboli, Salina, Filicudi et Alicudi, Panarea, toutes d'un intérêt exceptionnel par leur nature volcanique et leur beauté, par leur lumière et leur climat. Une mer transparente et chaude, d'un bleu profond, peuplée d'une faune très originale (poissons volants, espadons, tortues, hippocampes, poissons marteaux) et propice à la chasse sous-marine fait de ces îles le refuge de ceux qui aiment une vie proche de la nature. Les habitants pêchent, cultivent la vigne et, à Lipari, exploitent la pierre ponce.

★★ **Lipari** – Cette île, la plus vaste de l'archipel, est formée de rochers volcaniques plongeant à pic dans la mer. Dans l'Antiquité, Lipari était un grand fournisseur d'obsidienne, lave vitrifiée, de couleur noire ; de nos jours on y cultive céréales et câpres, on y pratique la pêche et on extrait la pierre ponce, sur la côte orientale. Deux baies (Marina Lunga bordée d'une plage et Marina Corta) encadrent la ville de **Lipari★**, dominée par son vieux quartier qu'entourent des murailles édifiées aux 13e et 14e s. et où s'élève un château rebâti par les Espagnols au 16e s. sur un édifice normand. Celui-ci abrite un **musée★** ⓥ : reconstitutions de nécropoles de l'âge du bronze, belle collection de **cratères** (vases à deux anses) peints importés de Grèce, et de **masques de théâtre** en terre cuite.

On peut effectuer, à partir de Marina Corta, une **promenade en bateau**★★ Ⓥ qui permet d'admirer la côte très accidentée du Sud-Ouest de l'île. Si l'on fait le **tour de l'île en voiture**★★, on s'arrêtera à Canneto et à Campo Bianco où l'on peut visiter des **carrières** de pierre ponce. Du promontoire des **Puntazze**, la vue, splendide, embrasse cinq îles : Alicudi, Filicudi, Salina, Panarea et Stromboli. Mais c'est du belvédère de **Quattrocchi** que l'on a l'un des plus beaux **panoramas**★★★ de l'archipel.

★★★ **Vulcano** – Dans cette île de 21 km², née de la fusion de quatre volcans, la mythologie situait les forges de Vulcain, dieu du Feu ; de ce nom vient le terme volcanisme. Bien qu'aucune éruption n'ait eu lieu à Vulcano depuis 1890, les manifestations y restent importantes : fumerolles, jets de gaz parfois sous-marins, jaillissements de boues sulfureuses et chaudes appréciées pour leurs propriétés thérapeutiques. Des côtes rocheuses, d'un tracé tourmenté, des espaces désolés, un sol que la présence de soufre, d'oxydes de fer, d'alun, pare de couleurs étranges, confèrent à cette île une inquiétante et farouche beauté.
Au pied du Grand Cratère, **Porto Levante** est le principal centre de Vulcano. Sa plage a pour particularité d'être baignée par des eaux très chaudes, grâce à des émanations sous-marines de gaz.
L'excursion au **Grand Cratère**★★★ *(2 h 1/2 à 3 h à pied AR)* revêt un exceptionnel intérêt pour l'aspect impressionnant que présente le cratère lui-même et pour les vues qu'elle procure sur l'archipel. Du **cap Grillo**, on embrasse plusieurs îles.
Le **tour de l'île en bateau** Ⓥ *(au départ de Porto Ponente)* constitue un périple riche en perspectives curieuses, notamment le long de la côte Nord-Ouest frangée d'impressionnants écueils basaltiques.

★★★ **Stromboli** – Surmonté de son panache, le volcan Stromboli, d'une sombre beauté, forme une île sauvage aux pentes abruptes, que ne parcourt pratiquement aucune route et dont le peu de terre cultivable est occupé par des vignes fournissant le délicieux vin doré de Malvasia (Malvoisie). Les petites maisons blanches et cubiques sont d'un type arabe prononcé.
Le **cratère**, formé d'un cône de 924 m de hauteur, se manifeste fréquemment : explosions bruyantes accompagnées d'éruptions de lave. On peut assister au spectacle en montant au cratère Ⓥ *(7 h AR, marche pénible)*, ou bien observer, d'une barque, la fameuse coulée fumante et incandescente vers la mer nommée « sciara del fuoco » (traînée de feu). La nuit, la vision prend toute sa grandeur terrible et féerique.
A côté du Stromboli, le **Strombolicchio** est un îlot rocheux très pittoresque dont le sommet est accessible par un escalier très raide : vue splendide sur le Stromboli, l'archipel Éolien, les côtes de Calabre et de Sicile.

★ **Salina** Ⓥ – Elle est constituée par six anciens volcans dont deux ont gardé leur caractéristique profil. Le plus élevé, le **mont Fossa delle Felci** (962 m), est le point culminant de l'archipel. Une agréable route panoramique parcourt l'île. Sur les basses pentes, cultivées en terrasses, croissent les câpriers et la vigne produisant le Malvasia.

ERICE★★

29 426 habitants

Carte Michelin n° 988 pli 35 ou 432 M 19 – 14 km au Nord-Est de Trapani

L'antique cité phénicienne, puis grecque, d'Érice, perchée à 750 m d'altitude sur le mont Éryx, occupe un **site**★★★ unique en balcon sur la mer. Enclose dans ses remparts, elle est sillonnée par un labyrinthe de ruelles tranquilles aux gracieuses maisons. Dans l'Antiquité, Érice fut une cité religieuse réputée pour son temple consacré à Astarté, puis à Aphrodite et à Vénus, que les navigateurs invoquaient pour leur protection.

Castello di Venere Ⓥ – Édifié aux 12ᵉ-13ᵉ s. par les Normands sur l'emplacement du temple dédié à Vénus, il couronne un rocher isolé, à l'extrémité du mont Éryx. De cet endroit et des jardins voisins (Giardino del Balio) s'offrent des **vues**★★ admirables : par temps clair, on peut distinguer la côte tunisienne.

Chiesa Madre – Bâtie au 14ᵉ s. avec des pierres provenant de temples antiques, elle est précédée d'un porche ajouté au 15ᵉ s. et flanquée d'un campanile carré à merlons, percé d'élégantes ouvertures (13ᵉ s.).

ETNA★★★

Carte Michelin n° 988 pli 37 ou 432 N 26/27 – Alt. 3 340 m environ

Point culminant de l'île et encapuchonné de neige une grande partie de l'année, l'Etna, encore en activité, est le plus grand et l'un des plus fameux volcans d'Europe. Il naquit d'éruptions sous-marines qui formèrent aussi la plaine de Catane, occupée auparavant par un golfe marin.
Les manifestations de l'Etna furent très nombreuses dans l'Antiquité : 135 d'entre elles nous sont connues. C'est en 1669 qu'eut lieu le cataclysme le plus terrible : le flot de lave dévalant jusqu'à la mer dévasta en partie Catane sur son passage.
De nos jours, les éruptions les plus marquantes ont été celle de 1910 avec la formation de vingt-trois nouveaux cratères, celle de 1917 où une fontaine de lave jaillit jusqu'à 800 m au-dessus de sa base, celle de 1923 après laquelle la lave éjectée resta chaude pendant plus de dix-huit mois. Les dernières colères du volcan eurent lieu en 1928, 1954, 1964, 1971, 1974, 1978, 1979, mars 1981, mars 1983, 1985. L'Etna s'empanache toujours et peut à chaque instant entrer en action.
La montagne apparaît sous la forme d'un énorme cône noir et convulsé, visible à 250 km à la ronde. A sa base, extrêmement fertile, croissent de nombreuses cultures d'agrumes, oliviers et vignes produisant l'excellent vin de l'Etna. Puis, au-dessus de 500 m, poussent les châtaigniers, que remplacent plus haut les chênes, les hêtres, les bouleaux et les pins. Passé 2 100 m, c'est la zone déserte où l'on identifie seulement quelques buissons d'Astragalus Aetnensis, épars sur les pentes des cratères secondaires, sur les scories et la pierre ponce.

★★★ **Ascension du volcan** ⓥ – La montée à l'Etna peut se faire soit par le versant Sud au départ de Catane, par Nicolosi, soit par le versant Nord-Est au départ de Taormine, par Linguaglossa. *Se vêtir chaudement et se munir de chaussures solides.*

Versant Sud – A près de 3 000 m, sur le versant du cratère central, dans la zone de Torre del Filosofo dont le refuge a été détruit par la lave en 1971, apparaissent trois cratères : celui du Sud-Est né en 1978, le **cratère central**, immense, et celui du **Nord-Est**, point culminant, dont l'activité ne s'est pas manifestée depuis 1971.
Au passage, on peut s'avancer pour voir, sur le versant oriental, la grandiose **Valle del Bove** limitée par des murailles de lave de plus de 1 200 m de hauteur, percée de gouffres et de crevasses crachant la fumée.
Sur demande, des **excursions nocturnes** sont organisées : on peut alors jouir du spectacle dantesque formé par la lave rougeoyant au fond du cratère, et de l'inoubliable vision du lever du soleil avec vues sur les îles Éoliennes ou la Valle del Bove.

Versant Nord-Est (« Etna-Nord ») – Après avoir traversé, au-delà de Linguaglossa, une belle pinède peuplée de pins Laricio, on dépasse Villaggio Mareneve (sports d'hiver). La route revêtue se termine à Piano Provenzana (1 800 m). Des abords du nouvel observatoire, vue magnifique sur le cratère central et sur celui du Nord-Est. L'ascension se termine dans un extraordinaire paysage de lave parfois encore fumante. Des **excursions nocturnes** sont également organisées sur ce versant, qui permettent d'assister, des bords du cratère, à la vision grandiose du coucher et du lever du soleil.

GELA

72 532 habitants
Carte Michelin n° 988 pli 36 ou 432 P 24

Gela fut fondée par des Rhodiens et des Crétois en 688 avant J.-C. Plusieurs fois anéantie et reconstruite, elle fut entièrement réédifiée en 1230 par Frédéric II de Souabe. La plaine environnante, qui vit le débarquement des troupes américaines en 1943, est l'une des zones les plus fertiles de l'île. Des gisements pétrolifères contribuent à son essor économique. Mais Gela est aussi une station balnéaire et un centre archéologique.

Souvenirs antiques – Les amateurs d'archéologie verront les anciennes **fortifications grecques**★★ ⓥ *(à Caposoprano, à l'Ouest de la ville)*, du 4e s. avant J.-C., à l'appareil régulier de pierre de facture particulièrement soignée, rehaussées d'une partie en briques, et dont la section la plus intéressante est celle qui fait face à la mer ; d'un type très fragile, cette construction, aujourd'hui protégée par un revêtement de plexiglass, n'a dû sa conservation qu'aux dunes qui l'avaient recouverte. Le **Museo archeologico regionale**★ ⓥ *(corso Vittorio Emanuele, à l'extrémité orientale de la ville)* expose, dans une remarquable présentation, des poteries et des médailles.

MARSALA

80 235 habitants

Carte Michelin n° 988 pli 35 ou 432 N 19

Sur le cap Lilibeo, à l'extrémité occidentale de la Sicile, Marsala, l'antique Lilybée, est une ville toute blanche d'aspect africain. Les Sarrasins la reconstruisirent après l'avoir détruite et l'appelèrent Marsah et Allah (Port de Dieu). Sa renommée lui vient principalement de ses vins doux qu'un commerçant anglais, John Woodhouse, remit à l'honneur au 18e s.

C'est à Marsala que débarqua en 1860 Garibaldi, accompagné d'un millier de volontaires vêtus de chemises rouges : cette « **Expédition des Mille** » allait triompher des Bourbons et libérer l'Italie du Sud de leur domination.

A la limite de la ville, près du jardin public nommé Villa Cavalotti, la **piazza della Vittoria** constitue le lieu de rencontre favori des habitants de Marsala.

Près de la mer, une ancienne cave vinicole abrite le **Museo archeologico** ⓥ *(via Boeo) :* on y voit notamment l'épave d'un **bateau de guerre punique**★ (seule la proue a été pour l'instant reconstituée) retrouvée au large du cap San Teodoro.

Certains hôtels possèdent leur court de tennis, leur piscine, leur plage aménagée, leur jardin de repos : consultez le guide Rouge Michelin Italia de l'année.

MESSINA★

MESSINE – 231 819 habitants

Carte Michelin n° 988 pli 37 ou 432 M 28

Plan dans le guide Rouge Michelin Italia

En dépit des innombrables destructions qu'elle a subies au cours des siècles, Messine, l'ancienne Zancle des Grecs, est aujourd'hui à nouveau un marché actif. Tremblements de terre répétés (dont le plus meurtrier, en 1908, détruisit la cité à plus de 90 % et fit 80 000 victimes dans la région), épidémies, bombardements ne découragèrent pourtant jamais les habitants de ce port, admirablement protégé, d'établir et de perpétuer des liens culturels et commerciaux avec les autres centres de la Sicile et le continent.

Antonello de Messine – Ce peintre né à Messine en 1430 se forma à Naples, et assimila la leçon flamande qui y était alors diffusée. Plus tard, il s'intéressa aux découvertes de la peinture toscane qui donnaient pleine valeur aux volumes et aux architectures grâce à l'invention de la perspective.

Son œuvre offre l'image d'une parfaite maîtrise : formes et couleurs servent, dans un équilibre savant, une vision entièrement tournée vers l'intérieur, qui influencera les artistes de la Renaissance vénitienne, notamment Carpaccio et Giovanni Bellini. Il mourut en Sicile vers 1479.

★ **Museo regionale** ⓥ – *Au nord de la ville, à l'extrémité du viale della Libertà qui longe le bord de mer.* Il rassemble des collections de peintures, sculptures et arts décoratifs. Parmi les peintures, on remarque : un polyptyque d'Antonello de Messine, ***Vierge à l'Enfant entourée de saints*** (1473), remarquable composition qui conjugue les leçons toscanes et les premières influences flamandes ; une ***Déposition de Croix*** du Flamand Colyn de Coter (fin 15e s.) ; deux tableaux de Caravage, une ***Adoration des Bergers*** et une ***Résurrection de Lazare***, exécutés à la fin de sa vie entre 1608 et 1610. Parmi les sculptures, on voit notamment un crucifix en bois de la fin du 14e s., deux sculptures représentant ***Scylla*** et une ***Trinité***, dues à l'architecte et sculpteur toscan Montorsoli (16e s.), qui aurait été l'un des collaborateurs de Michel-Ange.

Duomo – Presque entièrement rebâti après le séisme de 1908 et les bombardements de 1943, il conserve les lignes de son style normand d'origine (12e s.). On y pénètre par un étroit **portail**★ finement sculpté, du 15e s. A gauche s'élève un campanile haut de 60 m doté d'une **horloge astronomique**★ construite à Strasbourg en 1933, et qui serait la plus grande du monde.

Chiesa dell'Annunziata dei Catalani – *Rejoindre la via Cesare Battisti en prenant la via Lepanto partant du flanc droit de la cathédrale.* Construite en 1100 sous le règne des Normands, remaniée au 13e s., elle tient son nom de marchands catalans à qui elle appartint. L'abside est caractéristique de ce style normand composite où se mêlent apports romans (arcatures aveugles sur colonnettes), influences arabes (motifs géométriques de pierres polychromes), et éléments byzantins (coupole sur tambour).

MONREALE★★★

26 246 habitants

Carte Michelin n° 988 pli 35 ou 432 M 21 – 8 km au Sud-Ouest de Palerme

La ville, qui domine la verdoyante Conca d'Oro palermitaine, s'est édifiée autour d'une célèbre **abbaye** bénédictine fondée par le Normand Guillaume II au 12e s.

★★★ **Duomo** ⓥ – Le portail central sculpté a gardé ses admirables **portes de bronze** (1186) ornées de figures stylisées par Bonanno Pisano. La porte s'ouvrant dans le flanc gauche, plus byzantine, est l'œuvre de Barisano da Trani (12e s.). Le **chevet** présente une remarquable décoration extérieure qui mêle le style arabe au style normand. L'intérieur, de plan basilical, éblouit par sa décoration de marbres, de peintures, et surtout par l'ensemble des **mosaïques**★★★ des 12e et 13e s. qui couvre les voûtes et les parois : on peut y lire le cycle complet de l'Ancien et du Nouveau Testament. Dans l'abside central, gigantesque ***Christ bénissant.*** Dans le chœur, au-dessus du trône épiscopal, représentation du roi Guillaume II offrant la cathédrale à la Vierge ; en face, surmontant le trône royal, une autre mosaïque montre le même Guillaume recevant sa couronne des mains du Christ.

Terrazze ⓥ – Les terrasses de la cathédrale offrent de magnifiques **vues**★★ sur le cloître et sur la Conca d'Oro.

★★★ **Chiostro** ⓥ – Situé à droite de l'église, le cloître n'est pas moins célèbre ; il procure des vues caractéristiques sur l'abbatiale. Sur le côté Sud s'élève une étrange fontaine qui servait de lavabo aux moines. Les galeries aux arcatures très aiguës sont soutenues par des colonnettes géminées : détailler les chapiteaux sculptés, d'une étonnante liberté de facture.

NOTO★

21 722 habitants

Carte Michelin n° 988 pli 37 ou 432 Q 27 – 32 km au Sud-Ouest de Syracuse

Totalement anéantie par le terrible tremblement de terre de 1693, la ville de Noto, dont l'origine remonte au temps des Sicules, fut reconstruite à 10 km de son ancien emplacement. Le long des rues tracées selon un plan géométrique, on vit s'élever toute une série de palais, d'églises, de monuments baroques, bâtis dans le calcaire blanc local qui a pris avec le temps une merveilleuse teinte dorée. Plusieurs artistes siliciens ont collaboré à cette entreprise, parmi lesquels il faut citer le plus inventif, **Rosario Gagliardi**.

★★ **Corso Vittorio Emanuele** – Cette artère rectiligne est le lieu préféré des habitants de Noto. Elle s'élargit en trois places sur lesquelles donnent les façades d'églises monumentales dessinées dans un style baroque imposant et souple : d'Est en Ouest, San Francesco all'Immacolata, la cathédrale, et San Domenico.

★ **Via Corrado Nicolaci** – Cette rue en légère déclivité, bordée de palais aux balcons d'une fantaisie exubérante, offre une ravissante perspective scénique dont la toile de fond est constituée par l'église de Montevergine.

PALERMO★★★

PALERME – 698 141 habitants

Carte Michelin n° 988 plis 35, 36 ou 432 M 21/22

Plan d'ensemble dans le guide Rouge Italia

Principal port et capitale de la Sicile, Palerme est bâtie au fond d'une ample et magnifique baie que ferment au Nord le mont Pellegrino et au Sud le cap Zafferano ; derrière elle s'étend une plaine d'une fertilité extraordinaire, limitée par un demi-cercle de collines, surnommée la **Conca d'Oro**, où foisonnent les plantations d'agrumes.

UN PEU D'HISTOIRE

Fondée par les Phéniciens, conquise par les Romains, puis devenue byzantine en 535, Palerme resta, de 831 à 1072, soumise aux Sarrasins ; ces derniers lui donnèrent cette atmosphère très particulière que suggèrent aujourd'hui l'exotisme de ses jardins, la courbure de ses coupoles, le type physique et la mentalité qui caractérisent ses habitants. Conquise par les Normands de 1072, elle devint, sous **Roger II**, capitale du royaume de Sicile : grand bâtisseur, ce souverain sut allier l'apport architectural normand aux traditions décoratives des Sarrasins et des Byzantins, et l'âge d'or artistique de la ville coïncide avec son règne. Par la suite, les Hohenstaufen et les Angevins introduisirent le style gothique (13e s.). Après une domination espagnole de plus de trois siècles, les Bourbons de Naples donnèrent à Palerme son fastueux aspect baroque.

Les Vêpres siciliennes - Depuis 1266, le frère de Saint Louis, Charles Ier d'Anjou, soutenu par le pape, tenait la ville. Mais sa domination était difficilement supportée ; les Siciliens avaient surnommé les Français, qui parlaient difficilement l'italien, les « tartaglioni » (bredouilleurs). Le lundi de Pâques 1282, comme les cloches appelaient aux vêpres, des Français outragèrent, dans l'église Santo Spirito, une jeune Palermitaine. L'insurrection se déclencha alors ; tous les Français rencontrés qui prononçaient mal le mot « cicero » (pois chiche) étaient massacrés ; le gouverneur Jean de Saint-Rémy fut assiégé dans son palais de la via Alloro.

DES QUATTRO CANTI AU PALAZZO DEI NORMANNI

visite : 3 h

La visite commence par deux jolies places, centre animé de la ville, pour atteindre le palais des Normands, fer de lance de la vie politique passée et présente.

★ **Quattro canti** (**BY**) - A l'intersection du corso Vittorio Emanuele et de la via Maqueda, cette place aux « quatre coins » en arrondi ornés de statues et de fontaines, est un bel exemple de style baroque espagnol du début du 17e s. L'église San Giuseppe présente un intérieur théâtral.

★ **Piazza Pretoria** (**BY**) - Elle est occupée par une spectaculaire **fontaine**★★ surmontée de nombreuses statues de marbre dues à un artiste florentin du 16e s. Le **palais municipal** (**H**) occupe un de ses côtés.

★★ **La Martorana** (**BYZ**) ⓥ - Également appelée Santa Maria dell' Ammiraglio, cette église fut fondée en 1143 par un amiral de la flotte du roi Roger II, puis remaniée aux 16e et 17e s. (adjonction d'une façade baroque sur le flanc gauche).
Après être passé sous l'élégant clocher-porche du 12e s., on pénètre dans l'église dont la partie primitive est ornée d'admirables **mosaïques**★★ byzantines : on y voit notamment des scènes du Nouveau Testament *(Annonciation, Nativité, Mort de la Vierge)*, et dans le cul-de-jour de l'abside l'imposant *Christ Pantocrator*. Aux deux extrémités des nefs latérales, remarquer les deux mosaïques du roi Roger couronné par le Christ et de l'amiral Georges d'Antioche aux pieds de la Vierge.

★★ **San Cataldo** (**BZ**) ⓥ - Fondée au 12e s., cette merveilleuse église rappelle les édifices arabes par son sévère plan rectangulaire, ses coupoles « en bonnet d'eunuque », son couronnement de merlons dentelés, et les baies de sa façade ajourées de claustra.
Les deux églises se dressent sur la petite **piazza Bellini**★ qui, surtout en raison de la présence des trois coupoles rouges de San Cataldo, affiche une allure arabo-normande qui caractérise la ville en divers lieux.

★ **Cattedrale** (**AYZ**) - Érigée à la fin du 12e s. dans le style siculo-normand, elle a, au cours des siècles, fait l'objet de nombreuses modifications et adjonctions (porche Sud au 15e s., coupole au 18e s.). Le **chevet**★ a en revanche conservé sa décoration géométrique, caractéristique du style siculo-normand.
A l'intérieur, refait au 18e s., à droite en entrant, se trouvent les tombeaux de Frédéric II et d'autres souverains souabes, angevins et aragonais. Le **trésor** ⓥ renferme la somptueuse **couronne impériale**★ ayant appartenu à Constance d'Aragon.

★★ **Palazzo dei Normanni** (**AZ**) ⓥ - De l'immense palais royal que les Normands avaient bâti sur une ancienne forteresse arabe, il ne subsiste plus que la partie centrale et la massive « tour pisane ». Mais, au 1er étage, la **chapelle Palatine**★★★ ⓥ témoigne du faste et du raffinement de cette époque : bâtie sous le règne de Roger II, entre 1130 et 1140, elle présente une merveilleuse décoration arabo-normande ; dix colonnes antiques supportent les arcs outrepassés séparant les trois nefs ; la partie supérieure des murs, la coupole et les absides sont recouvertes d'éblouissantes **mosaïques**★★★ qui, avec celles de Constantinople et de Ravenne, constituent l'un des sommets de cet art en Europe ; un plafond à alvéoles sculptées de stalactites, un pavement de marbre, une chaire et un chandelier pascal richement décorés complètent ce prestigieux ensemble.
Au 2e étage, la **salle du roi Roger**★★, du 12e s., est ornée de mosaïques évoquant des scènes de chasse.

Face au palais, la **villa Bonanno**★ est un très beau jardin.
A quelques pas du palais, l'église **San Giovanni degli Eremiti** est une petite oasis de verdure où les bruits de la rue finissent par sembler lointains.

★ **Chiesa di San Giovanni degli Eremiti** (**AZ**) ⓥ - Élevée en 1132, sur demande de Roger II et avec la collaboration d'architectes arabes, elle est coiffée de coupoles roses. A côté s'étendent un ravissant jardin exotique et un délicieux **cloître** (13e s.) à colonnettes géminées.

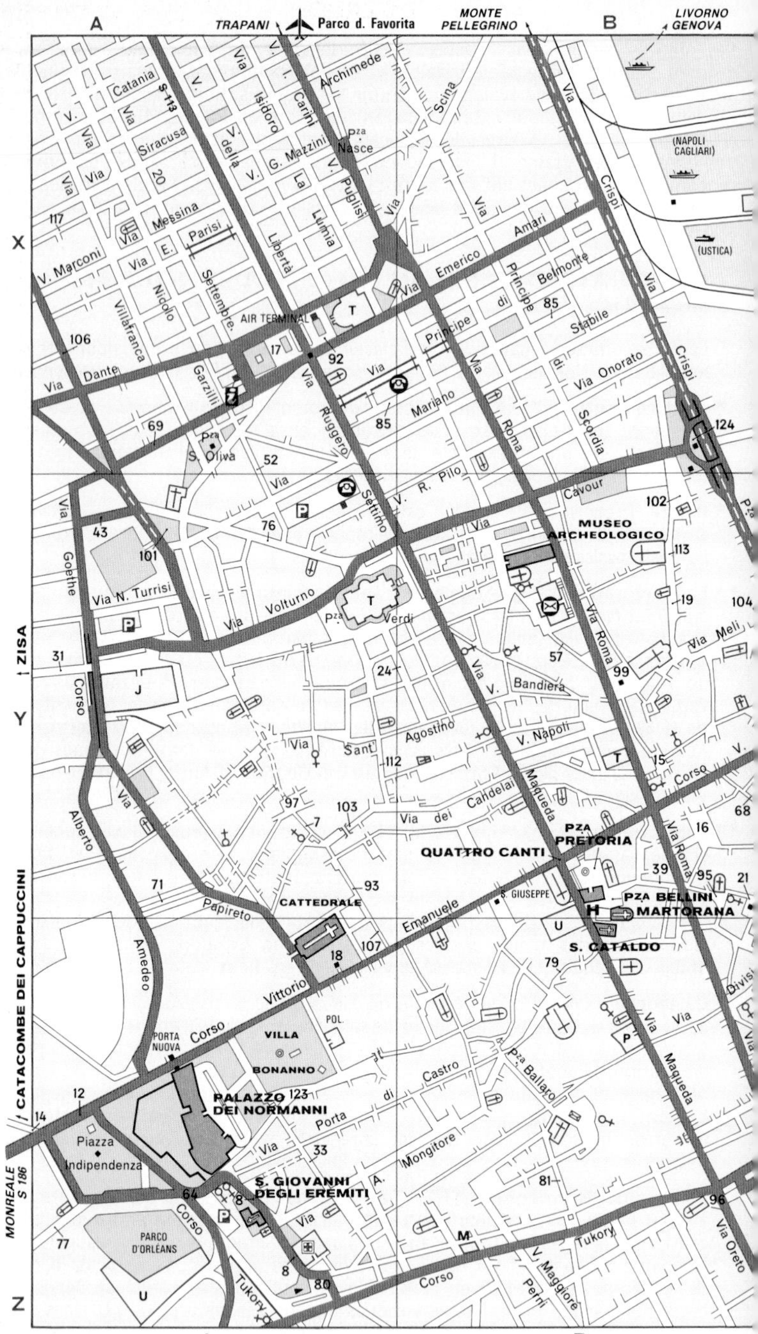

DE SAN FRANCESCO AU PALAZZO ABATELLIS

Artère centrale à fort trafic, la via Vittorio Emanuele divise la ville en deux. Immédiatement au Nord de celle-ci, dans le secteur de la piazza Caracciolo, se déroule un marché d'alimentation très caractéristique, la **Vucciria**, qui a lieu tous les jours ouvrés. De l'autre côté de cette rue s'ouvre une zone plus tranquille, où il est agréable de déambuler à la découverte des églises et des palais.

Chiesa di San Francesco d'Assisi (**CY**) – Édifiée au 13e s. mais détruite pendant la Seconde Guerre mondiale, elle a été reconstruite dans son style d'origine. Sont particulièrement beaux le **portail** (original) et la rosace qui ornent la façade. L'intérieur, d'un volume ample et simple, conserve huit statues allégoriques de Serpotta.

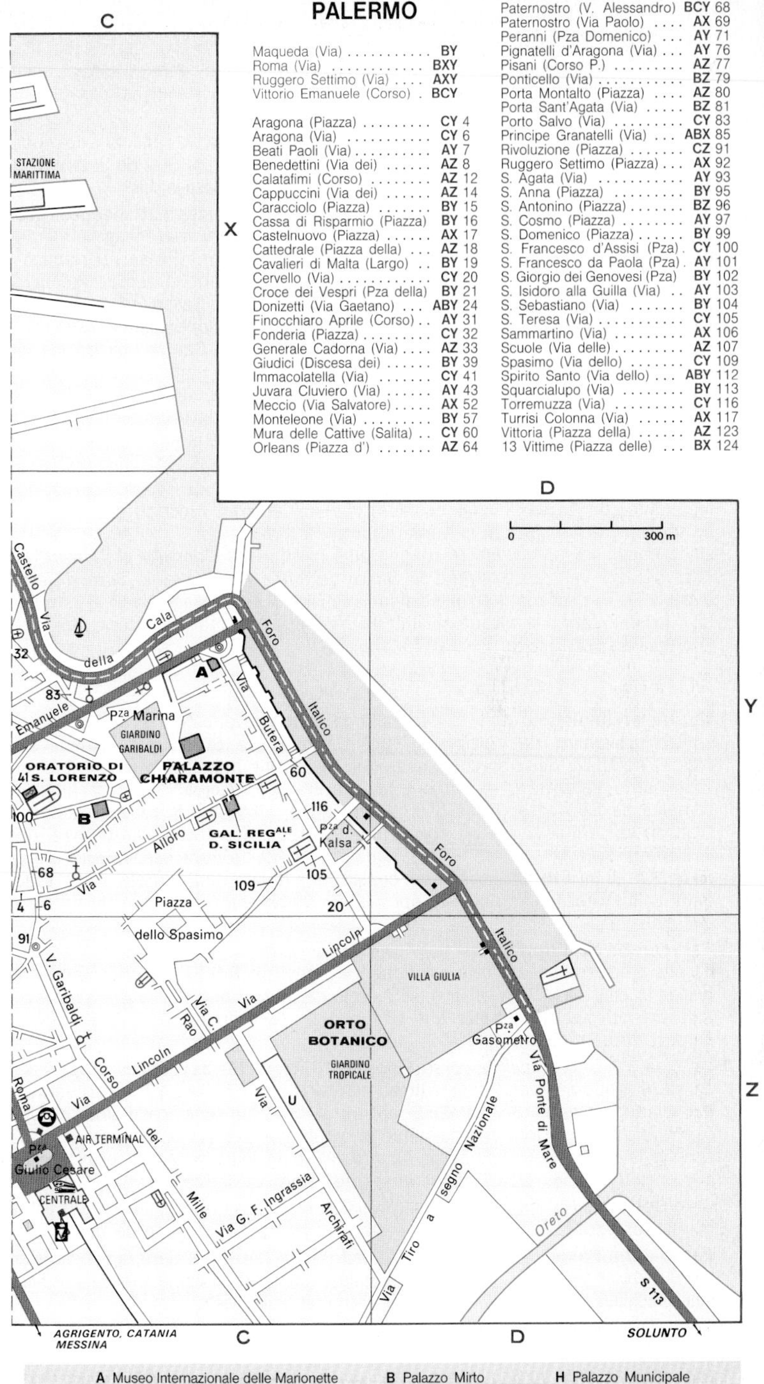

★ **Oratorio di San Lorenzo** (**CY**) – Il est décoré à l'intérieur de gypseries baroques de Serpotta, et abrite à l'autel une *Nativité* de Caravage. Remarquables supports des bancs de marbre, en bois sculpté.

★ **Palazzo Mirto** (**CY B**) ⓥ – Résidence des princes Lanza-Filangieri, il conserve son ameublement original des 18e et 19e s. Avant d'accéder au palais, on admire les belles **écuries** du 19e s. La visite de l'intérieur se limite à l'étage noble (1er étage) avec ses salons et ses salles de réception. Remarquer le **petit salon chinois** (salottino cinese) au parquet de cuir et aux murs habillés de soie peinte représentant des scènes de vie quotidienne ; le **salon Pompadour**, aux riches soieries qui tapissent murs et mobilier. Parmi les objets exposés, on note une belle collection de verreries des 16e-18e s. *(salon « Salvator Rosa »)*, un service d'assiettes napolitain du 19e s. représentant de beaux costumes *(dans la pièce donnant accès au salon chinois)* et, dans la salle à manger, des porcelaines de Meissen décorées de fleurs et d'animaux (18e s.).

★ **Palazzo Chiaramonte** (**CY**) - Beau palais gothique de 1307, qui servit de modèle à de nombreuses constructions civiles en Sicile et dans le Sud de la péninsule. En face, dans le jardin Garibaldi, spectaculaires **figuiers-magnolias**★★.

★ **Museo internazionale delle Marionette** (**CY A**) ⓥ - Fortement ancrés en Sicile (surtout par le passé), les traditionnels spectacles de *pupi* relatent généralement des aventures chevaleresques, dont les deux héros sont Roland (Orlando) et Renaud (Rinaldo), deux personnages aux comportement et tempérament opposés, inspirés par les romans épiques de l'Arioste et du Tasse (16e s.).
Le musée conserve une très belle collection de ces *pupi* siciliens. Admirer la délicatesse des traits de ceux du théâtre de Gaspare Canino, parmi les plus anciens (19e s.).
La seconde partie du musée est dédiée aux marionnettes d'autres pays d'Europe et d'ailleurs, avec une large place réservée à la tradition orientale.

★★ **Galleria regionale della Sicilia** (**CY**) ⓥ - Installée dans le beau palais Abatellis (15e s.), il comprend une section d'art médiéval et une pinacothèque (11e-18e s.). La galerie a été réalisée par le fameux architecte et designer, Carlo Scarpa, dans les années 50 en variant les couleurs des supports en fonction des œuvres et en utilisant au maximum la lumière naturelle.
On admire en particulier la magnifique fresque du ***Triomphe de la mort***★★★, détachée du Palazzo Scalfani, le *Buste de jeune femme* et le ***Buste d'Éléonore d'Aragon*** de F. Laurana. Parmi les peintures : ***Vierge de l'Annonciation***★★ d'Antonello de Messine, dont le visage traduit la paix et l'acceptation intérieures, et le ***Triptyque des Malvagna*** du Flamand Mabuse.

AUTRES CURIOSITÉS

★ **Museo archeologico** (**BY**) ⓥ - Installé dans un couvent du 16e s. il abrite des objets provenant de nombreux sites antiques de Sicile, notamment : au rez-de-chaussée, deux sarcophages phéniciens, une inscription égyptienne dite « Pierre de Palerme », et surtout les admirables **métopes**★★ qui ornaient les temples de Sélinonte (6e et 5e s. avant J.-C.), ainsi que la reconstruction du fronton du temple C *(salle Gabrici)* ; au 1er étage, des statues en bronze, dont le fameux ***Bélier***★★, œuvre hellénistique provenant de Syracuse, ***Héraclès abattant un cerf***★★ et un ***Satyre***★ en marbre, copie d'une œuvre de Praxitèle. Au 2e étage, deux belles mosaïques du 2e s. apr. J.-C. : ***Orphée et les animaux***, et la mosaïque des *Saisons*.

★★ **Catacombe dei Cappuccini** ⓥ - *Accès par la via dei Cappuccini* (**AZ 14**). La visite de ces catacombes est impressionnante : environ 8 000 cadavres momifiés, placés là entre le 17e s. et la fin du siècle dernier, y ont été conservés grâce à l'air exceptionnellement sec qui y règne ; ils sont présentés alignés, pour la plupart vêtus de leurs habits de gala.

★ **La Zisa** ⓥ - *Accès par le corso Finocchiaro Aprile* (**AY 31**). Palais de plaisance de style arabo-normand construit au 12e s. transformé au 17e s. en demeure patricienne. Restaurée, la Zisa abrite aujourd'hui une collection d'objets égyptiens de la période mamelouque et ottomane, art qui faisait probablement écho à la décoration du palais. Austère à l'extérieur, ce palais présente une décoration intérieure raffinée, creusée de niches et d'alvéoles.

★ **Orto Botanico** (**CDZ**) ⓥ - Tranquille et solitaire, il rassemble de nombreux arbres et plantes exotiques. Il est flanqué du beau jardin à l'italienne de **villa Giulia**.

Parco della Favorita ⓥ - *3 km au Nord. Sortir par via I. Carini* (**AX**). Créé par les Bourbons au 18e s. A côté de la villa chinoise (Palazzina Cinese), le **musée ethnographique Pitrè** présente de belles **charrettes siciliennes**★.

ENVIRONS

★★★ **Monreale** - *8 km au Sud-Ouest. Sortir par Corso Calatafimi* (**AZ 12**) *route S 186. Voir à ce nom.*

★★ **Monte Pellegrino** - *14 km au Nord. Sortir par via Crispi* (**BX**). La route qui y mène procure de splendides échappées sur Palerme et la Conca d'Oro. Au cours de la montée, on peut visiter le sanctuaire de Sainte-Rosalie (17e s.).

★ **Museo del carretto siciliano** ⓥ - *Terrasini, à 29 km de Palerme*. Magnifique ensemble de charrettes siciliennes : en particulier, celle à l'entrée (ouvrage palermitain de 1953) ornée de batailles menées par Roger le Normand.

★ **Ruines de Solonte** (**Solunto**) - *19 km à l'Est. Sortir par route S 113* (**DZ**). *Voir à ce nom.*

Bagheria - *16 km à l'Est, par l'autoroute A 19 ; à 4 km au Sud-Ouest de Solonte.* Cette ville est connue pour ses villas baroques dont la plus célèbre, la **villa Palagonia** ⓥ, est ornée de **sculptures**★, de grotesques et de monstres.

Isola di PANTELLERIA★★

7 423 habitants
Carte Michelin n° 988 pli 35 ou 432 Q 17/18

Située dans le détroit de Sicile, l'île de Pantelleria ne se trouve qu'à 84 km du cap Bon en Tunisie ; c'est l'île la plus occidentale de la Sicile et sa latitude est la même que celle de Tunis. Avec une superficie de 83 km², c'est aussi la plus grande île satellite de Sicile. Ses côtes déchiquetées, ses versants escarpés couverts de cultures en terrasses, ses maisons cubiques ou « dammusi » d'aspect arabe, donnent beaucoup de caractère à la « perle noire de la Méditerranée ». Son relief, d'origine volcanique, culmine à la **Montagna Grande** (836 m). Couverte de vignobles donnant d'agréables vins comme le Solimano, mousseux, et le Tanit, un muscat. Pantelleria produit également des câpres. Des vestiges préhistoriques attestent le peuplement de l'île à une époque reculée. Elle subit au cours de son histoire pratiquement les mêmes envahisseurs que la Sicile : Phéniciens, Carthaginois, Grecs, Romains, Vandales, Byzantins, Arabes et Normands qui, dès 1123, lièrent le sort de l'île à celui de la Sicile.

Accès – **Par air** : consulter le guide Rouge Michelin Italia. **Par mer** : voir les cartes Michelin n°s 988 et 432, ainsi que le guide Rouge Michelin Italia.

VISITE *3 h*

★★ **Tour de l'île en voiture** – *40 km.* Une route très pittoresque suivant constamment la côte permet de découvrir les nombreuses beautés naturelles de l'île : côtes découpées, falaises, criques, grottes, sources thermales, lacs.
A 11,5 km au Sud de la localité de Pantelleria, sur la côte occidentale, le village de **Scauri** occupe un beau site. Au Sud de l'île, vers **Dietro Isola**, la route procure de splendides **vues**★★ sur cette zone côtière qu'elle domine d'une hauteur vertigineuse. Le cap dit **Punta dell'Arco** se termine par une spectaculaire arche de lave grise dénommée « arc de l'Éléphant ». Au Nord-Est, la crique appelée **Cala dei Cinque Denti** et la côte qui lui succède composent un beau paysage volcanique.

★★ **La Montagna Grande** – *13 km au Sud-Est de Pantelleria.* Du sommet, splendide **panorama** sur l'île. Par beau temps, on aperçoit la Sicile et la Tunisie.

Les villes, sites et curiosités décrits dans ce guide sont indiqués en **caractères noirs** *sur les schémas.*

PIAZZA ARMERINA★★

22 347 habitants
Carte Michelin n° 988 pli 36 ou 432 O 25

Dans un site verdoyant, sur le versant d'une petite vallée, les maisons grises de Piazza Armerina se serrent au pied d'une cathédrale baroque.

★★ **Villa Romana del Casale** ⓥ – *6 km au Sud-Ouest.* Cette immense villa (3 500 m²) du 3e ou 4e s. après J.-C., qui appartenait sans doute à un personnage important, est intéressante pour son **pavement en mosaïques** recouvrant la presque totalité du sol. D'une gamme de tons très étendue, ces mosaïques représentent, dans un style parfois fruste mais toujours pittoresque, des sujets très divers empruntés à la mythologie, à la chasse, au sport et à la vie quotidienne (ces derniers laissant présumer une influence venue d'Afrique du Nord).
Les mosaïques les plus célèbres sont celles figurant des **amours** occupés à pêcher ou à jouer avec des dauphins ; celles qui relatent la capture et le commerce des **animaux de cirque** (grand couloir) ; celles qui illustrent les **jeux** sportifs de jeunes filles vêtues d'une sorte de bikini ; enfin, les mosaïques du **triclinium** évoquant les **Travaux d'Hercule**, notamment la lutte contre les Géants. D'autres scènes ornent les thermes.

ENVIRONS

Morgantina – *16 km au Nord-Est par la route d'Enna (S 117 bis), puis à droite la route S 228. Environ 6 km après Aidone.* Non loin du village d'Aidone, perché dans un beau site panoramique, des fouilles ont permis de retrouver les restes d'une ville identifiée avec Morgantina, cité sicule colonisée par les Grecs, mais qui tomba en décadence à partir du 1er siècle. Parmi les vastes **champs de ruines** ⓥ, on voit encore, dans la vallée, les vestiges d'une agora et un petit théâtre reconstitué. Sur la colline située au Nord, de petits bâtiments abritent des **mosaïques** provenant de villas (3e s. avant J.-C.). A Aidone, le **musée** ⓥ expose des objets retrouvés lors des fouilles.

RAGUSA★

RAGUSE – 67 629 habitants

Carte Michelin n° 988 pli 37 ou 432 Q 26

La ville, en partie reconstruite à la suite du tremblement de terre de 1693, occupe un **site★** caractéristique sur un plateau enserré de profonds ravins. A l'Ouest s'étend la ville moderne ; à l'Est la ville ancienne, Ragusa Ibla, se regroupe sur un promontoire des monts Hybléens. De la route venant de Syracuse s'offrent de magnifiques **vues★★** sur la vieille cité. Aux environs immédiats de la ville, on exploite l'asphalte et le pétrole dans de puissants complexes industriels.

★ **Ragusa Ibla** – Formée par un dédale de rues pour une part encore médiévales, la cité ancienne fut reconstruite dans le goût baroque. Sur la piazza del Duomo s'élève l'**église St-Georges★** (San Giorgio), belle construction du 18e s. réalisée par l'architecte Rosario Gagliardi qui travailla également à Noto : sa façade en pierre rosée se compose d'un corps central légèrement convexe flanqué de colonnes en saillie.

Museo archeologico Ibleo ⓥ – *Palazzo Mediterraneo, via Natalelli.* Dans la ville moderne, en contrebas du Ponte Nuovo que franchit la via Roma, ce musée rassemble le produit des fouilles effectuées dans la région, en particulier les découvertes faites dans l'ancienne cité grecque de Camarina.

Rovine di SEGESTA★★★

Ruines de SÉGESTE

Carte Michelin n° 988 pli 35 ou 432 N 20
35 km au Sud-Est de Trapani

Probablement fondée par les Phéniciens comme Érice, Ségeste devint rapidement une des principales cités grecques du bassin méditerranéen ; grande rivale de Sélinonte au 5e s. avant J.-C., elle fut, semble-t-il, détruite par les vandales.

★★★ **Tempio** ⓥ – Il s'élève, solitaire, dans un paysage aux vastes horizons, sur une butte encerclée par un profond ravin. C'est un édifice dorique (430 avant J.-C.), élégant et pur, entouré d'un péristyle de 36 colonnes en calcaire doré. On en a une **vue★★** magnifique lorsqu'on grimpe par la petite route *(2 km) menant au théâtre.*

★ **Teatro** – Construit à l'époque hellénistique, il est constitué par un hémicycle de 63 m de diamètre aménagé sur un versant rocheux. Les gradins sont légèrement orientés vers le golfe de Castellammare que l'on découvre au-delà des collines.

Rovine di SELINUNTE★★

Ruines de SÉLINONTE

Carte Michelin n° 988 pli 35 ou 432 O 20

Fondée au milieu du 7e s. avant J.-C. par des habitants de Megara Hyblaea, Sélinonte fut détruite en 409, puis à nouveau en 250 avant J.-C. par les Carthaginois, mais la ruine de ses **temples★★** semble plutôt due à des tremblements de terre. Leur attribution semblant incertaine, ils sont identifiés par des lettres.

Zone archéologique ⓥ – Après avoir traversé la structure d'accueil qui longe le parking, on découvre le **temple E** (5e s. avant J.-C.), recomposé en 1958, avec à gauche, au-delà de la dépression dite « Gorgo Cottone », l'**acropole** dominée par les colonnes du temple C (le plus ancien, 6e s. avant J.-C.), réédifié en 1926. Du temple E, ceint de 38 colonnes, belle vue sur la lointaine acropole se détachant sur la mer et, de l'autre côté, sur les ruines toutes proches du temple F, entièrement à terre. Au-delà de celui-ci se trouve le **temple G** : probablement voué à Apollon, c'était l'un des plus imposants du monde antiques, sa longueur dépassait 100 m et les blocs qui composaient ses colonnes pesaient plusieurs tonnes ; le chaos formé par son écroulement donna la mesure de sa taille.

Sur l'acropole, entourée d'une enceinte, se dressaient également quatre autres temples (A, B, D, O) aujourd'hui en ruine.

A l'Ouest, sur l'autre rive du Modione, s'élevait un sanctuaire consacré à Déméter Malophoros (porteuse de fruits).

SIRACUSA★★★

SYRACUSE – 125 972 habitants

Carte Michelin n° 988 pli 37 ou 432 P 27

Superbement située au fond d'une baie harmonieuse, bénéficiant d'un climat très doux, Syracuse fut l'une des plus prestigieuses cités de Sicile, voire de la Grande Grèce, qui, au temps de sa splendeur, rivalisa avec Athènes. Colonisée vers le milieu du 8e s. avant J.-C. par des Grecs de Corinthe qui occupèrent l'île d'Ortygie, Syracuse tomba rapidement sous le joug de tyrans qui développèrent et enrichirent la ville ; celle-ci comptait aux 5e-4e s. avant J.-C. près de 300 000 habitants.
Prise par les Romains lors de la deuxième guerre punique (212 avant J.-C.), elle fut successivement occupée par les Barbares, les Byzantins (6e s.), les Arabes (9e s.) et les Normands. Grâce à une originale production de papyrus sur la rivière Ciane, Syracuse est spécialisée depuis le 18e s. dans la peinture sur fibres de papyrus, à la manière égyptienne.

Tyrans et intellectuels – Dans le monde grec, des dictateurs, nommés tyrans (du grec turannos), exercèrent un pouvoir sans limites sur certaines cités, dont Syracuse. Déjà en 485, **Gélon**, tyran de Gela, était devenu maître de la cité. Son frère **Hiéron**, personnage peu amène, protégea néanmoins les poètes et accueillit à sa cour **Pindare** et **Eschyle**, mort à Gela en 456.
Denys l'Ancien (405-367) fut le plus célèbre d'entre eux : vivant dans une crainte perpétuelle, il fit suspendre une épée au-dessus de la tête de Damoclès, courtisan envieux de son bonheur ; il ne quittait guère son château d'Ortygie, portait sous ses vêtements une cuirasse, et changeait de chambre toutes les nuits ; il vendit comme esclave le philosophe Platon venu étudier les mœurs politiques sous sa tyrannie.
Plus tard, le célèbre géomètre **Archimède**, né à Syracuse en 287 avant J.-C., distrait au point d'en oublier le boire et le manger, trouva dans sa baignoire le principe qui porte son nom ; ravi de sa découverte, il se rua hors de l'eau et courut tout nu dans les rues de la ville en criant « Eurêka » (c'est-à-dire : j'ai trouvé !). Lors du siège de la cité par les Romains, il inventa un jeu de miroirs et de lentilles destiné à incendier la flotte des assiégeants, mais, ceux-ci ayant réussi à pénétrer dans la ville, il fut assassiné par un soldat qui le surprit plongé dans ses calculs.

★★★ ZONA ARCHEOLOGICA (AY) ⏱

Visite à pied : 2 h. Accès par la via Paradiso (**AY 18**)

Elle occupe l'antique quartier de Neapolis (la ville nouvelle), dont le **site** domine la mer Ionienne. Le **viale Rizzo**, qui la contourne, permet d'en avoir un excellent panorama.

Ara di Ierone II (**K**) – A gauche de la via Paradiso, on aperçoit l'autel de Hiéron II, long de près de 200 m, en partie taillé dans le roc, où l'on pratiquait les sacrifices publics.

★★★ **Teatro Greco** – Datant du 5e s. avant J.-C., c'est l'un des plus grands de l'Antiquité ; ses gradins sont creusés dans la roche. C'est sur cette scène que fut donnée la première représentation des Perses d'Eschyle. Plus loin s'ouvre la **voie des Tombeaux** (**N**), creusée dans le roc.

★★★ **Latomia del Paradiso** (**L**) – Cette ancienne carrière, dont une partie des voûtes s'écroula lors d'un séisme en 1693, remonte à l'Antiquité. Un joli jardin d'orangers a été aménagé sur les déblais.
L'**Oreille de Denys**★★★ (Orrecchio di Dionisio, **B**) est une grotte artificielle dont la cavité évoque la forme d'une oreille : en 1608, le peintre Caravage lui donna ce nom qui rappelle une légende selon laquelle un écho exceptionnel permettrait à Denys l'Ancien d'entendre les conciliabules des prisonniers qui y étaient enfermés.
La **grotte des Cordiers**★★ (Grotta dei Cordari, **G**) tient son nom du fait que ces artisans y travaillaient, trouvant en ce lieu la fraîcheur et l'humidité nécessaires à leur métier.

★ **Anfiteatro romano** (**C**) – Du 3e ou 4e s., il mesurait 140 m sur 119 m. Taillé dans le rocher, il est agrémenté de pins et de lauriers-roses.

★★ CITTÀ VECCHIA (BZ) *visite : 3/4 h*

La vieille ville occupe l'île d'Ortygie. De beaux palais médiévaux et baroques, ces derniers particulièrement nombreux dans la **via della Maestranza** (**13**), jalonnent ses rues étroites et fraîches, propices à la promenade.
La **piazza del Duomo** (**9**) est particulièrement harmonieuse avec ses palais aux élégants balcons et la monumentale façade du **Duomo**★ (**D**), bâtie au 7e s. sur le soubassement d'un temple dorique dédié à Athéna ; on voit encore les colonnes de ce dernier incluses dans la construction chrétienne (sur le flanc gauche et à l'intérieur). On admire à l'intérieur plusieurs œuvres sculptées (dont la *Madone des neiges*) dues aux Gagini, famille d'artistes établis en Sicile au 16e s.

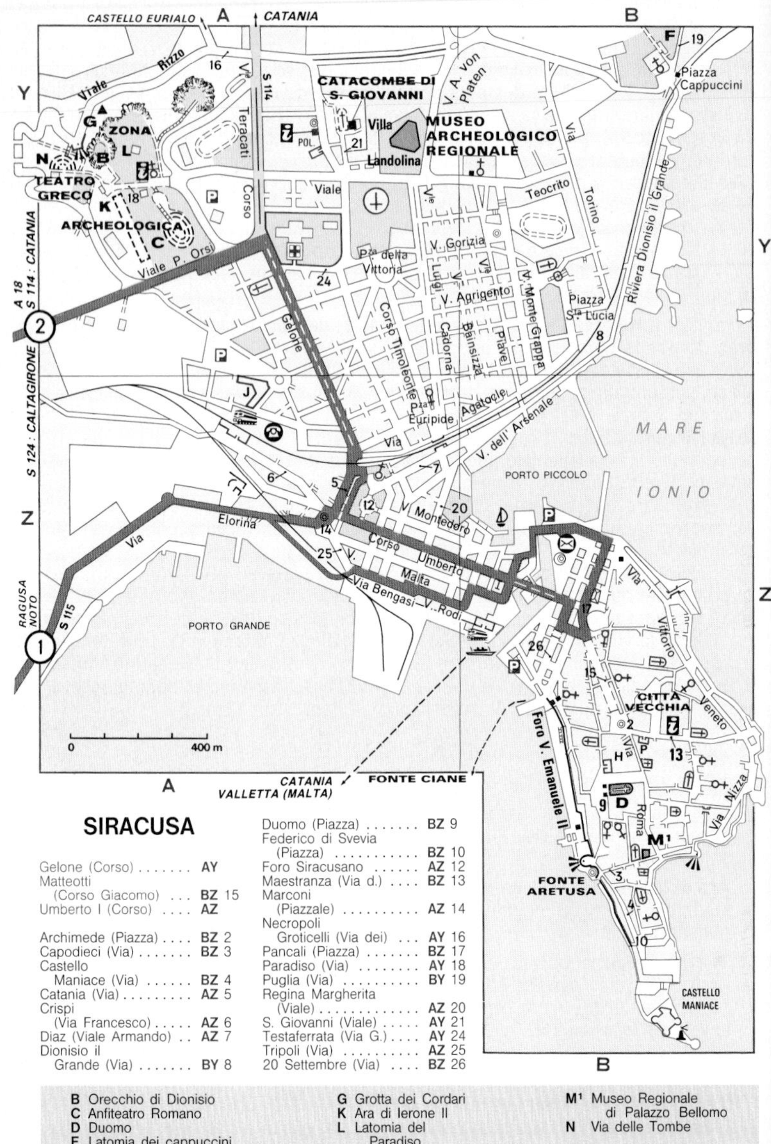

★ **Fonte Aretusa** – C'est le berceau légendaire de la cité : la nymphe Aréthuse, poursuivie par le fleuve Alphée, se serait réfugiée dans l'île où elle aurait été changée en source par Artémis. Bien que proche de la mer, la fontaine, emprisonnée dans une muraille, est alimentée en eau douce.

De la plate-forme voisine, vue sur l'admirable baie de Syracuse.

En contrebas, le **Foro Vittorio Emanuele II** est le lieu de promenade favori des Syracusains.

★★ MUSEO ARCHEOLOGICO REGIONALE P. ORSI (AY) ⊙

visite : 1 h

Installé au cœur du parc de **Villa Landolina** dans un bel édifice moderne dû à Franco Minissi et dédié à l'archéologue Paolo Orsi (1859-1935), il évoque l'histoire de la Sicile depuis la préhistoire jusqu'aux colonies de Syracuse (7e s. avant J.-C.). Après la géologie de l'île dont la faune est illustrée notamment par les squelettes de deux éléphants nains, la préhistoire est retracée depuis le paléolithique supérieur qui vit l'apparition de l'homme en Sicile.

Une deuxième section est consacrée à la colonisation grecque (à partir du milieu du 8e s. avant J.-C.) brillamment représentée par les fouilles du site de Megara Hyblaea et surtout de Syracuse elle-même : kouros en marbre, statue de

déesse-mère en calcaire, céramique, fragments architecturaux et maquettes de grands sanctuaires d'Ortygie, quartier le plus ancien de Syracuse, etc.
Dans la troisième section sont présentées les colonies de Syracuse qui, devenue puissante, fonda en 664 Akrai (Palazzolo Acreide), en 644 Kasmenai (Monte Casale) et en 598, Camarina : statuaire en calcaire, cavalier qui dut orner un temple de Camarina, etc. Cette section fait aussi une place aux sites hellénisés de l'intérieur de la Sicile (grande statue de Déméter ou Korê sur un trône) et aux fouilles de Paolo Orsi à Gela et Agrigente.
A l'étage supérieur seront exposées les collections des périodes plus récentes.

AUTRES CURIOSITÉS

★★ **Catacombe di San Giovanni** (**AY**) ⓥ – Syracuse est la ville d'Italie la plus riche en catacombes après Rome. Celles-ci sont formées par une galerie principale d'où partent des galeries secondaires aboutissant à des chapelles circulaires ou « rotondes » ; nombre de tombes se présentent sous forme de niches surmontées d'un arc.

★★ **Latomia dei Cappuccini** (**BY F**) ⓥ – Dans ces carrières furent enfermés 7 000 Athéniens faits prisonniers par Denys de Syracuse en 413 avant J.-C. Elles sont envahies par une végétation luxuriante.

★ **Museo regionale di Palazzo Bellomo** (**BZ M¹**) ⓥ – Il est installé dans un beau palais du 13e s., remanié au 15e s. dans le style catalan. La pinacothèque abrite en particulier l'***Annonciation*** d'Antonello de Messine, endommagée, mais encore admirable. Orfèvrerie, crèches siciliennes, ornements liturgiques, mobilier.

ENVIRONS

★ **Fonte Ciane** ⓥ – *8 km au Sud-Ouest. Accès conseillé en bateau. On y parvient en remontant la* **rivière Ciane**★★ où pousse une végétation de papyrus, unique en Italie. C'est là que la nymphe Cyané, épouse d'Anapo voulant s'opposer à l'enlèvement de Perséphone par Hadès, le dieu des Enfers, aurait été changée en source.

Castello Eurialo ⓥ – *9 km au Nord-Ouest du plan.* Érigé au 4e s. avant J.-C. par Denys l'Ancien, c'est l'une des plus vastes forteresses de l'époque grecque. Beau panorama.

Rovine di SOLUNTO★

Ruines de SOLONTE

Carte Michelin n° 988 pli 36 ou 432 M 22 – 20 km à l'Est de Palerme

Dans un **site**★★ admirable, sur le ressaut d'un promontoire dominant le cap Zafferano, Solonte était une cité punique qui, au 3e s. avant J.-C., passa sous influence romaine. Sa **zone archéologique** ⓥ *(accès par une petite route se détachant de la route S 113 à Porticello, en direction de la colline)* conserve des vestiges du forum, d'un théâtre, de rues, maisons, canalisations, et de nombreuses citernes. Par la via Ippodamo da Mileto, on peut atteindre le sommet de la colline d'où l'on découvre une **vue**★★ splendide sur la baie de Palerme et le mont Pellegrino.

TAORMINA★★★

TAORMINE – 10 115 habitants

Carte Michelin n° 988 pli 37 ou 432 N 27
Plan dans le guide Rouge Michelin Italia

Dans un **site** spectaculaire, à 250 m d'altitude, Taormine, en balcon sur la mer et face à l'Etna, est réputée pour son calme, la beauté de ses monuments et de ses jardins.

★★ **Teatro Greco** ⓥ – Datant du 3e s. avant J.-C., il fut transformé par les Romains pour accueillir les jeux du cirque. On y donne en été de nombreux spectacles, des représentations classiques notamment. Du haut des gradins, entre les colonnes de la scène, on découvre une **vue**★★★ admirable sur le littoral et l'Etna.

★★ **Giardino Pubblico** – Orné de fleurs et de plantes exotiques, en terrasse, il domine toute la côte et la mer de Sicile.

★ **Corso Umberto** – Artère principale de Taormine, le cours est jalonné par trois portes : de Catane, du Milieu avec la tour de l'Horloge, et de Messine.
Sur la piazza del Duomo (jolie fontaine baroque) s'élève la cathédrale à la façade gothique.

Taormine – Le théâtre et l'Etna

A peu près à mi-parcours, la **piazza 9 Aprile** forme une terrasse offrant un splendide **panorama★★** sur le golfe. Piazza Vittorio Emanuele, jadis forum, le palais Corvaia date du 15e s.

★ **Belvedere** – Vue en balcon sur l'Aspromonte de Calabre, la côte sicilienne et l'Etna.

★ **Castello** ⓥ – *4 km, par la route de Castelmola, puis un chemin à droite.* Accès également possible par un sentier (1 h à pied AR).
Bâti à l'époque médiévale, au sommet du mont Tauro (alt. 390 m), sur les restes de l'ancienne acropole. **Vues★** sur Taormine.

Rovine di TINDARI★

Carte Michelin n° 988 pli 37 ou 432 M 27 – 62 km à l'Ouest de Messine

L'antique Tyndaris grecque, fondée en 396 avant J.-C., est perchée sur le cap du même nom où se trouve un **sanctuaire** abritant une Vierge noire, but d'un important pèlerinage. Les **ruines** ⓥ sont essentiellement composées de l'imposante **enceinte** urbaine, d'un théâtre faisant face à la mer, et d'un bel édifice romain à arcades précédant le forum et auquel conduit le Decumanus (artère principale de la ville).

TRAPANI

69 562 habitants

Carte Michelin n° 988 pli 35 ou 432 M 19 – Plan dans le guide Rouge Michelin Italia

En vue des îles Égades, Trapani possède un port bien abrité, alimenté par le trafic du sel. Une très jolie route de bord de mer relie le centre de la ville à la plage de San Giuliano *(3 km au Nord).*

Santuario dell'Annunziata – Bâti au 14e s., il a été transformé et agrandi au 17e s. Son campanile est baroque. Sur le côté gauche, la **chapelle des Marins**, du 16e s., est une jolie construction Renaissance surmontée d'une coupole. A l'intérieur, la **chapelle de la Madone★** abrite un bel arc Renaissance, une grille en bronze de 1591 et une harmonieuse statue de la Vierge (14e s.) attribuée à Nino Pisano.

★ **Museo Pepoli** ⓥ – Contigu à l'Annunziata, il rassemble des sculptures (œuvres des Gagini) et des peintures (polyptyque de Trapani du 15e s.), une *Pietà* de Roberto di Oderisio, *Saint Barthélemy* par Ribera, et un *Saint François recevant les stigmates* par Titien. Il abrite également des productions de l'artisanat local : remarquables travaux en corail, en particulier une crèche d'une exquise finesse.

ENVIRONS

Le saline (marais salants) – La route côtière qui conduit de Trapani à Marsala est longée de marais salants qui ornent joliment le paysage : ces miroirs d'eau divisés par de très fines bandes de terre forment un damier irrégulier aux couleurs subtiles. Quelques moulins à vent témoignent d'une époque où ils étaient l'instrument principal pour pomper l'eau et moudre le sel. C'est l'été, au moment de la récolte, que le spectacle est le plus beau : la teinte rosée des différents bassins s'intensifie en fonction de la salinité de l'eau, ceux du centre, asséchés, brillent au soleil, en attendant que les tas de sel viennent former d'harmonieux alignements en bordure des marais. A Nubia, le petit **museo delle saline** ⓥ est aménagé dans une maison de saunier du 17e s. : panneaux et instruments de travail permettent de découvrir cet ancien métier.

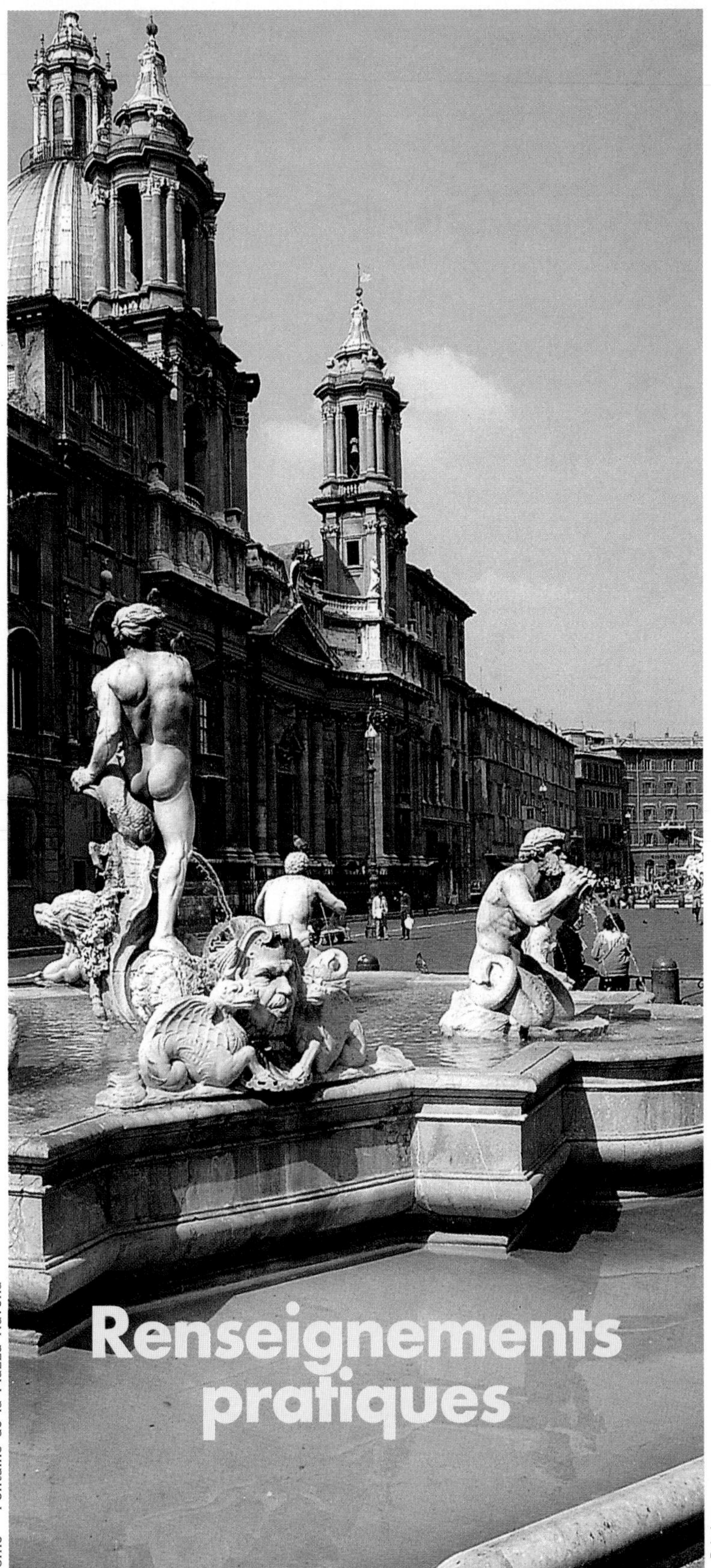

Renseignements pratiques

Rome – Fontaine de la Piazza Navona

C. Boisvieux

327 Grands itinéraires de tourisme
328 A savoir avant de partir
330 Vie pratique en Italie
331 Hébergement
332 Restauration
334 Sports et loisirs
334 Thermalisme
334 A la découverte de l'Italie
336 Quelques livres, musiques, films
338 Principales manifestations
341 Conditions de visite
382 Index
393 Lexique

Grands itinéraires de tourisme

Cette carte indique les distances et la durée des trajets entre quelques grandes villes italiennes. Elle ne vise pas à proposer l'ensemble des itinéraires rapides possibles en Italie, mais cherche plutôt à donner un ordre de grandeur du temps à consacrer aux déplacements lors d'un voyage.
L'Italie profite d'un vaste réseau routier, classé deuxième en Europe. Résultat de prouesses techniques inégalées et d'un sens aigu de la mise en scène des paysages, c'est également l'un des plus audacieux.

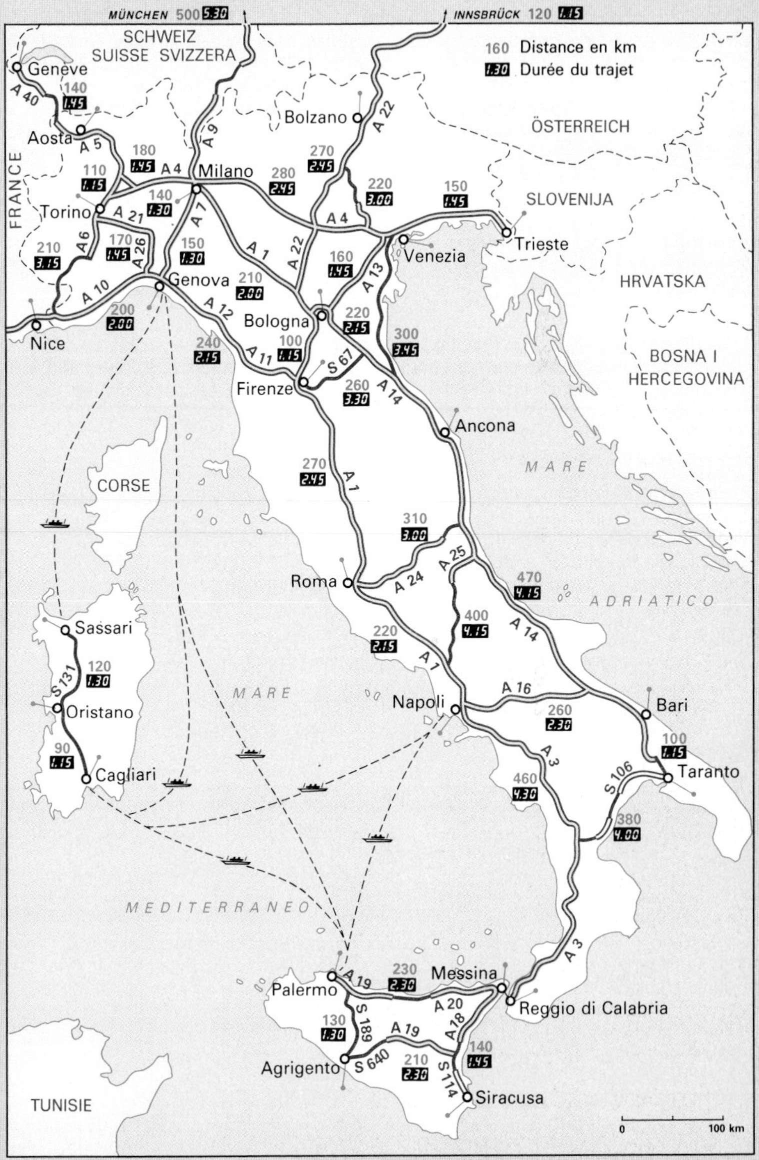

Les touristes soucieux d'organiser eux-mêmes leur voyage consulteront aussi :

- la carte des Principales curiosités *(voir en introduction du guide)*
- la carte des Itinéraires de visite *(voir en introduction du guide)*
- la carte des Lieux de séjour *(voir en introduction du guide)*
- le tableau des Principales Manifestations touristiques *(en fin de volume).*

A savoir avant de partir

Adresses utiles

Offices de Tourisme – Pour organiser son voyage, rassembler la documentation nécessaire, vérifier certaines informations, s'adresser en premier lieu à l'**ENIT (Ente Nazionale Italiano per il Turismo)** :
à Paris, 23, rue de la Paix (2e), ☎ 01 42 66 03 96
à Bruxelles, 176, avenue Louise, ☎ (2) 64 71 741
à Zürick, Uraniastrasse 32, ☎ (01) 211 36 33.
On peut aussi se renseigner aux bureaux de la **Compagnie Italienne de Tourisme (C.I.T.)** qui a des délégués dans un certain nombre de grandes villes européennes ; à Paris : 3, boulevard des Capucines (2e), ☎ 01 44 51 39 51 ; consulter le Minitel 3617 ITALIE pour obtenir les coordonnées des CIT de Bordeaux, Cannes, Lille, Lyon, Marseille, Nantes, Nice et Saint-Étienne.
En Italie, dans une grande partie des capitales de province, il existe un Office départemental de Tourisme portant le nom de **A.P.T. (Azienda di Promozione Turistica)** ; dans d'autres provinces le nom est **E.P.T. (Ente Provinciale per il Turismo)** ; dans chaque station touristique, une **Azienda Autonoma di Soggiorno, Cura e Turismo (A.S.)**, qui fait office de Syndicat d'Initiative, fournit les renseignements touristiques nécessaires sur la localité elle-même.
Le guide Rouge Michelin Italia (hôtels et restaurants) donne les adresses des Offices de Tourisme des villes qu'il traite. On s'adressera de préférence à eux pour obtenir des renseignements plus précis sur une ville, une région, des manifestations touristiques ou des possibilités d'hébergement.
Le guide Rouge Italia donne également les adresses des bureaux de l'**Automobile Club Italien (A.C.I.)**.

Tourisme et handicapés : Un certain nombre de curiosités décrites dans ce guide sont accessibles aux personnes handicapées. Pour les connaître, voir le chapitre « Conditions de visite » en fin de volume où elles sont repérées par le symbole ♿.

Ambassades et consulats

France – Ambassade : à **Rome**, palais Farnese, piazza Farnese, ☎ (06) 68 60 11. Consulats à : **Florence**, piazza Ognissanti 2, ☎ (055) 23 02 556 ; **Milan**, Corso Venezia 42, ☎ (02) 79 43 41 ; **Naples**, piazza della Repubblica 2, ☎ (081) 76 12 275 ; **Rome**, via Giulia 251, ☎ (06) 68 80 21 52 ou 68 80 64 37 ; **Turin**, via Bogins 8, ☎ (011) 83 52 52 ; **Venise**, palazzo Clary, Zattere 1397, ☎ (041) 52 24 319.

Belgique – Ambassade : à **Rome**, via dei Monti Parioli 19, ☎ (06) 32 24 441. Consulats à : **Cagliari**, Via Alghero 35, ☎ (070) 66 68 64 ; **Florence**, via dei Servi 28, ☎ (055) 28 20 94 ; **Gênes**, via Intériano 5, ☎ (010) 58 96 92 ; **Milan**, via Vespucci 2, ☎ (02) 29 00 47 55 ; **Palerme**, via G. La Farina 3, ☎ (091) 25 12 88 ; **Turin**, via Ettore Perrone 14, ☎ (011) 54 25 13 ; **Venise**, San Marco 1470, ☎ (041) 52 24 124.

Suisse – Ambassade à : **Rome**, via Barnaba Oriani 61, ☎ (06) 80 83 641. Consulats à : **Gênes**, piazza Brignole 3/6, ☎ (010) 56 56 20 ; **Milan**, via Palestro 2, ☎ (02) 76 00 92 84 ; **Naples**, via Pergolesi 1, ☎ (081) 76 14 390 ; **Venise**, Dorsoduro 810 campo S. Agnese, ☎ (041) 52 25 996.

Comment se rendre en Italie

En voiture – Les voies d'accès pour l'Italie, hormis le passage côtier Menton/Vintimille, sont tributaires des cols et tunnels alpins. Les routes principales utilisent le col du Montgenèvre près de Briançon, le tunnel du Fréjus et le col du Mont-Cenis près de Saint-Jean-de-Maurienne, le col du Petit-Saint-Bernard près de Bourg-Saint-Maurice et le tunnel du Mont-Blanc près de Chamonix. Au départ de la Suisse, trois routes sont possibles : par le col ou le tunnel du Grand-Saint-Bernard, le col du Simplon, et celui du Saint-Gottard qui, via le Tessin et Lugano, permet d'accéder à la région des lacs lombards.
Pour définir l'itinéraire entre votre point de départ en France et votre destination en Italie, consultez les **cartes Michelin** *(voir ci-après, à la rubrique « La Voiture »)* et sur Minitel le **3615 code Michelin** ; outre l'itinéraire, ce service Minitel affiche le coût des péages sur le parcours français, le kilométrage total et le temps de parcours (ainsi que les sites touristiques et la sélection Michelin des hôtels, des restaurants et des terrains de camping).

En train – Les grandes villes italiennes sont reliées avec **Paris** par des trains de nuit fort pratiques : le Stendhal pour Milan (environ 10 h), le Rialto pour Venise (environ 12 h), le Galilée pour Florence (environ 12 h), le Palatino pour Rome (environ 15 h)

et le Napoli Express pour Naples (environ 20 h, via Gênes et Rome). Les grandes villes de province (comme Lyon, Nice, Bordeaux, Strasbourg...) et celles de Belgique et de Suisse sont également reliées par le chemin de fer à l'Italie. Partant de **Bruxelles**, l'Italia Express dessert les villes de Milan, Bologne, Florence et Rome. **Genève** est reliée quotidiennement à Milan.
Pour **Florence** et **Venise**, le train est le meilleur moyen de transport au moins pour un premier voyage, leur gare étant située dans le cœur même de la ville. Pour obtenir des **réductions**, penser à se renseigner auprès de la SNCF en France et des chemins de fer belge (SNCB) et suisse (CFF).

En avion – Les principales villes d'Italie sont reliées aux capitales et autres grandes villes de France, de Belgique et de Suisse. Se renseigner auprès des agences Air France, Sabena, Swissair et Alitalia de la ville de départ. Les aéroports desservis quotidiennement au départ de Paris sont ceux de Turin, Milan, Venise, Rome, Pise (Florence nécessite souvent un changement à Milan, mais il existe des trains directs entre l'aéroport de Pise et le centre de Florence : compter une heure pour le transfert), Bologne, Gênes (via Bruxelles), Naples, Cagliari en Sardaigne et Catane en Sicile ; vols non journaliers ou avec transit à Milan pour Vérone, Bari et Palerme. Outre les taxis, divers services de bus relient les aéroports au centre des villes. A Rome, l'aéroport de Fiumicino est également relié par le métro.

Par la mer – Reliées au reste de l'Italie par des navettes et des hydroglisseurs, les nombreuses **îles d'Italie** sont des destinations touristiques très fréquentées, surtout pendant l'été. Il est par conséquent conseillé de réserver avec beaucoup d'avance son billet, en particulier si l'on souhaite traverser également avec son véhicule ou voyager en cabine. Pour les jeunes ou les plus « sportifs », il existe la possibilité de faire la traversée sur le pont : une réservation est alors préférable mais non nécessaire (il est possible d'obtenir un billet en se présentant à l'embarquement quelques heures avant le départ).
Dans tous les cas, pour obtenir des informations détaillées, consulter le **Guide Rouge Michelin Italia** de l'année qui fournit les adresses, numéros de téléphone et durée indicative de la traversée.

Sicile – Les principales liaisons maritimes sont effectuées par la *Tirrenia Navigazione* pour les trajets :
- Reggio di Calabria/Messine, Catania ou Syracuse
- Gênes/Palerme, Catania ou Syracuse
- Cagliari/Palerme ou Trapani.

La société Grandi Traghetti effectue : Gênes/Palerme et Livourne/Palerme ; et la Société Caronte : Villa San Giovanni/Messine.

Sardaigne – Les principales liaisons sont également effectuées par la *Tirrenia Navigazione*, ainsi que la *Sardinia Ferries* et la *Grandi Traghetti*, soit :
- *Tirrenia Navigazione :* Civitavecchio/Cagliari, Olbia ou Arbatax ; Gênes/Cagliari, Olbia, Arbatax ou Porto Torres ; La Spezia/Olbia ; et Naples/Cagliari.
- *Sardinia Ferries* et *Grandi Traghetti :* Livourne/Golfo Arnaci.

Voir pour l'accès à la Sardaigne depuis la France : la page d'introduction réservée à cette île.

Iles mineures – L'**Elbe** est accessible depuis Piombino et Livourne, **Ponza** de Anzio, Formia et Terracina, **Capri** de Naples, de Sorrente et de Salerne, **Ischia** de Naples et de Pouzzole. Pour les îles non mentionnées, consulter le **guide Rouge Michelin Italia** de l'année.

Formalités d'entrée

Papiers d'identité – Pour un voyage de moins de 3 mois, il suffit aux citoyens de la Communauté Européenne d'être en possession d'une carte d'identité en cours de validité ou d'un passeport (éventuellement périmé depuis moins de cinq ans). Pour les mineurs, se renseigner auprès de la mairie ou du commissariat de Police.

Conducteurs – Permis de conduire à 3 volets ou permis de conduire international.

Documents pour la voiture – Outre les papiers du véhicule, il est recommandé de se munir d'une carte internationale d'assurance automobile, dite « **carte verte** ». Se renseigner auprès de sa propre compagnie d'assurances.

Assistance sanitaire – Afin de profiter d'une assistance médicale en Italie au même coût que dans leur pays d'origine, les citoyens de la CEE doivent se procurer le formulaire **E 111** avant leur départ (il en est de même pour les citoyens de la Principauté de Monaco). Les Français doivent s'adresser à leur centre de Sécurité Sociale. Pour les accidents d'auto, les Suisses jouissent de la Convention prévue par le formulaire ICH.

Animaux domestiques – Se munir d'un certificat vétérinaire de moins de dix jours prouvant que son animal de compagnie a été vacciné contre la rage depuis plus d'un mois et moins de onze.
Attention, les Italiens ont beaucoup moins d'animaux domestiques que les Français. Nombre d'établissements hôteliers et de terrains de camping ne les admettent pas : consulter le **guide Rouge hôtelier Michelin Italia** de l'année pour choisir un hôtel acceptant les chiens.

Vie pratique en Italie

Jours fériés – 1er et 6 janvier, dimanche et lundi de Pâques, 25 avril (anniversaire de la libération de 1945), 1er mai, 15 août (« Ferragosto »), 1er novembre, 8, 25 et 26 décembre. En outre, chaque ville fête son saint patron.

La poste – Les postes en Italie sont indépendantes du service des télécommunications, gérées par la CIT. Elles sont ouvertes de 8 h 30 à 14 h (12 h le samedi et le dernier jour du mois).

Téléphone – Les services téléphoniques sont gérés par Telecom Italia (l'ancien sigle SIP est encore visible sur certaines cabines téléphoniques). Chaque agence est équipée de **cabines publiques** permettant de régler son appel à la caisse.
Par ailleurs, et parallèlement aux cabines à pièces (ou encore pour certaines à jetons), dans les zones touristiques se généralisent les **cabines à carte** ; on peut se procurer ces cartes auprès des agences Telecom Italia ainsi que dans les bureaux de tabac (signalés par un panonceau à T blanc sur fond noir). Détacher l'angle prédécoupé (comme indiqué sur la carte elle-même) avant la première utilisation ; les cabines ne peuvent fonctionner si les 4 coins sont vierges.

Appels internationaux – Voir la page de garde du chapitre des « Renseignements pratiques ».

Appels d'Italie en Italie – A l'intérieur d'une ville et de sa circonscription, composer simplement le numéro du correspondant. Vers une autre ville, composer l'indicatif de cette ville (il commence toujours par 0) + le numéro du correspondant.

Numéros utiles :
12 : renseignements (appel gratuit depuis un téléphone public).
15 : appel en PCV.
112 : intervention d'urgence des carabiniers *(n'appeler qu'en cas de réelle nécessité).*
113 : police, Croix-Rouge, intervention sanitaire rapide *(n'appeler qu'en cas d'urgence absolue).*
115 : pompiers.
116 : secours routier de l'ACI (Automobile Club d'Italie).
En Italie, les communications sont moins chères à partir de 18 h 30 ; elles passent à demi-tarif entre 22 h et 8 h du matin, après 13 h 30 le samedi et toute la journée les dimanches et jours fériés.

Banques – Elles sont généralement ouvertes de 8 h 30 à 13 h 30 et de 15 h à 16 h, et fermées les samedis, dimanches et jours fériés.
On peut également changer de l'argent à la poste (sauf les chèques de voyage) et dans les agences de change. Une commission est toujours perçue.
Quelques appareils automatiques assurent également du change à partir de billets de banque français, belges ou suisses.

Cartes de crédit – Les paiements par carte sont de plus en plus possibles, les commerçants et les établissements hôteliers (tout particulièrement dans les grandes villes) s'étant équipés des appareils nécessaires. Le **guide Rouge Michelin Italia** signale les cartes de crédit acceptées par les hôtels et restaurants sélectionnés par ses soins, lorsque ces établissements permettent ce type de paiement. Attention, en Italie deux systèmes cohabitent : le « Bancomat » et la « carte de crédit » (ce qui explique que les Italiens ont pour la plupart deux cartes distinctes). Le **Bancomat** exige de taper son code personnel et retient une commission de 3 000 L par opération. En revanche, le système **carte de crédit** ne prend pas de frais et se distingue par la simple apposition de la signature sur le ticket de paiement. Il est donc conseillé de réclamer le paiement dit par *« Carta di credito »* lorsque quelqu'un vous réclame votre code, que ce soit à l'hôtel, au restaurant ou pour un achat, afin d'éviter la commission *Bancomat.*
En revanche, la délivrance de billets dans les distributeurs automatiques (nombreux dans toutes les grandes villes) n'est possible que par Bancomat. Cela dit, la commission de 3 000 L pour un retrait bancaire en lires est souvent inférieure à celle d'une commission de change, et le taux de Bancomat toujours plus intéressant.

Santé – Les pharmacies (« farmacia ») sont signalées par une croix rouge et blanche. Les jours de fermeture, on y trouve affichés les noms des médecins et de la pharmacie de garde.

Achats

Heures d'ouverture des commerces – Dans le centre des grandes villes, les magasins restent généralement ouverts à l'heure du déjeuner. Les autres adoptent l'horaire suivant : 9 h -12 h 30 et 15 h 30 -19 h 30. Beaucoup de magasins restent ouverts tard le soir dans les stations balnéaires.

Chaussures et confection – Avant même d'essayer, sachez que les tailles des vêtements italiens ne correspondent pas aux tailles françaises : retirez 2 tailles pour obtenir la taille française (un 44 italien correspond à un 40 français). A l'inverse, pour les pointures de chaussures ajoutez en une (un 37 italien correspond à un 38 français).

Vidéocassettes – Attention, les cassettes vidéo italiennes sont généralement enregistrées en PAL et non en SECAM (système adopté en France). Bien connaître les possibilités de son propre équipement (certains lisent les deux systèmes) avant de faire une acquisition.

La voiture

Cartes routières – Pour l'ensemble de l'Italie, utiliser la **carte Michelin** n° 988 à 1/1 000 000. Les **cartes Michelin**, n°s 218 et 219 à 1/200 000 seront un bon complément pour quelques fractions de l'Italie du Nord. Le pays est par ailleurs couvert par des **cartes Michelin** à 1/400 000 : n° 428 Italie Nord-Ouest, n° 429 Italie Nord-Est, n° 430 Italie Centre, n° 431 Italie Sud, n° 432 Sicile et n° 433 Sardaigne. Le **Touring Club Italien (T.C.I.)**, corso Italia 10, 20 122 Milano, ☎ (02) 85 26 72 à Milan, édite notamment des cartes à 1/200 000 couvrant les différentes régions du pays.

Limitation de vitesse – Sur autoroute, la vitesse est limitée à 130 km/h (100, si l'on possède le permis depuis moins de 3 ans). Sur route, la vitesse maximale autorisée est de 90 km/h, en agglomération, de 50 km/h.

Ceinture de sécurité – Elle est obligatoire à l'avant et à l'arrière du véhicule.

Avertissements routiers – Pour les indications routières les plus communes, consulter le lexique en dernière page.

Parking – Il est fréquent de trouver des parkings surveillés par des **gardiens**, en particulier dans la région de Naples. Se renseigner sur les tarifs avant de se garer, afin d'éviter toute surprise en partant. Il est cependant conseillé, dans le Sud, d'accepter ces conditions plutôt que de laisser sa voiture sans surveillance.
Dans de nombreuses villes, de grands panneaux rectangulaires portant l'inscription **« Zona a traffico limitato riservata ai veicoli autorizzati »** ceinturent le centre historique. Ils signalent le début d'une zone à trafic limité (réservée aux véhicules autorisés) : éviter de pénétrer dans ces secteurs anciens, aux rues généralement très étroites, voire sans trottoirs, et se garer impérativement en dehors.

Carburant

Super = essence super.

Senza piombo = essence sans plomb, indice d'octane 95. L'essence sans plomb est parfois dénommée **Euro Plus**.
Sur les **routes**, les stations-service ferment généralement de 12 h 30 à 15 h.

Indications touristiques – Lorsque vous circulez en voiture en Italie, les curiosités touristiques sont portées à votre attention par des panneaux de signalisation à fond jaune.

Appareils électriques – La tension est la même qu'en France (220 V), mais l'écartement des prises de branchement varie parfois quelque peu par rapport aux normes françaises : il est recommandé en conséquence de se munir d'un adaptateur.

Heure – L'Italie est à la même heure que la France, la Belgique et la Suisse, et applique l'heure d'été aux mêmes dates. Les italiens appellent l'heure d'été « heure légale », l'heure d'hiver « heure solaire ».

Les plages – Dans certaines régions d'Italie particulièrement fréquentées – Ligurie, côte toscane, côte adriatique... –, des plages payantes (souvent très propres et d'un confort particulièrement remarquable) peuvent alterner avec des plages libres moins bien entretenues que les premières.

Hébergement

Guide Rouge Michelin Italia – Mis à jour chaque année, il recommande un large choix d'hôtels établi après visites et enquêtes sur place. Il indique également les établissements où les chambres sont facilement accessibles aux handicapés physiques.
Ne pas oublier que :
– les établissements se distinguant dans le guide par des symboles en rouge offrent un séjour particulièrement agréable ou reposant
🙠 signale les hôtels tranquilles
🙠 signale les établissements simples mais convenables.

Agritourisme – C'est ce qui correspond à nos gîtes ruraux. La formule prévoit, dans la plupart des cas, l'hébergement et la possibilité de goûter aux produits et spécialités de la ferme. Renseignements auprès de l'**Associazione nazionale per l'Agriturismo, l'Ambiente e il Territorio**, corso Vittorio Emanuele 101, 00186 Rome, ☎ (06) 65 12 342 ou 65 121. Pour avoir les coordonnées et caractéristiques des gîtes, se procurer dans toute bonne librairie italienne les guides : **Turismo Verde** (réalisé par la Confederazione Italiana Agricoltori, ☎ (06) 36 12 803) ou **Vacanze Natura** (par l'Associazione Terranostra, ☎ (06) 46 821).

Auberges de jeunesse – En Italie, on les nomme *Ostelli della Gioventù.* Certaines délivrent la carte annuelle internationale des Auberges de Jeunesse, mais il est plus prudent de se la procurer auprès de la FUAJ (Fédération unie des auberges de jeunesse, reconnue par la Fédération Internationale) : 27, rue Pajol, 75018 Paris, ☎ 01 44 89 87 27. 70 F jusqu'à 25 ans, 100 F au-delà, 100 F pour les familles dont au moins un membre a moins de 14 ans, 250 F pour les groupes d'au moins 10 personnes.
On peut également obtenir des informations auprès de la Ligue française des A. J., 38, boulevard Raspail, 75007 Paris, ☎ (01) 45 48 69 84, Minitel 3615 Auberge de Jeunesse. Se renseigner à ce numéro pour obtenir les coordonnées des antennes régionales.

Camping-Caravaning – Il suffit, pour planter sa tente, de demander l'autorisation au propriétaire du terrain. Il existe en Italie de nombreux camps aménagés. Renseignements auprès de la Fédération Italienne du Camping et du Caravaning : boîte postale 23, 50041 Calenzano. Siège : via Vittorio Emanuele, 11, à Calenzano. ☎ (055) 88 23 91.
Cette fédération édite annuellement une carte des terrains de camping italiens avec la liste des terrains accordant une réduction aux titulaires du Carnet Camping International, ainsi qu'un guide *Campeggi e villaggi turistici in Italia* en coopération avec le Touring Club Italien.

Forfaits intéressants – Pour des séjours courts dans des villes données, ne pas hésiter à consulter une agence de voyages pour obtenir un forfait train + hôtel ou avion + hôtel. Une carte permettant d'accéder à divers musées de la ville peut également faire partie du forfait.

Restauration

Le repas

Comment se compose un repas italien – Le repas traditionnel se compose d'un **antipasto** ou hors-d'œuvre (crudités, charcuterie, légumes confits, etc.) ; d'un **primo** (primo piatto : le premier plat), essentiel, que sont le riz, mais surtout les pâtes sous toutes leurs formes et accommodées de multiples façons ; d'un **secondo** (viande ou poisson) que l'on peut accompagner d'un **contorno** (légume ou salade). Après le fromage – **formaggio** –, sont servis les fruits ou **frutta**, ainsi que de nombreux desserts : gâteau ou **dolce**, glace ou **gelato**, gâteau glacé ou **semifreddo**.

Boisson – L'**eau** se consomme peu en carafe (on peut néanmoins demander « acqua naturale ») mais plutôt en bouteille ; on demande alors de l'« acqua minerale », sans préciser de marque, « non gassata » (plate) ou « gassata » (gazeuse). Les **vins** se commandent à la carte, mais de nombreux établissements proposent du vin en pichet lorsque l'on souhaite moins d'une bouteille (demander du vin « in caraffa » ou « **vinosfuso** », en précisant *un quart* – « un quartino » – ou *un demi-litre* « mezzo litro ») ou la cuvée du patron (« vino della casa »). Quant à la **bière**, elle peut être servie en bouteille ou à la pression (« alla spina ») ; les principales marques italiennes sont : Moretti, Forst, Peroni...

Petit dictionnaire des pâtes les plus courantes

Cannelloni : gros tubes farcis de ragout ou d'une autre sauce.
Farfalle : pâtes en forme de papillon.
Fettuccine : tagliatelle romaines (légèrement plus étroites).
Fusilli : petites pâtes en spirale.
Lasagne : larges feuilles de pâtes que l'on prépare en superposant plusieurs fois pâtes, ragout à la sauce tomate et parmesan, le tout passé au four.
Maccheroni : pâtes en forme de petits tubes.
Ravioli : petits coussinets fourrés à l'intérieur de ragout ou d'épinards.
Spaghetti : le grand classique, pâtes fines et longues.
Tagliatelle : rubans de pâtes étroits et longs.
Tortellini : pâtes enroulées sur elles-mêmes garnies de viandes ou de fromage et servies dans un bouillon.

Le café

Grande spécialité des Italiens, qui semble-t-il le torréfient légèrement plus que les Français, le café se boit à toute heure. L'**espresso** correspond à notre express : il est particulièrement serré et remplit juste le fond de la tasse. Si l'on préfère un café un peu plus long, de l'ordre de l'express français, demander alors un « **caffè lungo** ». Le café « **corretto** » est « corrigé » d'eau-de-vie. Le « **caffè latte** » est un simple café au lait, différent du café « **macchiato** » servi dans une petite tasse et simplement « taché » de lait. Le **cappuccino** (ou cappuccio) enfin se rapproche du café crème quoique le lait soit battu en mousse et saupoudré à volonté de cacao.

Le sucre en morceaux est très peu utilisé en Italie : ne pas s'étonner par conséquent de ne trouver que du sucre en poudre au comptoir des bars (présenté généralement dans de magnifiques récipients oblongs à couvercle, fréquemment en argent, où chacun se sert grâce à une cuillère à long manche).

En règle générale, dans les bars, on paye d'abord sa consommation à la caisse, et ensuite seulement, muni du ticket, on peut commander au comptoir auprès du serveur qui ne manipule pas d'argent.

G. del Magro/SIPA PRESS

Les glaces

Réputées à travers le monde, les glaces et sorbets italiens – **« gelati »** – participent au plaisir des vacances. Outre les sorbets les plus originaux, quelques parfums sont peu connus des Français : la **stracciatella** est une glace au lait relevée de pépites de chocolat ; **gianduia** fait référence à de petits chocolats au lait, oblongs et fondants, parfumés à la noisette ; **bacio** est une glace au chocolat au lait, **fior di latte** (ou **panna** qui lui ressemble énormément) simplement à la crème de lait ; sans oublier la **cassata**, proche de notre plombière et **crema** une crème jaune parfumée de vanille.

Le **tiramisù** est un gâteau glacé ou « semifreddo », parfumé au café.

Les sandwichs

A la différence de la France, la garniture d'un sandwich n'a rien de vraiment traditionnel. On ne peut pas dire que l'on trouvera imperturbablement un jambon beurre ! Premier point, faites un deuil du beurre (un mince filet d'huile rendra tout aussi onctueux votre pain) et savourez la dentelle de jambon cru ou cuit – **« prosciutto crudo »** ou **« cotto »** – assaisonnée de cœurs d'artichauts, de tomates, de petits champignons ou d'épinards. La mortadella est également fréquente. Vous trouverez parfois des anchois, sans parler des fromages frais du style mozzarella ou stracchino... Bref n'hésitez pas à prendre tout votre temps pour choisir ce que vous verrez exposé derrière une petite vitrine (comme chez nos pâtissiers) déjà tout préparé ou en mesure de l'être selon votre goût (bocaux et charcuterie à la coupe pourront répondre à votre envie du moment).

Ne vous laissez pas surprendre par les différents types de « pain ». Généralement plus petits, les sandwichs italiens se présentent principalement sous trois formes :

- la **schiacciata** ou **focaccia** : sandwich à base d'onctueuses galettes à l'huile, légèrement salées, de large diamètre et se présentant fréquemment comme des parts de gâteau.
- le **tramezzino** : sandwich triangulaire fait avec du pain de mie coupé en diagonale.
- le **panino** : tout simplement préparé avec un petit pain rond ou long.

N'oubliez pas non plus qu'un **« taglio di pizza »** peut faire l'affaire : la pizza dans les bars est effectivement préparée sur de grandes plaques de métal et donc vendue à la part (taglio).

G. Thouvenin/EXPLORER

Sports et loisirs

Pour ceux qui veulent allier une activité sportive à un séjour en Italie, voici quelques adresses où se documenter :

Canoë-Kayac – Federazione Italiana Canottaggio, viale Tiziano 70, 00196 Roma. ☎ (06) 36 851.

Chasse – Federazione Italiana della Caccia, viale Tiziano 70, 00196 Roma. ☎ (06) 32 33 779.

Cyclotourisme – Associazione Ciclista Italiana, settore cicloturismo, Stadio Olimpico, curva Nord, cancello L, porta 91, 00194 Foro Italico, Roma. ☎ (06) 36 851.

Excursions à pied et alpinisme – Tant les Alpes que les Apennins présentent un bon réseau de parcours et sentiers de diverses difficultés. Federazione Italiana Europea di Turismo pedestre, via Salgari 1, 16156 Genova – Pegli. ☎ (010) 69 70 793.

Pêche – Federazione Italiana Pesca Sportiva, Sezione Provinciale di Roma, piazza Emporio 16/a, 00153 Roma. ☎ (06) 57 55 253.

Randonnées – Federazione Italiana – Europea di Turismo Pedestre, via Salgari 1, 16156 Genova-Pegli. ☎ (010) 69 70 793.

Spéléologie – Società Speleologica Italiana, via Zamboni 1, 40127 Bologna. ☎ (051) 35 45 47.

Sports d'hiver – Federazione Italiana Sport Invernali, viale Olimpiadi, 00194 Roma. ☎ (06) 32 21 16 31.

Tourisme équestre – Associazione Nazionale Turismo Equestre, via Borelli 5, 00161 Roma. ☎ (06) 44 41 179.

Voile et planche à voile – Federazione Italiana Vela, viale Brigata Bisagno 2, 16129 Genova. ☎ (010) 48 94 31.

Thermalisme

L'Italie est, depuis les Étrusques, un but privilégié pour qui veut profiter des vertus thérapeutiques des eaux thermales, partout présentes dans le pays.
L'agrément d'un tel séjour réside également dans les multiples distractions offertes : le « curiste-touriste » pourra en effet bénéficier des soins et d'un repos réparateur tout en appréciant les richesses naturelles et artistiques des environs.
Chaque source thermale possède ses propres caractéristiques, selon les types d'affections.
Renseignements auprès de l'**Office National Italien du Tourisme** (ENIT) : à Rome, via Marghera 2, 00185 Roma, ☎ (06) 49 711 ; à Paris, 23, rue de la Paix, 75002 Paris, ☎ (01) 42 66 66 68 ; à Nice, 14, avenue de Verdun, 06048 Nice, ☎ (04) 93 87 75 81.

A la découverte de l'Italie

Il existe en Italie un réseau autoroutier suffisamment structuré pour permettre de parcourir très rapidement le pays tout entier. Le réseau routier, extrêmement dense, peut favoriser quant à lui la découverte d'itinéraires se déroulant loin des grands axes commerciaux et touristiques.

Les voies romaines

On peut être surpris, lorsqu'on voyage en Italie, à l'idée que les routes suivent souvent le tracé des anciennes voies romaines.
La **via Appia**, dont la construction fut entreprise en 312 avant J.-C., allait, au moment de sa plus grande extension, de Rome à Brindisi. Il n'en reste plus qu'un court tronçon, limité aux abords immédiats de la capitale.
La **via Aurelia** (241 avant J.-C.) reliait Rome et Arles, en passant par Gênes. C'est aujourd'hui la SS1, appelée « Aurelia » et que l'on peut parcourir à partir de Vintimille.
La **via Cassia**, pavée au 2e s. avant J.-C., traversait l'Étrurie, de Rome à Arezzo. Par la suite, elle fut prolongée jusqu'à Florence et Modène. L'actuelle SS 2, qui porte le même nom, relie Rome et Florence.

La **via Emilia** (187 avant J.-C.), qui allait de Rimini à Plaisance a donné son nom à l'Émilie. Sous l'Empire, elle fut prolongée jusqu'à Aoste et Aquileia. L'actuelle Via Emilia suit très exactement le tracé antique.
La **via Flaminia** (220 avant J.-C.) conduisait de Rome à Rimini. C'est aujourd'hui l'une des artères modernes de la Ville Éternelle.

Les parcs naturels

Les parcs nationaux constituent par excellence le but d'un voyage privilégiant le contact avec la nature par rapport au tourisme proprement dit.

Grand-Paradis – Il s'étend entre le Val d'Aoste et le Piémont. *Voir à AOSTA.*

Parc du Stelvio – Il englobe le massif de l'Ortles-Cevedale et s'étend sur les provinces de Bolzano, de Trente, de Sondrio et de Brescia. On y accède, soit à partir de la Lombardie en empruntant la SS 38 qui permet de gagner Bormio, soit à partir du Trentin en empruntant l'autoroute puis la SS 43 et en poursuivant jusqu'à Rabbi.

Monti dell'Uccelina – Situés au cœur de la Maremme, ils sont accessibles par l'autoroute A 12 en direction de Grosseto. Après cette ville, poursuivre en direction d'Alberese ou de Talamone.

Parc national des Abruzzes – *Voir à Appennino ABRUZZESE.*

Parc national du Circeo - *Voir à TERRACINA.*

Parc national de Calabre – Il couvre les massifs boisés de la Sila et de l'Aspromonte. Sortir de l'autoroute A 3 à Cosenza ou à Reggio di Calabria. *Voir aussi à CALABRIA.*

Comment voyager

Pour compléter l'aperçu donné, sur les différentes régions d'Italie, en début de volume dans l'Introduction au voyage, nous attirons ici l'attention sur quelques grandes destinations, pôles d'attraction du tourisme international.

Venise – Il est conseillé de s'y rendre en train. Garantie de dépaysement, celui-ci traverse la lagune vers 7 h 30 le matin, au moment du réveil, et conduit le voyageur à la gare de Santa Lucia, au bord du Grand Canal, à quelques mètres d'une station de vaporetto.
On peut bien entendu gagner la ville en avion ou en voiture (par la SS 11), mais ces modes de transport obligent à transiter par le piazzale Roma, toujours encombré, où on est contraint de laisser son véhicule (soit dans le parking du piazzale lui-même, soit au Tronchetto) et où la première vision de la Sérénissime est moins enchanteresse.
Venise est belle en toute saison, toutefois il est préférable de la découvrir au printemps avant qu'elle ne connaisse son plus grand afflux touristique, ou en automne lorsqu'elle est rendue aux Vénitiens.

Toscane – Région maritime et montagneuse, elle se caractérise surtout par la douceur de sa campagne peuplée de petites villes souvent encore hérissées de tours et qui ont donné ses lettres de noblesse à l'art et à la langue italienne.
On atteint rapidement **Florence** grâce à l'autoroute A1 Milan-Rome, ou, si l'on vient de la côte, par l'autoroute A 11. Toutefois, le train est à privilégier, la gare de Santa Maria Novella se trouvant au cœur de la ville et l'étroitesse des rues créant de permanents embouteillages et une quasi-impossibilité à se garer.
Il est en revanche particulièrement agréable de parcourir en voiture la campagne florentine, ou encore d'effectuer des excursions dans les collines du Chianti, le massif de l'Argentario ou la Maremme.

Golfe de Naples – Évocateur de soleil, de mer bleue et de chansons immortelles, il embrasse dans son immensité les célèbres îles de Capri, Ischia et Procida, reliées à Naples par bateaux ou par hydroglisseurs (« aliscafi ») que l'on prend au Molo Beverello ou à Margellina.
Naples, l'une des villes les plus hautes en couleur d'Italie, se trouve sur le trajet des autoroutes (A 1, A 2, A 3) Milan-Rome – Rome-Reggio di Calabria. Elle est également desservie par l'aéroport de Capodichino et par une gare de chemin de fer. Avant de prendre un taxi, convenir du prix du parcours.

Les Dolomites – Le spectaculaire massif aux typiques reliefs en forme d'aiguilles qui s'étend sur le Trentin-Haut Adige et la Vénétie est un but touristique en été comme en hiver, grâce aux multiples possibilités d'activités sportives qu'il offre : ski, alpinisme, randonnées, promenades... On peut aussi y passer quelques jours de vacances itinérantes en altitude, de refuge en refuge.
La cuisine, simple mais savoureuse, contribue à l'agrément du séjour : « speck », asperges et « polenta alla montanara » arrosés d'un délicieux Asiago, et, pour finir, les délicats fruits des bois.
On l'aborde en empruntant les autoroutes A 4 et A 22 (du Brenner).
Renseignements auprès des A.P.T. des principales villes, notamment celles de Bolzano (☎ 04 71/99 38 08), Belluno (☎ 04 37/94 00 83), Cadore (☎ 04 35/93 59) et Cortina d'Ampezzo (☎ 04 36/32 31).

Promeneurs, campeurs, fumeurs... soyez prudents !
Le feu est le plus terrible ennemi de la forêt.

Quelques livres, musiques, films

Ouvrages généraux, tourisme

L'Italie ; La Toscane et Florence *(Larousse, coll. Monde et Voyages)* ; **Toscane**, par S. Romano ; **Venise**, par J. Marabini *(Le Seuil, coll. Points Planète).*

Rome ; Toscane *(Autrement, Série Monde).*

Italie : terre de tous les rêves *(Soline).*

L'Italie, Florence, Rome, la Toscane, Venise vue du ciel *(Gallimard, coll. vue du ciel).*

Sardaigne sans cagoule, par M. Brandon-Albini *(Éditions J. Subervie, Rodez).*

Histoire, civilisations, économie

Les Étrusques : la fin d'un mystère, par J.-P. Thuillier ; **A la recherche de la Rome antique**, par C. Moatti ; **Pompéi, la cité ensevelie**, par R. Étienne *(Découvertes, Gallimard).*

La Vie quotidienne chez les Étrusques, par J. Heurgon ; **à Rome**, par J. Carcopino et **à Pompéi**, par R. Étienne ; **à Florence au temps de Dante**, par P. Antonetti ; **au Vatican sous Jean Paul II**, par J. Chelini *(Hachette).*

Histoire de Venise, par C. Bec *(P.U.F. : coll. Que sais-je ?).*

La République de Venise, par C.-Diehl *(Flammarion, coll. Champs).*

La République du lion : histoire de Venise, par A. Zorzi *(Perrin).*

Garibaldi ou la force d'un destin, par M. Gallo *(Fayard).*

L'Économie de l'Italie, par F. Gay et P. Wagret *(P.U.F., coll. Que sais-je ?).*

Art

L'Art italien, par A. Chastel *(Flammarion).*

Les Étrusques et l'Italie avant Rome – Rome, la fin de l'art antique, par R. Bianchi/Bandinelli *(Gallimard, coll. L'univers des Formes, Le Monde romain).*

Abruzzes Molise romans ; Calabre Basilicate romans ; Campanie romane ; Émilie romane ; Lombardie romane ; Marches romanes ; Ombrie romane ; Pouilles romanes ; Rome et Latium romans ; Toscane romane ; Vénétie romane *(Zodiaque, coll. La Nuit des temps, diff. Desclée De Brouwer).*

Villas et jardins de Toscane, par S. Bajard et R. Bencini *(Terrail).*

L'Architecture de la Renaissance italienne, par Peter Murray *(Thames & Hudson. coll. L'Univers de l'Art).*

Littérature

I. Calvino : ***Contes populaires Italiens*** *(De Noël)* – 4 volumes.

E. Charles-Roux : ***Oublier Palerme*** *(Grasset)* – Une enfance sicilienne *(Coll. Livre de Poche, Grasset).*

A. Curvers : ***Tempo di Roma*** *(Actes Sud).*

M. Déon : ***Je vous écris d'Italie...*** *(Gallimard, coll. Folio).*

D. Fernandez : les ouvrages de ce spécialiste de l'Italie sont en quasi-totalité consacrés au comportement profond des habitants de ce pays et à sa civilisation.

J. Giono : ***Voyage en Italie*** *(Gallimard, coll. Folio).*

G. Ledola : ***Padre Padrone*** *(Gallimard, coll. Témoins).*

C. Malaparte : ***La Peau*** *(Gallimard, coll. Folio).*

E. Morante : ***La Storia*** *(Gallimard, coll. Folio).*

R. Peyrefitte : ***Du Vésuve à l'Etna*** *(Coll. Le Livre de Poche).*

D. Rea : ***Cancer baroque*** *(Actes sud).*

L. Sciascia : une grande partie de son œuvre a pour thème l'analyse de l'âme sicilienne et du contexte politique et social italien.

Stendhal : c'est sans doute l'auteur français dont les ouvrages sont le plus imprégnés de l'Italie ***(Promenades dans Rome ; Rome, Naples et Florence ; Chroniques italiennes...).***

A. Suarès : ***Voyage du condottiere*** *(Granit)* – Temples grecs, maison des dieux *(Granit).*

R. Vailland : ***La Loi*** *(Gallimard, coll. Folio).*

B. Visage : ses romans explorent la Sicile énigmatique et Palerme fastueuse et ruinée.

Voir aussi le chapitre LITTÉRATURE, en introduction.

Musique

Jean-Sébastien Bach, ***Concerto italien***

Paganini, **Variations sur le Carnaval de Venise**

Félix Mendelssohn, **La symphonie italienne**

Franz Liszt, 2e et 3e livre des **Années de pèlerinage** consacrés à l'Italie, le poème symphonique : **Dante symphonie, La légende de Saint François d'Assise**

Hector Berlioz, **Benvenuto Cellini**

Gustave Charpentier, **Les impressions d'Italie** Piotr Tchaïkovski, Capriccio italien, Souvenir de Florence

Ottorino Respighi, **Fontaines de Rome, Pins de Rome, Triptyque botticellien, Fêtes romaines** Toute la musique baroque écrite pour les castrats napolitains (aujourd'hui interprétée par des haute-contre)

Tout le répertoire de chansons populaires napolitaines : 'O sole mio, Marechiare, Core'ngrato, Santa Lucia Luntana, Funiculì Funiculà, Anema e Core, Torna a Surriento...

Films

Pour l'évocation de la Rome antique, de nombreux péplums ont été réalisés : **Quo Vadis** de Mervyn Le Roy (1951), **Jules César** de Joseph Mankiewicz (1953), **Ben Hur** de William Wyler (1959), **Les Derniers Jours de Pompéi** de Mario Bonnard (1959), **Spartacus** de Stanley Kubrick (1960)...

1949, **Stromboli** de Roberto Rossellini

1950, **Les Amants de Capri** de William Dieterle (Naples et ses environs)

1951, **Le Petit Monde de Don Camillo** de Julien Duvivier (dans un village de la plaine du Pô). Film suivi de trois autres mettant de nouveau en scène Don Camillo et Peppone.

1953, **Vacances romaines** de William Wyler

1953, **Les Vitelloni** de Federico Fellini

1954, **Vacances à Venise** de David Lean

1960, ***L'Avventura*** d'Antonioni (Îles Lipari et Sicile)

1960, **Le Bel Antonio** de Bolognini (Catane)

1969, **Casanova, un adolescent à Venise** de Luigi Comencini

1970, **Les Conspirateurs** de Luigi Magni (Rome au 19e s.)

1970, **Mort à Venise** de Luchino Visconti

1971, **Fellini-Roma** de Federico Fellini

1975, **Cadavres exquis** de Francesco Rosi (Sicile)

1976, **1900** de Bernardo Bertolucci (Italie de 1900 à 1945)

1976, **Casanova de Fellini** de Federico Fellini

1976, **Âmes perdues** de Dino Risi (Venise)

1978, **L'Arbre aux sabots** d'Ermanno Olmi (Lombardie du 19e s.)

1979, **Le Christ s'est arrêté à Eboli** de Francesco Rosi (Campanie)

1984, **Cent jours à Palerme** de Giuseppe Ferrara

1985, **Chambre avec vue** de James Ivory (Florence et ses environs)

1987, **Les Lunettes d'Or** de Giuliano Montaldo (Ferrare)

1987, **Le Ventre de l'architecte** de Peter Greenaway (Rome)

1988, **Domani, Domani** de Daniele Luchetti (Toscane)

Voir aussi le chapitre CINÉMA, en introduction.

Quelques Lions d'Or du Festival de Venise

1948, *Hamlet* de Laurence Olivier
1949, *Manon* d'Henri Georges Clouzot
1952, *Jeux Interdits* de René Clément
1960, *Le Passage du Rhin* d'André Cayatte
1961, *L'Année dernière à Marienbad* d'Alain Resnais
1965, *Sandra* de Luchino Visconti
1967, *Belle de jour* de Luis Bunuel
1980, trois ex æquo : *Gloria* de John Casavetes, *Atlantic city* de Louis Malle et *Alexandre le Grand* de Théodore Anghelopoulos
1981, *Les Années de plomb* de Margareth von Trotta
1992, *Qui Ju* de Zhang Yimou
1993, *Trois couleurs : bleu* de Kieslowsky

Principales manifestations

30 et 31 janvier

Aoste .... Foire de Sant'Orso : vente des produits de l'artisanat valdotain.

Fin janvier, février

Viareggio .... Carnaval : grands défilés de personnages masqués : manifestations folkloriques.

Février

Venise .... Grand carnaval (période précédant le Carême, avec clôture le Mardi gras). *Renseignements auprès de l'Azienda di Soggiorno, Palazzo Martinengo, San Marco 4089 - 30100 Venezia ; ☎ (041) 522 61 10.*

Dernier vendredi de carnaval

Vérone .... Bacchanale carnavalesque du Gnocco : cortèges de personnages masqués et concours de chars ; des gnocchi, confectionnés sous un baldaquin dressé devant l'église San Zeno, sont offerts aux autorités et à la foule.

1er avril

Saint-Marin .... Investiture des régents de la ville.

Semaine sainte (jeudi et vendredi)

Tarente .... Grandes processions.

Dimanche de Pâques

Florence .... Scoppio del Carro : dans la matinée, sur la piazza del Duomo, explosion d'un char provoquée par une colombe glissant sur un fil, à partir du maître-autel de la cathédrale.

Sulmona .... Fête de la « Madonna che scappa in Piazza ».

Du mercredi au dimanche après Pâques »

Lorette .... Festival international de musique sacrée.

De fin avril à début juillet

Florence .... Mai musical florentin : nombreuses manifestations artistiques (concerts, spectacles d'opéras, de ballets...). Programme disponible à l'Azienda di Soggiorno, via de'Tornasuoni n° 15, Firenze ; ☎ (055) 21 65 44.

Vers le mois de mai

Taormine .... Fête du Costume et du Char siciliens.

1er mai

Cagliari .... Fête de Sant'Efisio.

Début mai

Naples .... Fête du Miracle de saint Janvier, à l'intérieur de la cathédrale.

1re semaine de mai

Assise .... Calendimaggio.

Du 7 au 9 mai

Bari .... Fête de Saint-Nicolas : le 7, grand cortège ; le 8, messe et procession sur le rivage, la statue du saint est emmenée au large.

15 mai

Gubbio .... Course des Ceri.

Avant-dernier dimanche de mai

Sassari .... Cavalcata Sarda.

Dernier dimanche de mai

Gubbio .... Palio de l'Arbalète : compétition de tireurs, sur la piazza della Signoria.

Fête Dieu

Spello .... « Le Infiorate » : spectacle de fleurs et de plantes aromatiques ornant les rues de la ville (figures, motifs décoratifs et liturgiques).

1re quinzaine de juin, les années paires

Venise .... Biennale des Arts. *Renseignements auprès du Comité de la Biennale à Venise.* ☏ *(041) 521 87 11.*

16 et 17 juin

Pise .... Luminaria di San Ranieri : le 16 au soir, illumination de l'Arno et des quais ; le 17 fête de saint Rainier.

24 juin

Florence .... Calcio Storico Fiorentino : partie de ballon sur la piazza della Signoria, s'accompagnant de magnifiques défilés en costumes du 16e s. ; feux d'artifice tirés du piazzale Michelangiolo.

Dernier dimanche de juin

Pise .... Jeux sur le Ponte di Mezzo. ☏ (050) 56 04 64.

Dernière semaine de juin - 1re quinzaine de juillet

Spolète .... « Festival dei Due Mondi » : festival international de théâtre, de musique et de danse.

De début juillet à fin août

Vérone .... Été théâtral et saison lyrique, dans l'amphithéâtre romain. *Renseignements auprès de l'Azienda di Soggiorno, 6, via Dietro Anfiteatro - 37100 Verona ;* ☏ *(045) 59 28 28.*

2 juillet

Sienne .... Palio delle Contrade.

16 juillet

Naples .... Fête de Santa Maria del Carmine (faux embrasement du campanile).

3e samedi de juillet

Venise .... Fête du Rédempteur, dans la nuit du samedi au dimanche, à la Giudecca.

1er dimanche d'août

Ascoli Piceno .... Tournoi chevaleresque de la Quintana : défilé des représentants des différents quartiers, en costumes du 15e s. ; attaque d'un mannequin par des cavaliers.

14 août

Sassari .... Fête des Cierges.

16 août

Sienne .... Palio delle Contrade.

29 août et dimanche précédent

Nuoro .... Fête du Rédempteur.

Fin août-début septembre

Venise .... Festival international du Cinéma, au Lido. Information auprès de la Biennale di Venezia : ☏ (041) 521 87 11.

Dernier dimanche d'août et 1er dimanche de septembre

Arezzo .... Joute du Sarrasin.

1er dimanche de septembre

Venise .... Régate historique sur le Grand Canal.

7 septembre

Florence .... Fête des Rificolone (lanternes en papier colorié) ; manifestations musicales et folkloriques, dans les différents quartiers.

7 et 8 septembre

Loreto .... Fête de la Nativité de la Vierge.

Du 8 au 12 septembre

Naples .... Fête de la Madonna di Piedigrotta.

2e vendredi, samedi et dimanche de septembre, les années paires

Marostica .... Partita a Scacchi (partie d'échecs géante).

2e dimanche de septembre

Asti .... Festival des « Sagreartigiane » : nourriture offerte en plein air aux visiteurs.

Sansepolcro .... Palio della Balestra : concours de tir à l'arbalète, en costumes du Moyen Âge.

Mi-septembre et pour une dizaine de jours

Asti .... Fête du vin (« Douja d'Or »).

13 septembre

Lucques .... Luminara di Santa Croce, à partir de 20 h.

2e et 3e dimanches de septembre

Foligno .... Jeu de la Quintana. La veille, cortèges de personnages en costumes du 17e s.

De la mi-septembre à la mi-octobre, les années impaires

Florence .... Biennale des Antiquaires, au palais Strozzi.

19 septembre

Naples .... Fête du Miracle de saint Janvier, dans le Duomo.

1er octobre

Saint-Marin .... Investiture des régents de la ville.

10 décembre

Loreto .... Fête de la Translation de la Santa Casa.

Noël-Épiphanie

Naples .... Crèches caractéristiques, dans les églises de la ville.

S. Chirol

Arezzo - Joute du Sarrasin

Conditions de visite

En raison des variations du coût de la vie et de l'évolution incessante des horaires d'ouverture de la plupart des curiosités, nous ne pouvons donner les informations ci-dessous qu'à titre indicatif.

Ces renseignements s'appliquent à des touristes voyageant isolément et ne bénéficiant pas de réductions. Pour les groupes constitués, il est généralement possible d'obtenir des conditions particulières concernant les horaires ou les tarifs, avec un accord préalable.

Lorsqu'il nous a été impossible d'obtenir des informations à jour, les éléments figurant dans l'édition précédente ont été reconduits. Dans ce cas ils apparaissent en italique.

Soyez matinaux : beaucoup de musées sont fermés l'après-midi et les églises respectent pour la plupart la coupure de la sieste.

N'hésitez pas à téléphoner avant d'entreprendre un périple : le patrimoine italien est considérable et de nombreuses restaurations de monuments ont lieu un peu partout, certaines pouvant durer plusieurs années.

La liste des **principaux jours fériés légaux** *figure au chapitre* « Vie pratique en Italie » *des Renseignements Pratiques.*

Notez que certains **musées** *risquent aussi d'être en totalité ou en partie fermés temporairement pour restauration ou manque de personnel. Les* **églises** *ne se visitent pas pendant les offices.*

Durant la semaine des biens culturels (qui a lieu courant décembre), la visite de nombreux monuments est gratuite

Visite d'église *: il est assez fréquent de rencontrer à l'entrée des églises des panneaux exigeant une tenue correcte pour la visite du monument. Le port du short est donc déconseillé, de même que les tee-shirts sans manches.*

Téléphone *: les numéros de téléphone sont précédés d'un indicatif interurbain (« prefisso »), indiqué entre parenthèse ; ne pas faire le zéro à partir de l'étranger.*

Lorsque les curiosités décrites bénéficient de facilités concernant l'accès pour les **handicapés,** *le symbole ♿ figure à la suite de leur nom.*

Dans la partie descriptive du guide, les curiosités soumises à des conditions de visite sont signalées au visiteur par le symbole ⌚.

Parco Nazionale d'ABRUZZO

Droit d'entrée – 10 000 L.

ALBA FUCENS

Scavi – *Visite de 8 h à 1 h avant le coucher du soleil.*

ALBISSOLA MARINA

Villa Faraggina – ♿ *(pour les jardins et le rez-de-chaussée). Visite sur réservation (s'inscrire 3 jours à l'avance) du 1er avril au 30 septembre de 15 h à 19 h. Fermé le mardi, à Pâques et le 15 août. 3 500 L pour les adultes, 1 500 L pour les enfants.*

ALTILIA SAEPINUM

Fouilles – *Visite du lever au coucher du soleil.*

Museo (Porta Benevento) – Fermé pour restructuration. ☎ (0874) 79 02 07.

Museo (Teatro) – Fermé pour restructuration. ☎ (0874) 79 02 07.

ALTOMONTE

Museo civico – Visite de 8 h à 20 h (sauf en cas de défection de personnel). Fermé le lundi. 3 000 L. ☎ (0981) 94 84 64.

AMALFI

Duomo di Sant'Andrea : chiostro del Paradiso – *Visite de 9 h à 13 h et de 14 h à 20 h (en hiver fermeture à 19 h). 1 000 L. ☎ (089) 87 10 59.*

ANAGNI

Cattedrale : crypte et trésor – Visite de 9 h à 13 h et de 16 h à 19 h durant la période soumise à l'heure d'été, de 9 h à 13 h et de 15 h à 18 h le reste de l'année. 3 000 L. Possibilité de visite guidée (15 mn). ☎ (0775) 72 83 74.

ANCONA

ℹ Thaon de Revel, 4 ☎ (071) 33 249

Chiesa di Santa Maria della Piazza – *Du 1er avril au 30 septembre, visite de 8 h à 19 h (8 h à 20 h le samedi, 9 h à 20 h les dimanches et jours fériés) ; du 1er octobre au 31 mars de 8 h à 17 h (8 h à 19 h le samedi, 9 h à 19 h le dimanche). Visite non autorisée durant les offices religieux.*

Museo archeologico nazionale delle Marche – ♿. Visite de 9 h à 19 h de juin à septembre ; le reste de l'année de 8 h 30 à 13 h 30. Fermé les 1er janvier, 1er mai et à Noël. 4 000 L. Entrée gratuite durant la semaine des biens culturels. ☎ (071) 20 26 02.

Galleria comunale Francesco Podesti – Visite de 9 h à 19 h (fermeture à 13 h les dimanches et lundis). Fermé les jours fériés et le 4 mai. 4 000 L. Entrée gratuite le dimanche. ☎ (071) 22 25 045.

ANDALO

Monte Paganella – Accès par téléphérique (funivia) ou télésiège (seggiovia) de juillet à mi-septembre et de décembre à avril.
En hiver, forfait pour tout le domaine skiable (les tarifs changent chaque année) :
à la **demi-journée**, 21 000 L du 8 janvier au 4 février, 23 000 L du 5 février à la fin de la saison, 24 000 L les samedis, dimanches et jours fériés ;
à la **journée**, 29 000 L du 8 janvier au 4 février), 32 000 L du 5 février à la fin de la saison, 38 000 L les samedis, dimanches et jours fériés ;
Accès également possible à partir de Fai della Paganella, en télésiège, durant les mêmes périodes. Mêmes conditions.

ANGERA

Rocca Borromeo – Visite de 9 h à 12 h 30 et de 14 h à 18 h (fermeture à 17 h en octobre). Fermé du 1er novembre au 26 mars. 10 000 L (billet valable pour la visite du **Museo della Bambola** installé dans la Rocca). Possibilité de visite guidée (1 h 30). ☎ (0331) 93 13 00.

ANSEDONIA

La cité antique – Visite de 9 h à 20 h de mai à septembre ; le reste de l'année de 9 h à 14 h. Fermé à Noël. Entrée libre. ☎ (0564) 88 14 21.

AOSTA

Collegiata di Sant'Orso – *Visite de 9 h à 19 h (17 h pour le cloître d'avril à octobre).*

Cattedrale : tesoro – Visite du mardi au dimanche de 9 h 30 à 12 h et de 15 h à 18 h du 1er avril au 30 septembre, du 24 décembre au 6 janvier et la semaine de Pâques ; le reste de l'année uniquement les dimanches et jours fériés. 3 000 L ☎ (0165) 36 35 89.

AQUILEIA

Basilica

Cripta degli affreschi – Visite sur demande. 3 000 L (visite valable également pour l'autre crypte). ☎ (0431) 91 067.

Cripta degli Scavi – Visite de 8 h 30 à 19 h durant la période soumise à l'horaire d'été ; le reste de l'année de 8 h 30 à 12 h 30 et de 14 h 30 à 18 h en octobre, de 8 h 30 à 12 h 30 et de 14 h 30 à 17 h les autres mois. 3 000 L (billet valable pour la visite de l'autre crypte). ☎ (0431) 91 067.

Ruines romaines – ♿ (50 %). Visite de 9 h à 1 h avant le coucher du soleil. Fermé les 1er janvier, 1er mai et 25 décembre. Entrée gratuite. ☎ (0431) 91 016.

Museo archeologico – Visite de 9 h à 19 h (14 h le lundi). Fermé les 1er janvier, 1er mai et 25 décembre. 8 000 L. Entrée gratuite durant la semaine des biens culturels). ☎ (0431) 91 016.

Museo paleocristiano – Visite de 9 h à 14 h. Fermé les 1er janvier, 1er mai et 25 décembre. Entrée gratuite. ☎ (0431) 91 131.

AREZZO

ℹ piazza Risorgimento, 116 ☎ (0575) 23 592

Casa del Vasari – Visite de 9 h à 19 h. Fermé le 1er janvier, dimanche de Pâques, 1er mai, 15 août et 25 décembre. Entrée gratuite.

Museo d'arte medievale e moderna – Visite de 9 h à 19 h. Fermé les lundis, 1er janvier et 1er mai. 8 000 L. Possibilité d'approfondir la visite grace à un programme interactif multimédia. ☎ (0575) 30 03 01.

Museo archeologico – ♿ (80 %). Visite de 9 h à 14 h, les dimanches et fêtes de 9 h à 13 h. Fermé les 1er janvier, 1er mai et 25 décembre. 8 000 L. Entrée gratuite durant la semaine des biens culturels. Possibilité de visite guidée (2 h). ☎ (0575) 20 882.

ARONA

Colosso di San Carlone - Visite de 8 h 30 à 12 h 30 et de 14 h à 18 h 30 du 19 mars au 5 novembre ; le reste de l'année uniquement les samedis, dimanches et jours fériés de 9 h à 12 h et de 14 h à 17 h. La montée jusqu'à la tête : 3 500 L. ☏ (0322) 24 96 69.

ASCOLI PICENO

Pinacoteca - Du 15 juin au 15 septembre : visite de 9 h à 13 h et de 15 h à 19 h 30, le samedi de 9 h à 13 h et le dimanche de 16 h à 20 h. Le reste de l'année ouverture uniquement le matin. Fermé les jours fériés. 2 500 L. ☏ (0736) 29 82 82.

ASSISI

Basilica inferiore : trésor et collection Perkins - Visite de 9 h 30 à 12 h et de 14 h à 18 h. Fermé le dimanche, tous les jours de novembre à mars, les 15 août et 4 octobre. 3 000 L. Possibilité de visite guidée. ☏ (075) 81 90 022.

Rocca maggiore - Visite de 10 h au coucher du soleil. Fermé les 1er janvier et 25 décembre. 5 000 L. ☏ (075) 81 52 92.

Oratorio dei Pellegrini - Visite de 9 h à 12 h et de 15 h à 18 h. Fermé les dimanches et fêtes.

Eremo delle Carceri - ♿. Visite tous les jours du lever au coucher du soleil. Possibilité de visite guidée.

Convento di San Damiano - Visite de 10 h à 12 h 30 et de 14 h à 16 h 30 en été ; de 10 h à 12 h 30 et de 14 h à 18 h en hiver.

Basilica di Santa Maria degli Angeli - Visite de 5 h 30 à 19 h 30 durant la période soumise à l'heure d'été (ouverture supplémentaire en juillet et août de 21 h à 23 h) ; le reste de l'année de 6 h à 12 h 30 et de 14 h à 18 h 30. Possibilité de visite guidée sur réservation. ☏ (075) 80 511.

B

BACOLI

Cento Camerelle - Pour visiter, contacter l'Office de tourisme de Bacoli, au (081) 85 53 285.

Piscina Mirabile - Visite de 9 h à une heure avant le coucher du soleil.

BAGNAIA

Villa Lante di Bagnaia - Visite guidée obligatoire (30 mn) de 9 h à 19 h 30 de mai à août, de 9 h à 17 h 30 en mars, avril, septembre et octobre, de 9 h à 16 h de novembre à février. Fermé les 1er janvier, 1er mai et 25 décembre. 4 000 L. ☏ (0761) 28 80 08.

BAIA

Terme - Visite de 9 h 30 à 18 h 30 (17 h du 1er octobre au 31 mars). 4 000 L. ☏ (081) 86 70 797.

BARI

🅸 piazza Aldo Moro 33/A ☏ (080) 52 42 244.

Castello - ♿. Visite de 8 h 30 à 12 h 30 et de 15 h 30 à 18 h 30. Fermé les lundis, dimanche après-midi et jours fériés tombant un jour de semaine. 5 000 L. ☏ (080) 54 12 423.

Pinacoteca - ♿. Visite de 9 h 30 à 13 h et de 16 h à 19 h. Fermé le dimanche après-midi, les lundis et jours fériés. Entrée gratuite. ☏ (080) 39 24 23.

Museo archeologico - Fermé pour restructuration.

BARLETTA

Basilica di San Sepolcro - *Ouverte tous les jours de 10 h 15 à 12 h. Visite déconseillée le dimanche matin. ☏ (0883) 53 17 82.*

Museo civico - Transferré temporairement au château (castello). Visite de 9 h à 12 h et de 15 h à 19 h de mai à septembre ; le reste de l'année de 9 h à 12 h et de 15 h à 16 h. Fermé le lundi et les jours fériés. 3 000 L.

BASSANO DEL GRAPPA

Museo civico - ♿ (rez-de-chaussée). Visite de 9 h à 12 h 30 et de 15 h 30 à 18 h 30, uniquement l'après-midi le dimanche. Fermé le lundi, les 1er et 6 janvier, à Pâques, les 25 avril, 15 août et 25 et 26 décembre. 5 000 L. Possibilité de visite guidée (1 h 30) le dimanche après-midi. ☏ (0424) 52 22 35.

BELLAGIO

Villa Serbelloni (jardins) – Visite guidée obligatoire (1 h 30) à 11 h et 16 h. Fermé le lundi et du 28 octobre au 31 mars. 5 000 L. ☎ (031) 95 02 04.

Villa Melzi (jardins) – Visite de 9 h à 18 h 30 du 1er avril au 30 septembre ; en octobre de 9 h à 17 h 30. Fermé du 1er novembre au 31 mars. 5 000 L.

BELLUNO

Museo civico – Visite de 10 h à 12 h et de 15 h à 18 h. D'avril à septembre, fermé le dimanche après-midi et le lundi ; le reste de l'année, fermé le lundi, le samedi après-midi et le dimanche. Fermé également les 1er mai, 15 août et 11 novembre. Entrée gratuite. Possibilité de visite guidée (1 h 30). ☎ (0437) 94 48 36.

BENEVENTO

Museo del Sannio – ♿ (50 %). Visite de 9 h à 13 h. Fermé le lundi, le 1er janvier, à Pâques, les 15 août et 25 décembre. 5 000 L. ☎ (0824) 21 818.

BERGAMO

ℹ viale Papa Giovanni XXIII, 106 ☎ (035) 24 22 26

Cappella Colleoni – *Visite du 1er mars au 31 octobre, de 9 h à 12 h et de 14 h à 18 h 30 ; le reste de l'année de 9 h à 12 h et de 14 h 30 à 16 h 30. Fermé le lundi de novembre à février. ☎ (035) 22 63 311.*

Basilica di S. Maria Maggiore – *Visite de 8 h à 12 h et de 15 h à 19 h (18 h de novembre à mars) ; les dimanches et jours fériés de 8 h à 10 h 30 et de 15 h à 19 h. ☎ (035) 24 68 55.*

Beffroi du Palazzo della Ragione – Visite d'avril à septembre de 10 h à 12 h et de 14 h à 18 h (vendredi et samedi jusqu'à 23 h), le dimanche de 10 h à 12 h et de 14 h à 20 h. Le reste de l'année, visite uniquement les samedis, dimanches et jours fériés de 10 h à 12 h et de 14 h à 18 h (16 h de novembre à février). 2 000 L. Possibilité de visite guidée. ☎ (035) 24 22 26.

Via Bartolomeo Colleoni, nos 9 et 11 – Visite uniquement sur rendez-vous. ☎ (035) 24 22 26.

Accademia Carrara – Visite de 9 h 30 à 12 h 30 et de 14 h 30 à 17 h 30. Fermé les mardis et jours fériés. 3 000 L. Gratuit le dimanche. Possibilité de visite guidée (1 h 30 environ). ☎ (035) 39 96 43.

BOLOGNA

ℹ piazza maggiore, 6 ☎ (051) 23 93 60

Palazzo comunale – *Visite de 8 h 30 à 19 h (fermeture à 13 h les dimanches et jours fériés). Fermé les 1er janvier, Pâques, 4 octobre et 25 décembre. ☎ (051) 23 96 60 (Informations touristiques).*

Collezioni comunali d'arte – *Visite de 10 h à 18 h. Fermé le lundi. 5 000 L (tarif réduit 2 500 L).*

Museo Morandi – *Mêmes conditions de visite que pour les Collezioni comunali d'arte.*

Palazzo del Podestà et Palazzo Re Enzo – *On ne visite l'intérieur qu'à l'occasion d'expositions. ☎ (051) 20 30 40 (Centro d'Informazione Comunale) ou 23 96 60 (Informations touristiques).*

Museo civico archeologico – Visite de 9 h à 14 h, les samedis et dimanches de 9 h à 13 h et de 15 h 30 à 19 h. Fermé les lundis, 1er janvier et 25 décembre. 5 000 L. Possibilité de visite guidée (1 h 30). ☎ (051) 23 38 49.

Palazzo dell'Archiginnasio : Teatro anatomico – ♿. Visite de 9 h à 13 h. Fermé les dimanches et jours fériés. Entrée gratuite. ☎ (051) 23 64 88.

Torre degli Asinelli – Visite de 9 h à 18 h en été ; de 9 h à 17 h en hiver. 3 000 L.

Basilica di S. Stefano : museo – Visite de 9 h à 12 h (12 h 30 d'avril à septembre) et de 15 h 30 à 18 h 30. Entrée gratuite. ☎ (051) 22 32 56.

Pinacoteca nazionale – Visite de 9 h à 14 h ; les dimanches et jours fériés de 9 h à 13 h. Une ouverture supplémentaire est en cours d'expérimentation les jeudis et vendredis après-midi. 8 000 L. Entrée gratuite durant la semaine des biens culturels. Fermé le lundi, les 1er janvier, 1er mai et 25 décembre. ☎ (051) 24 32 22.

Chiesa di S. Giacomo Maggiore : fresques – *Visite de 7 h à 12 h (13 h les dimanches et jours fériés) et de 15 h 30 à 18 h (18 h 30 les samedis, dimanches et jours fériés). ☎ (051) 22 59 70.*

Museo d'Arte industriale – Visite de 9 h à 14 h, le dimanche de 9 h à 13 h. Fermé les lundis et jours fériés. Entrée gratuite. ☎ (051) 23 67 08.

Galleria Davia Bargellini – Mêmes conditions de visite que le Museo d'Arte Industriale.

BOLSENA

Chiesa di S. Cristina – Visite de 7 h 15 à 12 h 30 et de 15 h à 17 h 30 en hiver ; de 7 h 15 à 13 h et de 16 h à 20 h en été. Visite guidée obligatoire pour la grotte et les catacombes. Il est conseillé de réserver sa visite avec quelques jours d'avance. ☎ (0761) 79 90 67.

BOLZANO

Chiesa et Chiostro dei Domenicani – Visite du lundi au samedi de 9 h 30 à 17 h 30. Possibilité de visite guidée le mardi à 10 h de Pâques à fin octobre. ☎ (0471) 97 06 60.

Chiesa dei Francescani – Visite de 10 h à 12 h et de 14 h 30 à 18 h du lundi au samedi. Possibilité de visite guidée le lundi à 11 h de Pâques à fin octobre. ☎ (0471) 97 72 93.

BOMARZO

Villa Orsini – Visite de 8 h 30 au coucher du soleil. 10 000 L. ☎ (0761) 92 40 29.

BOMICANO

Églises – *Ouvertes de 9 h 30 à 13 h 30 et de 15 h à 18 h. S'adresser au gardien : Signor Berardo Cassiani. Laisser un pourboire. ☎ (0862) 93 604.*

Isole BORROMEE

Billet unique de libre circulation sur le lac et donc les trois îles au départ d'Arona, Stresa, Baveno, Verbania, Intra, Pallanza et Laveno : 23 300 L pour une journée, 46 600 pour 3 jours, 64 000 L pour une semaine.

Isola Bella – Visite du palais et des jardins : du 27 mars au 24 octobre de 9 h à 12 h et de 13 h 30 à 17 h 30 (17 h en octobre). 12 000 L.

Isola Madre – Visite du palais et des jardins : du 27 mars au 24 octobre de 9 h à 12 h et de 13 h 30 à 17 h 30 (17 h en octobre). 12 000 L.

BREMBO DI DALMINE

Museo del Presepio – En décembre et janvier : tous les jours de 14 h à 17 h et les dimanches et jours fériés de 9 h à 12 h et de 14 h à 19 h. Le reste de l'année, ouvert uniquement les dimanches et jours fériés de 14 h à 18 h. 5 000 L. ☎ (035) 56 33 83.

Riviera del BRENTA

Visite des villas en bateau – Le service est assuré de fin mars à fin octobre par le « Burchiello » ; le bâteau part de Padoue le mercredi, le vendredi et le dimanche à 9 h et arrive à Venise (ponton des Giardinetti de la place Saint-Marc) vers 18 h 30, au terme d'une promenade qui comprend la visite des villas Pisani, Widmann (appelée aussi Barchessa Valmarana) et Foscari (dite *La Malcontenta*).
De Venise, les départs ont lieu le mardi, le jeudi et le samedi. Le programme des visites est identique mais s'effectue dans l'ordre inverse. Le prix est de 112 000 L pour les adultes, et de 60 000 L pour les enfants de 6 à 17 ans. Le trajet est gratuit pour les enfants de moins de 6 ans. Le prix comprend les visites et le retour en autobus, le repas au restaurant est falcultatif (environ 40 000 L).
Pour tout renseignement, s'adresser à :
- **Padoue** : à la compagnie *New Siamic Express*, Via Trieste 42, ☎ (049) 66 09 44, ou au *C.I.T.*, Via Matteotti 12, ☎ (049) 66 33 33.
- **Venise** : à l'*Azienda di Promozione Turistica della riviera del Brenta* (Office du tourisme) située à Mira Porte, Via don Minzoni 26. ☎ (041) 42 49 73.

BRESCELLO

Museo – Visite de 10 h à 12 h (s'adresser en mairie, piazza Matteotti 12) et de 14 h 30 à 18 h. Les dimanches et jours fériés, de 9 h 30 à 12 h et de 14 h à 19 h. Possibilité de visite guidée (laisser une participation). ☎ (0522) 68 75 26.

BRESCIA

Pinacoteca Tosio Martinengo – *Visite de juin à septembre, de 10 h à 12 h et de 15 h à 18 h ; d'octobre à mai, de 9 h à 12 h 30 et de 15 h à 17 h. Fermé le lundi ainsi que le 15 février, à Pâques, les 25 avril, 1er mai et 15 août. 2 000 L. ☎ (030) 375 77 76.*

Museo romano – *Mêmes conditions de visite que pour la pinacothèque Martinengo.* ☎ (030) 460 31.

BRESSANONE/BRIXEN

Museo diocesano – ♿. Visite de 10 h à 17 h du 15 mars au 31 octobre. Fermé le dimanche du 1er novembre au 14 mars. 7 000 L. La crèche est visible du 15 décembre au 10 février de 14 h à 17 h. 3 000 L. ☎ (0472) 83 05 05.

BREUIL CERVINIA

Excursion en téléphérique – le téléphérique (funivia) pour le plateau Rosa fonctionne toute l'année sauf en mai et juin. La fréquence des départs varie de toutes les 15 à 30 mn. 39 000 L.

BRINDISI

Museo archeologico F. Ribezzo – Visite de 9 h 30 à 13 h 30 ; le mardi ouverture supplémentaire de 15 h 30 à 18 h 30. Gratuit. ☎ (0831) 22 14 12.

C

CAMALDOLI

Eremo di Camaldoli – ♿ (50 %). Visite de 9 h à 11 h 30 et de 15 h à 18 h, le dimanche de 9 h à 11 h et de 15 h à 18 h. Fermé en hiver en cas de chute de neige. ☎ (0575) 55 60 21.

Val CAMONICA

Parco nazionale delle Incisioni rupestri di Naquane – Visite de 9 h à 18 h d'avril à septembre ; le reste de l'année de 9 h à 17 h. Fermé le lundi, les 1er janvier, 1er mai et 25 décembre. 8 000 L. Possibilité de changement d'horaire. S'informer en téléphonant au (0364) 42 140.

Riserva naturale delle Incisioni rupestri di Ceto, Cimbergo e Paspardo – Visite de 9 h à 17 h du 21 mars au 20 septembre ; le reste de l'année de 9 h à 12 h et de 14 h à 17 h. 3 000 L. Possibilité de visite guidée (3 h environ). ☎ (0364) 43 34 465.

Museo – Visite de 9 h à 17 h du 21 mars au 20 septembre ; le reste de l'année de 9 h à 12 h et de 14 h à 17 h, le dimanche de 9 h à 17 h. 3 000 L. Possibilité de visite guidée (1 h). ☎ (0364) 43 34 65.

CAMPO CARLO MAGNO

Passo del Grosté – Par téléphérique (cabinovia), en fonction du premier week-end de juillet au 3e de septembre. 18 000 L AR. ☎ (0465) 44 10 01.

CAMPO IMPERATORE

Accès – *Par téléphérique toute l'année sauf pendant une quinzaine de jours en juin ainsi qu'en octobre/novembre (pour manutention). Départ toutes les 1/2 h de 8 h 30 jusqu'au coucher du soleil. Billet AR : du 1er juin au 30 novembre : 14 000 L ; le reste de l'année : 15 000 L (18 000 L les jours fériés) ; réduction de 30 % pour les moins de 14 ans. ☎ (0862) 221 47.*

CANOSA DI PUGLIA

Ipogei Lagrasta – Visite de 9 h à 13 h et de 17 h à 19 h de mai à septembre, de 9 h à 13 h et de 16 h à 18 h en mars et avril. Le reste de l'année et tous les dimanches, visite de 8 h à 14 h. Fermé le lundi et les lendemains de fêtes. Entrée gratuite.

CAPRAROLA

Palazzo Farnese – Visite de 9 h à 19 h de mai à août, de 9 h à 18 h en avril et septembre, de 9 h à 17 h en mars et octobre, le reste de l'année de 9 h à 15 h 30. Fermé les 1er janvier, 1er mai et 25 décembre. 4 000 L. Entrée gratuite durant la semaine des biens culturels. ☎ (0761) 64 60 52.

CAPRI

Grotta Azzurra – Trajet en bateau et visite de la grotte toute l'année (sauf les jours de mer houleuse), de 8 h 30 à 1 h avant le coucher du soleil. Durée : 1 h. Barque : 6 600 L, entrée à la grotte : 8 000 L. Excursion par mer depuis Marina Grande : 22 200 L (comprenant le déplacement en bateau rapide, la barque et la visite de la grotte). Attention : une petite majoration est possible les jours fériés.

Tour de l'île – *Trajet en bateau toute l'année (sauf les jours de mer houleuse). Départ de Marina Grande à 9 h 30. Durée : environ 2 h. Billet : 17 200 L (plus 10 300 L pour la Grotta Azzurra) ; les dimanches et jours fériés : 17 900 L (plus 10 850 L pour la visite de la Grotta Azzurra).*

Villa Jovis – Visite de 9 h à 1 h avant le coucher du soleil. Fermé les 1er janvier, 1er mai et 25 décembre. 4 000 L. Entrée gratuite durant la semaine des biens culturels. ☎ (081) 83 70 381.

Certosa di San Giacomo – Visite de 9 h à 14 h. Fermé les lundis, 1er janvier, 1er mai et 25 décembre. ☎ (081) 83 76 218.

Villa San Michele - Visite de 9 h à 18 h de mai à septembre ; de 9 h 30 à 17 h en octobre et avril ; de 9 h 30 à 16 h 30 en mars et de 10 h 30 à 15 h 30 en novembre et février. 6 000 L. ☎ (081) 83 71 401.

Monte Solaro - Visite du 1er avril au 30 septembre de 9 h 30 à 18 h 30 ; le reste de l'année de 9 h 30 à 16 h 30. Fermé le mardi uniquement du 1er novembre au 1er mars. 7 000 L. Accès interdit aux moins de 8 ans. ☎ (081) 83 71 428.

CAPUA

Museo Campano - Visite de 9 h à 13 h 30 ; le dimanche de 9 h à 13 h. Fermé le lundi et les jours fériés. 8 000 L. Possibilité de visite guidée (1 h 30). ☎ (0823) 96 14 02.

CARPI

Castello dei Pio - ♿ (50 %). Visite les jeudis, samedis et dimanches de 10 h 30 à 13 h. Fermé les autres jours de la semaine et de novembre à mars. 2 000 L. ☎ (059) 64 92 98.

CARRARA

Cave di marmo - Pour des raisons de sécurité et afin que soit respectée la bonne marche du travail, l'accès aux carrières proprement dites n'est généralement pas autorisé. Toutefois, de certains points situés dans les vallées de Colonatta et de Fantiscritti, et auxquels on peut accéder sans formalités particulières par des routes en bon état, il est possible d'observer sans danger les opérations d'extraction. Les meilleurs moments pour cela sont le matin et le début de l'après-midi, lors de la plus intense activité. Le travail est interrompu le samedi après-midi, le dimanche et les jours fériés.

CASAMARI

Abbazia - *Visite tous les jours de 8 h à 12 h et de 15 h à 18 h. Possibilité de visite guidée (30 à 45 mn). ☎ (0775) 28 23 71 ou 28 28 00.*

CASERTA

La Reggia - Visite de 9 h à 13 h 30, le dimanche de 9 h à 13 h. Fermé les 1er janvier, 1er mai et 25 décembre. ☎ (0823) 32 14 00.

Le parc - Visite de 9 h à 1 h avant le coucher du soleil. Fermé les 1er janvier, 1er mai et 25 décembre. ☎ (0823) 32 14 00.

CASTEL DEL MONTE

Castello - ♿ (50 %). Visite de 9 h à 1 h avant le coucher du soleil du 1er avril au 30 septembre ; de 9 h à 13 h le reste de l'année. 4 000 L. Possibilité de visite guidée (1 h 30). ☎ (080) 52 14 361.

CASTELFRANCO VENETO

Casa natale di Giorgione - Visite de 9 h à 12 h et de 15 h à 18 h. Fermé le lundi, le 1er janvier, à Pâques et Noël. 2 500 L. Possibilité de visite guidée (30 mn). ☎ (0423) 49 12 40.

CASTELLAMMARE DI STABIA

Antiquarium - Visite de 9 h à 14 h. Fermé les 1er janvier, 1er mai et 25 décembre.

Villa di Arianna - Visite de 9 h à 18 h 40. Fermé les 1er janvier, 1er mai et 25 décembre. 8 000 L. ☎ (081) 87 26 275.

Villa di San Marco - Visite de 9 h à 18 h 40. Fermé les 1er janvier, 1er mai et 25 décembre. 8 000 L. ☎ (081) 87 14 541.

CASTELLANA GROTTE

Grotte di Castellana - ♿ (accès partiel). Visite (1 km, environ 1 h) de 8 h 30 à 12 h 30 et de 14 h 30 à 18 h 30 (départ toutes les heures) durant la période soumise à l'heure d'été ; uniquement le matin le reste de l'année. 15 000 L. ☎ (080) 89 65 511.

CERRO

Museo della Ceramica - Visite de 15 h 30 à 18 h 30 du 1er juillet au 31 août ; de 14 h 30 à 17 h 30 le reste de l'année. Les vendredis, samedis et dimanches ouverture supplémentaire (toute l'année) de 10 h à 12 h. Fermé le lundi, le 1er janvier, à Pâques et Noël. 2 500 L. ☎ (0332) 66 65 30.

CERTALDO

Casa di Boccaccio – Visite de 9 h 30 à 13 h et de 16 h à 19 h du 1er avril au 31 octobre ; le reste de l'année de 9 h 30 à 12 h 30 et de 15 h à 18 h. Entrée gratuite. Possibilité de visite guidée (25 mn). ☎ (0571) 66 42 08.

Palazzo Pretorio – Visite de 10 h à 12 h 30 et de 16 h 30 à 19 h 30 durant la période soumise à l'heure d'été ; le reste de l'année, visite de 10 h à 12 h et de 15 h 30 à 18 h. Fermé le lundi. 2 500 L. ☎ (0571) 66 12 19.

CERVETERI

Necropoli della Banditaccia – *Visite toute l'année de 9 h à 13 h 30. Fermé le lundi. 8 000 L.*

CESENA

Biblioteca Malatestiana – Visite guidée : 45 mn. De mi-juin à mi-septembre : ouvert de 9 h à 13 h et de 16 h à 19 h, les dimanches et jours fériés de 10 h à 12 h 30 uniquement. Le reste de l'année : ouvert de 9 h 30 à 12 h 30 et de 14 h à 17 h (jusqu'à 18 h le samedi), les dimanches et jours fériés de 10 h à 12 h 30 uniquement. 3 000 L. ☎ (0547) 61 08 92.

CHIARAVALLE

Abbazia – Visite tous les jours sauf le lundi. Visite guidée sur rendez-vous de 9 h 15 à 10 h 30. ☎ (02) 57 40 34 04.

CHIAVENNA

Collegiata di San Lorenzo – **Baptistère** *: pour visiter, s'adresser au curé de la paroisse.* ☎ (0343) 321 17. **Trésor** *: fermé.*

Giardino botanico e archeologico – D'avril à septembre, visite de 14 h à 18 h, ainsi que les samedis et dimanches de 10 h à 12 h ; le reste de l'année, visite de 14 h à 17 h, ainsi que le dimanche matin uniquement. Fermé les lundis non fériés, le 1er janvier et à Noël. 3 000 L. ☎ (0343) 32 821.

CHIETI

Museo archeologico degli Abruzzi – ♿. Visite de 9 h à 19 h. Fermé les 1er janvier, 1er mai et 25 décembre. 8 000 L. Entrée gratuite durant la semaine des biens culturels. ☎ (0871) 65 704.

CHIUSI

Museo etrusco (et tombe etrusche) – Visite de 9 h à 14 h (fermeture à 13 h les dimanches et jours fériés). Fermé les 1er janvier, 1er mai et 25 décembre. 4 000 L. Entrée gratuite durant la semaine des biens culturels. ☎ (0578) 20 177.

Museo della cattedrale – Visite : du 1er juin au 15 octobre de 9 h 30 à 12 h 45 et de 16 h 30 à 19 h 30 ; du 16 octobre au 31 mai de 9 h 30 à 12 h 45 (ainsi que de 16 h à 19 h les samedis, dimanches et jours fériés). Fermé les jours de Pâques et de Noël. 3 000 L. ☎ (0578) 22 64 90.

CIVIDALE DEL FRIULI

Duomo : Museo cristiano – ♿. Visite de 9 h 30 à 12 h et de 15 h à 19 h d'avril à septembre ; le reste de l'année de 9 h 30 à 12 h et de 15 h à 18 h. Le dimanche ouverture à 9 h. Entrée gratuite. Possibilité de visite guidée. ☎ (0437) 73 13 98.

Museo archeologico nazionale – ♿. Visite de 8 h 30 à 13 h 30. Fermé le 1er janvier. 4 000 L. ☎ (0432) 70 07 00.

Tempietto – Visite de 10 h à 13 h et de 15 h 30 à 18 h 30 du 1er avril au 30 septembre ; le reste de l'année de 10 h à 13 h et de 15 h 30 à 17 h 30. Fermé le 1er janvier et le 25 décembre. 2 000 L. Possibilité de visite guidée (30 mn). ☎ (0432) 73 13 98.

CIVITAVECCHIA

Museo nazionale archeologico – Visite de 9 h à 13 h. Fermé le lundi, les 1er janvier, 15 août et 25 décembre. Entrée gratuite.

Terme di Traiano – Fermé pour cause de sécurité.

CLITUNNO

Temple – Visite de 9 h à 20 h du 1er avril au 31 octobre ; le reste de l'année de 9 h à 14 h. Fermé le lundi. Entrée gratuite. ☎ (075) 57 41 244.

COLLODI

Parco di Pinocchio - Visite de 8 h 30 au coucher du soleil. 10 000 L. ☎ (0572) 42 93 42.

Villa Garzoni - Le château est fermé pour restauration. Il est possible de visiter le jardin de 9 h jusqu'au coucher du soleil du 1er février au 30 septembre ; de 10 h à 16 h en octobre et novembre ; uniquement les samedis et dimanches en décembre et janvier. 10 000 L. Possibilité de visite guidée. ☎ (0572) 42 91 43.

COMO

Villa Olmo - Visite de 8 h à 18 h. Fermé le dimanche et les jours fériés. ☎ (031) 57 29 10.

Lago di COMO

Le lac en bateau - Des billets permettent de circuler librement sur le lac pendant toute une journée : 26 000 L. Pour des traversées ponctuelles, voici quelques exemples de prix de 1996 (sachant qu'ils évoluent à chaque saison).
De Côme à Colico (Nord-Est du lac) et de Côme à Lecco : 25 000 L AR.
De Côme à Tremezzo, Bellagio ou Menaggio : 19 000 L AR.
De Tremezzo à Dongo, Domaso et Colico : de 13 000 à 19 000 L AR.
De Bellagio à Lecco : 16 000 L.

Trajets en hydroglisseur - De Côme à Tremezzo, Bellagio, Menaggio : 28 600 L AR.

Bacs pour voitures - Entre Bellagio, Varenna, Menaggio et Cadenabbia : de 9 000 L à 15 000 L.

Croisières nocturnes - Le samedi en été : 25 000 L.

S. Chirol

Lac de Côme - Villa Carlotta

CONEGLIANO

Duomo - Visite sur réservation (prise au moins avec une semaine d'avance) au (0438) 22 606 (paroisse) ou au (0438) 21 230 (Informations touristiques). Fermé le mercredi.

Castello - Visite de 10 h à 12 h 30 et de 15 h à 19 h durant la période soumise à l'heure d'été ; de 10 h à 12 h 30 et de 15 h à 18 h 30 pendant l'hiver. Fermé le mois de novembre et les lundis non fériés. 2 000 L. ☎ (0438) 22 871.

CORFINIO

Basilica di San Pelino - *De mai à septembre, visite de 8 h 30 (9 h 30 le dimanche) à 18 h sauf les lundis, mercredis, vendredis et samedis après-midi. D'octobre à avril, visite de 8 h 30 à 13 h 30 (de 9 h 30 à 12 h le dimanche). ☎ (0864) 72 81 20 ou 72 81 21.*

CORTINA D'AMPEZZO

Tondi di Faloria - Téléphérique, au départ de la via Ria de Zeto, jusqu'à Faloria, 16 700 L aller simple ; de Faloria à Tondi di Faloria : en hiver, téléski « Tondi » 19 200 L AR et télésiège « Girilada », 4 000 L ; en été, service de jeeps 6 500 L aller simple, 8 900 L AR. *Ces prix datent de 1995 et augmentent environ de 10 % chaque année.*

Tofana di Mezzo - Téléphérique « Freccia nel Cielo » : 39 000 L. *Ce prix date de 1995 et augmente environ de 10 % chaque année.*

Belvedere Pocol - Service d'autobus toutes les heures au départ de la piazza Roma, de décembre à mars et de mi-juillet à mi-septembre. 2 200 L.

CORTONA

Museo diocesano - Visite d'avril à septembre de 9 h à 13 h et de 15 h à 18 h 30 ; d'octobre à mars de 9 h à 13 h et de 15 h à 17 h. Fermé le lundi. 5 000 L. ☎ (0575) 62 830.

Museo dell'Accademia etrusca - Visite d'avril à septembre de 10 h à 13 h et de 16 h à 19 h ; d'octobre à mars de 9 h à 13 h et de 15 h à 17 h. Fermé le lundi, le 1er janvier et le 25 décembre. 5 000 L. ☎ (0575) 63 72 35.

CREMONA

Torrazzo – Visite de Pâques au 1er novembre de 10 h 30 à 12 h et de 15 h 18 h, les dimanches et jours fériés de 10 h 30 à 12 h 30 et de 15 h à 19 h. Le reste de l'année, visite en semaine sur rendez-vous et le dimanche de 10 h 30 à 12 h 30 et de 15 h à 18 h. Fermé les 1er et 6 janvier et à Noël. Pour les rendez-vous s'adresser au Signor Giordano. ☎ (0330) 71 59 35. 5 000 L.

Palazzo comunale – Visite de 8 h 30 à 18 h, le dimanche de 9 h 15 à 12 h 15 et de 15 h à 18 h. Fermé les lundis, 1er janvier, 1er mai et 25 décembre. 6 000 L. ☎ (0372) 40 71.

Museo civico – Visite de 8 h 30 à 17 h 45, les dimanches et jours fériés de 9 h 15 à 12 h 20 et de 15 h à 17 h 45. Fermé les lundis, 1er janvier et 25 décembre. 6 000 L. ☎ (0372) 40 71.

CROTONE

Museo archeologico – ♿. Visite de 9 h à 13 h et de 16 h à 19 h du 1er avril au 30 septembre ; le reste de l'année de 9 h à 13 h et de 15 h à 18 h. Fermé le dimanche après-midi et le lundi. Entrée libre. ☎ (0962) 23 082.

CUMA

Acropoli – Ouverture à 9 h. L'heure de fermeture varie tous les 15 jours en fonction du soleil depuis 15 h 45 fin décembre jusqu'à 20 h 10 fin juin. Les billets ne sont plus délivrés au-delà d'une heure avant la fermeture. 4 000 L. ☎ (081) 85 43 060.

D

DESENZANO DEL GARDA

Villa Romana – ♿ (50 %). Visite de 9 h à 18 h 30 d'avril à septembre ; de 9 h à 17 h 30 en mars et octobre ; de 9 h à 16 h de novembre à février. Fermé les lundis non fériés (fermeture déplacée au mardi dans ce cas), les 1er janvier, 1er mai et 25 décembre. ☎ (030) 91 43 547.

E

Isola d'ELBA

🅸 Calata Italia 26, 57037 Portoferraio, ☎ (0565) 91 46 71.

Portoferraio : Museo Napoleonico dei Mulini – Visite en hiver de 9 h à 14 h, en été de 9 h à 19 h ; les dimanches et jours fériés, toute l'année, de 9 h à 13 h 30. Fermé les 1er janvier et 1er mai. 8 000 L (billet combiné avec la Villa Napoleone di San Martino).

Monte Capanne – Accès par **téléphérique** (cabinovia) de Pâques à fin octobre de 10 h à 12 h 15 et de 14 h 30 à 18 h (en mai et juin, le dernier téléphérique part du sommet à 18 h 30) ; en août uniquement, de 10 h à 12 h 15 et de 14 h à 18 h 30 (le dernier téléphérique part du sommet à 19 h). Billet AR : 16 000 L.

Marciana : museo archeologico – Visite de 9 h à 13 h et de 16 h à 19 h ; les samedis et jours fériés de 9 h à 13 h. Fermé le dimanche et du 15 septembre au 15 juin. 3 000 L. ☎ (0565) 90 12 15.

Villa Napoleone di S. Martino – ♿ (50 %). Visite de 9 h à 19 h, le dimanche de 9 h à 13 h du 16 juin au 30 septembre ; de 9 h à 18 h (le dimanche de 9 h à 13 h) du 1er mars au 15 juin ; de 9 h à 16 h (le dimanche de 9 h à 13 h) du 1er octobre à fin février. Fermé les 1er janvier, 1er mai et 25 décembre. 8 000 L. Possibilité de visite guidée (1/2 h). ☎ (0565) 91 46 88.

ERCOLANO

Scavi – Visite de 9 h à 18 h 40. Fermé les 1er janvier, 1er mai et_25 décembre. 8 000 L. ☎ (081) 90 963.

ESTE

Museo nazionale Atestino – ♿. Visite de 9 h à 19 h. Fermé les 1er janvier, 1er mai et 25 décembre. 4 000 L. Entrée gratuite durant la semaine des biens culturels. Possibilité de visite guidée en contactant le syndicat d'initiative (Pro Loco) d'Este. ☎ (0429) 36 35.

F

FAENZA

Museo internazionale della Ceramica - Visite d'avril à octobre de 9 h à 19 h (9 h 30 à 13 h les dimanches et jours fériés) ; le reste de l'année de 9 h à 13 h 30 (9 h à 13 h le dimanche) ainsi que de 15 h à 18 h le samedi. Fermé le lundi, le 1er janvier, à Pâques, les 25 avril, 1er mai, 15 août et 25 décembre. 8 000 L. ☏ (0546) 21 240.

Pinacoteca comunale - Fermé jusqu'à nouvel ordre. ☏ (0546) 66 07 99.

Monte FAITO

Route à péage - *3 000 L AR par voiture.* ☏ (081) 87 11 334.

FANO

Museo civico - Visite de 8 h 30 à 12 h 30 du 15 juin au 15 septembre ; le reste de l'année de 8 h 30 à 12 h 30. Fermé le lundi et les jours fériés. 4 000 L. Entrée gratuite durant la semaine des biens culturels. Possibilité de visite guidée (de 45 mn à 1 h 30).

FELTRE

Museo civico - Fermé temporairement pour travaux. Informations au ☏ (0439) 88 52 42.

FENIS

Castello - Visite de 9 h à 19 h du 1er avril au 30 septembre ; le reste de l'année de 10 h à 17 h. Fermé le 1er janvier et à Noël. 4 000 L. Entrée gratuite durant la semaine des biens culturels. Possibilité de visite guidée.
☏ (0165) 76 42 63.

FERENTILLO

Abbazia di San Pietro in Valle - Visite de 10 h 30 à 13 h et de 14 h 30 à 17 h. ☏ (0774) 78 03 16.

FERRARA

ℹ piazza Municipale, 19 ☏ (0532) 20 93 70

Museo del Duomo - Visite de 10 h à 12 h et de 15 h à 17 h. Fermé le dimanche, tout le mois de janvier et de février et les jours fériés. Offrande.

Castello Estense - Visite de 9 h 30 à 17 h 30. La billetterie ferme une heure avant. Fermé le lundi. 6 000 L. ☏ (0532) 29 92 79.

Palazzo Schifanoia - Visite de 9 h à 19 h (dernière entrée à 18 h 30). Fermé le 1er janvier, à Pâques, les 1er mai, 15 août, 25 et 26 décembre. 6 000 L. Entrée gratuite le 2e dimanche du mois. ☏ (0532) 64 178.

Museo Boldini - ♿ (50 %). Visite de 9 h 30 à 13 h et de 15 h 30 à 19 h du 1er avril au 30 septembre ; le reste de l'année de 9 h à 13 h et de 15 h à 18 h. 6 000 L ; entrée gratuite le 1er lundi du mois. Possibilité de visite guidée (1h 30).
☏ (0532) 20 99 88.

Palazzo dei Diamanti : Pinacoteca nazionale - Visite de 9 h à 14 h, le dimanche de 9 h à 13 h. Fermé le lundi, les 1er janvier, 1er mai et 25 décembre. 8 000 L. ☏ (0532) 20 58 44.

Palazzo di Ludovico il Moro - En restauration. ☏ (0532) 66 299.

Casa Romei - Visite de 8 h 30 à 14 h. Fermé le lundi ainsi que les 1er janvier, 1er mai et 25 décembre. 4 000 L. ☏ (0532) 24 03 41.

Palazzina di Marfisa d'Este - Visite de 9 h à 12 h 30 et de 15 h à 18 h du 1er mars au 30 octobre ; le reste de l'année de 9 h à 12 h 30 et de 14 h à 17 h. Fermé les 1er janvier, 1er mai, 2 novembre, 25 et 26 décembre. 3 000 L, gratuit le 2e dimanche de chaque mois. ☏ (0532) 20 74 50.

Sant'Antonio in Polesine - Visite de 9 h 30 à 11 h 30 et de 15 h à 17 h. Fermé les samedis, dimanches et jours fériés. ☏ (0532) 64 068.

Casa dell'Ariosto - Fermé pour restauration.

FIESOLE

Convento di S. Francesco : chiesa e museo missionario - Visite du 1er avril au 30 septembre de 9 h 30 à 12 h 30 et de 15 h à 19 h, le dimanche de 9 h à 11 h et de 15 h à 19 h ; le reste de l'année de 9 h 30 à 12 h 30 et de 15 h à 18 h, le dimanche de 9 h à 11 h et de 15 h à 18 h. Offrande. ☏ (055) 59 175.

Zona archeologica – Mêmes conditions de visite que le Museo archeologico.

Museo archeologico – Visite de 9 h à 19 h. Pendant la saison d'hiver : ouvert de 9 h à 18 h et fermé le mardi. Fermé le 1er janvier, Pâques, 1er mai, 15 août, 25 décembre. 6 000 L. ☏ (055) 59 477.

Antiquarium Costantini – Visite de 9 h à 18 h. Fermé le mardi, le 1er janvier, Pâques, 1er mai, 15 août et 25 décembre. 5 000 L. ☏ (055) 59 477.

Museo Bandini – Mêmes conditions de visite que le Museo archeologico.

FIRENZE

ℹ via Manzoni 16, ☏ (055) 23 320

Duomo – Visite de 9 h à 18 h, le samedi de 8 h 30 à 17 h, le dimanche de 13 h à 17 h. ☏ (055) 29 45 14.

Sommet de la coupole – Visite de 9 h 30 à 17 h 20, le samedi jusqu'à 17 h. Fermé le dimanche. 8 000 L.

Campanile – Visite de 9 h à 18 h 15 du 1er avril au 31 octobre ; le reste de l'année de 9 h à 16 h 20. 8 000 L. ☏ (055) 23 02 885.

Battistero – Visite de 13 h 30 à 18 h, le dimanche et les jours fériés de 9 h à 13 h 30. ☏ (055) 23 02 885.

Museo dell'Opera del Duomo – Visite de 9 h à 18 h 50 du 1er avril au 31 octobre ; le reste de l'année de 9 h à 17 h 20. Les jours de fêtes de 9 h à 13 h. Fermé le dimanche. 8 000 L. ☏ (055) 23 02 885.

Palazzo Vecchio – Visite de 9 h à 19 h, les dimanches et jours fériés de 8 h à 13 h. Fermé le jeudi, le 1er janvier, Pâques, 1er mai, 15 août et 25 décembre. 8 000 L. ☏ (055) 27 681.

Galleria degli Uffizi – Visite de 9 h à 19 h, les dimanches et jours fériés de 9 h à 14 h. Fermé le lundi, les 1er janvier, 1er mai et 25 décembre. ☏ (055) 23 885.

Palazzo Pitti :

Galleria Palatina – Visite de 9 h à 14 h. Fermé le lundi, les 1er janvier, 1er mai et 25 décembre. 12 000 L. ☏ (055) 21 03 23.

Appartamenti reali – Visibles uniquement sur rendez-vous. S'adresser à la Galleria Palatina au ☏ (055) 21 03 23. 12 000 L (comprenant l'entrée à la Galleria Palatina).

Galleria d'Arte moderna – Visite de 9 h à 14 h. Fermé le lundi, les 1er janvier, 1er mai et 25 décembre. 4 000 L. ☏ (055) 28 70 96.

Galleria del Costume – Visite de 9 h à 14 h. Fermé le lundi, les 1er janvier, 1er mai et 25 décembre. 8 000 L (valable également pour la visite du Museo degli Argenti). ☏ (055) 29 42 79.

Museo degli Argenti – Visite de 9 h à 14 h. Fermé le lundi, les 1er janvier, 1er mai et 25 décembre. 8 000 L (valable également pour la visite de la Galleria del Costume). ☏ (055) 29 42 79.

Giardino di Boboli – Visite de 9 h à 19 h 30 de juin à fin août ; en avril, mai et septembre de 9 h à 18 h 30 ; en mars et octobre de 9 h à 17 h 30 ; de novembre à fin février de 9 h à 16 h 30. Fermé les premier et dernier lundis de chaque mois, les 1er janvier, 1er mai et 25 décembre. 4 000 L. ☏ (055) 21 34 40.

Museo delle Porcellane – Réouverture prévue courant 1996. Devrait adopter les horaires du Museo degli Argenti.

Bargello – Visite de 9 h à 14 h. Fermé le lundi, les 1er janvier, 1er mai et 25 décembre. 8 000 L. ☏ (055) 23 885.

Biblioteca medicea Laurenziana – Visite de 9 h à 13 h. Fermé le dimanche. Entrée gratuite. ☏ (055) 21 07 60.

Cappelle Medicee – Visite de 9 h à 14 h. Fermé le lundi, les 1er janvier, 1er mai et 25 décembre. 9 000 L. ☏ (055) 23 885.

Palazzo Medici-Riccardi – Visite sur rendez-vous de 9 h à 13 h et de 15 h à 18 h, les dimanches et jours fériés de 9 h à 13 h. Fermé le mercredi. 6 000 L. ☏ (055) 27 60 340.

S. Marco (couvent et musée) – Visite de 9 h à 14 h. Fermé le lundi, les 1er janvier, 1er mai et 25 décembre. 8 000 L. ☏ (055) 23 885.

Galleria dell'Accademia – Visite de 9 h à 19 h, les dimanches et jours fériés de 9 h à 14 h. Fermé le lundi, les 1er janvier, 1er mai et 25 décembre. 12 000 L. ☏ (055) 23 885.

Santa Maria Novella – Visite de 7 h à 11 h 30 et de 15 h à 18 h. Fermé le dimanche matin. ☏ (055) 21 01 13.

Santa Croce

Église et sacristie – Visite de 8 h à 12 h 30 et de 15 h à 18 h 30. ☏ (055) 24 46 19.

Cappella dei Pazzi et **Museo dell'Opera di S. Croce** - Visite : de mars à septembre de 10 h à 12 h 30 et de 14 h 30 à 18 h 30 ; d'octobre à février de 10 h à 12 h 30 et de 15 h à 17 h. Fermé le mercredi et les 1er janvier et 25 décembre. 3 000 L. ☎ (055) 24 46 19 ou 23 42 289.

S. Maria del Carmine : Cappella Brancacci - Visite de 10 h à 16 h 30, les dimanches et jours fériés de 13 h à 16 h 30. Fermé le mardi. 5 000 L. ☎ (055) 23 82 195.

Casa Buonarotti - Visite de 9 h 30 à 13 h 30. Fermé le mardi. 8 000 L. ☎ (055) 24 17 52.

Cenacolo di S. Apollonia - Visite de 9 h à 14 h. Fermé le lundi, les 1er janvier, 1er mai et 25 décembre. Entrée gratuite. ☎ (055) 23 885.

Cenacolo di S. Salvi - Visite de 9 h à 14 h. Fermé le lundi, les 1er janvier, 1er mai et 25 décembre. 4 000 L. ☎ (055) 23 88 603.

Ognissanti - Visite de 9 h à 12 h et de 15 h 30 à 19 h. ☎ (055) 23 98 87 00.

Museo archeologico - Visite de 9 h à 14 h, les dimanches et jours fériés de 9 h à 13 h. Fermé le lundi, les 1er janvier, 1er mai et 25 décembre. ☎ (055) 23 575.

Museo della Casa Fiorentina antica (Palazzo Davanzati) - Visite de 9 h à 14 h. Fermé le lundi 4 000 L.

Museo Marino Marini - Visite de septembre à mai de 10 h à 13 h et de 15 h à 18 h ; de juin à août de 10 h à 13 h et de 16 h à 19 h. Fermé le mardi, les 1er mai et 25 décembre. 5 000 L. ☎ (055) 21 94 32.

Museo di Storia della Scienza - Visite de 9 h 30 à 13 h ; les lundi, mercredi et vendredi également de 14 h à 17 h. Fermé les dimanches et jours fériés. 10 000 L. ☎ (055) 29 34 93.

Opificio delle Pietre Dure - ♿. Visite de 9 h à 14 h, les jeudis, vendredis et samedis jusqu'à 19 h. Fermé le lundi. 4 000 L. ☎ (055) 29 41 15.

Pinacoteca dell'Ospedale degli Innocenti - Visite de 8 h 30 à 14 h, les dimanches et jours fériés de 8 h 30 à 13 h. Fermé le mercredi. 3 000 L. ☎ (055) 24 77 952.

Villa La Petraia - Mêmes conditions que la villa di Castello. ☎ (055) 45 12 08.

Villa di Castello - Visite en janvier et février de 9 h à 16 h 30, en mars de 9 h à 17 h 30, en avril et mai de 9 h à 18 h 30, en juin, juillet et août de 9 h à 19 h 30, en septembre de 9 h à 18 h 30, en octobre de 9 h à 17 h 30, en novembre et décembre de 9 h à 16 h 30. Fermé les 1er janvier, 1er mai et 25 décembre. Billet (4 000 L) commun à la villa de la Petraia. ☎ (055) 45 47 91.

Villa medicea di Poggio a Caiano - ♿. Visite de 9 h à 18 h 30 de juin à août inclus : de 9 h à 17 h 30 en avril, mai et septembre ; de 9 h à 16 h 30 en mars et octobre ; de 9 h à 15 h 30 en janvier, février, novembre et décembre. Fermé les 2e et 3e lundis de chaque mois, les 1er janvier, 1er mai et 25 décembre. 4 000 L. Entrée gratuite durant la semaine des biens culturels. ☎ (055) 87 70 12.

Villa Ferdinanda di Artimino - Visite toute l'année de 9 h à 13 h (fermeture à 12 h 30 les dimanches et jours fériés), le samedi de 15 h à 19 h. Fermé le mercredi. 5 000 L. ☎ (055) 87 18 124.

Certosa del Galluzzo - Visite accompagnée (45 mn) : l'été de 9 h à 12 h et de 15 h à 19 h ; l'hiver de 9 h à 12 h et de 15 h à 17 h (les dimanches et jours fériés de 9 h à 12 h et de 15 h à 18 h). Fermé le lundi. Offrande.

FONTANELLATO

Rocca San Vitale - ♿ (50 %). Visite de 9 h 30 à 12 h 30 et de 15 h à 18 h (jusqu'à 19 h en été). La vente des billets s'achève une heure avant la fermeture. Fermé le lundi de novembre à mars, les 1er janvier, 24 et 25 décembre. 6 000 L. ☎ (0521) 82 23 46.

Convento di FONTE COLOMBO

Possibilité de visite guidée sur demande. ☎ (0746) 21 01 25.

Convento la FORESTA

Visite obligatoirement guidée de 8 h 30 à 12 h et de 15 h à 19 h en été, de 8 h 30 à 12 h et de 14 h 30 à 18 h en hiver. ☎ (0746) 20 00 85.

FORLÌ

Pinacoteca - Visite de 9 h à 12 h, le dimanche de 9 h à 13 h. Fermé le lundi, le 1er janvier, Pâques, 25 avril, 1er mai, 1er novembre et Noël. Entrée gratuite. Possibilité de visite guidée (1 h 30) sur rendez-vous. ☎ (0543) 27 935.

Abbazia di FOSSANOVA

Visite sur demande. ☎ (0773) 93 061.

Grotte di FRASASSI

Grotte – ♿ (50 %). Visite guidée obligatoire (75 mn) de mars à octobre à 9 h 30, 11 h, 12 h 30, 15 h, 16 h 30, 18 h (le samedi à 11 h, 15 h et 17 h, le dimanche et en août, horaire continu de 8 h 30 à 18 h 30) ; le reste de l'année à 11 h et 15 h, le samedi à 11 h, 15 h et 17 h, le dimanche à 10 h 30, 12 h 30, 15 h et 17 h. Fermé le 1er janvier et du 4 au 12 décembre. 16 000 L. ☎ (0732) 97 30 39.

FRASCATI

Villa Aldobrandini : parco – Visite du lundi au vendredi de 9 h à 13 h. Il est nécessaire de réserver au ☎ (06) 94 20 331 (A.A.S.T. Del Tuscolo, piazza Marconi, 1) même le jour même.

G

GAETA

Monte Orlando : tomba – *Visite guidée (3 h) de 9 h à 15 h de janvier à avril, de 9 h à 16 h 30 de mai à août, de 9 h à 15 h 30 de septembre à décembre. 5 000 L (enfants : 2 000 L). Réserver une semaine à l'avance : C.A.T. Lazio Sud, Centro Guide, via Garibaldi 9, Gaeta. ☎ (0771) 46 27 67.*

Lago di GARDA

Le lac en bateau – De Desenzano à Riva del Garda, par Sirmione et Salò, 32 000 L AR en bateau ; 40 000 L AR en hydroglisseur.

GARDONE RIVIERA

Vittoriale – Visite de 8 h 30 à 20 h d'avril à septembre ; le reste de l'année de 9 h à 12 h 30 et de 14 h à 18 h. La vente des billets s'achève une heure avant la fermeture. 8 000 L. ☎ (0365) 20 130.

GENOVA

ℹ Stazione Principe ☎ (010) 26 26 33

Visite du port – *Visite en bateau au départ de l'aquarium et de la gare maritime principale « Dei Mille », tous les jours, toute la journée, fréquence selon l'affluence. Durée : 1 h. 10 000 L ; il est conseillé de téléphoner auparavant au ☎ (010) 26 57 12.*
En outre, des mini-croisières sont organisées de mars à septembre pour San Fruttuoso, Portofino et les Cinque Terre. Départs de 8 h 30 à 10 h 45, retour à Gênes à 19 h. De 20 000 à 30 000 L. Réservations plusieurs jours à l'avance. ☎ (010) 26 57 12.

Cattedrale di San Lorenzo : trésor – *Actuellement fermé au public. ☎ (010) 28 26 41.*

Palazzo Carrega-Cataldi – Visite guidée (10 mn) sur rendez-vous pris auprès de l'Ufficio Presidenza Camer di Commercio di Genove. Entrée gratuite. ☎ (010) 20 94 290.

Palazzo Municipale Doria Tursi – Visite obligatoirement guidée (20 mn environ) de 8 h à 12 h et de 13 h à 16 h 30 (le vendredi jusqu'à 15 h). Fermé les samedis, dimanches et jours fériés. Il convient de prévenir. ☎ (010) 20 98 22 23.

Palazzo Bianco – Visite de 9 h à 13 h, les mercredis et samedis de 9 h à 19 h. Fermé les lundis et fêtes. 6 000 L. Entrée gratuite le dimanche. ☎ (010) 29 18 03.

Palazzo Rosso – Visite de 9 h à 13 h, les mercredis et samedis de 9 h à 19 h. Fermé les lundis et fêtes. 6 000 L. Entrée gratuite le dimanche. ☎ (010) 28 26 41.

Palazzo Reale – Visite de 9 h à 13 h 30 du dimanche au mardi, de 9 h à 18 h 30 du mercredi au samedi. Fermé le 1er janvier, 1er mai et 25 décembre. 8 000 L. Possibilité de visite guidée (2 h environ). ☎ (010) 24 70 640.

Galleria nazionale di Palazzo Spinola – Visite de 9 h à 19 h ; les dimanches et fêtes de 14 h à 19 h, le lundi de 9 h à 13 h. Fermé le 1er janvier, 1er mai et 25 décembre. 8 000 L. ☎ (010) 29 46 61.

Acquario – Visite les mardis, mercredis et vendredis de 9 h 30 à 19 h, les jeudis, samedis, dimanches et fêtes de 9 h 30 à 20 h 30. La vente des billets s'achève 1 h 30 avant la fermeture. Fermé le lundi. 14 000 L ; gratuit pour les moins de 3 ans. ☎ (010) 24 81 205.

Villetta di Negro : Museo Chiossone – Visite les mardis, jeudis, samedis, 1er et 3 dimanches de chaque mois : de 9 h à 13 h. Fermé les jours de fêtes. 6 000 L, entrée gratuite le dimanche. Possibilité de visite guidée (1 h). ☎ (010) 54 22 85.

Castelletto : montée en ascenseur – *Tous les jours. 400 L.*

Grotta del GIGANTE

Grotta e museo – Visite guidée (45 mn) de novembre à février à 10 h, 11 h, 12 h, 14 h 30, 15 h 30 et 16 h 30 ; en mars et octobre toutes les 1/2 h de 9 h à 12 h et de 14 h à 17 h ; d'avril à septembre toutes les 1/2 h de 9 h à 12 h et de 14 h à 19 h. Fermé les lundis non fériés. 8 000 L. En été le tarif comprend le trajet AR en train depuis Trieste, puis l'autobus n° 45. ☎ (040) 32 73 12.

GRADARA

Rocca – Visite de mi-mai à fin septembre de 9 h à 19 h. Le lundi de 9 h à 14 h. Le reste de l'année de 9 h à 14 h, le dimanche de 9 h à 13 h. Fermé le 1er janvier, 1er mai et 25 décembre. 8 000 L. Entrée gratuite durant la semaine des biens culturels. ☎ (0541) 96 41 15.

Parco Nazionale del GRAN PARADISO

Excursions avec guide – L'Ente Parco Nazionale Gran Paradiso (PNGP) organise des excursions guidées. S'adresser au Centro Visitatori di Noasca ☎ (0124) 90 10 70. Par ailleurs, le Parnassius Apollo Club Trekking propose des itinéraires d'un week-end ou d'une semaine, aussi bien en été qu'en hiver. S'adresser au Signor Gianni Tamiozzo, Parnassius Apollo Club, via IV Novembre 5, 10080 SALASSA (TO), ☎ (0124) 36 535 (le mardi aux heures de bureau ou après 20 h).

Centres d'informations du PNGP :

Accessibles au départ de la route du Val d'Aoste :
Rhêmes-Notre Dame (refuge de Breuil), ouvert en juillet, août et à Noël.
Val Savaranche (refuge de Degioz), par la route du Val Savaranche, ouvert en juillet et août.
Cogne (refuge de Valnontey) : à Cogne tourner à droite ; jardin botanique alpin « Paradisia », ouvert de juin à mi-septembre.

Accessibles par la vallée de Locana :
Noasca : via Umberto I, 1 ; à Pont Canavese, prendre à gauche : ouvert toute l'année.
Ceresole Reale (village de Pian della Balma) ; en poursuivant, au-delà de Noasca : ouvert en juillet et août, ainsi que certains samedis et jours fériés le reste de l'été et au printemps.
Ronco Canavese (piazza Municipio) ; à Pont Canavese prendre à droite : ouvert en juillet, août et certains samedis et jours fériés le reste de l'été et au printemps.

GRECCIO

Convento – *Visite de 9 h à 12 h 30 et de 15 h à 18 h 30.*

GROSSETO

Museo archeologico della Maremma – En restauration. Réouverture prévue pour 1997.

GUBBIO

Palazzo dei Consoli – Visite de 9 h à 12 h 30 et de 15 h 30 à 18 h du 1er avril au 30 septembre ; le reste de l'année de 9 h à 13 h et de 15 h à 17 h. Fermé le 15 mai et le 25 décembre. 4 000 L. ☎ (075) 92 74 298.

Palazzo Ducale – ♿ (80 %). Visite de 9 h à 13 h 15, le dimanche de 9 h à 12 h 30. Fermé les 1er janvier, 1er mai et 25 décembre. 4 000 L. ☎ (075) 92 75 872.

Duomo : chapelle épiscopale – Visite de 9 h à 19 h en été ; en hiver de 9 h 30 à 17 h.

I

Lago d'ISEO

Excursions en bateau – Au printemps et en été.
Tour du lac, avec départ le matin (de Sarnico, Iseo ou Lovere) et retour dans la soirée ; durée : 7 heures environ ; arrêt à Monte Isola ; possibilité de déjeuner à bord ; trajet 18 000 L, repas 20 000 L.
Excursion aux 3 îles l'après-midi, au départ d'Iseo ; durée 2 h 1/2 : 6 500 L.
Tour du lac l'après-midi et retour dans la soirée au départ de Sarnico, Iseo, Lovere ou Monte Isola. 15 200 L.
Pour toute information, s'adresser à l'I.A.T. à Iseo, Lungolago Marconi 2. ☎ (030) 98 02 09 ou Fax (030) 98 13 61.

ISSOGNE

Castello – *Visite accompagnée (30 mn) tous les jours, du 1er mai au 30 septembre de 9 h à 19 h, le reste de l'année de 9 h à 17 h. 4 000 L (gratuit pour les enfants de moins de 6 ans). ☎ (0125) 92 93 73.*

J

JESI

Pinacoteca – Visite de 9 h à 12 h 30 et de 16 h à 19 h ; le dimanche de 9 h à 13 h (une ouverture du musée le dimanche après-midi est à l'étude). Fermé le lundi, le 1er mai et à Noël. 4 000 L. ☏ (0731) 53 83 42.

L

Regione dei LAGHI

De nombreuses excursions en bateau ou hydroglisseur (aliscafo) peuvent être combinées pour chacun des lacs (voir à leur nom). Nous n'en donnons qu'un aperçu. Pour plus de détails sur les horaires, les durées, les divers tarifs, s'adresser aux offices locaux.

L'AQUILA

Castello : Museo nazionale d'Abruzzo – ♿ (80 %). Visite de 9 h à 13 h 30. Fermé les 1er janvier, 1er mai et 25 décembre. 8 000 L. Entrée gratuite durant la semaine des biens culturels. ☏ (0862) 63 32 39.

LA SPEZIA

Museo tecnico navale – Visite de 9 h à 12 h et de 14 h à 18 h, le dimanche de 8 h 30 à 13 h 15. Fermé les lundis et vendredis matin et les jours de fêtes ne coïncidant pas avec le week-end. 2 000 L. ☏ (0187) 77 07 50.

LAVENO MOMBELLO

Télécabine du Sasso del Ferro – En service d'avril à septembre de 10 h à 17 h 30 (9 h 30 à 18 h le samedi, 9 h 30 à 19 h les dimanches et fêtes). Le reste de l'année de 9 h 20 à 17 h uniquement les samedis, dimanches et fêtes. ☏ (0332) 66 80 12.

LECCE

Museo provinciale S. Castromediano – ♿. Visite de 9 h à 13 h 30 et de 14 h 30 à 19 h 30, le dimanche uniquement le matin. Fermé le samedi, les 1er janvier, 25 avril, 1er mai et 25 décembre. Entrée gratuite. ☏ (0832) 24 70 25.

LIGNANO

Plage – Aménagée sur toute sa longueur mais d'accès libre. De mai à septembre, on peut y louer facilement, à la demi-journée, journée ou par abonnements plus longs, parasols et chaises longues. Tarifs différents selon les périodes : basse, moyenne ou pleine saison.

Parco Zoo Punta Verde – ♿. Visite de 9 h au coucher du soleil, de mars à octobre tous les jours ; en février : les dimanches et jours fériés seulement. Fermé en novembre, décembre et janvier. 12 000 L (enfants de plus de 3 ans, 8 000 L). ☏ (0431) 42 87 75.

LORETO

Santuario della Santa Casa :

Basilica – *Ouverte de 6 h à 10 h (19 h en hiver). ☏ (071) 97 01 08.*

Santa Casa – *Même horaire, avec une interruption de 12 h 30 à 14 h 30. ☏ (071) 97 01 08.*

Pinacoteca – Fermé pour restructuration.

LOVERE

Galleria Tadini – Visite de 15 h à 18 h, le dimanche de 10 h à 12 h et de 15 h à 18 h, nocturne le samedi de 20 h à 22 h du 20 avril au 15 septembre. Fermé du 15 octobre au 19 avril. 5 000 L. Possibilité de visite guidée. ☏ (035) 96 01 32.

LUCCA

ℹ piazza Guidiccioni 2, ☏ (0583) 49 12 05

Casa dei Guinigi – Visite de novembre à février de 10 h à 16 h 30 ; de mars à septembre de 9 h à 19 h 30 ; en octobre de 10 h à 18 h. Fermé le 25 décembre. 4 500 L. ☏ (0583) 48 524.

Museo nazionale di Palazzo Mansi – Visite d'octobre à avril de 10 h à 13 h et de 14 h 30 à 18 h, de mai à septembre de 9 h 30 à 12 h 30 et de 14 h 30 à 19 h. Fermé le lundi et le 25 décembre. 7 000 L (parc et villa). ☏ (0583) 92 00 96.

Museo nazionale di Villa Guinigi – Visite en hiver de 9 h à 14 h ; en été de 9 h à 19 h (les dimanches et jours fériés de 9 h à 14 h). Fermé le lundi, les 1er janvier, 1er mai et 25 décembre. 4 000 L. ☏ (0583) 46 033.

LUCERA

Museo civico G. Fiorelli – Visite de 8 h à 13 h, le mardi et le vendredi églament de 15 h à 18 h (16 h à 19 h de juillet à septembre). Fermé le lundi, à Pâques, Noël et les autres jours fériés si ils ne tombent pas un dimanche. 1 500 L. Entrée gratuite pendant la semaine des biens culturels. Possibilité de visite guidée. ☏ (0881) 54 70 41.

Lago di LUGANO

Tour du lac en bateau – Le « Gran Giro del Lago » a lieu tous les jours, de fin mars à mi-octobre, au départ de Lugano à 14 h 40, retour à 17 h 20 ; commentaires en 4 langues ; prix 28 francs suisses ; restaurant à bord. D'autres excursions en bateau, de durée et de prix variables sont possibles : se renseigner auprès de la Società Navigazione del Lago di Lugano. ☏ 00 41/91/971 52 23.

M

Lago MAGGIORE

Le lac en bateau – Trajets principaux : de Stresa, Baveno, Pallanza vers les îles Borromee toutes des 30 mn au printemps et en été ; Arona-Stresa-Locarno toutes les 20 mn uniquement les jours fériés et veilles de jours fériés au printemps, tous les jours sauf le lundi en été. Trajets avec transport de voitures entre Intra et Laveno. Il existe également un billet de libre circulation sur le lac valable un jour (23 000 L), 3 jours (46 600 L) ou une semaine (64 000 L), voir plus haut à Isole BORROMEE. ☏ (0322) 46 651.
Trajet Arona-Locarno : 27 000 L AR ; Stresa-Locarno : 22 600 L AR ; Intra-Laveno avec voiture : 8 000-15 000 L uniquement l'aller (voiture et conducteur).

MALCESINE

Monte Baldo – *Le téléphérique fonctionne tous les jours de 8 h à 19 h ; départs toutes les 1/2 h ; durée : 15 mn. Fermé les 15 jours suivant Pâques et en novembre. 13 000 L. ☏ (045) 740 02 06 ou 740 00 44.*

MALCONTENTA

Villa Foscari – Visite de 9 h à 12 h le mardi et le samedi. Les autres jours, visite sur demande (prendre rendez-vous avec au moins une semaine d'avance) de 9 h à 12 h et de 15 h à 17 h. Fermé de décembre à mars et le lundi. Société la Malcontenta, S. Marco 2818, Venezia. ☏ (041) 52 03 966. 10 000 L.

MANTOVA

ℹ piazza Mantegna 6, ☏ (0376) 35 06 81

Palazzo Ducale – Visite obligatoirement guidée de 8 h 30 à 14 h et de 14 h 30 à 19 h durant la période soumise à l'heure d'été ; le reste de l'année de 9 h à 14 h et de 14 h 30 à 18 h 30. Dernière entrée : 1 h 30 avant la fermeture. Fermé l'après-midi des lundis, samedis et dimanches (sauf pendant la période soumise à l'heure d'été) ; fermé également les 1er janvier, 1er mai et 25 décembre. 12 000 L. Entrée gratuite durant la semaine des biens culturels. ☏ (0376) 32 02 83.

« Rotonda » di San Lorenzo – *Visite tous les jours, d'avril à fin octobre de 10 h à 12 h et de 14 h 30 à 16 h 30, en novembre et mars de 11 h à 12 h et de 14 h 30 à 15 h 30, de décembre à fin février de 11 h à 11 h 30. ☏ (0376) 32 82 53.*

Palazzo del Te – ♿. Visite de 9 h à 18 h. Fermé le lundi, le 1er janvier et le 25 décembre. 10 000 L. Entrée gratuite durant la semaine des biens culturels. Possibilité de visite guidée (1 h 30). ☏ (0376) 36 58 86.

Teatro accademico – Visite de 9 h 30 à 12 h 30 et de 15 h à 18 h. Fermé les 1er janvier, 1er mai et 25 décembre. 2 000 L. ☏ (0376) 32 76 53.

Palazzo d'Arco – Visite obligatoirement guidée (environ 1 h) de 9 h à 12 h ; ouverture supplémentaire les jeudis, samedis et dimanches de 15 h à 17 h. Du 1er novembre au 28 février, le dimanche après-midi visite de 14 h 30 à 16 h. Fermé le samedi de novembre à février, le lundi et les jours de fêtes. 5 000 L. ☏ (0376) 32 22 42.

MARLIA

Villa reale – Visite obligatoirement guidée (1 h) à 10 h, 11 h, 15 h, 16 h, 17 h, 18 h sur rendez-vous. ☏ (0583) 30 108. Fermé le lundi et de décembre et février. 8 000 L.

MARMOLADA

Funivia (téléphérique) di Malga Ciapela – En fonction en hiver comme en été mais à des dates variant d'année en année. Pour information. ☏ (0437) 72 13 19.

Cascate delle MARMORE

Du lundi au vendredi – Visite du 16 mars au 31 mai de 12 h à 12 h 30 et de 15 h 30 à 16 h ; en juin et septembre de 15 h à 16 h 30 ; en juillet et août de 11 h à 12 h 30 et de 17 h à 18 h 30.

Le samedi – Visite du 1er mai au 31 août de 11 h à 12 h 30 et de 17 h à 22 h ; du 16 mars au 30 avril et du 1er septembre au 31 octobre de 11 h à 12 h 30 et de 16 h à 21 h.

Les dimanches et fêtes, ainsi que les 22 mai et 16 août – Visite du 1er mai au 31 août de 10 h à 13 h et de 15 h à 21 h 30 ; du 16 mars au 30 avril et du 1er septembre au 31 octobre de 10 h 30 à 12 h 30 et de 15 h à 20 h, enfin du 1er novembre au 15 mars de 15 h à 16 h.

MASER

Villa – De mars à octobre, les mardis, samedis, dimanches et jours fériés de 15 h à 18 h ; de novembre à février, les samedis, dimanches et jours fériés de 14 h 30 à 17 h. Fermé à Pâques et du 24 décembre au 6 janvier. 9 000 L. ☏ (0423) 92 30 04.

MASSA MARITTIMA

ℹ via Parenti 22, ☏ (0566) 90 27 56

Museo archeologico – Visite de 10 h à 12 h 30 et de 15 h 30 à 19 h du 1er avril au 30 septembre ; le reste de l'année de 10 h à 12 h 30 et de 15 h 30 à 17 h. Fermé le lundi. 5 000 L. Possibilité de visite guidée (1 h). ☏ (0566) 90 22 89.

Fortezza dei Senesi et Torre del Candeliere – Visite de 11 h à 13 h et de 16 h à 20 h du 16 juillet à fin août. Du 1er avril au 15 juillet de 11 h à 13 h et de 17 h à 19 h. Fermé le lundi et d'octobre à mars. 2 500 L. ☏ (0566) 90 22 89.

Museo di Storia e Arte delle miniere – Visite de 10 h à 11 h et de 15 h 30 à 17 h 30 du 1er avril au 15 juillet ; uniquement le matin du 16 juillet à fin août. Fermé le lundi et d'octobre à mars. 2 500 L ; entrée gratuite la semaine des biens culutrels. ☏ (0566) 90 22 89.

MATERA

San Pietro Caveoso – ♿. Visite de 9 h à 12 h et de 15 h 30 à 19 h 30. Entrée gratuite. Possibilité de visite guidée (20 mn). ☏ (0835) 31 15 10.

Museo nazionale Ridola – Visite de 9 h à 13 h et de 16 h à 22 h du 1er avril au 30 septembre ; le reste de l'année de 9 h à 19 h. 1 400 L. ☏ (0835) 31 12 39.

MERANO / MERAN

Castello Principesco – Visite accompagnée de 9 h 30 à 12 h et de 14 h à 18 h, le samedi de 9 h à 12 h. Fermé le dimanche. 2 400 L. ☏ (0473) 23 78 34.

MERANO 2000

Téléphérique (Funivia) – Du 1er juin au 7 novembre et du 18 décembre au 10 avril environ : tous les jours de 9 h à 17 h. 22 000 L (19 000 L pour les personnes séjournant à Merano 2000 et disposant de ce fait d'une « carta di soggiorno »). ☏ (0473) 23 48 21.

MILANO

ℹ Galleria Vittorio Emanuele - 20122 MILANO - ☏ (02) 45 56 76 - fax : (02) 45 76 87

Duomo – *Ouvert de 6 h 45 à 19 h. Visites non autorisées durant les offices religieux célébrés au maître-autel. Le samedi, visite possible jusqu'à 16 h, le dimanche entre 13 h 30 et 16 h seulement. ☏ (02) 72 02 26 56.*

Crypte et trésor – *Visite tous les jours de 9 h à 12 h et de 14 h à 18 h. 2 000 L.*

Baptistère (sous le parvis) – *Visite toute l'année de 10 h à 12 h et de 15 h à 17 h. Fermé le lundi.*

Promenade sur les toits – *Visite tous les jours de 9 h à 17 h 45 (16 h 15 du 16 novembre au 14 février). Montée à pied : 4 000 L ; en ascenseur : 7 000 L ; enfants de moins de 6 ans, gratuit.*

Museo del Duomo – Visite de 9 h 30 à 12 h et de 15 h à 18 h. Fermé le lundi, à Pâques, les 25 avril et 25 décembre. 8 000 L. ☏ (02) 72 02 26 56.

Scala : Museo del Teatro – Visite de 9 h à 12 h et de 14 h à 18 h. Fermé les dimanches d'octobre à mai et les jours de fête. ☏ (02) 80 53 418.

Pinacoteca di Brera – Visite de 9 h à 17 h 30, les dimanches et jours fériés de 9 h à 12 h 45 (la vente des billets s'achève 1/2 heure avant la fermeture). Fermé le lundi, les 1er janvier, 1er mai et 25 décembre. 8 000 L.

Castello Sforesco – Visite de 9 h 30 à 17 h 30. Fermé le lundi. Entrée gratuite. ☏ (02) 62 08 31 91.

Biblioteca Ambriosana – Fermé pour restructuration jusqu'au printemps 1997. ☏ (02) 86 45 14 36.

S. Chirol

Milan - Galerie Victor Emmanuel

Museo Poldi-Pezzoli - Visite de 9 h 30 à 12 h 30 et de 14 h 30 à 18 h (fermeture à 19 h 30 le samedi). Fermé le dimanche après-midi du 1er avril au 30 septembre, le lundi et les jours fériés. 10 000 L. ☏ (02) 79 48 89.

Galleria d'Arte Moderna - Visite de 9 h 30 à 17 h 30. Fermé le lundi, les 1er janvier, 1er mai, 15 août et 25 décembre. Entrée gratuite. ☏ (02) 86 46 30 54.

Casa del Manzoni - Visite de 9 h à 12 h et de 14 h à 16 h. Fermé le samedi et le dimanche, le mois d'août et de Noël à l'Épiphanie. Entrée gratuite. ☏ (02) 86 46 04 03.

Museo civico di Storia Naturale - Visite de 9 h 30 à 17 h 30 (18 h 30 le samedi et le dimanche). Fermé le lundi et les jours fériés. ☏ (02) 79 98 70.

Palazzo Bagatti Valsecchi - Visite de 13 h à 17 h. Fermé le lundi et les jours fériés. 10 000 L, le mercredi 5 000 L. ☏ (02) 76 00 61 32.

Museo della Scienza e della Tecnica Leonardo da Vinci - ♿ (50 %). Visite de 9 h 30 à 17 h, les samedis, dimanches et jours fériés de 9 h 30 à à 18 h 30. Fermé le lundi. 10 000 L. Possibilité de visite guidée (2 h). ☏ (02) 48 55 51.

Cenacolo di Santa Maria delle Grazie - Visite de 8 h à 13 h 45. Fermé le lundi, les 1er janvier, 1er mai et 25 décembre. 12 000 L. ☏ (02) 49 87 588.

Museo civico di Archeologia - Visite de 9 h 30 à 17 h 30. Fermé le lundi, le 1er janvier, à Pâques, les 1er mai, 15 août, 2 novembre et 25 décembre. Entrée gratuite. Possibilité de visite guidée (de 1 à 2 h). ☏ (02) 80 53 972.

Basilica di San Lorenzo Maggiore : cappella di Sant'Aquilino - *Ouverte tous les jours de 8 h 30 à 12 h et de 15 h à 17 h 30. ☏ (02) 832 29 40.*

MIRA

Villa Widmann-Foscari-Rezzonico - Fermé pour restauration. ☏ (0330) 26 15 10.

MIRAMARE

Castello di Miramare : Museo storico - ♿ (50 %). Visite de 9 h à 18 h d'avril à septembre ; de 9 h à 17 h en mars et octobre, de 9 h à 16 h de novembre à février. 8 000 L. Possibilité de visite guidée (30 mn environ). ☏ (040) 22 41 43.

Parco di Miramare - ♿. Visite de 8 h à 19 h d'avril à septembre ; de 9 h à 18 h en mars et octobre ; de 9 h à 17 h de novembre à février. Entrée gratuite. Possibilité de visite guidée. ☏ (040) 22 41 43.

Lago di MISURINA

Route à péage - *Prix AR par voiture : 18 000 L (prix de l'été 1995).*

MODENA

Museo del Duomo - En cours de restauration.

Biblioteca Estense - Visite de 9 h à 19 h 30, les vendredis et samedis de 9 h à 13 h 30. Fermé le dimanche, les deux premières semaines de septembre et les jours fériés. Entrée gratuite. Possibilité de visite guidée (1 h). ☏ (059) 22 22 48.

MODENA

Galleria Estense – Visite de 9 h à 19 h les mardis, vendredis et samedis ; les mercredis et jeudis de 9 h à 14 h ; le dimanche de 9 h à 13 h. Fermé le lundi, les 1er mai et 25 décembre. 8 000 L. ☏ (059) 22 21 45.

MONTALCINO

Forteresse et chemin de ronde – Visite de 9 h à 13 h et de 14 h 30 à 20 h du 1er avril au 30 septembre ; le reste de l'année de 9 h à 13 h et de 14 h à 18 h. Fermé le lundi (sauf du 15 juillet à fin septembre). 3 000 L. (Œnothèque dans la Rocca). ☏ (0577) 84 92 11.

Museo diocesano – En attente d'être transféré via Ricasoli.

MONTECASSINO

Abbazia – *Visite toute l'année de 9 h à 12 h et de 15 h à 18 h. ☏ (0776) 265 29.*

Museo abbaziale – *Visite toute l'année de 9 h à 12 h et de 15 h à 18 h. 2 000 L. ☏ (0776) 265 29.*

Museo archeologico nazionale – Visite de 9 h jusqu'au coucher du soleil. Fermé les 1er janvier, 1er mai et 25 décembre. Gratuit. ☏ (0776) 30 11 68.

MONTECATINI TERME

Museo dell'Accademia d'arte – Fermé pour restauration. ☏ (0572) 78 211.

MONTECCHIO MAGGIORE

Villa Cordellina Lombardi – Visite uniquement du 1er avril au 15 octobre de 9 h à 13 h ; les samedis et dimanches de 9 h à 12 h et de 15 h à 18 h. Fermé du 16 octobre à fin mars, le lundi, les 1er mai et 15 août. 2 500 L. ☏ (0444) 69 60 85.

MONTEFALCO

Torre comunale En cours de restauration.

Chiesa di San Francesco – Visite de 10 h 30 à 13 h et de 15 h à 19 h 30 en août ; de 10 h 30 à 13 h et de 15 h à 19 h en juin et juillet ; de 10 h 30 à 13 h et de 14 h à 18 h en mars, avril, mai, septembre et octobre ; de 10 h 30 à 13 h et de 14 h 30 à 16 h de novembre à février (fermé le lundi). 6 000 L. ☏ (0742) 37 95 98.

MONTE ISOLA

Accès en bateau – De **Iseo**, en été et les jours fériés de printemps, départ toutes les 1/2 h ; le reste de l'année toutes les heures ; 6 500 L AR. De **Sulzano** à Peschiera Monte (Monte Isola), départ tous les 1/4 h ; 3 900 L AR. De **Sala Marasino** pour Carzano (Monte Isola) départ toutes les 1/2 h ; 3 900 L AR. Accès possibles également au départ d'autres localités. Pour toute information, s'adresser à l'I.A.T., Iseo, lungolago Marconi 2c. ☏ (030) 98 02 09 (ou fax : (030) 98 13 61).

MONTE OLIVETO MAGGIORE

Abbazia – Ouverte de 9 h 15 à 12 h et de 15 h 15 à 17 h 45 (en hiver, fermeture à 17 h). ☏ (0577) 75 71 06.

MONTEPULCIANO

Torre del Palazzo Comunale – Visite de 9 h à 13 h. Fermé le dimanche et les jours fériés. Entrée gratuite. ☏ (0578) 75 70 34.

Museo civico – Visite de 9 h 20 à 13 h et de 15 h à 18 h de Pâques à octobre ; le reste de l'année uniquement le matin sur demande. Fermé le lundi et le mardi (de Pâques à octobre), le 1er mai et le dernier dimanche d'août. 3 000 L. ☏ (0578) 71 69 43.

MONTE SANT'ANGELO

Tomba di Rotari – Visite de 9 h à 19 h 30 du 1er avril au 30 septembre ; le reste de l'année de 9 h à 17 h. 1 000 L. Possibilité de visite guidée (30 mn). ☏ (0884) 56 18 09.

MONZA

Duomo : trésor – Visite de 9 h à 12 h et de 15 h à 17 h 30, le dimanche de 10 h à 12 h 30 et de 15 h à 17 h 30. Fermé le lundi. Possibilité de visite guidée : contacter Pro Monza. ☏ (039) 32 32 22.

Parco di Villa Reale – Ouvert tous les jours, au printemps et en été de 7 h à 20 h 30, en automne et en hiver de 7 h à 19 h. Entrée gratuite. ☏ (039) 36 03 67 ou 230 17 17.

MORTOLA INFERIORE

Giardini Hanbury - ♿ (partiellement). Visite de 9 h à 19 h du 15 juin au 31 octobre : de 10 h à 18 h de début avril jusqu'au 15 juin ; le reste de l'année de 10 h à 17 h (fermé le mercredi pendant cette période). Dernières entrées une heure avant la fermeture. 8 500 L. ☎ (0184) 22 95 07.

MURANO

Museo di arte vetraria - Visite du 1er avril au 30 septembre de 10 h à 17 h, le reste de l'année de 10 h à 16 h. Fermé le mercredi, les 1er janvier, 1er mai et 25 décembre. 8 000 L. ☎ (041) 73 95 86.

N

NAPOLI

Maschio Angioino Castel Nuovo - Visite de 9 h à 19 h. Fermé le dimanche (sauf à Pâques et en mai), les 1er mai, 15 août, 25 et 26 décembre. 7 000 L.

Teatro San Carlo - Visite sur réservation téléphonique au ☎ (081) 79 72 111.

Palazzo Reale - Visite de 9 h à 13 h 30 ; les samedis et dimanches de 9 h à 13 h et de 16 h à 19 h 30. Fermé le lundi, le 1er mai, à Pâques et le 15 août. 8 000 L. Entrée gratuite pendant la semaine des biens culturels. ☎ (081) 41 38 88.

Chiesa du Santa Chiara : cloître - Visite de 8 h 30 à 12 h 30 et de 16 h à 18 h 30. Fermé le dimanche après-midi. ☎ (081) 55 26 209.

Cappella Sansevero - Visite de 10 h à 17 h, les dimanches et jours fériés de 10 h à 13 h 30. Fermé le lundi. 6 000 L. ☎ (081) 55 18 470.

Chiesa et chiostro di San Gregorio Armeno - Visite de 9 h à 12 h. ☎ (081) 55 20 186.

Chiesa di San Lorenzo Maggiore et Scavi - Visite de 8 h à 12 h 30 et de 16 h à 18 h ; les fouilles archéologiques (scavi) se visitent entre 9 h et 13 h 30 (fermées le dimanche). ☎ (081) 29 48 75.

Decumanus Majeur - Visite de 9 h à 14 h, le dimanche uniquement en mai de 9 h à 18 h. Fermé le dimanche et le 19 septembre. Possibilité de visite guidée (3 h environ). ☎ (081) 29 23 16.

Santa Maria delle Anime del Purgatorio - Visite de 9 h à 14 h, le dimanche de 9 h à 12 h. Fermé le 19 septembre. Possibilité de visite guidée le dimanche matin (1 h environ). ☎ (081) 29 23 16.

Museo archeologico nazionale - Visite de 9 h à 14 h (le dimanche jusqu'à 13 h). Fermé le mardi, les 1er janvier, 1er mai et 25 décembre. 12 000 L. Entrée gratuite durant la semaine des biens culturels. ☎ (081) 44 01 66.

Certosa di San Martino - Visite de 9 h à 14 h. Fermé le mardi, les 1er janvier, 1er mai et 25 décembre. 8 000 L. Entrée gratuite durant la semaine des biens culturels. ☎ (081) 57 81 769.

Palazzo et Galleria nazionale di Capodimonte - ♿ Visite de 10 h à 18 h, les dimanches et jours fériés de 9 h à 14 h. La vente des billets s'achève une heure avant la fermeture. Fermé le lundi, les 1er janvier, 1er mai et 25 décembre. 12 000 L. Entrée gratuite durant la semaine des biens culturels. ☎ (081) 74 41 307.

Villa Floridiana - Visite de 9 h à 1 h avant le coucher du soleil. Fermé les 1er janvier, 1er mai et 25 décembre. Entrée gratuite. ☎ (081) 57 88 418.

Museo nazionale di Ceramica Duca di Martina - Visite de 9 h à 14 h. Fermé le lundi, les 1er janvier, 1er mai et 25 décembre. 4 000 L. Entrée gratuite durant la semaine des biens culturels. ☎ (081) 57 88 418.

Catacombe di S. Gennaro - Visite accompagnée (45 mn environ) de 9 h 30 à 18 h 30, les samedis et dimanches de 9 h 30 à 12 h 30. 5 000 L. ☎ (081) 74 11 071.

Duomo

Cappella di S. Gennaro - Visite de 8 h à 12 h et de 16 h 30 à 19 h, le dimanche uniquement le matin. ☎ (081) 29 47 64.

Basilica di Santa Restituta - Visite de 9 h à 12 h et de 16 h 30 à 19 h, le dimanche et les jours fériés uniquement le matin. ☎ (081) 44 90 97.

Palazzo Cuomo : Museo civico Filangieri - Visite de 9 h à 19 h, le dimanche de 9 h à 13 h. Fermé les jours fériés. 5 000 L. ☎ (081) 20 31 75.

Chiesa di S. Anna dei Lombardi - Ouverte de 8 h 30 à 12 h 30. Fermé le dimanche. Entrée gratuite.

Acquario – ♿. Visite de 9 h à 18 h (le dimanche de 10 h à 18 h) du 1er mars au 31 octobre : le reste de l'année de 9 h à 17 h. Fermé le lundi. 3 000 L. ☎ (081) 58 33 263.

Museo Principe di Aragona Pignatelli Cortes – Visite de 9 h à 14 h. Fermé le lundi et certains jours fériés. 4 000 L. ☎ (081) 66 96 75.

NONANTOLA

Abbazia – *Visite de 7 h à 12 h et de 14 h à 19 h. Le trésor et la bibliothèque sont en cours de restauration. ☎ (059) 54 90 25.*

NOVACELLA / NEUSTIFT

Abbazia di Novacella – Visite accompagnée à 10 h, 11 h, 14 h, 15 h et 16 h. Fermé le dimanche et les jours fériés. De novembre à Pâques, fermé également le samedi après-midi. 6 000 L. ☎ (0472) 83 61 89.

ORTISEI / ST. ULRICH

Téléphérique des Alpes de Siusi – *Le téléphérique (funivia) fonctionne en hiver de 7 h 30 à 18 h et en été de 7 h 30 à 12 h et de 13 h à 19 h (départ toutes les 30 mn). Fermé de début novembre à mi-décembre et de Pâques à mi-mai. 12 500 L AR. ☎ (0471) 79 62 18.*

ORVIETO

Palazzo dei Papi : Museo dell'Opera del Duomo – Fermé pour restauration.

Pozzo di San Patrizio – Visite de 9 h 30 à 19 h du 1er avril au 30 septembre. Le reste de l'année de 10 h à 18 h. Fermé le 1er janvier et le 25 décembre. 6 000 L. ☎ (0763) 34 37 68.

Museo archeologico Faina – ♿. Visite de 10 h à 13 h et de 15 h à 19 h du 31 mars au 28 septembre ; le reste de l'année de 10 h à 13 h et de 14 h 30 à 17 h. Fermé le lundi et le 25 décembre. 7 000 L. ☎ (0763) 34 15 11.

OSTIA ANTICA

Scavi – *Visite de 9 h à 19 h durant la période soumise à l'heure d'été (de fin mars à fin septembre) ; de 9 h à 18 h en mars et octobre : le reste de l'année de 9 h à 17 h. Dernière entrée, 1 h avant la fermeture. 8 000 L. Fermé les 1er janvier, 1er mai et 25 décembre.*

Museo – Visite de 9 h à 18 h. Fermé le lundi, les 1er janvier, 1er mai et 25 décembre. 8 000 L. ☎ (06) 56 35 80.

OTRANTO

Grotta Zinzulusa – Visite de 9 h à 19 h du 16 juin au 15 septembre ; de 9 h 30 à 18 h du 1er avril au 15 juin ; le reste de l'année de 10 h à 16 h. La visite est suspendue en cas de mer trop forte. 4 000/5 000 L. ☎ (0836) 97 005.

P

PADOVA

i Ferrovie dello Stato *(Gare)*, ☎ (049) 87 52 077

Il existe un bille unique *(biglietto unico)* donnant accès aux principaux monuments et musées de la ville. 15 000 L : s'adresser à l'Office de tourisme (APT).

Cappella degli Scrovegni – Mêmes conditions de visite que le Museo Civico agi Eremitan. La chapelle est toutefois ouverte également le lundi. ☎ (049) 87 51 153.

Museo civico agli Eremitani – ♿ Visite de 9 h à 19 h (ouverture supplémentaire de 21 h à 23 h le 1er jeudi du mois) du 1er février au 31 octobre ; le reste de l'année de 9 h à 18 h. Fermé les lundis non fériés, 1er janvier, 1er mai, 15 août, 25 et 26 décembre. 10 000 L. ☎ (049) 87 51 153.

Basilica del Santo – Ouverte de 6 h 30 à 19 h 45 (19 h en hiver). Visite guidée sur réservation (au moins avec une semaine d'avance) à faire auprès du délégué des Visites et Pèlerinages. ☎ (049) 66 39 44.

Oratorio San Giorgio et Scuola di Sant'Antonio – ♿ Visite de 9 h à 12 h 30 et de 14 h 30 à 19 h du 1er avril au 30 septembre ; le reste de l'année de 9 h à 12 h 30 et de 14 h à 17 h. 3 000 L. Possibilité de visite guidée (1 h). ☎ (049) 87 55 235.

Palazzo della Ragione – ♿. Mêmes horaires que le Museo Civico agli Eremitani. 7 000 L. ☎ (049) 82 05 006.

Università : Teatro anatomico – Visite accompagnée (40 mn) à 9 h, 10 h et 11 h le mardi et le jeudi ; à 15 h, 16 h et 17 h le mercredi, le jeudi et le vendredi. Fermé de novembre à fin mars. 5 000 L. ☎ (049) 82 09 711.

Caffè Pedrocchi : salles à l'étage – Visite de 9 h 30 à 12 h 30 et de 15 h 30 à 18 h. Fermé le lundi. 5 000 L. ☎ (049) 82 05 007.

Orto Botanico – ♿ (80 %). Visite de 9 h à 13 h et de 15 h à 18 h du 1er avril au 31 octobre ; le reste de l'année uniquement le matin (fermé le dimanche toute la journée). 5 000 L. Entrée gratuite durant la semaine des biens culturels. ☎ (049) 65 66 14.

PAESTUM

Museo – Visite de 9 h à 18 h 30. Mêmes jours de fermeture que les ruines (Rovine).

Rovine – ♿ (30 %). Visite de 9 h à 1 h avant le coucher le soleil. Fermé les 1er et 3e lundis du mois, le 1er janvier, le 1er mai et 25 décembre. 8 000 L. Possibilité de visite guidée (2 h). ☎ (0828) 81 10 23.

PALLANZA

Villa Taranto – ♿ (40 %). Visite de 8 h 30 à 18 h 30. Fermé du 1er novembre au 31 mars. 10 000 L. ☎ (0323) 40 45 55 ou 55 66 67.

PALMI

Museo comunale – Visite de 8 h 30 à 13 h 30 et de 15 h à 18 h. Fermé le vendredi après-midi, le samedi, le dimanche et les jours de fêtes. 3 000 L. ☎ (0966) 41 10 20.

PAOLA

Santuario – Visite de 6 h à 12 h 30 et de 15 h à 20 h (17 h en hiver). Possibilité de visite guidée. ☎ (0982) 58 25 18.

PARMA

ℹ piazza Duomo 5, ☎ (0521) 23 47 35

Chiesa di San Giovanni Evangelista : Chiostri – Visite de 8 h 30 à 12 h et de 15 h à 18 h, le dimanche de 10 h à 13 h et de 15 h à 18 h. Possibilité de visites guidées le samedi et le dimanche où il est alors possible de voir la bibliothèque fermée autrement.

Antica Spezieria di San Giovanni Evangelista – Mêmes horaires de visite que le Teatro Farnese. 4 000 L. ☎ (0521) 23 33 36 17.

Museo nazionale di Antichità – Visite de 9 h à 13 h 30. Fermé le lundi, les 1er janvier, 1er mai et 25 décembre. 4 000 L. ☎ (0521) 23 37 18.

Galleria nazionale – Mêmes horaires que le Teatro Farnese. 12 000 L. ☎ (0521) 23 33 09.

Teatro Farnese – Visite de 9 h à 14 h. Fermé les 1er janvier, 1er mai et 25 décembre. 4 000 L. ☎ (0521) 23 36 17.

Camera del Correggio – Visite de 9 h à 14 h. Fermé les 1er janvier, 1er mai et 25 décembre. 4 000 L. ☎ (0521) 23 33 309.

Museo Glauco Lombardi – Visite de 9 h 30 à 12 h 30 et de 16 h à 18 h (le dimanche de 9 h 30 à 12 h 30) du 1er mai au 30 septembre ; le reste de l'année de 9 h 30 à 12 h 30 et de 15 h à 17 h (le dimanche de 9 h 30 à 13 h). Fermé le lundi, en juillet, le 6 janvier, à Pâques, les 25 avril, 1er mai, 15 août, 1er novembre, 25 et 26 décembre. Entrée gratuite. ☎ (0521) 23 37 27.

Madonna della Steccata – *Visite le matin ou l'après-midi en fonction des offices religieux. ☎ (0521) 23 49 37.*

Casa di Arturo Toscanini – Visite accompanée (30 mn) de 10 h à 13 h et de 15 h à 18 h. Fermé le dimanche après-midi et le lundi. 3 000 L. ☎ (0521) 28 54 99.

PASSARIANO

Villa Manin – Visite de 9 h à 12 h 30 et de 15 h à 18 h. Fermé le lundi et les jours de fêtes. Entrée gratuite (sauf en cas d'expositions temporaires). ☎ (0432) 90 47 21.

PAVIA

Castello Visconteo – Visite de 9 h à 13 h 30, le dimanche de 9 h à 13 h. D'avril à juin et en septembre et octobre, ouverture également l'après-midi (horaire à définir). Fermé le lundi, du 1er au 6 janvier, les 14, 15, 16 et 25 avril, 1er mai, 15 août, 1er novembre, 8, 9, 25 et 26 décembre. 5 000 L. Possibilité de visite guidée (1 h). ☎ (0382) 33 853.

Certosa di PAVIA

Visite guidée (1 h environ) de 9 h à 11 h 30 et de 14 h 30 à 18 h en été. Les autres saisons, fermeture anticipée à 16 h 30 ou 17 h. Fermé les lundis non fériés. ☏ (0382) 92 52 81.

PERUGIA

ℹ piazza IV Novembre 3, ☏ (075) 57 23 327

Galleria nazionale dell'Umbria – ♿ (70 %). Visite en semaine de 9 h à 19 h ; les dimanches et jours fériés, de 9 h à 13 h. Fermé les 1er janvier, 1er mai et 25 décembre. 8 000 L. Gratuit durant la semaine des biens culturels. ☏ (075) 57 20 316.

Museo archeologico nazionale dell'Umbria – Visite de 9 h à 13 h 30 et de 14 h 30 à 19 h ; le dimanche uniquement de 9 h à 13 h. Fermé les 1er janvier, 1er mai et 25 décembre. 4 000 L. Possibilité de visite guidée. ☏ (075) 57 27 141.

Collegio del Cambio – De mars à octobre (et du 20 décembre au 6 janvier), visite de 9 h à 12 h 30 et de 14 h 30 à 17 h 30 ; le reste de l'année, visite de 8 h à 14 h (le dimanche jusqu'à 12 h 30). Fermé le lundi (uniquement de novembre à février inclus) ainsi que les 1er janvier, 1er mai et 25 décembre. 5 000 L.

Rocca Paolina – Ouverte tous les jours de 8 h à 19 h. Entrée gratuite.

Ipogeo dei Volumni – Visite de 9 h 30 à 12 h 30 et de 16 h 30 à 18 h 30 (les dimanches et fêtes uniquement le matin) en juillet et août ; le reste de l'année de 9 h 30 à 12 h 30 et de 15 h à 17 h (les dimanches et fêtes uniquement le matin). Fermé les 1er janvier, 1er mai et 25 décembre. 4 000 L. La visite est consentie pour une durée de 5 mn et pour un maximum de 5 personnes à la fois. ☏ (075) 39 33 29.

PESARO

ℹ piazzale delle Libertà ☏ (0721) 69 341

Casa natale di Rossini – Visite de 9 h à 19 h du 1er mai au 30 septembre ; le reste de l'année de 10 h à 13 h. Fermé le lundi. 4 000 L. Entrée gratuite durant la semaine des biens culturels. Possibilité de visite guidée (1/2 h). ☏ (0721) 67 815.

Musei civici – Du 1er mai au 30 septembre, visite de 9 h à 20 h, le dimanche de 9 h à 13 h ; le reste de l'année, de 8 h 30 à 13 h 30, le dimanche de 9 h à 13 h. Fermé le lundi. 8 000 L. Entrée gratuite durant la semaine des biens culturels. Possibilité de visite guidée (1 h environ). ☏ (0721) 67 815.

Museo Oliveriano – Visite de 16 h à 19 h du 1er juillet au 30 août ; le reste de l'année sur demande de 9 h à 12 h. Fermé le dimanche et les jours fériés. ☏ (0721) 33 344.

PIACENZA

Palazzo Farnese – Visite de 9 h à 12 h 30 et de 15 h à 17 h 30, le samedi de 9 h à 12 h 30 et de 15 h à 18 h, le dimanche de 9 h 30 à 12 h et de 15 h 30 à 18 h 30. Fermé le lundi, les 1er et 6 janvier, le lundi de Pâques, les 25 avril, 1er mai, 4 juillet, 15 août, 1er novembre, 8, 25 et 26 décembre. 4 500 L. Possibilité de visite guidée (1 h). ☏ (0523) 32 82 70.

Galleria d'Arte moderna Ricci Oddi – Du 1er mai au 30 septembre, visite de 10 h à 12 h et de 15 h à 18 h ; le reste de l'année de 10 h à 12 h et de 15 h à 17 h. Fermé le lundi et les jours fériés. 5 000 L. Entrée gratuite le dimanche. ☏ (0523) 32 07 42.

Galleria Alberoni – Visite uniquement guidée et sur rendez-vous. Du 14 avril au 30 juin et du 8 septembre au 27 octobre, la galerie est néanmoins ouverte le dimanche de 15 h à 16 h 30. 7 000 L. ☏ (0523) 61 31 98.

PIENZA

Museo della cattedrale – Fermé le mardi. 2 500 L. ☏ (0578) 74 90 71.

Palazzo Piccolomini – Visite obligatoirement guidée (1/2 h) de 10 h à 12 h 30 et de 16 h à 19 h du 1er juillet au 30 septembre ; le reste de l'année de 10 h à 12 h 30 et de 15 h à 18 h. Fermé le lundi. 5 000 L. ☏ (0578) 74 90 71.

PIEVE DI CADORE

Museo Tiziano – ♿ (40 %). Visite de 9 h à 12 h 30 et de 16 h à 19 h 30. Fermé le lundi et du 16 septembre au 19 juin. 2 500 L. ☏ (0435) 32 262.

PIONA

Abbazia – *Visite de 8 h 30 à 12 h 30 et de 13 h 30 à 18 h 30. ☏ (034) 94 03 31.*

PISA

ℹ piazza del Duomo ☏ (050) 56 04 64.

Piazza del Duomo – Il existe un billet unique permettant de voir tous les monuments et les deux musées de la Piazza au prix de 17 000 L.

Torre Pendente – Fermé pour travaux.

Battistero - D'avril à septembre inclus, visite de 8 h à 20 h ; le reste de l'année de 9 h à 16 h 30. Fermé le 1er janvier. 10 000 L. ☏ (050) 56 18 20.

Camposanto - Mêmes conditions de visite que le baptistère.

Museo dell'Opera del Duomo - Mêmes conditions de visite que le baptistère.

Museo delle Sinopie - Mêmes conditions de visite que le baptistère.

Museo nazionale di S. Matteo - Visite de 9 h à 19 h, le dimanche de 9 h à 13 h 30 (en été possibilité d'ouverture prolongée le dimanche). Fermé le lundi, les 1er janvier, 1er mai et 25 décembre. 8 000 L. Possibilité de visite guidée le matin (1 h). ☏ (050) 54 18 65.

PISTOIA

🅸 piazza Duomo 4, ☏ (0573) 21 622

Duomo : chapelle de l'autel de S. Giacomo - Visite obligatoirement guidée de 10 h à 12 h et de 16 h à 18 h, le dimanche de 9 h 45 à 10 h 30, de 11 h 20 à 12 h et de 16 h à 18 h. ☏ (0573) 25 095.

Battistero di S. Giovanni in Corte - Visite de 9 h 30 à 12 h 30 et de 16 h à 19 h du 1er avril au 30 septembre ; le reste de l'année de 9 h 30 à 12 h 30 et de 15 h à 18 h. Fermé le dimanche après-midi, le lundi, le 1er janvier, à Pâques, les 15 août, 25 et 26 décembre. Entrée gratuite. ☏ (0573) 37 11.

Museo civico - Visite de 9 h à 13 h et de 15 h à 19 h, le dimanche uniquement le matin. Fermé le lundi, les 1er janvier, 1er mai et 25 décembre. 5 000 L, entrée gratuite le samedi. ☏ (0573) 37 12 96.

Palazzo del Tau - Visite de 9 h à 13 h et de 15 h à 19 h, les dimanches et jours fériés de 9 h à 12 h 30. Fermé le lundi, les 1er janvier, 1er mai et 25 décembre. 4 000 L. ☏ (0573) 30 285.

PLOSE

Montée au sommet de Plose - Du village de S. Andrea, au Sud-Est de Bressanone, téléphérique pour Valcroce (en service en hiver et de juillet à septembre inclus), puis télécabine pour Plose (en fonction uniquement en hiver). Pour des informations plus détaillées, contacter l'Associazione Turistica de Bressanone. ☏ (0472) 83 64 01.

POGGIO BUSTONE

Convento - Visite de 9 h à 12 h et de 15 h à 18 h. Possibilité de visite guidée (20 mn). ☏ (0746) 68 89 16.

POMPEI

La ville morte - Visite de 9 h à 18 h 40. Fermé les 1er janvier, 1er mai et 25 décembre. 12 000 L. ☏ (081) 86 11 051.

Abbazia di POMPOSA

Visite de 8 h 30 à 19 h 30 durant la période soumise à l'heure d'été ; de 10 h à 16 h le reste de l'année. ☏ (0533) 71 90 84.

POPPI

Castello - Visite de 9 h 30 à 12 h 30 et de 15 h 30 à 18 h 30 d'avril à septembre ; le reste de l'année de 9 h 30 à 12 h 30 et de 14 h 30 à 17 h 30. Fermé le lundi. 5 000 L. Possibilité de visite guidée (1 h). ☏ (0575) 52 99 64.

PORTIFINO

Château - *Visite tous les jours de 10 h à 17 h (19 h du 16 avril au 30 septembre). 3 000 L (moins de 10 ans, gratuit). ☏ (0185) 26 90 75.*

PORTOFINO VETTA

Accès - *Route privée à péage : 3 000 L par automobile et conducteur, 500 L pour chaque passager.*

PORTOGRUARO

Museo nazionale Concordiese - Visite de 9 h à 14 h, le dimanche de 9 h à 19 h. Fermé les 1er janvier, 1er mai et 25 décembre. 4 000 L. Entrée gratuite durant la semaine des biens culturels. ☏ (0421) 72 674.

PORTONOVO

Chiesa di S. Maria - Visite tous les jours du 15 juin au 15 septembre (visite guidée de 18 h à 20 h) ; le reste de l'année uniquement le samedi. Pour les visites guidées, il est nécessaire de prendre rendez-vous une semaine à l'avance auprès de Informacultura ☏ (071) 20 68 91. Si l'église se trouvait fermée aux heures prévues d'ouverture, on peut obtenir la clef en téléphonant au (071) 30 11 45.

POSSAGNO

Maison natale et temple de Canova - Visite de 9 h à 12 h et de 15 h à 18 h (fermeture à 19 h le dimanche et les jours fériés) du 1er mai au 30 septembre ; le reste de l'année de 9 h à 12 h et de 14 h à 17 h. Fermé les lundis non fériés, à Pâques, Noël et le Jour de l'an. 5 000 L (enfants : 4 000 L). ☏ (0423) 54 43 23.

POZZUOLI

Anfiteatro Flavio - *Visite de 9 h à 1 h avant le coucher du soleil. 4 000 L.*

Solfatara - Visite de 8 h 30 à 19 h de juin à octobre inclus ; de 8 h 30 à 18 h en avril et en mai ; le reste de l'année de 8 h 30 à 16 h 30. Le 1er janvier et le 25 décembre visite de 8 h 30 à 14 h. 6 000 L. Possibilité de visite guidée (45 mn). ☏ (081) 52 62 341.

PRATO

Museo dell'Opera del Duomo - Visite de 9 h à 12 h 30 et de 15 h à 18 h 30, le dimanche uniquement le matin. Fermé le mardi, le 1er janvier, à Pâques, les 1er mai, 15 août et 25 décembre. 5 000 L, entrée gratuite durant la semaine des biens culturels. ☏ (0574) 29 339.

R

RAVELLO

Villa Rufolo - Visite de 9 h à 20 h durant la période soumise à l'heure d'été, de 9 h à 18 h le reste de l'année. Fermé les 1er janvier et 25 décembre. 4 000 L. ☏ (089) 85 76 57.

Villa Cimbrone - Visite de 9 h jusqu'au coucher du soleil. 5 000 L. ☏ (089) 85 80 72.

Museo del Duomo - Visite de 9 h à 13 h et de 15 h à 19 h d'avril à octobre inclus. Fermé le reste de l'année. 2 000 L. ☏ (089) 85 83 11.

RAVENNA

i via Salara 8/12 ☏ (0544) 35 404

Il existe un billet combiné pour le Mausoleo di Galla Placidia, l'église S. Vitale, le battistero Neoniano, la basilique S. Apollinare Nuovo et le museo arcivescovile : 9 000 L. Enfants de moins de 11 ans gratuit.

Mausoleo di Galla Placidia - Mêmes conditions de visite que le Museo Arcivescovile. 5 000 L (valable pour la basilique de S. Vitale). ☏ (0544) 34 266.

Basilica di S. Vitale - Mêmes conditions de visite que le Museo Archivescovile. 5 000 L (valable également pour le Mausoleo di Galla Placidia).

Museo nazionale - Visite de 8 h 30 à 19 h 30. Fermé le lundi, les 1er janvier, 1er mai et 25 décembre. 8 000 L. Entrée gratuite durant la semaine des biens culturels. ☏ (0544) 34 424.

Battistero Neoniano - Mêmes conditions de visite que le Museo Arcivescovile.

Basilica di S. Apollinare Nuovo - *Mêmes conditions de visite que le Battistero Neoniano. ☏ (0544) 39 081.*

Battistero degli Ariani - *Visite de 8 h 30 à 1 h avant le coucher du soleil. ☏ (0544) 34 424.*

Basilica di Sant'Apollinare in Classe - Visite de 8 h 30 à 12 h et de 14 h à 19 h en été ; de 8 h 30 à 12 h et de 14 h à 17 h en hiver.

Mausoleo di Teodorico - Visite de 8 h 30 à 19 h 30 en été, de 8 h 30 jusqu'au coucher du soleil en automne et au printemps ; de 8 h 30 à 14 h en hiver. Fermé les 1er janvier, 1er mai et 25 décembre. 4 000 L. Entrée gratuite durant la semaine des biens culturels. ☏ (0544) 34 424.

Museo Arcivescovile - Visite de 9 h à 19 h d'avril à septembre inclus ; de 9 h 30 à 17 h 30 en mars ; de 9 h à 16 h 30 le reste de l'année. Fermé les 1er janvier et 25 décembre. 4 000 L (valable également pour le Battistero Neoniano). ☏ (0544) 21 85 59.

Pinacoteca comunale - Visite de 9 h à 13 h. Les mardis et jeudis, ouverture supplémentaire l'après-midi de 14 h 30 à 17 h 30. Le dimanche ouverture uniquement de 14 h 30 à 17 h 30. Fermé les 1er janvier, 1er novembre et 25 décembre. 4 500 L. ☏ (0544) 48 28 74.

RECANATI

Palazzo Leopardi - *Visite de 9 h à 12 h et de 15 h à 19 h en été ; jusqu'à 18 h au printemps et à l'automne, jusqu'à 17 h en hiver. Fermé le 1er janvier, à Pâques, les 1er mai, 15 août et 25 décembre. 3 000 L (enfants 1 000 L). ☏ (071) 75 70 309.*

Pinacoteca civica - Visite obligatoirement guidée (20-30 mn) de 10 h à 13 h et de 16 h à 19 h d'avril à septembre inclus ; le reste de l'année de 10 h à 13 h et de 15 h à 18 h. Fermé le lundi, les 1er et 6 janvier et le 25 décembre. 3 000 L. ☎ (071) 75 871.

REGGIO DI CALABRIA

Museo nazionale - Visite de 9 h à 19 h de juillet à septembre inclus ; le reste de l'année de 9 h à 13 h et de 15 h 30 à 19 h (les lundis et dimanches de 9 h à 13 h 30). Fermé le 1er janvier. 8 000 L. Entrée gratuite durant la semaine des biens culturels. Possibilité de visite guidée (1 h 30 mn). ☎ (0965) 81 22 55.

REGGIO NELL'EMILIA

Galleria Parmeggiani - *Visite de 9 h à 12 h ; les dimanches et jours fériés également l'après-midi de 15 h à 18 h. Fermé le lundi et en juillet et août. Entrée gratuite. ☎ (0522) 40 178.*

Madonna della Ghiara - Visite de 7 h 15 à 12 h 30 et de 16 h à 19 h 30. ☎ (0522) 43 97 07.

RIMINI

Italia in Miniatura - ♿. Visite de 9 h à 14 h du 21 juin au 8 septembre, de 9 h à 20 h du 16 mars au 20 juin, de 9 h jusqu'au coucher du soleil le reste de l'année. Du 1er janvier au 15 mars et du 30 septembre au 31 décembre les attractions sont fermées. 18-20 000 L (10-12 000 L quand les attractions sont fermées). ☎ (0541) 73 20 04.

RIVA DEL GARDA

Museo civico La Rocca - ♿ (70 %). Visite de 16 h à 22 h 30 (les samedis et dimanches de 16 h 30 à 22 h 30) en juillet et août ; le reste de l'année de 9 h 30 à 12 h 30 et de 14 h 30 à 17 h 30 (le dimanche de 10 h à 12 h et de 14 h 30 à 17 h 30). Fermé le lundi. 4 000 L.

RIVOLI

Castello : Museo di Arte contemporanea - ♿. Visite de 10 h à 17 h, les samedis et dimanches de 10 h à 19 h. Les 1er et 3e mercredis du mois ouverture prolongée jusqu'à 22 h. Fermé le lundi, le 1er mai, le mardi après Pâques et le 25 décembre. 10 000 L. Possibilité de visite guidée (1 h). ☎ (011) 95 81 547.

ROMA

Museo del palazzo dei Conservatori - Visite de 9 h à 19 h, le dimanche de 9 h à 14 h. Fermé le lundi, les 1er janvier, 1er mai et 25 décembre. 10 000 L. Entrée gratuite le dernier dimanche du mois, le 15 décembre et durant la semaine des biens culturels. ☎ (06) 67 10 20 71.

Musei Capitolini - Mêmes conditions de visite que le Museo del Palazzo dei Conservatori. ☎ (06) 67 10 20 71.

Palazzo Senatorio - *L'intérieur abritant les bureaux de l'hôtel de ville de Rome ne se visite pas.*

Terme di Caracalla - *Visite de 9 h jusqu'à 2 h avant le coucher du soleil. Le lundi, le dimanche et les jours fériés : visite de 9 h à 13 h. Fermé les 1er janvier, 1er mai et 25 décembre. 8 000 L. Entrée gratuite durant la semaine des biens culturels et le 21 avril. ☎ (06) 57 58 626.*

Catacombe di S. Callisto - *Mêmes conditions de visite que les catacombes de Domitilla. Fermé le mercredi. ☎ (06) 51 36 725.*

Catacombe di S. Sebastiano - *Même horaire d'ouverture que les catacombes de Domitilla. Fermé en revanche le jeudi. ☎ (06) 78 87 035.*

Catacombe di Domitilla - *Visite guidée (1 h) tous les jours de 8 h 30 à 12 h et de 14 h 30 à 17 h (17 h 30 durant la période soumise à l'heure d'été). Fermé le mardi et un mois durant l'hiver. Entrée 8 000 L (4 000 L pour les enfants). ☎ (06) 511 03 42.*

Castel S. Angelo - Visite de 9 h à 14 h. La vente des billets s'achève une heure avant la fermeture du musée. Fermé les 1er janvier, 1er mai et 25 décembre. 8 000 L. ☎ (06) 68 75 036.

Colosseo - *Visite de 9 h à 2 h avant le coucher du soleil. Le mercredi, le dimanche et les jours fériés de 9 h à 13 h. Fermé les 1er janvier, 1er mai et 25 décembre. 8 000 L. Entrée gratuite durant la semaine des biens culturels et le 21 avril. ☎ (06) 700 42 61.*

Mercati Traianei – Visite en semaine de 9 h à 18 h 30 et le dimanche de 9 h à 13 h ; en hiver la fermeture est anticipée à une heure avant le coucher du soleil. Fermé le lundi et les jours fériés. 3 750 L. Entrée gratuite le dernier dimanche du mois et durant la semaine des biens culturels. ☎ (06) 67 90 048.

Foro romano et Palatino – Visite de 9 h à 2 h avant le coucher du soleil. Les dimanches et jours fériés : de 9 h à 13 h. Fermé les 1er janvier, 1er mai et 25 décembre. 12 000 L. Entrée gratuite le 21 avril et durant la semaine des biens culturels. ☎ (06) 69 90 110.

Pantheon – D'avril à octobre inclus, visite de 9 h jusqu'au coucher du soleil ; le reste de l'année, de 9 h à 16 h 30. Le dimanche de 9 h à 13 h toute l'année. Fermé les 1er janvier, 1er mai et 25 décembre. Entrée gratuite. ☎ (06) 68 30 02 30.

Museo di Palazzo Venezia – ♿. Visite de 9 h à 14 h (13 h les dimanches et jours fériés). Fermé le lundi, les 1er janvier, 1er mai et 25 décembre. 8 000 L. Des expositions temporaires ont lieu dans les salons monumentaux. ☎ (06) 69 99 43 19.

Basilica di S. Giovanni in Laterano – *Ouverte tous les jours toute la journée sauf pendant les offices. Le dimanche, visite de 13 h à 17 h. ☎ (06) 69 88 64 33.*

S. Paolo fuori le Mura – Visite de 7 h 30 à 18 h 30, le dimanche de 13 h à 16 h.

Basilica di Santa Maria Maggiore – *Visite tous les jours de 7 h à 18 h 45 sauf pendant les offices. Entrée pour la mosaïque de la loggia : 4 000 L. ☎ (06) 488 10 94.*

Vaticano

Città e giardini – Visite guidée (2 h) à 10 h ; en janvier, février, novembre et décembre uniquement le samedi à 10 h. Fermé le mercredi et le dimanche et les mêmes jours fériés que les Musei Vaticani. 16 000 L. Il est nécessaire de réserver auprès de l'Ufficio Informazioni ☎ (06) 69 88 44 66 ou 69 88 48 66 et de retirer les billets la veille du jour de la visite.

Audiences publiques – *Elles ont lieu le mercredi dans la mesure où le Saint Père est présent à Rome. Pour être admis, s'adresser quelques jours à l'avance à la Prefettura della Casa Pontificia de 9 h à 13 h.*

Basilica di San Pietro – *Visite tous les jours de 7 h à 19 h (18 h en hiver) dans les plages horaires compatibles avec les célébrations liturgiques pontificales. Visites guidées de 10 h à 16 h 30.* **Montée à la coupole** : *l'accès à la coupole est possible tous les jours de 8 h à 18 h d'avril à septembre inclus ; de 8 h à 17 h d'octobre à mars. Fermé à Noël, Pâques et lors des célébrations liturgiques pontificales. Entrée : 6 000 L par ascenseur, 5 000 L à pied.* **Museo storico** : Visite de 9 h à 18 h 30 d'avril à septembre ; le reste de l'année de 9 h à 17 h 30. Fermé à Pâques et Noël. 5 000 L. ☎ (06) 69 88 18 40.

Musei Vaticani – ♿. Entrée Viale Vaticano. Visite de 8 h 45 à 16 h 45 du 1er avril au 14 juin et du 1er septembre au 31 octobre ; le reste de l'année de 8 h 45 à 13 h 45. Le samedi et le dernier dimanche du mois de 8 h 45 à 13 h 45 toute l'année. Fermeture hebdomadaire le dimanche, toute l'année, à l'exception du 4e dimanche du mois ainsi que les 1er et 6 janvier, 11 février, 19 mars, dimanche et lundi de Pâques, 1er mai, jeudi de l'Ascension, jour de la Fête-Dieu, 29 juin, 15 et 16 (ou 14) août, 1er novembre, 8, 25 et 26 décembre.
Entrée 15 000 L. Gratuit le dernier dimanche du mois. Possibilité de visite guidée : 4 parcours sont proposés d'une durée allant de 1 h 30 à 5 h. Un système de visite guidée sur magnétophone est proposé en 6 langues. Quatre itinéraires ont été aménagées pour les personnes à mobilité réduite. Sièges roulants disponibles. ☎ (06) 69 88 33 33.

Chiesa di S. Cecilia in Trastevere – *Visite de 10 h à 11 h 45 et de 16 h à 17 h. Crypte : mêmes horaires. 2 000 L.* **Guidizio Universale di Cavallini** – *Visite le mardi et le jeudi de 10 h à 11 h 30. Laisser une offrande.*

Galleria nazionale d'Arte Moderna – *Visite de 9 h à 19 h, le dimanche et les jours fériés de 9 h à 13 h. Fermé le lundi, les 1er janvier et 1er mai. 8 000 L, entrée gratuite pour les moins de 18 ans et les plus de 60 ans. Une grande partie du musée est en restructuration. ☎ (06) 32 24 151.*

Museo Borghese – Visite de 9 h à 19 h, le dimanche de 9 h à 13 h. Fermé le lundi et les jours fériés. 4 000 L. Le musée est partiellement en restructuration : à la fin des travaux le billet sera de 8 000 L. ☎ (06) 85 48 577.

Museo nazionale Romano – ♿ (50 %). Visite de 9 h à 14 h ; de 9 h à 13 h le dimanche. Fermé le lundi, les 1er janvier, 1er mai et 25 décembre. 12 000 L. ☎ (06) 48 90 35 00.

Museo nazionale di Villa Giulia – Visite de 9 h à 19 h, les dimanches et jours fériés de 9 h à 13 h. Fermé le lundi, les 1er janvier, 1er mai et 25 décembre. 8 000 L. Possibilité de visite guidée. ☎ (06) 32 26 65 71.

Palazzo Barberini : Galleria nazionale di Arte antica - Visite de 9 h à 19 h ; les dimanches et jours fériés de 9 h à 13 h. Fermé le lundi, les 1er janvier et 1er mai. 8 000 L. ☎ (06) 48 14 591.

Palazzo Braschi, Museo di Roma - Fermé pour travaux.

Palazzo Corsini : Galleria nazionale di Pittura - Visite de 9 h à 19 h, le samedi de 9 h à 14 h et le dimanche de 9 h à 13 h de juillet à décembre inclus ; le reste de l'année de 9 h à 14 h, le dimanche de 9 h à 13 h. La vente des billets s'achève 1/2 h avant la fermeture. Fermé le lundi, les 1er janvier, 1er mai et 25 décembre. 8 000 L. Entrée gratuite durant la semaine des biens culturels. ☎ (06) 68 80 23 23.

Galleria Doria Pamphili - ♿ (80 %). Visite tous les jours de 10 h à 13 h. Fermé le mercredi, le jeudi, le 1er janvier, à Pâques, les 1er mai, 15 et 31 août, 25 et 26 décembre. 12 000 L. ☎ (06) 67 97 323.

Palazzo Farnese - *Fermé au public.*

Galleria Spada - Visite de 9 h à 19 h, le dimanche de 9 h à 13 h. Fermé le lundi, les 1er janvier, 1er mai et 25 décembre. 4 000 L. Possibilité de visite guidée le dimanche à 11 h. ☎ (06) 68 61 158.

Villa Farnesina - Visite de 9 h à 13 h. Fermé le dimanche et les jours fériés. Entrée gratuite. ☎ (06) 68 38 831.

Museo della Civiltà Romana - Visite de 9 h à 19 h, le dimanche de 9 h à 13 h 30. Fermé le lundi, les 1er janvier, 1er mai et 25 décembre. 5 000 L. Entrée gratuite le dernier dimanche du mois. ☎ (06) 59 26 041.

ROSELLE

Ruines - ♿ (30 %). Visite de 8 h 30 jusqu'à 1/2 h avant le coucher du soleil. Possibilité de visite guidée (2 h). ☎ (0564) 40 24 03.

ROSSANO

Museo Diocesano - Visite de 9 h 30 à 12 h 30 et de 17 h à 19 h de juin à septembre. Le reste de l'année, visite de 9 h 30 à 12 h et de 16 h 30 à 18 h 30. Fermé le dimanche après-midi. 1 500 L. Possibilité de visite guidée (30 mn). ☎ (0983) 52 05 42.

RUVO DI PUGLIA

Museo archeologico Jatta - ♿. Visite de 8 h 30 à 13 h 30 ; le vendredi et le samedi de 14 h 30 à 19 h 30. ☎ (080) 81 28 48.

S

SABBIONETA

Ensemble urbain - Visite organisée par l'Ufficio del Turismo, piazza d'Armi 1. D'avril à septembre, visite de 9 h à 12 h et de 14 h 30 à 18 h (19 h le dimanche et les jours fériés). La vente des billets cesse 1/2 h avant la fermeture. 10 000 L. L'Office de tourisme est fermé les lundis non fériés d'octobre à mars.

SACRA DI S. MICHELE

Abbaye bénédictine - Visite de 9 h à 12 h 30 et de 15 h à 18 h (17 h du 1er octobre au 15 mars). Possibilité de visite guidée sur rendez-vous. ☎ (011) 93 91 30.

SAN FRUTTUOSO

Accès par bateau - De Rapallo, Santa Margherita et Portofino, billets de 12 000 à 18 000 L (AR) par le Servizio Marittimo del Tigullio ☎ (0185) 28 46 70. De Camagli : 12 000 L (AR) par un service de bateaux à moteur « Golfo Paradiso » ☎ (0185) 77 20 91.

SAN GIMIGNANO

Collegiata - Visite de 9 h 30 à 12 h 30 durant la période soumise à l'heure d'été ; de 9 h à 12 h 30 et de 15 h à 17 h 30 le reste de l'année. Entrée à la **chapelle S. Fina** : 3 000 L. ☎ (0577) 94 03 16.

Palazzo del Popolo - Visite de 9 h 30 à 19 h 30 de mars à octobre inclus ; le reste de l'année de 9 h 30 à 13 h 30 et de 14 h 30 à 16 h 30 (fermé le lundi). Fermé certains jours fériés. 8 000 L la Torre Groosa, 7 000 L le Museo civico. ☎ (0577) 94 03 40.

Isola di S. GIULIO

Accès en bateau – Départ d'Orta San Giulio : toutes les 1/2 h de Pâques à fin septembre ; le reste de l'année uniquement les dimanches et fêtes, toutes les 45 mn (ainsi que les samedis d'octobre, novembre et mars). Durée du trajet : 5 mn. 3 000 L. ☎ (0322) 84 48 62.

Basilica di San Giulio – Visite de 9 h 30 à 12 h 15 et de 14 h à 18 h 45 durant la période soumise à l'heure d'été ; le reste de l'année de 9 h 30 à 12 h 15 et de 14 h à 17 h 45. Il est conseillé d'annoncer sa visite. ☎ (0322) 90 324.

SAN LEO

Museo-Pinacoteca – Visite de 9 h à 12 h et de 14 h à 19 h 30 du 11 avril au 30 septembre (du 8 au 27 août ouverture supplémentaire de 21 h à 23 h) ; le reste de l'année de 9 h à 12 h et de 14 h à 18 h. 10 000 L. ☎ (0541) 91 62 31.

Repubblica di SAN MARINO

Palazzo del Governo – Fermé pour travaux. Ouverture prévue pour fin 1996.

Museo delle Armi Antiche – Mêmes conditions de visite que la Pinacoteca-museo di San Francesco.

Pinacoteca-museo di San Francesco – Visite de 8 h à 20 h du 15 mai au 15 septembre ; de 8 h 30 à 12 h 30 et de 14 h 30 à 18 h 30 de début mars au 14 mai et du 16 septembre à fin octobre ; de 9 h à 12 h 30 et de 14 h 30 à 17 h de novembre à février. Fermé les 1er janvier et 25 décembre. 4 000 L. ☎ (0549) 99 11 60.

Museo filatelico e numismatico – Provisoirement fermé pour travaux.

SAN MARTINO DELLA BATTAGLIA

Museo, ossario e torre monumentale – ♿ (40 %). Visite de 9 h à 12 h et de 14 h à 18 h 30 d'avril à septembre inclus ; le reste de l'année de 9 h à 12 h et de 14 h à 17 h 30. 5 000 L. ☎ (030) 99 10 370.

SANSEPOLCRO

ℹ piazza Matteotti ☎ (0575) 74 05 36

Museo civico – Visite de juin à septembre de 9 h à 13 h 30 et de 14 h 30 à 19 h 30 ; d'octobre à mai de 9 h 30 à 13 h et de 14 h 30 à 18 h ; à Pâques de 9 h à 13 h. Fermé les 1er janvier, 15 août et 25 décembre. 7 000 L. Entrée gratuite à Pâques, le 2e dimanche de septembre et le 12 octobre. ☎ (0575) 73 22 18.

SANTA CATERINA DEL SASSO

Eremo – *Visite de 8 h à 12 h et de 14 h à 18 h. Laisser une offrande. ☎ (0332) 64 71 72 ou 64 71 10.*

SANT'ANTIMO

Abbazia di S. Antimo – Visite de 10 h 30 à 12 h 30 et de 15 h à 18 h.

SAN VIVALDO

Sacro Monte – Visite obligatoirement guidée les jours ouvrables, de 9 h à 11 h 30 et de 15 au coucher du soleil. Réserver avec une semaine d'avance au ☎ (0571) 69 01 14. Visite libre le dimanche après-midi. On ne visite pas le dimanche matin et les jours de fête religieuse.

SARZANA

Fortezza di Sarzanello – Visite guidée (1/2 h) sur rendez-vous. Contacter le Signor Franco Venturini, via alla Fortezza ☎ (0187) 61 04 89.

SEGROMIGNO

Villa Mansi – Visite d'octobre à avril de 10 h à 13 h et de 14 h à 18 h ; de mai à septembre de 9 h 30 à 12 h 30 et de 14 h 30 à 19 h. Fermé le lundi et à Noël. 7 000 L (parc et villa). ☎ (0583) 92 00 96.

SIBARI

Museo archeologico – Fermé pour travaux. ☎ (0981) 79 391.

Scavi – Visite de 9 h à 19 h durant la période soumise à l'heure d'été ; de 9 h à une heure avant le coucher du soleil le reste de l'année. Entrée gratuite. ☎ (0981) 79 391.

SIENA

ℹ via di Città 43, ☎ (0577) 42 209

Palazzo pubblico – Visite du 15 mars au 15 novembre de 9 h 30 à 19 h 30 (les dimanches et jours fériés de 9 h 30 à 13 h 30), du 16 novembre au 14 mars de 9 h 30 à 13 h 30 (fermé les dimanches et jours fériés). Fermé le 1er janvier, le jour de Pâques, les 1er mai et 25 décembre. 6 000 L. ☎ (0577) 29 22 26 ou 29 22 32.

Tour – La montée à la tour est faisable de 10 h à 13 h du 7 janvier à fin février et du 2 novembre au 24 décembre ; de 10 h à 16 h en mars et du 27 décembre au 5 janvier ; de 10 h à 17 h en avril et octobre ; de 10 h à 18 h en mai et juin ; de 10 h à 18 h 30 en septembre ; de 9 h 30 à 20 h en juillet et en août. Fermée les 1er janvier, 1er mai, 1er novembre et les 25 et 26 décembre. 4 000 L.

Duomo – Ouvert du 1er novembre au 15 mars de 7 h 30 à 17 h, du 16 mars au 31 octobre de 7 h 30 à 19 h 30.

Museo dell'Opera Metropolitana – Visite de 9 h à 19 h 30 du 16 mars au 30 septembre ; de 9 h à 18 h en octobre ; le reste de l'année de 9 h à 13 h 30. Fermé à Noël et le Jour de l'An. 5 000 L. ☎ (0577) 28 30 48.

Battistero di San Giovanni – Visite de 9 h à 19 h 30 du 16 mars au 30 septembre ; en octobre de 9 h à 18 h ; le reste de l'année de 10 h à 13 h et de 14 h 30 à 17 h. Fermé à Noël et le Jour de l'An. 3 000 L. ☎ (0577) 28 30 48.

Pinacoteca – ♿ (70 %). Visite de 9 h à 19 h, le dimanche de 8 h à 18 h de juillet à septembre ; le reste de l'année de 8 h 30 à 13 h 30 ; l'après-midi visite uniquement guidée à 14 h 30, 16 h et 17 h 30 ; le dimanche uniquement de 8 h à 13 h. Fermé le lundi, les 1er janvier, 1er mai et 25 décembre. 8 000 L. ☎ (0577) 28 11 61.

SIRMIONE

Rocca Scaligera – Visite de 9 h à 19 h d'avril à septembre ; le reste de l'année de 9 h à 13 h. Fermé le lundi, les 1er janvier, 1er mai et 25 décembre. 8 000 L. Entrée gratuite durant la semaine des biens culturels. ☎ (030) 91 64 68.

Grotte di Catullo – ♿ (25 %). Visite de 9 h à 18 h d'avril à septembre ; le reste de l'année, de 9 h à 16 h. Fermé les lundis non fériés ou le lendemain des lundis fériés, les 1er janvier, 1er mai et 25 décembre. 8 000 L. ☎ (030) 91 61 57.

Grotta dello SMERALDO

Accès par ascenseur à partir de la route qui surplombe la grotte, de 9 h à 17 h d'avril à septembre ; de 10 h à 16 h le reste de l'année, 5 000 L (comprenant l'ascenseur et la visite de la grotte). On peut également rejoindre la grotte par bateau depuis le port d'Amalfi, 10 000 L.

SOLFERINO

Museo – Visite de 9 h à 12 h 30 et de 14 h 30 à 18 h 30 d'avril à septembre ; en mars et octobre de 9 h à 12 h 30 et de 14 h 30 à 18 h ; en février et novembre de 9 h à 12 h et de 14 h 30 à 17 h ; du 1er au 15 décembre de 9 h à 12 h et de 14 h à 17 h ; en janvier uniquement les samedis et dimanches de 9 h à 12 h et de 14 h à 17 h. Fermé le lundi et du 16 au 31 décembre. 2 500 L.

Ossario – Mêmes conditions de visite que le musée. Entrée gratuite.

SORRENTO

Museo Correale di Terranova – Visite de 9 h à 12 h 30 et de 17 h à 19 h d'avril à septembre ; le reste de l'année de 9 h à 12 h 30 et de 15 h à 17 h. Fermé le dimanche après-midi, le mardi et les jours de fêtes. 8 000 L. ☎ (081) 87 81 846.

SPERLONGA

Grotta di Tiberio et Museo archeologico – *Visite de 9 h à 16 h de novembre à janvier ; de 9 h à 17 h en février et octobre : de 9 h à 17 h 30 en mars et septembre ; de 9 h à 18 h en avril ; de 9 h à 18 h 30 en août ; de 9 h à 19 h de mai à juillet. Fermé le 1er mai. 4 000 L ; entrée gratuite pour les moins de 18 ans et les plus de 60 ans. ☎ (0771) 54 028. Il n'est pas possible de pénétrer dans la grotte.*

STILO

La Cattolica – Visite de 8 h à 20 h. Entrée gratuite. Possibilité de visite guidée (1/2 h). ☎ (0964) 77 50 31.

STRÀ

Villa Nazionale – Visite de 9 h à 19 h durant la période soumise à l'heure d'été ; le reste de l'année de 9 h à 16 h, le dimanche de 9 h à 14 h. Fermé le lundi, les 1er janvier, 1er mai et 25 décembre. 8 000 L. Entrée gratuite durant la semaine des biens culturels. ☎ (049) 50 20 74.

STRESA

Mottarone – Accès par la Strada Borromea (route à péage) : 5 000 L (AR), ou avec le téléphérique (funivia) de Stresa ☎ (0323) 30 295.

Villa Pallavicino – Visite de 9 h à 18 h du 16 mars au 30 octobre. Fermé le reste de l'année. 9 500 L. ☎ (0323) 32 407.

STUPINIGI

Palazzina di caccia – ♿ (si accompagné). Visite obligatoirement guidée (sauf le dimanche après-midi) de 10 h à 11 h 50 et de 15 h à 17 h 20 durant la période soumise à l'heure d'été ; de 9 h 30 à 11 h 50 et de 14 h à 16 h 20 le reste de l'année. Fermé le lundi et les jours de fêtes 10 000 L. ☎ (011) 50 80 298.

SUBIACO

Monastero di Santa Scolastica – Visite obligatoirement guidée de 9 h à 12 h 30 et de 16 h à 18 h 30. ☎ (0774) 85 525.

Monastero di San Benedetto – Visite de 9 h 30 à 12 h 30 et de 15 h à 18 h. ☎ (0774) 85 039.

SUPERGA

Basilica : tombe dei Reali – *Visite guidée (20 mn) de 10 h à 12 h et de 15 h à 17 h. Fermé le vendredi. ☎ (011) 89 80 083.*

T

TARANTO

Museo nazionale – Visite de 9 h à 13 h 30. Une ouverture l'après-midi en été est à l'étude. 8 000 L. ☎ (099) 45 90 411.

TARQUINIA

Necropoli etrusca – Visite de 9 h à au coucher du soleil. Fermé le lundi et certains jours fériés. 8 000 L.

Museo nazionale Tarquiniese – *Mêmes conditions de visite que pour la nécropole étrusque.*

Chiesa di Santa Maria in Castello – Pour visiter s'adresser à la dame qui habite à côté de la tour (il convient de laisser un pourboire).

TIROLO

Castel Tirolo – Visite de mars à début novembre de 10 h à 17 h. Fermé le lundi. 5 000 L. ☎ (0473) 22 02 21.

TIVOLI

Villa d'Este – Visite de 9 h à 18 h 45 d'avril à octobre ; le reste de l'année de 9 h à 16 h 30. Fermé le lundi. 8 000 L. ☎ (0774) 22 070.

Villa Adriana – *Visite (compter 3 h) de 9 h à 1 h avant le coucher du soleil. 8 000 L. ☎ (0774) 32 14 196 ou 32 14 748 ou 32 14 447.*

Villa Gregoriana – Visite de 10 h à 1 h avant le coucher du soleil. 2 500 L. ☎ (0774) 33 45 22.

TODI

Palazzo del Popolo e del Capitano – *Les musées sont fermés pour restauration. On ne visite que deux salles. Fermé le dimanche, les jours fériés et le 14 octobre. ☎ (075) 89 56 208.*

TOLENTINO

Basilica di San Nicola – Visite de 7 h à 12 h et de 15 h 30 à 16 h 30. ☎ (0733) 96 99 96.

TORGIANO

Museo del Vino – Visite de 9 h à 13 h et de 15 h à 19 h du 27 mars au 25 septembre ; le reste de l'année de 9 h à 13 h et de 15 h à 18 h. 5 000 L ; entrée gratuite durant la semaine des biens culturels. Possibilité de visite guidée. ☎ (075) 98 80 200.

TORINO

ℹ via Roma 226 (piazza C.L.N.) ☎ (011) 53 59 01

Museo Egizio – Visite de 9 h à 19 h. Les dimanches et jours fériés de 9 h à 14 h. Fermé les 1er janvier, 1er mai et 25 décembre. 12 000 L. ☎ (011) 56 11 776.

Galleria Sabauda – Visite de 9 h à 14 h. Fermé le lundi, les 1er janvier, 1er mai et 25 décembre. 8 000 L. ☎ (011) 54 74 40.

Palazzo Madama : Museo d'arte antica – En cours de restauration.

Museo nazionale del Cinema – Fermé pour travaux.

Palazzo Reale

Appartamenti - Visite obligatoirement guidée (1 h 20 environ) de 9 h à 19 h. Fermé le lundi, les 1er janvier, 1er mai et 25 décembre. 8 000 L. ☎ (011) 43 61 455.

Armeria reale - Visite de 9 h à 14 h les mercredis, vendredis et samedis ; de 14 h à 19 h 30 les mardis et jeudis. Fermé le dimanche et les jours de fêtes. 8 000 L. ☎ (011) 54 38 89.

Museo del Risorgimento - ♿. Visite de 9 h à 18 h 30, le dimanche de 9 h à 12 h 30. Fermé le lundi, le 1er janvier, à Pâques, les 1er mai et 25 décembre. 8 000 L. Possibilité de visite guidée (1 h 30), le dimanche à 10 h et le jeudi à 10 h et 15 h. ☎ (011) 56 21 147.

Mole Antonelliana - Fermé environ pour deux ans afin d'y aménager un nouveau Musée du cinéma.

Museo dell'Automobile Carlo Biscaretti di Ruffia - ♿. Visite de 10 h à 18 h 30. Fermé le lundi, les 25 et 26 décembre. 9 000 L. ☎ (011) 67 76 66.

Borgo e Castello Medievale - Visite de 8 h à 20 h, le château ferme à 19 h. Entrée libre pour le Borgo, 5 000 L pour le château. Le château est fermé le lundi, le 1er janvier, à Pâques, les 1er mai, 25 et 31 décembre au matin. Possibilité de visite guidée (1/2 h). ☎ (011) 66 99 372.

TORRE ANNUNZIATA

Villa di Oplontis - Visite de 9 h au coucher du soleil. Fermé les 1er janvier, 1er mai et 25 décembre. Entrée gratuite. ☎ (011) 86 21 755.

TORRECHIARA

Castello - Visite durant la période soumise à l'heure d'été de 8 h 30 à 14 h 30, les samedis et dimanches de 9 h à 19 h ; le reste de l'année de 9 h à 14 h. Fermé le lundi, le 1er janvier, à Pâques, les 1er mai et 25 décembre. 4 000 L. Possibilité de visite guidée (45 mn). ☎ (0521) 35 52 55.

TORRE DEL LAGO PUCCINI

Villa Puccini - Visite obligatoirement guidée (1/2 h) de 10 h à 12 h et de 15 h 30 à 19 h de juillet à septembre inclus ; jusqu'à 18 h 30 d'avril à juin ; jusqu'à 17 h d'octobre à mars. Fermé le lundi et à Noël. 5 000 L. ☎ (0584) 34 14 45.

TORRIGIANI

Villa - Visite obligatoirement guidée (20 mn) de 10 h à 12 h et de 15 h à 18 h 30. Fermé le mardi et de novembre à février. 12 000 L. ☎ (0583) 92 80 41.

TREMEZZO

Villa Carlotta - Visite de 9 h à 18 h d'avril à septembre ; le reste de l'année de 9 h à 11 h 30 et de 14 h à 16 h 30. 10 000 L. Possibilité de visite guidée. ☎ (0344) 40 405.

Isole TREMITI

San Nicola : abbazia di Santa Maria al Mare - *De mai à septembre, visite toute la journée ; le reste de l'année, ouverture uniquement les samedis et dimanches. ☎ (0882) 66 30 84.*

San Domino : excursion en bateau - Pour faire le tour de l'île de San Domino, de San Nicola ou de tout l'archipel, contacter les coopératives présentes sur l'île à proximité de l'embarcadère ou aux numéros suivants : ☎ (0882) 66 30 32 (Società cooperativa AMA) ou (0882) 66 31 00 (Cooperativa Tremiti).

TRENTO

ℹ via Alfieri 4 ☎ (0461) 98 38 80

Basilica paleocristiana - Visite de 10 h à 12 h et de 14 h 30 à 18 h. Fermé le dimanche. 2 000 L (billet valable également pour le Museo diocesano : 5 000 L). ☎ (0461) 23 44 19.

Museo diocesano - ♿. Visite de 9 h 30 à 12 h 30 et de 14 h 30 à 18 h. Fermé le dimanche le 26 juin et les jours fériés. 5 000 L (valable également pour la basilique paléochrétienne). ☎ (0461) 23 44 19.

Castello del Buon Consiglio - Visite guidée (1 h 30) à 9 h 30, 10 h 30, 14 h 30 et 16 h ; en juillet et août également à 15 h 15. Fermé le lundi, les 1er janvier, 1er novembre et 25 décembre. 7 000 L. ☎ (0461) 23 37 70.

TREVISO

ℹ via Toniolo 41 ☎ (0422) 54 76 32

Monte di Pietà - Visite obligatoirement guidée le vendredi de 9 h à 12 h sur réservation auprès de la Segreteria Generale della Cassmarca. Entrée gratuite. ☎ (0422) 65 43 01.

TREVISO

Convento (chiesa di S. Nicola) - Chapitre des dominicains, Séminaire épiscopale, via S. Nicolò. Visite l'été de 8 h à 12 h 30 et de 15 h 30 à 17 h 30. Entrée gratuite. Sonner. ☎ (0422) 32 47.

Museo civico Bailo - Visite de 9 h à 12 h et de 14 h à 17 h. Fermé le lundi, le dimanche après-midi et les jours de fêtes. 3 000 L. ☎ (0422) 51 337.

TRIESTE

ℹ via S. Nicolò 20 ☎ (040) 34 121

Castello di San Giusto - Visite de 8 h au coucher du soleil. 2 000 L (1 000 L après 13 h). ☎ (040) 30 93 62.

Museo di Storia e d'Arte - Visite de 9 h à 13 h. Fermé le lundi. 2 000 L. Possibilité de visite guidée (1 h environ). ☎ (040) 30 86 86.

Museo civico del Mare - Visite de 8 h 30 à 13 h 30. Fermé le lundi et les jours de fêtes. 2 000 L. ☎ (040) 30 18 21.

TUSCANIA

Chiesa di S. Pietro : cripta - *Visite de 9 h à 13 h et de 14 h à 19 h durant la période soumise à l'heure d'été, de 9 h à 12 h et de 14 h à 17 h le reste de l'année. Entrée gratuite. ☎ (0761) 43 63 71.*

U

UDINE

ℹ piazza I Maggio 7 ☎ (0432) 29 59 72

Castello - Visite de 9 h 30 à 12 h 30 et de 15 h à 18 h. Fermé le dimanche après-midi et le lundi, les 1er janvier, 1er mai et 25 décembre. 4 000 L. Entrée gratuite le dimanche. S'assurer de la possibilité de visiter toutes les salles en téléphonant au ☎ (0432) 50 28 72.

Duomo - Pour visiter, s'adresser au sacristain l'après-midi après 15 h 30. ☎ (0432) 50 68 30.

Palazzo arcivescovile - Visite de 10 h à 12 h et de 15 h 30 à 18 h 30. Fermé les lundis et mardis et certains jours fériés. 7 000 L. ☎ (0432) 25 003.

URBINO

Galleria nazionale delle Marche - Visite de 9 h à 14 h. De juillet à septembre, l'horaire pourrait être prolongé jusqu'à 20 h (le lundi jusqu'à 14 h). Fermé les 1er janvier, 1er mai et 25 décembre. 8 000 L. ☎ (0722) 27 60.

Casa di Raffaello - Visite de 9 h à 13 h et de 15 h à 19 h de mars à septembre ; le reste de l'année de 9 h à 14 h. Le dimanche et les jours fériés de 9 h à 13 h (toute l'année). Fermé le mercredi (uniquement pendant la période d'heure d'hiver). 5 000 L. ☎ (0722) 32 01 05.

Chiese-oratorio di San Giovanni Battista e San Giuseppe - Visite de 10 h à 12 h et de 15 h à 17 h ; les dimanches et fêtes de 10 h à 12 h 30 (ouvert également l'après-midi du dimanche et du lundi de Pâques, et des 7 et 8 avril).

VALEGGIO SUL MINCIO

Parco Giardino Sigurtà - Visite de 9 h à 19 h. Fermé de mi-novembre à mi-mars. 30 000 L par voiture. ☎ (045) 79 50 203.

VARENNA

Villa Monastero - ♿. *On ne visite que les jardins ; du 8 avril au 30 octobre de 9 h 30 à 12 h et de 14 h 30 à 18 h. Fermé le mardi. 2 000 L (enfants : 1 500 L). ☎ (031) 23 02 75.*

VELIA

La cité antique - Visite de 9 h à 1 h avant le coucher du soleil. Fermé les 1er janvier, 1er mai et 25 décembre. 4 000 L. ☎ (0974) 97 21 34.

Garages et parcs de stationnement payants – Au Piazzale Roma, le **Garage comunale** (parking municipal) n'applique que des tarifs à la journée (24 h) ; en fonction de la cylindrée de la voiture, les tarifs vont de 14 000 à 21 000 L, voire 25 000 L. Pour tout renseignement, appeler le (041) 522 23 08. Toujours au piazzale Roma, on trouve le **Garage San Marco** : ce parking offre un service de réservation ; les prix, qui varient en fonction de l'encombrement de la voiture, s'échelonnent entre 19 000, 28 000 et 32 000 L pour 12 h et atteignent 30 000, 40 000 et 45 000 L pour 24 h. Pour tout renseignement, appeler le (041) 520 22 13.
Outre les voitures de tourisme, le **parking du Tronchetto** accueille également les caravanes et les camping-cars, pour lesquels le tarif de stationnement s'élève à 20 000 Lires par période de 12 h. Pour les voitures, les tarifs vont de 7 000 Lires (pour 3 h) à 22 000 Lires (pour 12 h). Les 12 heures suivantes sont facturées 12 000 Lires. Pour tout renseignement, appeler le (041) 520 75 55.

Vaporetto : Prix des billets – Un aller simple coût 4 000 L, l'aller-retour 7 200 L. Il est possible d'acheter des billets valables 24 h pour 15 000 L et 72 h pour 30 000 L, que l'on ne valide que lors du premier voyage. La carte hebdomadaire coûte, quant à elle, 55 000 L.

Basilica di S. Marco – Il est conseillé de visiter la basilique au moment où elle est éclairée, ce qui permet de voir au mieux les mosaïques, soit : en semaine de 11 h 30 à 12 h 30, le samedi après-midi et les dimanches et jours fériés toute la journée.

Chœur (Pala d'Oro) et Trésor – Visite de 9 h 45 à 17 h du 1er mai au 30 octobre, et de 9 h 45 à 16 h le reste de l'année. Attention le dimanche, les visites ne commencent qu'à partir de 14 h. 3 000 L. ☏ (041) 52 25 205.

Galleria et Museo Marciano – Visite de 9 h 45 à 17 h du 1er mai au 30 octobre, et de 9 h 45 à 16 h le reste de l'année. 3 000 L. ☏ (041) 52 25 205.

Campanile – Montée, uniquement par ascenseur, de 9 h à 21 h 30 de mi-mars à mi-septembre et de 10 h à 16 h le reste de l'année. 5 000 L. ☏ (041) 52 24 064.

Palazzo Ducale – Visite tous les jours de 9 h à 19 h en été et de 9 h à 16 h en hiver. Fermé les 1er janvier, 1er mai et 25 décembre. 10 000 L. A l'intérieur, possibilité de visite guidée par magnétophone (7 000 L). ☏ (041) 522 49 51.

Procuratie : torre dell'Orologio – Fermée provisoirement.

Museo Correr – Visite de 10 h à 16 h du 1er octobre au 31 mars, et de 10 h à 17 h du 1er avril au 30 septembre. Fermé le mardi, les 1er janvier, 1er mai et 25 décembre. 8 000 L. Gratuit pour les moins de 12 ans et les plus de 60 ans. ☏ (041) 52 25 625.

Ca' d'Oro : Galleria Franchetti – Visite de 9 h à 14 h. Fermé les 1er janvier, 1er mai et 25 décembre. 4 000 L. Gratuit pour les visiteurs de moins de 18 ans et de plus de 60 ans. ☏ (041) 523 87 90.

Gallerie dell'Accademia – Visite de 9 h à 19 h du mardi au samedi, de 9 h à 14 h le dimanche et le lundi. Fermé le 1er janvier, 1er mai et 25 décembre. 12 000 L, entrée gratuite pour les citoyens de la CEE de moins de 18 ans et de plus 60 ans. ☏ (041) 52 22 247.

Chiesa di S. Giorgio Maggiore : campanile – Montée en ascenseur uniquement pendant les heures d'ouverture de l'église soit, approximativement, de 9 h à 12 h et de 14 h 30 à 18 h en été et de 10 h à 12 h et de 15 h à 17 h en hiver. 3 000 L.

Chiesa di S. Maria Gloriosa dei Frari – Visite de l'intérieur : 1 000 L.

Scuola di S. Rocco – Visite du 28 mars au 2 novembre tous les jours de 9 h à 17 h 30 ; du 3 novembre au 27 mars du lundi au vendredi de 10 h à 13 h, les samedis, dimanches et jours fériés, la semaine entre Noël et Jour de l'An et la semaine du Carnaval de 10 h à 16 h. Fermé le 1er janvier, les jours de Pâques et de Noël. 8 000 L. Location de matériel audio pour suivre la visite : 3 000 L avec un écouteur, 4 000 L avec 2 écouteurs.

Scuola di S. Giorgio degli Schiavoni – Visite de 9 h 30 à 12 h 30 et de 15 h à 18 h 30 du 1er avril au 31 octobre, le reste de l'année de 10 h à 12 h 30 et de 15 h à 18 h. Fermé le dimanche après-midi, le lundi, les 1er et 6 janvier, le dimanche de Pâques, les 1er mai, 15 août et 25 décembre. 5 000 L. ☏ (041) 52 28 828.

Scuola dei Carmini – Visite de 9 h à 12 h et de 15 h à 18 h. Fermé le dimanche. et l'après-midi des jours fériés. 5 000 L. ☏ (041) 52 89 420.

Collezione Peggy Guggenheim – Visite de 11 h à 18 h. Fermé le mardi et le 25 décembre. 10 000 L. ☏ (041) 520 62 88.

Museo del Settecento Veneziano (Ca' Rezzonico) – En cours de restauration. S'adresser pour toute information au (041) 522 45 43.

Palazzo Querini-Stampaglia – Horaire temporaire depuis la réouverture de la collection début 1996 : visite du mardi au dimanche de 10 h à 13 h et de 15 h à 18 h, les vendredis et samedis, visite jusqu'à 22 h. Fermé le lundi, les 1er janvier, 1er mai, 15 août, 25 décembre. Possibilité de visite guidée les vendredis et samedis en italien et anglais à 19 h, en italien et en français à 21 h (sur rendez-vous préalable au ☏ (041) 27 11 420). 10 000 L (même prix avec visite guidée).

Galleria internazional d'Arte moderna (Ca' Pesaro) – Musée restructuré récemment. Il est conseillé de s'informer au (041) 52 40 695 pour obtenir des informations précises au sujet des heures d'ouverture et des tarifs.

Palazzo Labia – Visite de la salle des fêtes décorée par Tiepolo les mercredis, jeudis et vendredis non fériés de 15 h à 16 h uniquement sur rendez-vous préalable au (041) 52 42 812. Fermé en août et pendant les fêtes de Noël.

Museo storico navale – Ouvert tous les jours de 9 h à 12 h. Fermé les dimanches et jours fériés. 2 000 L. ☏ (041) 52 00 276.

Ghetto : les synagogues – Se rendre au Museo Ebraico, Campo Ghetto Novo (quartier de Cannareggio). Visite guidée toutes les heures de 10 h 30 à 15 h 30 en hiver, 17 h 30 en été (19 h 30 en juillet). Les visites n'ont pas lieu le samedi et les jours de fêtes hébraïques. ☏ (041) 71 53 59.

San Michele – On y accède par les vaporetti 52 et 52 barré.

La laguna – De nombreuses lignes de navigation assurent la liaison avec les îles de la lagune (plan du vaporetto auprès de l'Office de tourisme, Molo San Marco). De nombreuses agences effectuent également des excursions en bateaux de durée et de prix variables au départ de la Riva degli Schiavoni, de la gare ferroviaire et du parking de piazzale Roma.

VERONA

i piazza delle Erbe 42 ☏ (045) 80 30 086

Casa di Giuletta – Fermé pour restauration. Réouverture prévue courant 1996. ☏ (045) 80 34 303.

Palazzo del Comune : torre dei Lamberti – Visite de 9 h 30 à 19 h. La vente des billets cesse 45 mn avant la fermeture. Fermé le lundi, le 1er janvier et à Noël. 4 000 L (3 000 L à pied). Entrée gratuite le 3e dimanche du mois. ☏ (045) 80 32 726.

Arche Scaligere – Visibles de l'extérieur.

Arena – Mêmes conditions de visite que le musée du Castelvechio. 6 000 L. ☏ (045) 80 03 204.

Castelvecchio : Museo d'arte – Visite de 8 h à 19 h. Fermé le lundi, les 1er janvier et 25 décembre. 5 000 L. Entrée gratuite le 1er dimanche du mois. ☏ (045) 80 05 817.

Chiesa di Sant'Anastasia : cappella Giusti – Visite de 7 h à 19 h. 4 000 L. Fermé le dimanche matin de 9 h à 13 h. ☏ (045) 80 04 325.

Teatro romano – Visite de 9 h à 14 h 30. Possibilité d'horaire élargi en été. Fermé le lundi, les 1er janvier et 25 décembre. 5 000 L. Entrée gratuite le 1er dimanche du mois. ☏ (045) 80 00 360.

Museo archeologico – Mêmes conditions de visite que pour le théâtre romain.

Tomba di Giuletta – Mêmes conditions de visite que pour le musée du Castelvecchio. 5 000 L. ☏ (045) 80 00 361.

VESUVIO

Ascension du volcan – Parking payant sur le côté de la route ou à Herculanum ; service d'autobus au départ de la gare ferroviaire, ligne « Circumvesuviana ». Au sommet, guide obligatoire pour aller jusqu'au bord du cratère (payant). Chef des guides : Signor Pompilio ☏ (081) 73 22 726.

VICENZA

Basilica – Visite de 9 h 30 à 12 h et de 14 h 30 à 17 h. Fermé le dimanche après-midi, le lundi et certains jours fériés. ☏ (0444) 32 13 48.

Teatro Olimpico – Visite de 9 h à 12 h 30 et de 14 h 15 à 17 h. Le dimanche de 9 h 30 à 12 h 30 et de 14 h à 19 h du 1er avril au 30 septembre, le reste de l'année uniquement de 9 h à 12 h 30. 5 000 L. ☏ (0444) 32 37 81.

Museo civico di palazzo Chiericati – Visite de 9 h à 12 h 30 et de 14 h 15 à 17 h ; le dimanche, les 1er novembre, 8 décembre et 6 janvier de 9 h à 12 h 30 ; les 25 et 26 décembre et 1er janvier de 8 h 30 à 12 h 30 et de 14 h à 19 h. 3 000 L. ☏ (0444) 32 13 48.

Villa Valmarana « ai Nani » – Visite de 15 h à 18 h de mai à septembre, de 14 h 30 à 17 h 30 en mars et avril, de 14 h à 17 h en octobre et novembre. Les mercredi, jeudis, samedis, et dimanches jours fériés ouverture également le matin de 10 h à 12 h. Fermé du 6 novembre au 14 mars. Pendant la période de fermeture annuelle, il est toutefois possible de visiter sur rendez-vous (3 000 L de supplément). 8 000 L. ☎ (0444) 54 39 76 ou 32 18 03 ou 54 45 46.

La Rotonda – Visite de l'extérieur les mardis, mercredis et jeudis de 10 h à 12 h et de 15 h à 18 h. Visite de l'intérieur uniquement le mercredi aux mêmes heures. Les vendredis, samedis et dimanches, ouverture en fonction des disponibilités de personnel. S'informer au ☎ (0444) 32 17 93.

VIGO DI FASSA

Téléphérique du massif du Catinaccio – Le téléphérique (funivia) fonctionne de début décembre à mi-avril et de mi-juin à mi-octobre. ☎ (0462) 76 32 42.

VILLA OPICINA

Accès par funiculaire – Le funiculaire fonctionne de 7 h 20 à 20 h 10 (départ toutes les 22 mn). ☎ (040) 77 951.

VINCI

Museo Leonardiano – ♿ (60 %). Visite de 9 h 30 à 19 h de mars à octobre inclus. La vente des billets cesse 15 mn avant la fermeture. Fermé le 1er janvier, le marin du 15 août, le matin de Pâques et à Noël. 5 000 L. Possibilité de visite guidée sur rendez-vous (1 h 30 comprenant la visite de la Casa di Leonardo). ☎ (0571) 56 80 12.

Maison natale de Léonard de Vinci – ♿ (80 %). Mêmes horaires que le Museo Leonardiano. Entrée gratuite.

VITERBO

Museo civico – Visite de 9 h à 19 h du 1er mai au 30 octobre ; le reste de l'année de 9 h à 18 h. Fermé le lundi. 6 000 L. ☎ (0761) 34 82 75.

Teatro romano di Ferento – Visite de 9 h à 13 h ; le samedi et le mardi de 9 h au coucher du soleil. Fermé le lundi. Entrée gratuite. ☎ (0761) 32 59 29.

VITTORIO VENETO

Museo della Battaglia – Visite de mai à septembre de 10 h à 12 h et de 16 h à 18 h 30, d'octobre à avril de 10 h à 12 h et de 14 h à 17 h. Fermé le lundi, le 1er janvier, à Pâques et Noël. 5 000 L. Possibilité de visite guidée (1 h). ☎ (0438) 57 695.

VOLTERRA

Pinacoteca – Mêmes horaires de visite que le Museo Guarnacci.

Museo etrusco Guarnacci – Visite de 9 h à 19 h du 15 mars au 1er novembre ; le reste de l'année de 9 h à 14 h. Fermé les 1er janvier et 25 décembre. Billet combiné (Museo Guarnacci, Pinacoteca et Museo d'Arte sacra) : 10 000 L ; 20 000 L pour des familles jusqu'à 4 personnes. ☎ (0588) 86 347.

Sardaigne

CAGLIARI

ℹ piazza Matteotti 9 ☎ (070) 66 92 55

Cattedrale : santuario – Visite de 8 h à 12 h et de 16 h à 20 h. ☎ (070) 66 38 37.

Museo archeologico nazionale – Visite de 9 h à 14 h et de 15 h à 20 h de mai à octobre. Le reste de l'année de 9 h à 18 h 30. Fermé le lundi, les 1er janvier, 1er mai et 25 décembre. 4 000 L.

Orto botanico – Visite de 8 h à 13 h 30 et de 15 h à 18 h 30. Fermé l'après-midi d'octobre à mars inclus, les dimanche et lundi de Pâques, les 1er mai, 15 août, 25 et 31 décembre. ☎ (070) 67 53 01.

CALA GONONE

Grotta del Bue Marino – Visite obligatoirement guidée (1 h environ) à 9 h, 10 h, 11 h, 12 h, 15 h, 16 h et 17 h du 1er juillet au 10 septembre ; à 11 h et 15 h du 11 septembre au 10 novembre ; uniquement à 11 h du 13 au 30 mars. Fermé le reste de l'année. 16 000 L. ☎ (0784) 96 243.

Arcipelago della MADDALENA

Isola di Caprera : museo – Visite obligatoirement guidée (20 mn environ) de 9 h à 13 h. Fermé les 1er janvier, 1er mai et 25 décembre. 4 000 L. ☎ (0789) 72 71 62.

NUORO

Museo dell Vita e delle Tradizioni Popolari Sarde – Visite de 9 h à 19 h du 15 juin au 30 septembre ; le reste de l'année de 9 h à 13 h et de 15 h à 19 h. Fermeture le dimanche après-midi et le lundi. 3 000 L. ☎ (0784) 31 426.

PORTO CONTE

Grotta di Nettuno – *Visite guidée (40 mn) tous les jours, de 9 h à 19 h d'avril à septembre inclus, de 9 h à 14 h de novembre à mars. 10 000 L (enfants, 6 000 L). ☎ (079) 97 90 54 ou 94 65 40.*

Isola di SANT'ANTIOCO

Vestiges de Sulcis – Visite de 9 h à 13 h et de 15 h 30 à 19 h de juillet à septembre ; le reste de l'année de 9 h à 13 h et de 15 h 30 à 18 h. Fermé le 1er janvier, le dimanche de Pâques, les 8, 25 et 26 décembre. 5 000 L. Possibilité de visite guidée. ☎ (0781) 83 590.

SASSARI

i viale Caprera 36 ☎ (079) 29 95 79

Museo nazionale Sanna – Visite de 9 h à 14 h (jusqu'à 13 h le dimanche) ; le 2e mercredi du mois ouverture supplémentaire de 16 h 30 à 19 h 30. Fermé les 1er janvier, 1er mai et 25 décembre. 4 000 L. Possibilité de visite guidée (1 h 30). ☎ (079) 27 22 03.

THARROS

Zona archeologica et necropoli – Visite de 8 h à 19 h en été, 17 h en hiver. Gratuit. ☎ (0783) 37 00 19.

Sicile

AGRIGENTO

i via Cesare Battisti ☎ (0922) 20 454

Museo archeologico regionale – Visite de 8 h à 13 h. Fermé le 1er janvier. Entrée gratuite.

Oratorio di Falaride – Mêmes horaires que le Museo archeologico regionale.

Quartiere ellenistico-romano – Visite de 9 h à 1 h avant le coucher du soleil. Entrée gratuite.

Casa di Pirandello – Visite de 8 h 30 à 13 h 30 et de 15 h à 18 h. Fermé le samedi après-midi et le dimanche, ainsi que le 25 décembre. Entrée gratuite. ☎ (0922) 44 41 11.

BAGHERIA

Villa Palagonia – Visite de 9 h à 12 h 30 et de 16 h 30 à 19 h 30 du 15 juin au 15 septembre ; le reste de l'année de 9 h à 12 h 30 et de 16 h à 17 h. Fermé le 1er janvier, à Pâques et à Noël. 4 000 L. ☎ (091) 90 39 38.

CATANIA

Castello Ursino e museo – *Fermé pour restauration. ☎ (095) 34 58 38.*

CEFALÙ

Museo Mandralisca – Visite de 9 h à 12 h 30 et de 15 h 30 à 19 h 30 d'avril à septembre inclus ; le reste de l'année de 9 h à 12 h 30 et de 15 h 30 à 18 h. Fermé le lundi d'octobre à fin mars. 5 000 L. ☎ (0921) 21 547.

Isole EGADI

Accès – De Trapani, bacs et hydroglisseurs pour les îles de Favignana, Levanzo et Marettimo : voir détails dans le guide Rouge Michelin Italia.

Favignana : promenades en bateau – Pas d'horaires réguliers, s'adresser aux pêcheurs. Compter 40 000 L pour 2 personnes.

Levanzo : escursion à la Grotta del Genovese – S'adresser au Signor Natale Castiglione, via Calvario 27, Isola di Levanzo, ☎ (0923) 92 40 32. L'excursion peut s'effectuer en barque (compter 10 000 L par barque), à dos d'âne (20 000 L par personne) ou à pied (5 000 L par personne, guide compris).

Marettimo : tour de l'île – S'adresser aux pêcheurs. Compter 20 000 L par personne.

ENNA

Castello di Lombardia - Visite de 9 h à 13 h et de 15 h à 19 h de juin à septembre ; le reste de l'année de 9 h à 13 h et de 15 h à 17 h. Entrée gratuite. ☎ (0935) 53 11 23.

ERICE

Castello di Venere - Visite de 8 h à 14 h. En juillet et août ouverture supplémentaire de 14 h à 20 h. ☎ (0923) 86 94 70.

ETNA

Ascension du volcan - En raison des fréquentes éruptions de l'Etna, les aménagements touristiques (routes, pistes, téléphériques, refuges) peuvent être déplacés ou supprimés. Les excursions peuvent être annulées en cas de mauvais temps (brouillard) et selon l'état du volcan. Le meilleur moment pour l'ascension est la première partie de la matinée (être au pied du téléphérique dès 9 h). Prévoir des vêtements chauds même en été (anorak ou gros pull-over), des chaussures de marche (fermées et sans hauts talons) : les chemins dans la lave sont très caillouteux, on peut se blesser aux chevilles.

Versant Sud - Du 15 avril au 31 octobre : trajet en téléphérique (de 1 900 m à 2 500 m) au départ du refuge Sapienza (gare Etna Sud). Poursuite de l'ascension avec un véhicule tout-terrain jusqu'à 3 000 m, puis parcours à pied jusqu'où il est autorisé de monter (environ 300 m de marche). Durée totale : 3 h AR. 58 000 L (comprenant l'assurance et le guide). Pour plus de détails et des informations sur les excursions de nuit, s'adresser à la SITAS, piazza Vittorio Emanuele 45, à Nicolosi, ☎ (095) 91 41 41 ou à l'Azienda Autonoma di Soggiorno e Turismo di Nicolosi, via Etna 32, ☎ (095) 91 15 05.

Versant Nord-Est - *De mai à mi-octobre, Piano Provenzana est le point de départ des véhicules tout-terrain pour l'excursion au cratère. 3 h AR. Prix : 50 000 L, guide compris. Pour tous renseignements complémentaires et pour les excursions de nuit, s'adresser à la STAR, via Roma 223 à Linguaglossa ☎ (095) 64 31 80, ou à la Piano Provenzana ☎ (095) 64 34 30 ou encore au syndicat d'initiative (Pro Loco) de Linguaglossa, piazza Annuziata 5, ☎ (095) 64 30 94.*

GELA

Fortifications grecques - Visite de 8 h à 1 h avant le coucher du soleil. Entrée gratuite.

Museo archeologico regionale - Fermé pour travaux ?

Isola di LIPARI

Museo - Visite de 9 h à 14 h, le dimanche de 9 h à 13 h. Entrée gratuite. ☎ (090) 98 80 174.

Excursions en bateau - Tour de l'île de Lipari : 25 000 L. En outre, excursion à toutes les îles, de mars à octobre (de juillet à début septembre, 3, 4 départs par jour).
Pour Salina : 35 000 L.
Pour Vulcano : 20 000 L.
Pour Panarea : 30 000 L.
Pour Stromboli (de nuit) : 45 000 L.
Pour Alicudi et Filicudi : 50 000 L.
Pour tous renseignements, s'adresser à la Société VIKING, vico Himera 3 - 98055 Lipari. ☎ (090) 98 12 584.

MARSALA

Museo archeologico - Visite de 9 h à 13 h 30 ; les lundis, mercredis et dimanches, ouverture supplémentaire de 16 h à 19 h. Entrée gratuite. ☎ (0923) 95 25 35.

MESSINA

Museo regionale - *Visite toute l'année, de 9 h à 14 h les jours ouvrables, de 9 h 30 à 12 h 30 les dimanches et jours fériés. 2 000 L. Gratuit pour les moins de 18 ans et les plus de 60 ans. ☎ (090) 36 12 92.*

MONREALE

Duomo - Visite de 8 h à 12 h 30 et de 15 h 30 à 18 h 30. ☎ (091) 640 44 13.

Terrazze - Mêmes horaires de visite que le duomo. 2 000 L. ☎ (091) 640 44 13.

Chiostro - D'avril à octobre inclus, visite de 9 h à 19 h, les dimanches et fêtes de 9 h à 13 h ; le reste de l'année de 9 h à 13 h. 2 000 L. ☎ (091) 640 44 03.

MORGANTINA

Champs de ruines ♿ (50 %). Visite de 9 h au coucher du soleil. Entrée gratuite. Possibilité de visite guidée (1h).

Musée de Aidone – ♿ (50 %). Visite de 9 h à 19 h 30. Entrée gratuite. Possibilité de visite guidée (1h). ☎ (0935) 87 307.

PALERMO

ℹ piazza Castelnuovo 34 ☎ (091) 58 38 47

La Martorana – Visite de 9 h 30 à 13 h et de 15 h 30 à 17 h 30. Fermé l'après-midi des dimanches, des jours de fêtes et des premiers 15 jours d'août. ☎ (091) 61 61 692.

San Cataldo – Pour visiter, s'adresser au gardien de la Martorana.

Cattedrale : tesoro – Visite de 9 h à 12 h et de 16 h à 17 h 30. Fermé les dimanches et jours fériés. 1 000 L. ☎ (091) 33 43 76.

Palazzo dei Normanni – Visite sur rendez-vous (demande par fax) le lundi, vendredi et samedi de 9 h à 12 h. La visite est consentie dans la mesure où les travaux parlementaires le permettent. ☎ (091) 65 61 111. Fax (091) 65 61 737.

Cappella Palatina – Visite de 9 h à 12 h et de 15 h à 17 h ; le dimanche de 9 h à 10 h et de 12 h à 13 h. Fermé le samedi après-midi.

Chiesa di San Giovanni degli Eremiti – Visite de 9 h à 13 h, le lundi et le jeudi ouverture supplémentaire de 15 h à 17 h. Le dimanche uniquement de 9 h à 12 h 30. ☎ (091) 65 15 019.

Palazzo Mirto – *Visite de 9 h à 13 h 30, les mardis et jeudis également de 15 h à 17 h ; les dimanches et fêtes de 9 h à 12 h 30. Entrée gratuite. ☎ (091) 61 64 751.*

Museo internazionale delle Marionette – Visite de 9 h à 13 h et de 16 h à 19 h. Fermé le samedi après-midi, le dimanche et les jours fériés. 5 000 L. ☎ (091) 32 80 60.

Galleria regionale della Sicilia – Visite de 9 h à 14 h et de 15 h à 17 h 30, le dimanche de 9 h à 13 h. 2 000 L. ☎ (091) 61 64 317.

Museo archeologico – Visite de 9 h à 13 h 45, le mardi et le vendredi également de 15 h à 18 h ; le dimanche de 9 h à 12 h 45. 2 000 L.

Catacombe dei Cappuccini – Visite de 9 h à 12 h et de 15 h à 17 h. Fermé le 1er janvier, à Pâques et à Noël. Laisser une offrande. ☎ (091) 21 21 17.

La Zisa – Visite de 9 h à 13 h 30 ; le mardi et le vendredi également de 15 h à 18 h. Entrée gratuite. ☎ (091) 65 20 269.

Orto Botanico – Visite de 8 h 30 à 13 h. Fermé le 1er janvier, à Pâques et à Noël. Entrée gratuite. ☎ (091) 61 62 472.

Parco della Favorita : museo etnografico Pitré – ♿. *Visite toute l'année de 9 h à 13 h. Fermé le vendredi, le dimanche de Pâques, ainsi que les jours fériés tombant un jour ouvrable. 5 000 L. Gratuit pour les moins de 18 ans et les plus de 60 ans. S'inscrire à l'avance. ☎ (091) 671 10 60.*

PIAZZA ARMERINA

Villa romana del Casale – ♿. Visite de 9 h à 1 h avant le coucher du soleil. 2 000 L. Possibilité de visite guidée (2 h). ☎ (0935) 68 00 36.

RAGUSA

Museo archeologico Ibleo – Visite de 9 h à 14 h et de 15 h à 18 h 30. Entrée gratuite. ☎ (0932) 62 29 63.

SALINA

Voir à Lipari

SEGESTA

Tempio – Visite de 9 h à 1 h avant le coucher du soleil. Entrée gratuite. ☎ (0924) 95 23 56.

SELINUNTE

Zone archéologique – Visite de 9 h à 2 h avant le coucher du soleil. 2 000 L. ☎ (0924) 46 277.

SIRACUSA

ℹ Largo Paradiso (zona archeologica), ☎ (0931) 60 510

Zona archeologica – Visite de 9 h à 17 h en été ; de 9 h à 16 h en hiver. 2 000 L.

Museo archeologico regionale P. Orsi – ♿. Visite de 9 h à 14 h. Fermé le lundi et les 2e et 4e dimanches du mois. 2 000 L. ☎ (0931) 46 40 22.

Catacombe di San Giovanni – ♿ (50 %). Visite de 9 h à 18 h en été ; de 9 h à 12 h 30 et de 15 h à 16 h 30 en hiver. 2 000 L. Possibilité de visite guidée (30 mn environ).

Latomia dei Cappuccini – Temporairement fermé au public.

Museo regionale di Palazzo Bellomo – Visite de 9 h à 13 h 30, les dimanches et fêtes de 9 h à 12 h. 2 000 L. ☎ (0931) 69 511.

Fonte Ciane – Il est possible d'effectuer la visite également en remontant le fleuve Ciane en barque. ☎ (0931) 69 076.

Castello Eurialo – Visite de 9 h à 1 h avant le coucher du soleil. Entrée gratuite. ☎ (0931) 71 17 73.

SOLUNTO

Zone archéologique – Visite de 9 h à 17 h 30 (le dimanche de 9 h à 12 h 30) d'avril à fin octobre ; le reste de l'année de 9 h à 14 h (le dimanche de 9 h à 12 h 30). 2 000 L. ☎ (091) 90 45 57.

Isola di STROMBOLI

Ascension au cratère – Guide obligatoire : 25 000 L par personne. S'adresser au bureau d'information des guides alpins de Stromboli (piazzale S. Vincenzo). ☎ (090) 98 62 63.

TAORMINA

Teatro greco – Visite de 9 h à 1 h avant le coucher du soleil. 2 000 L. Possibilité de visite guidée. ☎ (0942) 23 220.

Castello – *Fermé. ☎ (090) 36 35 89.*

TERRASINI

Museo del Carretto siciliano – Visite de 9 h à 13 h et de 16 h à 20 h de juin à septembre inclus. Le reste de l'année uniquement le matin. Fermé en octobre, le dimanche et le lundi. 2 000 L. ☎ (091) 86 85 636.

TINDARI

Ruines – *Visite de 9 h à 1 h avant le coucher du soleil. S'adresser à l'Office de tourisme de Patti, ☎ (0941) 21 327.*

TRAPANI

Museo Pepoli – Visite de 9 h à 13 h 30, les mardis et vendredis ouverture supplémentaire de 15 h à 18 h 30 ; le dimanche de 9 h à 12 h. 2 000 L. ☎ (0923) 55 32 69.

Museo delle Saline – ♿ Visite de 9 h à 12 h 30 et de 14 h à 17 h. Il est conseillé d'annoncer sa visite au (0923) 86 71 42. Possibilité de visite guidée (1/2 h).

Isola di VULCANO

Tour de l'île en bateau – De mars à fin octobre : départ à 10 h, retour à 13 h. 20 000 L.

Sioen/CEDRI

Charrette sicilienne

Index

Amalfi *Campanie* ...... Villes, curiosités, régions touristiques et grandes régions d'Italie auxquelles elles appartiennent.

Dante Alighieri .... Noms historiques ou célèbres et termes faisant l'objet d'une explication.

Baptistère .... Curiosités d'une ville importante décrite sur plusieurs pages.

Les curiosités isolées (châteaux, abbayes, sanctuaires, villas, nécropoles, thermes, belvédères, monts, lacs, îles, gorges, grottes, dolmens, nuraghi...) sont répertoriées à leur propre nom.

A

Abano Terme *Vénétie* 194
Abruzzes (Les) 22
Abruzzes
(Massif et Parc National des) : *voir à Abruzzese*
Abruzzese (Appennino) e Parco Nazionale d'Abruzzo 54, 55
Aci Castello *Sicile* 309
Acireale *Sicile* 309
Aci Trezza *Sicile* 309
Adriana (Villa) *Latium* 259
Agrigente *Sicile* 306
Agrigento *Sicile* 306
Alatri *Latium* 56
Alba *Piémont* 56
Alba Fucens *Abruzzes* 56
Albano Laziale *Latium* 95
Albenga *Ligurie* 229
Alberobello *Pouille* 272
Alberti (Leon Battista) 38, 118
Albissola Marina *Ligurie* 229
Alfedena *Abruzzes* 55
Alghero *Sardaigne* 297
Alleghe *Vénétie* 107
Alpe di Siusi *Trentin-Haut-Adige* 105
Alpes (Les) 18
Altamura *Pouille* 221
Altilia Saepinum *Molise* 57
Altomonte *Calabre* 88
Amalfi *Campanie* 57
Amalfitaine (Côte) Campanie : *voir à Amalfitana (Costiera)*
Amalfitana (Costiera) *Campanie* . 59
Ambroise (Saint) 157
Ammannati (Bartolomeo) 118
Anacapri *Campanie* 91
Anagni *Latium* 60
Ancona *Marches* 61
Ancône *Marches* 61
Andalo *Trentin-Haut-Adige* 269
Andrea del Castagno 39, 118
Andrea del Sarto 40, 118
Andrea di Bonaiuto 37
Angera *Lombardie* 139
Ansedonia *Toscane* 67
Antonello de Messine 303, 313
Antonioni (Michelangelo) 47
Anversa degli Abruzzi *Abruzzes* . 55
Anzio *Latium* 61
Aosta *Val d'Aoste* 62
Aoste *Val d'Aoste* 62
Aoste *(Val d')* 19, 63
Apennins (Les) 18
Apuanes (Alpes) *Toscane* 21
Aquila (L') *Abruzzes* 145
Aquileia *Frioul-Vénétie Julienne* . 64
Arbatax *Sardaigne* 297
Arborea *Sardaigne* 301
Archimède 321
Arco Felice *Campanie* 103
Arezzo *Toscane* 64
Argentario (Promontoire/ Promontorio dell')*Toscane* ... 66
Ariane (Villa romaine d') *Campanie* 95
Ariccia *Latium* 95
Arioste (L') 42, 113
Aritzo *Sardaigne* 300
Arno (Bassin de l') *Toscane* 21
Arnolfo di Cambio 37
Arona *Piémont* 139
Arquà Petrarca *Vénétie* 194
Artimino (Villa « La Ferdinanda ») *Toscane* 128
Arvo (Lac) *Calabre* 87
Arzachena *Sardaigne* 297
Ascoli Piceno *Marches* 67
Asolo *Vénétie* 73
Aspromonte *Calabre* 87
Assise *Ombrie* 68
Assisi *Ombrie* 68
Asti *Piémont* 267
Atrani *Campanie* 60
Atri *Abruzzes* 71
Auguste 231
Avelengo *Trentin-Haut-Adige* ... 159
Averne (Lac d'/Lago d') *Campanie* 183
Aymavilles (Forteresse d'/ Fortezza di) *Val d'Aoste* 63

B

Bacoli *Campanie* 183
Bagheria *Sicile* 318
Bagnara Calabra *Calabre* 87
Baia (Thermes de/Terme di) *Campanie* 183
Baldo (Monte) *Vénétie* 144
Banditaccia (Nécropole de la/ Necropoli della) *Latium* 96
Barbagia (La) *Sardaigne* 300
Bard (Forteresse de/Fortezza di) *Val d'Aoste* 64
Bardolino *Vénétie* 144
Bari *Pouille* 22, 71
Barletta *Pouille* 73
Baroque (Le) 40
Barumini *Sardaigne* 298
Basilicate (La) 22

Bassano (Jacopo) 40, 73
Bassano del Grappa *Vénétie* 73
Baveno *Piémont* 139
Beccafumi (Domenico) 40
Bellagio *Lombardie* 142
Bellano *Lombardie* 142
Bellini (Jacopo, Gentile, Giovanni) 280
Bellini (Vincenzo) 45, 309
Belluno *Vénétie* 74
Bénévent *Campanie* 74
Benevento *Campanie* 74
Bentivoglio 80
Bergame *Lombardie* 75
Bergamo *Lombardie* 75
Berici (Monts/Monti) *Vénétie* . . 292
Bernardin (Saint) 249
Bernin (Le) 41
Bertinoro *Émilie-Romagne* 129
Bignone (Monte) *Ligurie* 247
Biodola *Toscane* 109
Bisceglie *Pouille* 72
Bitonto *Pouille* 221
Boccace 42, 246
Bœuf marin (Grotte du) : *voir à Bue Marino (Grotta)*
Les « Bolge » *Abruzzes* 71
Bologna *Émilie-Romagne* 79
Bologne *Émilie-Romagne* 79
Bologne (Jean) 40
Bolsena *Latium* 82
Bolzano *Trentin-Haut-Adige* 82
Bomarzo *Latium* 292
Bominaco *Abruzzes* 56
Bordighera *Ligurie* 228
Borromee (Isole) *Piémont* 139
Borromée (Charles) 139
Borromées (Iles) *Piémont* 139
Borromini 41
Botticelli (Sandro) 39, 118
Bozen : *voir à Bolzano*
Bradisisme (Le) 182
Braies (Lac de/Lago di) *Trentin-Haut-Adige* 106
Bramante (Donato) 39, 160
Brembana (Val) *Lombardie* 78
Brembo di Dalmine *Lombardie* . . 78
Breno *Lombardie* 89
Brenta (Massif de/Gruppo di) *Trentin-Haut-Adige* 268
Brenta (Riviera du) *Vénétie* 83
Brescello *Émilie-Romagne* 226
Brescia *Lombardie* 84
Bressanone *Trentin-Haut-Adige* . . 86
Breuil-Cervinia *Val d'Aoste* 63
Brianza (La) *Lombardie* 19
Brindisi *Pouille* 86
Brixen : *voir à Bressanone*
Bronzino 118
Brunelleschi (Filippo) 38, 118
Brunico *Trentin-Haut-Adige* 86
Bucchero (Le) 32
Bue Marino (Grotta) *Sardaigne* 299
Burano *Vénétie* 286
Byzance 35

C

Caccia (Cap) *Sardaigne* 301
Cadenabbia *Lombardie* 142
Cadore (Le) *Vénétie* 104
Cagliari *Sardaigne* 298
Calabria 87
Calabre (La) 22, 87
Cala dei Cinque Denti *Sicile* . . . 319
Cala di San Felice *Pouille* 131
Cala Gonone *Sardaigne* 299
Camaldoli *Toscane* 248
Camigliano (Villa de) *Toscane* . . 151
Camogli *Ligurie* 216
Camonica (Val) *Lombardie* 89
Campanie (La) 22
Campi Flegrei *Campanie* 182
Campione del Garda *Lombardie* 144
Campione d'Italia *Lombardie* . . 142
Campobasso *Molisse* 22
Campo Carlo Magno *Trentin-Haut-Adige* 269
Campo dei Fiori *Lombardie* 142
Campo Fiscalino *Trentin-Haut-Adige* 106
Campo Imperatore *Abruzzes* . . . 55
Canaletto 280
Canazei *Trentin-Haut-Adige* 105
Cannero Riviera *Piémont* 139
Cannobio *Piémont* 139
Canosa di Puglia *Pouille* 221
Canossa (Château de) *Émilie-Romagne* 226
Canova (Antonio) 41, 73
Cantique des Créatures (Le) 42
Capanne (Monte) *Toscane* 109
Capoliveri *Toscane* 109
Capoue : *voir à Capua*
Caprarola (Palais Farnèse de/ Palazzo Farnese di) *Latium* . . . 90
Caprera (Ile de/Isola di) *Sardaigne* 300
Capri (Ile de/Isola di) *Campanie* . 90
Capua *Campanie* 92
Caravage (Le) 40, 172
Carezza (Lac de/Lago di) *Trentin-Haut-Adige* 105
Carlotta (Villa) *Lombardie* 143
Carniques (Alpes) *Vénétie, Frioul-Vénétie Julienne* 20
Carpaccio (Vittore) 39, 280
Carpi *Émilie-Romagne* 167
Carrà (Carlo) 41
Carrache (Les) 40, 80
Carrara *Toscane* 93
Carrare : *voir à Carrara*
Carsulæ (Ruines romaines de) *Ombrie* 257
Casamari (Abbaye de/Abbazia di) *Latium* 94
Casamicciola Terme *Campanie* . 138
Caserta *Campanie* 94
Caserta Vecchia *Campanie* 94
Cassino (Bataille de) 167
Castagno (Andrea del) 125
Castel del Monte *Pouille* 220
Castel di Sangro *Abruzzes* 55
Castelfranco Veneto *Vénétie* 94
Castel Gandolfo *Latium* 95
Castellammare di Stabia *Campanie* 95
Castellana (Grottes de/Grotte di) *Pouille* 220
Castelli *Abruzzes* 55
Castelli Romani *Latium* 95
Castello (Villa de) *Toscane* 128
Catane *Sicile* 308
Catania *Sicile* 308
Catanzaro *Calabre* 88
Catherine (Sainte) 249
Cavalcata Sarda 302
Cavallini (Pietro) 37
Cavo *Toscane* 109
Cavo (Monte) Latium 95
Cavour 26
Cefalù *Sicile* 309
Cellini (Benvenutto) 40
Cernobbio *Lombardie* 142

Cerro *Lombardie* 140
Certaldo *Toscane* 246
Cerveteri *Latium* 96
César (Jules) 231
Cesena *Émilie-Romagne* 129
Ceto *Lombardie* 89
Champs Phlégréens (Les) :
voir à Campi Flegrei
Chianciano Terme *Toscane* 170
Chianti (Région du) *Toscane* 21
Chiappa (Pointe de la) *Ligurie* .. 216
Chiaravalle (Abbaye de/
Abbazia di) *Lombardie* 165
Chiavari *Ligurie* 229
Chiavenna *Lombardie* 96
Chieri *Piémont* 267
Chieti *Abruzzes* 96
Chioggia *Vénétie* 287
Chiusa *Trentin-Haut-Adige* 107
Chiusi *Toscane* 97
Cimabue 37, 118
Cima da Conegliano 99
Cimbergo *Lombardie* 89
Cinquemiglia (Plan des) *Abruzzes* 55
Cinque Terre *Ligurie* 97
Ciociaria (La) *Latium* 22
Circeo (Mont et Parc national du/
Monte *et* Parco nazionale del)
Latium 258
Citara (Plage de/Spiaggia di)
Campanie 138
Cittadella *Vénétie* 73
Cividale del Friuli *Frioul-
Vénétie Julienne* 98
Civita Castellana *Latium* 292
Civitavecchia *Latium* 98
Clitumne (Sources du) :
voir à Clitunno (Fonti del)
Clitumne (Vallée du) *Ombrie* 21
Clitunno (Fonti del) *Ombrie* ... 255
Colleoni (Bartolomeo) 75
Colli Euganei *Vénétie* 194
Collines Euganéennes :
voir à Colli Euganei
Collines métallifères *Toscane* .. 294
Collodi *Toscane* 168
Colonna (Cap) *Calabre* 103
Colonnata (Carrières de) *Toscane* 93
Comacchio *Émilie-Romagne* 98
Côme : *voir à Como*
Côme (Lac de) : *voir à Como (Lago di)*
Côme l'Ancien 117
Côme Ier 117
Commedia dell'Arte (La) 75
Como *Lombardie* 99
Como (Lago di) *Lombardie* 142
Conca d'Oro (La) *Sicile* 314
Conegliano *Vénétie* 99
Cordevole (Vallée du/Valle del)
Vénétie 107
Corelli 44
Corfinio *Abruzzes* 56
Cornedo (château de)
Trentin-Haut-Adige 105
Corrège (Le) 196
Cortina d'Ampezzo *Vénétie* ... 100
Cortona *Toscane* 100
Cosa (Cité antique de) *Toscane* .. 67
Cosenza *Calabre* 88
Cosmates (Les) 36
Cossa (Francesco) 113
Costa (Lorenzo) 113
Costalunga (Col de/Passo di)
Trentin-Haut-Adige 105
Costa Smeralda *Sardaigne* 299
Courmayeur *Val d'Aoste* 63
Cremona *Lombardie* 101
Crémone *Lombardie* 101
Crivelli (Carlo) 39
Crotone *Calabre* 102
Cuma *Campanie* 103
Cumes *Campanie* 103
Cyané (Source) : *voir à Ciane
(Fonte) Sicile* 323
Cyclope (Écueils du) *Sicile* 309

D

Dallapiccola 46
D'Annunzio (Gabriele) 144
Dante Alighieri 42, 118
De Chirico (Giorgio) 41
Della Quercia (Jacopo) 39, 251
Della Robbia (Luca) 38, 118
Denys l'Ancien 321
Desenzano del Garda *Lombardie* 114
Diano Castello *Ligurie* 228
Diano Marina *Ligurie* 228
Dietro Isola *Sicile* 319
Divine Comédie (La) 42, 118
Divisionnistes (École) 41
Dobbiaco *Trentin-Haut-Adige* ... 108
Dolomites (Les) 104
Dolomiti 104
Domenico Veneziano 38
Donatello 38, 118
Donizetti (Gaetano) 45
Dongo *Lombardie* 142
Dorgali *Sardaigne* 299
Doria (Andrea) 131
Dossi (Dosso) 113
Duccio di Buoninsegna 37, 251

E

Egades (Iles) *Sicile* 309
Egadi (Isole) *Sicile* 309
Elba (Isola d') *Toscane* 108
Elbe (Ile d') *Toscane* 108
Emeraude (Grotte d') :
voir à Smeraldo (Grotta dello)
Emilie-Romagne (L') 20
Empédocle 306
Enna *Sicile* 310
Eoli (Isole) *Sicile* 310
Eoliennes (Iles) *Sicile* 310
Epomeo (Mont) *Campanie* 138
Ercolano *Campanie* 110
Erice *Sicile* 311
Eschyle 321
Este *Vénétie* 194
Este (Maison d') 113
Este (Villa d') *Latium* 258
Etna (L') *Sicile* 312
Étrurie (L') 31
Étrusques (Les) 31
Euralio (Castello) *Sicile* 323
Euryale (Château) *Sicile* 323

F

Fabriano *Marches* 137
Faenza *Émilie-Romagne* 111
Faïence (La) 111
Faito (Monte) *Campanie* 186
Falzarego (Col de/Passo di)
Vénétie 105
Fano *Marches* 112
Fantiscritti (Carrières de)
Toscane 93

Fattori (Giovanni) 41
Favignana (Ile) *Sicile* 309
Fedaia (Lac de)
Trentin-Haut-Adige 105
Federico da Montefeltro 274
Fellini (Federico) 47
Feltre *Vénétie* 74
Fénis (Château de/Castello di)
Val d'Aoste 63
Ferentillo *Ombrie* 257
Ferento (Théâtre romain de/
Teatro romano di) *Latium* . . . 292
Fermo *Marches* 112
Ferrara *Émilie-Romagne* 113
Ferrare *Émilie-Romagne* 113
Fidenza *Émilie-Romagne* 198
Fieschi (Basilique des) *Ligurie* . . 230
Fiesole *Toscane* 115
Finale Ligure *Ligurie* 229
Firenze *Toscane* 116
Badia (La) 125
Battistero 119
Biblioteca Medicea Laurenziana . . 122
Boboli (Giardino) 122
Campanile 119
Cappelle Medicee 123
Casa Buonarroti 125
Duomo 119
Galleria d'Arte Moderna 122
Galleria degli Uffizi 121
Galleria dell'Accademia 123
Galleria Palatina 122
Loggia del Mercato Nuovo 125
Loggia della Signoria 120
Museo Archeologico 125
Museo degli Argenti 122
Museo del Costume 122
Museo della Casa Fiorentina
Antica 125
Museo delle Porcellane 122
Museo dell'Opera del Duomo 120
Museo di Storia della Scienza . . . 128
Museo Marino Marini 128
Offices : *voir à Galleria degli Uffizi*
Ognissanti (Cenacolo del
Ghirlandaio) 125
Opificio delle Pietre Dure 128
Orsanmichele 128
Ospedale degli Innocenti 128
Palazzo Davanzati 125
Palazzo del Bargello 122
Palazzo Medici-Riccardi 123
Palazzo Pitti 121
Palazzo Rucellai 128
Palazzo Strozzi 128
Palazzo Vecchio 120
Passeggiata ai Colli 125
Pazzi (Cappella) 125
Piazza della Santissima
Annunziata 128
Piazza della Signoria 120
Ponte Vecchio 121
San Lorenzo (Chiesa) 122
San Marco (Convento e Museo) . . 123
San Miniato al Monte (Chiesa) . . 125
San Salvi (Cenacolo) 125
Santa Croce (Chiesa) 124
Santa Maria del Carmine
(Chiesa) 125
Santa Maria Novella (Chisa) 124
Sant'Apollonia (Cenacolo) 125
Santa Trinità (Chiesa) 125
Santissima Annunziata (Chiesa) . . 122
Sant Spirito (Chiesa) 125
Florence : *voir Firenze*
Flumendosa (Lac de) *Sardaigne* . . 300
Foggia *Pouille* 221
Foligno *Ombrie* 70
Fonni *Sardaigne* 300
Fontanellato *Émilie-Romagne* . . 198
Fonte Ciane *Sicile* 323
Fonte Colombo (Couvent de/
Convento di) *Latium* 227
Foresta (Couvent de la/Convento)
Latium 227
Foresta Umbra *Pouille* 130
Forio *Campanie* 138
Forlì *Émilie-Romagne* 129
Fossa delle Felci (Mont) *Sicile* . . 311
Fossanova (Abbaye de/
Abbazia di) *Latium* 129
Fra Angelico 38, 118
François (Saint) 68
Frasassi (Grottes de/Grotte di)
Marches 137
Frascati *Latium* 95
Frédéric II de Hohenstaufen . . . 303
Frescobaldi 44
Frioul-Vénétie Julienne 20
Fusaro (Lac de/Lago di)
Campanie 183
Futuristes (Les) 41

G

Gaeta *Latium* 129
Gaète *Latium* 129
Gagliardi (Rosario) 303
Galatina *Pouille* 221
Galatone *Pouille* 222
Galilée 206
Galla Placidia 223
Gallipoli *Pouille* 221
Gallura (La) *Sardaigne* 299
Galluzzo (Chartreuse de/
Certusa del) *Toscane* 128
Garda (Lago di) *Vénétie* 143
Garde *Vénétie* 143
Garde (Lac de) *Lombardie,
Vénétie, Trentin-Haut-Adige* . 143
Gardena (Val)
Trentin-Haut-Adige 105
Gardone Riviera *Lombardie* . . . 144
Gargano (Promontoire du/
Promontorio del) *Pouille* 130
Gargnano *Lombardie* 144
Garibaldi 26
Garofalo 113
Garzoni (Château/Villa)
Toscane 168
Gela *Sicile* 312
Gélon 321
Gênes : *voir à Genova*
Gennargentu (Monts du/
Monti del) *Sardaigne* 300
Genova *Ligurie* 131
Genova (Val de/Valle di)
Trentin-Haut-Adige 269
Gentile da Fabriano 37, 137
Gerace *Calabre* 88
Ghiberti (Lorenzo) 38, 118
Ghirlandaio (Domenico) 39, 118
Giambellino : voir Bellini (Giovanni)
Giambologna : voir Bologne (Jean)
Gibelins (Les) 24
Gignese *Piémont* 140
Gioia Tauro *Calabre* 87
Giordano (Luca) 40, 172
Giorgione 94
Giotto 37, 69, 118, 192
Giovanni di Paolo 251
Giovinazzo *Pouille* 72
Goldoni (Carlo) 43
Gonzague (Les) 152
Gothique international (Le) 37
Gozzoli (Benozzo) 38, 118
Gradara *Marches* 203
Grado *Frioul-Vénétie Julienne* . . 134

Gran Paradiso (Parco Nazionale del) *Val d'Aosta, Piémont* 63
Grand-Paradis (Parc national du) *Val d'Aoste, Piémont* 63
Grand schisme d'Occident 28
Gran Sasso *Abruzzes* 54
Grappa (Mont/Monte) *Vénétie* .. 73
Gravedona *Lombardie* 142
Greccio (Couvent de/Convento di) *Latium* 227
Greco (Le) 39
Grecs (Les) 30
Grégoire le Grand 28
Grégoire VII 28, 232
Gregoriana (Villa) *Latium* 260
Grosseto *Toscane* 135
Grostè (Col de) *Trentin-Haut-Adige* 269
Grotta del Bue Marino : *voir Bue Marino*
Grottaferrata *Latium* 95
Grotta Gigante *Frioul-Vénétie Julienne* 272
Guardi (Francesco) 280
Gubbio *Ombrie* 135
Guelfes (Les) 24
Guicciardini (Francesco) 118
Guido d'Arezzo 44

H

Hadrien (Villa d') : *voir à Adriana (Villa)*
Herculanum : *voir à Ercolano*
Hiéron 321

I-J-K

Investitures (Querelle des) 28
Ischia (Ile d'/Isola di) *Campanie* .. 137
Iseo (Lac d'/Lago di) *Lombardie* 143
Isili *Sardaigne* 298
Isola Bella *Piémont* 139
Isola dei Pescatori *Piémont* ... 139
Isola Madre *Piémont* 139
Ispinigoli (Grotte d') *Sardaigne* .. 299
Issogne (Château d'/Castello di) *Val d'Aoste* 64
Italia in Miniature 228
Itria (Vallée d') *Pouille* 221
Ivrea *Piémont* 64
Jesi *Marches* 61
Jovis (Villa) *Campanie* 91
Juvara 41
Karersee : *voir Carezza (Lac de)*

L

Lacco Ameno *Campanie* 138
Lacs (Région des) *Piémont, Lombardie, Vénétie* 138
Laghi (Regione dei) 138
Langhe (Les) *Piémont* 56
Lante (Villa) *Latium* 292
Lanzo d'Intelvi *Lombardie* 142
L'Aquila *Abruzzes* 145
Larderello *Toscane* 294
Latium (Le) 22
Latran (Accords du) 29
Lattari (Monts) *Campanie* 186
Laurana (Francesco) 38
Laurent le Magnifique 117
Laveno Mombello *Lombardie* .. 140
Lecce *Pouille* 146
Legnano (Victoire de) 160
Léonard de Vinci 40, 118, 160
Leopardi (Giacomo) 43, 148
Lépante (Bataille de) 277
Lerici *Ligurie* 230
Levanzo (Ile de) *Sicile* 309
Lido de Venise (Le) *Vénétie* ... 286
Lignano *Frioul-Vénétie Julienne* .. 147
Ligue Lombarde (La) 24
Ligurie (La) 21
Limone sul Garda *Lombardie* .. 144
Li Muri (Tombe de Géants de) *Sardaigne* 297
Lipari (Ile) *Sicile* 310
Lippi (Filippino) 118
Lippi (Filippo) 38, 118
Livorno *Toscane* 147
Livourne *Toscane* 147
Locorotondo *Pouille* 221
Locri *Calabre* 88
Lombards (Les) 35
Lombardie (La) 19
Lomellina (La) *Lombardie* .. 19, 186
Lomello *Lombardie* 186
Longhi (Pietro) 41, 280
Lorenzetti (Pietro et Ambrogio) 37, 251
Lorenzo Monaco 251
Loreto *Marches* 147
Lorette *Marches* 147
Lotto (Lorenzo) 280
Lovere *Lombardie* 143
Lucanie (La) *Basilicate* 22
Lucca *Toscane* 148
Lucera *Pouille* 222
Lucques : *voir à Lucca*
Lucrino (Lac/Lago) *Campanie* .. 183
Ludovic le More 160
Lugano (Lac de/Lago di) *Lombardie, Suisse* 142
Luini (Bernardino) 160

M

Macchiaioli (Les) 41
Machiavel 42, 118
Maddalena (Archipel et île de La/ Arcipelago e Isola della) *Sardaigne* 300
Maddalena (Colline de la) *Piémont* 266
Maderno (Carlo) 41
Madone-du-Chêne (Sanctuaire de la) *Latium* 292
Madonna della Quercia (Santuario della) 292
Madonna del Monte *Toscane* .. 109
Madonna del Sasso *Piémont* ... 141
Madonna di Campiglio *Trentin-Haut-Adige* 269
Madonna di San Biagio (Église de la) *Toscane* 170
Madonna di San Luca *Émilie-Romagne* 82
Maestri Campionesi 142
Maestri Comacini 36, 99
Maggiore (Lago) *Piémont, Lombardie* 138
Maiella (Massif de la) *Abruzzes* . 22
Majeur (Lac) : *voir Maggiore (Lago)*
Malatesta (Les) 227
Malcesine *Vénétie* 144
Malcontenta *Vénétie* 83

Manarola *Ligurie* 98
Manfredonia *Pouille* 222
Maniérisme (Le) 40
Manin (Villa) *Frioul-Vénétie Julienne* 274
Mansi (Villa) *Toscane* 151
Mantegna (Andrea) . . 33, 152, 192
Mantoue : *voir Mantova*
Mantova *Lombardie* 152
Manzoni (Alessandro) 43
Manzù (Giacomo) 41
Maratea *Basilicate* 210
Marches (Les) 22
Marciana *Toscane* 109
Marciana Marina *Toscane* 109
Marcillat (Guillaume de) 100
Marco Polo 277
Marechiaro *Campanie* 183
Maremme (La) *Toscane* 21
Marettimo (Ile) *Sicile* 309
Marina di Campo *Toscane* 109
Marina di Carrara *Toscane* 93
Marlia (Villa Reale de) *Toscane* . 151
Marmolada *Trentin-Haut-Adige* . 105
Marmore (Cascade des/ Cascata delle) *Ombrie* 257
Maronti (Plage de) *Campanie* . . 138
Marostica *Vénétie* 73
Marsala *Sicile* 313
Martina Franca *Pouille* 221
Martini (Simone) 37, 251
Masaccio 39, 118, 125
Maser (Villa de) *Vénétie* 270
Massa Marittima *Toscane* 154
Matera *Basilicate* 155
Mattinata *Pouille* 131
Médicis (Les) 117
Meloria (Bataille de la) 206
Menaggio *Lombardie* 142
Merano *et* Merano 2000 *Trentin-Haut-Adige* 156, 157
Mesola *Émilie-Romagne* 99
Messina/Messine *Sicile* 313
Mezzogiorno (Le) 48
Michel-Ange 39, 40, 116
Michelozzo 38
Milan : *voir à Milano*
Milan (Édit de) 28, 157
Milano *Lombardie* 157
Biblioteca Ambrosiana 163
Brera (Pinacoteca) 162
Casa del Manzoni 164
Castello Sforzesco 163
Cenacolo Vinciano 164
Duomo 161
Galleria d'Arte Moderna 163
Galleria Vittorio Emanuele 160
Museo civico di Archeologia 165
Museo civico di Storia Naturale . . 164
Museo del Duomo 161
Museo nazionale della Scienza e della Tecnica Leonardo da Vinci 164
Museo Poldi Pezzoli 163
Ospedale Maggiore 165
Palazzo Bagatti Valsecchi 164
San Lorenzo Maggiore 165
San Maurizio 165
San Satiro 165
Sant'Ambrogio 164
Santa Maria delle Grazie 164
Sant'Eustorgio 165
Scala (Teatro) 162
Via e piazza dei Mercanti 162
Mille (Expédition des) 313
Mira *Vénétie* 83
Miramare (Château de/Castello di) *Frioul-Vénétie Julienne* 272
Miseno *Campanie* 183
Misurina (Lac de/Lago di) *Vénétie* 106
Modena *Émilie-Romagne* 166
Modène *Émilie-Romagne* 166
Modigliani 41
Molfetta *Pouille* 72
Molise (Le) 22
Molveno *Trentin-Haut-Adige* . . . 269
Monreale *Sicile* 314
Monselice *Vénétie* 194
Montagna Grande *Sicile* 319
Montagna Grossa *Sicile* 309
Montagnana *Vénétie* 194
Montalcino *Toscane* 205
Mont-Cassin (Abbaye du) : *voir à Montecassino*
Monte Berico (Basilique de) *Vénétie* 292
Montecassino (Abbazia di) *Latium* 167
Montecatini Terme *Toscane* . . . 168
Montecchio Maggiore *Vénétie* . . 292
Montefalco *Ombrie* 168
Montefiascone Latium 292
Montefiore dell'Aso *Marches* . . 112
Monte Giovo (Route du col de) *Trentin-Haut-Adige* 157
Monte Grisa (Sanctuaire du/ Santuario del) *Frioul-Vénétie Julienne* 272
Montegrotto Terme *Vénétie* . . . 194
Monte Isola *Lombardie* 143
Monteluco (Le) *Ombrie* 255
Montenero *Toscane* 147
Monte Oliveto Maggiore (Abbaye de/Abbazia di) *Toscane* 169
Montepulciano *Toscane* 169
Monterchi *Toscane* 249
Monte Sant'Angelo *Pouille* 170
Monteverdi (Claudio) 45, 101
Montferrat (Le) *Piémont* 267
Monza *Lombardie* 171
Moravia (Alberto) 43
Morgantina *Sicile* 319
Mortara *Lombardie* 186
Mortola Inferiore *Ligurie* 228
Motorra (Dolmen) *Sardaigne* . . 299
Mottarone *Piémont* 140
Muggia *Frioul-Vénétie Julienne* . 272
Murano *Vénétie* 286
Muravera (Route de) *Sardaigne* . . 298

N

Naples : *voir Napoli*
Naples (Golfe de) *Campanie* . . . 182
Napoli *Campanie* 171
Acquario 182
Capodimonte (Palazzo e Galleria) . 180
Castel Capuano 182
Castel dell'Ovo 175
Castel Nuovo 174
Castel Sant'Elmo 180
Catacombe di San Gennaro 185
Croce di Lucca 178
Decumano Maggiore 175
Duomo 182
Maschio Angioino : *voir à Castel Nuovo*
Mergellina 181
Museo archeologico nazionale . . . 179
Museo Principe d'Aragona Pignatelli Cortes 182
Palazzo Como 182
Palazzo Reale 174
Palazzo Spinelli di Laurino 178
Piazza Dante 178
Piazza del Plebiscito 174
Pio Monte della Misericordia 178

Porta Capuana 181
Porto di Santa Lucia 175
San Domenico Maggiore (Chiesa) . 175
San Gennaro (Cappella e Miracolo) : *voir à Duomo*
San Giovanni a Carbonara(Chiesa) 181
San Gregorio Armeno (Chiesa) . . 178
San Lorenzo Maggiore (Chiesa) . . 178
San Martino (Certosa) 180
San Paolo Maggiore (Chiesa) . . . 178
San Pietro a Maiella (Chiesa) . . . 178
San Severo (Cappella) 177
Sant'Anna dei Lombardi (Chiesa) . 182
Santa Chiara (Chiesa) 175
Santa Maria Donnaregina (Chiesa) 181
Santa Maria Maggiore (Chiesa) . . 178
Spaccanapoli 175
Teatro San Carlo 174
Villa Comunale 182
Villa Floridiana 181
Napoli (Golfo di) *Campanie* 182
Naquane *Lombardie* 89
Nardis (Cascade de) *Trentin-Haut-Adige* 269
Nemi *Latium* 95
Néoréalisme (Le) 47
Neptune (Grotte de) : *voir à Nettuno (Grotte di)*
Nettuno Latium 61
Nettuno (Grotta di) *Sardaigne* . 301
Noli *Ligurie* 188
Nonantola (Abbaye de/Abbazia di) *Émilie-Romagne* 167
Noto *Sicile* 314
Novacella (Couvent de/Abbazia di) *Trentin-Haut-Adige* 86
Nova Levante *Trentin-Haut-Adige* 105
Novara/Novare *Piémont* 186
Nuoro *Sardaigne* 300
Nuraghe 295
Nuzi (Allegretto) 37, 137

O

Octave 231
Oliena *Sardaigne* 301
Olmo (Villa) *Lombardie* 99
Ombrie (L') 21
Oplontis (Villa romaine d') *Campanie* 185
Orbetello *Toscane* 66
Orcagna (Andrea) 37
Orgosolo *Sardaigne* 301
Oristano *Sardaigne* 301
Orrido di Sant'Anna *Piémont* . . 139
Orso (Cap d') *Campanie* 60
Orta (Lac d'/Lago d') *Piémont* . 141
Orta San Giulio *Piémont* 141
Ortisei *Trentin-Haut-Adige* 105
Ortobene (Monte) *Sardaigne* . . . 301
Orvieto *Ombrie* 187
Ostia Antica *Latium* 189
Ostie *Latium* 189
Ostuni *Pouille* 221
Otrante/Otranto *Pouille* 191

P

Padoue *Vénétie* 192
Padova *Vénétie* 192
Paestum *Campanie* 195
Paganella (Mont) *Trentin-Haut-Adige* 269
Paganini 45
Palerme *Sicile* 314
Palermo *Sicile* 314
Palestrina 45
Palio delle Contrade 251
Palladio (Andrea) 39, 290
Pallanza *Piémont* 140
Pallavicino (Villa) *Piémont* 140
Palmavera (Nuraghe) *Sardaigne* . 302
Palmi *Calabre* 87
Pantelleria (Ile de/Isola di) *Sicile* 319
Paola *Calabre* 88
Paolo Uccello 38, 118
Papauté (La) 28
Parco Virgiliano *Campanie* 183
Parma/Parme *Émilie-Romagne* . 196
Parmesan (Le) 40, 196
Parmigianino : voir Parmesan (Le)
Parthénopéenne (République) . . 171
Pascoli (Giovanni) 43
Paspardo *Lombardie* 89
Passariano Frioul-Vénétie Julienne 274
Passiria (Val) *Trentin-Haut-Adige* 157
Pausilippe (Le) : *voir à Posillipo*
Pavia/Pavie *Lombardie* 199
Pavia/Pavie (Certosa di/Chartreuse de) *Lombardie* . . . 199
Pazzi (Conjuration des) 119
Pellegrino (Monte) *Sicile* 318
Pentedattilo *Calabre* 88
Pergusa (Lac de) *Sicile* 310
Pérouse *Ombrie* 200
Perugia *Ombrie* 200
Pérugin (Le) 200
Pesaro *Marches* 203
Pescasseroli *Abruzzes* 56
Peschici *Pouille* 130
Pescocostanzo *Abruzzes* 55
Petraia (Villa de la) *Toscane* . . . 128
Pétrarque 42, 194
Phalaris 306
Piacenza *Émilie-Romagne* 203
Piazza Armerina *Sicile* 319
Piémont (Le) 19
Pienza *Toscane* 204
Piero della Francesca . . . 39, 64, 118
Pietro da Cortona 100
Pieve di Cadore *Vénétie* 107
Pinocchio 168
Pinturicchio 200
Piona (Abbaye de/Abbazia di) *Lombardie* 143
Pirandello (Luigi) 43, 300, 306
Pisa *Toscane* 205
Pisanello 37, 152, 287
Pisano (Nicola et Giovanni) . 37, 206
Pise : *voir à Pisa*
Pisogne *Lombardie* 143
Pistoia *Toscane* 209
Plaisance : *voir à Piacenza*
Plose *Trentin-Haut-Adige* 86
Pocol (Belvédère) *Vénétie* 100
Poggio *Toscane* 109
Poggio a Caiano (Villa de) *Toscane* 128
Poggio Bustone (Couvent de/Convento di) *Latium* 227
Polésine (Le) *Vénétie* 99
Policastro (Golfe de/Golfo di) *Campanie, Basilicate, Calabre* 210
Politien 169
Pompéi *Campanie* 210
Pomposa (Abbaye de/Abbazia di) *Émilie-Romagne* 215
Pontormo (Le) 40
Pont-St-Martin *Val d'Aoste* 64
Ponza (Ile de) *Latium* 62

Popoli *Abruzzes* 56
Poppi *Toscane* 249
Pordoi (Col du/Passo)
Trentin-Haut-Adige 105
Port'Ercole *Toscane* 67
Portici *Campanie* 184
Porto Azzurro *Toscane* 109
Porto Cervo *Sardaigne* 299
Porto Conte *Sardaigne* 301
Portoferraio *Toscane* 108
Portofino (Promontoire de/
Promontorio di) *Ligurie* 215
Portofino Vetta *Ligurie* 216
Portogruaro *Vénétie* 216
Porto Levante *Sicile* 311
Portonovo *Marches* 61
Porto Santo Stefano *Toscane* . . . 67
Porto Torres *Sardaigne* 301
Portovenere *Ligurie* 230
Posillipo *Campanie* 183
Positano *Campanie* 59
Possagno *Vénétie* 73
Potenza *Basilicate* 217
Pouille (La) : *voir à Puglia*
Pouzzoles *Campanie* 217
Pozzuoli *Campanie* 217
Pragser Wildsee : *voir Braies (Lac de)*
Prato *Toscane* 217
Preti (Mattia) 41
Prince (Le) 42, 118
Procida (Ile de/Isole di)
Campanie 138
Puccini 46, 209
Puglia 219
Pugnochiuso *Pouille* 131
Punta dell'Arco (Cap) *Sicile* 319
Puntazze (Promontoire des)
Sicile 311

Q

Quattrocchi (Belvédère de)
Sicile 311
Quiersy-sur-Oise (Donation de) . . 28

R

Ragusa/Raguse *Sicile* 320
Rapallo *Ligurie* 229
Raphaël 40, 118, 274
Ravello *Campanie* 222
Ravenna/Ravenne
Émilie-Romagne 223
Recanati *Marches* 148
Reggio di Calabria *Calabre* 225
Reggio nell'Emilia
Émilie-Romagne 226
Rendena (Val/Valle)
Trentin-Haut-Adige 269
Respighi 46
Ribera 41
Rieti *Latium* 226
Rimini *Émilie-Romagne* 227
Riomaggiore *Ligurie* 98
Rio Marina *Toscane* 109
Risorgimento (Le) 26
Riva del Garda
Trentin-Haut-Adige 144
Riviera (La) *Ligurie* 228
Riviera du Levant *Ligurie* . . 21, 229
Riviera du Ponant *Ligurie* . . 21, 228
Rivoli (Château de/Castello di)
Piémont 267
Roberti (Ercole de') 113
Robert le Sage 172
Rocca di Papa *Latium* 95
Rocca Imperiale *Calabre* 88
Roger II 314
Roma *Latium* 231
Ara Pacis Augustae 241
Arco di Constantino/
Arc de Constantin 233
Arco di Giano 241
Area Sacra del Largo Argentina . . 241
Bocca della Verità 242
Campidoglio 232
Cappella Sistina/Chapelle Sixtine . 240
Castel Sant'Angelo 233
Catacombe 233
Chiesa Nuova 241
Circo Massimo 241
Colonna Traiana/Colonne Trajane . 236
Colosseo/Colisée 233
E.U.R. 243
Fontana dei Fiumi/Fontaine
des Fleuves 237
Fontana della Barcaccia 237
Fontana di Trevi 238
Fori Imperiali 233
Foro di Augusto/Forum d'Auguste 236
Foro di Cesare/Forum de César . . 236
Foro di Traiano/Forum de Trajan . 236
Foro Romano 236
Galleria Nazionale d'Arte Moderna 242
Gesù (Chiesa) 236
Gianicolo 243
Giardini Vaticani 243
Isola Tiberina 243
Mausoleo di Augusto 241
Mercati Traianei 236
Monumento a Vittorio
Emanuele II 237
Musei Vaticani 240
Museo Borghese 242
Museo Capitolino 233
Museo della Civiltà romana 243
Museo di Roma 242
Museo nazionale di Villa Giulia . . 242
Museo nazionale Romano 242
Palatino 236
Palazzo Barberini 242
Palazzo Braschi 242
Palazzo Chigi 242
Palazzo Corsini 242
Palazzo dei Conservatori 233
Palazzo del Quirinale 242
Palazzo della Cancelleria 242
Palazzo del Consulta 242
Palazzo della Sapienza 242
Palazzo di Montecitorio 242
Palazzo Doria Pamphili 242
Palazzo Farnese 242
Palazzo Lateranense 238
Palazzo Madama 242
Palazzo Nuovo 233
Palazzo Pamphili 237
Palazzo Senatorio 233
Palazzo Spada 242
Palazzo Venezia 237
Pantheon 237
Piazza Bocca della Verità 242
Piazza Campo dei Fiori 242
Piazza Colonna 242
Piazza del Popolo 237
Piazza del Quirinale 242
Piazza di Spagna 237
Piazza Navona 237
Piazza San Pietro 239
Piazza Sant'Ignazio 242
Piazza Venezia 237
Pincio 237
Piramide di Caio Cestio 241
Porta del Popolo 237
Porta San Paolo 243

Porta San Sebastiano 243
San Carlo alle Quattro Fontane (Chiesa) 241
San Clemente (Chiesa) 241
San Giovanni in Laterano (Basilica) 238
San Lorenzo fuori le Mura (Basilica) 241
San Luigi dei Francesi (Chiesa) . . 241
San Paolo fuori le Mura (Basilica) 238
San Pietro (Basilica) 239
San Pietro in Montorio (Chiesa) . 241
San Pietro in Vincoli (Chiesa) . . . 241
Sant'Agnese fuori le Mura (Chiesa) 241
Sant'Agnese in Agone (Chiesa) . . 237
Sant'Agostino (Chiesa) 241
Sant'Andrea al Quirinale (Chiesa) . 241
Sant'Andrea della Valle (Chiesa) . 241
Sant'Ignazio (Chiesa) 241
Sant'Ivo alla Sapienza (Chiesa) . . 242
Santa Cecilia in Trastevere (Chiesa) 241
Santa Costanza (Chiesa) 241
Santa Maria d'Ara Coeli (Chiesa) . 232
Santa Maria degli Angeli (Chiesa) 241
Santa Maria dell'Anima (Chiesa) . 241
Santa Maria della Pace (Chiesa) . . 241
Santa Maria della Vittoria (Chiesa) 241
Santa Maria del Popolo (Chiesa) . 237
Santa Maria in Cosmedin (Chiesa) 241
Santa Maria in Trastevere (Chiesa) 241
Santa Maria Maggiore (Basilica) . 238
Santa Maria Sopra Minerva (Chiesa) 241
Santa Sabina (Chiesa) 241
Santa Susanna (Chiesa) 241
Santi Cosma e Damiano (Chiesa) . 241
Scala Santa 238
Teatro di Marcello 241
Tempio della Fortuna Virile 241
Tempio di Apollo Sosiano 241
Tempio di Venere e di Roma . . . 236
Tempio di Vesta 241
Terme di Caracalla 233
Tomba di Cecilia Metella 241
Torre delle Milizie/ Tour des Milices 236
Trastevere 232
Trinità dei Monti (Chiesa e Scalinata) 237
Vaticano (Vatican) 238
Via Appia Antica 233
Via dei Condotti 237
Via dei Coronari 243
Villa Borghese 243
Villa Farnesina 242
Romain (Jules) 152
Romains (Les) 32
Rombo (Route du col du) *Trentin-Haut-Adige* 157
Rome : *voir Roma*
Roselle (Ruines de) *Toscane* . . . 135
Rossano *Calabre* 88
Rossellino (Bernardo) 204
Rossini (Gioacchino) 45, 203
Rosso Fiorentino 40
Rotonda (La) *Vénétie* 291
Ruvo di Puglia *Pouille* 222

S

Sabaudia (Lac de) *Latium* 258
Sabbioneta *Lombardie* 243
Sacra di San Michele *Piémont* . 243
Sacro Monte de Varallo (Sanctuaire du) *Piémont* 142
Sacro Monte de Varèse (Sanctuaire du) *Lombardie* . . 142
Sacro Monte d'Orta (Sanctuaire du) *Piémont* 141
Sa Ena e Tomes (Tombe de Géants) *Sardaigne* 295
Saepinum (Ruines de) *Molise* . . . 57
Sagittario (Gorges du) *Abruzzes* . 55
Saint-Marin (République de) : *voir à San Marino (Repubblica di)*
Saint-Vincent *Val d'Aoste* 64
Salerne *Campanie* 243
Salerno *Campanie* 243
Salina (Ile) *Sicile* 311
Salò *Lombardie* 144
San Candido *Trentin-Haut-Adige* 107
San Clemente a Casauria (Abbaye de/Abbazia di) *Abruzzes* 245
San Domino (Ile) *Pouille* 267
Sanfelice (Ferdinando) 172
San Fruttuoso *Ligurie* 216
San Galgano (Abbaye de) *Toscane* 155
San Gimignano *Toscane* 245
San Giovanni in Fiore *Calabre* . . . 87
San Giulio (Ile/Isola di) *Piémont* 141
San Leo *Marches* 247
San Leonardo *Trentin-Haut-Adige* 157
San Lorenzo della Costa *Ligurie* 216
San Marco (Villa romaine de) *Campanie* 95
San Marino (Repubblica di) 246
San Martino (Villa Napoléon de/ Villa Napoleone di) *Toscane* . 109
San Martino della Battaglia *Lombardie* 144
San Martino di Castrozza *Trentin-Haut-Adige* 107
San Nicola (Ile) *Pouille* 267
San Pellegrino Terme *Lombardie* . . 78
San Piero a Grado (Basilique/ Basilica di) *Toscane* 209
San Pietro in Valle (Abbaye de) *Ombrie* 257
San Remo *Ligurie* 247
San Rocco (Belvédère de) *Ligurie* 216
Sansepolcro *Toscane* 248
Santa Caterina del Sasso (Ermitage de) *Lombardie* . . . 140
Sant'Agata sui Due Golfi *Campanie* 254
Santa Giusta (Basilique de/ Basilica di) *Sardaigne* 301
Santa Margherita Ligure *Ligurie* 215
Santa Maria del Calcinaio (Église) *Toscane* 100
Santa Maria di Siponto (Église) *Pouille* 222
Sant'Antimo *Toscane* 205
Sant'Angelo *Campanie* 138
Sant'Antioco (Ile de/Isola di) *Sardaigne* 302
Sant'Apollinare in Classe (Basilique) *Émilie-Romagne* . . 225
Santa Severina *Calabre* 103
Santa Vittoria di Serri (Centre préhistorique de) *Sardaigne* . 298
Sant'Efisio (Fête de) 298
Santissima Trinità di Saccargia (Église de la) *Sardaigne* 302

San Vigilio (Pointe de/Punta di) *Vénétie* 144
San Vito di Cadore *Vénétie* 108
San Vivaldo *Toscane* 246
Sardaigne (La) 295
Sarre (Château de) *Val d'Aoste* . 63
Sarzana *Ligurie* 93
Sassari *Sardaigne* 302
Sassetta 251
Sasso del Ferro *Lombardie* 140
Savoie (Maison de) 262
Savonarole 117
Savona *Ligurie* 229
Scaliger (Les) 287
Scanno *Abruzzes* 55
Scanno (Lac de) *Abruzzes* 55
Scarlatti (Alessandro) 44
Scarlatti (Domenico) 44
Scauri *Sicile* 319
Sciascia (Leonardo) 303
Scilla *Calabre* 87
Segantini (Giovanni) 41
Segesta/Ségeste (Rovine di/ Ruines de) *Sicile* 320
Seiseralm : *voir Alpe di Siusi*
Sélinonte : *voir à Selinunte*
Selinunte (Rovine di) *Sicile* 320
Sella (Col de/Passo di) *Trentin-Haut-Adige* 105
Selva di Val Gardena *Trentin-Haut-Adige* 105
Serpotta (Giacoma) 303
Serra Orrios *Sardaigne* 300
Serra Fontana *Campanie* 138
Serra San Bruno *Calabre* 89
Sesto *Trentin-Haut-Adige* 106
Sesto (Val de/Valle di) *Trentin-Haut-Adige* 106
Sforza (Les) 160
Sibari *Calabre* 89
Sicanes (Les) 303
Sicile (La) 303
Sicules (Les) 303
Siculo-arabe ou Siculo-normand (Style) 36, 303
Siena/Sienne *Toscane* 249
Sighignola (Belvédère de) *Lombardie* 142
Signorelli (Luca) ... 100, 169, 187
Sila (Massif de la/Massiccio della) *Calabre* 87
Siracusa *Sicile* 321
Sirmione *Lombardie* 144
Smeraldo (Grotta dello) *Campanie* 60
Sodoma 40, 160
Solaro (Mont) *Campanie* 92
Solfatara *Campanie* 217
Solferino *Lombardie* 145
Solonte : *voir à Solunto*
Solunto *Sicile* 318
Somma (Mont) *Campanie* 184
Sorrente : *voir à Sorrento*
Sorrente (Presqu'île de) *Campanie* 254
Sorrentina (Penisola) *Campanie* . 254
Sorrento *Campanie* 254
Spello *Ombrie* 70
Sperlonga *Latium* 130
Spezia (La) *Ligurie* 230
Spluga (Passo dello) *Lombardie* . 96
Splügen (Route du col du) *Lombardie* 96
Spolète *Ombrie* 254
Spoleto *Ombrie* 254
Stabies 95
Staglieno (Cimetière de/ Cimitero di) *Ligurie* 134
Stilo *Calabre* 89
Strà *Vénétie* 83
Stradivarius 101
Stresa *Piémont* 140
Stromboli (Le) *Sicile* 311
Strombolicchio (Le) *Sicile* 311
Stupinigi (Palais de/Palazzina di caccia di) *Piémont* 266
Subiaco *Latium* 255
Su Gologone (Source de) *Sardaigne* 301
Sulcis (Vestiges de) *Sardaigne* . 302
Sulmona *Abruzzes* 256
Su Nuraxi (Nuraghe) *Sardaigne* . . 298
Superga (Basilique de) *Piémont* . . 266
Syracuse : *voir à Siracusa*

T

Taggia *Ligurie* 228
Taormina/Taormine *Sicile* 323
Taranto *Pouille* 256
Taranto (Villa) *Piémont* 140
Tarente *Pouille* 256
Tarquinia *Latium* 256
Tasse (Le) 42, 113
Teodone *Trentin-Haut-Adige* 86
Terni *Ombrie* 257
Terracina *Latium* 258
Testa del Gargano *Pouille* 131
Tharros *Sardaigne* 302
Théodoric 223
Théron 306
Tiberio (Monte) *Campanie* 91
Tiepolo (Giambattista et Giandomenico) 280
Tindari (Ruines de/Rovine di) *Sicile* 324
Tino di Camaino 37, 251
Tintoret 40, 280
Tirano *Lombardie* 258
Tirolo *Trentin-Haut-Adige* 157
Titien 40, 108, 280
Tivoli *Latium* 258
Toblino (Lac de/Lago di) *Trentin-Haut-Adige* 268
Todi *Ombrie* 260
Tofano di Mezzo *Vénétie* 100
Tolentino *Marches* 261
Tombe de Géants 295
Tonara *Sardaigne* 300
Tondi di Faloria *Vénétie* 100
Tophet 302
Torbole *Trentin-Haut-Adige* 145
Torcello *Vénétie* 287
Torgiano *Ombrie* 203
Torino *Piémont* 262
Torno *Lombardie* 143
Torre Annunziata *Campanie* ... 185
Torrechiara *Émilie-Romagne* ... 198
Torre del Greco *Campanie* 185
Torre del Lago Puccini *Toscane* 209
Torrigiani (Villa) *Toscane* 209
Toscane (La) 21
Tovel (Lac de/Lago di) *Trentin-Haut-Adige* 269
Traiano (Terme di) *Latium* 98
Trajan (Thermes de) *Latium* 98
Trani *Pouille* 222
Trapani *Sicile* 324
Trasimène (Lac) 21
Tremezzo *Lombardie* 143
Tremiti (Iles/Isole) *Pouille* 267
Trente : *voir à Trento*
Trente (Concile de) 268
Trentin-Haut-Adige (Le) 20

Trento *Trentin-Haut-Adige* 267
Trévise *Vénétie* 270
Trieste *Frioul-Vénétie Julienne* 20, 270
Troia *Pouille* 222
Tropea *Calabre* 88
Trulli (Région des/Terra dei) *Pouille* 272
Tura (Cosmé) 40, 113
Turin : *voir à Torino*
Tuscania *Latium* 273
Tusculo *Latium* 95

U-V

Udine *Frioul-Vénétie Julienne* .. 273
Unité italienne (L') 26
Urbin/Urbino *Marches* 274
Vaccarini 303
Val d'Ega (Gorge du) *Trentin-Haut-Adige* 105
Valeggio sul Mincio *Trentin-Haut-Adige* 145
Valli di Comacchio *Émilie-Romagne* 99
Vallone di Furore *Campanie* 59
Valmarana « ai Nani » (Villa) *Vénétie* 291
Vanvitelli (Luigi) 172
Varallo *Piémont* 141
Varenna *Lombardie* 143
Varese/Varèse *Lombardie* 142
Vasari (Giorgio) 66
Velia *Campanie* 275
Velletri *Latium* 95
Vénétie (La) 20
Venezia *Vénétie* 276
Angelo Raffaele (Chiesa) 286
Arsenale 286
Biblioteca nazionale Marciana ... 282
Ca' d'Oro 283
Ca' Foscari 284
Ca' Loredan 283
Ca' Pesaro 284
Ca' Rezzonico 284
Campanile 281
Canal Grande 282
Cimitero di San Michele 286
Fondaco dei Tedeschi 283
Gallerie dell'Accademia 284
Gesuiti (Chiesa) 286
Ghetto 286
La Giudecca (Isola) 286
Guggenheim (Collezione) 285
Laguna/La Lagune 286
Libreria Sansoviniana 282
Museo Correr 282
Museo d'Arte contemporanea ... 285
Museo del Settecento veneziano . 285
Museo storico navale 286
Palais des Doges : *voir Palazzo Ducale*
Palazzo Bernardo 284
Palazzo Corner-Spinelli 283
Palazzo Dario 284
Palazzo dei Camerlenghi 284
Palazzo Ducale 281
Palazzo Giustinian 284
Palazzo Grassi 283
Palazzo Grimani 283
Palazzo Labia 286
Palazzo Querini-Stampalia 285
Palazzo Vendramin-Calergi 283
Piazza San Marco/Place St-Marc . 280
Ponte dei Sospiri 282
Ponte di Rialto 283
Procuratie 282
Rio dei Mendicanti 285
Saint-Marc (Basilique) : *voir San Marco*
San Francesco della Vigna (Chiesa) 286
San Giorgio Maggiore (Chiesa) .. 284
San Marco (Basilica) 280
San Pantaleone (Chisa) 286
San Sebastiano (Chiesa) 286
Santa Maria dei Miracoli (Chiesa) 286
Santa Maria della Salute (Chiesa) 284
Santa Maria Gloriosa dei Frari (Chiesa) 285
Santi Giovanni e Paolo (Chiesa) .. 285
San Trovaso (Chiesa) 286
San Zaccaria (Chiesa) 285
Scuola dei Carmini 285
Scuola di San Giorgio degli Schiavoni 285
Scuola di San Rocco 285
Torre dell'Orologio/ Tour de l'Horloge 282
Venise : *voir Venezia*
Ventimiglia *Ligurie* 228
Vêpres siciliennes (Les) ... 303, 315
Verdi (Giuseppe) 46
Verga (Giovanni) 42, 303
Verna (Couvent de la) *Toscane* . 248
Vernazza *Ligurie* 97
Verona/Vérone *Vénétie* 287
Véronèse 40, 280
Verrès (Château de/Castello di) *Val d'Aoste* 64
Verrocchio (Andrea del) ... 38, 118
Versilia (La) *Toscane* 21
Vésuve *Campanie* 184
Vesuvio *Campanie* 184
Vettica Maggiore *Campanie* 59
Viareggio *Toscane* 209
Vicence : *voir Vicenza*
Vicenza *Vénitie* 290
Vico (Lac de/Lago di) *Latium* .. 292
Vico Equense *Campanie* 186
Victor-Emmanuel II 26
Vieste *Pouille* 130
Vietri sul Mare *Campanie* 60
Vigevano *Lombardie* 186
Vignola 39
Vigo di Fassa *Trentin-Haut-Adige* 105
Villa Manin : *voir à Passariano*
Villa Opicina *Frioul-Vénétie Julienne* 272
Villa San Giovanni *Calabre* 87
Vinci *Toscane* 210
Vintimille : *voir à Ventimiglia*
Viola (Costa) *Calabre* 87
Violette (Côte) *Calabre* 87
Vipiteno *Trentin-Haut-Adige* ... 108
Virgile 152
Visconti (Les) 160
Visconti (Luchino) 47
Viterbe/Viterbo *Latium* 292
Vittorini (Elio) 303
Vittorio Veneto *Vénétie* 270
Vivaldi (Antonio) 44, 280
Vivarini (Les) 40
Volterra *Toscane* 293
Volto Santo 149
Volumni (Hypogée des/ Ipogeo dei) *Ombrie* 203
Vomano (Vallée du) *Abruzzes* ... 55
Vulcano (Ile) *Sicile* 311

Z

Zagare (Baie des) *Pouille* 131
Zinzulusa (Grotte) *Pouille* 191

Lexique

SUR LA ROUTE ET EN VILLE

A destra, a sinistra .... à droite, à gauche
banchina .... bas-côté
binario .... quai (de gare)
corso .... boulevard
discesa .... descente
dogana .... douane
fermata (d'autobus) .... arrêt (d'autobus)
fiume .... fleuve, rivière
frana .... éboulement
ghiaccio .... verglas
ingresso .... entrée
largo .... rue très large
lavori in corso .... travaux en cours
neve .... neige
passaggio a livello ..... passage à niveau
passo .... col
pericolo .... danger
piazza .... place
piazzale .... esplanade
stazione .... gare
stretto .... étroit
uscita .... sortie
viale .... avenue
vietato .... interdit

SITES ET CURIOSITÉS

abbazia .... abbaye
affreschi .... fresques
aperto .... ouvert
basilica .... basilique, église
cappella .... chapelle
casa .... maison
castello .... château, forteresse
cattedrale .... cathédrale
certosa .... chartreuse
chiesa .... église
chiostro .... cloître
chiuso .... fermé
cinta muraria .... mur d'enceinte
città .... ville
città vecchia .... vieille ville
collegiata .... collégiale
convento .... couvent
cortile .... cour
dintorni .... environs
duomo .... cathédrale
fortezza .... forteresse
funivia .... téléphérique
giardini .... jardins
gole .... gorges
lago .... lac
lungomare .... promenade de bord de mer
mausoleo .... mausolée, tombeau
mercato .... marché
navata .... nef
palazzo .... palais
passeggiata .... promenade
piano .... étage
ponte .... pont
priorato .... prieuré
quadro .... tableau
(in) restauro .... (en cours de) restauration
rivolgersi a... .... s'adresser à...
rocca .... château médiéval, forteresse
rovine, ruderi .... ruines
sagrestia .... sacristie
scala .... escalier
scavi .... fouilles
seggiovia .... télésiège
spiaggia .... plage
teatro .... théâtre
tesoro .... trésor
torre .... tour
vista .... vue

MOTS USUELS

oui, non .... **si, no**
monsieur .... **signore**
madame .... **signora**
mademoiselle ...... **signorina**
hier .... **ieri**
aujourd'hui .... **oggi**
demain .... **domani**
matin .... **mattina**
soir .... **sera**
après-midi .... **pomeriggio**
s'il vous plaît ...... **per favore**
merci .... **grazie**
pardon .... **scusi**
assez .... **basta**
bonjour .... **buon giorno**
bonsoir .... **buona sera**
au revoir .... **arriverderci**
beaucoup .... **molto**
peu .... **poco**
plus .... **più**
moins .... **meno**
cher .... **caro**
combien çà coûte ? . **quanto costa ?**
grand .... **grande**
petit .... **piccolo**
la route pour... ? .. **la strada per... ?**
où ? .... **dove ?**
quand ? .... **quando ?**
où est... ? .... **dov'è... ?**
peut-on visiter ? ... **si può visitare ?**
quelle heure est-il ? **che ore sono ?**
je ne comprends pas .. **non capisco**
tout, tous .... **tutto, tutti**

CHIFFRES ET NOMBRES

0 .... zero	**8** .... otto	**16** .... sedici	**60** ..... sessanta
1 .... uno	**9** .... nove	**17** ... diciassette	**70** ..... settanta
2 .... due	**10** .... dieci	**18** ...... diciotto	**80** ...... ottanta
3 .... tre	**11** .... undici	**19** ... diciannove	**90** ...... novanta
4 .... quattro	**12** .... dodici	**20** .... venti	**100** .... cento
5 .... cinque	**13** .... tredici	**30** .... trenta	**1000** .... mille
6 .... sei	**14** .. quattordici	**40** ..... quaranta	
7 .... sette	**15** ...... quindici	**50** .... cinquanta	

QUELQUES TERMES D'ART

Absidiole : chapelle rayonnante de l'abside.

Ambon : chaire des basiliques chrétiennes primitives.

Appareil : disposition des pierres ou des briques dans une construction.

Archivolte : voussure supérieure d'un portail.

Bandes lombardes (ou lésènes) : pilastres ornant une façade et réunis en leur sommet par une frise d'arceaux.

Bossages : pierres en relief.

Ciborium : baldaquin surmontant un autel.

Déambulatoire : bas-côté tournant autour du chœur.

Encorbellement : saillie sur une façade (balcon).

Gâble : motif décoratif en angle aigu couronnant une fenêtre ou un portail.

Linteau : traverse horizontale surmontant une baie ou une porte.

Mâchicoulis : balcon ou encorbellement au sommet d'une muraille et soutenu par des consoles.

Mascaron : médaillon sculpté à masque humain.

Matronées : dans une église, tribunes réservées aux femmes.

Merlon : partie pleine d'un parapet, entre deux créneaux.

Miséricorde : petit siège mobile d'une stalle d'église.

Modillon : petite console soutenant une corniche.

Narthex : vestibule intérieur d'une église.

Oculus : baie de forme circulaire.

Oriel : petite loge en encorbellement.

Piédroits : piliers encadrant un portail.

Pilastre : pilier plat engagé dans un mur.

Polyptyque : panneau peint ou sculpté divisé en plusieurs volets (triptyque : 3 volets).

Prédelle : compartiment inférieur d'un polyptyque.

Remplage : réseau léger de pierre découpée garnissant tout ou partie d'une baie, une rose ou la partie haute d'une fenêtre.

Rinceau : ornement en forme de tige assouplie.

Stucs : ornements en relief composés de chaux, de craie et de poussière de marbre.

Transept : nef transversale, perpendiculaire à la nef centrale.

Triforium : petite galerie aménagée au-dessus des bas-côtés d'une église.

Tympan : partie comprise entre le linteau et l'arc d'un portail.

Voussures : arcs concentriques surmontant un portail.

MANUFACTURE FRANÇAISE DES PNEUMATIQUES MICHELIN
Société en commandite par actions au capital de 2 000 000 000 de francs
Place des Carmes-Déchaux – 63 Clermont-Ferrand (France)
R.C.S. Clermont-Fd B 855 200 507

Dépôt légal décembre 1996 – ISBN 2-06-053204-3– ISSN 0293-9436

Printed in the EU 01-98/1
Photocomposition : MAURY Imprimeur S.A., Malesherbes
Impression et brochage : CASTERMAN, Tournai

Illustration de la couverture par Thierry GOMES